프로이센 - 프랑스 전쟁
1870 - 1871

BISMARCK'S WAR

Copyright © Rachel Chrastil, 2023

First published as BISMARCK'S WAR by Allen Lane, an imprint of Penguin Press.
Penguin Press is part of the Penguin Random House group of companies.

Korean translation copyright © CUM LIBRO, 2025
Korean translation rights arranged with Penguin Random House UK
through EYA Co.,Ltd.

이 책의 한국어판 저작권은 EYA Co.,Ltd를 통해
Penguin Random House UK와 독점계약한 도서출판 책과함께에 있습니다.
저작권법으로 보호를 받는 저작물이므로 무단전재와 무단복제를 금합니다.

프로이센-프랑스 전쟁 1870-1871

◆ 독일 제국의 탄생과 세계대전의 서막 ◆

레이철 크라스틸 지음 | 이진모 옮김

책과함께

일러두기

- 이 책은 Rachel Chrastil의 *BISMARCK'S WAR*(2023)를 우리말로 옮긴 것이다.
- 옮긴이의 설명은 〔 〕로 덧붙였다.

나의 남매 마이크와 리츠에게

머리말

프로이센-프랑스 전쟁은 유럽인들의 운명을 영원히 바꿔놓았다. 워털루 전쟁과 세계대전 사이에 유럽에서 발발한 최대 규모의 전쟁으로서, 200만 명 이상의 병사가 참전했고 그중 18만 명 이상이 사망했다. 이 전쟁의 와중에 독일은 통일을 이루었으며, 프랑스는 안정적인 공화국의 토대를 닦았다. 이 전쟁은 근대 유럽에서 한 국가의 군대가 가장 극적이고 일방적으로 패배한 전쟁 중 하나로, 유럽 대륙에서 프랑스가 차지하고 있던 주도권을 결정적으로 종식시키고, 새로운 강대국 독일의 등장을 알린 사건이었다.

1870년 7월, 프랑스는 프로이센에 선전포고를 했으며, 그로 인해 곧 프로이센이 주도하던 북독일연방, 그리고 바이에른·바덴·뷔르템베르크로 구성된 독일 남부의 국가들 두 진영의 연합 세력과 충돌하게 되었다. 프랑스는 나폴레옹 3세가 이끄는 제국으로서 전쟁에 뛰어들었다. 그러나 9월 초 스당 전투에서 절정에 이른, 피로 얼룩진 몇 차례의 패전 끝에 나폴레옹 3세는 황제 자리에서 내려와야 했으며, 국민방위정부로 알려진, 명목상 공화주의 임시정부에 권력을 넘겨주었다. 정규군은 이미 패배해서 독일군에게 포로가 된 상태였기 때문에, 공화주의자들은 이들을 대체하기 위해 자원병을 추가로 모집해서 전쟁을 이어가고자 시도했다. 하지만 그들 역시 무너진 제국 정부와 마찬가지로 전쟁에서 성과를 거두지 못했다. 그럼에도 불구하고 독일군은 6개월이나 지속되는 지리멸렬한 전쟁에 말려들었고, 양국 사이의 군사적 충돌은 프랑스 영토의 거의 3분의 1에 해당하는 지역으로 확대되었다. 그러다가 1871년 1월, 빌헬름 1세 시기에 통일된 독일 제국이 선포되었으며, 그 직후 프랑스는 결국 휴전에 동의했다.

프로이센-프랑스 전쟁은 천사들의 전쟁이 아니었다. 이 전쟁의 특징으로는 민족주의적 종족주의nationalistic tribalism, 빈약한 리더십, 불필요한 육체적 고통, 그리고 전쟁 내내 펼쳐진 폭력의 악순환 등을 꼽을 수 있다. 전쟁에 동원된 병사들과 그들의 가족은 목적과 명분이 무엇인지 애매모호한 이 전쟁을 위해 생명과 윤리 정신을 바쳤다. 이 전쟁이 그토록 관심을 끄는 이유가 바로 여기에 있다. 개인들과 마을 사람들은 그 명분이 정당한지에 대한 도덕적 확신 없이 미지의 전쟁 국면들을 헤쳐가야 했다. 대다수는 그저 살아남기 위해 분투했지만, 전쟁이 그들에게 가져다준 현실을 조금이라도 더 낫게 만들어보려고 몸부림친 사람들도 있었다.

우리는 이 중요한 전쟁을 대부분 새까맣게 잊고 있었다. 지금 우리가 살고 있는 시대와 프로이센-프랑스 전쟁에 뒤이어 발발한 두 차례의 세계대전 그리고 프랑스와 독일의 실용적인 관계에 의존하는 유럽연

합의 탄생 같은 역사적인 사건들 사이에는 수십 년의 간극이 놓여 있기 때문이다. 이제는 전쟁 당사자였던 독일도, 프랑스도 그들이 선호하는 자기 민족의 역사에 이 전쟁을 포함하고 있지 않다.

하지만 프로이센-프랑스 전쟁은 20세기에 발발한 세계대전의 토대가 되었다. 규모가 엄청나고, 민간인을 민족주의적 분쟁에 휘말리게 했던 엄청난 규모의 기계화된 전투로 이루어진 1870년 전쟁은 이후 발발할 세계대전의 동기와 추측 그리고 감정적인 토대가 무엇일지 미리 엿볼 수 있게 해준다. 스당에서 서부전선(1차 세계대전을 뜻한다)으로 가는 과정은 결코 예정된 것이 아니었고, 1870년부터 비시 정권과 국가사회주의(나치즘)를 이어주는 연결고리도 아직 그렇게 견고하지 않았다. 하지만 프로이센-프랑스 전쟁은 나폴레옹 전쟁에서 두 차례의 세계대전으로 이어지는 교량 역할을 했다. 그것은 장거리 소총과 대포 및 초기 형태의 기관총을 포함하는 우수한 방어 무기에 어떻게 대처할 것인지에 관한 어려운 숙제를 제시했다. 당시는 전신을 통해 전 세계가 소통하던 시대인 동시에, 지휘관이 말 위에 앉아 목청을 높여 외치며 명령을 내리던 시기였다. 근대적 운송 수단인 기차로 이동하는 군대는 고작 지평선 너머로 이동하는 것만으로도 적 정찰 부대의 눈을 피할 수 있었다. 프로이센-프랑스 전쟁은 새로운 관행도 만들어냈다. 국가가 수천 명의 전쟁 포로를 수용했으며, 교전국이 제네바 협약에 서명해 자원봉사 단체인 적십자사에 병들고 부상당한 군인들을 돌보도록 허용한 최초의 유럽 전쟁이었다. 또한 유럽의 지배를 받는 식민지의 군대가 유럽 땅에서 그들을 지배하는 제국과 하나가 되어 전투에 참가함으로써 유럽 국가 간의 무력 분쟁에 인종적으로 구별되는 군대 유형이 등장한 전쟁이었다. 게다가 이 전쟁은 한 번에 몇 달 동안 전국에 걸쳐서 대규모의 시민군을 동원하는 문제가 얼마나 어려운지를 보여주었다. 군대를 지원하기 위해 투입되었던 민간 행정과 산업 및 인력은 전쟁 탓에 처참한 재앙을 겪었다.

프로이센-프랑스 전쟁은 또한 서양의 전쟁에서 민간인이 수행하는 역할에 새로운 질문을 제기했다. 이 전쟁은 평화와 정상 회복을 원하는 민간인의 목소리가 패배하고, 보편적 징병, 전쟁 경험, 그리고 침략을 외치는 호전적인 목소리가 승리했음을 보여주었다. 시민군은 적을 죽이거나 자신이 죽임을 당해야 하는 현실에 대해 깊이 숙고하게 되었다. 파리를 지키던 국민방위대는 저녁때 가족이 있는 집으로 돌아오면서 낮 동안 군사적 수단이 되었던 자신과 가정으로 돌아가는 순수한 인간성 사이에서 차이를 느끼곤 했다. 프랑스가 프랑-티뢰르francs-tireurs 부대(프로이센-프랑스 전쟁 초기 프랑스가 조직해서 주로 게릴라전에 투입한 비정규 민병대. 민간인 사격 클럽에서 기원했다), 또는 자원 게릴라 부대를 이용한 것은 전쟁터와 점령지 모두에서 민간인과 군인 사이의 적절한 협력 관계가 무엇인지에 관한 문제를 다시 제기했다.

나아가 이 전쟁은 전시에 국가권력이 비대해지고 주민들의 광범위한 생활환경에 지대한 영향을 미칠 수 있음을 보여주었다. 파리는 전시의 물자 부족과 무차별 포격에 직면한 최초의 근대 도시가 되었다. 파리에 거주하던 독일 민간인은 프랑스 시민과 정부의 의심이나 분노에 직면했다. 동시에 개인과 마을, 단체들은 국가가 어떤 대응책도 준비하지 않았고 어떠한 안내 지침도 제시해주지 않았기 때문에, 생사가 오가는 극한 상황에 맞서 끊임없이 스스로를 지키고 즉흥적으로 대응 방안을 마련해야만 했다. 전 세계의 신문 독자들은 전장에서 특파원들이 대서양을 건너 전달되는 전보를 통해 보내오는 신문 기사를 열심히 탐독했다. 파리나 메스, 또는 스트라스부르와 같이 적에게 포위되어 외부와 단절된 도시에서는 여러 가지 확인되지 않은 소문들로 신문 지면을 채워야 했다. 시민들은 의용소방대를 조직하고 동료 시민들의 고통을 덜어주려고 노력했다.

1870년의 전쟁은 폭력적 행위와 고도의 상징적 행위를 통해 크고 작은 정치적 관계가 재편되는 것을 목도했다. 정치적인 운세는 만들어지기도 하고, 사라지기도 했다. 수 세기 동안 경쟁해온 이웃 국가들과 달리, 독일의 국가들은 보수적이고 반동적인 동력으로서 독일 민족주의를 실현하며 통일을 이루었다. 프랑스에서 선전포고는 국민 통합의 순간을 과시했지만 얼마 지나지 않아 나폴레옹 3세의 제2제정은 붕괴했다. 침략의 스트레스에 직면해 프랑스 사회에서 사회적 지위를 구분하던 표식들이 희미해지고 재형성되는 동안, 프랑스 좌파 진영의 내부 균열은 깊어졌다. 많은 사람에게 전쟁은 도시의 혁명 세력에 맞서 반동적 농민이 저항하는 양상이 아직 계속되고 있음을 보여주었다. 카를 마르크스에게 파리 공성전과 이에 뒤따른 코뮌은 사회주의의 대두를 알리는 진정한 전조였다. 이탈리아의 주세페 가리발디Giuseppe Garibaldi에게 이 전쟁은 군주주의와 교권주의 세력에 맞서는 보편적 공화국의 싸움이었고, 교황 비오 9세에게는 가톨릭교회가 가진 현세적 권력의 파멸을 의미했다.

마지막으로, 프랑스와 독일 국가들 사이의 갈등은 처음부터 끝까지 감정의 전쟁이었다. 입을 굳게 다무는 금욕주의는 아마도 프로이센 육군 참모총장 헬무트 폰 몰트케Helmuth von Moltke를 제외하고는, 프로이센-프랑스 전쟁에서 설 자리가 없었다. 이 전쟁에 대한 기억은 눈물, 분노의 폭발, 상처받은 자존심, 또는 현란한 전쟁 선동, 처절한 고통, 엉뚱한 비난, 그리고 월계관(전쟁 승자)에 대한 언어적 찬사로 가득 차 있다. 민간인에 대한 무차별 포격, 장거리 소총, 엄청난 파괴력을 가진 기관총 등으로 모든 참전국의 민간인과 병사들을 위협해 비인간화한 갈등의 기저에는 바로 이 모든 감정이 자리하고 있었다.

차례

머리말 ⋯ 6
지도 ⋯ 14

1장 선전포고 ⋯ 21
2장 동원 ⋯ 59
3장 병력 집중과 전쟁 지휘 ⋯ 83
4장 전투 ⋯ 109
5장 후퇴 ⋯ 131
6장 전환점 ⋯ 161
7장 스당으로 가는 길 ⋯ 199
8장 스당과 바제유 ⋯ 229
9장 새로운 시작 ⋯ 265
10장 파리의 전략 ⋯ 297
11장 선택 ⋯ 329
12장 포위전 ⋯ 375

13장 파리의 가을 ··· 413
14장 관대함 ··· 441
15장 고통의 날들 ··· 479
16장 크리스마스 ··· 523
17장 겨울의 극장 ··· 543
18장 최후의 저항 ··· 581
19장 휴전에서 평화조약까지 ··· 613
20장 전쟁의 결산 ··· 633

감사의 말 ··· 665
옮긴이의 말 ··· 666
참고문헌 ··· 674
주 ··· 683
도판 출처 ··· 696
찾아보기 ··· 697

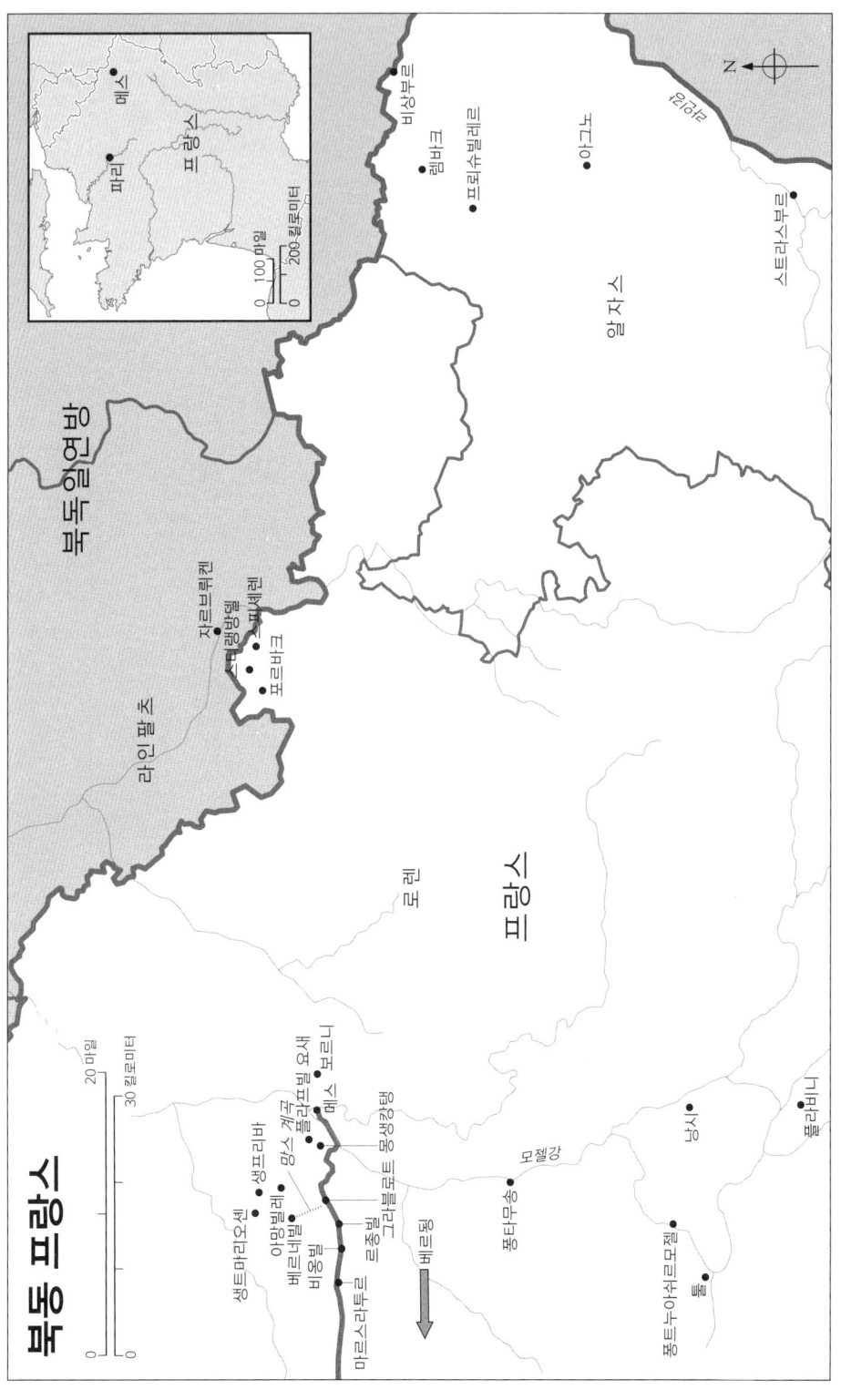

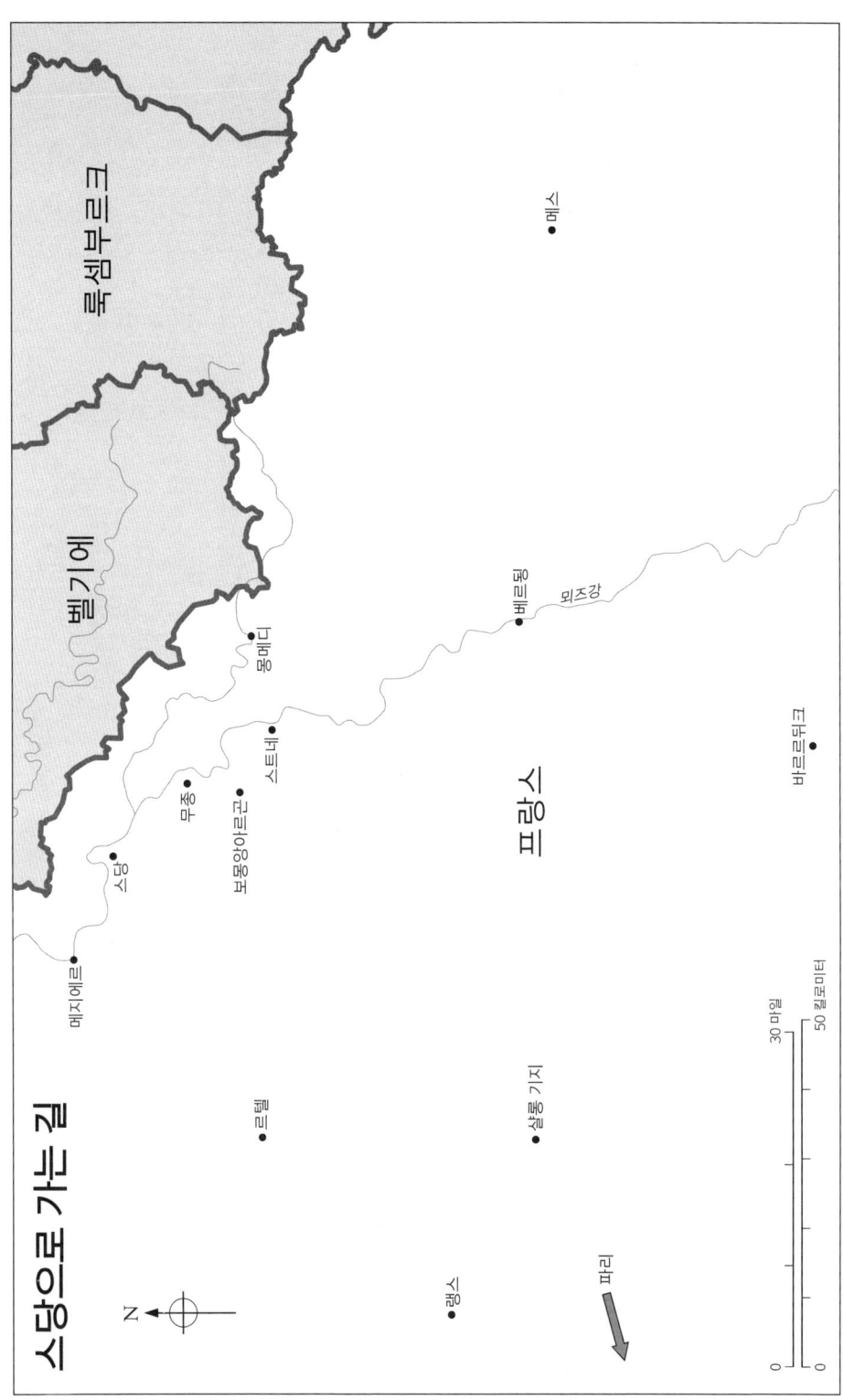

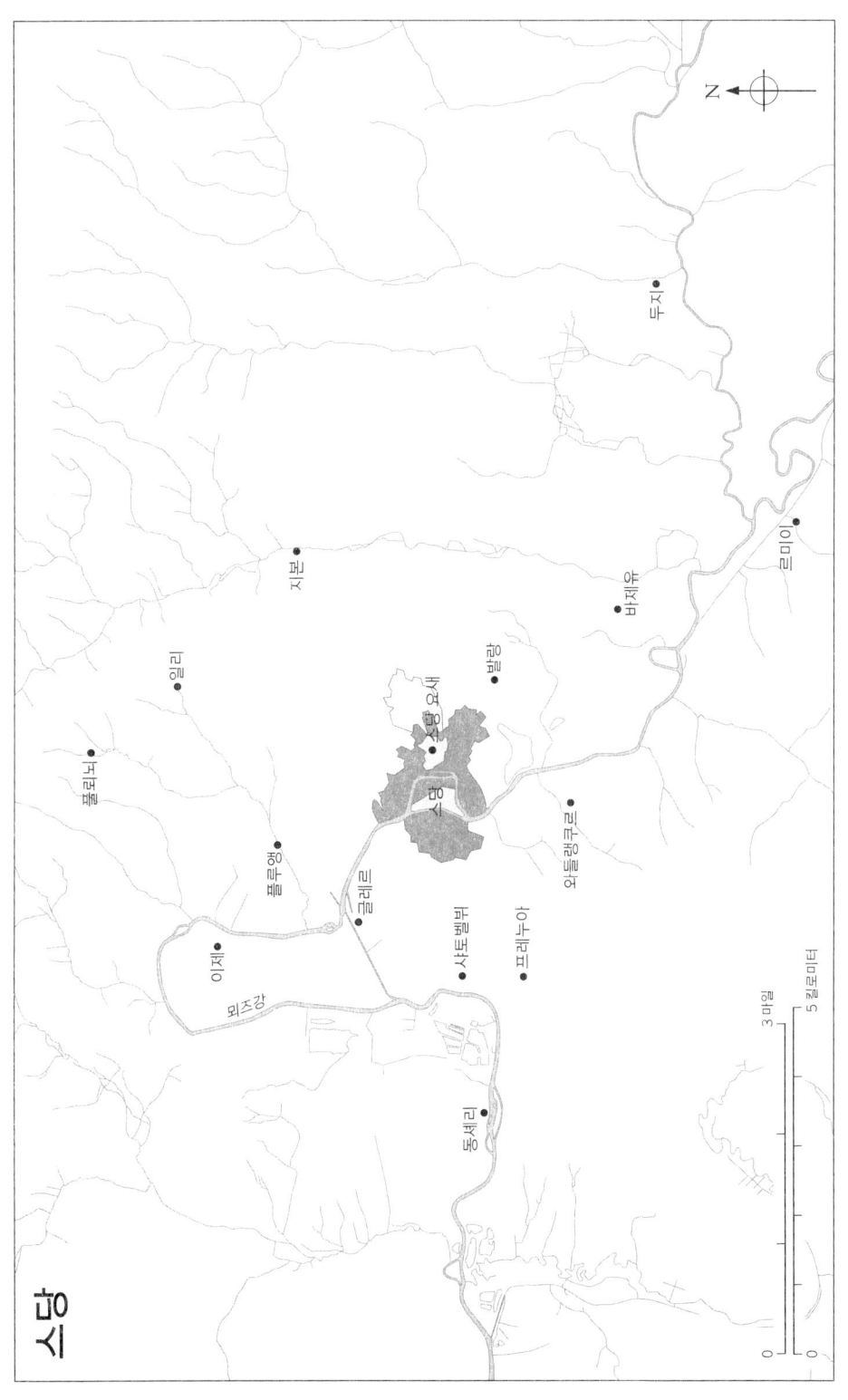

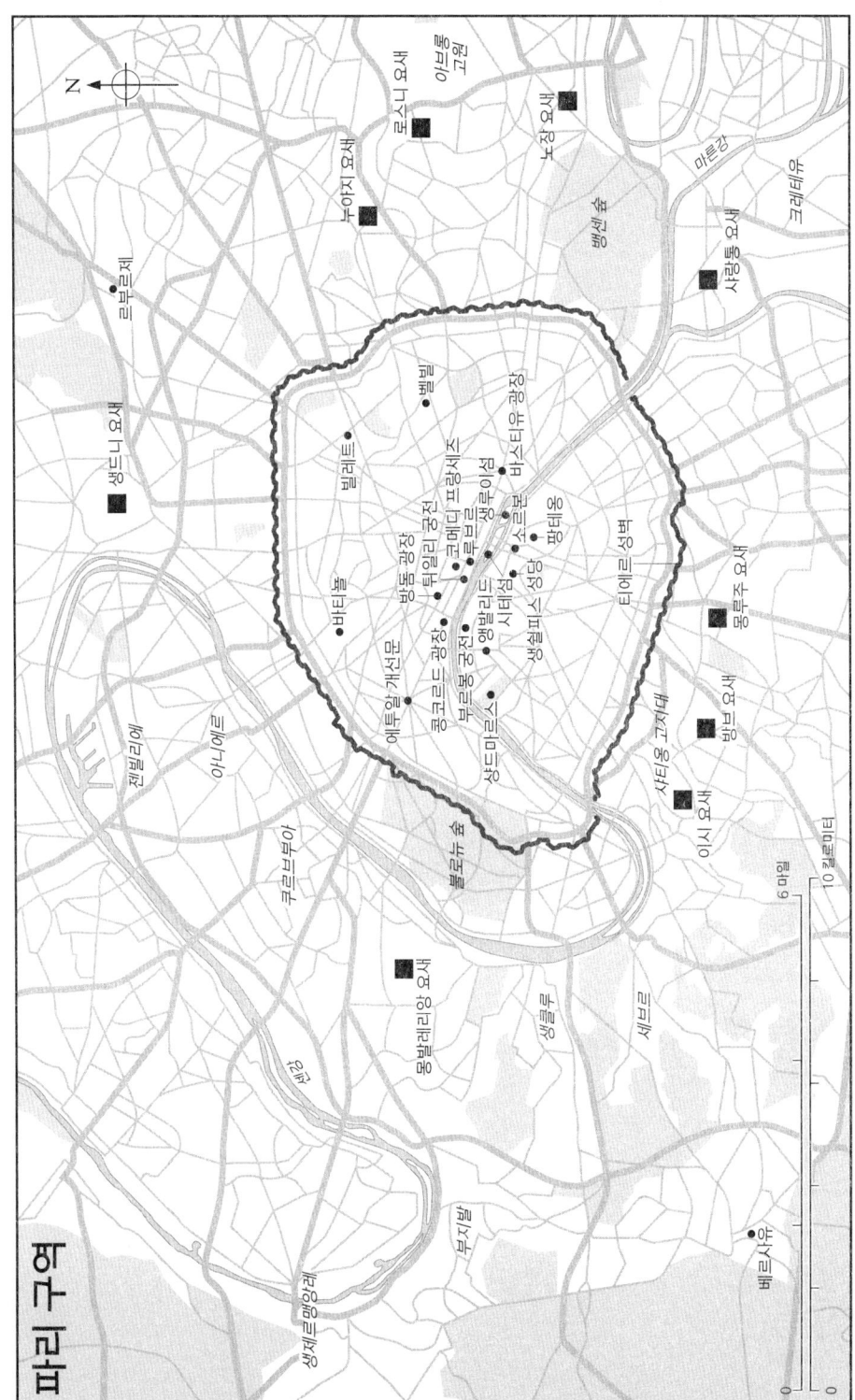

◆ 1장 ◆

선전포고

빌헬름 왕의 출정, 베를린, 1870년 7월 31일.

"전쟁이다! 프랑스와 전쟁!" 1870년 7월 15일, 스물두 살의 뮌헨 출신 장교 디트리히 폰 라스베르크Dietrich von Lassberg는 바이에른이 곧 프로이센과 연합해 나폴레옹 3세의 프랑스 제국 군대와 싸울 것이라는 발표를 듣고 흥분에 빠졌다. 그의 동생 루돌프 역시 군대에 있었고 전쟁 소식을 듣고 기뻐했지만, 라스베르크의 어머니와 형제자매들은 "그 기쁨을 함께 하지 않았다."[1] 바이에른 병사가 프로이센에 맞서 싸우는 대신, 두 나라가 연합해서 프랑스에 맞서 싸우는 것에 대해 환호하는 이 행복한 모습은 전쟁이 통합을 만들어내는 힘이 있다는 사실을 압축적으로 잘 보여준다.

선전포고는 결국 독일 통일로 이어지는 긴 여정의 중요한 전환점이었다. 19세기 초, 독일연방(1815년 빈 회의에 의해 수립)에 속하는 수십 개의 독일 국가들이 국가 연합을 모색하면서 독일인들은 정치적으로 입헌주의와 자유민주주의를 표방했다. 하지만 그들은 통상적인 군주제보다는 그들의 '독일다움'을 보존하는 데에서 그 정당성을 찾았다. 통일된 독일 국민국가를 건설하려는 꿈은 1848~1849년 혁명의 와중에 거의 실현될 뻔했지만, 좌파의 분열로 인해 무너지고 반동주의자들에 의해 좌절되었다. 그후 수십 년 동안 보수적인 프로이센 정치가 비스마르크는 이전 혁명가들이 계획했던 자유민주주의 체제가 아닌 권위주의적인 프로이센 군주제 체제에서 독일 통일을 달성하려는 노력에 혼신을 다했다. 프로이센 하원 예산위원회에서 군사적 대비태세를 요구하는 연설을 하면서 비스마르크는 이렇게 말했다. "우리가 직면한 시대적 문제는 연설이나 다수 의결로 해결되지 않을 것입니다. 1848년과 1849년에 저지른 커다란 과오가 바로 그것입니다. 그 문제는 철과 피로써 해결될 것입니다."[2]

프로이센은 오늘날 독일 통일전쟁이라고 알려진 연속적인 세 차례의 전쟁을 수행했다. 당시에는 그 누구도, 심지어 비스마르크조차도 어떤 정교한 계획을 갖고 있지 않았다. 그러나 프로이센 총리 비스마르크는 유럽의 외교 상황을 교묘하게 이용해 크고 작은 국가들이 서로 대립하도록 만들었다. 이 전쟁들에서 프로이센의 주요 관심사는 영토를 직접 정복하는 것이 아니었다. 그보다는 프로이센이 주도하는 독일 국가 통일이 당시 유럽 5대 강국 사이에 존재하던 미묘한 세력 균형을 완전히 뒤집지는 않으면서도 큰 영향을 미치게 될 것이라는 점에서 매우 유용할 뿐 아니라 불가피하다는 것을 관련된 모든 이들에게 보여주는 것이었다.

첫 번째 전쟁은 덴마크 왕국에 완전히 편입되지는 않았지만 덴마크 왕이 통치하고 있던 슐레스비히-홀슈타인 공국을 둘러싸고 덴마크와 치른 전쟁이었다. 1863년 덴마크 왕이 슐레스비히를 자신의 왕국으로 통합하는 새로운 헌법을 만들었을 때 — 홀슈타인과 달리 슐레스비히는 덴마크어를 사용하는 주민들을 포함하고 있었으며, 독일연방의 일부가 아니었다 — 비스마르크는 이에 반대했다. 그는 새로운 헌법을 요구했지만, 1864년에 덴마크 측은 프랑스와 영국이 프로이센과 오스트리아에 맞서서 자신들의 편에 설 것이라고 가정해 비스마르크에게 반격을 가했다. 하지만 덴마크를 지원하는 우방은 없었고, 덴마크는 빠르게 패배했다. 이후 체결된 빈 조약에서 프로이센은 슐레스비히에 대한 관할권을 획득했고, 그 결과 프로이센은 킬 항구와 홀슈타인을 통과하는 군사적 회랑지대를 차지하게 되었다. 그리고 홀슈타인은 프로이센의 약하고 불안한 동맹국인 오스트리아의 지배를 받게 되었다. 이제 프로이센과 오스트리아가 전쟁을 향해 나아가게 된 것은 놀라운 일이 아니었다.

전쟁은 1866년에 발발해 단 7주 만에 종결되었다. 이탈리아와 프랑스의 중립을 확보한 후, 프로이센은 홀슈타인으로 진군해 독일연방의 영역을 넘어섰다. 그러자 하노버, 작센, 바이에른, 바덴, 뷔르템베르크를 포함한 독일연방이 프로이센에게 선전포고를 했다. 프로이센은 신속하게 오스트리아와 다른 독일 국가들의 군대를 특히 중요한 쾨니히그레츠 전투에서 격파했다. 비스마르크는 제3국의 개입을 피하기 위해, 몰트케가 빈으로 군대를 보내기 전에 전쟁을 신속하게 끝내버렸다.

해체된 독일연방은 프라하 조약(1866)에서 마인강 북쪽에 있는 22개의 국가와 공국으로 구성된 북독일연방으로 대체되었다. 북프로이센이 지배적 역할을 수행하고 제국의회를 보유한 북독일연방은 빌헬름 왕을 대통령(그리고 당연하게도 프로이센 왕), 비스마르크를 연방 총리로 임명했다. 바이에른은 프랑스가 바이에른을 공격할 경우 프로이센과 동맹을 맺기로 하는 조약을 체결했으며, 프로이센은 프랑크푸르트, 하노버, 나사우, 헤센-카셀, 슐레스비히-홀슈타인도 병합했다. 그러나 바이에른, 바덴, 뷔르템베르크, 헤센 대공국의 일부가 아직 북독일연방에 들어오지 않고 있었다. 이 때문에 대부분의 관측통의 눈에는 비스마르크가 그들의 통합을 강력히 추진할 기회를 모색할 것이며, 그 방법은 무력 정복이 아니고 공동의 적에게 맞서 함께 승리를 거두는 것이 되리라는 사실이 분명해 보였다.

이런 상황에서 프랑스가 비스마르크에게 가장 유력한 표적을 제공했다. 1866년 이후, 현명한 지도자들이 지휘봉을 잡지 않는 한 프랑스와 프로이센은 전쟁으로 치닫고 있음이 분명했다. 지난 10년 동안 나폴레옹 3세는 수치스러운 사건과 안 좋은 경험을 너무 많이 겪어서 프로이센을 향해 어떤 야망도 갖기 어려운 상황이었다. 1860년대 초 프랑스는 멕시코 공화국에 개입해 영향력을 행사하려다가 좌절해 번번이 당혹스러운 상황에 빠졌으며, 폴란드가 러시아로부터 독립하기 위해 투쟁할 때에는 소외되었으며, 1866년에는 중립을 지켰다는 이유로 무시당했다. 전쟁의 위기 속에서, 나폴레옹 3세는 프로이센에게 프랑스가 폴란드-러시아 분쟁에 개입하지 않는 대가로 벨기에와 룩셈부르크를 합병하는 것을 허용해달라고 요구했으나 이 역시 괜한 선택이었다. 4년 후 비스마르크는 이 요구를 프로이센에게 유리한 방식으로 활용했다.

1870년 초엽, 나폴레옹 3세는 20여 년의 집권 끝에 자신의 입지를 굳히는 듯 보였다. 황제 나폴레옹 1세의 조카인 루이 나폴레옹 보나파르트는 1848년 이래 프랑스를 이끌어왔었다. 그는 제2공화국을 수립한 1848년 혁명에 뒤이어 치러진 대통령 선거에서 승리하기 위해, 자신의 이름을 걸고 노동자 계급을 지지한다는 주장을 내세웠다. 그런데 그는 1851년 12월 2일, 공화국을 해체하는 쿠데타를 일으켰고, 1년 후 스스로를 황제로 선언하며 제2제정으로 일컬어지는 정권을 세웠다. 이후 수년 동안 그는 상류층과 소작농들 사이에서 광범위한 지지를 받으며 상업과 산업, 은행과 공공사업을 육성했다. 그 결과 수출이 증가했는데, 특히 야금업과 사치품이 그 중심이었다. 또한 프랑스 투자자들이 철도와 수에즈 운하를 포함한 주요 건설 프로젝트를 지원하면서, 프랑스 사업가들은 충분한 자금을 확보할 수 있었다.

나폴레옹 3세가 제2공화국을 해체하자 망연자실한 1848년 급진파 세대는 다른 나라로 망명하거나 개인 사생활로 물러났다. 하지만 보나파르트주의 왕조를 세우고 자유로운 결사를 축소하고 검열을 시행하려는 나폴레옹 3세의 의도에도 불구하고, 제2제정 시기에는 광범위한 공화주의 문화가 발전했다. 강력한 경제가 사업가와 전문직으로 구성된 중산층의 성장을 뒷받침한 덕분에 1850년대와 1860년대에 시민 사회가 번영을 구가했다. 프리메이슨리freemasonry〔인도주의적 박애주의를 지향하는 우애단체 혹은 동호회〕, 파리의 주점, 대학, 예술계뿐만 아니라 유대교, 프로테스탄트의 종교회의가 그 주역이었다.

나폴레옹 3세는 보편적인 남성 선거권을 유지했지만〔당시 유럽에서 보편적인 남성 선거권을 주장할 수 있는 나라는 프랑스가 유일했다〕, 유권자들에게 실질적인 선택권은 거의 주어지지 않도록 했다. 각 부처 장관들은 유권자가 아니라 황제 자신에 대해서만 책임을 져야 했으며, 오직 황제만이 입법을 제안할 수 있었다. 나폴레옹 3세는 사회 질서 유지를 약속하고 가톨릭교회와 화해함으로써 보수주의자들의 성장을 촉진했다.

1860년대에 나폴레옹은 '자유로운 제국liberal empire'을 만들고자 한다고 발표했는데, 여기에 담긴 의도는 야당의 정치적 목표 일부를 수용함으로써 그들을 와해시키는 것이었다. 1860년, 프랑스와 영국은 자유무역 협정을 체결했고, 곧이어 의회는 국가 예산안을 승인할 권리를 확보했다. 언론과 노동에 대한 규제는 완화되었다. 1868년에는 나폴레옹 3세가 집회의 자유를 허용하면서 각종 클럽과 협회 활동이 활발해졌다. 그러나 이러한 변화는 야당 세력을 와해시키는 것이 아니라 오히려 공화주의자들이 지지를 얻을 수 있는 또다른 수단을 제공해주었다. 이제 20여 년의 세월을 거치는 동안 풍부한 경험을 쌓은 1848년의 젊은 이상주의자들은 여전히 프랑스인이 지도자를 자유롭게 선출할 수 있는 미래를 상상했다. 물론 그 미래의 성격이 정확하게 어떤 것인지에 대해서는 아직 커다란 논란의 여지가 남아 있었다. 몇 안 되는 야당 정치 지도자들은 힘겹게 의회에서 의석을 확보할 수 있었다.

1869년 선거가 당황스러운 결과를 초래한 후, 황제는 의회에 상당한 권한을 부여하는 헌법 개정을 제안했다. 그리고 나서 그는 1870년 5월에 국민투표를 실시해, 유권자들이 1860년 이래로 단행된 자유주의적 개혁에 찬성하는지 물었다. 그는 이 교활한 질문지를 통해 유권자들이 더욱 급진적인 변화를 향한 열망을 표현하기 어렵게 만들었다. 파리와 마르세유를 제외한 프랑스 전역에서 시행된 1870년 5월의 국민투표는 83퍼센트의 찬성으로 통과되었던 것이다.

그후 1870년 여름, 나폴레옹 3세의 입지는 견고해 보였지만, 그동안 반대파가 얼마나 강하게 성장했는지를 파악하는 것은 불가능했다. 게다가 1870년 7월 초 프랑스는 동맹국도 없었고, 공식적인 미래 계획이나 뚜렷한 군사적 목표도 없었다.

당장 전쟁을 초래할 위기는 에스파냐의 왕위 계승을 둘러싼 갈등에서 시작되었다. 비스마르크는 이 위기가 강력한 군주가 이끄는 독일 통일을 이루고자 하는 자신의 목표를 추진하는 데 도움이 될 것이라고 확신했다. 그래서 그는 배후에서 외교 전략을 통해 위기를 유도했다. 에스파냐가 빌헬름 왕의 친척인 레오폴트 폰 호엔촐레른-지크마링겐 Leopold von Hohenzollern-Sigmaringen 왕자에게 왕위를 물려주도록 독려한 사람이 바로 비스마르크였다. 그리고 프랑스와 프로이센 사이의 분쟁은 평화적으로 해결할 수 없다고 확신하고, 이때가 프랑스의 야심을 견제할 좋은 기회라고 판단한 것도 비스마르크였다. 프랑스는 수백 년 동안 합스부르크 왕조의 프랑스 포위 전략에 불만을 품어왔던 것처럼, 레오폴트 왕자의 에스파냐 왕위 계승을 유럽의 세력 균형을 위협하는 프로이센의 포위 전략이라고 판단해서 이에 반대했다. 결국 레오폴트 왕자에게 에스파냐의 왕위를 물려주려는 비스마르크의 시도는 철회되었다.

하지만 이미 프랑스가 프로이센을 상대로 전쟁을 원하도록 여론을 자극해버린 프랑스 제국의회의 많은 사람들은, 이제는 자제하기를 원했음에도 불구하고 더이상 뒤로 물러설 여지가 없었다. 프랑스 외무부 장관 그라몽 Gramont 공작은 나폴레옹 3세의 지지를 얻어, 프로이센의 빌헬름 왕에게 호엔촐레른 가문의 수장으로서 앞으로 이와 같은 제안 (프랑스 포위 전략을 뜻한다)을 하지 않겠다고 약속하도록 압박했다. 하지만 이는 어떤 통치자도 결코 할 수 없는 약속이었다. 빌헬름 왕은 이날 엠스(라인란트팔츠주에 위치한 도시)에서 프로이센 주재 프랑스 대사 베네데티 Benedetti 백작과 환담을 나누며 정중하게 이에 대한 거부 입장을 밝혔다. 그런데 비스마르크는 국왕의 거절을 더 퉁명스럽고 모욕적으로 보이게 편집해서 세간에 공표했다. 이른바 엠스 전보 사건이다.

한편 파리에서는 이 소식을 접한 전쟁부 장관 에드몽 르뵈프Edmond Leboeuf가 신속하게 군 동원령을 내려야 한다고 선동했고, 외무부 장관 그라몽은 계속 전쟁을 일으킬 기회를 노렸다. 그러다가 7월 14일, 각료회의는 예비군을 소집하기로 결의했다. 다음날 그라몽과 총리 에밀 올리비에Émile Ollivier는 의회에서 전쟁 채권 발행에 대해 찬반을 묻는 표결을 제안했다. 아돌프 티에르Adolphe Thiers를 비롯한 몇몇 야당 의원들은 이에 반대했다. 하지만 의원 대부분은 여론의 흐름과 각료들의 신념에 따라 표결에 들어갔으며, 그 결과 찬성 245 대 반대 10으로 전쟁 채권 발행건을 통과시켰다. 프랑스는 다음날 동원을 시작했고, 7월 19일에 공식적으로 전쟁을 선포했다.

프랑스에서 전쟁 채권 발행에 관한 투표가 끝난 후 며칠 동안, 감상적인 민족적 충성심의 거대한 물결이 유럽 전체에 휘몰아쳤다. 전쟁 분위기에 휘말린 사람들은 들판과 도시 광장에서, 전신과 인쇄기를 통해, 공개적인 선언과 개인적 대화에서, 그들이 선택했든 강요받았든 전쟁 지지 의사에 대해 입장을 정리했다. 그들은 어떤 이들과는 적이 되고 다른 이들과는 새로운 파트너가 되는 법, 또는 교전 당사자가 아닌 경우에는 신중하게 중립 노선을 유지하는 법을 배웠다. 하지만 알자스나 바이에른의 많은 사람에게 이제까지의 동맹을 적으로, 그리고 적을 동맹으로 다시 규정하는 것은 온전히 받아들이기 어렵기도 하거니와 모순되는 일이었다.

프랑스 의회에서 전쟁 채권 발행 안건이 의결되었다는 소식은 7월 15일 오후 베를린에 도착했다. 한 목격자는 이 소식이 베를린에서 "두려울 만큼 엄중하게 받아들여졌다. 힘겹게 억누르고 있는 분노 때문에 모두의 뺨이 벌겋게 달아올랐다. 결연함도 있다"고 보고했다.[3] 군중은 깃발로 뒤덮인 기차역 주변에서, 그리고 운터덴린덴과 프리드리히 거리를 따라 줄지어 서서, 그날 엠스를 출발해 저녁 8시 40분경에 베를린에 도착할 예정인 왕을 기다렸다. 마침내 왕과 왕세자, 비스마르크와 몰트케 행렬이 도착했다. 왕세자가 군중에게 전쟁이 일어났음을 알리자 군중은 환호와 함께 전쟁에 찬성한다고 외쳤다. 한 관찰자는 다음과 같이 기록했다. "앞으로 전쟁이 이 나라에서 강력한 지지를 얻으리라는 사실은 의심할 여지가 없으며, 이는 많은 것을 의미한다. 바로 모든 사람이 나라를 위해 행동하고 희생하게 될 것임을 뜻한다. 모두가 죽음도 불사하는 끔찍한 전쟁이 될 것이다."[4]

전쟁 동원을 알리는 현수막과 전단지가 제작되었으며, 모든 사람이 자발적으로 군대에 지원할 것이라는 기대 속에서 도시 전역에 배포되었다. 엘베강에서 라인강으로 이어지는 4개의 주요 철도 노선에서 이제 민간을 위한 운행은 중단되고, 병력 수송만 가능해졌다. 7월 15일에 논의된 동원 계획에 따르면, 북독일연방에서 동원된 군인 24만 명이 5일 이내에 라인강 전선에 투입되고, 곧이어 예비군이 추가 투입될 예정이었다. 프로이센은 첫날부터 부분 동원이 아닌 총동원령을 내렸다.

그날 밤 11시가 되자, "놀라움이 기쁨으로 바뀌었다. 도시 전체가 기쁨에 도취되었다. 군중은 팔짱을 끼고, 전쟁 군가를 부르며 거리를 따라 걸어갔다. 어떤 사람들은 소리치고, 어떤 사람들은 웃고, 어떤 사람들은 재담에 빠져들었다." 프랑스가 에스파냐의 왕좌를 둘러싼 외교적 위기에서 수행한 역할을 비웃는 이야기였다. "한 사람이 다른 사람의 멱살을 잡고 소리친다. '내 이웃집 딸이 당신 조카를 사랑하오. 그런데 당신 조카는 그녀와 아무 관련도 없겠지만, 만일 당신이 조카가 그녀와 절대 결혼하지 않을 것이라고 선언하지 않는다면, 나는 당신을 때려눕힐 거요.'"[5] 그들이 부른 루터교 찬송가에는 애국적인 노래들이 섞여 있었다. 종교적 경건함과 애국심은 거의 구별하기 어려웠다.

여러 독일 국가의 지도자들은 앞다투어 프로이센이 표방하는 대의명분에 동참해 헌신할 것임을 밝혔다. 자유도시 함부르크에서는 상공회의소가 빌헬름 왕에게 독일의 명예를 지키기 위해 헌신할 것임을 밝히는 전보를 보냈고, 이 소식은 왕에게 '자존심과 평정심'을 가득 채워 주었다.[6] 브레슬라우에서는 전쟁 소식에 '폭풍과 같은 열기'가 터져 나왔다.[7] 1867년에 북독일연방에 가입한 헤센 대공국에서는 총리가 7월 20일 독일의 국경이 뚫렸다고 선언했다. 전쟁 채권을 승인해달라는 그의 요청은 의회에서 '독일, 프로이센의 왕, 그리고 대공을 위한 환호 속에' 기꺼이 받아들여졌다.[8] 1848년에 연방의회의 소재지였다가, 1866년에 자유 제국도시 지위를 상실했던 프랑크푸르트조차 이제 통일된 독일을 전적으로 지지하는 것처럼 보였다.

물론 독일 야당의 반전反戰 움직임이 어느 정도 강했는지를 가늠하기는 어렵지만, 분명 모든 독일인이 승리를 확신한 것은 아니었다. 통일 지향적이고, 비스마르크의 영향을 강하게 받고 있던 민족자유당National Liberals이 언론을 견고하게 장악하고 있던 시기에, 대중의 여론은 사실 여러 신문에 노출된 열광적인 여론과 일치하지 않았다. 민족자유당이 전쟁에 관한 부정적인 기사를 신속하게 검열했기 때문에, 독일인이 갖고 있던 전쟁에 대한 회의적 입장에 관해 우리가 제시하는 자료는 일반 언론이 아닌 다른 출처에서 입수한 것이다. 예를 들어 베를린에서 나타난 주식 투매(패닉 셀링)는 전쟁을 지지하는 듯 보인 투자자들의 실제 심리 상태와는 정반대 현상이었다. 최근 프로이센이 병합한 프랑크푸르트와 마찬가지로, 하노버에서는 "프로이센에 대한 증오심에 투덜거리고 치를 떨면서 각자의 길을 가고, 심지어 공개적으로 또는 비밀리에 적에게 동조"하는 사람들도 있었다.[9] 초기에 종교계의 언론과 일부 설교자들은 전쟁을 전통적인 종교적 관점에서 해석했다. 신이 내리는 벌이므로, 신자들은 참회해야 한다는 것이었다. 물론 자유주의 언론은 이러한 종교적 해석이 비애국적이라고 선언했으며, 전쟁 초기에 독일의 승전보가 전해지자 이런 해석은 모두 사라졌다.

남독일 국가들의 전쟁 동원을 요구하는 조약들이 존재했지만, 많은 관찰자의 마음속에 그래도 과연 이것이 성사될 수 있을지에 대한 의심이 파고들 여지는 충분했다. 엠스 전보가 도착하기 직전까지는 남독일 국가들이 전쟁에서 중립을 지킬 가능성이 현실적으로 남아 있었다. 바이에른의 많은 사람들은 호엔촐레른가의 왕자가 에스파냐 왕위를 계승하도록 하는 전쟁에 왜 자신의 아들을 보내 목숨을 바치게 해야 하는지 이해할 수 없었다. 프로이센 지도부는 남독일 국가들이 전쟁에 참전할 경우 신속하게 공격하겠다는 나폴레옹 3세의 위협 때문에 그들이 전쟁에 참여하지 않을까봐 우려했다.

그러나 엠스 전보와 프랑스의 선전포고 이후 중립을 표방하는 집단들은 신속히 사라졌다. 바덴은 손쉽게 프로이센 진영으로 넘어갔다. 바덴 정부는 자신들이 프랑스군에게 점령되는 것을 원치 않았기 때문에,

즉각 동원령을 내렸다. 바덴의 참전으로 인해 프랑스 동쪽 국경에 전선이 형성될 가능성이 높아지자, 프랑스는 이제 독일군 병력이 어느 지역에 집중할지 예상하기 어려운 상황 때문에 혼란에 빠졌다. 헤센 대공국도 처음에는 망설였지만 곧 프로이센 연합군에 합류했다. 뷔르템베르크는 빌헬름 왕의 엠스 전보가 대중에게 알려지자, 재빨리 프랑스에 등을 돌렸다.

바이에른은 가장 설득하기 어려운 지역이었다. 바이에른의 외무부 장관이자 의회 의장이었던 오토 폰 브라이-슈타인부르크Otto von Bray-Steinburg 백작은 바이에른이 중립을 지키거나 프랑스 편에 섰다가 패배할 경우 프로이센으로부터 가혹한 처분을 받을 것이지만, 만약 프로이센 편에 섰다가 패배한다면 프랑스는 바이에른이 여전히 독립적 지위를 유지하기를 원할 것이라고 생각했다. 그래서 브라이-슈타인부르크는 동원을 실시하도록 루드비히 왕을 설득했다. 그런데 의회를 설득하는 것은 이보다 더 어려웠다. 결국 의회는 이 문제를 표결에 부쳤고, 101 대 47로 전쟁 채권 발행 규모의 70퍼센트를 승인하기로 결의했지만, 전쟁 선포는 거부한 채 그 과제를 내각에 위임했다. 결국 바이에른은 공식적인 전쟁 선포 없이 전쟁에 돌입했다.

바이에른, 뷔르템베르크, 바덴이 프로이센 편에서 전쟁에 참가하기로 한 것은 이제 독일의 위상이 어떤 성격을 지니며, 얼마나 강력한지를 분명히 보여주었다. 한 관찰자는 "바이에른은 자신을 프로이센과 동일시할 준비가 되어 있음을 분명히 과시함으로써, 이 전쟁이 너무나 무모하고 정당화될 수 없을 정도로 도발된 것이긴 하지만, 궁극적으로는 통일된 독일과의 전쟁이라는 사실을 확실히 입증해주었다. 그들에게는 그만큼 확신이 있으며, 이러한 믿음은 사실들에 의해 충분히 입증된다"라고 기록했다.[10] 물론 독일 국가들 사이에는 공식적으로 표현된 전쟁에 대한 열망에서 차이가 있었다. 하지만 이들은 프랑스와의 갈등 과정에서 발생한 공통된 부담과 슬픔, 기쁨을 공유했고, 이는 대중의 정서가 공통된 하나의 독일 국가를 향해 빠르게 움직이도록 했다. 이러한 공동체 의식은 그때까지 그들을 갈라놓았던 개별적인 특성과 관습, 충성심을 약화했다.

뮌헨에서 디트리히 폰 라스베르크는 막사에서 병사들의 출발을 돕느라 분주했다. 뮌헨의 거리를 걸어가면서, 라스베르크는 자신이 하는 일에 자부심을 느꼈고 낯선 사람들이 보내는 존경 어린 시선을 즐겼다. 계속해서 도착하는 예비군이 행진에 가담했다. 장교들이 지명되었다. 이 장교들이 동원되었다는 사실은 그들이 평상시에 군대에서 수행했던 노력이 인정받았다는 것을 의미했다. 전쟁이 점점 다가오자, 그들은 장교로 임명되기를 고대했고 스스로 가치 있는 존재가 되기 위해 준비했다. 왕족이 오고 가는 것은 그리 중요하게 생각하지 않았다. 라스베르크는 빌헬름 왕이 뮌헨에 도착한 사실을 언급조차 하지 않았으며, 프리드리히 빌헬름 왕세자가 도착하기 전에 전선으로 떠났다.

대대들이 기차를 타고, 또는 아직은 멀쩡한 새 군화를 신고 뮌헨 남부의 퇼츠를 향해 뜨거운 걸음으로 행군할 때, 라스베르크는 행복한 마음으로 그들과 동행했다. 그러고 나서 퇼츠 막사에서 업무를 수행한 후에 다시 뮌헨으로 복귀했다. 행군 도중에 라스베르크는 걸음을 멈추고 한 젊은 여성에게 알프스 장미와 에델바이스 한 다발을 건네주었다. 라스베르크는 지역 주민들이 병사들에게 키스를 날리고 아침을 여는 활기찬 템포의 노래를 불러주자 기쁨에 젖었다. 뮌헨으로 돌아오자마자, 그는 자신의 군화를 구두닦이에게 맡겨 깨끗이 닦게 했다. 7월 22일, 그는 뮌헨에서 하루를 보내며 친지들을 찾아 작별 인사를 나누고 발의 피로를 풀며 쉬었다.

이제 현실이 시작되었다. 라스베르크는 자신 앞에 "거대하고 알 수 없는, 어쩌면 암울한 미래가 놓여 있다. 심지어 나는 다시 가족을 만날 수 없을지도 모른다"는 사실을 깨달았다. "아침에 우리는 함께 교회에 갔고, 하느님이 우리를 보호해주시길 기도했다."[11] 집에서 보낸 마지막 날인 7월 23일, 라스베르크는 "전진에 대한 기쁨에도 불구하고" 마음이 힘들었다. 동생 루돌프는 그날 오후 3시에 막사로 떠났다. 그들은 "프랑스에서 다시 만나자"는 희망적인 인사를 나누며 헤어졌다. 라스베르크는 3명의 어린 동생, 베르타(10세), 프란츠(8세), 게오르크(7세)와 함께 전쟁에 대해 이야기하며 저녁을 보냈다. 그들은 궁금하게 생각했지만, 라스베르크 자신도 사실 상상조차 할 수 없는 실제 전쟁에 대한 '재미있고 웃긴 질문들'이 대화 주제였다.[12] 라스베르크는 자기 가족이 프랑스군의 침략이나 군인들에게서 옮을 질병 때문에 곤경을 겪을 것이라고는 염려하지 않았다. 그는 다음날 새벽 4시 30분에 어머니의 집을 출발했다. 눈물을 보이지는 않았지만, 이별은 아주 아주 힘들었다.[13] 어머니는 그의 이마에 성호를 그었는데, 이는 라스베르크에게 주는 마지막 축복일 수도 있었다. 아침 6시에 라스베르크는 동료들과 함께 군가를 부르며 행진했다. 그의 어머니와 형제자매들은 역까지 배웅을 나왔으며, 라스베르크와 동료들은 떠나면서 환호hochs와 만세hurras를 힘차게 외쳤다. 라스베르크는 자신이 곧 몇 차례의 중요한 전투, 앞으로 다가올 수십 년 동안 유럽의 흐름을 바꿀 중요한 전쟁에 투입될 것이라는 사실을 아직 알지 못했다. 이후 몇 달 동안, 그는 그때까지만 해도 전혀 생각조차 하지 못했던 폭력적인 행위들을 눈앞에서 목격하고 또 직접 가담했다. 프랑스와의 전쟁은 곧 한여름의 모험 따위가 아니라, 그의 인생에 결정적인 영향을 준 사건이 되었다. 그의 가족과 그의 나라는 결코 전쟁 전의 상태로 돌아갈 수 없었다.

바이에른이 전쟁에 가담한 사실을 모두가 그렇게 기뻐한 것은 아니었다. 뮌헨에서 북쪽으로 약 580킬로미터 떨어진 포츠담에 머물고 있던 프리드리히 빌헬름 왕세자는 일기에 자신이 남독일 군대를 포함한 제3군을 이끌게 된 것에 대해 실망감을 털어놓았다. 그는 이렇게 적었다.

그동안 우리에게 너무나 냉담한 자세였고, 우리 동맹 가운데 가장 훈련되지 않은 이들 부대와 한편이 되어, 가장 효율적으로 준비된 적과 맞서 싸워야 한다는 것은, 최고로 막중한 책임을 요구하는 일이다. 게다가 적은 오래전부터 이 전쟁을 위해 준비해왔으며, 남독일 국가들이 빌헬름 왕의 동원령에 기꺼이 동의하기 오래전부터 분명히 남독일을 침략하기를 원해왔다.[14]

많은 관찰자와 마찬가지로 프리드리히 빌헬름은 프랑스가 신속하게 군대를 동원해 첫 번째 공격을 감행할 것이라고 생각했다. 그리고 1866년 쾨니히그레츠 전투의 영웅이었던 자신이 영광의 기회를 놓칠까봐 걱정했다.

선전포고 후 일주일 동안 왕세자는 포츠담과 베를린에 머물렀다. 그는 포츠담 수비대 교회에 가서 찬송가 '내 주는 강한 성이요'를 불렀고, 루이제 여왕의 기일에 자신의 조부모 묘지를 방문했으며, 4년 전에 두 살의 어린 나이로 사망한 아들 지기스문트의 무덤에서 기도를 드렸다.

왕세자는 보도를 통해서, 남독일을 포함한 도처에 전반적으로 전쟁과 통일에 대한 열정이 넘쳐난다는 소식을 전해 듣거나 직접 그런 장면을 보고 놀라움을 금치 못했다. 그는 전쟁에 반대하는 여론이 있다는 보고는 듣지 못했거나, 이를 기록으로 남기지 않았다. 대신에 그는 이렇게 적었다. "누구나 진정으로 이렇게 말할 수 있을 것 같다. 독일 전체가 프랑스의 부당한 도발에 직면해 마치 한 사람처럼 일어섰다고 말이다. 독일은 분명하게 다시 통일을 확립할 것이다."[15] 그는 지금까지 단 한번도, 물론 1866년 프로이센-오스트리아 전쟁이 선언되었을 당시에도 전 독일이 이토록 공개적으로 흥분하고 열광하는 모습을 보지 못했었다. 그의 부친인 왕은 바이에른과의 관계를 공고히 하기 위해 7월 17일 뮌헨으로 향했다. 프로이센에겐 다행스럽게도 뮌헨의 군중은 환호와 존경의 표현으로 모자를 벗으면서 그를 맞이했다. 그리고 그들은 '독일인의 조국은 어디인가'를 포함한 독일 통일의 노래들을 불렀다.

그러나 왕세자는 여전히 자신이 그저 예비군으로만 쓰려 했던 남독일군에 대한 지휘권이 자신에게 부여된 것에 대해 분개했다. 그는 이런 태도를 지닌 채 뮌헨으로 떠날 준비를 했다. 독일인 사이에, 다시 말해 프로이센과 바이에른 사이에는 상호 반감이 존재했다. 슈바인푸르트에서는 바이에른의 농부들이 아직 익지도 않은 푸른 옥수수를 베어버렸다. 이곳을 가로질러 행군할 적들, 즉 프로이센인들이 그 옥수수들을 훼손하지 않도록 하기 위해서였다.

파리에서는 전쟁을 지지하는 시위가 압도적이었다. 제2제정 시기에 금지되었던 혁명가 '라 마르세예즈'가 다시 허가되었다. 경찰 보고서에 따르면, 지난 수년간의 굴욕에 대해 보복하고자 하는 프랑스인들의 열정은 80년 전, 즉 1792년 프랑스의 침략 당시 국경을 방어하려던 우리의 절박함처럼 뜨거웠다.[16] "황제 만세!", "전쟁 만세", "프로이센으로 진격하자!"를 외치는 학생들의 무리가 뤽상부르 궁전을 나서는 상원의원들을 환호로 맞이했다. 의원과 시민은 마찬가지로 에밀 올리비에 총리를 응원했다. 증권거래소나 프로이센 대사 베르테르Werther 남작의 관저에서, 또는 방돔 광장에 있는 올리비에의 호텔에서, 시위자들은 마치 어디에서 전쟁이 선포될지를 알고 있는 것처럼 보였다. 올리비에는 환호하는 군중에게 감사를 표하기 위해 이따금씩 발코니에 나왔다. 시민들은 기차역으로 행진하는 군인들에게 환호를 보내고 음료를 건네주었으며, 튀일리 궁전으로 가서 나폴레옹 3세가 전선으로 출정하기를 기다렸다.

군중이 나폴레옹 3세가 지난 수십 년 동안 심혈을 기울여 돌을 하나하나 쌓아가며 도시의 진열장으로 일구어낸 거리와 광장으로 쏟아져 나왔다. 파리는 조르주-외젠 오스만Georges-Eugène Haussmann 남작의 지휘 아래 도로의 길이가 두 배로 늘어났으며, 거리는 137킬로미터 추가되었고, 그 덕분에 철도역과 부두 및 시장 광장에 이르는 상업적 교통이 훨씬 용이해졌다. 거리는 주요 건축물로 장식되면서, 아름다운 경관을 만들어냈다. 파리는 도시 안에 있는 수많은 공원과 녹지대와 함께,

양편에 거대한 규모의 공원, 불로뉴 숲과 뱅센 숲을 갖게 되었다. 지하의 하수도는 지상의 거리와 평행하게 설치해 보다 발전된 하수처리 시스템을 통해 콜레라의 발병이나 질병으로 인한 사회적 혼란이나 불만을 줄일 수 있게 했다. 이렇게 도시의 질서와 평화를 구축하기 위해 나폴레옹 3세는 근대 과학과 관료제를 적극 활용했다.

파리의 재건 과정에서 그다지 부유하지 않은 파리 시민들은 도심에서 밀려나 그르넬, 보지라르, 벨빌, 몽마르트르를 포함해서 1860년에 파리에 속하게 된 외곽 지역으로 이주했다. 그런데 이 마을들은 합병 이전에 그들 나름의 고유한 소속감과 정체성을 갖고 있었으며, 이러한 지역적 결속감은 그곳이 독립된 마을에서 파리의 주변부로 변하게 되면서 오히려 강화되었다. 도시의 노동자 계급과 대규모 공장을 특징으로 하는 이 지역들의 환경은 이제 점점 더 부유하고 넉넉한 시내 구역과 뚜렷하게 분리되었다. 그런데 전쟁이 발발한 이 순간, 이들 외곽지대에서조차 전쟁에 반대하는 목소리가 있다는 보도가 없었다. 지도자들은 전쟁 와중에 혹시라도 이 지역들에서 혁명이 일어날 가능성이 있는지를 살펴보고자 시위대를 직접 관찰해야 했으며, 신문들은 지도자들에게 전쟁에 대한 '대중적 지지의 정도'가 얼마나 높은지를 전달하기 위해 지역민들의 가두 행진에 대해 보도했다. 그러나 전쟁에 대한 대중적 합의는 오래 지속되지 않았다.

하지만 적어도 이 순간은 파리 사람들이 전쟁의 대의명분으로 똘똘 뭉친 것처럼 보였다. 파리의 정치 신문 《콩스티튀시오넬Constitutionnel》은 파리의 거리, '피의 날'을 외치는 거리의 군중에 대한 오싹한 기사를 실었다. 거리에는 "물밀듯이 밀려드는 군중, '라 마르세예즈', '출정의 노래', '조국을 위해 죽자' 같은 호전적인 외침과 구호들이 사방에서 울려 퍼지고 있다"는 기사였다.[17] 그러나 《콩스티튀시오넬》의 기사는 한 어린아이가 '전쟁이여 영원하라 Vive la Guerre'라는 외침 속에 담겨 있는 모순을 발견했다고 보도했다. 그 아이는 이렇게 물었다. 만약 '전쟁 guerre'이 죽음을 의미하고 '영원하라 vive'가 삶을 의미한다면, 어떻게 '죽음을 살아라'라고 말할 수 있는가? 《콩스티튀시오넬》은 다가오는 미래를 내다보며 이렇게 기사를 끝맺었다. "20세기의 철학이 이렇게 '어린아이'의 입에서 예시되었다는 말인가?"[18]

파리 시민들은 파리 동부역에 도착해서 출정을 앞둔 군인들에게 환송하는 박수를 보냈다. 7월 16일 2시경, 제1진이 기차역에 도착하기 시작했다. 예정된 4시 15분보다 조금 이른 시점이었다. 시민들은 군인들이 대오를 이탈해서 함께 술 한잔을 하도록 부추겼으며, 이는 군인들이 열광하는 민간인들의 어깨에 올라타고 무기를 떨어뜨리는 등의 혼란을 초래했다. 페르피냥, 님, 릴, 타르브, 아미앵, 디종, 르아브르 등 프랑스 전역의 큰 지방 도시들에서 애국적인 시위 물결이 군인들의 출정을 알렸다. 기차가 마을을 통과할 때면, 마을 사람들이 군인들에게 빵과 맥주, 포도주를 건네주며 환영의 마음을 표현했다. 군인들이 전선으로 나아갈 때 프랑스 전역의 많은 사람은 프랑스가 승리할 것이라는 낙관적인 생각에 젖어 있었다.

전쟁에 반대하는 뚜렷한 목소리는 거의 나오지 않았다. 민주 공화제를 추구하는 극좌파는 반대의 목소리를 냈다. 부르봉 왕정의 회복을 꿈꾸는 정통파는 전쟁 문제를 둘러싸고 분열되었으며, 혁명기에 프랑스를 휩쓸었던 폭력을 연상시키는 뜨거운 애국심의 분출을 불신의 눈길로 바라보았다. 온건파 공화주의자들은 침묵을 지켰다. 프랑스에서 소수에 불과했던 개신교도들은 국경 너머의 종교적 형제들에게 맞서 무기를 드는 것에 경악했다. 그들은 1867년 만국박람회 때 프로이센 개신교도들이 방문하기를 기대했었고, 또 파리에 있는 루터파 비예트 교회에서 열린 오순절 예배에 프로이센 국왕이 축하 인사를 보내오기를 기대했었다. 모두 헛된 일이었다.

전국이 전쟁 동원체제로 넘어가면서 프랑스는 겉으로는 사회적으로 안정된 모습을 보였지만, 전쟁이 초래하는 경제적 충격은 이미 곳곳에서 감지되었다. 전쟁은 양측 모두에게 갑작스러운 무역 손실을 야기했다. 독일산 농산물과 금속·기계 등은 더이상 프랑스로 들어오지 않았고, 섬유 덕분에 제2제정 시기에 다섯 배로 증가했던 프랑스의 대독일 수출은 완전히 중단되었다. 비록 수많은 남성이 전쟁에 동원됨에 따라 실업률이 줄어들기는 했지만, 전 산업 분야가 고통을 겪었다.

1870년 7월, 농촌에서 일하는 사람들에게 가장 중요한 관심사는 수확이었으며, 군인들이 지나가면 그들이 땀 흘려 일군 농토에 어떤 일이 벌어질지 두려워했다. 프랑스 서북부 오른의 지사는 "모든 사람이 각자의 일을 수행하고 있다. 노인, 여성, 아이 들이 낫을 들고 바쁘게 일하고 있다. 낭비할 시간이 없기 때문이다"라고 기록했다.[19] 1868년 이래로 심하게 밀어닥친 장기적인 가뭄도 농부들의 걱정과 고통을 가중시키는 요인이었다. 6개월 동안 비가 거의 오지 않았다. 저수지는 거의 다 말라서 가축 사료가 될 작물을 재배하기가 어려웠다. 체념한 농부들은 비축된 농산물을 폭락한 가격에 팔기도 했다.

독일과 국경을 맞댄 지역에서는 전쟁 선포가 갈등을 고조시켰다. 특히 알프스에서 발원해 북해로 흘러드는 라인강 유역에 위치한 알자스의 프랑스 지역에서 그러했다. 로마 시대부터 라인강은 양국을 분리하는 국경이라기보다는 양국의 사람과 물자를 연결하는 장소이자 통로였다. 그럼에도 불구하고 알자스 지역은 오랫동안 두 나라가 서로 차지하고자 하는 분쟁 지역이었다. 이 지역은 거의 2세기 전 루이 14세 시대 이래 프랑스가 통치해왔지만, 독일어 사용자와 개신교 신자가 많이 살고 있었다.

이 지역의 갈림길에 위치한 스트라스부르는 문화적으로 번성한 성곽 도시였는데, 그곳 시민들은 민족 정체성이라는 범주로 뚜렷하게 구별되지 않았다. 많은 사람이 프랑스어와 독일어를 모두 사용하거나 그 사촌격인 알자스어를 사용했다. 개신교 신자들은 프랑스어를, 가톨릭 신자들은 알자스어를 사용할 수 있었다. 많은 알자스어 사용자는 자신을 프랑스의 혁명적인 전통과 동일시했고, 1848년 혁명에 직접 참가했다. 그들은 자신들이 프로이센 군주제의 지배를 받는다는 것을 상상할 수 없었다. 바덴 주민들이 일터에 가기 위해 또는 일상생활을 위해 정기적으로 국경을 넘어 알자스로 들어갔으며, 두 지역민 사이에 결혼도 흔했다는 사실은 사태를 복잡하게 만들었다.

프랑스가 프로이센에 선전포고를 했다는 소식은 스트라스부르에서 엇갈리는 반응을 불러일으켰다. 군인과 민간인들은 광장과 식당에서 서로 어울렸다. 앙리-에티엔 보니스Henri-Étienne Beaunis 박사는 "얼마나 열광적인 축제 분위기였는지 … 남자들은 서로 악수를 나눴고, 여자들은 미소 지었으며, 모두 서로에게 격려의 말을 보냈다"라고 당시를 회상했다.[20] 일부 사람들은 이 갈등이 가톨릭과 개신교 사이에 지속되어

온 적대감의 표현이라고 보았다. 가톨릭 가정의 아이들은 개신교 아이들에게 자신들이 곧 너희들의 집을 빼앗을 거라고 놀렸다. 지역의 주교가 오직 가톨릭 신자들만 프랑스를 위해 충성스러운 싸움을 벌일 것임을 암시하는 기도를 올리자, 개신교도들은 화를 냈다. 한 개신교 목사가 전쟁터로 나가는 군인들에게 신약 성경책을 주려고 하자, 경찰은 그것을 스파이들이 민감한 정보를 서로 공유하려는 은폐 작전이라고 주장하며, 이 책자를 몰수하고 관련된 남자들을 체포했다. 경찰에 따르면 이 책자는 실제로 '주아브zouaves'(경보병 계급), 그리고 '신약 성경'은 '대포cannon'를 뜻하는 것이었다.²¹

다른 이들은 도시에 계속 머무를지 아니면 떠나야 할지를 놓고 갑론을박을 벌였다. 어쩌면 국경 도시는 전투가 벌어질 것으로 예상되는 도시 외곽의 벌판보다 더 안전할 가능성이 있었다. 하지만 요새 도시는 적에게 포위되어 주민들이 굶주림과 포격 그리고 약탈의 대상이 될 수도 있었다. 한 여성은 "그럼에도 불구하고 어떤 인간도 예측할 수 없는 불행이 있다"라고 좌절하면서, 어떻게 하는 것이 자신의 어린아이들에게 최선일지 머리를 싸매고 고민했던 노력을 익명의 일기에 기록으로 남겼다.²² 심각한 토론 끝에, 그녀와 아이들은 그들이 여름을 보내던 교외를 떠나 스트라스부르로 돌아왔다. 방어망이 구축된 도시에서 그들의 행운을 시험해보기로 했던 것이다. 어딘가 다른 곳에서는 전투에 참가하기 위해 준비하고 있는 프랑스 군인의 수가 점차 많아지고 있었지만, 전쟁은 그녀에게 전혀 현실감 있게 와닿지 않았다. 그녀는 "이 모든 잘생긴 남자들이 죽거나 다칠 것"이라고는 상상조차 할 수 없었다. 그때까지 평화로운 삶을 살아온 그녀는 "전쟁이 무엇인지 모르기 때문에,

위와 같은 생각은 구체적으로 전혀 떠오르지 않는다"라고 기록했다.[23]

7월 말까지 프랑스 전역의 대부분의 지역들은 각각 개별적인 고민이 있기는 했지만, 어떤 지역들은 단순하게 전쟁이라는 사실을 받아들이고, 다른 지역들은 진정한 열정을 보이면서 전쟁에 가담하기로 결정했다. 8월 초에 이르자 초기의 불안감은 애국심과 군국주의를 공개적으로 과시하는 분위기로 변해갔다. 통치자들 사이의 전쟁은 국가 간의 전쟁이 되어갔다.

선전포고로 치닫고, 또 선전포고가 단행된 직후인 광란의 7월 한 달 동안에 프로이센은 다른 열강들을 이 분쟁에서 배제하기로 결단한 반면, 프랑스는 필사적으로 동맹국을 찾아 나섰다. 수많은 외교 채널이 한바탕 숨가쁘게 작동한 끝에 유럽 각국의 입장이 명확히 드러났다. 강대국과 약소국이 하나둘 중립을 선언하면서, 비스마르크는 수년 동안 추진해온 신중한 외교의 결실을 거두었다. 우리가 1차 세계대전의 시작과 연관시키는 이슈들, 즉 비밀조약, 벨기에의 중립, 프랑스 민주주의에 대한 미국의 관심 등은 이렇게 이미 1870년에 모두 드러났다. 여기서 우리가 떠올리게 되는 의문은, 세계대전이 왜 모든 강대국을 끌어들였는지가 아니라, 프로이센-프랑스 전쟁은 왜 그렇지 않았는가 하는 것이다.

중립을 선언하는 것은 그 자체로 자국이 힘이 있다는 선언이었다. 룩셈부르크는 프랑스와 프로이센으로부터 작은 나라 룩셈부르크의 국경을 존중할 것이라는 선언을 얻어내기 위해 프랑스와 프로이센에 의지했던 반면에, 네덜란드와 스웨덴, 노르웨이는 스스로 중립을 선언할 능력이 있었다.²⁴ 상충하는 이해와 상호 관계가 많았기 때문에, 가끔 동맹과 중립 전선이 교차하는 것은 놀랄 일이 아니었다. 인도 심라에 있던 영국 총리 비서실은 다음과 같은 두 가지 전보를 받았다. 7월 18일 런던발: "러시아가 프로이센 편에 가담했음." 7월 19일 런던발: "봄베이 전신국에서 방금 수신된 정정 보고: 러시아가 프로이센 편에 가담했다는 보고문 앞에 '~라는 소문에 따르면'이 생략되었음."²⁵ 러시아는 일주일 안에 자국은 중립을 지킬 것임을 확실히 했다. 이 분쟁이 러시아의 이해관계에는 위협이 되지 않는 듯했기 때문에, 러시아는 1863년 폴란드에서 봉기가 일어났을 때 프로이센이 러시아를 지원한 사실을 높이 평가했다.

오스트리아는 1859년 이탈리아 지방이 합스부르크의 지배에서 독립하고자 독립 투쟁을 일으켰을 때 프랑스가 피에몬테-사르데냐의 편에 서서 싸운 것에 대해 여전히 분개하고 있었다. 더 최근에 오스트리아는 외무부 장관 프리드리히 폰 보이스트 Friedrich von Beust를 통해 그라몽 공작이 7월 8일 의회에서 한 발언이 너무 위협적이며, 프랑스의 선전포고가 주제넘은 것이라고 인식하고 있었다. 프랑스와 동맹을 체결하기 위해서는 프로이센이 침략자처럼 보여야 했지만, 사실은 그렇게 느껴지지 않았기 때문이다. 어떤 경우든 오스트리아는 불과 4년 전에 프로이센에게 군사적으로 압도당했으며, 이번 기회에 그에 대한 복수가 가능할 것이라고는 여겨지지 않았다. 그러기 위해서는 적어도 프랑스가 승리할 것이라는 분명한 신호가 있어야 했는데, 상황은 그렇지 못했다. 7월 20일, 오스트리아는 중립을 선언했다.

마찬가지로, 이탈리아는 나폴레옹 3세를 돕겠다는 비토리오 에마누엘레Vittorio Emanuele의 비공식적인 성명을 지지하지 않았으며, 여전히 로마에 주둔하면서 이탈리아 국가로부터 교황의 주권을 보호하고 있던 프랑스 군인들과도 함께하지 않기로 했다. 피렌체의 많은 사람은 1860년에 이탈리아가 사보이아와 니스를 프랑스에게 빼앗긴 사실, 그리고 1866년에 프로이센이 이탈리아를 지원했다는 사실을 기억하고 있었다. 그 때문에 나폴레옹 3세는 기껏해야 미온적인 지원을 받는 데 그쳤다.

영국은 전쟁에 적극적으로 참여하지 않을 것 같았지만, 전쟁 위기는 영국이 그렇게 하도록 내버려두지 않았다. 1856년 크림 전쟁이 끝난 이후, 특히 1865년 총리 파머스턴이 사망한 이후, 영국은 유럽에서 중립과 불개입 정책을 추구했다. 항상 독일 국가들에 관심이 있던 빅토리아 여왕은 평화를 위해 개입하기를 원했고, 그래서 빌헬름 왕에게 개인적으로 호소했지만 성과는 없었다. 7월 초 외무부 장관이 된 그랜빌 경은 에스파냐 왕위 계승 위기의 폭발적인 위력에 놀라기도 했다.

영국 언론은 전쟁에 대해 각기 다른 입장을 보였다. 《타임스》와 《데일리 뉴스》는 분쟁의 원인으로 프랑스를 비난하는 입장이었던 반면, 《스탠더드》와 《포스트》는 프로이센에게 갈등의 책임이 있다고 주장했다. 아일랜드 더블린에서는 프랑스와 페니언스Fenians〔19세기와 20세기 초반에 아일랜드 공화국(1919~1922)을 건국하기 위해 결성된 페니언 형제단과 아일랜드 공화주의 형제단을 포괄적으로 부르던 이름〕를 지지하는 '괴물 시위'가 벌어졌다.[26]

한 영국인 작가가 보기에 이 모든 일은 권위주의 통치의 파산을 확인해주는 것에 지나지 않았다.

두 강대국이 거의 절대적 권력을 지닌 통치자의 강력한 열정에 의해 전쟁에 빠졌다는 사실은, 국민이 그런 통치자에게 자신들을 통치하도록 허용할 만큼 어리석었다는 사실을 보여주는 뚜렷한 증거다. 국민을 정당하게 대변하는 공화주의 정부가 있었다면, 근대 문명을 더럽히고 하늘의 분노를 불러일으킨 1870년 전쟁은 결코 발발할 수 없었다.[27]

다른 영국인 관찰자는 이렇게 물었다.

인류는 얼마나 오랫동안 부적절한 목표, 그리고 단지 특정한 군사적·정치적 지도자의 숭배에만 도움이 될 엄청난 국가적 암투로 인해 고통을 겪어왔는가? 모든 나라의 수많은 대중은 군인과 외교관들이 영광에 대한 광적인 사랑이나 괴물 같은 허영심에 난 상처로 인해 타오르는 복수심을 채워주기 위해 대체 언제까지 징병제와 폭정 그리고 막대한 세금을 감내해야 할까?[28]

비스마르크가 1866년에 나폴레옹 3세가 벨기에와 룩셈부르크에게 요구했던 비밀 사항을 폭로한 후, 영국은 전쟁을 멀리하고 있었다. 7월 25일, 1866년에 프랑스와 프로이센 사이에 체결된 조약의 초안이 《타임스》에 실렸는데, 프랑스가 룩셈부르크와 벨기에를 점령하도록 프로이센이 지원해주는 대가로, 프랑스는 오스트리아를 제외한 채 프로이센이 주도하는 통일된 독일을 지원한다는 내용이었다. 이 보도는 벨기에의 중립을 지키기 위해 영국이 분쟁에 가담해야 할 가능성을 높였다. 이틀 후 프랑스의 관보 《주르날 오피시엘Journal Officiel》은 이들 주제 중 일부가 1866년에 논의되었다는 것은 인정했지만, 구체적으로 그런 조약이 작성되었다는 사실은 부인했다. 《로이터 통신》은 "올리비에는 자신이 영국의 신뢰와 우정에 큰 가치를 부여하며, 늘 세계의 보전과 발전을 위해 프랑스와 영국의 결합을 가장 중요하게 여긴다고 선언했다. 그는 프랑스와 영국을 갈라놓으려 하는 사람들이 퍼뜨린 거짓 보도에 대해 반박하기를 간곡히 요청하고 있다"고 보도했다.[29]

8월에 영국은 이중 조약을 체결했다. 하나는 프랑스와, 다른 하나는 프로이센 및 북독일 국가들과 체결한 조약이었다. 조약 내용은 벨기에의 독립을 보장하고, 조약을 체결한 어느 한쪽이 벨기에를 침공할 경우 영국 정부가 군사적으로 개입하도록 의무화하는 것이었다. 동시에 의회는 해군과 육군을 2만 명까지 증원하는 법안을 승인했다. 그런데 영국 내각은 프랑스가 영국의 업체에서 무기를 구입하는 것을 금지하지 않았으며, 이는 프로이센의 분노를 촉발했다.

프랑스와 프로이센의 분쟁 소식은 대서양 횡단 케이블을 통해 미국에도 전해졌다. 이 케이블은 1858년에 처음 설치되었고 수명이 얼마 안 되는 케이블을 대체하면서, 불과 4년 전인 1866년부터 제대로 된 통신 수단으로 자리잡았다. 7월 15일, 하원의장 제임스 블레인James G. Blaine은 하원에서 선전포고를 알리는 긴급 공문을 읽었고, 많은 의원들의 박수갈채를 받았다. 그러나 미국 주재 프랑스 특사 뤼시앵-아나톨 프레보-파라돌Lucien-Anatole Prévost-Paradol은 전쟁을 받아들일 수 없었다. 저술가이자 언론인으로, 아카데미 프랑세즈 회원이었던 프레보-파라돌은 그동안 자유주의적인 제국의 가능성을 믿어왔고, 그래서 공화파 동료들의 반감에도 불구하고 나폴레옹 3세의 제국 내에서 자신의 지위를 수용해왔다. 나폴레옹 3세 제국이 일으킨 전쟁을 수용할 수 없었던 그는 7월 19일, 스스로 방아쇠를 당겨 목숨을 끊었다.

이 시점에 미국인들은 독일 국가들에 호감을 갖고 있었다. 19세기 중반에 미국으로 이주한 많은 독일인은 가족 관계와 강력한 상업적 유대를 통해 고국에 대한 유대감과 관심을 유지해왔다. 독일 이민자가 많이 살고 바이에른 출신이 다수인 신시내티에서 독일인들의 모임은 프로이센에 대한 열광적인 공감을 표명했다. 이미 7월 20일까지 주요 도시들에서 독일 이민자 사회는 전쟁으로 인해 생겨날 미망인과 고아들을 구제하기 위한 모금 활동을 전개했다.

또한 미국인들은 자신들이 최근에 겪은 내전의 관점에서 평가한 결과, 독일인들에 대해 호의적인 견해를 가지고 있었다. 8월 12일자 《뉴욕 포스트》는 국내 통상과 의무 교육, 독일식 군사훈련을 근거로 제시하며 독일의 진보와 위대함을 칭송했다.

> 독일에서는 계급과 재산, 지위와 관계없이 누구나 시민적 의무의 일환으로 군사 교육을 받아야 한다. 만약 오늘날의 독일 군인이 프랑스 군인보다 더 우수하다면, 그것은 그가 더 용감하기 때문이 아니라, 더 나은 교육을 받은 덕분이다. 또한 독일 군인이 우리 북군의 자원병처럼, 즉 고향을 지키는 사람이자 시민이며, 자신이 무엇을 위해 싸우는지를 알고, 또 거기에 관심을 가지고 있기 때문이다.[30]

게다가 나폴레옹 3세의 외모는 미국에서 극도로 인기가 없었다. 황제는 민주주의나 민족체nationhood(국민적 정체)에 반대되는 체제로서의 왕조를 의미했다. 미국 언론은 나폴레옹이, 전쟁에 동원되어 보나파르트를 위해 싸우다 죽을 사람들을 희생시키면서 자신의 개인적 이익을 추구하는 전쟁을 수행하고 있다고 믿었다. 비록 미국의 많은 언론인이 프랑스에 호감을 느꼈지만, 그들은 쿠데타로 제2공화국을 전복한 황제를 원망했으며, 이 전쟁이 공화주의를 짓밟으려는 또다른 수단이라고 보았다. 그들은 비스마르크와 프로이센 군주정이 추진하는 정치를 자세히 검토하지 않았기 때문에, 1860년대 프로이센에서 진행된 정치적 논쟁에 대해 잘 알지 못했다. 당시 탈중앙화되어 있던 프로이센 군대가 중앙 지휘부의 통제 아래 들어왔다. 미국 언론들은 전문성을 가진 직업 군인 대신 시민들을 징집하는 프로이센의 군사 제도를 호의적으로 평가했다. 미국인들에게 독일은 종교의 자유와 문화의 깊이를 가진 나라, 그리고 산업 국가이자 지적인 나라처럼 보였다.

게다가 프랑스는 남북전쟁 때 북군을 지지하지 않았는데, 이는 미국인들에게 프랑스가 독립전쟁 때 라파예트와 맺었던 유대 관계를 거부하는 것처럼 느껴졌다. 나폴레옹 3세에 대한 지지는 거의 유일하게 남부연합을 지지했던 신문들에서 나왔다. 이에 반해 독일은 미국이 발행한 전쟁 채권을 매입했고, 빌헬름 왕과 비스마르크는 북군에게 세 통의 축하 전보를 보냈었다. 그랜트 대통령이 《더 선》과의 인터뷰에서 한탄했듯이, 독일과는 달리 "멕시코에서 우리를 공격하고 있던 나폴레옹으로부터는 한 통의 전보도 받지 못했다." 물론 그랜트는 멕시코 전쟁 때문에, 그 전쟁이 아니었으면 남군에게 공급되었을지 모르는 물자가 소진된 것에 대해서는 높이 평가했다.[31]

정치가 어떻게 돌아가든, 유럽 대륙에서 전쟁이 발발할 전망은 특히 내전을 끝내고 재건을 위해 분투하던 미국에게 더 많은 현실적인 가능성을 열어주었다. 그랜트 대통령은 유럽에서 전쟁이 터지면 해외에 있던 미국인들이 고국으로 돌아와 철강·가죽·석탄과 같은 산업에 종사하게 될 것이고, 그 결과 미국이 전쟁으로 인해 노동비용과 물가가 상승한 유럽과의 경쟁에서 유리한 지위를 차지하게 되길 희망했다. 그는 "유럽에서는 더이상 미국보다 저렴하게 외투를 생산할 수 없을 것"이라고 예견했다. "우리의 공장들은 다시 돌아가기 시작할 것이고, 수입은 중단될 것이다. … 유럽의 군수물자 담당 부서에 우리의 빵 원료와 베이컨이 간접적으로 공급되어야 할 것이다."[32] 그는 전쟁이 발발하면 거의 즉각적으로 투자가 유럽에서 미국으로 옮겨갈 것이라고 기대했다.

전쟁 선포는 프랑스에 사는 독일인들에게 두려움을 주었다. 루이스 뱀버거Louis Bamberger가 쓴 《파리 안내서Paris Guide》(1867)에 따르면, 1870년 파리에는 "수많은" 독일인이 살고 있었다.[33] 1866년 인구조사에 따르면 파리의 총 거주자 215만 916명 중에서 독일인은 약 3만 4천 명으로 외국인 가운데 가장 많은 비중을 차지했다. 최근 연구자들은 19세기 동안 파리에 거주한 독일인의 수를 6만 명에서 12만 명 사이로 추정하고 있다. 파리 시민 20명 중 한 명이 독일인이었다. 이에 비해 독일 영토에 정착한 프랑스인은 매우 적었다. 프랑스 통계에 따르면 프로이센에는 6429명의 프랑스인이 살고 있었고, 북독일연방의 다른 지역에는 이보다 더 적은 수가 살았으며, 가사 노동자·가정 관리인·어학 교사·가정교사가 대부분이었다.

프랑스에 사는 독일인 이민자들은 특히 남부 바이에른, 바덴, 뷔르템베르크와 같은 독일의 여러 국가 출신으로, 다양한 사회 집단을 배경으로 하며 부유한 집안 출신도, 가난한 집안 출신도 있었다. 파리의 거리 청소부는 헤센 출신일 가능성이 높았다. 1851년과 1866년 사이에 프랑스 인구는 약 3800만 명 안팎을 유지했는데, 이 시기에 독일인 이민자의 수는 두 배로 증가했다. 독일인은 각자 출신 국가의 서류와 여권을 가지고 있었지만, 그들을 하나로 만드는 언어적 동질성과 동맹 및 조약을 갖고 있었다. 이를테면 관세 동맹Zollverein과 고타Gotha 조약(1851)이 경제, 시민권, 귀화 및 추방 문제를 규정하고 있었다. 그들은 종종 '하나의 집단', 즉 '독일인' 또는 '독일 공동체', 더 위협적으로는 '독일 군단'으로 취급되었다. 그런데 일단 전쟁이 시작되자 이런 단순화는 더욱 심해졌다. 라인강을 따라 서로 이웃하고 있던 알자스 사람들과 바덴 사람들의 관계가 갑자기 달라졌다. 알자스가 수년 동안 프랑스에 편입되어 있었음에도 불구하고, 그들은 이제 그동안 함께 일하고 생활했던 형제들이 아니라 적이 되었다. 바덴 사람들은 프로이센과 프랑스 사이에 발생한 갈등의 당사자로서 알자스를 침공할 준비를 했다. 프랑스 전역에서 지금까지는 독일 이민자를 바이에른 출신, 프로이센 출신, 헤센 출신, 또는 바덴이나 다른 지역 출신으로 구별하게 했을 종교적 차이나 즐겨 먹는 음식, 억양 같은 것이 사라졌다. 많은 프랑스인의 눈에 그들은 모두 독일인일 뿐이었다. 또는 오히려 모두 프로이센인으로 여겨졌다. 독일의 통일은 독일인의 시각에서만 일어난 것이 아니라 적의 시각에서도 일어난 것이다.

프로이센과 작센 등지에서 프랑스에 파견되었던 외교관들이 파리에서 철수하자 북독일연방에서 온 외교관들은 미국 국무부에 자국민의 보호를 요청했다. 파리 주재 미국 대사 엘리후 워시번Elihu B. Washburne은 회고록에서 이런 상황에서 따를 만한 전례가 없다고 언급하며, "그런 상황에 적용할 만한 특별한 규정이 마련된 적이 없"기 때문에 "매우 난감하고 책임을 느끼며, 당혹스럽다"라고 말했다.[34]

7월 21일 프랑스 정부는 프랑스에 거주 중인 독일인들은 문제를 일으키지 않는 한 계속 거주해도 된다고 공식 발표했다. 독일인 학교는 계속 문을 열었고 독일어로 진행되는 개신교 예배도 열렸다. 하지만 프로이센인이나 그들의 동맹국 국민은 특별한 허가 없이는 프랑스 입국이 금지되었다. 이 정책들은 크림 전쟁 동안 파리에 거주하던 러시아인에게 적용되었던 정책이나, 1859년 전쟁 동안 오스트리아인에게 적용되었던 정책과 유사했다.

그러나 같은 날, 워시번은 그라몽 공작에게 편지를 보내 북독일연방의 주민들이 프랑스를 떠나도록 조치할 것을 제안했다. 그는 그들을 '전쟁의 적'으로 감시하는 것보다 그들이 떠나도록 허락하는 것이 더 '근대적이며 더 인간적'인 조치라고 생각했다.[35] 아마도 워시번은 독일인이 프랑스인들에게 공격당하지 않도록 모국의 안전한 거리에서, 그리고 그들의 고향과 가족들하고 더 가까운 곳에서 사는 것이 더 좋을 것이라고 믿었다. 이로부터 겨우 이틀이 지난 7월 23일, 프랑스를 떠날 수 있도록 안전 통행증을 받으려는 수많은 독일인이 그에게 몰려왔다. 대사는 이 많은 요청을 어떻게 해결할지에 대해 그라몽에게 조언을 구했다. 그러자 그라몽은 그가 떠날 수 있도록 허용할 독일인의 수를 제한하라고 제안했다. 그 결과 오직 여성과 어린이 그리고 마흔 살이 넘어서 군대에 복무할 수 없는 남성만 안전 통행증을 발부받았다. 하지만 유감스럽게도 20~40세 독일 남성이 프랑스를 떠나는 것을 공식적으로 제재하는 명령은 공표되지 않았다. 그래서 이 연령대의 독일 남성 다수는 프랑스를 떠나기 위해 국경으로 향했다가 다시 프랑스 영토로 돌아갈 수밖에 없었다.

워시번은 이민자 정책에서의 이러한 변화에 반대했다. 비록 그라몽은 그에게 군복무 연령에 해당하는 독일 남성들이 공정하게 존중받을 것이라고 확언했지만, 워시번은 그라몽이 '지금까지 잘 정립된 공법의 모든 원칙'을 위반했다고 생각했다. 그는 프랑스의 조치가 에메르 드 바텔Emer de Vattel의 《국제법Le Droit des gens》과 제임스 켄트James Kent의 《해설Commentaries》에 제시된 바와 같은 국제법에 반하는 새로운 조치를 보여주었다고 주장했다.[36] 물론 그라몽은 이에 동의하지 않고, 자신이 내린 명령에는 결코 추가적인 억압 조치가 뒤따르지 않을 것이라고 약속했다. 사실 프랑스 외무부 장관은 나폴레옹 전쟁 때 영국인들에게 가해졌었고 훗날 세계대전 때는 일반적인 관행이 된 조치, 즉 적국 출신 이민자를 일괄적으로 체포·구금하는 계획은 세우지 않았다. 물론 독일인들의 애국적 열정에 대한 그라몽의 우려는 어느 정도 정당했다. 독일 전역에서 광범위하게 발생한 민족주의적인 시위에 대한 보도를 접하면서 그는 이 잠재적인 추방자들이 독일군의 병력을 강화할지 모른다는 두려움을 느꼈다.

이주민에 관한 법적 근거는 시대에 따라 변해왔다. 이 시기의 법학자들은 개인의 자유나 국제법 개념에 대한 논의가 아직 초기 단계에 불과하고 매우 희미하기 때문에, 국가 주권이 이들을 압도한다고 추론했다. 프랑스 국가는 누가 프랑스 국경 안에 머무를 수 있는지를 결정하는 것이 자국의 자유이며, 전쟁 시기에 적국 출신 이민자들은 자국에게 위협이 될 수 있다고 주장했다. 사실 과거에 적국 출신 이민자들은 스파이 또는 밀수업자로서 사회에 위협을 가했는데, 이제 처음으로 집단 징병제에서도 그런 위협이 야기된 것이다.

전쟁이 점차 왕자나 군주 사이의 갈등이 아니라 국가 사이의 갈등으로 여겨지면서 이제 전 국민(남성 시민)이 적과 맞서 싸우게 되리라 예상되었다. 국가들은 재산이나 개인적 신변 안전에 관한 한 외국인에게도 내국인과 동등한 법적 평등을 부여하는 데 동의했다. 하지만 국제 분쟁의 시기에 외국인이 국경 안에 머무를 권리 자체가 문제가 될 경우, 그들은 이러한 법적 평등을 확대해서 적용하지 않았다. 이 단계에서 국민이 전쟁에서 갖는 가치는 매우 큰 것이어서, 변호사이자 공화주의적인 야당 지도자 레옹 강베타Léon Gambetta는 군복무 연령인 독일 남성들이 명예롭게 전쟁에 참여할 수 있도록 프랑스를 떠나는 것을 허용해야 한다고 주장했다. 애국심(독일인들의 애국심을 포함)은 국가 안보보다 훨씬 중요한 것이었다.

비록 당시에 강베타의 견해가 우세하지는 않았지만, 그가 그라몽의 정책에 반대한 것은 독일 남성들이 프랑스를 떠나 본국으로 돌아갈 경우, 개인적인 일상을 보내기보다는 국가에 대한 봉사를 택할 것이라고 굳게 믿었기 때문이다. 아주 짧은 시간 안에 수백만 명의 프랑스와 독일 국민들은 그들의 새로운 전시戰時 동맹과 전쟁이 그들에게 요구하는 감정적인 몰입을 받아들이게 되었다. 그러고 나서 그들은 전쟁터로 나아갈 준비를 했다.

◆ 2장 ◆

동원

메스, 사블롱 캠프, 1870년 7월.

전쟁에서 동원은 전쟁과 관련된 인력, 무기, 물자 등을 종합적으로 관리·조율하는 방대한 과제인 동시에 대중 선전 활동이며, 심지어 감정 관리 기술마저 필요한 작업이다. 거기엔 대규모 인력 이동뿐 아니라 훈련 시설의 확대, 현재 비축된 무기의 투입 준비와 미리 정해진 일정에 따른 장비 배급도 포함된다. 또한 1870년에는 동원이라는 과제가 군인에게만 해당하지 않았다. 이 전쟁은 군인과 민간인이 함께 경험한 사건이었다. 예비군이든 정규군이든 전쟁을 위해 떠나는 것은 이제까지 갖고 있던 시야를 새로 열고, 공유하고자 하는 무언가 새롭고 짜릿한 경험의 시작을 의미했다. 무엇보다 1870년 전쟁은 교전국이 대규모 상비군을 보유하고 있었음에도 불구하고, 일시적으로 자원해서 여러 형태로 전쟁에 가담한 민간인-군인이 등장한 전쟁이었다. 프랑스와 독일 국가 전역에서 수십만 명이 전쟁에 뛰어들 준비를 했다.

　이들은 도대체 어디로 출정하는 것이었을까? 전선으로? 전투가 보이는 장소로? 아니면 실제 전쟁터로? 엄밀히 말하면 이중 어떤 용어도 사실에 부합하지 않았다. 오히려 그들은 일단 소집이 이루어진 막사로, 그리고 그곳에서 마을과 농부들이 일하는 들판, 숲, 목초지로 떠났다. 어떤 전투 현장이나 전선도 아직 존재하지 않았다. 전선이나 전쟁터는 특정 지역을 장악할 의도를 가진 사람들, 좀더 정확히 말하자면, 상대편의 국민을 강제로 굴복시킬 의도를 가진 사람들이 이곳저곳에 순차적으로 도착하면서 비로소 형태를 갖게 될 터였다.

3주 안에 30만 4천 명이 넘는 프랑스인과 42만 6천 명이 넘는 독일인이 양쪽 국경에 집결했다. 7월 말, 다름슈타트에 있던 영국 외교관 모리어R. B. D. Morier는 본국에 있는 외무부 장관 그랜빌 경에게 다음과 같이 보고했다. "지금 일어나고 있는 전쟁은 문명국가들의 역사에서 전례를 찾아볼 수 없는 전쟁입니다. … 전 국민이 갑자기 일상적인 삶을 송두리째 버리고 전쟁, 역사상 가장 피비린내 나고 가장 치명적인 것으로 기록될 것이 너무나도 분명한 전쟁에 소집되어 각자 맡은 바 역할을 수행하고 있습니다. 이와 비교하면 1866년의 전쟁(1장 26~27쪽 참조)은 그저 아이들 장난에 불과했습니다."[1]

처음에는 프랑스와 프로이센 어느 나라도 동원에서 특별히 유리한 점을 갖고 있지 않았다. 그래서 프로이센은 월등히 우세한 프랑스의 군대 규모를 따라잡을 필요가 있었다. 관찰자들은 누구나 프랑스가 공세를 취할 것이라고 예상했다. 만약 그렇지 않았다면, 프랑스가 먼저 전쟁을 선포한 이유는 무엇이었을까? 남아 있는 유일한 문제는 프랑스군이 스트라스부르를 거쳐 동부를 횡단해 바덴 방향으로 진격할지, 라인강 좌안을 따라 북쪽으로 공격할지의 여부였다. 그러나 곧 밝혀졌듯이, 프랑스는 병력 배치 문제, 특히 예비군 배치와 관련된 체계적인 문제에 직면했다. 그리고 이 문제는 결정적인 순간에 단행된 군대 구조 개편과 보조 인력 부족으로 인해 더욱 악화되었다.

7월 14일, 전쟁부 장관 에드몽 르뵈프 장군은 "우리는 준비되었다, 아주 잘 준비되었다!"라고 선언했으며, 여기에 "만반의 준비 말이다"라고까지 덧붙였다.[2] '만반의 준비'는 당연히 필요한 것이었지만, 이 표현은 사실 대외 과시용이었다. 그래서 여기저기 인용되도록 할 목적으로 작성된 이 성명은 훗날 비평가들이 프랑스군을 비난할 구실을 주었다. 르뵈프가 프랑스군을 전쟁에 동원할 때 실제로 가장 필요한 것들보다 오히려 옛 방식의 선언적 허풍에 초점을 맞추고 있었다는 비난이다.

르뵈프는 소집 날짜를 지정하고 통지서를 발송하는 데 5일, 예비군이 지역 거점 도시에 도착하는 데 3일, 연대 본부로 이동하는 데 2일, 그러고 나서 군인들이 장비를 갖추고 실제 작전 지역으로 수송되는 데 5일이 걸릴 것으로 계획했다. 이 일정대로라면 프랑스군은 7월 말까지 전투 준비를 완료해야 한다. 하지만 만약 최고 지휘부의 리더십과 후방의 병참, 즉 병력과 물자 배치 및 지원에서 어떤 문제가 발생한다면, 프랑스군은 스스로의 전투 능력에 의존해 고전을 면할 수 없었을 것이다.

이 계획에서 프랑스는 병력 동원과 집중을 구분하지 않았다. 그런데 이 두 가지 행위가 명확하게 구별되지 않음으로 인해 전선과 후방 모두에서 병력과 물자 이동에 혼란이 야기되었다. 1858년 이래로 프랑스군은 지역(데파르트망) 경계선에 따라 군단 corps d'armée으로 알려진 6개의 지역 사령부로 분할되어 있었다. 이렇듯 프랑스군의 지휘 구조는 지역에 기반을 두고 있었고, 지휘관들은 임의로 자신의 지역에 배치된 군대만을 지휘했다. 그런데 이런 조직 체계는 전시 상황, 즉 프랑스 전역에서 모병된 대규모 부대들이 자신들에게 할당된 전략적 지역에 집결하고, 부대원은 낯선 새로운 지휘관의 지휘를 받아야 하는 전시 상황에는 적합하지 않았다. 만약 동원과 집중이 각각 분리 운영되었다면, 프랑스 정규군과 예비군은 각 구역에서 소집되어 자체적으로 장비를 갖추었을 것이며 그렇게 한 후에야 전선으로 이동했을 것이다.

하지만 동원과 집중이 분리되지 않은 결과, 군인들은 즉시 소규모 그룹으로 편성되어 집결지로 보내졌다. 그로 인해 국경 지역을 오르내리는 불필요한 이동, 즉 군인의 분산과 혼란, 이송 열차의 지체, 장비 확보의 어려움 등이 초래되었다. 7월 17일에 내려진 전쟁부 장관의 명령은 "예비군이 조금씩 도착해 100여 명 이상의 부대를 구성할 수 있게 되면, 지체 없이 장교나 부사관의 지휘 아래 실전에 배치된 대대로 이동하라"는 것이었다.[3]

이러한 동원 체계의 문제점은 또다른 요인으로 인해 더욱 악화되었다. 이전 계획에는 프랑스군이 3개의 군대로 편성되어 있었는데, 나폴레옹 3세가 이를 전쟁 직전에 하나로 통합했기 때문이다. 1870년 봄, 나폴레옹은 1868년에 보좌관인 바르텔레미 르브룅Barthélémy Lebrun 장군이 작성한 프로젝트에 관심을 가졌다. 이 프로젝트는 프랑스군이 49만 명을 보유하게 될 것으로 추정했으며, 르브룅은 이들을 3개의 군대로 편성할 것이라고 생각했다. 하나는 로렌 근처에 배치된 아실 바젠Achille Bazaine 원수 휘하의 군대이며, 두 번째는 스트라스부르 근처에 배치된 파트리스 드 마크마옹Patrice de MacMahon 원수 휘하의 군대, 세 번째는 샬롱쉬르마른 육군기지 근처에 배치된 프랑수아-세르탱 드 캉로베르François-Certain de Canrobert 원수 휘하의 예비군이었다. 동원 명령은 미리 준비되어 있었고, 명령서에 각 부대의 지휘관 이름만 추가하면 되는 상황이었다.

이 계획에서 프랑스군이 추구한 공격 목적은 남독일 국가들과 북독일연방 국가들을 분리시키는 것이었다. 또한 이 계획은 프랑스와 프로이센이 전쟁을 시작하면, 어느 시점엔가 오스트리아가 개입해 프로이센을 공격하리라 기대했고, 나아가 이탈리아의 지원도 기대했다. 이 경우 이탈리아군은 티롤 지방을 거쳐 오스트리아를 통과해 프로이센을 공격함으로써, 프랑스로 진격해올 프로이센의 잠재적 병력을 교란할 터였다. 이 막연한 계획들은 결코 완결성을 갖출 정도로 개발되지는 않았지만, 프랑스인들에게 호소력이 있었다. 이런 공격 방식이 가진 가능성은 프랑스가 구상하고 있던 전쟁 전개 방식과 일치해서 프랑스가 전쟁의 주도권을 잡게 해줄 터였다. 그뿐 아니라 이는 잠재적으로 북독일 연방과 남독일 국가들이 분열되도록 양자 사이에 쐐기를 박을 수 있고, 그 결과 남독일 국가들이 전쟁에서 중립을 지키도록 할 수도 있었다. 만약 이 계획이 전쟁 초기에 생각했던 방향으로 성공을 거둔다면, 이는 오스트리아와 이탈리아가 프랑스와 동맹을 맺도록 설득하고, 나아가 남독일 국가들의 사기를 떨어뜨려 전쟁에 가담하지 않게 할 수도 있었을 것이다. 그리고 오스트리아 외무부 장관 폰 보이스트는 1870년 봄부터 파리 주재 대사인 폰 메테르니히von Metternich 후작을 통해 프랑스와 그러한 동맹을 체결하도록 추진해왔다. 7월 7일에서 11일 사이에 프랑스는 이 계획에 따라 3개의 군대를 준비했다.

 그런데 7월 11일, 황제는 그 군대를 자신이 지휘하고 르뵈프 원수를 총사령관으로 하는 단 하나의 라인군으로 통합 편성한다고 발표했다. 이제 황제가 지휘하는 이 라인군과 이 부대에 소속된 7개 군단이 티옹빌과 벨포르 사이 240킬로미터에 걸친 지역에 분산 배치되는 것이었다. 여기서 황제는 이런 단일한 편성을 통해 군대가 유연하게 작전을 진행해서 신속히 공세를 취할 수 있게 하려고 했다. 나아가 이 조치를 통해 오스트리아가 프랑스 편에서 전투에 참여하도록 설득하려는 의도였다. 그런데 나폴레옹의 작전 의도는 오히려 병력 동원에서 혼란을 초래했다. 줄줄이 이루어지는 연쇄적인 차질을 바로잡기 위해 전체적인 지휘 체계를 전면 재설계해야 했다.

전군을 하나로 통합함으로써 초래된 여러 문제점에도 불구하고, 프랑스는 정규군을 능숙하게 작전 지역에 배치했다. 많은 군인이 이미 국경 근처에 주둔하고 있었고, 다른 군인들은 순조롭게 프랑스 내부에서 국경 지대인 메스, 샬롱, 낭시, 벨포르 또는 스트라스부르로 이동했다.

문제는 예비군에서 발생했다. 모병사무국은 그들이 보유하고 있던 소환 명령서에 소집 날짜만 추가해서 지역 헌병대에 전달하고, 지역 헌병대는 이 명령서를 예비군 대상자들에게 전달하면 되는 상황이었다. 하지만 예비군은 각자가 소속된 연대 본부에 자신의 입대를 신고해야 했는데, 이 본부가 어떤 경우에는 수백 킬로미터 떨어진 곳에 있었다. 그래서 예비군은 식량도 제공받지 못한 채 그 먼 곳까지 가야 했다. 갑자기 약 16만 3천 명의 예비군이 프랑스 전국을 가로질러 이동하는 상황이 벌어진 것이다.

게다가 프랑스군에게는 상세한 작전 지도가 없어서 행군 중인 부대들의 이동 경로가 때때로 겹치거나 심지어 서로의 경로와 교차되어 방해받기도 했다. 이런 혼란은 미셸Michel 장군이 1870년 7월 21일에 전쟁부에 보낸 전보로 인해 더욱 가중되었다. "본인은 현재 벨포르에 있음; 여단이 어디 있는지 찾을 수 없음; 사령관을 찾을 수 없음; 무엇을 해야 하나?; 본인의 부대가 어디 있는지 모르겠음."[4] 게다가 이동 중인 부대가 길의 양편에 나뉘어서 머무는 것이 아니라, 모든 군인이 같은 장소에서 야영하는 프랑스의 관행 때문에 그들의 행군 속도는 더욱 느려졌다. 그러다 보니 대략 11~13킬로미터 정도만 전진할 수 있었다. 이는 마지막으로 출발한 군인이 하루 동안 갈 수 있는 거리였다.

동원이 실제로 시작되자, 프랑스군은 군과 관련된 보조 서비스 인력의 부족으로 더욱 어려움을 겪었다. 나폴레옹 3세는 7월 23일 르뵈프에게 보낸 메모에서 철도 건설, 전신 기사, 훈련 시스템, 징병 관리, 의료, 군사 우편 서비스, 민간 기술자 수송, 군목, 인쇄기, 통역사, 잡역병, 서기, 수의사, 군 수용소, 군용 부엌, 창고, 구급차, 병원 등에 이르기까지 모든 분야에서 추가적인 서비스 인력이 필요하다고 언급했다. 황제는 프랑스 군대가 직면한 문제점을 잘 파악하긴 했지만, 7월 23일은 조금 늦은 시점이었다. 이런 문제들을 해결하는 데는 몇 달 또는 심지어 몇 년이 걸릴 수도 있었기 때문이다.

프랑스군에는 1147명의 의사와 159명의 약사가 배치되었는데, 30만 명에 육박하는 대규모 군대에는 충분하지 않은 숫자였다. 간호사는 구할 수 없었으며, 들것 운반 인력은 아예 없었다. 의료 서비스는 말과 마차를 필요로 하는 대포나 군사용 수송 서비스에 비해 우선순위에서 뒤로 밀려났다. 야전병원의 인력 부족 때문에 동원 초기 프랑스군은 적의 움직임에 대한 정찰을 철저하게 수행할 수 없었다. 왜냐하면 근접 정찰 중에는 적과의 교전이 일어날 가능성이 높은데, 이 경우 부상병을 치료할 인력이 없었기 때문이다. 샤를 프로사르Charles Frossard 장군은 바젠에게 이 사실을 알렸다. "우리 군의 야전병원에는 물자도 인력도 충분하지 않기 때문에, 우리의 정찰 활동은 적극적이지 않았고, 불가피하게 예비적으로만 수행되었다."[5] 심지어 스당 전투처럼 늦은 시기에조차 일부 부대는 야전병원에 인력을 배치할 수 없었다.

군인들은 실제 전투에 투입되면서 여러 종류의 감정을 경험했다. 프랑스 전국, 그리고 로마나 식민지에 주둔하고 있던 정규 군인들은 이미 오래전에 작별 인사를 했고, 장비를 갖춘 채 북쪽과 동쪽으로 이동했다. 그들의 사기는 높은 상태였다. 어느 하사관은 7월 21일에 샬롱 기지를 떠나는 군인들이 행복하게 미소 지으면서 '라 마르세예즈'와 '라 프랑스 게리에르La France guerrière'('프랑스 군인')를 불렀던 것을 떠올렸다. 샤를 부르바키Charles Bourbaki 장군은 제국 근위대가 뛰어난 충성심을 보이며, 전반적으로 승리할 것이라는 자신감에 차 있다고 기록으로 남겼다. 브르타뉴 출신의 정규 군인인 이브-샤를 캉텔Yves-Charles Quentel은 장비를 지급받기 위해 캥페르에서 느베르까지 가는 긴 여행, 그리고 이어서 포르바크까지 가는 두 번째 행군에 대해서도 놀라지 않았다. 그는 "화물열차에서 3박 4일을 보내는 고된 일정에도 불구하고 '아주 기분이 좋았다'"라고 말했다.[6]

군인들이 집으로 보낸 편지에는 들판에 있는 농작물과 동물들, 산으로 올라가는 지형, 더위와 기후, 흰 소들과 포도나무로 덮인 언덕, 농작물의 수확 방법과 풍습 등이 자세히 적혀 있었다. 물론 많은 군인은 문맹이어서 글을 아는 동료 군인의 도움을 받아 쓴 편지였다. 그리고 이러한 정서는 그들을 지휘하는 장교나 상관들 사이에서도 발견할 수 있었다. 정규군 소속인 앙리 세르폴레Henri Serpollet는 로마에 주둔하다 이번 전쟁에 참여하기 위해 프랑스에 도착한 것을 기쁘게 생각하면서 다음과 같이 적었다.

만약 … 우리가 프로이센으로 출정해야 한다면, 저는 제 의무를 다할 것이며, 당신은 나 때문에 부끄러워할 이유가 없다는 것을 잊지 마십시오. 모두가 분노하고 있고, 모두가 '프로이센으로 가자! 프로이센으로 가자'를 외칩니다. 어제 군대가 행진할 때, 군악대는 라 마르세예즈를 연주했는데, 27킬로그램의 배낭을 등에 짊어지고 있음에도 모든 군인이 껑충껑충 뛰었습니다. 저는 새로운 전보가 도착할 때 아무도 주목하지 않는 이런 장면을 볼 수 있기를 바랍니다. 우리는 모두 무장하러 달려갑니다. … 우리는 침대를 뒤엎고 싸우며 뒹굴고, 중사가 여기 개입하려 하지만 우리는 그들을 밀어버립니다. 그래도 규율이 느슨해져 있기 때문에 아무도 처벌을 받지 않습니다. … 전쟁터로 떠나는 프랑스 군인들은 적을 모두 몰살하고 싶어합니다.[7]

이처럼 전쟁 초기에 군인과 민간인들은 깊은 감사와 공동체 의식을 보였다. 도시 출신 군인들은 시골 출신 군인들과 함께 나란히 행진했다. 전쟁터로 가는 사람들과 집에 있는 사람들은 서로 공통의 유대감을 느꼈다. 1870년 1월부터 정규군이었던 캉텔은 고향에 있는 형제자매에게 보내는 편지에서 이렇게 말했다. "거리를 지날 때마다 우리는 환호를 받았어요. 시골에서는 들에서 일하던 노동자들이 모자를 벗어들었고 손수건을 흔들었으며, 여자들도 똑같은 행동을 했지요. 기차역에서 나는 그들이 감정에 북받쳐 우는 모습을 보았어요."[8]

그렇지만 동원이 일으킨 흥분이 전쟁터로 가는 사람들의 복잡한 마음을 다 가릴 수는 없었다. 세르폴레는 마르세유에서 하선해 다시 프랑스 땅에 발을 디딜 준비를 하면서 아버지에게 다음과 같이 확실하게 얘기했다. "아버지, 전쟁 때문에 너무 두려워하지 마세요. 우리가 하느님의 도움을 받아 무사히 돌아올 것이란 사실을 아시잖아요. 저는 아버지가 제 안에 심어주신 선한 원칙을 잃어버리지 않았어요. 저는 군인이면서 동시에 기독교인이에요. 그러니 저는 사랑하는 아버지께서 당신의 자식을 잊지 말아주시기를 부탁드립니다."⁹ 7월 27일 그는 머물던 막사를 떠나 라인강 전선으로 떠날 준비를 하면서, "사람의 목숨과 전쟁의 행운을 손에 쥐고 계신" 하느님에게 믿음을 고백했다. 그는 한 수녀에게서 전투에 나갈 때 착용하라며 건네준 경건의 징표를 받았다. 그러나 그는 며칠 후에 쓴 편지에서 "팔다리를 잃는 것은 최악이야"라고 고백했듯이,¹⁰ 여전히 전쟁터에서 끔찍한 신체 손상을 입을까봐 두려워했다. 동원은 군인들에게 정말 자신의 나라와 지도자들과 동료 병사들을 위해 적군을 죽이기도 하고 죽임을 당할 각오도 되어 있는지 의문을 갖게 했다.

많은 예비군은 소집되는 것 자체를 거부했다. 그들은 이미 군복무 의무를 마친 것으로 생각해서 점차 시무룩해졌으며 이동 중에 점점 더 무질서해졌다. 그들 중 많은 대원은 새로 개발된 샤스포 소총으로 정식 사격 훈련을 받지 못했기 때문에 전투 현장에서 대충대충 배워야 했다. 프랑스군에서 7월 하반기에 실제로 자원입대한 예비군은 겨우 4천 명에 불과했다.

병사들은 각자 무기와 탄약, 배급 식량, 야영 장비와 여분의 군복 및 군화 한 켤레를 포함해서 34킬로그램 정도의 배낭을 짊어져야 했다. 이미 건조하고 뜨거운 여름이었는데, 찌는 듯한 더위는 8월까지 계속되었다. 8월의 첫날까지 11명의 프랑스 군인이 열사병으로 사망했다. 다른 2명은 견디다 못해 자살했다. 경험이 부족한 군인들이 7월과 8월의 무더위와 빗속에서 장시간 행군을 하면서 배낭을 버리고 싶은 유혹에 무너지는 것은 전혀 이상한 일이 아니었다. 프랑스 군인들은 철도 승강장이나 1제곱피트 공간을 찾을 수 있는 곳이라면 어디서든 샤코를 벗어버렸다. 이 가죽 모자는 1830년대에 채택된 것인데, 군인들은 이제 이 모자 쓰는 것을 거부했다. 7월 30일 황제는 이러한 규율 위반을 막기 위해 샤코 착용을 폐지하고 좀더 가벼운 케피 모자를 채택했다.

7월 17일, 국민기동방위군의 동원이 시작되었다. 약 45만 명의 병력으로 구성된 이 부대는 불과 2년 전에 창설되었으며, 원래 전투에 투입될 목적으로 조직된 것이 아니었다. 그 대신 기동방위군은 군사 업무를 지원하고, 군 호송대를 호위하고, 자물쇠 수리공, 제빵사, 목수, 정육점 주인, 대장장이와 같은 민간인 기술자를 군에 제공하고, 그 과정에서 전투병들을 자유롭게 훈련하기도 했다.

기동방위군은 미혼이어야 하는 정규군과 달리 기혼 남성을 포함하고 있었다. 그래서 이들의 출발은 전선으로 떠나는 남자들과 그들의 아내, 그리고 자녀들에게 특히 비통한 장면이 되었다. 오른의 도지사는 "기동방위군의 소환장은 해당 가족들에게 충격을 주었는데, 그들은 줄곧 이 부대가 전투와 관련된 어떤 실질적인 역할이 아니라, 단지 사기를 북돋아주는 데만 투입될 것으로 생각하고 있었기 때문이다"라고 보고했다.[11] 그런데 법이 젊은 기혼자나 미망인의 아들, 또는 작업장 책임자들의 동원을 요구한 것이다. "젊은이들이 진정한 희생의 대가가 무엇인지 목격하고 희생된 정규군을 대체하게 되면서, 그들은 법에 의한 소환을 유예하거나 회피할 수단이 없다는 것을 알게 되었다. 그러자 사방에서 불만이 터져 나왔다."[12]

달리 표현하면, 그들은 정규군의 전투 작전을 지원하기 위해 조직된 부대에 들어갔지만, 사실상 감정적으로나 도덕적으로나 전쟁터로 떠날 준비가 되어 있지 않았다. 그들은 이러한 사태 변화에 어떻게 대처해야 할지, 가족과 고향 공동체를 고려할 때 어떻게 행동해야 할지, 그리고 동료 군인들과의 관계, 지휘관이나 부하들과의 관계, 그들이 이동 중에 만난 민간인들과의 관계에 의존해야 하는 새로운 삶에 어떻게 적응해야 할지를 매일 스스로 알아내야 했다.

군대도 그들을 맞이할 준비가 되어 있지 않았다. 총동원을 서두르면서, 프랑스군 사령부는 기동방위군을 지휘할 충분한 인력을 비축할 수 없었다. 그래서 그들은 민간인 도지사 또는 군 감독관과 지역 지휘관들의 도움을 받아 기동방위군을 단위 부대로 편성했다. 군 의료 당국은 도착한 군인들이 복무하기에 적합한 상태인지를 검사할 직원조차 확보하고 있지 않았다. 기동방위군은 전쟁 수행에서 큰 역할을 담당하는 것은 아니었지만, 많은 프랑스인과 그 가족들에게는 제2제정이 얼마나 무능했는지를 개인적으로 경험하는 기회를 제공했다.

게다가 창설된 지 불과 2년밖에 되지 않은 국민기동방위군은 필요한 군기를 습득하지 못했다. 특히 파리 부대는 제멋대로임이 드러났다. 7월 29일 샬롱의 훈련소에 도착했을 때, 그들은 야영 텐트, 군복, 장비 등 거의 모든 것이 부족한 현실에 직면했다. 그러자 그들은 훈련 캠프를 놀이를 위한 축제장으로 바꿔버렸고, 줄줄이 설치된 텐트들의 통로에 파리의 거리 이름을 붙였다. 그들 중 일부는 주방 일이나 쓰레기 처리 같은 임무 수행을 거부했다. 어떤 사람들은 인근 마을 무르믈롱의 카페로 갔다가 거기 있던 왕자의 동상을 파손했다. 그들은 거기서 샬롱에 주둔한 제6군단 일부 대원들과 합류했다.

8월 1일에는 폭동이 일어났다. 센강에서 온 기동방위군이 캉로베르 원수에게 모욕을 주고, 황제의 독수리 깃발을 훼손하고, 황제와 올리비에 총리를 향해 욕설을 퍼부었다. 어떤 이들은 "황제 만세" 대신에 "하나, 둘, 셋, 엿 먹어라!"를 외쳤다.[13] 또 어떤 사람들은 "파리로 가자!"라고 외쳤는데, 이는 그들이 프로이센을 침공하기보다 차라리 파리로 가서 나폴레옹 3세를 전복하는 것을 더 선호한다는 뜻이었다.[14] 이 사건은 벨빌 대대에서 30명을 체포하는 것으로 끝났다.

캉로베르는 이 병력을 국경 초소로 분산시킬 것을 권고했지만, 요새의 지휘관들도 이들을 원하지 않았다. 그래서 파리 기동방위군은 8월 말 새로 부임한 파리 총독 루이-쥘 트로쉬Louis-Jules Trochu가 이들을 파리로 다시 데려갈 때까지 샬롱에 머물렀다. 기동방위군의 다른 대대들은 결국 벨포르, 툴, 티옹빌, 스트라스부르, 베르됭, 스당의 요새로 보내졌다.

공화주의자들은 거듭해서 제국 정부가 자국민의 불신을 샀다고 비난했다. 그들은 시민군이 잘 무장했을 경우 전쟁 초기의 승리에 기여했거나, 최소한 국가에 대한 열정을 불태우는 유익한 효과를 냈을 수도 있다는 생각을 품고 있었다. 종군기자로 전쟁을 취재했으며, 훗날 프랑스 왕립극장의 이사로 근무했던 쥘 클라레티Jules Clarétie는 이렇게 주장했다.

제국 정부는 프랑스 국민에게 억압뿐만 아니라 침략에 맞서 싸울 수 있는 어떤 수단도 제공하지 않았다. … 제국은 무장한 시민들을 보는 것이 두려워서 국민들에게서 자유롭고 강력한 힘을 빼앗았다. 시민들과 무장하지 못한 국민방위군이 그들의 문 앞에 적군이 도착하는 것을 바라보는 동안, 당국과 제국의 대표자들은 우리의 가슴속에서 불타던 애국심의 마지막 불꽃이 꺼지도록 하는 데 몰두했던 것이다.[15]

기동방위군의 동원이 느리고 제멋대로 진행되자, 이는 전쟁 초기의 중요한 전투에서 프랑스의 전투력에 막대한 지장을 초래했다. 만약 국민방위군 대대가 리옹으로 파견될 위치에 있었다면, 그들은 그 도시에 주둔 중이던 일부 정규군의 부담을 덜어줄 수 있었다. 그리고 그 정규군은 프뢰슈빌레르Froeschwiller 고지에 주둔해 있던 마크마옹 부대와 함께 제7군단의 일부와 합류할 수 있었다. 하지만 정규군은 수비를 담당했던 곳에서 재배치된 다른 군인들을 기다렸고, 그들은 8월 5일에야 도착했다. 마크마옹 부대가 8월 6일에 공격을 받았을 때 그들에게 도움이 되기엔 너무 늦은 시점이었다.

동원은 하루아침에 독일의 도시와 시골들도 변화시켰다. 프로이센에 머물던 한 파리 기자는 이렇게 보도했다. "20세에서 38세 사이의 모든 남성이 사라졌다. … 그들은 모두 무장하고 있다. … 시골에는 오고 가는 사람이 거의 없다. 쌓여 있는 밀 더미는 낫을 기다리고 있는데, 어디를 보아도 군인들이 있다!"[16] 남자들이 모두 전쟁터로 나가자 가계 소득이 없어진 민간인들은 고통을 겪고 있었다. 집에 남자 노동자가 없으니 많은 가정이 당장 경제적 어려움에 처했던 것이다. 군인의 아내들은 정부에 지원을 요청할 수 있었지만, 많은 사람은 이런 지원 제도가 있는지조차 몰랐고, 견실한 사회복지 제도는 아직 마련되지 않은 상태였다.

프로이센은 새로 소집된 군인들을 정규군에 부드럽게 통합하기 위해 새로운 기술을 사용했다. 국가는 1870년에 군인의 이름, 소속 연대, 거주지가 새겨진 인식표를 고안했다. 그들은 또한 대부분의 프랑스 군인들과 달리 광범위한 학교 교육을 받아 글을 읽고 쓸 줄 아는 군인들에게 이를 표시하는 인장이 찍힌 12종의 엽서를 발행했다. 스무 살의 프로이센 방위군 중위인 카를 리츠만Karl Litzmann이 베를린을 떠나는 기차에 탑승했을 때, 그의 어머니는 그에게 편지 한 통을 건넸다. 편지에는 이렇게 쓰여 있었다. "엄마는 다시는 너를 품에 안을 수 없을지 모른다는 사실이 괴롭지만, 이런 고통보다 너도 이 전쟁에 나가 싸울 수 있다는 기쁨이 훨씬 더 크단다. 엄마는 혹시 네가 전쟁에서 반드시 돌아오지 못한다고 해도 괜찮으니, 너는 네 사명을 다하기만을 바란다."[17]

디트리히 폰 라스베르크와 그의 동료들은 뮌헨을 떠나 서쪽으로 약 65킬로미터 떨어진 레히펠트에 있는 군사기지로 가게 되어 매우 기뻤다. 그는 "우리는 더이상 뮌헨에 속하지 않게 되었다. 더이상 그 도시에 머무는 것은 참을 수 없었다"라고 썼다.[18] 뮌헨 병영에서의 삶은 고립을 의미했다. 어떤 날에는 그 어떤 신문이나 뉴스도 없었다. 그들의 전쟁 준비는 더이상 훈련이 아니었다. 라스베르크는 어느 날 자신이 소위로 진급했다는 통보를 받았다. 그는 승리를 기대하면서 7월 31일까지 레히펠트에 머물렀다. 라스베르크는 동원이 매우 신속하고 원활하게 진행되는 것을 보고 깊은 인상을 받아서, 아마도 불과 4주 안에 프랑스로 진격해 들어가서 적을 정복할 것이라는 생각에 들떠 있었다. 그는 전투에서 사람을 죽이는 것에 대한 두려움이나 기대감은 드러내지 않았다. 다른 바이에른 사람들처럼 그는 자신이 독일을 통일 국가로 만들기 위해 전쟁을 시작하는 무장 시민이라고 생각했고 그런 전쟁에 참가하는 것에 대해 전율을 느꼈다.

7월 31일, 라스베르크는 아우크스부르크로 행군했고 거기서 북서쪽으로 가는 기차를 탔다. 동료인 바이에른 소대장 요제프 크룸퍼Josef Krumper에 따르면, 대원들은 무더위로 인해 뜨겁게 달궈진 화물 열차에 "마치 양처럼 가득 실렸다."¹⁹ 장교들은 이등 열차에 탔다. 그들은 오전 6시에 브루흐잘에 도착했고 거기서 슈파이어에서 남쪽으로 16킬로미터도 떨어지지 않은 라인강 가의 게르머스하임까지 26킬로미터를 행군했다. 날씨는 화창하게 해가 비치다가 비가 내리기를 반복했다. 대원들에게 물집이 생기고 쉽게 탈진하게 만드는 완벽한 날씨였다. 며칠 전까지만 해도 민간인 신분이었던 이들은 비가 내리기 시작하자 우비를 입기 위해 멈춰 서서 행군을 늦추고, 어리숙한 모습을 드러냈다. 그들은 마실 물이 없어서 슈납스(소주의 일종)를 마셨으며, 햇볕에 그을리고, 발은 물집투성이가 된 채 무질서하게 프랑스 국경에 도착했다. 그러고는 그날 저녁 7시경에 라인강을 건너 약 1만 5천 명의 군인과 함께 야영 준비를 했다. 라스베르크는 프로이센 출신 군인들에게 전혀 외지인처럼 보이지 않았다. 그러나 바이에른과 남독일의 다른 국가들은 프로이센 사람인 총사령관 몰트케가 장군 이하의 장교들에게 프로이센군이 사용하는 고품질 1:80,000 지도가 아니라 1:250,000 규모의 지도만 제공하도록 했다는 의혹을 품고 있었다.

또한 라스베르크는 자신의 존재가 지역 민간인들에게 어떤 영향을 미칠지에 대해 아무런 걱정도 기록하지 않았다. 그는 오히려 그들의 축축하고 더러운 감자 밭이 군인의 진군을 방해한다고 불평했다. 그러나 지역 민간인들은 이 문제를 다르게 생각했다. 그들 모두는 프랑스가 프로이센보다 더 신속하게 군대를 동원해 라인팔츠나 바덴 쪽으로 재빠르게 공격할 것이라고 예측했다. 라인팔츠 지역을 여행하던 한 프로이센 장교는 여기저기서 이런 말을 들었다. "이봐, 프랑스군은 언제 여기에 도착할까?"[20] 라인강 건너편 바덴의 방위군은 곧 프랑스군이 침공하리라 예상하고는 참호를 파고, 켈 언덕을 가로지르는 다리를 파괴했다.

라스베르크 자신은 서부로 이동하는 군인들과 동행하기 위해 바이에른을 오가는 두 번째 여행을 했다. 그의 형제 루돌프도 게르머스하임에 도착했지만 라스베르크는 그를 직접 만나지는 못하고 지나가는 장교를 통해서 겨우 인사를 보냈다. 끔찍한 폭풍이 몰아친 8월 4일 아침, 그들은 프랑스 국경까지 걸어서 얼마 안 걸리는 민펠트에 도착했다. 그는 이렇게 기록했다. "우리는 내일 전투에 참가하기를 바라고 있다."[21]

베를린으로 돌아온 왕세자 프리드리히 빌헬름은 실제로 전쟁터로 떠날 마음의 준비를 했다. 파티 의상을 입고 있었지만, 딸 소피의 세례식은 우울한 분위기로 이어졌다. 참석자들은 하나같이 "우리 중 누가 전쟁터에서 살아 돌아올까요?"라고 물으며 작별 인사를 나누었다.[22] 프리드리히 빌헬름에게는 아내, 아이들과 이별하는 것이 너무 견디기 힘든 일이었다. 그와 아내 빅토리아Victoria(빅토리아 여왕의 큰딸)는 공식적인 작별 인사는 하지 않기로 다짐했다. 그래서 떠나는 날 그는 별도의 작별 인사 없이 떠나려고 했다. 그러나 아이들은 아버지가 전쟁터로 떠난다는 사실을 분명하게 이해하고 있었다. "하지만 나는 이 작별의 순간에 대해 너무 깊이 생각해서는 안 된다."[23] 그는 "울며불며 떨어지지 않으려 하는" 네 살배기 딸 빅토리아Viktoria의 손에 아내에게 보내는 쪽지 하나를 주었다. 프리드리히 빌헬름은 훗날 빌헬름 2세가 된 자신의 장남, 열 한 살짜리 빌헬름에 대해선 구체적으로 언급하지 않았다. 왕세자는 자신이 "전선으로 떠나는 모든 기혼 남자가 이런 이별의 고통을 겪고 있다는 생각"을 하며 겨우 평정심을 유지했다.[24]

남쪽으로 향하는 기차 안에서 프리드리히 빌헬름은 자신의 고통이 헛되지 않았음을 느꼈다. 라이프치히, 밤베르크, 비텐베르크, 알텐베르크 등 모든 역에서 주민들은 그를 환호성으로 맞이해주었다. "바이에른 사람들과 작센 사람들이 우리 나라의 통일을 특별히 강조하는 요란한 만세를 부르며 프로이센 왕자를 환영하는 장면을 이전에 과연 누가 꿈꿨겠는가?"[25] 모스부르크에서 그는 지난번에 만났을 때보다 많이 달라진, 앞니가 빠지고 무언가 긴장된 모습인 바이에른의 왕 루드비히 2세를 만났다. 그리고 왕세자는 작센, 바이에른, 뷔르템베르크, 바덴의 경계를 가로지르면서 뮌헨, 슈투트가르트, 울름을 차례로 돌아보았다. 낯선 사람들이 그의 부인을 위해 준비한 꽃다발과 북독일연방의 상징색이 그려진 팬지를 포함한 꽃다발을 그에게 건넸다. 그는 독일인으로서의 이러한 일체감을 유지하기 위해서는 이번 전쟁에서 승리하고 평화를 보장해야 한다는 책임감을 느꼈다.

프리드리히 빌헬름이 바이에른 군인들을 처음 만났을 때, 그는 열린 마음을 유지하려고 애써 노력했지만, 실망감을 약간 표현하지 않고 마냥 그들을 칭찬할 수만은 없었다. "프로이센의 관점은 완전히 버려야 한다. … 어설픈 체격과 놀라운 폭력성은 심지어 젊은 층에서도 뚜렷하다. 군인들은 꽤 똑똑한 태도를 보여주지만, 상관의 말을 듣는 데는 아직 익숙하지 않은 것 같다."[26] 바이에른 군복이 프랑스 군복과 매우 비슷하게 생겼기 때문에 왕세자는 그들과 구별되는 완장을 착용하도록 요청해야겠다고 생각했다.

중요한 것은 여기에서도 바이에른 사람들이 왕세자를 마치 그들 가운데 한 사람인 것처럼 맞이했기 때문에 일체감이 강하게 넘쳤다는 사실이다. 그는 "이제 다시는 바이에른 사람들과 뷔르템베르크 사람들을 외국인으로 볼 수 없을 것이다"라고 고백했다.[27] 그들이 보여준 이러한 통일성과 동질성은 프리드리히 빌헬름에게 그들이 준비되어 있었다는 확신을 주었다. "아직은 독일이 공식적으로 통일되어야 하지만, 사람들의 마음은 이 모든 것을 위해 더 바랄 나위 없이 잘 준비되어 있다."[28] 인간미 없는 소환장과 열차 시간표 속에서 군인들은 철로를 오르내리는 개인적인 만남을 통해 일체감을 이뤄가는 감성적인 무대를 꾸미고 있었던 것이다.

다음날인 8월 1일, 프리드리히 빌헬름은 그동안의 여행에 대해 만족해하며 새로운 본부인 슈파이어에 도착했다. 수십 명의 기자들이 인터뷰를 하기 위해 그의 본부에 몰려와 있었다. 외국에서 오는 전쟁 관련 소식을 전하는 주요한 매체가 된 일간지의 기자들은 군대와 접촉하려고 애쓰는 과정에서, 독일인이 프랑스인보다 더 친절하다는 것을 알게 되었다. 왕세자 자신도 공식적으로 《타임스》의 러셀Russel, 《데일리 뉴스》의 스키너Skinner를 만나, 그들이 자신의 군대와 동행하는 것을 허락했다.

좀더 조용한 시간을 갖게 되었을 때, 프리드리히 빌헬름은 이제 전투의 시간이 다가오고 있다는 생각에 빠졌다.

이제 우리는 세계의 역사적인 위기가 시작하는 지점에 서 있다! 나는 낙심하지 않지만, 우리가 벌여야 할 전투, 그 시작점은 저 언덕 위에 있는 진지로부터의 전격적인 공격이 될, 그 전투를 상상해볼 때, 상황의 심각성은 내 심장을 떨리게 한다. … 하지만 지금 중요한 것은 내가 선택한 모토, '하느님과 함께, 두려움 없이 굳세게 앞으로 전진하라!'를 실천하는 것이다.[29]

◆ 3장 ◆

병력 집중과 전쟁 지휘

메스에 도착한 나폴레옹 3세.

군인들을 동원해 전쟁이 벌어질 가능성이 있는 장소로 이동시키려면 수많은 난제를 극복해야 했다. 군대는 무기, 탄약, 식량, 군복, 군화, 텐트, 조리 도구 등 대원들에게 필요한 보급품과 장비를 차질 없이 제공해야 했다. 그리고 지휘관들은 적의 취약 지점을 공격하기 위해 모든 인력과 물자를 전략적 위치에 집중시킬 필요가 있었다. 동원과는 별개의 조치로 군대를 적재적소에 집중 배치하는 데 성공한 것이 프로이센군과 프랑스군의 차이를 만들어냈다.

군대를 집중 배치하기 위해서는 철도 시스템과 제대로 정비된 행군 경로를 잘 활용할 필요가 있었다. 1개 보병사단은 약 1만 명의 병력으로 구성되었지만, 1개 군단 휘하 각 사단은 지원 부대, 기병대, 포병대를 포함해 병력이 최대 3만 명에 달했다. 이런 대규모 대형은 하루에 약 15~20킬로미터를 이동할 수 있었고, 이후에 이동을 위한 대열에서 전투대형으로 전환하는 데는 하루가 필요했다. 부대의 집중 배치가 진행됨에 따라, 점점 더 많은 병력과 보급품도 이동해야 하는데 이를 위한 도로는 점점 협소해질 수밖에 없었다. 따라서 이동과 집중 배치를 위한 계획이 치밀할수록 실수와 혼란, 마지막 순간의 결정이 초래할 위험을 낮추고, 더 신속하고 유연하게 대처할 수 있는 군대가 탄생했다. 프랑스가 전쟁 채권을 통과시킨 지 18일 만인 8월 2일, 라인팔츠 지방의 자르브뤼켄 마을 사람들은 실제 전투를 목격한 첫 증인이 되었다.

독일 측의 프로이센군 참모총장 헬무트 폰 몰트케는 한 가지 주된 목표가 있었다. 프랑스군을 격퇴하라. 몰트케는 어떤 목표를, 어떻게 달성할지에 대해 실용적인 입장이었다. 동원과 집중을 위한 그의 계획은 그의 전략적 목표와 근대적인 무기·통신·철도를 정확하게 파악하고 이에 적응하는 것에서 비롯되었다. 그는 이러한 작전을 체계적이면서 동시에 유동적으로 추진했다. 몰트케는 실제로 적과 충돌하게 되면 사전 계획은 유지될 수 없다고 믿었던 사람이지만, 그럼에도 불구하고 전쟁 계획을 제대로 수립해야 예상치 못한 사태에 직면할 때 현명하고 원활하게 대응할 수 있다고 믿었다. 게다가 몰트케는 불과 4년 전 오스트리아와의 전쟁에서 많은 것을 배웠기 때문에, 프로이센과 독일 동맹국들은 프랑스에 비해 현저하게 우위를 차지할 수 있었다. 프랑스로서는 자국 영토 안에서 벌어지는 대규모 전쟁이 그저 이론적인 작전에 머물러 있었기 때문이다.

몰트케에게 전쟁과 정치는 별개의 것이었다. 군대는 전쟁을 준비했고, 정부는 전쟁의 매개 변수들을 정리했다. 1870년 초, 정부가 규정한 유일한 군사적 상황은 프랑스와의 전쟁이었고, 이 상황에는 신속한 결정을 통해 프랑스를 패배시키고, 어떤 잠재적인 동맹국도 프랑스를 원조할 시간이 없도록 해야 했다. 몰트케는 라인팔츠에 3개의 군대를 집중 배치함으로써 이 목표를 가장 잘 달성할 수 있다고 생각했다. 가능하면 제1군이 우측에서 프랑스군의 측면을 공격하면서 제2군을 엄호할 때 제2군은 진격하는 계획이었다. 제3군은 좌측에서 프랑스군의 측면을 공격하며 알자스로 진격해서 역시 프랑스의 측면을 와해시킬 계획이었다.

이러한 목표를 달성하기 위해 몰트케는 전체 작전을 통제할 필요가 있었으며, 그래서 측면 공격 전술을 설정한 다음에 병력을 배치할 수 있었다. 만약 3개의 군대가 각각 독립적으로 행동했다면, 그는 측면을 무너뜨리거나 포위할 수 없도록 넓게 펼쳐진 전선에서 지리멸렬한 전투를 치러야 했을 것이다. 물론 이런 전선에서도 앞으로 전진할 수는 있었을지 모르지만 그 속도가 매우 느렸을 것이며, 다른 나라의 개입을 막으려는 정치적 목표를 달성하기가 더욱 어려웠을 것이다.

이런 전투 계획의 일환으로, 몰트케는 소총과 대포의 증강된 화력과 늘어난 사정거리에서 비롯된 문제점에 대해 고심할 필요가 있었다. 국가는 전쟁을 신속하게 끝내기를 원했고, 그러기 위해서는 공세를 취할 필요가 있었다. 그러나 화력이 강해졌다는 사실은 전투에서 방어전이 유리해질 것임을 의미했다. 따라서 몰트케는 방어가 우세한 전면이 아니라 측면을 공격하는 작전으로 이 도전에 대응했다. 측면 공격은 전쟁 경험이 없는 군인들이 공황 상태에 빠지기 쉬운 초기 단계의 전투에서 특히 유용할 수 있는 검증된 전술이었다. 사정거리가 긴 무기에 맞서 성공하기 위해서는 측면 진격이 통상적인 작전보다 대규모로 폭넓게 전개되어야 했다. 이러한 형태의 공격에는 치러야 할 대가가 있었다. 대규모의 측면 이동은 짙은 전쟁 먼지를 일으켜서 동물과 사람들의 혼란을 가중시킬 것이기 때문이다.

몰트케는 이런 상황을 완화하기 위해 병력의 측면 이동을 전술이 아닌 작전 활동으로 삼았다. 그는 병력을 여러 방향에서 전장에 집중시켜서, 적군의 정면과 측면을 겨냥하게 했다. 즉 전장으로 이동하는 것과 전장에서 진격해서 적과 교전하는 것, 다시 말해 이동과 집중을 분리했다. 측면 공격은 실제 전투가 이루어지는 주력 전선의 배후에 위치해 있었지만 측면 공격에 동원될 수 있었던 신형 장거리 무기의 도움을 받았다. 적군의 규모가 방대한 것도 측면 공격에 도움이 되었다. 그런데 이렇게 측면 공격으로 전환하는 것이 군단 전체의 운신에 장애가 될 수도 있었다.

따라서 몰트케는 라인팔츠 지역에 총 33만 명에 달하는 10개 군단을 동원해 집중 배치할 계획이었다. 동원 계획에는 군대를 배치할 위치와 장비 지원에 대한 세부 사항, 그리고 말·수송 장비·도구·군복 등의 상세한 정보가 포함되어 있었다. 그 계획은 심지어 전쟁이 전개되더라도 예비군이 평상시의 활동을 계속할 수 있도록 하기 위해, 전장에 파견된 지역 지휘관을 대체할 사람까지 지정하고 있었다.

이 전략을 성공적으로 수행하기 위해 몰트케는 철도 시스템을 철저히 장악해야 했다. 철도는 전쟁이 일어날 수 있는 지역은 어디든지 군대가 이동할 수 있도록 해주었다. 말과 군인들이 장거리 행군으로 기진맥진하지 않은 채 목적지에 도착할 수 있었으며, 새로운 물자도 상시적으로 공급받을 수 있었다. 철도가 식량과 물자와 인력을 운송해주었기 때문에 군대는 더 오랫동안 전장에 머물 수 있었다. 철도는 군대가 신속하게 집중 배치될 가능성도 열어주었는데, 동원 초기에 군대는 각각 분리된 채 배치되어 있어서 물자를 쉽게 공급받을 수 있었으며, 필요한 경우엔 철도 덕분에 신속하게 집결할 수 있었다.

철도는 기차의 빠른 운행 속도 때문이 아니라, 이와 정반대로 기차의 운행이 체계적이고 예측 가능하며 안전했기 때문에 가치가 있었다. 운행 계획이 잘 수립되고 제대로 진행되면, 이동하는 물자의 양이 많아도 기차는 오히려 느린 속도 때문에, 그때그때 필요한 유연성을 발휘할 수 있었다. 그리고 군인들은 열차에서 뛰어내려 음식이나 커피를 받아 들고는, 낙오되지 않은 채 다시 올라탈 수도 있었다. 철도는 대규모 병력을 서로 떨어져 있는 여러 지역으로 이동시켰다가 특정 지역에서 전투가 벌어지면 그 지역으로 다시 집중시켰다.

프로이센 군대의 집중력은 완벽하진 않지만 충분했다. 프로이센 총참모부의 철도 담당 부서는 50여 개 노선을 운영했는데, 일부는 민간, 일부는 공공, 일부는 민간-공공이 혼합된 방식이었다. 총참모부는 국가권력이 대단위로 작용하는 동원 기간 동안에 민간인의 철도 여행을 중단시킬 수 있었다. 그들은 평시에 집중 지역과 철도 시설을 둘러보고, 특정 군단에 선로와 열차 시간표를 배정하는 등 훈련을 시행했다. 그들은 필요한 열차와 객차의 양, 화물 선적장의 위치, 각 노선의 방향, 그리고 각 열차에 수용할 군인과 말, 물자, 수송 차량 등의 수를 결정했다.

몰트케의 총사령부는 군용 철도의 운행 일정을 계획한 후, 조심스럽게 자르 계곡을 지나 북부 알자스로 들어가는 이동 경로를 선택했다. 북독일연방에 할당된 6개의 철도 노선은 각각 2개 또는 3개 군단을 연속적으로 이동시킬 수 있었다. 즉 복선로를 이용할 경우 하루에 18량의 열차를, 단선로의 경우에는 하루에 12량의 열차를 운행할 수 있었다. 그래서 3만 1천 명으로 이루어진 각 군단은 3일 반에서 5일 반 만에 기지에서 목적지까지 이동했다. 이런 방식으로 군 수송계획은 전군의 일정을 조정할 수 있었다. 1867년 11월, 전쟁을 가상해서 시행했던 첫 번째 작전에서 그들은 프로이센 야전군을 32일 만에 서부로 이동시킬 수 있었다. 그들은 1870년까지 이동에 소요되는 시간을 20일로 줄이는 데 성공했다. 실제 전쟁이 벌어졌을 때, 프로이센 야전군은 동원 19일째인 8월 3일에 진격할 준비가 되어 있었다.

동원이 시작된 지 이틀 후, 몰트케를 방문한 어느 프로이센 장교는 참모총장이 소파에서 편안한 자세로 앉아 월터 스콧 경의 책을 읽고 있는 것을 발견했다. 그 장교는 몰트케에게 전시 상황인데 어떻게 그리 한가로울 수 있느냐고 물었다. 그러자 몰트케는 "그러면 왜 안 되지? 모든 것은 이미 다 준비됐어. 우리는 그저 버튼만 누르면 돼"라고 대답했다고 한다.[1] 전쟁부 장관 알브레히트 폰 룬Albrecht von Roon은 훗날 이때가 그의 군대 경력 가운데 돌보고 작업해야 할 일이 가장 적은, 편안했던 2주였다고 기록했다.

그러나 미국 남북전쟁에서 북부 연방군 측이 배웠던 것처럼, 철도에 의존한 군사 작전은 작전 지역이 국경선에 집중되어 있다가 적의 영토로 진입할 때 저주가 될 수 있었다. 철도를 통한 이동은 아주 단순한 방법에 의해 쉽게 방해받았다. 윌리엄 셔먼William T. Sherman 장군이 주장했듯이, "철도는 전쟁에서 가장 취약한 지점"이어서 성냥불이나 곡괭이에도 쉽게 파괴될 수 있었다. "우리 군대가 국경을 넘어 적의 영토 안으로 진격해 들어가면, 배후가 차단되고 앞뒤로 적에게 둘러싸이게 된다."[2] 몰트케는 전쟁이 장기화될 경우 직면할 수 있는 문제들을 피하기 위해, 초기에 적에게 결정타를 가할 계획이었다.

하지만 몰트케는 프랑스군의 동원이 신속하게 진행될 경우, 프로이센군이 라인팔츠에 집결하기가 어려울 수 있다는 점을 여전히 우려하고 있었다. 따라서 그는 7월 23일, 3개 군대가 라인강 오른편에서 하차한 후에, 거기서부터 집결 지점까지는 도보로 행군하도록 작전을 전환했다. 그래서 병사들은 언덕을 넘고 울퉁불퉁한 길을 따라 80~130킬로미터를 행군해야 했으며, 물자를 보급하는 호송대가 뒤를 따랐다.

프랑스군의 경우는 물자 보급과 병력 집중이 프로이센군만큼 원활하게 이루어지지 않았다. 사실 프랑스군은 병력 집중과 이동을 구별하는 별도의 조치를 취하지 않았다. 그래서 전체 작전이 혼란스럽게 전개되었다.

프랑스에서는 파리와 메스, 스트라스부르를 연결하는 대부분의 운송 작업을 민간 회사인 '콩파니 드 레스트Compagnie de l'Est'가 담당했다. 7월 16일부터 8월 6일까지 거의 1200대의 열차가 운행되어 30만 명이 넘는 군인과 말, 대포, 수송용 마차, 보급 물자를 운반했다. 이런 엄청난 인력과 물자를 운송하는 데 필요한 병참 작업은 프랑스군에게 너무 큰 부담이 되었다. 메스에서 한 영국 기자는 이렇게 기록했다. "10만 명의 병력을 집중 배치하는 작업이 얼마나 어려운 일인지 상상할 수 없을 것이다. 만약 매일 1만 5천~2만 명씩 도착한다면 전체 병력이 집결하기까지 일주일이 걸릴 것이다. 하지만 기병에겐 말이 필요하고 포병에겐 대포가 필요하기 때문에, 이를 종합해보면 10만 명의 군인과 필요한 물자가 일주일 안에 도착한다는 것은 사실상 불가능하다. 가끔 30량짜리 열차가 역으로 들어왔지만, 장비와 물자를 모두 하역하고 나서 열차에서 내린 군인은 겨우 50명 정도였다!"[3]

7월 29일, 제4군단 사령관 폴 드 라드미로Paul de Ladmirault는 가장 정중하면서도 정교한 문장으로 전쟁부 장관에게 다음과 같은 전보를 보냈다.

저는 장관님께 가능한 한 신속하게 예비군 파견에 필요한 지시를 내려주시기를 요청하며, 이를 영광스럽게 생각합니다. 예비군이 이곳에 신속하게 도착하지 않으면 아군은 병력이 부족한 상태로 국경을 넘을 수밖에 없습니다. 게다가 수많은 권고에도 불구하고, 이곳에 도착한 군인들은 주둔지에서 작전을 수행하는 데 꼭 필요한 물품들을 제공받지 못한 채 파견된 것 같습니다. 만약 예비군이 현 주둔지에서 탄약통과 야영 장비를 완벽하게 제공받지 못한다면, 차라리 이곳의 전투 대대에 파견되지 않도록 명령해주시길 장관님께 정중히 요청하는 바이며, 이를 영광스럽게 생각합니다.[4]

메스에서 화물 운송은 극도의 혼란에 빠졌다. 메스의 철도 센터에는 8개의 창고와 6킬로미터의 보조 선로가 있었다. 이는 동시에 310량의 화물 열차를 충분히 하역할 수 있는 공간이어서, 하루에 최대 930대의 하역 작업이 가능했다. 7월 16일부터 8월 15일 사이에 하루 평균 775대의 화물 열차가 도착했는데, 이들이 운반해온 물자는 도심을 중심으로 반경 40킬로미터 안에 배치된 4개 군단에게 공급할 수 있는 양이었다. 그러나 대부분의 열차에서 하역이 이루어지지 않았고, 심지어 하역된 물자조차도 필요한 곳에 지급되지 않았다. 보급 열차는 메스에 도착은 했지만, 떠나지 못했다. 그들은 군대 수송 열차나 새로 진입하는 보급 열차로 인해 출로가 봉쇄되었다. 열차 배치 요원들은 이 열차들을 어딘가에는 세워두어야 했기 때문에, 하역을 위한 크레인 같은 설비가 없는 위치로 열차를 이동시켰고 거기 정차되었다. 열차는 물자를 실은 채였고, 그래서 군대는 식량을 배급받지 못했다.

그 결과 메스 주변의 군단에 도착한 병사들은 무기와 탄약은 물론 기본 식량(빵, 커피, 설탕, 쌀, 소금, 심지어 식수)도 지급받지 못한 상태였다. 군대를 위한 자금도 지급되지 않아서 군인들은 권총과 지도, 그리고 식량을 마련할 현금조차 없었다. 8월 1일, 일간 《레투알 벨지 L'Etoile Belge》(벨기에의 별)의 기자는 메스에서 이렇게 보도했다. "하루하루 지날 때마다 사람들은 프랑스군이 전쟁 준비를 완료한 것으로 착각하고 있음을 알게 된다. … 2천 량의 열차가 오늘 아침 메스의 거리를 막고 있다. 이 열차에 실린 것들은 대부분 지난밤에 도착해 최종 목적지를 기다리고 있는 건초, 짚, 귀리다."[5] 군인들은 도시 밖에 정차한 열차로 행진해가서 거기 실려 있는 보급품을 도시로 운반하는 작업에 동원되었으며, 이로 인해 군의 사기는 저하되었다. 10월 메스가 함락된 후에, 독일군은 보급 물자가 가득 실린 약 1만 6천 량의 화물 열차를 압수했다.

마지막으로 프랑스군은 말 부족 사태에 직면했다. 프랑스군은 예산상의 이유로 평상시에는 농민들에게 세를 받고 말을 빌려주었다. 그런데 일부 농민은 수확이 끝날 때까지는 말이 필요하다며 돌려주기를 거부했고, 어떤 농민들은 군대가 직접 와서 말을 찾아가라고 주장해서 시간을 지체하거나 혼란을 가중시켰다. 그래서 프랑스군은 기병대로부터 말 1만 1천 마리를 확보했으나 나머지 필요한 만큼은 추가 구입해야 했는데, 이는 기병대의 병력 동원을 더 어렵게 만들었다. 그리고 갑자기 새로 구입한 말들은 크기가 너무 작거나 건강 상태가 좋지 않은 경우가 종종 있었다. 이런 상황 탓에 기병 대대는 규정에 명시된 171명 대신 평균 126명으로 축소해서 편성되었다. 프랑스 기병대는 전선의 배후에 머물렀는데, 이는 모든 장소에서 감시와 정찰 활동을 하는 것으로 유명한 프로이센 울란Uhlans(창기병대)과 대조적이었다. 포병 부대도 휘하 396개의 포대가 사용하기에 충분한 양의 대포와 보급 마차를 공급받았지만, 이를 운반할 말이 부족했다. 그들에게 필요한 말은 5만 1500마리였는데, 겨우 1만 7천 마리밖에 공급되지 않았던 것이다.

이렇게 많은 문제가 있었지만, 프랑스군은 결국 필요한 장비를 확보했고, 대부분의 열차는 정시에 운행했다. 노선의 거의 3분의 2가 복선화되어 있었고, 프랑스는 프로이센보다 약 1.5킬로미터당 3분의 1 정도 많은 수의 열차를 보유하고 있었다. 그럼에도 불구하고 앞서 서술한 이유들로 인해 병력의 이동과 집중이 지체되었기 때문에 프랑스군은 전쟁 초기에 공세를 펼칠 수 없었고, 그저 방어 자세를 취한 채 적의 공격을 기다릴 수밖에 없었다.

나폴레옹 3세는 이번 전쟁 계획에 프랑스 해군을 활용하기를 희망했다. 프랑스 해군은 함포, 증기기관, 기갑 장비 등을 갖춰 세계에서 가장 발전되고 효율적인 해군에 속했다. 프로이센이 보잘것없는 5척의 철갑함을 보유한 반면 프랑스는 49척을 보유하고 있었다. 프랑스 해군은 총 470척(영국에 이어 세계 2위)의 군함을 보유하고 있어서, 프로이센이 과시할 수 있는 수보다 열 배나 많았다. 그리고 킬과 빌헬름스하펜에 있는 프로이센 해군기지 2개는 규모도 작았다. 1864년 독일에 패배해 굴욕을 당한 덴마크는 이 전쟁에서 프랑스와 연합해 킬, 함부르크, 그리고 아마도 하노버까지 진격할 것이라고 위협했다. 나폴레옹 3세는 원래 9천 명의 해병대와 2만 명의 예비군을 이끌고 프로이센 해안에 상륙할 계획이었다. 전쟁이 발발하자 발트해 연안으로 향하던 해협 함대는 7월 24일 루이 부에-윌로메즈Louis Boüet-Willaumez 제독의 지휘 아래 셰르부르로 떠났고, 푸리숑Fourichon 제독이 지휘하는 지중해 함대는 같은 날 몰타를 떠나 지브롤터 해협과 브레스트를 거쳐 북해로 가는 우회 항해를 시작했다.

그런데 프랑스 해군의 상륙 작전은 병참 부분에서 발생한 문제 때문에 지연되고 방해를 받았다. 지중해 함대가 북해로 가는 데에는 3주가 걸렸고, 따라서 그동안 대원들을 소환하고 병사를 징집할 필요가 있었다. 또한 두 함대에서 연료로 사용하는 석탄이 빠르게 고갈되어서, 항해 속도가 느려졌다. 8월에 프로이센 북부 해안에 도착했을 때, 그들은 흘수선이 깊은(물에 잠기는 부분이 많은) 선박이 항해하기에는 만灣의 수심이 너무 얕다는 것을 발견했다. 그뿐 아니라 만 유역을 수비하고 있는 프로이센 크루프 대포의 사정거리가 거의 4킬로미터로 자신들의 선박에 탑재한 대포보다 두 배는 길기 때문에 프랑스 함대가 쉽게 그들의 먹잇감이 된다는 사실도 드러났다. 심해에서 영국 해군과 싸우기 위해 건조된 나폴레옹의 해군은 수심이 얕은 프로이센의 해안에서는 이래저래 허우적거리는 상황에 처한 것이다. 그들은 낯선 해역에서 효과적인 해도도 없고, 독일인 도선사의 안내를 기대할 수도 없었으며, 바다에 설치된 수뢰와 체인, 케이블 등으로 인해 쉽게 움직일 수도 없었다. 해상 공격이 효과를 거두기 위해서는 덴마크군 약 3만 명의 지원이 필요했는데, 8월 초에 벌어진 초기 전투에서 프랑스가 패배하자 덴마크의 지원은 이루어지지 않을 것이라는 사실이 분명히 드러났다.

그럼에도 불구하고 부에 제독은, 영국의 반발을 피하기 위해 영국 선박을 차단하지는 않았지만, 9월까지 대륙에 대한 해상 봉쇄 조치를 취했다. 하지만 가을이 되면서 날씨가 추워지고 프랑스군이 본토에서 패배하면서 해상 봉쇄는 중단되었다. 결국 프랑스가 이번 전쟁에서 해군을 가장 잘 활용한 것은 알제리에 있던 군인들을 프랑스로 수송한 것 정도였다.

7월 31일 프로이센 왕 빌헬름이 베를린을 떠날 때, 그가 지휘하는 3개 군대는 이미 라인팔츠 지방에 집결해 있었다. 그러나 이렇게 전체 병력을 갑자기 복잡하게 뒤섞어 이동시킨 끝에 3개 군대로 집중시킬 수 있었던 것은 오랫동안 계획하고 연습한 계획을 신중하게 실행했기 때문이다. 철도, 석탄과 철강 공급, 서부로 진군하는 병력에 대한 세밀한 조율은 그 동력이었다. 그뿐 아니라 직접적이고 암시적인 메시지를 지속적으로 보냄으로써, 이 전쟁이 신성한 기쁨을 불러일으키며, 독일 민족과 그들의 믿음직한 왕가에게 막강하고 영광스러운 미래를 가져올 것이라고 홍보한 점도 이 작전이 실행되는 데에 기여했다.

왕은 유능한 지휘관이어서 그의 지휘는 효과적이고 정보에도 정통했지만, 73세인 그는 전투에 대해서는 다소 소극적인 자세를 취하면서 몰트케의 조언에 의존했다. 그래서 그는 베를린을 떠나 전장과 가까운 마인츠로 이동하는 것을 7월 말까지 기다릴 수 있었다. 그리고 나폴레옹 3세와 달리 그는 정부를 베를린에 남긴 채 전장으로 떠난 것이 아니라, 그의 민간, 전시 내각을 함께 전장으로 데리고 갔다. 점령지의 행정적 통제 업무를 담당할 준비가 된 전문가와 관리들, 참관인과 언론인들, 외국 대표부의 무관들, 각국의 왕자와 시종들, 요리사, 말과 마부들도 함께 데려간 것이다.

출발을 준비하면서 빌헬름 왕은 이제 상징적인 통일의 순간이 다가왔음을 포착하고 다음과 같은 선언문을 발표했다.

나의 국민 여러분, 나는 오늘 독일의 명예를 지키고 우리의 가장 귀중한 재산을 보존하려는 목적으로 우리 군대와 함께 전투에 참여하기 위해 전장으로 떠납니다. 전장으로 출발하면서 나는 위기에 처한 나의 국민들이 혼연일체로 봉기한 것을 고맙게 생각하며 모든 정치범과 범법자들에게 사면을 베풀고자 합니다. 나는 국무장관에게 이러한 취지의 법령을 작성해서 제출하라고 지시했습니다. 나의 국민들은 나와 함께 이번에 평화가 무너지고 전쟁이 발발한 것이 우리의 책임이 아니라는 것을 알고 있습니다. 하지만 이러한 도전을 받게 된 우리는, 지금까지 우리의 조상들이 그랬던 것처럼, 하느님에 대한 전적인 믿음 안에서 조국을 수호하기 위해 기꺼이 이 전쟁에 임하기로 결단했습니다.[6]

왕의 군대는 베를린에서 남서쪽으로 645킬로미터 정도 떨어진 곳에서 대기하고 있었다. 제1군과 제2군이 공조해 로렌과 메스를 위협했다. 왕의 조카인 프리드리히 카를 왕자가 제2군을 지휘했는데, 이 부대는 13만 4천 명의 병력으로 구성되어 3개 군대 가운데 가장 규모가 컸고, 6개 군단(제3, 제4, 제9, 제10, 제12군단, 그리고 수비대)과 2개 기병사단을 보유하고 있었다. 이들은 노인키르헨 근처에 집중 배치되어 있었다. 왕의 사령부는 부분적으로는 프리드리히 카를의 군대를 돌보기 위해 제2군과 함께 움직였다. 왕자는 왕세자 프리드리히 빌헬름과 함께 1866년 쾨니히그레츠 전투의 주요 승리자였다. 그리고 그는 그가 입은 우자르Husar 군복 때문에 '붉은 왕자'라는 과시적인 별명을 갖고 있었음에도 불구하고, 신중하고 생각이 깊고 전문성을 보유한 것으로 알려져 있었다.

제2군의 오른편에는 제1군이 배치되어 있었는데, 그들은 비틀리히 근처에서 프리드리히 폰 슈타인메츠Friedrich von Steinmetz가 지휘하는 5만 명(제1, 제7, 제8군단)의 병력으로 구성되어 있었다. 슈타인메츠의 임명은 그를 아는 사람들에게는 놀라움으로 다가왔다. 1796년에 태어났고 1866년에 탁월한 역량을 발휘했던(나초드에서 병력 규모가 더 큰 오스트리아군대에 반격을 가해 그들을 격렬하게 밀어붙인 결과 사도바에서의 승리를 이끌어냈다) 슈타인메츠는 나이가 들면서 고집불통이고, 참을성이 없어서 누구도 다루기 힘든 상태였다. 사령부의 한 장교는 그에 대해 "그의 판단력과 행동은 한때 대단했었지만, 지금은 고집불통만 남아 있다"라고 썼다.[7] 슈타인메츠는 프랑스군이 모젤강 하류에서 대대적인 공세를 퍼부을 경우, 이에 맞서는 소규모의 제1군 사령관으로서는 적절한 지휘관이었을지 모른다. 그러나 결과적으로 상부에서 내린 명령을 그가 거부하면서, 몰트케의 초기 계획은 차질을 빚었고 거의 재앙으로 이어졌다.

제2군의 왼편에서는 라인팔츠의 란다우와 라슈타트 근처에 포진한 왕세자의 제3군이 알자스와 스트라스부르를 위협하고 있었다. 12만 5천 명으로 구성된 제3군은 그 병력이 제2군과 거의 견줄 만했다. 거기엔 제5군단과 제9군단 및 2개의 바이에른 군단, 그리고 바덴과 뷔르템베르크에서 온 각각 1개 사단이 포함되어 있었다. 그래서 이들의 대열은 앞으로 이루어질 독일 통일의 모습을 보여주는 듯했다. 프리드리히 빌헬름 군대의 사령관은 프로이센에서 가장 유능한 지도자 중 한 명이자 프리드리히 빌헬름에게 전적인 신뢰를 받는 카를 폰 블루멘탈Karl von Blumenthal이었다. 왕세자는 자신의 제3군이 지원군의 역할을 맡았다는 사실을 잘 알고 있었다. 그의 사촌이 이끄는 중앙의 제2군이 주요 전투를 수행할 예정이었고, 제3군은 단지 프랑스군을 측면에서 공격할 뿐이었다. 또한 그 자신은 "어떤 대작전을 수행할 위치에 있지 않을 것"이었다.[8] 그래서 승리의 영광은 그에게서 멀리 있는 것으로 보였다.

몰트케는 의도적으로 7개 사단을 배후에 배치했다. 1개 사단은 예상되는 프랑스의 해상 침공으로부터 서쪽 해안을 방어하기 위해서였고, 나머지 6개 사단(제1, 제2, 제6군단 소속)은 철도가 지나치게 과부하되는 것을 방지하고, 전략적인 결정에 따라 나중에 공격에 동원될 수 있도록 하기 위한 것이었다.

1870년 프로이센군의 병력은 1866년 오스트리아와 싸운 군대 규모의 세 배에 달했다. 8월 3일, 몰트케가 이끄는 3개 군대는 카를스루에와 코블렌츠 사이의 160킬로미터에 아치형으로 펼쳐져 배치되었다. 그들은 여러 방향으로 전진할 수 있었으며, 서로를 도울 수 있을 정도의 거리를 유지하면서 방대한 지역을 장악할 수 있었다. 독일군이 형성한 아치형 전선의 폭은 메스와 자르브뤼켄 사이에 집중된 프랑스군의 경우보다 훨씬 더 넓었다. 나아가 우수한 병참 시스템이 그들의 동원을 뒷받침했다. 이는 그들이 프랑스군보다 더 신속하게 더 많은 병력을 동원했으며, 그 결과 독일 군인들이 프랑스 군인들보다 더 충분한 휴식을 취하고 더 잘 무장했으며 자신들이 처한 환경에 사기가 덜 꺾인 채로 전장에 도착했음을 의미했다. 몰트케는 프랑스군이 세운 어떤 작전 계획도 격퇴할 수 있다고 자신했다. 만약 프랑스군이 독일 남부를 침공하려고 한다면, 제3군이 그들의 측면을 공격할 수 있었다. 만약 그들이 라인팔츠를 침공한다면 제2군과 마주하게 될 것인데, 이 경우 제1군과 제3군이 제2군의 양 측면을 방어할 준비를 갖추고 있었다.

　7월 30일, 몰트케는 제3군에 공격 명령을 내렸다. 그런데 그가 치밀하게 수립했던 계획은 벌써 연기되었다. 블루멘탈은 포대와 물자 공급이 적어도 8월 3일까지는 불가능하다고 보고했다. 그리고 그는 프랑스군의 측면을 공격하기 전에 제6군단이 자신의 부대에 합류하기를 원했다. 물론 그렇게 명시적으로 말하지는 않았지만, 그가 제6군단 없이 진격하기를 원하지 않았다는 것은 바이에른 사람들을 그리 신뢰하지 않는다는 것을 암시했다. 몰트케는 특별 전령을 보내서 후방의 전열을 정비하도록 조치했지만, 제6군단은 파견하지 않았다. 어쨌든 몰트케는 최초의 진격 계획을 며칠 연기했다.

　그러는 동안 프랑스군의 지휘 체계가 자리를 잡았다. 1859년에 입증되었듯이 건강 측면에서도 그리 훌륭한 지휘관이 아니었던 나폴레옹 3세는 담석으로 인한 통증 때문에 말을 거의 탈 수 없었으며, 심지어 일관성 있게 생각할 수도 없었다. 황제는 이제 승리에 대한 모든 찬사와 패배에 대한 모든 경멸을 자신의 어깨에 짊어지고 있었지만, 도저히 그런 중대한 임무에 적합한 인물이 아니었다. 30만~35만 명으로 구성된 단일 군대는 나폴레옹 1세가 지휘하기에도 너무 거추장스러운 규모였을 것이다. 그런데 그런 임무를 수행할 그릇이 아닌 나폴레옹 3세에게는 너무 큰 도전이었다.

프랑스군은 아직 별도의 지휘관을 총사령관으로 임명하는 조직 방식을 채택하지 않고 있었다. 몰트케의 지위와 가장 비슷한 것이 프랑스군에서는 사령관Major-Général이었고, 프랑스군 사령관은 바로 르뵈프였다. 그러나 르뵈프는 전쟁부 장관이기도 했기 때문에, 전쟁 최고 지휘관과 전쟁부 장관, 두 직책을 겸하고 있었다.

프랑스의 라인군은 하나의 부대로, 여기에는 8개 군단이 편성되었는데, 이는 2개의 날개로 나뉘어 있었다. 메스에 기반을 둔 좌측 군단의 규모가 더 컸다. 이들 중에는 샬롱 기지에서 여름 군사훈련을 단행했으며, 생타볼드 근처에서 진격 대형을 취하고 있던 프로사르 장군 휘하의 제2군단이 포함되어 있었다. 라드미로 장군이 이끄는 제4군단은 그들의 배후와 좌측에 위치해 있었다. 이 부대들은 프랑스 북부의 기지에서 티옹빌로 이동해왔다. 메스 주변의 중앙에는 바젠 장군이 이끄는 제3군단이 있었는데, 파리에서 온 부대였다. 피에르-루이 샤를 드 파이Pierre-Louis Charles de Failly 장군의 제5군단은 비치에서 작전을 시작하도록 우측에 배치되어 있었는데, 이 부대들은 리옹과 남동부 지방에서 왔다.

프랑스군의 우측에는 2개 군단이 있었다. 하나는 알제리에서 마르세유를 거쳐 이동해온 스트라스부르 인근의 제1군단(마크마옹 장군)이고, 다른 하나는 프랑스 남동부에서 이동해 벨포르에 집결, 제1군단의 우측에 위치한 제7군단(두에Douay 장군)이다. 프랑스군의 정예 군단인 제국방위군(부르바키 장군)은 제1선의 예비 병력으로 활동하기 위해 파리 근처의 수비대에서 낭시로 이동해왔다. 프랑스 중서부에서 온 제6군단(캉로베르 장군)은 제2선의 예비 병력으로 샬롱 기지에 집결했다.

나폴레옹 3세는 황제에게 아첨하는 능력을 발휘해 주요 지위를 얻은 궁정 측근 중에서 지휘관들을 선발했다. 군사사학자인 데니스 쇼월터Dennis Showalter가 언급한 바와 같이, 평상시에 '의지력과 자기주장'을 강조한 것은 군단장이 복종이나 명령을 수용하는 습관을 기르지 않았다는 것을 의미한다.[9] 그들은 서로 시기했고, 그저 지휘관에 임명되었다는 사실만으로 이미 자신들이 그 지위에 부합하는 능력을 가진 것처럼 여겼다. 지휘관으로서의 능력이 실전을 통해 검증되고 향상되기보다는 이미 전제된 것으로 파악하는 것이 프랑스 군대의 문화였다.

전쟁이 전개되면서, 어떤 군단장은 다른 군단장들보다 더 유능하고, 자신의 장점과 한계에 대해 더 현명하게 판단한다는 것이 입증되었다. 하지만 전체적으로 볼 때 그들은 프로이센군 지휘관들보다 더 우수하지도, 더 부족하지도 않았다. 만약 그들이 나폴레옹 3세와 마크마옹 휘하에 있지 않고 몰트케 휘하에 있었다면, 자신들이 맡은 임무를 훨씬 잘 수행했을지 모른다. 하지만 전쟁이 시작된 후 몇 주 동안 그들은 새로운 참모들과 함께 행정과 병참 관리에 집중해야 했고, 그 분야는 이 지휘관들이 강점을 가진 영역이 아니었다. 따라서 그들의 새로운 부하들은 지휘관이 가진 최상의 능력을 보면서 상호 신뢰를 구축할 기회를 갖지 못했다.

게다가 나폴레옹 3세의 군대는 합의된 하나의 일관된 전투 계획을 수립하지 않았다. 7월 27일 저녁, 나폴레옹 3세는 우측에 포진한 군대를 믿고 라트슈타트와 게르머스하임을 거쳐 독일로 진격해 먼저 독일 남부 국가들을 고립시킨 다음에 북쪽의 프로이센으로 진격하려 했다. 캉로베르의 군대가 샬롱 쪽에서 진격하고 해군이 킬과 로스토크에 상륙하는 계획이었다. 그런데 그의 지휘관들은 매우 다양한 의견을 가지고 있었다. 마크마옹은 27일 르뵈프에게 편지를 보내 제1군단의 역할에 대해 논의할 지휘관 회의를 요청했고, 샤를 프로사르 장군은 자를란트 침공을 원했으며, 오귀스트 뒤크로Auguste Ducrot 장군은 프랑스군이 켈과 란다우를 점령해 프로이센을 독일 남부 국가들과 단절시킬 것을 주장했다. 또한 하급 장교들은 매일 저녁마다 메스의 카페 파리지앵에서 모임을 갖고 곧 개시되기를 희망하는 프랑스군의 공세에 대해 이야기를 나눴다.

그러나 7월 28일 메스에 도착한 나폴레옹은 프랑스군의 동원 현황이 얼마나 뒤죽박죽인지를 깨달았다. 이 시점에 동원된 프랑스군 병력은 총 28만 명이었는데, 이들은 티옹빌에서 벨포르까지 320킬로미터에 걸쳐 길고 가늘게 펼쳐져 있었다. 알제리에서 출발한 튀르코Turco 연대와 주아브Zouave 연대는 800킬로미터나 떨어진 마르세유에서 이제 막 하선하고 있었다. 그럼에도 불구하고 나폴레옹 3세가 이날 내린 명령은 놀라울 정도로 모호했다. "우리가 국경 너머에서 걷게 될 길이 어떠하든, 우리는 조상들이 남긴 영광스러운 행적을 마주하게 될 것이다. 우리는 그들이 남긴 행적이 얼마나 가치 있는 것인지 입증할 것이다. 모든 프랑스 국민이 열렬한 기도로 제군들을 따르고 있으며, 전 세계의 시선이 제군들을 향하고 있다. 자유와 문명의 운명이 우리의 성공에 달려 있다."[10] 바로 이 순간 프로이센군은 라인 종착역에서 프로이센의 라인 지역과 라인팔츠 지방으로 이동을 시작하고 있었다. 하지만 프랑스군은 일관되고 착실하게 준비된 계획이 없었기 때문에 병력을 신속하게 집중해 이 순간의 이점을 이용할 수 없었다. 독일군이 집결하고 있다는 보고, 하지만 완성도가 충실하지 못했던 보고는 프랑스군이 독일군의 취약점을 이용할 수 있다는 사실을 지적해주기보다는 다가오는 독일군의 침공에 대해 경고하는 선에 머물고 말았다. 결국 28일 저녁 회의에서 나폴레옹 3세는 독일 침공을 연기하기로 결정했으며, 이는 사실상 프로이센군에게 전쟁의 주도권을 넘겨주는 결과를 초래했다.

그날 저녁, 황제는 호텔 유럽Hôtel de l'Europe에 있는 그의 사령부에서 익명의 군인과 장교들로부터 30통에 달하는 편지를 받았다. 장군 및 원수들의 무능과 탐욕, 잔인함을 비난하는 내용이었다. 이미 프랑스군의 사기는 떨어져 있었고, 군인들은 작전 지연이 지휘관들의 무능이나 반역 때문이라고 보았다. 이런 상황은 황제의 작전 계획을 더욱 악화시켰다. 프랑스군 내부의 분위기는 이미 맥이 빠져 수동적인 상태로 가라앉았다.

8월 2일, 나폴레옹 3세는 아무런 대규모 전략적 지침도 없이, 그저 프로사르의 조언에 따라 라인팔츠의 자르브뤼켄 마을을 공격했다. 바젠의 제3군단과 프로사르의 제2군단 소속 6개 사단은 이 마을을 쉽게 점령했다. 프로이센군 사상자가 83명이고, 프랑스군의 사상자는 사망자 11명을 포함해 총 86명이었다. 나폴레옹 3세와 그의 아들 황태자는 말을 타고 제2군단을 순시했는데, 병든 황제에게는 고문과 같은 고통을 주었다.

보잘것없는 이번 승리는 프랑스군의 움직임에 대한 정보가 부족했던 프랑스 언론에서 대서특필되었다. 8월 3일,《주르날 오피시엘》(관보)은 "우리 군대가 공세를 취해서 국경을 넘어 프로이센 영토를 침공했다. 적의 위치가 유리했음에도 불구하고 얼마 안 되는 프랑스군 대대만으로도 자르브뤼켄을 내려다보는 고지를 점령하기에 충분했다."[11] 나폴레옹

3세의 인기는 전쟁 중 최고조에 달했다. 셰르의 지사는 "모든 사람들이 황제의 행동을 칭송한다. 황제에 대한 신뢰가 드높다"라고 기록했다.[12]

그러나 파리에 있던 영국의 무관은 프랑스 대중이 자르브뤼켄 점령을, 일간지《프랑스》가 보도하듯 "역사의 새로운 시대를 연" 위대한 승리라고 믿지 않는다고 보았다. 그는 "프랑스인들은 우스꽝스러운 보도를 파악해내는 아주 예리한 감각을 갖고 있으며, 그래서 이런 승리 보도에 대해 웃지 않을 수 없었다"라고 기록했다.[13] 프랑스군은 자르브뤼켄에 실질적인 목표물을 갖고 있지 않았다는 사실이 곧 드러났다. 그들은 심지어 다리를 건너거나 강 너머에 있는 전신국을 파괴하려는 시도조차 하지 않았다. 자르브뤼켄에서 거둔 작은 승리는 그저 일시적인 것으로 드러났으며, 이는 전쟁 기간 전체를 통틀어 독일 영토에서 치러진 유일한 전투였다.

누구나 프랑스군의 동원 상황에 대해 파악하고 있었고, 대부분은 프랑스군이 실패했다는 데 동의했다. 프랑스군은 49만 2천 명이 넘는 정예병을 동원할 수 있었지만, 8월 6일까지 겨우 30만 4208명의 병력을 320킬로미터에 걸쳐 길게 펼쳐진 아치형 대형으로 집결시켰으며, 이들에게 식량도 무기도 제대로 지급하지 않았다. 군인들은 전투 장비도, 제시된 이동 방향도 없이 지정된 역에 도착했을 뿐이다. 이런 순간에 프로이센은 철도를 효과적으로 이용해서 42만 6천 명의 병력을 80킬로미터에 걸친 집결 지점까지 신속하게 이동시켰다. 게다가 북독일연방과 독일 남부 국가들은 총 100만 명이 넘는 정예병을 동원할 수 있었다.

병력 집중 문제는 백지상태의 캔버스에 존재한 것이 아니었다. 병력은 프랑스와 독일 사이의 역사적 변경지대에 있는 들판과 마을, 강가의 작은 도시들에 보내졌다. 수 세기 동안 양국 사이에 평화로운 무역과 교류가 이루어진 곳이었다. 프랑스군을 파괴하려는 몰트케의 작전 목표는 독일인을 넓은 영토에 퍼뜨려서 민간인과 더 많이 접촉할 수 있게 하는 것이었다. 나폴레옹 3세의 전략이 군사적으로 명확하지 않았다는 점 역시 대규모 전쟁의 위협이 다가왔을 때, 민간인들의 불안을 키웠다.

◆ 4장 ◆

전투

"내가 시작한 지 5분도 안 됐는데 전쟁이 끝났어. 내가 크랭크(회전축)를 너무 빨리 돌린 게 분명해."

예측했던 것과 달리 몰트케의 군대는 프랑스군보다 빠르게 움직였다. 자르브뤼켄에서 잠시 진격했던 프랑스군은 그후 알자스의 비상부르와 프뢰슈빌레르에서 두 차례, 로렌의 스피셰렌에서 한 차례 전투를 치른 끝에 독일군에 밀려 후퇴하고는 방어 자세를 취했다.

8월 2일까지 몰트케의 3개 군대는 출동 준비를 마친 상태였다. 몰트케는 보급품 운송이 원활하게 진행되도록 군대 사이에 충분한 간격을 두었지만, 이 공간은 경우에 따라 함께 모이거나, 군인들의 이탈을 막을 수 있을 정도로 충분히 좁았다. 몰트케는 자신의 3개 군대로 나폴레옹 3세 휘하의 라인군을 포위해 고립시킨 후 공격하려 했다. 그래서 그는 자르 지방의 북쪽에서 이 작전을 수행하고 싶어했다. 제2군은 프랑스군의 공격을 받을 것인데, 이때 제3군이 알자스를 휩쓸면서 프랑스군의 오른편을 공격하고, 슈타인메츠가 지휘하는 제1군은 모젤강에서 남쪽으로 내려올 계획이었다. 자르브뤼켄에서의 모험은 몰트케가 이 전투의 발판을 마련하는 데 도움이 되었다. 자르브뤼켄에 들어온 프로사르의 프랑스군을 아주 쉽게 포위할 수 있었기 때문이다. 하지만 자르강 북쪽에서 프랑스군을 포위해 격퇴하려는 몰트케의 작전은 프랑스군이 공격을 계속하는 대신 단순히 자르브뤼켄에서 철수하면서 성과를 거두지 못했다.

따라서 몰트케는 제2군을 프랑스 남쪽 스피셰렌과 포르바크로 보내기로 결정했다. 제1군과 제3군으로 프랑스군의 측면과 후방을 공격할 의도였다. 그런데 이 작전 역시 잘 작동하지 않았다. 8월 5일, 슈타인메츠는 제2군의 오른편에서 측면을 방어하기 위해 자르강을 건너는 대신, 가능한 한 짧은 경로를 택함으로써 그의 부대가 제2군의 행군 경로를 가로지르게 되는 혼란을 초래했다. 이제 몰트케는 제1군과 제2군을 분리해야 했다.

한편 알자스에서는 프로이센의 제3군이 진격에 나섰다. 제3군은 바덴과 팔츠에 자리를 잡고 있었는데, 알자스 북동부를 거쳐 프랑스 영토로 진격할 준비를 했다. 8월 1일, 왕세자의 군대가 라인강을 건너 프랑스 국경에서 북쪽으로 8킬로미터밖에 떨어지지 않은 막사우와 란다우 근처에 집결했다. 제3군은 8월 4일 아침에 프랑스 국경을 넘었다.

이날 작전도 계획대로 진행되지 않았다. 비상부르 전투는 양측 모두에게 갑작스러운 것이었다. 마크마옹이 지휘하는 제1군단의 4개 사단은 넓은 벌판에 흩어진 채 각각 아그노, 프뢰슈빌레르, 렘바크, 비상부르에 배치되어 있었다. 거리가 약 15킬로미터 정도 떨어져 있어서 각 부대는 서로 지원하는 것이 쉽지 않은 상황이었다. 비상부르에 배치된 사단은 생시르 사관학교 총장인 61세의 아벨 두에Abel Douay와 제7군단 사령관 펠릭스 두에Félix Douay 형제가 지휘하는 8600명의 병사로 구성되어 있었다. 그들이 자리잡은 위치는 공격에 취약했지만, 두에는 절실하게 필요한 식량을 구할 수 있었다. 프랑스군의 정찰대는 제3군단에 속한 프로이센군과 바이에른군 8만 명이 그들을 향해 다가오는 것을 감지하지 못했다. 두에가 확보한 최고의 정보는 비상부르의 부지사인 무슈 헵Monsieur Hepp에게서 왔는데, 그는 8월 3일 프로이센군이 라우터강 동쪽의 세관을 점령했다고 경고했다. 8월 4일 아침 8시까지 두에는 라우터강 유역에 진입한 프로이센군이 단순히 선발대라고 믿었다. 사실 마크마옹은 그의 사령부 전체를 비상부르로 옮길 계획이라고 알리는 전보를 이미 보낸 상태였다.

그날 아침 비에 흠뻑 젖은 채 라우터강을 건너던 바이에른군은 비상부르와 알텐슈타트 위의 비탈길에 일렬로 나란히 배치되어 있는 프랑스의 샤스포 소총들과 마주하게 되었다. 숙련된 소총병이 사용할 경우, 이 무기들은 바이에른군이 라우터강에 도착하기 훨씬 전에 분당 6~7발의 발사 속도로 약 1킬로미터 떨어져 있는 사람을 사살할 수 있었다. 바이에른군은 또한 자신들을 겨냥하고 있는 미트라이외즈 기관총과도 마주쳤다. 하지만 이 무기는 나중에 개발된 기관총과 달리 고정된 자리에서만 사격이 가능했기 때문에 벌판을 가로질러 군인 한 명을 향해 수십 발을 발사하는 식으로 총탄을 퍼부을 수는 없었다. 바이에른군의 한 장교는 이렇게 회상했다. "한 가지는 확실하다. 이 기관총 때문에 부상을 입은 사람은 거의 없다. 그렇지만 만약 그 총에 맞으면 사망한다."¹ 소총 대열의 다른 편 끝에 있는 프랑스인들은 튀르코(알제리 현지인으로 구성된 프랑스 육군 경보병)라고 잘못 알려졌던, 제1 알제리 티라이외르 Tirailleur(척후병) 연대였다. 이들은 방어를 위해 모든 벽과 도랑, 제방을 이용했다. 이날은 안개가 자욱하고 습도가 높았으며, 포도 넝쿨이 길을 막고 있었다. 바이에른군은 프랑스군을 보지도 못한 채 쓰러졌다.

하지만 바이에른군은 프로이센과 바이에른의 군대가 보유한 우수한 대포 덕분에 진격할 수 있었다. 그들이 보유한 대포들은 도시를 화염에 휩싸이게 했고, 프랑스 소총수들을 쫓아냈다. 독일의 포병들은 잘 훈련된 군인, 정확한 대포와 조준경, 그리고 효과적으로 폭발하는 발사체를 과시할 수 있었다. 프랑스군은 수적으로 열세였고, 측면을 지켜주는 아무런 수단도, 예비군도 없었다. 앞서 서술했듯이 제1군단 소속의 다른 사단들은 너무 멀리 떨어져 있어서 아무 도움도 줄 수 없었다. 아벨 두에는 오전 11시에 포탄에 맞아 사망했다.

비상부르는 곧 함락되었다. 프랑스군에는 1천 명의 사상자가 발생했고, 이와 비슷한 수가 포로로 잡혔다. 루드비히 폰 데어 탄Ludwig von der Tann 장군이 지휘하는 바이에른군도 큰 대가를 치렀다. 프로이센군은 여전히 바이에른군이 행군에서 규율을 지키지 않고, 전쟁할 준비가 제대로 되어 있지 않으며, 그저 갖고 있는 탄약을 빨리 소진하고 하루를 끝내려 한다고 보았다. 전투에서 승리를 가져온 것은 독일군 대포였다. 그러나 비상부르 전투에 대한 공식 보고서는 이번 첫 실전에서 독일군의 단결이 입증되었다는 점을 강조했다. 프로이센의 신문 《폴크스차이퉁Volkszeitung》은 "바이에른군은 독일의 적들을 결정적으로 물리쳤다"라고 보도했다. "그들은 전쟁터에서 흔들리지 않는 충성심을 보여주었다."[2]

프리드리히 빌헬름 왕세자는 군인들이 전투에서 무너지지 않은 것에 대해 기뻐했다. "우리 전우들은 평시 가상훈련에서 항상 해왔던 것처럼 행동했다. 이런 관찰은 바이에른 동료들에게서 아주 확실하게 확인되었으며, 분명히 우리의 전투 체계뿐 아니라, 이에 못지않게 군인들 자체를 높이 칭찬하고 있다!"[3] 그는 부상자들에 대해서는 일기에 이렇게 적었다. "나는 죽어가거나 중상을 입은 군인들이 자신이 느끼는 기쁨을 내게 보여주기 위해 순전히 의지의 힘으로 침상에서 몸을 일으키는 것을 보았다. 이들 중 많은 사람은 내가 지나갈 때 인사의 표시로 불구가 된 손을 겨우 흔들었다."[4]

프랑스군과 독일군은 비상부르에서 그들이 마주한 첫 번째 대규모 전투를 치렀다. 독일군은 알제리인들에 대해 최악을 연상했다가 그들의 머리칼과 검은 피부색에 매료되었다. 그럼에도 왕세자는 알제리인들과 충돌했던 전투에 대해 기록할 때마다 매번 "악행"과 "비열한 속임수"를 쓰는 "진정한 미개인"이라는 표현을 사용했다.[5] 그는 알제리인들이 독일인들과 전투를 치르면서 어떻게 느꼈을지에 대해선 결코 깊이 생각하지 않았다.

독일군이 비상부르에서 처음으로 프랑스군 지휘본부(아벨 두에의 사령부)를 점령했을 때, 그들은 프랑스군이 갖고 있던 지도의 질은 형편없는데 주방용 마차와 의복은 너무 화려하다고 지적했다. 왕세자는 두에의 작은 강아지 한 마리가 주인의 시체 옆에 웅크리고 있는 것을 보았다. 군인들은 처음으로 자신들이 상대방에게 가한 폭력이 어떤 결과를 초래했는지 직접 목도했다. 그들은 쌓여 있는 시체 더미에서 눈을 뗄 수가 없었다. 바이에른군의 이등병 프란츠 힐러Franz Hiller는 이렇게 회상했다. "나는 한 프랑스 청년의 시체를 보고, '부모와 가족이 그가 죽은 것을 알면 어떤 심정일지, 그리고 무슨 말을 할지' 생각했다. 그 청년의 시신 옆에는 짊어지고 있던 배낭이 갈가리 찢어진 채 널브러져 있었고, 거기 그의 사진이 들어 있었다. 나는 그것을 가져왔고, 오늘날까지 간직하고 있다."[6]

그날 밤 프로이센과 바이에른 군인들은 평소 관행대로 비상부르에 있는 민가에서 숙박했다. 바이에른 청년 에몬츠Emonts는 눈물을 흘리며 아기에게 젖을 먹이는 여자를 보고 마음이 아팠다. "여러 번 간청한 끝에, 우리는 그녀의 남편이 전투에 참가했다가 비처 게이트Bitscher Gate에서 총에 맞아 전사했다는 사실을 알게 되었다. 모두의 입에서 '저런!'이라는 탄식이 흘러나왔다. 다들 엄마이자 미망인인 그녀에게 조의를 표하려고 애썼다." 저녁 식사 후 에몬츠와 그의 동료들은 "서둘러 비처 게이트로 향했고, 우리가 아침에 점령했던 진지의 맞은편에 비정규군 2명이 사망한 채 쓰러져 있는 것을 발견했다."[7] 에몬츠와 그의 동료들이 왜 이런 순례를 했는지는 언급하지 않았다. 어쩌면 자신들이 죽였을지 모르는 군인을 확인하기 위해서였을까? 미망인과 유복자를 남긴 채 세상을 떠난 망자를 보기 위해서였을까? 전쟁의 참혹한 결과(그들의 훈련 내용에는 없던 민간인과의 극적인 만남)를 스스로 성찰하기 위해서였을까? 무엇보다 프랑스로 진격하기 전에 빌헬름 왕이 그의 군인들에게 한 선언은 군인과 민간인 사이에 명확한 경계선을 그었었다. "우리는 이 나라에 거주하는 평화로운 주민들을 상대로 전쟁을 하는 것이 아니다. 오히려 사유 재산을 보호하고, 심지어 개인적인 규율 위반 사례를 통해서조차 우리 군대의 좋은 평판을 해치는 행위를 용납하지 않는 것이 명예를 사랑하는 모든 군인의 의무다."[8] 비상부르 전투 이후 에몬츠와 전우들은 이제 전쟁에서 자신들의 행위가 어떤 결과를 초래하는지 깨달았다.

왕세자도 다음날 아침에 전쟁의 참혹한 현실과 씨름했다. 그는 이렇게 기록했다. "우리는 어제 전쟁터에서 목도한 장면의 일부를 기억에서 덮어야 했다. 내가 서술하지 못하고 그냥 넘어가는 광경. 그것들은 내가 새롭게 들여다볼 때마다, 내게 점점 더 혐오스럽게 다가오기 때문이다." 그는 이마에 총을 맞은 채 길가 도랑에 쓰러져 있는 한 민간인 시체를 목격했다. 죄의식을 무마하기 위해 그는 즉각 "많은 프랑스 군인이 독일군에게 발각되지 않고 탈출하기 위해 민간인의 옷을 빌려 입었다"라고 적었다.⁹

디트리히 폰 라스베르크는 다음날인 8월 5일에 프랑스로 건너갔다. 비상부르에서의 승전 소식을 듣고 흥분했지만, 자신이 그 기회를 놓친 것에 대해 약간 화가 났다. 마을은 슬퍼 보였다. 주민은 보이지 않았고, 파괴된 집들 사이에 부상당한 군인들, 그리고 길 잃은 닭이나 개들만 보였다. 그는 프랑스 군복을 입은 포로들이 자신과 다른 방향으로 행진하는 모습을 보면서, 그 광경을 즐겼다. 그의 상관들은 군인들에게 포로를 비웃거나 조롱하지 말라고 주의를 주었다.

라스베르크는 곧 좀더 침울한 광경을 지나쳤다. 바이에른인, 프로이센인, 프랑스인 시체들을 실은 마차, 발견되는 대로 마차에 던져진 시신들은 "피와 흙과 오물이 잔뜩 묻은", 반쯤 벌거벗고 상처들로 시퍼렇게 멍든 상태였다. "그것은 우리 가운데 누구도 결코 잊지 못할 고약하고 혐오스러운 광경이었다."¹⁰ 그날 저녁, 그는 땔감을 찾아서 징발해야 했다. 그런데 그것은 "우리가 어디선가 땔감을 발견하면 강제로 가져와야 한다는 것을 의미했다. … 나는 이 첫 징발 작업이 도적질같이 느껴졌다."¹¹

라스베르크와 그의 동료들은 밤새 비와 진흙 속에 누워 있다가 8월 6일 새벽 3시경에 일어났다. 그리고 5시까지 행군을 계속했다. 그들은 곧 놀랍고 기쁘게도 대포 소리를 들을 수 있었고, "오늘은 우리도 거기에 있을 거야!"라고 생각했다.[12] 아침 내내 그들은 점점 더 전선 가까이로 행진했고, 대포의 천둥소리는 점점 더 뚜렷해졌다. 그때 기관총 소리가 울렸다. "이건 정말 섬뜩한 소리야. 누구나 한번 들으면 다시는 잊지 못할 그런 소리."[13]

라스베르크는 어서 전투의 한복판에 가게 되기를 간절히 바랐고, 오래 기다릴 필요도 없었다. 그가 숲속을 행진하고 있을 때, 갑자기 멀리서 날아온 샤스포 소총의 탄환들이 그의 주변에 있던 나무줄기와 가지들을 산산이 부수기 시작했다. 그는 곧 자신의 부대원 가운데 첫 부상자와 첫 사망자를 보았다. 옛 전쟁학교 동료였던 제2보병연대의 에밀 오트Emil Ott 중위는 그에게 "어이, 라스베르크! 나 다리에 총 맞았어! 조심해, 안녕!" 하고 외쳤다.[14]

부상자들이 물을 달라고 외쳤지만, 라스베르크는 잠시 멈춰 수통의 물을 나누어주고는 곧 "앞으로 전진, 계속 앞으로" 나아갈 수밖에 없었다.[15] 수많은 총탄이 포도나무와 잎 사이로 뿌려졌다. 부상자와 사망자가 수없이 쓰러지고, 그들 위에 또 겹겹이 쓰러졌다.

라스베르크는 알제리 출신의 프랑스군 부상병들을 집중해서 주시했는데, 그들은 자신들이 흘린 피가 흥건한 곳에 쓰러져 있었다. 그는 그 군인들이 죽은 척하면서 자신을 기만하고 있다고 생각했다. 이는 알제리 군인에 대한 편견 때문이었는데, 이런 고정관념은 전쟁이 가진 추악한 얼굴의 일부가 되어 있었다. 라스베르크는 그들이 죽은 척하고 있다가 자신과 동료들이 조심스럽게 물러나자, 뒤에서 총을 발사했다고 적었다. 이것이 그들의 마지막 행동이었다. 그 남자들은 분노하고 격해진 독일 군인들에게 즉각 사살되거나 총검에 찔렸다. 총검을 든 한 알제리인이 라스베르크를 찌르려고 달려들었지만, 라스베르크는 마지막 순간에 이를 알아차리고 돌아서서 즉시 그에게 총을 발사했다. 그 군인은 크게 비명을 지르며 쓰러졌다.

그동안 그토록 많이 논의되고, 많이 칭송되고, 많은 두려움을 불러일으킨 아프리카인 부대와 전투에서 마주친다는 것은 우리에게 정말 낯선 느낌이었다. 튀르코들은 검은색, 갈색, 짙은 황색 등 낯선 얼굴색 때문에 처음에는 거의 인간이 아닌 듯 보였다. 그들은 우리로서는 도저히 이해할 수 없는 엄청난 분노와 지구력을 가지고 필사적으로 전투에 임했기 때문에, 그들의 시체조차도 공포를 자아냈다. 그런데 이제 그들과 직접 충돌한 후, 우리에게선 어떤 두려움도 사라졌다.[16]

갑자기 분위기가 바뀌었다. "우리 부대는 처음에는 잠시 공황 상태에 빠지고, 뒷걸음질하는 혼란을 겪었지만, 곧 숲의 지배자가 되었다."[17] 라스베르크는 곧 그의 중대, 소속 대대와 다시 만났다. 그들은 프뢰슈빌레라고 불리는 마을의 교회 마당에 모여서 서로 인사를 나누고 전우들의 죽음을 애도했다. 교회를 불태우는 불빛 아래에서 그들이 거둔 승리로 인해, 그리고 그들의 귀에 승리의 만세 소리가 가득한 채, 어안이 벙벙했던 그들은 이 전투가 사전 계획에 없던 전투의 일부였다는 사실을 깨닫게 되었다.

그날 밤, 깨진 망원경과 그의 배낭에 뚫린 구멍은 라스베르크가 그날 우연히 마주쳤던 위기일발의 순간을 입증하는 뚜렷한 증거였다. 그의 주변에는 부상자들과 포로들과 불타는 건물들이 소용돌이치고 있었다.

우리의 전투 첫날은 이랬다! 이 전투가 나에게 그리고 대부분의 다른 대원들에게 준 인상, 그 엄청난 인상을 상세히 이야기하는 것은 불가능하다. 사실 오늘 저녁 우리는 이 전투에 대해 어떤 명확한 그림을 떠올릴 수가 없다. 우리는 육체적으로나 정신적으로 너무나 흥분한 나머지 아직 정신을 차리지 못했다. 고향에 있는 내 가족은 어떻게 생각할까? 그들은 분명 전신을 통해 전투에 대한 속보를 들어 알게 되겠지만, 전쟁이 초래한 인명 손실, 루돌프와 나의 삶과 죽음, 군대 안에 발생한 부상자들에 대해선 아무것도 모른다. 루돌프에 대해서는 나 역시 아무것도 모른다. 내일이 그의 생일인데 그에게 생일을 축하해줄 수 있다면 기쁘겠다.[18]

라스베르크는 자신도 모르는 사이에 8월 6일에 프랑스군을 침공으로 이끈 2개의 주요 전장 중 하나로 진군해 들어갔다. 알자스의 프뢰슈빌레르, 그리고 북서쪽 로렌의 스피셰렌이 그곳이었다. 이 두 곳의 전투 모두 사전 계획에 없었기에 만약 프랑스군이 독일군의 취약점을 제대로 공략했다면 아마 프랑스군이 모두 승리했을지 모른다.

라스베르크가 전투에 뛰어들었던 8월 6일은 프랑스군에 혼란이 발생했던 다음날이었다. 비상부르 전투 다음날, 그리고 라스베르크가 프랑스로 진군해 들어온 8월 5일, 아직 메스에 사령부를 두고 있던 나폴레옹 3세는 또 한차례 조직 개편을 단행했다. 2명의 원수에게 군 지휘권을 위임한 것이다. 이제 마크마옹이 제1, 제5, 제7군단을 지휘하고, 바젠이 제2, 제3, 제4군단을 책임지게 되었다. 그러나 새로운 명령 계통이 만들어지지 않았고, 참모도 선임되지 않았기 때문에 여전히 나폴레옹이 군단장들에게 명령을 내리는 상황이 벌어졌다. 명령 체계가 혼란에 빠진 것이다. 바젠은 자신이 새로 부여받은 모호한 권한에 따라 행동하지 않았으며, 마크마옹은 제1군단이 공격을 받고 원수가 알자스에서 쫓겨나기 전까지는 제5, 제7군단을 동원해서 무엇인가를 시도할 기회를 갖지 못했다.

프뢰슈빌레르에서 마크마옹은 휘하의 제1군단, 제7군단의 1개 사단, 그리고 비치에서 오는 파이 장군의 제5군단을 보유하고 있었다. 후자는 긴 행군 끝에 8월 5일에 천천히 도착했으며, 무방비 상태로 국경을 떠나는 것에 대해 두려워했다. 프랑스군 사령부 내의 혼란은 목표가 무엇인지를 명확히 알지 못한 채 여기저기로 이동 행군해야 했던 프랑스 군인들을 지치게 만들었다. 비록 이동 거리는 그렇게 길지 않았지만, 비와 햇빛이 번갈아가면서 그들의 진을 뺐다. 제7군단의 대부분은 독일군이 검은 숲 지대에 모여 벨포르를 공격할 준비를 하고 있을 것이라고 오판해 더욱 남쪽에 집결했다. 그래서 마크마옹은 8월 6일에 자신이 지휘하기를 원했던 7만 7600명 대신 4만 8천 명의 병력을 보유하고 있었다. 그가 지휘한 제1군단에는 대부분 알제리에서 전투해본 경험이 있는 주아브와 튀르코의 6개 연대가 포함되어 있었다.

8월 6일, 마크마옹은 프뢰슈빌레르에서 거점을 강화하려 했다. 비상부르와 달리 프뢰슈빌레르의 산등성이는 프랑스군이 숨어서 샤스포 소총을 최대한 사용할 수 있도록 훌륭한 방어 지형을 제공했다. 프뢰슈빌레르, 엘자스하우젠, 에버바흐, 랑엔슐츠바흐, 4개의 마을이 반원형으로 자리를 잡은 채 도로로 연결되어 있었다. 그런데 이 도로는 자우어강이 흐르는 계곡, 그리고 자우어강과 슐츠바흐강이 만나는 지점에 있는 뵈르트 마을을 내려다보고 있었다. 게다가 프랑스군은 참호를 파고, 방어용으로 낮은 둔덕을 쌓았다.

한편 독일 제3군의 10만 병력은 아그노와 스트라스부르를 향해 남쪽으로 진군했다. 블루멘탈은 8월 6일을 긴 행군 후의 휴식일로 정해 보급선을 재정비할 기회로 삼으려 했다. 이튿날인 7일에 프뢰슈빌레르에서 마크마옹의 군대를 포위하고 제압하기 위한 준비 작업이었다.

그런데 이런 의도와 달리 제3군은 전투에 휘말리는 상황에 직면했다. 이른 아침, 양측의 전초 부대들이 자우어강을 따라가다 서로 마주쳤다. 8시에 프로이센 제5군단의 정찰대가 고지대에 있는 프랑스군을 발견했지만, 그들은 프랑스군이 후퇴하고 있다고 믿었다. 그래서 그대로 뵈르트 마을로 진입했다가 고지대에 자리잡고 있던 프랑스군의 사격을 받고 퇴각할 수밖에 없었다. 총소리가 들리자 바이에른 제2군단이 뵈르트 북쪽, 숲이 우거진 슐츠바흐 계곡을 통해 달려왔다. 프랑스군 대포는 남쪽에서 진입하고 있는 제11군단에 포격을 가해서, 독일군의 대응 포격을 촉발했다.

그로부터 얼마 지나지 않은 9시 30분, 독일 제5군단의 사령관인 후고 폰 키르히바흐Hugo von Kirchbach 장군이 도착했다. 그는 최고 사령부로부터 공격 명령을 받은 것도 아니었고, 자신의 군대가 적의 공격을 받은 것도 아니었지만, 부하들에게 뵈르트와 인근 고지대를 점령하라고 명령했다. 키르히바흐는 자신이 보유한 크루프 대포 60문을 모두 전투에 투입했다. 10시 무렵, 그는 보병들에게 자우어강을 건너도록 지시했다. 처음에는 프랑스군이 총검 공격을 통해 강을 건너 진격해오는 독일군을 언덕 아래로 밀어내고 강 건너로 되돌아가도록 격퇴할 수 있었다.

이렇게 천천히 진행된 접전에서 독일군은 처음에는 반격에 취약했다. 하지만 프랑스군은 이러한 초기의 이점을 제대로 이용하지 못했다.

왕세자와 블루멘탈은 키르히바흐에게 후퇴를 명령했지만, 이미 전투에 깊이 연루된 그는 명령에 귀 기울이려 하지 않았다. 이른 오후, 왕세자는 본격적인 전투가 시작되었음을 깨닫고, 이를 제대로 지휘하려 했다. 그는 프랑스군이 키르히바흐 군의 오른편에 있는 바이에른 제1군단(폰 데어 탄 장군이 지휘하는 라스베르크의 군단)과 왼편에 있는 뷔르템베르크 사단 사이에 끼어들도록 유인해 양면작전을 치르고자 한 것이다. 하지만 이 작전을 추진하려면 키르히바흐가 일단 공격을 연기하고, 지원 부대가 먼저 그의 측면을 방어할 수 있도록 기다려야 했다. 그런데 키르히바흐는 그렇게 할 수 없었다.

우측의 경우 질퍽질퍽하고 숲이 우거진 가파른 진입로 때문에, 독일군의 진격은 강력한 대포의 지원을 받은 더 많은 독일군이 결국 프랑스의 기관총(미트라이외즈)을 무력화하고 샤스포 소총 부대를 밀어낼 때까지 지체되었다. 어쨌든 우측에서 이 작전을 수행한 라스베르크와 그의 대원들은 이틀 동안 거의 잠을 자지 못했고, 아침 식사로는 포도주밖에 제공받지 못한 상태였다. 그래서 그들은 때때로 이동을 멈추고 전투를 거부하며, 포로나 부상당한 군인을 보호한다는 명목으로 발길을 돌리기도 했다. 왕세자는 이렇게 전진하지 못하는 바이에른군에게 크게 화를 냈다. 그는 "바이에른 군대는 끔찍하게 느리기 때문에, 그들이 제대로 전진하고 공격에 나서도록 하기 위해서 나는 최대한 강한 어조로 목청을 높여서 소리쳐야 했다"라고 기록했다.[19]

라스베르크를 비롯한 일부 군인들은 행군로에서 마주치는 알제리 군인들을 추격하는 데 특별한 관심을 기울였다. 그들은 무례하게도 알제리 군인을 '검둥이Schwarzen'라고 불렀고, 전투가 보이는 수치스러운 양상과 그에 대한 공포가 그들 때문이라고 뒤집어씌웠다. 등 뒤에서 사격을 하고, 부상자를 죽이고, 시체를 훼손하는 등의 행위가 모두 알제리인의 짓이라고 했다. 무엇보다 그날 바이에른 군인들에게 그렇게 많은 트라우마를 갖게 한 것은 알제리 제2티라이외 보병 연대와 같은 알제리 군인들의 끈질긴 방어력이었다. 알제리 출신 군인에 대한 이런 고정관념은 이후 두 차례의 세계대전 이후까지 오래 지속되었다. 하지만 제2티라이외 연대는 프뢰슈빌레르에서 명예군단 훈장인 레지옹 도뇌르 훈장을 수여받았다.

좌측에서는 양면작전이 신속하게 전개되었다. 제1군단은 모르스브론 마을을 점령하고, 프랑스군이 오른쪽으로 방향을 전환한 후에 결국 후퇴하도록 압박하는 데 성공했다. 중앙에서는 이른 오후에 점점 절망에 빠져가던 마크마옹이 기병대를 보냈다. 그런데 그들은 적의 새로운 전술에 직면했다. 과거에는 보병들이 기병이 휘두르는 사브르(칼)를 피하고 그들이 탄 말에게 겁을 주기 위해 정사각형 대형을 만들거나 땅바닥을 두드려 소음을 냈다. 그러나 보병이 후장식 소총(총알을 총신의 뒤로 장전하는 소총)을 사용하면서 전술이 바뀌었다. 보병들은 적군이 프로이센군에게서 45미터 떨어진 거리에 접근하기도 전에 대열을 지어 훨씬 더 빠르고 정확하게 사격을 해서 수백 명의 적군과 말을 쓰러뜨릴 수 있었다. 한편 바이에른군은 마침내 오후 중반에 프랑스군의 측면을 공격하는 데 성공했다. 오후 4시가 되자 프뢰슈빌레르에 포위되어 있는 몇몇 부대를 제외하면 프랑스군의 저항은 끝났고, 바이에른군과 프로이센군이 물밀듯이 마을로 진입했다. 마크마옹은 서쪽으로 라이쇼펜까지 퇴각했다.

프리드리히 빌헬름 왕세자는 아버지에게 전보를 보내서, 승전 소식을 알렸다. 포성이 멈추자 "마치 아무 일도 없었다는 듯 깊은 고요가 내려앉았고, 아름다운 여름 저녁은 언덕과 벌판에 그 장막을 펼쳤습니다."[20] 그는 이 성공으로 독일 남부 국가들과 정치적 통합을 이룰 수 있는 역사적 기회가 왔다는 생각에 잠겼다. 한편 독일 포병들은 노획한 프랑스군의 신형 무기, 신경질적이고 야한 농담을 떠올리게 하는 미트라이외즈 기관총을 세밀하게 살펴보았다. 미트라이외즈의 화력은 4년 전 쾨니히그레츠 전투에서는 상상도 못했을 정도로 강력했다.

이제 왕세자에게는 로렌으로 향하는 길이 열렸다. 독일 측 사상자는 1만 500명으로 대부분 프로이센 군인이었다. 프랑스 측 사상자는 약 1만 1천 명으로 이보다 약간 많았지만, 마크마옹의 부대는 추가로 200명의 장교와 9천 명의 사병을 포로로 잃었다. 이 전투의 결과, 프랑스와 독일의 의사들이 부상당한 군인들을 후방의 이동식 야전병원으로 이송하는 데 3일이 걸렸다. 프뢰슈빌레르 마을 사람들은 시신들을 매장하는 데 일주일이 걸렸다.

마크마옹은 나폴레옹 3세에게 다음과 같이 보고했다. "저는 전투에서 졌습니다. 프랑스군은 인명과 물자에서 큰 손실을 입었습니다. 현재 일부는 비치로, 다른 일부는 사베른으로 퇴각하고 있습니다. 퇴각 지점에 도달하는 대로 군대를 재조직할 것입니다."[21] 프랑스군은 밀려나고, 패배하고, 결국 혼란에 빠졌다. 이제 마크마옹의 부대는 프랑스군 주력인 황제의 라인군과 단절되었고, 프리드리히 빌헬름의 제3군은 마음대로 마크마옹의 부대를 추격하거나 로렌을 향해 진격할 수 있었다.

 북서쪽으로 80킬로미터 떨어진 곳에서 8월 6일에 두 번째 전투가 벌어졌다. 이때 프로사르는 자르브뤼켄 위쪽의 언덕에 배치되어 있던 자신의 제2군단을 철수시켜서 스피셰렌 고지에 배치했다. 이 고지는 자르강 계곡을 내려다보면서 국경 너머 북쪽으로 5킬로미터 지점에 있는 자르브뤼켄을 겨냥하는 듯 가파른 절벽 위에 있었다. 고지는 경사가 급하고 바위투성이였으며, 동쪽 경사면은 계곡에 의해 깎이고 숲으로 덮인 반면, 서쪽 경사면은 메스에서 라인란트까지 이어지는 고속도로와 철도가 지나가는 좁은 계곡을 내려다보는 지형이었다. 제2군단은 이곳에 군수물자 보급창을 가지고 있었다. 쉽지 않지만, 프로사르는 보급창을 여기에 통합하도록 조치하고, 부하들을 잘 배치해둔 상태였다. 1개 사단은 고지에 자리잡았고, 다른 1개 사단은 계곡을 장악했으며, 세 번째 사단은 예비로 포르바크 남쪽에, 그리고 기병대는 가장 취약한 위치를 방어하기 위해 포르바크 서쪽의 도로를 감시했다.

 마크마옹의 군대와는 대조적으로 스피셰렌에 배치된 프랑스군은 잘 집중되어 있었다. 제2군단의 3개 사단 외에도 제3군단의 4개 사단이 24킬로미터 이내의 거리에 위치해 있었다. 프랑스군 병력은 프로이센군의 4만 2900명보다 많은 5만 4900명이었다. 몰트케는 8월 6일에 스피셰렌에서 프뢰슈빌레르 전투 이상으로 적극적인 전투를 벌일 생각이 없었다. 슈타인메츠는 제7군단과 8군단을 자르강 쪽으로 이동시켰는데, 그 길은 남쪽 자르브뤼켄으로 가는 방향이었기 때문에 제2군의 이동 경로와 겹쳤다. 규율을 지키지 않고 자의적으로 수행한 슈타인메츠의 작전은 이제 그의 부대가 어쩌다 보니 전투에 휘말리는 상황에 처하게 했다. 몰트케는 여전히 프랑스군을 포위하려 했다. 애초에 그는 이 포위 작전을 자르강 북쪽에서 추진하려 했다가, 8월 5일에 작전 지역을 자르강 남쪽으로 변경했다. 독일군은 아직 프랑스군의 주력 부대가 어디에 위치해 있는지 알지 못했다. 그래서 그들은 세 방향으로 경계하며 8월 5일 밤을 지새웠다.

전투는 폰 카메케von Kameke 장군이 지휘하는 제7군단 제14사단의 주도로 개시되었다. 여기서도 프로이센군 하급 장교들은 명령을 거부했다. 폰 카메케 장군은 슈타인메츠를 무시했다. 그의 기병대는 프랑스군인들이 스피셰렌 고지에 있는 것을 발견했지만, 후퇴하는 프랑스군의 후방 수비대라고 생각했다. 실제로 프랑스군은 4일 전 자르브뤼켄 침공 동안에 자신들이 점령했던 언덕을 포기하고 철수했었다.

8월 6일 정오경, 카메케 장군은 스피셰렌 고지를 점령하라는 명령을 내리고, 6개 대대에게 자르강을 건너도록 했다. 그런데 거기서 그들은 프랑스군이 그들의 진격을 가로막고 있는 것을 발견했다. 교전을 알리는 총성이 울리자, 제1군의 많은 병력과 제2군의 전위부대가 전투에 합세했다.

프랑스군의 샤스포 소총은 또다시 스피셰렌 고지를 향해 점점 더 필사적으로 공격하는 독일군을 막아냄으로써 전투의 초기 단계를 장식했다. 하지만 프랑스군에 대한 실질적인 위협은 그들의 측면에 가해졌다. 즉 계곡과 운동장, 제철소, 광산 폐기물 더미, 스티랭방델 마을을 지나는 철도 사이에 있는 지역이 취약 지점이었다. 전투가 진행되는 대부분의 시간 동안 프로사르는 공격을 물리칠 수 있었지만, 지원군이 필요했다. 그런데 통신은 느리고, 전투 규모를 파악하는 데 혼란이 있어서 지원군 동원이 지체되었다. 단 한 명, 제3군단 사단장 메트망Metman 장군이 프로사르의 명령을 수신했다. 하지만 아무도 바젠이 그를 일시적으로 프로사르의 지휘하에 배치했다고 알려주지 않았기 때문에, 메트망은 진군을 명령하기 전에 상황 파악을 위해 대기했다. 제3군단의 또 다른 사단장 몽토동Montaudon 장군은 바젠으로부터 직접 명령을 받았지만, 전령이 그에게 도착하기까지 두 시간이나 걸렸다.

　독일군은 발포 소리를 듣고 바로 전투 현장으로 달려갔지만, 프랑스군은 그렇지 않았다. 독일군의 도착 속도가 빠르지 않았음에도, 느린 진군 속도 때문에 프로사르는 자신이 대항하게 된 독일군의 병력 규모를 파악하는 것이 더 어려웠다. 밤이 깊어갈 무렵, 프랑스군은 아직 거세게 반격을 시도하고 있었고, 또한 입지가 유리했기 때문에 안정을 유지하고 있었다. 하지만 결국 지원군이 도착하지 않자 독일군의 공격이 성과를 거두었다. 독일군은 오후 5시까지 고지의 중앙에 위치한 로테르베르 초소를 점령했다. 곧이어 프랑스군의 왼편에 나타난 폰 데어 골츠von der Goltz 장군 휘하의 프로이센 제13보병사단이 포르바크에서 제2군단의 배후를 위협했다. 오후 7시경, 프로사르는 남쪽으로 후퇴해야 했다. 결국 그는 제3군단으로부터 어떤 지원도 받지 못했다. 스티랭방델에 있던 사단들은 불타는 집들과 부상자들을 남긴 채 철수했다. 이 전투에서 프로이센군에서는 4500명의 사상자가 발생했으며, 프랑스군에서는 2천 명의 사망자와 부상자, 그리고 2천 명의 실종자나 포로가 발생했다.

8월 6일에 벌어진 두 전투는 프랑스에게 비극이었다. 프랑스군은 잘 싸웠고, 잘 방어했으며, 끈질기게 반격했다. 샤스포 소총은 약속했던 효과를 발휘했다. 하지만 프뢰슈빌레르에서는 프랑스군이 수적으로 열세였고, 스피셰렌에서는 독일군의 지원군이 계속 도착하면서 밀릴 수밖에 없었다.

그날 독일군은 그렇게 잘 싸운 것이 아니었다. 그들의 대열은 프랑스 방어 진지에서 날아오는 맹렬한 포화를 받고 흩어졌다. 하지만 그들은 대규모 보병 공격 없이 신속하고 상황에 따라 적절히 움직이면서, 프랑스군 방어 전선의 틈새를 찾아 최대한 활용했다. 프로이센군은 그들이 만난 병력이 대규모인지 소규모 연대인지 몰랐지만, 기꺼이 전투에 임했다. 그들은 전장에서 무슨 일이 일어나는지를 기꺼이 바라보았고, 독일 군인들이 총소리가 나는 곳으로 달려갈 것이라고 기꺼이 믿었다. 결국 프로이센의 전쟁 방식이 적을 무너뜨렸다. 프랑스군은 이제 자신들이 치르게 될 전투의 규모를 미리 파악하고 싶어했다. 그리고 그들은 더 많은 프로이센 부대가 전투 현장에 도착했을 때 쉴 새 없이 공격해 올 것으로 예견했는데, 한동안 고요함이 이어져 당황했다.

게다가 독일군의 대포는 프랑스군을 그들의 진지에서 쫓아냈으며, 그들이 전투 초기에 반격을 시도할 때 화력을 소진하도록 유도했다. 퍼커션 퓨즈(충격에 의해 작동하는 뇌관. 포탄이 표면에 충돌할 때 폭발하도록 설계되었다)를 사용한 독일군의 포탄은 (부드러운 진흙 속에 떨어지지 않는 한) 물체에 충돌하면서 폭발했으며, 포병들은 포탄이 표적을 정확하게 타격할 수 있게 훈련을 받았다(그들이 후장식 포를 사용한다는 사실은 별로 중요하지 않았다. 포병들이 피곤해지자, 사격 속도도 느려졌다). 대포가 공격 무기로 결정적이라는 사실이 입증되었다. 이제 기병은 더이상 중요하지 않았다.

이번 전투는 프랑스군이 승리할 것으로 예측되었던 전투, 그래서 중립적인 국가들에겐 프로이센을 지지하는 문제를 심사숙고하게 했던 전투였다. 그런데 이제는 오스트리아도, 이탈리아도, 덴마크도 확신을 갖고 프랑스 편에 설 수 없게 되었다. 오스트리아는 늦어도 8월 10일까지는 그동안 성의 없이 진행하던 전쟁 준비를 완전히 포기했다.

이미 전쟁의 승패는 독일 쪽으로 유리하게 돌아섰다. 아직 결정적인 전투를 치르지는 않았지만, 몰트케는 프랑스를 곤경에 빠뜨렸다. 8월 6일 해가 뜰 무렵만 해도 프랑스는 승리를 확신했다. 그런데 해가 질 무렵, 프랑스는 오히려 독일군의 진격에 직면했다.

◆ 5장 ◆

후퇴

자르브뤼켄 교외의 묘지.

8월 5일과 6일, 마크마옹이 이끄는 프랑스군이 승리했다는 소식이 파리에 도착하자 거리에는 깃발이 휘날리고 활기가 넘쳤다. 군중은 방돔광장에 모여 함께 '라 마르세예즈'를 불렀다. 그러나 8월 6일에 총리 올리비에가 창백하고 슬픈 표정으로 발코니에 모습을 드러내더니, 자신은 승리 소식을 받지 못했다고 분명히 말했다. "아닙니다. 프랑스군이 승리했다는 발표는 없습니다. 정부는 여러분에게 진실을 알릴 의무가 있으며, 따라서 그 진실이 좋은 소식이든 나쁜 소식이든 침묵하지 않고 말할 것입니다. 그 어떤 타협도 없습니다. 우리 군의 주력 부대는 건재합니다. 프랑스군을 믿어주십시오."[1]

다음날인 8월 7일 일요일에는 비가 내렸다. 작은 무리의 군중이 입을 굳게 닫은 채 나폴레옹 3세가 게시하도록 한 전보를 읽기 위해 모였다가 흩어졌다. "마크마옹 장군이 전투에서 패배했습니다. 프로사르 장군은 자르강에서 퇴각할 수밖에 없었습니다. 이 퇴각은 질서정연하게 이루어지고 있습니다. 모든 것은 회복될 수 있습니다."[2] 엄청난 불안과 불신이 뒤따랐다. 어떻게 프랑스 군대가 독일군의 침공을 허용할 수 있었을까? '침공'이라는 단어는 이제 먼 과거로 물러간 것처럼 보였던 1815년의 침울한 날들을 상기시켰다. 무엇보다 이전에 프랑스가 당했던 침공은 전쟁으로 얼룩진 20년이 정점에 도달했을 때 발생했다. 첫 번째 침공은 혁명 정부 때였고, 두 번째는 나폴레옹 1세 때였다. 그후 50년 동안 프랑스 민간인들은 소란스러운 분쟁의 현장에서 멀리 떨어져 있었다. 그래서 그들은 혹시 전쟁의 위험이 있을 경우, 오직 군인만이 거기에 노출될 것이라고 믿었다. 몇 세대를 거치면서 프랑스 대중은 신문에서 전쟁 기사를 읽는 데 익숙해졌지만 전쟁이 자신들의 문 앞에 다가올 것이라고는 예상하지 못했다. 이런 상황에서 황제의 군대가 자국 영토 내부로 후퇴하고 있다는 사실을 인정한 나폴레옹 3세의 전보는 대중의 분노와 경악을 불러일으켰다. 이는 급기야 선동적인 구호를 외치는 많은 사람이 체포되는 사태로 이어졌다.

비상부르, 스피셰렌, 프뢰슈빌레르 전투 이후 프랑스 정부는 전쟁 보도에 대해 검열을 실시했다. 프랑스 시민들이 아직 전쟁 자체를 반대하지 않았지만, 불안과 소문은 사기를 떨어뜨렸다. 군중은 방돔 광장에 있는 올리비에의 자택 앞에 모여 진실을 말해달라고 요구했다. 파리의 거리에는 추적추적 비가 내렸다. 후퇴하는 군인들을 더욱 초라하게 만들었던 그날의 비처럼. 올리비에는 파리에 비상사태를 선포하고, 모든 성인 남성을 소집해 2개의 국민방위군 중 하나에서 복무하도록 조치했다. 30세 미만의 남성은 기동방위군에, 30~40세의 남성은 정주방위군 sédentaire에 들어갔다.

8월 9일까지 올리비에의 리더십에 대한 인내심이 바닥을 드러냈다. 의회에서 야당은 그를 신랄하게 비난했다. 쥘 파브르Jules Favre가 외쳤다. "당신의 무능 때문에 프랑스가 더럽혀졌소. 그 자리에서 내려오세요."[3] 약 1만에서 3만 명 정도의 파리 시민이 부르봉 궁전 앞에서 제정 타도를 요구하는 시위를 벌였다. 프랑스 전역, 즉 툴롱, 마르세유, 몽펠리에, 르크뢰조, 리모주 등에서 관리들은 제정에 반대하는 시위가 발생했다고 보고했다.

올리비에는 황제 부재 시 그 역할을 대행하는 외제니 황후의 요청에 따라 그날 저녁 총리직을 내려놓았다. 그녀는 샤를 쿠쟁-몽토방Charles Cousin-Montauban 장군을 평의회 의장이자 전쟁부 장관으로 임명했다. 몽토방 장군은 1860년, 2차 아편전쟁 당시 팔리교 전투에서 만주군을 무찌른 것을 계기로 팔리카오Palikao 백작으로 널리 알려진 인물이었다. 그는 황제와 친했지만 대중의 지지는 별로 누리지 못했다. 그래서 황후는 정권을 보호하기 위해서 군사 업무 지휘권을 자신이 쥐고 있었다. 의회는 8월 9일, 특별 회기를 열어 한 달 동안 매일 모였지만, 파리나 지방에서 어떤 활동을 전개해야 할지 결정할 수 없었다. 정파와 관계없이 모든 의원들은 전시에 시민의 자유가 상실되는 것에 대해 우려를 표명했다.

어떤 사람들은 기본적으로 전쟁에 반대했지만, 일단 전쟁이 선포되자 지금은 자기희생과 결단이 필요한 순간이라고 생각했다. 레옹 강베타는 "무기를 든 국가에 맞서서 이제 우리도 무기를 들고 나라를 일으켜 세워야 한다!"라고 선언했다.[4] 1870년 징집 대상인 청년들이 예정된 일정보다 빨리 소집되었으며, 새로 발행된 5억 프랑의 전쟁 채권은 이후에 두 배로 증액되었다. 결혼을 했든 안 했든 35세 미만의 모든 전역자는 현역병으로 소집되었다. 이 모든 조치는 불안감이 고조된 분위기에서 국민에게 좋지 않은 소식으로 다가왔다. 이러한 노력들은 제2제국이 현재 긴장된 상황에 처해 있다는 사실을 드러내는 것이었다. 파리 주재 영국 대사는 선전포고 3주 만인 8월 9일에 이렇게 보고했다. "만약 프랑스군이 또 한번 패배한다면, 그때는 혁명을 피할 수 없을 것이다."[5]

모든 불안과 좌절이 황제를 향한 것은 아니었다. 나폴레옹 3세에게 충성하는 많은 사람은 황제가 직접 군대를 이끌고 전투에 나가는 것에 우려를 표명했다. 이 불안은 절망을 의미하는 것이 아니라, 그와 반대로 프랑스 국민이 직접 행동하기를 원한다는 것을 뜻했다. 8월에 약 3만 6천 명의 프랑스 남성이 자원입대했는데, 이것은 7월 마지막 2주 동안 자원한 인원수보다 여섯 배나 많은 숫자였다. 하지만 일부 지역들에서는 공화주의자들의 분노가 점점 더 커지는 것으로 드러났다. 그들에게는 제국의 종말이 다가오고 있는 것처럼 보였기 때문이다. 또 어떤 지역들에서는 팔리카오가 임명되고, 바젠이 8월 12일에 편성된 라인군을 지휘하며, 8월 17일 루이-쥘 트로쉬가 파리 총독으로 임명되면서 희망을 느꼈다. 9월 1일, 보주에서는 지사가 이렇게 선언했다. "지역의 분위기가 달라졌다. 주민들은 확신에 차 있고, 초기의 두려움에서 벗어나 현 상황에 더욱 침착하고 자신감 있고 용기 있게 접근하고 있다."[6]

그런데 독일군이 프랑스 영토로 진격해오자 이는 프랑스군 자체를 넘어서 프랑스 사회 내부에까지 파문을 일으켰다. 이미 8월 4일에 파리 지사는 수도에 거주하는 독일인에 대한 기존의 방침을 변경했다. 그는 파리에 계속 머물기를 원하는 독일인(입대 연령의 남성은 제외하고)에게 떠나라고 권유하지는 않았지만, 주민 위원회에 신고해서 체류 허가증을 발급받으라고 지시했다. 이틀 후 프랑스는 외국 국적자를 위한 여권 발급 요건을 도입했다.

여권 발급 요건이 발표되자 신청자가 급증했다. 독일 국가들의 대사들이 철수했기 때문에, 독일 국적을 가진 사람들은 다른 외국 대사관에 호소해야 했다. 북독일연방에 속하는 프로이센이나 다른 국가 사람들은 미국 대사관에, 바덴이나 바이에른 출신은 스위스 대사관에, 뷔르템베르크인은 러시아 대사관에 도움을 요청했다. 관련 대사들은 여권을 준비하고 동쪽으로 가는 기차표를 확보하기 위해 움직였다. 독일인들은 신청자 명단에 이름을 올리기 위해 긴 줄을 섰고, 그날 늦게 또는 그 다음날 여권이 배부되기를 기다렸다. 한 미국 대사관 직원은 대사관 밖의 테이블에 올라가서 이름을 부른 다음에 그 여권을 던졌다. 그는 거리에 몰려든 사람들이 알아서 자기 여권을 제대로 받아갈 것이라고 믿었다. 불과 며칠 만에 약 4만 명의 독일인이 미국 대사관으로부터 여권을 발급받았다. 여성의 국적은 남성 위주의 가부장제 규정 때문에 까다로워졌다. 프랑스 남성과 결혼한 독일 여성은 프랑스 국적자로서 체류하는 것이 허용되었지만, 독일 남성과 결혼한 프랑스 여성은 프랑스를 떠나야 했다.

8월 6일 두 차례의 전투가 끝난 후 나폴레옹 3세는 로렌에 집결한 대규모 병력을 지휘하고 있었지만, 다음에 무엇을 해야 할지에 대한 계획은 없었다. 8월 6일 이후에 마크마옹과 바젠이 각각 지휘하는 프랑스군의 양 날개가 보인 움직임은 전쟁의 승패에 매우 중대한 영향을 미쳤다. 그렇기 때문에 혹시 당시에 가능했을지 모르는 몇 개의 대안을 평가해보는 것은 가치 있는 일이다.

처음에 황제는 생타볼드에 병력을 집중시킬 계획을 세웠다. 프로사르가 후퇴하고 있다는 소식을 들었을 때 그는 프로사르가 카당브론에 있는 견고한 진지로 향하고 있다고 생각했다. 프랑스군은 그곳을 거점으로 삼아 진격해오는 독일군을 공격할 수 있었다. 8월 7일 아침, 나폴레옹은 바젠과 이 계획을 논의하기 위해 메스에 있는 사령부에서 동쪽 생타볼드로 가는 열차에 몸을 실었다. 그러나 열차가 출발하기 전에, 독일군이 포르바크를 점령했으며 프로사르 군대는 어디에 있는지 알 수 없다는 소식이 들려왔다. 당황한 나폴레옹은 전군을 서쪽 샬롱으로 후퇴시키라고 명령한 뒤 자신은 사령부로 돌아갔다.

만약 이 계획대로 40만 명의 프랑스군을 서부로 이동시켜 샬롱에 집결시켰다면, 이는 독일군을 프랑스 영토 깊숙이 유인해서 그들이 합류하는 것을 막을 수 있었을지 모른다. 하지만 이러한 서진 전략은 프랑스 영토의 넓은 부분을 독일군의 침략에 노출시켜서, 올리비에가 8월 7일에 보낸 전보에서 지적했듯이, 정치적 위험을 초래할 수도 있었다.

하지만 바젠은 이제 다른 작전 계획을 제시했다. 나폴레옹 3세는 프랑스군에게 남쪽으로 이동해 집결하도록 명령할 수도 있었다. 즉 메스 주변에 있던 5개 군단이 낭시나 랑그르까지 후퇴해 알자스에서 서쪽으로 이동하고 있는 마크마옹의 3개 군단과 합류하는 작전이었다. 이 작전대로 진행하면, 프랑스군은 독일군이 서쪽으로 진군해올 때 그들의 측면을 위협할 정도로 강력해질 수 있었다. 그리고 프랑스군은 이 작전대로 움직일 시간적 여유가 있었다. 왜냐하면 몰트케가 8월 7일 나폴레옹의 사령부로 향하던 군대의 진격을 중지시켜서, 제1군은 최종적으로 제2군의 이동 경로에서 벗어나게 하고, 제3군에게는 프뢰슈빌레르 승리 이후 휴식할 시간을 주었기 때문이다. 그런데 만약 프랑스군이 이렇게 집결하면, 여기서 고립된 파리는 오직 자체 방위 능력에만 의존해야 한다. 이는 수도의 성벽이 아무리 견고하다고 해도 정치적으로 용납할 수 없는 일이었다.

올리비에가 프랑스군 전체를 샬롱으로 물리는 것을 거부하고, 바젠은 메스에 군사력을 집중할 것을 강력하게 촉구하자, 8월 8일에 나폴레옹 3세는 기존의 명령을 번복하고 메스로 후퇴할 것을 명령했다. 그런데 황제의 이러한 결단으로 인해 마크마옹은 심각한 문제에 부딪히게 되었다. 왜냐하면 이 작전은 독일군과 정면으로 마주한 상태에서 프랑스군의 측면을 노출한 채로 이동하는 것이었기 때문이다. 게다가 황제의 작전 변경은 그 규모가 컸기 때문에, 병참 지원에서 문제가 발생할 가능성이 높았다.

그럼에도 불구하고 8월 9일, 바젠과 르뵈프 장군은 좌측의 4개 군단을 니드강을 따라 메스에서 동쪽으로 약 16킬로미터 떨어진 지점으로 이동시켰다. 아프리카에서의 작전 경험에 따라 후방 기병대는 앞서가는 보병대에 가까이 붙어 따라오고 있었기 때문에, 그들이 마주할지 모르는 적에 대한 정보가 충분하지도 않았고, 자기 부대의 군인들을 안전하게 보호할 수도 없었다. 이제 마크마옹의 지원 없이는 그 지점을 방어할 수 없다는 것을 깨닫고 그들은 메스 시내로 후퇴했다.

이때 마크마옹은 도대체 어디에 있었나? 프뢰슈빌레르 전투 이후 마크마옹과 파이의 군인들은 적과 마주치지 않도록 남쪽으로 넓게 반원을 그리며 보주강을 건너 후퇴했고, 사기가 매우 떨어져 있었다. 오른편에 배치되어 있던 프랑스군 대부분(마크마옹의 제1군단, 제5군단 및 제7군단의 1개 사단)은 8월 7일의 기존 명령에 따라, 그리고 진격해오는 독일군과의 접촉을 피하면서 프뢰슈빌레르를 떠나 처음에는 남쪽으로, 그리고 다시 서쪽으로 후퇴해 샬롱에 있는 기지로 멀리 물러났다. 마크마옹은 메스 방향으로 북상해 바젠을 지원하라는 명령을 무시하기로 결정했다. 이는 어떤 충분한 설명도 없이 내려진 파격적인 결정이었다.

마크마옹과 파이의 군인들은 5일 동안 폭우 속에서 장거리 행군을 강행했다. 제5군단은 8월 6일부터 8일까지 48시간 동안 80킬로미터를 돌파했으며, 10일까지 아무것도 배급받지 못했다. 마침내 그들은 프뢰슈빌레르에서 남서쪽으로 약 110킬로미터 떨어진 뤼네빌에 도착했고, 8월 16일과 17일에 열차를 타고 이동해 8월 20일에 샬롱에 도착했다.

한 병사가 쓴 8월 8일자 편지에는 당시 그들이 얼마나 힘든 고역을 치렀는지 고스란히 담겨 있다.

드디어 밤 11시, 우리는 점심이자 저녁이자 밤참을 먹는다. 두 시간 후에 우리는 사르그민으로 향했다. 34킬로미터를 이동한 후에 길바닥에서 점심을 먹었다. 46킬로미터를 이동한 후, 오후 1시경에 우리는 퓌트랑주에 도착했다. 많은 대원이 고통스러워했고, 뒤처진 대원들은 밤이 될 때까지 계속 도착했다. … 나는 약국에 들어가서 물집이 생겨 몹시 아픈 발바닥에 바를 약을 샀다. … 그러고는 깊은 잠에 빠져 있다가 "꾸물거리지 마"라는 고함소리를 들었다. … 무슨 소리인가 했더니 다른 게 아니라, 바로 우리 부대가 야영지를 떠나고 있었다. 그때는 자정이었고, 우리는 2시에 출발해야 했다. 우리는 4시에 퓌트랑주를 떠나서 정오에 여기에 도착했다. 35킬로미터를 이동한 것이다.[7]

프랑스군의 퇴각은 혼란스러웠고 군인들의 사기를 떨어뜨렸다. 대부분의 군인은 프랑스군이 왜 이렇게 움직이는지 그 목적을 전혀 알 수 없었다. 각 사단에 후퇴 경로가 분명하게 전달되지 않았기 때문에 그들의 대열은 후퇴하면서 서로 뒤엉키게 되었다. 보급품도 불규칙하게 도착해서 군인들은 그냥 굶거나 아니면 현지 징발이나 절도를 통해 식량을 조달해야 했다. 그들은 종종 취사도구를 내팽개쳐두었기 때문에 재료가 있어도 제대로 조리해 먹을 수 없었다. 게다가 쏟아지는 비는 후퇴 경로를 완전히 진흙탕으로 만들어버려서, 아직 전투에 익숙하지 않은 군인들의 사기를 떨어뜨렸다.

마크마옹의 부대는 샬롱으로, 바젠의 부대는 메스로 향했기 때문에 라인군의 양 날개는 이제 완전히 갈라져서 서로 간의 통신도 끊겼다. 8월 10일이 되어서야 한 군인은 다음과 같이 적을 수 있었다. "나는 지금 우리 부대가 무엇을 하는지 모르겠다. 내 생각에 우리는 아마도 후퇴하는 것 같다."[8] 하지만 이 고된 행군은 라인군의 강인함에 대한 명성을 높여주었다. 농민들로 구성된 이 군대가 영웅적으로 투쟁한 후에 30킬로그램이나 되는 장비를 먼 곳까지 신속하게 운반했던 것이다.

이와 동시에 일련의 다른 결정들이 향후 전쟁의 진로에 영향을 주었다. 펠릭스 두에는 제7군단 잔여 병력과 함께 벨포르에 머물렀다. 캉로베르의 제6군단은 파리로 복귀해서 새로운 군을 구성하기로 했으나, 8월 9일에 외제니의 강력한 재촉에 따라 메스로 파견되었다. 보병들은 철도가 차단되기 바로 직전에 도착했다. 파리로 돌아온 조제프 비누아Joseph Vinoy 장군은 8월 14일에 제13군단(이들은 이전에 제8군단으로 명명되었고, 제8군단에서 제11군단까지는 아직 실체가 없었다)으로 지칭된 파리 수비대의 사령관으로 임명되었다. 트로쉬는 새로운 프랑스 제12군단을 감독하기 위해 샬롱으로 보내졌다. 이들은 주로 비무장한 기동방위군으로 구성되어서 실제 전투부대의 실력은 거의 갖추지 못한, 사실상 매우 허약한 상태였기 때문이다.

프랑스군의 지휘 체계는 나폴레옹 3세의 개인적인 건강 문제와 자신감을 떨어뜨리는 우유부단함 때문에 진통을 겪었다. 황제는 프로이센 왕 빌헬름처럼 국가와 군대 모두에 권력을 행사했다. 나폴레옹은 7월에 파리를 떠나면서, 통치권을 외제니 황후가 이끄는 섭정위원회에 넘겨주었다. 그런데 이제 그가 군대도 더이상 지휘할 수 없다는 사실이 점점 더 분명해지고 있었다. 하지만 한평생을 유명한 삼촌의 그늘에서 보냈으며, 또 이전 전투들에서 고르지 못한 성과를 보였던 황제는 군사 지휘권을 포기할 방법을 찾지 못했다. 8월 6일 이후 며칠 동안 그는 의기소침하고 우울했다. 그는 파리로 돌아가는 것은 정치적 패배를 의미하기에 그렇게 할 수는 없었지만, 그렇다고 메스에서 프랑스군을 효과적으로 지휘할 수도 없었다.

나폴레옹은 제3의 길을 가기로 결심했다. 즉 자신은 새로운 군대를 조직하기 위해 샬롱으로 물러나며, 프랑스군의 주력인 라인군의 지휘권을 아실 바젠 원수에게 넘겨주었다. 바젠은 나폴레옹이 보유한 최고위급 자문관 가운데 최선의 선택지였다. 르뵈프의 별은 떨어졌다. 8월 11일, 의회는 그에게 전쟁부 장관직을 사임하라고 요구했는데, 섭정위원회는 프랑스를 전쟁으로 이끈 그의 역할을 문제 삼아 해임을 결정했다. 이것은 수십 년 동안 프랑스가 범한 실수를 르뵈프 개인에게 전가한 부당한 결정이었다. 캉로베르는 전쟁부 장관직에 관심이 없었던 반면, 마크마옹은 프뢰슈빌레르 전투 이후 입지가 취약했다. 캉로베르는 자신의 한계를 알고 있었으며, 자신이 훌륭한 군단장이지만 그보다 더 높은 단계의 군사 전략에는 관심이 없다는 것을 인정했다.

바젠은 전쟁부 장관에 적합해 보이지 않았다. 하지만 그는 낮은 계급에서부터 승진해 올라왔고, 보통 사람들을 잘 이해해줄 것으로 보였으며, 신체적 용맹함까지 갖추고 있어서 인기가 많았다. 그러나 지휘 체계는 여전히 불투명했다. 8월 9일 황제의 칙령에 의해 제2, 제3, 제4군단에 대한 바젠의 지휘권이 확인되었지만, 그가 실제로 얼마나 많은 권한을 가졌는지는 불확실했다. 바젠은 처음에는 메스군이라고 지칭되는 한 부대의 사령관으로 임명되었다. 나폴레옹은 자신이 애매한 상태로 계속 보유하고 있는 권력을 과시하려는 욕망에서, 바젠에게 르뵈프의 보좌관이었던 루이 자라스Louis Jarras 장군을 참모장으로 받아들이라고 지시했다. 하지만 바젠은 자라스를 무시하며 그에게 군대 이동에 관해 아무것도 알려주지 않았다. 그리고 나폴레옹은 직접 작전을 구상하고 자신의 '희망 사항'을 드러내면서 여전히 바젠의 지휘를 방해했다. 이러한 나폴레옹의 행동은 부하들에게 일종의 명령처럼 느껴졌다. 나폴레옹은 8월 12일에 바젠을 라인군 총사령관으로 임명했다. 하지만 전쟁의 향방과 관련해서 결정적인 시기에 황제가 4일 동안이나 계속 라인군에 머물러 있었기 때문에 바젠은 실질적인 지휘권을 행사할 수 없었다.

물론 바젠은 더 강력하게 리더십을 행사할 수도 있었다. 하지만 그는 메스 인근에 주둔하고 있던 4개 군단에 프로이센군을 피해 모젤강을 건너라고 명령했던 8월 13일 늦게까지 어떤 작전 명령도 내리지 않았다. 부르바키와 르뵈프 장군이 스피셰렌과 프뢰슈빌레르 전투에서 얻은 뼈아픈 교훈을 바탕으로 전술 변화(프랑스군이 사정거리를 넘어서는 먼 거리에서 사격하는 것을 방지하는 등)를 권고했지만, 바젠은 이러한 권고를 받아들이지 않았다. 그는 사소한 행정 업무에 몰두했고, 프로이센군이 점차 그들을 포위해오고 있을 때, 모젤강의 다리들을 파괴하는 데에도 실패했다. 지난 20년 동안 권위주의적 통치가 이루어진 이후, 나폴레옹 3세의 허약한 리더십 때문에 발생하는 권력 공백을 메우는 것은 쉽지 않았다. 그리고 이는 프랑스군 내부에 전반적으로 패배감이 스며들게 했으며, 이러한 분위기는 실제 전투에도 그대로 반영되었다.

프뢰슈빌레르 전투가 끝난 후, 8월 6일 밤에 디트리히 폰 라스베르크는 비몽사몽 상태로 잠을 설쳤으며, 몹시 불안하고 흥분된 상태였다. 이 바이에른 청년은 마침내 프랑스 땅에서 프랑스군과 싸우겠다는 희망을 이루었지만, 승리도 평화도 손에 넣지 못했다. 현재는 그가 예상했던 것보다 훨씬 고통스러웠고, 미래는 더욱 갈피를 잡을 수 없을 정도로 불확실했다. 동이 틀 무렵, 그는 감사하는 마음으로 텐트에서 기어 나왔다. 프리드리히 빌헬름 왕세자도 최근의 전투가 남긴 감정적 동요를 가라앉히는 데 어려움을 겪었다. 그는 "나는 아직도 이번 승리를 생각하면 솟구치는 감정을 억누르기 어렵다. 하지만 무엇보다도 우리가 입은 피해를 생각하면 더더욱 그렇다"라고 썼다.[9]

독일군은 3일 만에 전투 후유증에서 회복했다. 나폴레옹 시대에 군대가 전열을 재정비하는 데 보통 몇 주가 걸렸다는 점을 고려하면, 이는 놀라운 업적이었다. 그런 다음 5일에 걸쳐서 그들은 프랑스군을 포위 공격하는 데 유리한 지점을 확보하기 위해 로렌 지방을 통과해 진군했다. 악천후에도 불구하고, 그리고 보급 대열에 과부하가 걸렸음에도 불구하고, 몰트케는 약 40만 명이나 되는 대규모 병력을 질서 있게 전진시켰다. 제1군과 제2군은 폭이 35킬로미터에 달하는 전선에서 서로 긴밀하게 협력하며 이동했다. 만약 어느 한 군단이라도 전투를 벌인다면 다른 군단이 바로 지원할 수 있었다. 하지만 그들은 서로를 방해하지 않으면서 신속하게 이동하고, 각자 보급품도 효과적으로 징발할 수 있을 만큼 충분한 거리를 두고 있었다.

행군이 완벽하지는 않았다. 독일군은 프랑스군보다 예비군이 차지하는 비율이 더 높았기 때문에, 힘들어하는 대원이 많았다. 라스베르크와 그의 바이에른 동료들에게 행군은 끝없이 내리는 비, 그리고 매일 감자밖에 먹을 것이 없음을 뜻했다. 수많은 비전투 요원들이 그들을 뒤따랐다. 여기에는 전신, 우편, 철도 서비스 담당자, 왕실 살림 담당자뿐 아니라 비스마르크와 룬이 전쟁터에서도 프로이센의 국정을 돌볼 수 있도록 데려온 민간 행정기구 직원을 포함한 황제의 사령부, 독일 각국의 제후들과 수행단, 그리고 외국 대사관의 무관과 기자들도 포함되어 있었다. 독일군 역시 자신들이 구체적으로 추구하는 군사적 목적이 무엇인지 확실치 않았다. 그들의 기병대와 프랑스군 사이의 접촉은 끊어졌고, 8월 2일 이후에는 베를린으로부터 아무런 소식도 듣지 못했다. 몰트케는 10일이 되어서야 프랑스군이 메스와 샬롱, 두 방향으로 후퇴하고 있다고 결론지었다.

그럼에도 불구하고 독일군은 경험이 풍부하고 지휘관이 잘 배치되어 있었으며, 이동 경로도 잘 짜여 있었다. 군인들은 지도 읽는 법을 알고 있어서 자신들의 위치를 정확히 파악할 수 있었다. 8월 10일까지 독일군의 3개 군대는 서쪽으로 방향을 틀었고, 4일 후 제1군과 제2군은 메스 근처에서 바젠 부대와 재차 마주쳤다. 슈타인메츠가 지휘하는 제1군은 메스에 거의 도착한 상태였고, 프리드리히 카를 왕자가 지휘하는 제2군은 더 남쪽인 툴 근처에 다가가고 있었다. 스트라스부르를 포위하기 위해 남쪽으로 파견된 프로이센군과 바덴군을 제외한, 왕세자와 블루멘탈 휘하의 제3군은 서쪽으로 진격해서 보주를 통과한 후 뤼네빌을 향했다. 그리고 8월 14일, 무방비 상태에 있던 도시 낭시를 점령했다. 제1군과 제2군은 메스에서 프랑스군을 직접 공격할 준비가 되어 있었고, 제3군은 측면과 배후에서 이 공격을 지원할 준비를 하고 있었다.

프리드리히 빌헬름 왕세자는 전쟁이 신속하게 종결될 것이라는 희망을 품었다. 그는 일기에 이렇게 속마음을 털어놓았다. "아마도 추수감사절을 집에 가서 보낼 수 있을 것이라고 믿는다. 여기서 전쟁이 더 오래 지속될 것이라고는 상상조차 할 수 없기 때문이다."[10]

독일군이 도착하기도 전에 프랑스 시민들의 불안감은 고조되었다. 프랑스군이 계속해서 이 지역을 그냥 지나가는 것만 보고도 이미 사기가 많이 떨어져 있었다. 8월 16일, 뫼즈의 지사는 "프로이센군은 아직 바르에 오지 않았다. [그러나] 주민들은 이미 광기에 가까운 흥분 상태다"라고 보고했다.[11] 프로방스(센에마른)의 부지사는 8월 27일 "어디에서나 감정이 폭발할 듯한 … 말 그대로 공황 상태"라고 언급했다.[12]

당시 전쟁의 폭력성에 대해 언급한 영국의 한 신문은 가까운 과거인 1814~1815년 이래 시대가 많이 변했다는 사실을 강조했다. 8월 15일

팔스부르에서 보도되고, 《데일리 뉴스》의 '전쟁 소식'에 다시 게재된 글에서 기자는 현대 전쟁이 과거에 있었던 어떤 전쟁보다 덜 공포스럽다고 묘사해서 충격을 주었다.

나는 지금 우리가 마주하는 모든 장면이 근대 문명에 대한 헌사라고 생각하지 않을 수 없다. 여기 어린 소녀들이 시골 집 문 앞에 웃으며 서 있다. 전쟁이 몰고 오는 폭력을 전혀 두려워하지 않는 표정이다. 그리고 우리는 대략 10만 명 정도의 군인이 밟고 지나간 바로 그 길을 걷는다. 30년 전쟁에서는 그렇지 않았을 것이다. 50여 년 전에도 이런 일은 거의 없었을 것이다. 하지만 지금 여기는 그렇다. 마을 소녀들은 절반은 수줍어하고, 절반은 호기심에 찬 채 왕자와 그의 부하들이 말을 타고 지나는 모습을 지켜본다. 노인들은 앉아서 햇볕을 쬐며 이 끔찍한 날들에 대해 설레설레 고개를 흔든다.[13]

그러나 같은 글에서 진격하는 독일군과 프랑스 민간인 사이에 긴장이 고조되고 있다는 사실은 인정했다.

군인들은 자신들이 당연히 가져야 한다고 생각하는 것만 얻을 수 있다면 가혹하게 행동하지 않으려는 경향이 있어서, 주민들에게 끔찍한 적들이 만행을 저지를지 모른다고 경고할 일이 없다. 그러나 언어의 차이 때문에 정복자와 피정복자 사이에 소통이 잘 안 되는 경우가 발생하기 시작한다. 프랑스인들은 자신들이 처한 불운을 당연하게 받아들인다. 그들이 화를 내는 것은 적군이 낯선 언어로 소리치고, 마치 그들이 바보인 것처럼 어깨를 잡아 흔들기 때문이다.[14]

왕세자도 마찬가지로 의사소통 부족에서 발생하는 문제를 보고했다. 군인들이 알자스의 독일어 사용 지역에서 프랑스어 사용 지역으로 이동했을 때 자신들의 의사를 전달할 수 없자, 저장고에서 포도주를 마음대로 가져갔다.

이런 종류의 정보들이 전보를 통해 유럽 전역과 세계에 확산되었으며, 언론에도 보도되었다. 전쟁 초기에 런던의 정기 간행물들은 이 전쟁을 그다지 심각하게 다루지 않았다. 기자들은 프랑스가 전쟁을 일으킨 이유에 동의하지 않았으며, 전쟁이 금방 끝날 것이라고 믿었기 때문이다. 하지만 일단 8월 초에 전투가 시작되자 영국 언론은 얼마 전보다 더 큰 관심을 보였다. 8월 6일자 《일러스트레이티드 타임스Illustrated Times》에 실린 한 판화는 런던 시민들이 프랑스의 최신 뉴스가 실린 신문을 팔러 다니는 배달부를 둘러싸고 있는 모습을 묘사했다. 신문은 이렇게 보도했다. 몇 주 동안의 총동원으로 인해 그동안 억눌려 있던 전쟁에 대한 관심이 고조되어서, "신문 배달부가 조간이나 석간신문을 들고 거리에 나타나기만 하면 사람들이 구름같이 몰려든다. 배달부들은 시민들의 수요를 충족할 만큼 빠르게 신문을 공급하기 어려울 지경이다."[15]

《일러스트레이티드 런던 뉴스Illustrated London News》는 독일 편을 들면서, 그들의 규율과 "군사적 논리", 그리고 전쟁에 참가한 "동기의 적절성"을 칭찬했다. 반면 판화/만평을 통해 프랑스 군인들이 강에서 장난스럽게 수영하는 모습과 프로이센 군인들이 주변 환경을 진지하게 살피고 있는 모습을 대비해 그리면서 프랑스군을 경박하다고 묘사했다.

"어떤 사람들은 전투를 준비 중이고, 어떤 사람들은 장난치며 놀고 있다"라는 구절에는 분명 도덕적 비난이 담겨 있다.[16]

전보는 프로이센-프랑스의 갈등이 점차 심각해지고 있다는 사실을 국경 너머로 신속히 전달했다. 8월 6일 밤 10시에 런던에서 인도로 타전된 비상부르 전투 소식은 8일 인도 심라에 있는 영국 총리 비서실에 도착했다. 때로는 현장 소식을 전하는 전보가 마치 오늘날 쏟아지는 소셜미디어처럼 보이기도 한다. 8월 7일 오후 3시 30분에 런던에서 인도로 보낸 전보가 그 한 가지 사례다. 이 전보는 왕세자가 8월 7일에 보낸 전보를 바탕으로 8월 6일의 전투에 대해 상세히 보고하고 있었다. 그래서 독자들은 이번 전쟁에 프랑스의 다양한 병력이 투입되었는데, "독수리 깃발 2개, 미트라이외즈 6정, 대포 30문이 노획되고, 프랑스군 4천 명이 독일군에게 포로로 잡혔다"라는 사실을 알게 되었다. 또한 "자르부르크 서쪽"(스피셰렌)에서 전개된 두 번째 전투에서 프랑스군 "수백 명이 포로가 된 채" 후퇴했다는 사실, 그리고 프로이센도 막대한 손실을 입었으며 "특히 장교"들의 피해가 컸다는 소식도 전해졌다. 게다가 "프랑스군이 승리했다는 거짓 보고가 유포되면서 파리에서 큰 흥분이 일었다"라는 내용이 보여주듯이 이 전보는 정작 파리 내부보다 런던의 정보력이 더 나았음을 드러냈다. 전보의 마지막에는 아무 논평 없이 이런 첨언이 달렸다. "프랑스 정부는 앞으로 모든 사실을 공개적으로 전달하겠다고 약속할 수밖에 없었다."[17]

이쯤 되자 사람들은 프랑스나 독일 언론 모두 전황에 대해 정확하게 보도한다고 신뢰할 수 없었다. 하지만 제3자인 영국 기자들이 독일군에 접근할 수 있었고, 그들은 전쟁의 여파를 직접 목격했다. 이 기자들은 자신의 임무를 진지하게 받아들였다. 《데일리 뉴스》는 1870년 8월 13일에 다음과 같이 주장했다.

특파원은 단순히 독자의 호기심을 채워주는 역할도 하지만, 그것을 넘어서는 의미 있는 기능을 수행한다. 이 기자들의 그림처럼 생생하고 능숙한 펜이 없다면, 우리는 그동안 정치와 외교 그리고 역사가들에 의해 무시되어온 일들, 즉 전투 현장에서 벌어지는 여러 분야의 일에 대해 아무것도 모를 것이다. 부상자를 가득 실은 마차들, 고통과 갈증으로 몸부림치는 군인들, 포탄이 떨어지는 오두막에서 사력을 다해 도망치며 울부짖는 여성들의 모습이 담긴 사진들, 이것들은 우리로 하여금 이른바 영광스러운 전쟁을 낭만주의자들이 세상에 내놓는 긍정적 논평이나 축제 분위기와는 전혀 다른 감정으로 바라보게 한다.[18]

왕세자는 "사령부에 많은 영국 기자들이 머물도록 하는 것"이 전략적으로 중요하다는 사실을 인식했으며, 《타임스》의 러셀 기자와 《데일리 뉴스》의 스키너 기자에게 칭찬을 아끼지 않았다. 게으르고 무관심한 의원이자 조각가인 로널드 리브슨-가워 경Lord Ronald Leveson-Gower과는 달리 러셀과 스키너는 "상냥하고 쾌활한 사람으로, 모든 세부 사항을 낱낱이 탐사하려는 뜨거운 열정으로 가득하다." 프리드리히 빌헬름은 또다른 공인 옵서버인 어데어 경Lord Adare을 스트라스부르로 보냈다.[19] 독일 측이 이런 인적 네트워크를 중시한 것은 독일군이 프랑스 영토로 더 깊숙이 진격한다 해도 영국의 여론과 지도부가 독일에 우호적인 입장을 견지하게 하려는 목적에서였다.

영국 대중의 공감대는 여러 방향으로 흘렀다. 독일과 프랑스가 전쟁을 치르는 전체 기간 동안 영국 의회는 회기가 아니어서, 의회가 여론 형성에 직접적인 영향을 미치지는 않았다. 그러나 교회 설교자들은 전쟁을 일요일 설교와 주보에 소재로 활용했다. 글래스고에서 찰스 닐슨 맥크레이그Charles Neilson MacCraig 목사는 제10 아가일 자원포병대에게 설교하면서 전쟁에 대한 자신의 의견을 밝혔다. 영국은 중립을 유지해야 하지만, 그것이 "전쟁에 대해 우리 영국인이 어떤 감정을 느끼는지 표현할 때에도 중립을 지키는 것을 의미하지는 않는다"라고 말했다.[20] 그는 프랑스가 전쟁 발발에 대해 전적인 책임을 져야 한다고 선언했다. 그는 "프랑스가 어리석음과 허영심, 오만함, 거만함, 허풍, 자신감에 가득 차서 평화를 경멸하는 것을 보라"고 강조했다.[21] 프랑스인들은 파리가 얼마나 역사적인 도시인지, 그리고 그 천재성과 자세, 예술 작품들과 문화로 인해 얼마나 사랑받고 있는지 끊임없이 이야기한다. 계속해서 맥크레이그는 프랑스인들이 다음과 같은 두려움을 갖고 있다고 비웃었다. 프로이센이 파리를 "일종의 놀이터, 진기한 것들을 모아놓은 박물관, 하인들의 도시, 로마와 비슷하지만 교황과 종교적 권위는 존재하지 않는" 곳으로 만들 것이라는 두려움 말이다.[22] 이어서 그는 프랑스가 화평을 청할 의사는 없으면서 자신의 불행을 남 탓으로 돌리려는 것은 정말 짜증나는 일이라고 말했다. 프랑스는 수십 년 동안 유럽을 혼란에 빠뜨린 후, "그녀[프랑스]가 이웃의 머리를 향해 던진 벼락이 자기 머리 위에 떨어지자, 분노에 미쳐 날뛰고 있다. 그런데 그것은 자신이 일으킨 해악이 자신에게 돌아온 것일 뿐이다."[23]

맥크레이그는 프로이센이 승리를 거두면서도 위엄을 지켰다고 단언했다. "말도, 허세도 없이, 행동만으로 프랑스의 허풍을 무너뜨렸다. 프로이센은 난공불락이다."[24] 빌헬름 왕은 준비되어 있었고 신중했다. "간절한 기도와, 고통과 민첩함의 날개를 단 기사들이 그를 승리로 이끌었기 때문이다."[25] 그가 생각하기에 사실상 승리를 이끈 것은 몰트케가 아니라 제대로 된 프로테스탄트인 군주였다.

다시 말해 맥크레이그의 성찰의 중심에는 신앙의 차이가 있었는데, 이는 그와 같은 지위에 있는 사람에게는 그리 놀라운 일이 아니었다. 맥크레이그는 "만약 프랑스에 프로테스탄트적 신앙이 존재했다면, 프랑스가 이렇게 되지는 않았을 것"이라고 주장했다.[26] 그는 프랑스가 지금처럼 난관에 처하게 된 원인이 1572년 성 바르톨로메오 축일 학살까지 거슬러 올라간다고 보았다. 맥크레이그는 종교전쟁을 충격적일 정도로 단순하게 해석해, 당시 프랑스가 프로테스탄트 교도들을 추방함으로써 '공포 혁명'의 시기뿐 아니라 현재까지 이어지는 "비참함, 무심함, 경박함, 향락"을 초래했다고 주장했다.[27]

이와 대조적으로 테일러S. Taylor 목사는 케임브리지에서 열린 구호단체 '부상자 구제Aid to the Wounded' 회의에서 독일이나 프랑스 어느 한 나라를 편애하지 않고 행동할 것을 촉구했다. 그의 주장은 8월 19일 《타임스》에 다음과 같이 인용되었다.

우리는 프랑스이든 프로이센이든 조국을 지키다 전사한 용감한 군인들에게 기회가 있을 때마다 동정심을 표해야 합니다. 어떤 사람들은 우리의 중립이 다른 나라의 운명에 대한 이기적인 무관심이나, 어떤 대가를 치르더라도 우리의 이익을 지키려는 결의와 동의어라고 말합니다. 우리는 이러한 비

방에 맞서서, 앞서 말한 방식으로 가장 직접적이고 단호하게 행동해야 합니다.[28]

테일러의 호소는 곳곳에서 널리 받아들여졌다. 1864년 제네바 조약의 규정에 따라, '국립 전쟁 부상자 구제 협회National Society for Aid to the Sick and Wounded in War'는 8월부터 영국 정부와 영미구급대Anglo-American Ambulance의 협력 아래 자원봉사에 나선 의사와 간호사가 포함된 이동 진료소를 전쟁 지역에 파견했다. 9월까지 그들은 60명의 외과의사를 포함한 110명의 의료진과 20만 파운드 상당의 물품을 보냈다. 다른 구호품도 뒤따랐다. 이러한 지원 활동은 중립적 입장과 연관된 모종의 죄의식을 덜어주었을 수도 있다. 하지만 언론과 팸플릿에서 영국의 관찰자들은 점점 더 중립 정책에 대해 비판의 목소리를 높였으며, 테일러와 같이 지원 활동을 제공한 사람들이 논쟁에 가담했다.

몰트케가 보기에는 놀랍게도 여전히 황제로 군림하고 있는 나폴레옹 3세의 총사령관 바젠은 8월 13일 메스 동쪽, 모젤강 오른편 언덕에 머물고 있었다. 프랑스군은 메스에 약 18만 명의 병력을 주둔시켰는데, 대부분이 11킬로미터 길이의 전선에 펼쳐져 배치되어 있었다. 그들은 이제 이곳에 계속 머무를지 아니면 후퇴할지 고민했다. 만약 계속 머무른다면 신속하게 움직이는 몰트케의 군대로부터 측면 공격을 받고 파괴될 가능성이 있었다. 만약 떠나기를 선택한다면, 그들은 병력과 물자를 남겨둔 채 떠남으로써 어려움에 직면하게 될 터였다.

메스로 들어오는 보급품은 파리-낭시 철도에 의존했는데, 메스에서 남쪽으로 53킬로미터 떨어진 낭시는 프로이센군의 공격에 노출되어 있었다. 바젠은 서쪽으로 65킬로미터 떨어진 베르됭으로 후퇴해야 했다. 18만 명의 프랑스군은 선발대가 이미 적과 마주쳤을 때조차도, 혼잡한 전선에 걸쳐 있는 몇 안 되는 다리를 통해 모젤강을 건너야 했다. 8월 12일 밤, 폭우로 인해 지난 4일 동안 건설된 부교마저 유실되자 프랑스군은 불과 5킬로미터밖에 안 되는 좁은 전선에 몰려들 수밖에 없었다.

이러한 심각한 병참 문제에 직면한 바젠은 잘못된 지휘로 상황을 더욱 악화시켰다. 자신이 선택한 참모장을 황제가 거부한 것에 화가 나 있던 바젠은, 자신의 계획에 대해 황제가 임명한 자라스와 상의하지 않았다. 정보도 부족하고, 위기에서 중요한 역할을 수행해야 할 지휘부마저 이렇게 많은 문제를 갖고 있던 프랑스군은 롱주빌-메스에 다리가 하나 있다는 사실도 알지 못했다. 홍수 후에 수리된 임시 다리는 육지와 이어지는 지점에 비에 흥건히 젖은 습지가 있어서 도보로만 접근할 수 있었다. 따라서 말과 마차는 메스의 좁은 길을 지나 남아 있는 2개의 일반 다리를 이용해야 했다. 모젤강을 건넌 후 프랑스군은 하나의 도로에 모이게 될 터였다. 어떠한 목적지나 군사적인 목표도 지시받지 못한 채 말이다.

이러한 어려움을 파악하고 이동 작전에 반대하던 바젠은 황제에게 자신들은 현 위치를 고수해야 한다고 주장했다. 하지만 나폴레옹 3세는 외제니 황후에게서 독일군(왕세자가 이끄는 제3군)이 이미 남쪽에서는 메스 너머에 있으며, 프리드리히 카를과 제2군은 이미 북쪽으로 진군해 베르됭에서 왕세자의 군대와 합류할 것이라는 메시지를 받은 상태였다. 프랑스군은 신속히 이동해야 했다.

하지만 프랑스의 후퇴는 굉장히 더뎠는데, 이는 놀랄 일이 아니었다. 8월 14일 오전 4시 30분에 이동 준비를 하라는 명령을 받았던 병사들은 오후 4시에야 겨우 모젤강을 건너고 있었다. 그때 프로이센의 대포 소리가 들렸다. 모젤강 동쪽에서 바젠 군대의 후미가 공격을 받은 것이다. 이것은 8월 14일, 16일, 18일에 독일군이 메스에서 프랑스군의 후퇴를 막기 위해 펼친 세 차례의 공격 가운데 첫 번째였다.

스피셰렌과 프뢰슈빌레르 전투 때와 아주 비슷하게도, 8월 14일 보르니Borny 전투는 현장 지휘관들의 주도로 전개되었다. 이번에는 제1군에 속하는 디트리히 폰 차스트로Dietrich von Zastrow의 제7군단 소속 카를 폰 데어 골츠 장군이 선제공격을 맡았다. 상부의 명령 없이 진행된 대담한 움직임이었다. 프랑스군은 수적으로 우세하고 지형적 위치도 유리한 상태에서 진지를 지켰지만, 르뵈프가 스피셰렌과 프뢰슈빌레르의 경험을 토대로 조언했던 것과 달리, 독일군의 진격을 격퇴하기 위한 반격은 시도하지 않았다. 바젠은 전투가 발생했다는 사실 자체에 화가 났고, 반격을 통해 후퇴할 시간을 버는 데에는 관심이 없었다. 그래도 바젠은 전략적 주도권을 장악하지는 못했지만, 프로이센군의 포탄에 어깨 부상을 입은 상황에서도 침착하게 전장을 돌아다니며 병사들을 격려하는 등 그런대로 지휘관으로서 용감한 자세를 보여 호감을 얻었다.

그날의 전투는 교착상태로 끝났다. 승부가 나지 않은 전투는 해가 질 무렵, 독일군 사상자 4600명, 프랑스군 사상자 3900명을 남긴 채 끝났다. 바젠을 대신해 제3군단 사령관을 맡은 지 채 이틀도 되지 않은 클로

드 데캉Claude Decaen은 전사했다. 프랑스군이 입은 전략적 손실은 이보다 더 심각했다. 베르됭으로의 후퇴는 지체되었고, 프로이센 제2군은 이 기회를 이용해 메스 남쪽에서 모젤강을 건넜다.

전쟁이 휩쓸고 간 지역의 농민들의 상황은 처참했다. 너무나 많은 피난민이 이미 진입로가 차단된 메스에 들어가려고 시도했다. 작센 출신의 한 중위는 메스 근처의 프랑스 농민에 대해 다음과 같은 기록을 남겼다. "나는 전쟁이 농민들에게 가져다주는 비참함에 충격을 받았다. … 이 지역의 마을들은 연이어 들이닥치는 부대에게 모든 것을 빼앗겼고, 군인들은 아무것도 남기지 않은 채 마을을 떠났다. 그런데 또다른 더 많은 군대가 식량을 찾아 마을에 진입하고 있다."[29]

바젠은 회고록에서 보르니 전투가 끝난 직후, 로렌의 농민들이 귀중품이나 뭐 하나라도 찾기 위해 전장으로 내려왔었다고 회상했다. 그는 8월 15일에 백기를 들고 전장을 돌다가 다음과 같은 장면을 목격했다.

전사한 병사들의 배낭이 모두 털렸다. 별로 돈이 안 되는 것들, 이를테면 서류, 편지, 책, 사진 등은 여기저기 흩뿌려졌지만, 돈은 모두 사라졌다. 그 끔찍한 로렌 사람들은 부상당한 장교에게서 반지를 훔치기 위해, 장갑을 벗길 생각조차 없이 그의 손가락을 잘랐다. … 나는 비전투원으로서 [백기를 들고 순찰하고 있었기 때문에] 그저 소총을 들고 그 비열한 농민들을 쏠 수 없었다는 것이 유감스러웠다. 그들은 프로이센 선봉대가 아직 물리적으로 점령하지 않은 들판의 구석구석을 약탈하고 있었다.[30]

프랑스군은 8월 14일 전투를 승리로 여겼다. 그들은 모젤강을 건너 후퇴하는 것을 멈췄고, 하나의 군대로서 함께 싸웠으며, 프로이센의 공격을 막았고, 바젠의 용맹함에 감탄했다. 이 와중에도 바젠은 계속 서쪽으로 이동해야 한다는 것을 알고 있었다. 그러나 자신은 그날 저녁 어떤 작전 명령을 내릴 만큼 확고한 지휘권이 없다고 느꼈기에 다음날 아침 10시까지 기다렸다.

군인들의 상황 인식과 지휘관의 결정 사이의 괴리로 인해 상호 불신이 생겼고, 이 문제는 이번 한 번으로 끝나지 않았다. 8월 15일에 진행된 후퇴는 이제 단 한 개의 도로를 따라 이루어졌는데, 그 도로는 메스에서 서쪽으로 13킬로미터 떨어진 그라블로트에 도착할 때까지 갈라지지 않았다. 독일 기병대가 언제 공격해올지 모르기 때문에, 이제 보급 열차는 무장 호위대가 필요했다. 후퇴가 이렇게 복잡하고 사실상 불가능한 상황이었지만, 바젠은 이에 관해 자라스와 상의하지 않았다. 혼란과 지연으로 점철된 하루가 끝나갈 무렵, 프랑스군은 겨우 베르됭을 향해 떠났다.

그날 저녁, 바젠은 독일군이 왼쪽에서 위협 공격을 해올지 모른다는 것을 알게 되었지만 어떤 명령도 내리지 않았다. 16일 아침 5시 15분에 바젠은 라드미로 장군의 전황 평가에 동의했다. 즉 프랑스군은 퇴로가 완전히 막혀 있어, 차라리 이동을 연기해야 프로이센의 공격에 더 잘 대응할 수 있을 것이라는 판단이었다. 그래서 나폴레옹 3세가 마침내 메스를 떠나 샬롱으로 향했을 때, 바젠의 군대는 그 자리에서 기다렸다.

한편 8월 15일이 지나는 동안 독일의 제2군은 모젤강을 건너 진격을 계속했다. 그들은 후퇴하는 프랑스군의 측면을 공격해서 그들이 베르됭으로 가는 것을 차단했다. 몰트케는 마침내 결정적인 전투를 전개할 기회가 왔다고 판단했다. 물론 아직 그 전투가 언제, 어디서 일어날지는 알 수 없었다. 그날 저녁 6시 30분, 그는 프리드리히 카를에게 메스-베르됭 도로에서 프랑스군을 공격하라는 모호한 명령을 내렸다. 사실 몰트케와 프리드리히 카를은 프랑스군이 정확하게 어느 지점에 있는지 알지 못했고, 그들이 메스에서 그렇게 느릿느릿 퇴각할 것이라고는 예상하지도 못했다. 그래서 프리드리히 카를은 제2군을 서쪽으로 너무 깊숙이 진격하게 했고, 그 결과 8월 16일에 프랑스군 전체와 마주했을 때 동원할 수 있는 병력이라고는 오른편에 배치된 제3, 제10군단밖에 남아 있지 않았다.

◆ 6장 ◆

전환점

그라블로트 근처에서 벌어진 전투, 1870년 8월 18일.

바젠의 부대가 퇴각한 8월 15일은 성 나폴레옹 축제와 맞물린 날이었다. 이 축제는 병들고 지친 한 사람이 어떻게 프랑스를 이처럼 위태로운 상황에 빠뜨릴 수 있는지를 이해하는 데 도움을 준다. 이날은 나폴레옹 보나파르트가 바티칸을 설득해 네오폴리스Neopolis라는 이름을 가진 로마의 순교자를 전사들의 수호성인으로 추대하도록 구상하고 설득한 데서 유래했다. 바로 이 성자의 날이 8월 15일인데, 이날은 나폴레옹의 생일인 동시에 성모승천 축일로, 종교의식이 그렇게 강하지 않은 지역에서도 널리 인기 있는 가톨릭 축일이었다. 나폴레옹 스스로 1806년에서 1813년 사이에 매년 이날을 기념했다.

나폴레옹 3세는 제1제국과 1789년 혁명의 원칙, 그리고 황제 자신을 기념하기 위해 1852년에 이 축제를 부활시켰다. 지역 시장들은 이 축일을 '우리 황제의 날'이라고 부르곤 했다. 이렇듯 그 기원이 의심스러움에도 불구하고, 성 나폴레옹 축제는 황제가 명령한 하향식 축제일 뿐만 아니라 프랑스 전역의 도시와 마을 주민들이 받아들이고 기념하는 축하 행사이기도 했다. 제1제국 당시 성 나폴레옹 축제가 엄숙한 톤으로 (혁명 2년차의 지엄한 최고 존재를 위한 축제에서 차용한) 거의 종교적일 만큼 화려하게 나폴레옹 보나파르트 자신에게만 초점을 맞추었다면, 세기 중반의 성 나폴레옹 축일은 들뜬 분위기에서 진행된, 대중적이면서 심지어 재미도 가미된 행사였다.

종종 하루 전날 밤에 울리는 종소리가 축제의 시작을 알렸다. 삼색기가 광장을 장식했고, 가정집 창문에도 내걸렸다. 아침에 지방 공무원들은 대미사가 끝난 후 테 데움Te Deum('주님, 당신을 찬미합니다'라는 뜻의 가톨릭 찬미가)를 열심히 부른 후 기부금 분배를 도왔다. 지방 지도자들은 대개 황제의 흉상이 세워진 장소에서 연회를 열어, 황제와 황후, 황태자를 위해 건배를 했다. 그들은 1857년 이후 나폴레옹 전쟁에 참전했던 용사들에게 생텔렌 메달을 수여했으며, 지방 시민들에게는 명예훈장을 수여했다. 참전용사협회의 지부들, 음악 그룹, 자선단체, 노동자 단체, 청소년 단체 등 모든 클럽이 프랑스 시민들을 축제로 끌어들였다. 이 축제날 저녁에는 시민들이 집의 창문과 공공 광장에 등불을 켰다. 여유가 된다면 마을에서 불꽃놀이까지 열었다. 그렇지 않은 경우엔 모닥불을 피운 후 춤추고 술을 마시며 "황제 만세! 제국 만세! 황태자 만세!"를 외치면서 늦은 밤까지 축제를 이어갔다.

성 나폴레옹 축제는 인위적으로 만들어졌을지 모르지만, 많은 사람이 이날 느끼는 감정은 진심이었다. 그리고 나폴레옹 3세는 이날을 통해 수백만 명의 프랑스인 사이에서 인기와 충성심을 유지했다. 그는 국민 주권의 구현이라는 이미지와 보통 선거권을 융합해서 국민으로부터 주권을 이끌어내면서 국민에게 직접 책임을 지는 군주의 이미지를 연출했다. 이는 강력한 힘을 지닌 조합이었다. 어떤 사람들에게는 황제가 강력한 중앙집권 국가를 통해 공공질서와 평화를 보장해주는 지도자였고, 또 어떤 사람들에게는 귀족에게 맞서 농민을 지켜주는 지도자였다. 황제는 가난한 사람들을 위한 자애로운 군주, 교회의 수호자, 나아가 전통적인 사회 질서의 옹호자였다. 1850년대에 나폴레옹 3세는 무정부 상태에 맞서는 방벽, 성공적인 군사 지도자, 그리고 국민의 해방자로 환영받았다. 1860년대에는 국민들이 평화와 안정을 가져다주는 그의 능력에 관심을 집중했다. 보나파르트주의자들은 "모든 사람이 자유로우며, 자유롭다고 느낀다. 사람들은 모두 자신이 강력하고 진정으로 대중을 위하는 정권에 의해 보호받고 있다는 것을 알기 때문이다"라고 선언했다.[1]

농민들에게는 이날이 예속으로부터의 해방, 그리고 나폴레옹 3세 치하 국가적 통일의 회복을 의미했다. 이러한 헌정의식은 제1제정, 그리고 첫 번째 나폴레옹의 영광과 함께 시작되었다. 농민들은 이날 프랑스 국민을 하나로 모은 제국 군대의 신화, 통령 정부Consulate(나폴레옹의 쿠데타에 의해 1799~1804년에 존속한 프랑스 정부로 나폴레옹이 황제에 오르면서 폐지되었다)와 제국, 심지어 프랑스 혁명의 연장이었던 백일천하, 특히 1793년에 대한 기억들을 축하했다. 나폴레옹 3세의 제2제정은 또한 새로운 도로, 학교, 교회, 묘지, 농업 협회를 포함하는 농촌의 번영을 가져왔다. 농민들은 정치에도 참여했다. 그들은 단독 입후보로 진행된 의회, 시의원 선거에도 참여했다. 그들은 황제에게 지지표를 주면서, 그 대가로 그의 관심과 관대함을 기대했다. 황제가 선택한 후보자에게 투표하는 것은 (그저) 허울뿐인 가짜 민주주의의 공허하고 냉소적인 몸짓이 아니라 황제와 그의 왕조에 대한 헌신의 표현이었다.

이 축제는 파리에서는 그다지 화려하게 진행되지 않았지만, 지방에서는 지역 지도자들이 공동체의 연대와 예의, 공적 공간의 활용과 미화, 지역 차원에서의 국가 건설이라는 목적을 위해 이날을 적극 장려했다. 각 도시들은 경쟁적으로 각기 보유한 편의시설들을 과시하고 가장 멋진 조명으로 장식하기 위해 애썼다. 예를 들어 1854년 베르냉(이제르)에서는 거대한 'N' 자 모양의 촛불을 켜기도 했다.

축제는 축하의 성격이 강하고 대중적이어서 제3공화국에서 개최할 바스티유 함락 기념일 행사를 연상하게 했다. 그들은 황제의 인기를 확인하면서 동시에 그의 완전한 통제를 따돌렸다. 테 데움은 성직자에게 제한되고 경계가 정해진 역할을 부여했다. 그리고 종교적 전통은 그저 일종의 도구적 기능을 수행했다. 나중에 제3공화국에서 그렇게 된 것처럼 완전히 배제되지는 않았지만, 왕당파가 선호했던 것처럼 축제의 중심이 되지도 않았던 것이다.

축제는 또한 프랑스 혁명 이래 오랫동안 두려움의 대상이었던 '군중'을 긍정적으로 표현하는 것을 허용하는 역할을 했다. 축제 기간은 사실 위협적이지 않은 대중을 공공의 이익을 위한 공적 영역으로 초대할 수 있다는 사실을 입증했다. 성 나폴레옹 축제는 프랑스인들이 이념적 차이에도 불구하고 서로 예의를 지키고 함께 사는 사회를 만들기 위한 공통의 토대를 제공한 것이다.

그렇긴 하지만 정통파 군주주의자들은 결코 이 축제를 전폭적으로 지지하지는 않았다. 그들에게 제2제정은 혁명이 얼마나 우스꽝스러운 것인지를 확인해주는 시기였다. 즉 혁명은 전통적인 사회 질서와 질서의 원천을 파괴하고, 군중과 개인을 신의 계시에 의해 확인된 엄격한 사회 위계질서와 어긋나는 방식으로 가치 평가를 했다는 주장이었다. 공화주의자들도 성 나폴레옹 축제를 옹호하지 않았다. 그 대신 그들은 축제를 정권에 대한 반대 의사를 표현할 기회, 또는 최소한 사람들이 축제에 참여하지 말고 집에 머물도록 설득할 기회로 삼았다.

그러나 군대는 종종 주인공 역할을 맡았다. 무엇보다 군대는 1851년 12월 쿠데타와 그 뒤를 이은 몇 달 동안의 강압적 행위를 통해 제2공화국을 무너뜨리는 데 도움을 주었었다. 군대는 많은 사람이 볼 때 평화와 안보의 수호자로서 황제 편에 있었다. 1852년 초 브리뇰(바르Var)에 걸린 현수막에는 "우리를 무정부 상태에서 구해준 군대 만세"라고 적혀 있었다.[2] 주둔지 마을에서는 일반적으로 오전의 테 데움(찬미가. 종종 찬미가를 부르는 예배를 뜻하기도 함)이 끝난 후 정오경에 군사 검열이 이루어졌다. 각 마을 사람들은 연회를 개최하고 서로 건배하며 아직 생존하는 제1제국의 영웅들을 기념하고 위대한 나폴레옹의 영광스러웠던 날들을 회상했다.

군대의 역할은 1850년대 크림반도(1854~1855)와 이탈리아(1859)에서 발발한 전쟁을 통해 강화되고 정당화되었다. 군대는 크림 전쟁을 치르면서 국내 질서를 유지하는 보루에서 대외적으로 프랑스의 영광을 확대하는 도구로 변모했다. 1855년의 성 나폴레옹 축제는 전쟁의 그늘에 가려진 채 진행되었지만, 많은 마을은 이날 크림반도에서 사망하거나 부상당한 군인의 가족들에게 자선기금을 보내기로 약속했다. 그런데 바로 이날 프랑스 군대가 승전했다는 소식이 전해지자, 즉흥적인 대중 축제가 열리고 환호가 이어졌던 것이다.

이러한 애국적 열풍은 1855년 9월 세바스토폴 함락(크림 전쟁 중에 러시아 제국과 영국, 프랑스, 오스만 제국 등이 치열하게 맞서 싸운 전장. 러시아의 패배로 끝났다) 후에 계속되었다. 전국의 크고 작은 도시에서 시민들은 전쟁 소식을 고대했고, 프랑스가 승리했다는 소식이 들어오면 최고로 열렬한 기쁨을 표했다. 제국의 법무부 장관이 남긴 기록에 따르면 "이제 루앙에서 인기 있는 것은 승리뿐만이 아니라 전쟁 그 자체다." 어떤 사람들에게는 전쟁이 당파적 차이를 옆으로 제쳐두는 순간이었다.³ 엑스Aix에서는 군중이 거리로 몰려나왔다. 경찰 국장은 이렇게 보고했다. "이와 비슷한 규모의 사태를 목격하려면 우리는 1814년으로 돌아가야 한다. 그런데 당시에 열광한 사람들은 귀족이었던 반면, 오늘은 대중이다."⁴

4년 후 이탈리아 통일을 지지하며 개입한 전쟁에서 승리했을 때, 이러한 애국적 감정의 표출은 절정에 달했다. 나폴레옹 3세는 이 개입을 나폴레옹 전쟁의 전통에 따라 인민의 해방 전쟁으로 규정했다. "우리는 독립을 위해 싸우는 인민의 투쟁을 지원하고 있으며, 그들을 외세의 억압으로부터 해방시킬 것이다."⁵ 새로운 세대의 프랑스인들이 군사적 승리를 축하하고 국가적 자부심을 강하게 느끼면서, 나폴레옹 3세는 성공적인 전사로서 최고의 지위에 도달했다. 이후 멕시코에서의 실패, 즉 1867년에 프랑스의 꼭두각시였던 막시밀리안Maximilian 황제가 처형되고 프랑스군이 강제 철수됨으로써 프랑스의 모험이 실패로 끝났음에도 불구하고, 나폴레옹 3세를 둘러싼 군사적 광채는 사라지지 않았다.

같은 시기에 프랑스 제국은 그들이 평화를 지지한다는 주장을 널리 퍼뜨렸다. 나폴레옹 3세는 "제국이 곧 평화다"라고 주장했고, 많은 사람은 그것이 사실이라고 믿었다. 나폴레옹 3세는 1852년 10월 보르도에서 연설을 하면서 다음과 같이 말했다.

영광은 유산으로 전수될 수 있을지 모르지만, 전쟁은 그렇지 않습니다. 루이 14세의 후손이라는 사실을 명예로 여겼던 군주들이 계속해서 그가 펼쳤던 투쟁을 이어갔습니까? 전쟁은 즐거움을 위해 하는 것이 아니라 반드시 필요하기 때문에 하는 것입니다. 그리고 우리가 도처에서 많은 번영의 요소와 함께 많은 죽음의 원인을 발견하고 있는 이러한 전환의 순간에, 우리는 진실로 이렇게 말할 수 있습니다. '예측할 수 없는 결과를 초래할 전쟁의 신호를 유럽에서 가장 먼저 보내는 자에게 화가 있으리라!'"[6]

1857년 파리의 성 나폴레옹 기념행사에서 불꽃놀이는 거대한 황금색 'N' 자로 시작되었고, '전쟁'과 '평화'라는 단어가 그 주변을 둘러쌌다. 1859년 이탈리아에서의 승리를 축하하는 기념행사도 곧 평화가 찾아올 것이라는 안도감을 주었다. 그런데 1860년대에 정치적 분위기가 바뀌었다. 대중의 여론은 전쟁 반대로 기울었지만, 폴란드를 위해 전쟁에 개입하는 것에 대해서는 예외적으로 찬성했다. 1867년 만국박람회에서 발표된 시 한 편은 평화의 도래를 이렇게 찬양했다. "전쟁은 달아났고, 평화가 지상에 군림한다 / 지구의 이 끝에서 저 끝까지."[7] 전쟁과 평화, 승리의 영광과 안정은 사실 동전의 양면이었다.

그래서 1870년, 이 무덥고 건조하고 불안한 8월에 성 나폴레옹의 날 기념행사는 자제되었다. 마을과 도시에서 지역의 유명 인사들은 테 데움을 감상했다. 일부 시장들은 기념 연설을 했고, 축하 행렬을 개최했다. 마을들은 깃발로 장식되었고, 밤에는 조명이 켜졌다. 그러나 지방 자치단체들은 기름칠한 기둥 오르기, 말굽 던지기, 그리고 가장 중요한 행운의 바퀴 행사 등 연례적으로 개최해오던 게임들은 취소했다.

프로이센, 바덴, 뷔르템베르크에서 온 군대에게 포위되었던 스트라스부르에서는 군사령관과 지사가 공동으로 기도를 요청하면서 이를 조심스럽게 표현했다. "8월 15일, 테 데움이 끝난 후에 종교 지도자들이 공공 기도회에 초대되어, 용감하게 부상당한 군인들의 구호를 위해 그리고 적에게 영광스러운 죽음을 맞은 사람들의 안식을 위해 함께 기도했다."[8] 또한 그들은 제국 정부에 맞서는 항의 시위가 있을 것이라는 소문에 대해서도 경고했다. "현재 우리가 처한 심각한 상황에서 취할 수 있는 선택지는 두 가지뿐입니다. '프랑스의 친구가 되느냐, 프랑스의 적이 되느냐.'"[9] 축제는 제한적으로 진행되었다. 깃발은 있었지만 불꽃놀이는 없었다. 하지만 그날 밤 바덴에서 온 일부 야전포병들이 아무런 경고 없이 도심으로 포탄을 발사해서 건물을 무너뜨렸고, 민간인 여러 명이 사망했다. 포탄은 클로드 조제프 루제 드 릴Claude Joseph Rouget de Lisle이 거의 80년 전에 혁명가 '라 마르세예즈'를 작곡했던 유서 깊은 건물의 지붕을 손상시켰다. 엄청난 우려와 함께, 많은 사람은 제국이 그들에게 또 한번 불꽃놀이를 보여주었다고 자조 섞인 농담을 했다.

이곳저곳에서 흉흉한 소문이 확산되고 적대감이 고조되면서 폭력적 행위와 고발이 이어졌다. 오랭에서는 입법의회 공화파 의원이 공격을 받았으며, 타른과 가르에서는 개신교도들이 프로이센을 지지한다는 고발이 있었다. 부르고뉴에서는 성직자가 독일인들에게 구호금을 보냈다는 소문 때문에 공격을 받았다.

알베르(솜) 마을에서는 성 나폴레옹 축제 전날, 입법의회 야당 의원 데스투르메d'Estourme 백작이 기차를 타고 마을로 돌아왔다. 그는 전쟁 선언에 반대표를 던진 것으로 알려진 인물이었다. 그는 술집 앞을 지나다가 프랑스가 승리할 가능성이 없다고 비관적인 주장을 편 자신에게 불만을 품은, 술 취한 애국자들이 모여 있는 것을 발견했다. 곧 약 600여

명의 마을 사람들이 그를 둘러싸고 위협했다. "여기 반역자가 있다. 그를 교수형에 처하자. 데스투르메를 처단하라, 황제 만세, 프랑스 만세." 데스투르메는 여러 차례 거기서 탈출을 시도한 끝에 마침내 기차역으로 피신했다. 군중은 역 건물로 진입하려 했지만 밀려났다. 백작은 다음날 아침 일찍 화물 열차를 타고 마을을 탈출했다.

훨씬 남쪽에 있던 다른 젊은 귀족은 그렇게 운이 좋지 않았다. 불미스럽게도 오트파이라는 작은 마을에서는 폭도들이 알랭 드 모네이Alain de Monéys라는 남자를 살해했다. 그는 프로이센 출신이면서 동시에 '공화국 만세!'를 외치는 두 가지 악행을 저질렀다는 혐의를 받았다. 성 나폴레옹 축제 다음날인 8월 16일, 폭도들은 모네이를 두 시간 동안 고문한 후에 화형에 처했다.

이런 이상하고 잔혹한 행위는 메스에서 남서쪽으로 약 640킬로미터 떨어진 페리고르라고 알려진 지역의 가난한 농촌 도르도뉴 데파르트망에서 열린 연례 장터에서도 일어났다. 이른바 '밤나무 벨트'에 속하는 페리고르 지역의 농민들이 종종 빵을 만들 밀조차 구할 수 없을 만큼 가난하고 낙후되었다는 이야기는 널리 알려져 있었다. 징집 기록에 따르면, 이 지역의 남성들은 프랑스의 다른 지역 남성들보다 키가 작고 문해력도 뒤떨어질 가능성이 높았다. 어린이 가운데 약 60퍼센트가 학교에 다녔고 36퍼센트만이 글을 읽고 쓸 줄 안다고 보고되었다.

오트파이 코뮌은 주민 약 400명이 사는 작은 마을이지만, 모든 사람이 서로 잘 알고 지내는 마을은 아니었다. 약 45명은 마을 중심부에 15채 정도의 주택에서 살았고, 다른 사람들은 마을 외곽에서 다른 코뮌과 겹치는 농지에서 농사를 지으며 살았다. 외곽에 사는 이런 '낯선 사람들'은 마을 중심부에 사는 사람들에게는 잘 알려지지 않았다. 일부 농부들은 토지를 소유했지만 교사, 도로 보수 일꾼, 우편배달부를 제외하고는 토지 소유자나 전문가 또는 공무원 계층은 없었다. 시장은 68세의 베르나르 마티외Bernard Mathieu라는 마을 대장장이였다. 마을에는 시청이나 경찰서 같은 것이 없어서 군중이 흥분했을 때 이를 통제하고 진정시킬 수 있는 공공기관이 존재하지 않았다. 주민을 체포, 통제하거나 지역 사회의 감정을 바꿀 수 있는 도덕적 권위를 가진 마을의 원로도 없었다.

  그 지역의 농민들은 귀족을 경멸했다. 도르도뉴에서는 적어도 프랑스 혁명 이래로 그들이 사용하는 언어에 아주 강한 반귀족적 색채가 스며들어 있었다. 농촌 부르주아지들은 귀족에 대한 분노를 만들어내고 조장했는데, 분노의 초점을 귀족이 지닌 부와 재산(그것은 부르주아지도 공유한 특성이므로)에 맞추는 것이 아니라, 그들의 자존심과 사회적 지위를 독특하게 표현한 그들의 풍향계, 문장의 백합 문양, 미사 때 앉는 개인 좌석 같은 문화적 사실에 맞추었다. 농민들은 성직자를 미워했으며, 부르주아지는 배후에서 귀족이 성직자와 한 통속이 되도록 조장했다. 32세의 알랭 드 모네이는 이러한 귀족 가문에 속해 있었고, 160헥타르가 넘는 땅을 소유한 그의 가족은 이 지역에서 가장 큰 토지 소유자 중 하나였다. 모네이는 자신의 가문이 보유한 영지를 관리해왔고, 코뮌의 부시장을 지냈다. 키가 작고 대머리였으며 미혼인 그는 비극적인 죽음을 당한 후 예의 바르고 관대한 사람이었다는 사실이 알려졌다. 당시 농촌 부르주아지들과 달리(이들은 시골 생활이 지루해져서 점차 도시로 옮겨

가고 있었다), 알랭 드 모네이는 귀족이었지만 마을 장터에도 스스럼없이 나타났다. 그가 개인적으로는 아무리 친절한 성품을 소유했다 하더라도 그 사실이 귀족에 대한 농민들의 분노로부터 그를 구해주지는 못했다. 마을 장터에 자주 나온 것만으로는 그가 농촌 공동체 주민들과 친해짐으로써 마을 공동체의 일원이 되는 데 충분하지 않았다. 그는 여전히 아웃사이더였던 것이다.

대부분의 농민은 공화주의자를 좋아하지 않았다. 공화주의자들이 부자에 대한 분노를 표현하는 한 방식으로 귀족이나 성직자들과 친밀하게 소통했기 때문이다. 사실 1849년에 도르도뉴의 농민은 대다수가 사회주의-민주주의자에게 투표했었다. 1848년 5월에 정부가 45상팀에 달하는 세금을 승인하자 공화주의자들에 대한 반대로 돌아선 것이다. 농민들은 1848년 12월 10일에 루이-나폴레옹 보나파르트가 대통령으로 선출되었을 때, 이 세금이 철회될 것이라고 믿었었다. 그런 일은 일어나지 않았고, 오히려 공화주의자들은 의원에게 1인당 25프랑의 급여를 지급하기로 해서 농민들을 더욱 화나게 했다. 이는 수확기에 농장 노동자들이 받는 일당보다 열 배 이상 많은 금액이었다. 당시 의원은 750명이나 되었기 때문에 이는 어림잡아 1만 명의 노동자에게 지불하는 임금과 맞먹었다. 왜 한 명의 군주 대신 수백 명의 정치인에게 이 엄청난 급여를 지불해야 하는가? 제2제정 말기에 도르도뉴에는 공화주의 정당이 있었지만, 대부분의 농민에게 공화주의자는 그들의 오랜 적, 즉 부자들이 다시 돌아온 것으로 보였다.

이와 대조적으로 페리고르의 농민들은 나폴레옹 3세에게 헌신하고 싶은 감사의 마음을 느꼈다. 1848년 12월 10일에 나폴레옹 3세가 대통령으로 선출되었을 때, 그들은 뜨거운 축하의 열기에 휩싸였다. 오트파이의 모든 투표자들은 1851년 그가 일으킨 쿠데타를 지지했고, 그가 황제가 되어 제국을 재건한다는 명분으로 실시한 1852년 국민투표를 지지했다. 그리고 그후 10년 동안 이루어진 헌법 개혁에 대해 찬반을 묻는 1870년 5월 8일 국민투표에서도 찬성표를 던졌다. 기권한 사람은 단 8퍼센트에 불과했다. 제국은 오트파이의 농민들에게 번영을 가져다주었고, 그래서 그들은 마을 축제를 열었다. 그들은 8월 15일에 불꽃놀이와 춤으로 성 나폴레옹 축제를 축하했다. 후보자들 사이에 선택의 여지가 없었음에도 불구하고, 선거일이 되면 유권자들은 선거를 나폴레옹 3세에 대한 지지, 그리고 나폴레옹을 그의 적들로부터 지키겠다는 의지를 확인하는 행사라고 생각하며 투표에 참여했다. 제국 황실 일행이 보르도나 비아리츠를 방문하는 길에 이 지역을 지나가면, 농민들은 "황제 만세! 제국 만세! 황태자 만세!"를 외쳤다. 그들은 1870년 8월 15일에도 같은 구호를 외치며 제국에 대한 지지를 확인했다.

  8월 16일 오트파이에서 일어난 폭력 사태는 개인적인 원한이나 원시적이면서 이해할 수 없는 어떤 충동에서 비롯된 것이 아니라, 일관된 논리에서 나온 것이었다. 그것은 농민들이 그동안 귀족과 공화주의자들에게 품고 있던 분노가 프로이센의 위협에 대한 두려움과 합쳐져서 발생했다. 프로이센의 위협이 8월 6일 이후 완전히 현실이 되어, 프랑스 군대가 자국 영토로 후퇴하는 사태가 벌어진 것이 결정적인 계기였다. 오트파이 농민들은 그들의 적인 귀족과 공화주의자, 프로이센인들이 함께 힘을 합쳤다고 굳게 믿었다. 유대인이 한편으로는 세계 공산화 음모의 일원이자 다른 한편으론 월스트리트 금융시장을 장악하고 있다고 비난하는 (모순되면서도 동시적인) 반유대주의적 증오와 마찬가지로, 여러 가지 모순된 증오가 같은 사람들에게 투사되었다. 그리고 그들은 알랭 드 모네이에게서 그 희생양을 찾았다.

오트파이에서 1633년부터 시작된 8월 14~16일의 연례 장터는 성 나폴레옹의 날과 겹쳤다. 장터는 가축을 사고팔고자 하는 부유한 농민들을 끌어들였다. 장터가 열리는 장소는 두 데파르트망의 경계 지역에 있었는데, 지사의 관할권에서 멀리 떨어져 있고 현장에는 치안을 유지할 수 있는 법 집행 기관이 없었다.

1870년, 장터 마지막 날 오후 늦게까지 가축 거래가 이루어졌다. 거래의 성사 여부에 따라 농민들은 자존심을 지키기도 하고 상하기도 했다. 거래가 모두 마무리되자, 오트파이의 카페와 거리에는 농민들이 서로 농담을 하고, 술을 마시고, 잠재적인 구매자에게 자신의 가축이 가진 결점을 어떻게 숨겼는지를 솔직하게 털어놓는 시간이 왔다. 이때 전쟁이 화제가 되었을 가능성이 크다. 최근 지사는 군인들이 떠난 것이 큰 고통의 원인이 되었다고 보고했다. 프로이센군이 인근 지역에 나타났다는 소문도 돌았다.

어떤 사람들은 전날인 성 나폴레옹의 날에 일어난 모욕적인 사건을 다시 언급했다. 모네이의 사촌이자 지역 정통주의자인 26세의 카미유 드 마야르Camille de Maillard는 나폴레옹 3세의 지휘 능력에 한계가 있으며 탄약도 부족하다는 사실을 공개적으로 말했다. 그 말을 들은 사람들은 격노했는데, 마야르는 다행히 그 자리를 벗어나는 데 성공했다. 다음날 모네이가 장터에 나타나자 사람들은 그 일에 대해 물었다. 많은 사람이 분노했지만, 모네이는 마야르가 '공화국 만세!'라고 외쳤다는 사실을 인정하지 않았다. 사실 모네이는 왕당파인 사촌이 공화국을 지지한다는 것을 몰랐다. 모네이 자신은 진심으로 황제를 지지한 것으로 보이며, 그래서 최근에 군복무 면제를 취소하고 입대하기로 결심한 터였다. 하지만 그는 자신의 발언에 대해 다른 사람들이 어떤 악의를 갖고 대할지를 미처 생각하지 못했다.

군중은 모네이 자신이 '공화국 만세'를 외쳤으며, 그가 프로이센인이라는 소문을 빠르게 퍼뜨렸다. 어제의 마야르와 달리 모네이는 여기서 도망칠 수 없었다. 모네이를 공격한 사람들은 두 시간 넘게 그를 무참하게 때렸다. 그들이 도중에 잠시 구타를 멈추었을 때, 모네이는 어쩌면 살아남을 수 있을지 모른다는 희망을 가졌다. 하지만 카니발 분위기 속에서 군중은 점점 폭력적으로 변했고, 여러 사람이 번갈아가면서 폭력에 가담했다. 주모자는 샴보르라는 남자였는데, 그는 샤랑트라는 마을에서 온 대장장이로, 피해자나 거기 있던 다른 사람들을 알지도 못했다. 이런 끔찍한 상황이 벌어지는 동안에도 장터는 계속되었다.

어느 순간, 군중은 생파스퇴르Saint-Pasteur라는 이름을 가진 성직자의 사제관에 다가갔다. 1864년에 성직을 받은 젊은 사제는 위험이 다가왔다는 것을 깨닫고 사람들에게 포도주를 권하며 직접 따라주었다. 이는 군중의 폭력적 분위기를 어느 정도 누그러뜨릴 수도 있었을 예의 있는 행동이었다. 그는 자신감과 정중함을 갖춘 모습으로 황제와 황후, 왕자를 기리는 건배를 청했다. 모네이도 '황제 만세!'를 반복해서 외치면서, 자신이 나폴레옹 3세를 지지한다는 입장을 계속 보였지만, 그에 대한 고문을 멈추게 하지는 못했다. 모네이가 시장의 집으로 도망치려 하자,

마티외가 그의 면전에서 무거운 문을 쾅 닫았다.

　이후 공격자들은 모네이를 대장간으로 끌고 가서 구타했다. 넝마주이였던 남자 프랑수아 레오나르François Léonard는 물건의 무게를 재는 데 사용하는 무거운 갈고리로 모네이를 때렸다. 그는 방금 자신의 아들(대체 징집병)이 전투에서 처참하게 죽었다('산산조각났다')는 소식을 들은 터였다.[10] 모네이를 지키려는 사람들은 마지막으로, 고문 같은 구타를 계속하느니 차라리 그를 총으로 사살하라고 간청했지만 아무 소용이 없었다. 그 대신 폭도들은 모네이를 장터로 끌고 갔다. 새시(어깨에서 허리까지 두르는 띠)를 두른 시장이 그 뒤를 따랐다. 모네이는 여기서 벗어나기 위한 마지막 몸부림으로 근처 마을 여인숙으로 피하려 했다. 그러자 여인숙 주인이 그의 발 위로 문을 닫아 발목이 부러졌다. 모네이는 말뚝을 들고 맞섰고, 마차 아래로 몸을 피하려고도 했다. 하지만 그럴 때마다 군중 중 한 명이 다시 그를 끌고 갔다.

　마침내 모네이는 바닥에 쓰러졌고 다시는 일어나지 못했다. 그러자 그의 몸은 발로 짓밟히면서 짚과 땔감으로 덮였고, 이후에 불이 붙었다. 모닥불은 한낮에 대중이 지켜보는 가운데 타올랐으며, 그 목적은 짚더미 아래에 쓰러져 있는 남자를 모독하고 조롱하는 것이었다. 공격자들이 성냥을 켜서 짚더미에 불을 붙였을 때 모네이가 아직 숨이 붙어 있었는지는 알려지지 않았다.

　이전 세기에는 공개 고문, 처형 및 시신 훼손이 범죄 행위를 단죄하는 방식이었고, 그 단죄는 범죄 행위에 대한 공동의 속죄를 가능하게 했었다. 범죄자의 사지를 찢고 신체를 절단함으로써 공동체는 다시 완전함을 되찾고 신과 화해할 수 있었다. 하지만 시간이 지나면서 공개적인 고통과 괴로움, 즉 학살과 희생의 광경은 신성함을 지키고자 하는 공동체의 필요성과 분리되었다. 의식적인 학살은 일상생활의 신성함을 유지하는 활동의 일부로 여겨지기보다는 단순히 공포와 범죄의 현장이 되었다. 혁명 기간 동안 폭도들이 자행한 폭력은 이를 더이상 감당할 수 없는 새로운 감수성과 충돌했다. 단두대의 도입은 표면적으로는 고통 없는 신속한 처형 방식을 새롭게 수용한다는 것을 상징했다.

19세기에는 고통과 괴로움을 가하는 것을 점점 더 수용하기 어려워졌다. 죄수에게 낙인을 찍는 것은 1832년에 불법화되었고, 같은 해에 파리에서는 공개 처형이 도시 외곽으로 옮겨져서 시행되었다. 1846년부터는 수술하는 동안 마취제를 투여하기 시작했고, 1850년의 그라몽 법은 동물에 대한 공개적인 학대를 불법화했다. 게다가 죽은 사람은 점점 더 존중의 대상이 되었고 공원처럼 조성된 묘지에 묻혔다.

물론 대량 학살은 사라지지 않았다. 국가는 1831~1835년, 1848년 6월, 1851년 12월에 대중적인 정치운동을 폭력적으로 진압했다. 혁명운동을 무력으로 진압하는 것은 비싼 값을 치르고라도 기존 권력이 건재하다는 것을 과시하고 평온을 회복한다는 것을 상징했다. 1870년 8월 초 전투에서 이미 수천 명이 목숨을 잃었다. 그리고 오트파이에서 자행된 폭력은 이전의 농민 갈등과 달랐다. 그것은 1868년에 프랑스에서 완전히 끝난 빵 폭동의 연장이 아니었고, 코뮌의 토지 소유, 이삭줍기 및 방목의 특권, 또는 농촌 외곽 지대에서 폭력을 야기했던 토지와 관련된 수많은 문제들과 아무런 관련도 없었다. 그렇다고 이 살인은 지역적 원한풀이 사이클의 일부도 아니었다. 국가에 대한 항의도 아니었다. 살인자들은 자신들이 국가가 해야 할 과제를 집행하고 있다고 믿었다. 카니발에서와 같은 연기나 농담도 없었다. 살인은 오히려 그해 여름 지방 곳곳에 만연했던 두려움을 해소하는 수단이었고, 농민의 정체성을 확인하는 방법이었다. 두려움을 비극적 망상으로 표현한 것이었다.

오트파이에서 일어난 사건이 알려지면서 전국이 공포에 휩싸였다. 많은 관찰자는 남서부의 외딴 농촌 지대와 문명화된 나머지 프랑스 사이에는 폭력에 대한 인식 차이가 있음을 강조했다. 9월 28일, 지역 신문 《도르도뉴 에코L'Echo de la Dordogne》는 "오트파이에서 일어난 사건들은 우리 데파르트망의 변두리인 샤랑트와 오트비엔의 국경 지대에서 온 가난하고 미개한 농민들의 태도, 모습, 품행을 보여준다"라고 썼다.[11] 폭도들은 공포와 불신의 대상이 되었고, 그들의 억제되지 않은 행동은 정상적인 인간 문화가 아닌 저급한 문화에서 초래된 것처럼 보였다.

바로 그날 밤 폭도들에 대한 체포가 시작되었다. 체포된 자들은 몹시 당황했다. 그들은 끝까지 자신들이 정권의 이름으로, 그리고 나폴레옹 3세를 위해 행동했다고 믿었다. 9월 4일 제국이 몰락하자, 그들은 더욱 절박한 상황에 처했다. 공화주의자들은 농민들을 무지 속에 가두었던 카이사르식 제2제정 정권에게 오트파이 살인 사건의 책임을 돌렸다. 하지만 살인자들은 1851년 12월 2일 이후 시행되었다가 제국이 몰락하면서 9월 4일에 연장되었던 정치적 범죄자에 대한 사면에서 제외되었다. 12월 21일에 4명의 피고인은 사형을, 8명은 중노동을 선고받았으며, 7명은 징역형을 선고받았다. 그들은 항소했지만 1871년 1월 30일에 기각되었고, 그다음주에 처형이 예정되었다. 사형 선고를 받은 4명의 남자는 오트파이로 이송되어 바로 모네이가 살해된 현장에서 단두대에 올라 처형되었다. 처형은 2월 6일 아침, 소규모 군중이 모인 자리에서 집행되었다. 국가에 의해 멸시되고 버림받았다고 느낀 주민 대부분은 처형 장소에서 멀리 떨어져 있었다.

북쪽으로 수백 킬로미터 떨어진 메스 주변에서 펼쳐진 드라마는 8월 16일과 18일에 벌어진 두 차례의 대규모 전투에서 계속되었다. 나폴레옹 3세는 16일 새벽에 마침내 메스를 떠나 샬롱에서 마크마옹과 만났다. 그날 아침 황제는 푸앙뒤주르Point du Jour의 숙소 밖에서 허탈하고 의기소침한 채 침묵 속에 앉아 있었다. 그러다가 그는 이미 이 지역을 순찰하던 프로이센 경비병들의 공격을 피하기 위해 호위를 받으며 베르됭으로 이동했고, 베르됭에서 기차를 타고 샬롱으로 향했다.

프랑스의 운명은 이제 바젠의 손에 달려 있었다. 그는 군대를 이끌고 베르됭으로 가야 했다. 그는 공격에 나서고 싶었지만 그럴 만큼 충분한 병력을 집결시킬 수 없었다. 8월 15일에 시작된 후퇴 작전은 혼란스럽게도 그라블로트로 가는 하나의 도로를 따라 진행되었다. 그라블로트에 도착한 후, 데캉을 대체해서 르뵈프가 지휘하게 된 제3군단은 뒤따르고 있는 제4군단과 함께 그 도로에서 북쪽으로 난 길을 택했는데, 이 길은 메스 인근 모젤강 언덕에 가까이 붙어 있었다. 프랑스 제2군단과 제6군단, 황실 근위대는 남쪽으로 난 길을 택했다. 16일 아침 프랑스군이 르종빌, 비옹빌, 마르스라투르 마을을 지나 베르됭으로 향하는 그라블로트 서쪽 도로의 양쪽에서 전진하다가, 프로이센군의 공격을 받은 곳이 바로 이 남쪽 갈림길이었다. 공격을 받은 그들은 깜짝 놀랐다.

하지만 르종빌 전투, 비옹빌 전투, 혹은 마르스라투르 전투 등 다양한 이름으로 알려진 이 8월 16일의 전투는 프로이센군의 총사령관이 아닌 공격적인 성향을 가진 하급 지휘관이 주도한 또 하나의 충돌이었다. 자신이 몰트케의 계획을 이행하고 있다고 믿으면서 공격 작전을 수행한 사람은 프리드리히 카를 휘하의 제3군단 사령관 콘스탄틴 폰 알펜스레벤Constantin von Alvensleben이었다. 알펜스레벤이 공격 명령을 내렸을 때, 그는 자신의 부대가 서쪽으로 멀리 떨어져 있는 프랑스군의 후방을 상대하는 것이라고 생각했다. 그래서 그는 적군 13만 명에 맞서서 4만 명을 공격에 투입했다. 프랑스 제2군단은 깜짝 놀랐지만, 신속히 전열을 정비했고 보병은 제 위치를 지켰다. 만일 이때 바젠이 진격 명령을 내렸다면 프랑스군은 알펜스레벤의 군인들을 격퇴할 수 있었을 것이다. 그러나 그런 명령은 없었고, 11시가 되자 독일군은 비옹빌과 르종빌 사이의 도로에서 남쪽으로 조금 떨어진 작은 마을 플라비니 남쪽의 고지대를 따라 포대 배치를 완료하고 프랑스군 진영을 내려다볼 수 있었다.

자신이 생각했던 것보다 규모가 큰 프랑스군을 상대하고 있고 나머지 독일군 본대가 가까운 거리에 와 있다는 사실을 깨달았을 때, 알펜스레벤은 자신이 독일군 주력 부대를 지휘하고 있다는 인상을 주는 것이 최선의 선택이라고 판단했다. 마이클 하워드Michael Howard는 이에 대해 "전장에서 지휘관이 내릴 수 있는 결단 가운데 이보다 더 어렵고, 더 신속하게 내려진 결단, 그래서 이처럼 완벽하게 정당화될 수 있는 결단은 없었다"라고 평가했다.[12] 알펜스레벤은 프랑스의 소총 샤스포에 맞서 대포를 사용했고 결국 비옹빌을 점령했다.

그럼에도 불구하고 아직 독일군은 불길에 휩싸인 플라비니 마을을 지나 전진할 수 없었다. 제3군단은 전력을 다해 교전 중이었고, 행군 거리 안에서 지원 가능한 부대는 제10군단뿐이었다. 프리드리히 카를은 정오까지 그곳에 있던 프랑스군의 병력 규모를 파악하지 못한 채 퐁타무송에 있는 사령부에 머물고 있었다. 만약 당시 프랑스군에 뛰어난 사령관이 있었다면, 프랑스군은 비옹빌과 마르스라투르를 향해 남쪽으로 이동하고 있던 르뵈프의 제3군단, 라드미로의 제4군단과 함께 프로이센군의 오른쪽에 강력한 공세를 퍼부어서 프랑스군을 승리로 이끌 수 있다는 사실을 깨달았을지 모른다.

하지만 프랑스군에게는 자신이 가진 모습과 능력에만 늘 변함없이 머물러 있던 바젠이 있었다. 그는 겉으로는 용기 있어 보이는 리더이자 중급 지휘관이었지만 사령관으로서는 무능했다. 바젠은 메스와의 연락을 유지하기 위해 르종빌에서 부대의 왼쪽 측면을 보호하는 데에만 집중했고, 오른쪽 측면에서의 승리 가능성은 무시했다. 게다가 그는 아직 전투에 참여하지 않은 군단을 베르됭 도로를 따라 서쪽으로 투입하고, 기병대를 이용해서 혼란에 빠진 후방이 안정되도록 지원할 기회를 놓쳤다. 즉 그는 베르됭을 향해 서쪽으로 행군한다는 원래 목표를 달성하기 위해 그저 계속해서 모젤강 너머로 나아갔다.

사실 가로 10킬로미터, 세로 8킬로미터나 되는 지역에 넓게 펼쳐져 있는 16만 명으로 구성된 5개 군단의 전투를, 말에 탄 채 확성기 없이 육성으로만 소통하면서 지휘하려면 비정상적으로 재능 있는 장군이 필요했을 것이다. 독일군의 경우 프리드리히 카를은 많은 것을 시도하지 않았다. 심지어 오후 4시경 플라비니에 도착한 후에도 그는 알펜스레벤이 르종빌 근처에서 계속 전투를 지휘하고, 제10군단의 콘스탄틴 폰 포크츠-레츠Konstantin von Voigts-Rhetz 장군은 마르스라투르 앞의 지역을 계속 지휘하도록 허용했다.

문제는 프랑스군이 하급 지휘관들에게 유연성을 허용하지 않는 명령 계통에 의존한 데에도 있었다. 위기 상황에서 르뵈프는 오히려 한걸음 뒤로 물러섰다. 정오에 그는 참모진에게, 프로이센 장군이 했을 것처럼 주도적으로 전투를 지휘하기보다는 "총사령관[바젠]의 명령을 기다릴 것"이라고 말했다.[13]

알펜스레벤은 자기 부대의 왼쪽 측면이 취약하다는 것을 너무나 잘 알고 있어서, 이때쯤 비옹빌 북쪽에 방어선을 구축하고 있던 캉로베르의 제6군단 포병대가 공격해올 경우 왼쪽 측면이 무너질까봐 두려워했다. 그래서 이른 오후에 알펜스레벤은 기병대를 불렀다. 프리드리히 빌헬름 폰 브레도Friedrich Wilhelm von Bredow 장군의 여단이 바로 동원 가능한 지점에 있었다. 폰 브레도는 그것이 자살 행위라는 것을 알았다. 하지만 그는 천천히 이동하면서 공격을 준비하다가, 결국 오후 2시경에 제7흉갑기병대Cuirassiers, 제16창기병대(울란)에서 온 6개 기병대와 함께 앞으로 돌격했다. '폰 브레도의 죽음의 기병'은 전설이 되었고, 이후 많은 사람은 필사적인 기병 돌격이 효과적일 수 있다는 생각을 이어갔다. 하지만 사실 그것은 기병대의 돌격이 성공을 거둔 아마도 마지막 사례였다. 전투에서 발생한 연기, 그리고 그의 진격을 숨겨준 비옹빌 북쪽의 움푹한 지형 덕분에, 폰 브레도의 기병대는 프랑스의 사격 라인을 돌파해 캉로베르의 포병대를 혼란에 빠뜨릴 수 있었던 것이다. 하지만 그의 병사 800명 중 420명만이 살아서 돌아왔다(그날이 저물 무렵, 르그랑 장군의 지휘 아래 8천 명의 프랑스 기병대가 서쪽으로 돌격했지만, 그다지 성공적이지 못했다. 적군을 돌파하지 못했고 르그랑 자신도 전사했다. 이것은 유럽에서 마지막으로 치러진 거대한 기병전이었다).

독일군은 여전히 어려운 처지에 있었다. 프랑스 제3군단과 제4군단이 이제 제6군단과 제2군단을 지원하기 위해 이동하고 있었다. 라드미로가 지휘하는 제4군단의 사단 하나가 북쪽 도로에 도착해 있었다. 만일 그가 공격을 감행했다면 그날 독일군이 승리할 기회는 사라졌을지 모른다. 하지만 라드미로는 두 번째 사단이 도착하기를 기다렸다. 짧지만 프랑스군이 이렇게 지체하는 사이에, 오랫동안 기다려온 포크츠-레츠 휘하의 독일 제10군단이 차례로 도착했다. 포크츠-레츠의 제10군단은 3시 30분경 마르스라투르에 도착했다. 프랑스군 라드미로의 제4군단이 북쪽으로 1.5킬로미터 떨어진 곳에 바로 배치되었을 즈음이다. 이어진 교전은 하루 중 발생한 가장 치명적인 전투 중 하나였으며, 4600명의 독일군 중 2천 명의 사상자가 발생했다. 치열한 공방전 끝에 양쪽 병사 모두 결국 처음의 위치로 돌아갔다.

다시 한번 샤스포 소총이 프랑스군의 진지를 방어했다. 다시 말하지만 그날 저녁 5시경에 라드미로나 바젠이 총공격 명령을 내렸다면 프랑스군이 승리했을지도 모른다. 한 장교의 냉정함과 영웅심을 묘사한 보고서가 잘 보여주듯이 프랑스군은 용맹함을 보였다.

폭탄 하나가 대령의 말 앞에 떨어져서 사람과 말 모두 바닥에 내동댕이쳐졌다. … 나는 우리 대령이 저세상으로 갔다고 생각했다. 그런데 오 하느님 맙소사! 말과 대령 모두 아무 탈 없이 벌떡 일어섰다. … 이건 정말 기적이었다. 대령은 말고삐를 다시 잡으면서 이렇게 말했다. "이 불쌍한 녀석아! 너안 다쳤니? 생각보다 훨씬 더 괜찮구나. 정말 다행이야. 혹시라도 네가 잘못 되었을까봐 걱정했잖아." 그러고는 마치 아무 일도 없었던 것처럼 다시 말에 올라탔다.[14]

한편 프로이센군은 여러 보병 또는 기병 여단의 포병을 하나의 긴 라인으로 배치(날이 저물 무렵까지 3킬로미터에 걸쳐)해서 집중, 교차 사격을 가했다. 그날 알펜스레벤의 포병은 2만 차례 이상 발사했다. 프랑스군은 이러한 엄청난 포화에서 벗어날 수 없었다. 심지어 그들이 바닥에 바짝 엎드려 포복하고 있다 해도, 포탄이 그들의 등과 목에 떨어졌다. 포병 덕분에 독일군은 자신들이 장악한 지역을 유지할 수 있었다.

오후 7시경 해가 지기 시작할 무렵 전투가 불붙기 시작했다. 양측 모두 승리를 주장했지만, 누구도 승리의 트로피를 받지 못했다. 독일 보병은 포병의 지원 덕분에 그날 아침 점령한 영역을 방어했고 프랑스군에 1만 3761명의 사상자를 냈다. 2개의 독일 군단이 프랑스군 전체의 공격을 막아냈다. 하지만 프랑스군도 자신들의 위치를 수호했고, 독일군에 1만 5780명의 사상자를 냈다.

프랑스 병사들은 다음날에는 적을 압박해서 물리친 다음 베르됭으로 이동할 것이라고 생각했다. 그러나 독일군이 마르스라투르를 지나 베르됭으로 가는 도로를 차단해서 단 하나의 도로만 남아 있는 상태였다. 그런데 이 도로는 8월 15일의 행군 경험이 보여주듯이 대규모의 군대가 이동하기에는 충분하지 않았다. 게다가 바젠은 보급품 호송대를 재편성해야 했다. 그래서 8월 16일, 프로사르와 캉로베르의 군단은 보급 물자를 공급받지 못했고, 탄약은 바닥나고 있었다. 그날 밤 11시, 바젠은 군대를 서쪽으로 이동시키기 전에, 메스 쪽으로 조금 물러서서 군대를 재편성하기로 결정한 후 황제에게 이를 서면으로 보고했다.

프랑스군은 좌절감에 휩싸인 채 메스 방향으로 후퇴하면서 8월 17일을 보냈다. 자라스는 행군 일정을 체계적으로 작성할 시간이 없었고, 그러다 보니 이동 중인 부대가 그들의 보급품 라인과 마주치게 되면서 혼란이 가중되었다. 부상당한 병사들은 농장에 그대로 남겨졌다. 운송 수단이 부족했기 때문에, 그리고 군수물자가 독일군의 손에 넘어가는 것을 막기 위해, 바젠은 이송할 수 없는 물자는 모두 불태우라고 명령했다. 거대한 불길이 물자를 태우면서 프랑스군의 사기는 땅에 떨어졌다.

나폴레옹 3세의 전보에 대한 답신에서, 바젠은 다시 보급품을 공급받고 이틀 안에 베르됭으로 출발하고 싶다고 말했다. 하지만 그에게 이 작전을 추진할 구체적인 계획이 있었다는 증거는 많지 않다. 눈앞에 닥친 임무를 해결하느라 너무 힘들었던 바젠은 어떤 전략적 계획을 개발하는 것보다는 그저 하루하루의 일상적인 업무에 집중했다.

한편 8월 16일 저녁, 몰트케는 자신이 차지한 위치가 전략적으로 매우 유리하다는 사실을 분명하게 깨달았다. 그는 프랑스군을 가능한 한 북쪽 방향, 즉 파리에서 멀리, 룩셈부르크 쪽으로 강력하게 몰아붙이기로 결심했다. 17일, 슈타인메츠와 그의 제1군단은 메스 바로 남쪽에서 모젤강을 건넜으며 프리드리히 카를은 그의 제2군단 전체를 북쪽으로 이동시켜서 이미 하루 전날부터 전장에서 제3군단, 제10군단과 만났다. 제2군은 제1군을 중심으로 북쪽으로 선회해 북쪽 또는 동쪽에서 전개될 전투를 준비했다.

이전에 벌어진 어떤 전투와도 달리 8월 18일의 전투는 사전에 계획되고 예상된 것이었다. 양측이 보유한 병력의 대부분이 이 전투에 투입되었다. 대포 732문을 보유한 독일군 18만 8332명, 그리고 대포 520문으로 무장한 프랑스군 11만 2800명. 프랑스군은 10킬로미터 길이의 단일한 전선을 따라 그라블로트, 아망빌레, 생프리바 마을을 거쳐 남쪽에서 북쪽으로 이동하면서 하루를 시작했다. 프랑스군의 왼편은 (프로사르의 제2군단, 르뵈프의 제3군단, 그리고 가장 왼편에 제5군단의 1개 여단으로 구성된) 강력한 대열을 구축했다. 그라블로트에서 동쪽으로 약 800미터 떨어진 곳에서 메스와 연결되는 주 도로는 깊은 계곡, 즉 경사가 가파르고 동쪽으로 포플러 나무가 무성한 망스 계곡과 교차했다. 도로 자체는 생튀베르라 불리는 농장의 담벽을 포함한 깊은 절단면을 지나고 있었다. 계곡 동쪽의 능선에 있던 다른 세 농장은 참호, 대포 진지, 바리케이드를 갖추고, 망스 계곡을 내려다보는 프랑스군의 거점으로 탈바꿈했다.

이들 농장 너머에는 철로가 지나고 있었고, 그 너머 플라프빌에는 프랑스군 지휘본부가 있었다. 라이프치히 농장에서 바로 동쪽, 프랑스군의 왼편 진영에서 3킬로미터 떨어진 곳이었다. 바젠은 지휘본부에서 아망빌레를 방어하기 위해 필요하다고 판단한 조치를 지시하면서 하루의 대부분을 지냈다.

제2군단과 제3군단 바로 북쪽에 위치한 프랑스군 중앙에서는 라드미로의 제4군단이 아망빌레 주변의 들판을 장악하고 있었다. 넓게 펼쳐진 들판은 거의 장애물이 없어서 샤스포 소총과 미트라이외즈 기관총으로 방어하기에 이상적인 장소였다. 프랑스군의 오른편 진영에서는 생프리바에 있는 제6군단이 언덕 꼭대기에 노출되어 있었다. 본래 바젠은 제6군단을 전선의 앞쪽 베르네빌에 배치했었다. 하지만 제6군단을 생프리바의 능선으로 이동해달라는 전임 상관의 요청을 받아들여 배치를 변경했다. 캉로베르는 이곳이 방어에 더 유리하다고 생각했다.

독일군은 실수를 범하면서 하루를 시작했다. 프랑스군의 진영이 푸앙뒤주르 북쪽으로 뻗어 있다는 것을 몰랐던 프리드리히 카를은 제2군에게 마르스라투르와 르종빌 사이에 있는 그들의 위치에서 북쪽으로 진격하라고 명령했다. 그런데 이 장소는 프랑스군의 바로 정면이며, 8월 16일 양측의 전사자들이 여전히 매장되지 않은 채 방치되어 있는 들판을 지나는 곳이었다. 그는 헤센 군단인 제9군단을 오른편에 배치했고, 왼편에는 행군 순서를 조정한 후에 제12군단(작센 군단)과 왕실 근위군단을 뒤엉킨 채 배치했다. 그리고 불과 이틀 전에 전투에 참가했던 제3군단과 제10군단이 예비 병력으로 그 뒤를 따랐다. 프리드리히 카를은 아직 정확하게 어느 지점에서 공격을 개시해야 할지 결정하지 못하고 있었다.

르뵈프는 오전 9시경에 멀리서 먼지구름이 일어나는 것을 보고 바젠에게 알렸다. 바젠은 공격에는 관심이 없었다. 그에게 공격은 자신이 지키고 있는 탄탄한 진지를 떠나는 것을 의미했다. 바젠에게는 방어가 오늘 수행해야 할 일이었다. 결국 프랑스군은 독일군이 저지른 실수를 자신들에게 유리하게 이용하지 못했다. 10시가 되자 프리드리히 카를은 프랑스군의 배치에 대해 더 명확히 알게 되었다. 전투는 동쪽에서 벌어질 터였다. 그러나 그는 여전히 상황 전체를 제대로 파악하지 못하고 있었다. 알펜스레벤이 이틀 전에 내렸던 예측을 반복하면서 프리드리히 카를은 자신이 프랑스군 전체가 아니라 프랑스군 후방 수비대의 측면을 상대하고 있다고 믿었다. 그는 프랑스군의 주력 부대가 이미 이 지역을 벗어났다고 생각했다.

전투는 독일군의 오른편에서 시작되었다. 10시 30분, 몰트케는 프랑스군의 현지 병력 규모에 대한 정보가 도착하자마자 공격 명령을 내렸다. 프랑스군이 생프리바까지 널리 분산 배치되어 있어 독일군의 왼편 진영은 그들을 포위할 수 있다는 희망을 가질 수 없었다. 그럼에도 프랑스군은 너무 늦었다. 만슈타인Manstein이 지휘하는 헤센의 제9군단이 대포를 아망빌레 정면에 투입 중이었다. 무엇보다 독일 대포는 어려운 상황에서 그 효과를 입증했다.

라드미로의 제4군단은 대포와 기관총으로 대응했다. 한 독일 장교는 나중에 이렇게 회상했다.

전체 전선에서 포문이 섬광을 뿜어내고 짙은 연기를 토해냈다. 수없는 포탄과 파편이 빗발쳤다. 파편들은 마치 펑 터진 후 얼마 동안 하늘에 머물러 있는 풍선처럼 보이는 작고 흰 구름을 통해 그 길을 추적할 수 있었다. 적들은 우리 측의 발포에 같은 방식으로 대응했다. 프랑스군의 기관총 미트라이외즈가 내뿜는 시끄러운 소리는 그 혼란, 전장의 모든 아비규환을 뚫고 크게 들려왔다.[15]

프랑스군은 그들이 보유한 기관총 미트라이외즈를 처음으로 효과적으로 사용했다. 그것은 마치 포차에 장착된 대포처럼 보였다. 그러나 미트라이외즈 안에는 개머리판에 장전된 25개의 탄창이 들어 있었고,

크랭크가 돌 때마다 순차적으로 발사되었다. 물론 이것은 아직 세계대전 때 사용된 그런 기관총은 아니었다. 미트라이외즈 기관총은 이미 설치된 위치에서 다음 장소로 빠르게 이동할 수 없었고, 회전하지도 않았으며, 발사된 탄환이 멀리까지 도달하지도 않았다. 하지만 소총의 사정거리 정도에서는 탄환을 분당 25발의 속도로 매우 빠르고 밀도 있게 발사할 수 있었다. 이 무기는 전쟁 초기에 포병과 함께 배치되었지만 사정거리가 짧아서 충분히 효과를 얻을 수 없었다. 그런데 이제 아망빌레에서 보병과 함께 전면에 배치되자 이전보다 훨씬 더 치명적인 효과를 냈다. 만슈타인이 이끄는 헤센군과 라드미로의 제4군단은 오후 내내 포격을 주고받으며 교착상태에 빠졌다.

한편 남쪽의 망스 계곡은 독일 군인들에게 함정이 되었다. 몰트케는 자신이 너무 일찍 공격 명령을 내렸다는 사실을 깨달은 순간, 플라비니 남쪽의 고지대에서 슈타인메츠에게 메시지를 보내 군을 돌리라고 명령했다. 이에 따르면 슈타인메츠는 생프리바 근처에 배치되어 있는 작센군이 프랑스군의 측면을 공격할 수 있는 위치로 접근해서 전략적으로 그들의 왼편 진영을 혼란에 빠뜨릴 수 있을 때까지 기다려야 했다. 그런데 그러기에는 너무 늦었다. 슈타인메츠는 이미 몰트케가 슈타인메츠의 지휘권에서 제외했던 제8군단과 디트리히 폰 차스트로 휘하의 제7군단 보병에게 공격 명령을 내린 것이다. 독일군 포병은 또다시 그 가치를 입증해서 제7군단 포대는 정오부터 밤까지 150문의 대포를 사용해 프랑스군에게 심각한 피해를 입혔다. 하지만 그들은 그라블로트 건너편에 구축한 견고한 참호에서 프랑스군을 밀어내지는 못했다.

슈타인메츠는 오후 3시경 생튀베르 농장에서, 14개 중대를 계곡으로 진입시키는 중요한 작전을 시도했다. 그는 생튀베르를 점령할 계획이었으며, 이제 또 한번 공격을 가하면 프랑스군을 메스로 돌려보낼 수 있다고 믿었다. 그런데 이는 오판이었다. 그는 제7군단의 보병과 포병을 같은 좁은 길로 내려 보냈는데, 그곳 어디에도 대원들을 흩어지게 하거나 적의 공격을 피하기 위해 몸을 숨길 수 있는 장애물이 없었다. 순식간에 그 길은 사람, 마차, 사상자, 죽은 말, 부서진 대포로 가득 찼다. 한 독일인 관찰자는 훗날 이렇게 기록했다.

> 상상해보라. … 쉴 새 없이 피어오르는 연기 기둥, 푸앙뒤쥐르와 모스코우 농장들에서 불길이 하늘로 치솟는다. 이 계곡 뒤편에서 144문의 대포가 작동하는 동안 … 전면에는 보병, 기병, 포병이 계곡으로 몰려들었고, 그중 일부는 대열을 앞쪽으로 압박하는데, 다른 일부는 적과의 거리가 가까워지면서 적의 포화에 의해 다시 뒤로 후퇴한다. 부상자와 부상을 입지 않은 병사들, 보병들이 대형을 지키면서, 또는 무질서하게 서로 반대 방향으로 밀리면서 서로 뒤엉킨다. 대포는 숲속이나 나무 위에서 터지면서 크게 울리고, 돌진하는 병사들을 향해 빗발치는 총알이 그들의 양쪽에서 그리고 머리 위로, 그리고 태양을 어둡게 가리는 자욱한 먼지 기둥 위로 획획 소리를 내며 날아간다.[16]

오후 5시가 되자 망스 계곡에서 독일군의 공격은 완전히 실패로 끝났다는 사실이 분명해졌다. 다시 한번 말하지만, 만일 프랑스군이 이 기회를 이용해서 반격을 가했다면 그날 전투의 흐름이 바뀌었을지 모른다. 하지만 바젠은 여전히 반격할 생각이 전혀 없었다. 지치고 자신에게 주어진 책임을 수행할 준비가 부족했던 바젠은 아무것도 시도하지 않음으로써 기회를 날렸다. 그날 오후, 그는 플라프빌을 떠났다. 전투를 위해 서쪽으로 이동하는 대신 그는 자신의 포대를 점검하기 위해 남동쪽의 몽생캉탱으로 향했다. 프랑스군 왼편에서 독일군이 혼란에 빠진 틈을 이용해서 공격하라는 명령은 끝내 없었다.

프로사르와 르뵈프는 아직 그들의 위치를 지켰다. 프랑스군의 재앙은 왼편이 아니라 오른편에서 발생했다. 전투는 그들의 작전 구역에서 천천히 시작되었다. 프리드리히 카를은 독일군이 프랑스군의 측면이 아닌 중앙의 주력 부대와 마주하고 있다는 사실을 깨닫고 신중한 태도를 보였다. 그래서 오후 3시경 작센군이 도착할 때까지 왕실 근위대의 포병을 제외한 모든 군단의 움직임을 자제시켰다. 그러다가 때가 되자 독일군은 생트마리에서 프랑스 수비대를 신속하게 밀어냈다. 이제 황실 근위대와 작센군이 보유한 대포 180문이 생프리바를 향해 불을 뿜었고, 그리하여 프랑스 포병을 격퇴했다. 생프리바에서는 "폭발의 굉음, 무너지는 지붕과 무너져 내리는 벽에서 나오는 끔찍한 소음들이 뒤섞이고, 부상자들의 비명, 총알이 지나가는 날카로운 소리, 포탄과 파편이 충돌하면서 만들어내는 둔탁하고 맹렬한 소리들이 뒤섞이면서 마을의 거리를 끔찍한 지옥으로 만들었다."[17]

지금까지 제2군은 공격을 자제하면서 작센군이 측면 공격을 개시하기를 기다리고 있었다. 그러나 오후 6시경, 왕실 근위대 사령관인 뷔르템베르크의 아우구스투스Augustus 왕자는 명확하지 않은 이유로 보병에게 진격 명령을 내리기로 결정했다. 아마도 그는 승리의 영광을 원했을 수도 있고, 작센군이 이 공격을 지원할 준비가 되어 있다고 생각했을 수도 있다. 어쩌면 프랑스군 포대가 잠잠한 것이, 그들이 다른 지역으로 이동하고 있다고 생각했을지도 모른다. 어쨌든 그는 (포병에게 보병을 엄호하도록 명령하지도 않은 채) 공격 명령을 내렸다. 그리고 프리드리히 카를은 이 명령을 승인했다. 그런데 프랑스의 샤스포 소총은 이미 준비가 되어 있었다. 이건 거의 일방적인 학살이었다. 프로이센군은 8천 명의 사상자를 냈다. 이는 프로이센군이 1866년 쾨니히그레츠에서 입은 손실과 거의 비슷한 수치로, 대부분 교전이 시작되고 20분 이내에 발생했다. 이 무모한 돌격은 왕실 사촌과 친척이 많이 소속된 귀족적인 왕실 근위대가 대량 학살의 비극을 초래했다는 오명을 남겼다. 나중에 세계대전 당시 독일군 총사령관이었고 이후 독일공화국의 초대 대통령이 되는 파울 폰 힌덴부르크Paul von Hindenburg 중위는 이 돌격으로 인해 발생한 엄청난 혼란이 "마치 허리케인과 같이" 그의 병사들을 강타했다고 진술했다.[18]

8월 18일 저녁 6시, 프랑스군은 모든 지점에서 확고한 지위를 유지했다. 그러나 작센군이 측면 공격을 개시해 7시경까지 캉로베르의 제6군단을 생프리바로 밀어내자 프랑스군의 오른편에서 전투의 흐름이 바뀌었다. 7시 30분, 프랑스군은 프로이센 왕실 근위대와 작센군(5만 명)의 돌격을 저지할 수 없었다. 양측은 일진일퇴를 거듭하며 약 한 시간 동안 육탄전을 벌였지만, 결국 프랑스군은 일부는 무질서하게, 일부는 질서정연하게 후퇴했고, 독일군이 마침내 생프리바를 점령했다. 전선의 중앙에서는 라드미로의 제4군단이 계속 제 위치를 지켰지만 캉로베르의 부대를 돕기 위해서는 증원군이 필요했다. 바젠은 부르바키 장군이 지휘하는 황실 근위대로 눈을 돌렸는데 그들은 아망빌레 남동쪽 도로에 예비 병력으로 배치되어 있었다. 부르바키는 하루 종일 명령을 기다리고 있었다. 하지만 바젠은 이상하게도 자신이 가진 명령권을 포기하고 부르바키에게 그냥 자신이 최선이라고 생각하는 것을 실행하라고 말했다. 오후 6시 15분, 아망빌레에 주둔하고 있던 라드미로가 부르바키 장군에게 장교들을 보내서, 그들이 캉로베르의 제6군단을 구출하기 위한 반격을 감행할 때 지원군이 필요하다는 소식을 전했다. 약간의 불안감이 있었지만, 부르바키는 1개 사단을 이끌고 진격하는 데 동의했다. 하지만 아망빌레에 접근했을 때, 부르바키는 생프리바에 있는 프랑스 제6군단의 진지가 무너지고 있는 것을 알았다. 그는 자신의 부대를 안내한 장교에게 이렇게 소리쳤다. "자네는 우리가 도와주면 승리할 거라고 약속했지만, 지금 자네는 나를 패배에 빠뜨렸소. 자네는 그렇게 할 권리가 없어! 이런 패배를 맛보라고 내가 지키고 있던 훌륭한 위치를 떠나게 할 필요가 없었잖아!"[19] 분노한 부르바키는 자신의 사단을 돌렸다. 황실 근위대가 후퇴하는 모습은 이미 후퇴 중이던 제6군단과 가까이 있던 제4군단을 패닉에 빠뜨렸다. 라드미로는 이제 자신이 결단해야 할 위급한 상황이라고 판단하고, 긴급히 철수 명령을 내려야 했다.

한편 독일군의 오른편 진영은 완전히 붕괴되었다. 오후 7시, 플라비니를 출발해서 그라블로트에 도착한 빌헬름 왕은 공격 재개를 승인해 달라는 슈타인메츠의 요청을 받아들였다. 그들이 이전에 점령했던 고지를 빼앗겼다고 잘못 믿었기 때문이다. 몰트케는 이 작전에 반대했지만 자신의 권력에 한계가 있음을 인정하며 침묵을 지켰다. 왕의 명령에 따라 슈타인메츠는 제8군단 사령관인 아우구스트 카를 폰 괴벤August

Karl von Goeben에게 마지막 예비군과 함께 공격하라고 명령했다. 푸앙뒤주르에 있던 프랑스군은 독일군이 사정권 안에 들어오자 맹렬하게 사격을 퍼부었다. 패닉에 빠진 독일군은 협곡에서 달려 나와 불타는 그라블로트 마을을 거쳐 바로 왕의 앞을 지나며 "우리는 졌습니다"라고 소리쳤다. 왕은 그들을 저주하며 자신의 칼 옆면으로 그들을 쳤다. 하지만 그들은 계속해서 르종빌로 돌아갔다. 만일 이때 프랑스군이 공격을 가했다면, 프로이센 제1군을 완전히 대패시키고 제2군의 진격을 차단했을 수도 있다. 그런데 그때, 뒤늦게 도착한 독일 제2군단이 진격을 시작했다. 그들은 자신들이 전진하면서 프랑스군 주력 부대를 향해 사격하고 있다고 생각했다. 하지만 사실은 생튀베르 근처에 남아 있던 제7군단과 제8군단의 병사들에게 사격을 가한 것이었다. 병사들의 그림자만으로는 상황을 파악하기 어려웠다. 이런 상황은 독일군에게 혼란과 후퇴의 고통을 주었다. 결국 제2군단은 정전을 알렸고, 오후 9시 30분경에 전투가 끝났다.

왕과 그의 참모진은 천천히 르종빌로 복귀했다. 그들은 기뻐할 이유를 찾지 못했다. 제1군은 분명히 크게 동요했으며, 제2군에게서 몇 시간 동안 아무 소식도 듣지 못했다. 자정이 지나서야 왕은 프리드리히 카를로부터 오른쪽 지대에서 프랑스군이 무너졌다는 소식을 들었다. 이 소식에도 불구하고 그날 독일군이 당한 대량 학살 때문에 승리를 만끽할 기분이 아니었다. 독일군 사상자는 총 2만 163명이었던 반면, 프랑스군 사상자는 정확하지는 않지만 적어도 1만 2273명 정도였다.

프랑스군의 경우, 바젠은 또다시 지친 병사들에게 휴식할 시간을 주고 진영을 재정비할 필요가 있다고 결정했다. 그는 8월 19일에 메스로 후퇴하라고 명령하면서 어쩌면 있을지 모르는 샬롱으로의 이동을 준비하라고 지시했다.

8월 16일과 18일에 르종빌과 그라블로트에서 벌어진 두 차례의 전투는 근대 유럽 역사상 아주 빈약한 기회가 최종적인 승패를 결정지은 가장 결정적인 전투에 속한다. 만약 프랑스군이 이때 독일군의 실책을 이용해서 침략자들을 물리쳤다면, 두 나라 군대, 참전 국가들, 중립국들의 사기가 바뀌어, 세력 균형이 한편으로 기울거나 최소한 휴전 조건을 바꿨을지 모른다. 프리드리히 카를은 8월 16일에는 프랑스군의 위치를 잘못 판단해 제3군단을 프랑스군의 공격에 노출시키고, 18일에는 제2군단이 프랑스군의 전선을 가로질러 진군하게 했다는 비난을 받아야 마땅하다. 지휘관들은 무모하게도 독일군이 프랑스군의 샤스포 소총에 직접 노출되도록 했는데, 이는 1차 세계대전에서 드러난 대학살을 예고하는 끔찍한 징조였다. 두 차례의 전투 모두에서 바젠은 승리할 기회가 있었지만, 그 기회를 잡는 데 실패했다.

이들 초기 전투에서 양국의 사상자 수는 근소한 차이를 보여준다. 프랑스군과 독일군은 비상부르와 포르바크에서 거의 비슷한 수의 사망자와 사상자를 기록했다. 비상부르에서는 각 진영 약 1600명, 포르바크에서는 프랑스군 4천 명, 독일군 5천 명, 프뢰슈빌레르에서는 각 진영 약 1만 1천 명이었다. 하지만 독일군이 이 세 차례의 전투에서 모두 승리했다. 메스 주변에서 벌어진 세 전투에서는 독일군 사상자가 더 많았는데, 세 번의 전투 중 두 번의 전투에서 독일군 사상자 수가 프랑스군 사상자 수를 넘어섰다. 보르니에서는 독일군 5천 명 대 프랑스군 3600명이었고, 르종빌에서는 프랑스군 1만 7천 명 대 독일군 1만 6천 명, 생프리바와 그라블로트에서는 독일군 사상자가 2만 명인 데 비해 프랑스군 사상자는 1만 2300명이었다.

그라블로트 전투는 프리드리히 대왕과 해방 전쟁 시대에 뿌리를 둔 구식 프로이센 군대가 대승을 거둔 마지막 전투였다. 하지만 그날의 승리를 이끈 것은 포병이었다. 독일군은 전투 중에 프랑스 병사는 거의 보지 못했고, 단지 그들의 케피 모자만 보았다. 프랑스군 사상자 가운데 70퍼센트는 포병의 사격으로 인한 것이었고, 독일군 사상자 중 70퍼센트는 샤스포 소총으로 인한 것이었다.

그라블로트 전투 다음날, 비스마르크와 미국의 장군 필립 셰리든Philip Sheridan이 전장을 방문했다가 부패해가는 시체들이 들판에 나뒹구는 끔찍한 광경을 목격했다. 프로이센 군인들은 약 9천 명의 사망자를 집단묘지에 매장하느라 하루를 보냈다. 많은 군인에게 이날의 기억은 전쟁 동안 겪은 모든 경험 가운데 가장 강렬했다. 한 군인은 수십 년 후에 이렇게 회상했다. "전투, 총격, 꽁꽁 얼어붙은 겨울 야영지: 나는 이 모든 것을 이미 오래전에 잊었지만, 생프리바에서 사망자들을 매장한 일은 잊지 못했다. 그것은 너무나 끔찍한 기억이어서 지금도 한밤중에 자다가도 벌떡 일어나곤 한다."[20]

◆ 7장 ◆

스당으로 가는 길

프리드리히 빌헬름 왕세자의 지휘본부에서 내려다본 스당 전투 광경.

프로이센군이 그라블로트 전투에서 전사한 군인들을 매장하는 동안, 바젠은 라인군 약 14만 명과 함께 메스로 후퇴했다. 프랑스군은 자신들이 패배했다고 느끼지 않았다. 제6군단과 제4군단의 우익은 그라블로트에서 타격을 입었지만, 다른 부대들은 분명히 성공적인 전투를 치렀으며, 다시 싸우고자 하는 열기가 가득했다.

하지만 바젠 자신은 현실과 동떨어져 있는 듯했다. 8월 20일 메스에서 보낸 메모에는 "우리의 적들은 이제 그들이 처한 상황에 대해 절망해야 한다. 왜냐하면 그들은 어디서나 지쳐 있기 때문이다"라고 적혀 있었다.[1] 그래서 바젠은 어떤 군사 전략을 고안하는 대신, 위생 준칙 위반과 같은 사소한 문제에 몰두했다. 그는 저녁때 어떻게든 시간을 내서 도미노 게임을 하기도 했다.

그런데 메스로 후퇴한 프랑스군은 불과 며칠 만에 독일군에게 포위되었다. 8월 21일까지 약 30만 명의 프로이센군이 이미 도시를 40킬로미터에 걸쳐 둘러싸고, 도시로 들어가는 통신선을 절단했으며, 참호를 파고 성벽을 쌓고, 서쪽으로 가는 도로를 봉쇄하고, 철도를 파괴했다. 또한 그들은 인근 마을에서 프로이센 병사들을 위한 식량과 음료, 가축을 징발했다. 그 무렵 몰트케는 그가 지휘하는 3개 군대를 2개로 재편하고 12만 명 규모의 6개 군단을 프리드리히 카를의 지휘 아래 메스에 남겨두었다. 프로이센군에게는 이 임무가 만족스럽지 않았다. 메스를 포위하는 것은 그리 영광스러운 일이 아니었기 때문이다.

당장 몰트케는 제1군과 제2군에서 온 6개 군단을 모젤강 좌안에 배치해 프랑스군이 서쪽으로 돌파하는 것을 막고, 바젠의 군대와 마크마옹의 군대가 서로 결합하지 못하도록 견고하게 분리시켰다. 하지만 프리드리히 카를이 지휘하는 부대들이 곧 메스를 포위했다. 처음에는 식량이 부족했고, 막사도 부족했으며, 독일군은 그라블로트 주변의 들판에 널려 있는 군인들의 시신들 근처에 진을 쳤기 때문에 위생 상태도 의심스러웠다. 하지만 몇 주 동안 독일군은 추가로 막사를 짓고 주변 마을에 있던 부상병들을 독일로 이송해 병사들을 위한 공간을 충분히 마련했다. 이후 더 많은 식량과 더 많은 우편물이 도착해서 병사들의 사기를 끌어올렸다.

8월 24일이 되자 포위망이 점점 좁혀들기 시작했고 바젠의 군대는 낙담에 빠졌다. 한 프랑스 장교는 이렇게 말했다. "우리 군대는 엄격한 규율이 필요하다. 너무 많은 대원이 약탈하거나 낙오했다. 그들은 캠프에서 몰래 빠져나와 부사관들에게 대들면서, 명령도 부족하고, 식량, 포도주 또는 탄약이 부족하다고 불평한다."[2] 많은 연대에는 최근의 처절했던 전투로 인해 병사들을 지휘할 장교가 부족했다.

그럼에도 불구하고 바젠에게 이런 상황에서 벗어날 순간이 있었다면 그것은 8월 마지막 10일 동안이었을 것이다. 그때만 해도 메스에 주둔해 있던 프랑스군의 통로를 막는 프로이센군이 많지 않았다. 8월 26일과 8월 31일에 바젠은 부하들에게 포위망을 뚫기 위해 자리를 잡도록 명령했다. 그러나 그 이틀 모두 그들은 탈출하는 데 실패했다. 그 이유가 무엇인지에 대해서는 이후 몇 년 동안 격렬한 논쟁거리가 되었다. 바젠이 반역적이거나 상상력이 없었나, 아니면 무능하거나 압도적인 상황에 직면해서 너무 현실에 안주했나? 바젠은 자신의 생각을 거의 글로 남기지 않았고, 나폴레옹의 전통에 걸맞게 속마음을 휘하 장군들에게 털어놓지 않았기 때문에, 그가 무슨 생각을 했는지는 알 수 없다.

26일, 바젠은 북쪽으로 돌파구를 마련하기 위해 병력을 배치했다. 하지만 유감스럽게도 전투는 전혀 조율되지 않았고 전투 계획 자체도 형편없었다. 대원들은 공격 신호를 기다리고 있었지만, 그는 그날 오후 그리몽에 있는 성에서 장군들과 전쟁위원회를 소집했다. 솔레유Soleille 장군은 무기가 얼마 남아 있지 않다고 암울한 그림을 그렸다. 그는 한 번의 전투를 치를 정도의 무기만 가지고 있었기 때문에 포위망을 돌파해봐야 별로 소용없다고 주장했다. 탈출은 오히려 그들이 명예롭게 평화 협상을 추진할 능력을 약화할 터였다. 어찌되었든 그들은 어떤 목적을 위해 탈출을 시도할 것인가? 서쪽에 있는 마크마옹의 부대 위치는 전혀 알려지지 않았다. 장군들은 샬롱군의 존재에 대해서도 알지 못했다. 바젠이 8월 30일까지 그 군대에 관한 소식을 장군들에게 알리지 않았기 때문이다. 바젠의 장군들이 처음으로 전략을 논의하라는 요청을 받았을 때, 부르바키를 제외한 모든 사람이 현 위치에 머물러야 한다고 주장했다. 기록에 따르면 부르바키는 다른 장군들의 판단에 동의했다. 하지만 그는 훗날 자신은 보주 방향으로 돌파할 것을 요구했었다고 주장했다. 르뵈프는 식량 문제를 걱정했다. 메스는 2만 명의 수비대와 7만 명의 민간인을 위한 식량을 공급받았지만, 14만 명에 달하는 병력과 1만 2천 명의 부상자를 위한 식량은 공급받지 못했다. 결국 8월 26일의 진격은 취소되었고, 폭우 속에 막사로 돌아간 병사들의 사기는 어느 때보다도 더 바닥에 떨어졌다.

8월 29일, 바젠은 티옹빌로부터 이틀 전 샬롱군이 뫼즈강 유역에 있었다는 정보를 받았다. 이제 마크마옹 부대가 이동 중이며, 바젠 원수가 병사들에게 3일치 식량을 지급하라고 명령했다는 사실이 분명했다. 8월 30일에는 마크마옹이 직접 보낸 전보가 바젠에게 도착했다. 이는 22일에 발송되어 비밀리에 메스로 전달되었는데, 샬롱에서 메스를 구하러 오고 있다는 내용이었다.

이제 바젠의 병사들은 마크마옹의 부대와 합류할 수 있다고 믿었다. 그러면 이전 전투와는 달리, 우세한 병력으로 기습 공격을 감행할 수 있을 터였다. 8월 31일에 감행할 탈출 작전은 8개 사단을 집결해 누아스빌에서 북동쪽 방향으로 돌파하는 것이 목표였다. 하지만 그날도 실패로 끝났다. 바젠은 오후 4시까지 주저하면서 진격 명령을 내리지 않았다. 프랑스군이 지체하는 동안, 프로이센군의 프리드리히 카를 왕자는 6만 명의 병력을 프랑스군이 돌파하고자 하는 통로로 이동시켜서 그들의 진격을 막을 시간을 벌었다. 바젠 원수의 무기력한 태도, 그리고 당혹스러울 정도의 작전 지연은 훗날 그가 반역을 저질렀다는 비난의 근거가 되었다. 바젠을 비난하는 적들은 바젠이 8월 31일에 확실히 돌파구를 마련할 수 있었지만, 의도적으로 마크마옹 부대가 패배하도록 방치했으며, 이는 자신이 전장에 남은 유일한 사령관이라는 명성을 얻기 위해서였다고 주장했다. 하지만 만약 마크마옹이 승리했다면, 바젠은 결과적으로 자신이 맡은 구역에서 프로이센군을 더 쉽게 격파할 수 있었을 것이다.

또다른 해석은 누아스빌에서 패배한 이유가 바젠의 정치나 그의 성격 때문은 아니라고 본다. 그에 따르면 이번처럼 대규모 작전을 효과적으로 전개하기 위해서 바젠은 열두 시간 정도가 필요했다. 약 10만 명이나 되는 대규모 병력이 참가하는 작전은 프랑스가 이번 전쟁 전체에서 단행한 가장 큰 규모의 공세였기 때문이다. 따라서 바젠이 거의 반역에 가까울 만큼 진격 명령을 주저한 것은 아니며, 오히려 문제는 그에게 자신의 병력을 전략적으로 유리한 위치에 배치할 능력이 없다는 데 있었다는 것이다. 프랑스군은 모젤강을 건너 생쥘리앙 고지대에 무질서하게 집결했고, 여기에 약 열두 시간이나 걸렸다. 불행히도 프로이센군과 달리, 바젠이나 그의 휘하 장군 중 어느 누구도 이렇게 대규모의 전투를 치르는 데 적절한 훈련을 받지 못했다. 게다가 그들은 크림반도나 이탈리아에서의 전쟁 경험을 넘어서 이번 작전에 대해 충분히 연구하지도 않았다. 프랑스 보병은 빠르게 연속 발사되는 기관총에 밀려났는데, 이는 마치 몇 주 전에 생프리바에서 프로이센의 황실 근위대가 패퇴되었던 것과 마찬가지였다. 양측 장교들은 집중 화력이라는 새로운 현실에 적합한 전술을 채택할 능력이 없는 것으로 드러났다. 그런 전술은 2개월 후 르부르제Le Bourget 전투에서 독일군이 성공적으로 채택하게 된다.

자, 그렇다면 프랑스군이 승리할 가능성은 얼마나 되었을까? 만약 바젠이 실제로 메스에서 독일군의 포위를 뚫고 탈출하는 데 성공했다면, 그는 마크마옹과 합류하기까지 거의 100킬로미터를 가로질러 행군해야 했을 것이다. 그리고 만약 그가 받은 정보가 정확했다면 아마 그렇게 진행되었을 것이다. 하지만 사실 이 정보는 정확하지 않았다. 마크마옹의 부대는 8월 31일에 직접 바젠의 군대와 합류하는 방향이 아니라, 오히려 행군 방향을 바꿔서 북쪽 스당으로 이동하고 있었다.

하지만 또다른 가능성도 있다. 즉 바젠은 자신이 프리드리히 카를의 군대보다 더 신속하게 이동할 수 없기 때문에, 이동하다가 전투에 휘말려서 패배하는 것보다는 차라리 포위된 상태이긴 하지만 현재의 견고한 위치를 지키는 것이 오히려 프랑스를 위하는 길이라고 생각했을 가능성이다. 무엇보다 바젠은 그의 병사들이 전투에서 잘 싸웠음에도 불구하고, 당혹스럽지만 결국 상황이 어떻게 역전되었는지, 그리고 전쟁 전개에 관해 그들이 품었던 기대와 실제로 처한 현실 사이에 얼마나 큰 간극이 있었는지를 잘 알고 있었다. 만약 바젠이 프리드리히 카를의 군대와 전장에서 충돌했다면, 승리할 가능성은 그리 크지 않았다. 마크마옹 부대가 스당에서 패배한 것과 마찬가지였다.

어떤 경우든 8월 31일의 패전, 그리고 그 결과 더 많은 음료수와 의약품을 필요로 하는 3천 명의 부상자가 발생한 것은 프랑스군이 점점 더 절망에 빠지게 된 원인이자 결과였다. '메스의 군대'는 제국 군대에게 남은 병력 전부였다. 이런 상황에서 그나마 유일하게 희망적인 점은 메스의 요새가 매우 견고하다는 사실이었다. 집중 포격으로 격파될 수 있었던 스트라스부르의 낡은 요새와 달리, 메스에 구축된 요새와 수많은 보루는 도시를 잘 보호했다. 마크마옹의 지원군이 오면 메스를 포위하고 있던 독일군이 곤경에 처할 수 있었다. 그들은 요새를 지키고 있는 프랑스군과 새로 도착한 지원군 사이에 갇히게 되는 상황이 될 터였다. 그래서 몰트케는 메스에 포격을 가하는 대신, 철도망을 통해 독일군 병력을 보충하는 동시에 메스를 포위해서 굶주리게 하는 아사 작전을 택했다. 그리고 이는 성공적이었다.

샬롱 기지에서 마크마옹의 부대는 프뢰슈빌레르 전투 이후 도보로 또는 열차를 타고 240킬로미터를 후퇴해왔던 제1군단, 제7군단, 그리고 제5군단의 2개 사단을 받아들였다. 트로쉬가 이끄는 새로운 제12군단과 에스파냐 국경에서 도착한 몇몇 정규 부대가 여기에 합류했다. 그리고 지난 7월에 정규군과 대부분의 예비군이 이곳을 떠난 후에도 여전히 연대 병참부에 남아 있던 다양한 병사들로 구성된 몇 개의 임시 연대가 추가되었다.

나폴레옹 3세는 8월 16일에 샬롱에 도착했다. 그는 다음날 아침 작전회의를 열었다. 황제는 이제 앞서 서술된 것처럼 무작위로 집결된 부대를 마크마옹 휘하의 샬롱군이라고 명명했지만, 전체 군대는 바젠의 지휘를 받았다. 이제 이 프랑스군의 다음 움직임은 무엇이 될 것인가? 메스를 향해 동쪽으로 이동해 바젠을 지원할 것인가? 아니면 서쪽 방향, 파리로 후퇴해 독일의 제3군과 대결할 준비를 할 것인가? 샬롱은 지리적으로 중간 지점, 두 목적지에서 약 145킬로미터 떨어진 곳에 위치해 있었다. 바젠을 돕는다면 훈련되지 않은 이런 부대가 패배할 위험을 감수한 채 전투에 뛰어드는 것을 의미했다. 하지만 파리로 후퇴하면 전쟁 패배를 인정하는 것, 그리고 그 결과 정치적 봉기를 초래할 위험을 감수하는 것을 의미했다. 세 번째 선택지는 어느 쪽으로도 가지 않고 전쟁을 끝내기 위한 협상을 시작하는 것이었다. 그런데 이는 혁명에 불을 붙일 것이 거의 분명했다.

2주 안에 마크마옹은 메스로도 파리로도 가지 않고, 샬롱에서 북동쪽으로 105킬로미터 떨어진 벨기에 국경에 끼어 있는 스당에 도착했다. 그가 그곳에 도착하고, 불명예스러운 패배를 당하는 과정은 실타래처럼 복잡하게 얽힌 이야기다. 그리고 이는 그가 뒤죽박죽으로 내린 일련의 결정이 초래한 결과였다.

8월 17일 나폴레옹이 주재한 작전 회의에서는 파리로 이동하자는 주장이 지배적이었다. 나폴레옹 3세와 그의 고문들은 르종빌 전투가 결코 승리가 아니었다는 사실을 모르고 있었다. 그리고 그들에게는 파리의 정치적 상황을 고려하는 것이 바젠을 지원하는 것보다 더 시급해 보였다. 나폴레옹 3세의 사촌인 제롬 나폴레옹Jerôme-Napoléon 왕자가 여기서 주도적인 역할을 맡았다. 그의 주장에 따르면 황제는 7월에 정치적 리더십을 내려놓았으며, 이제는 군대도 그를 떠나버렸다. 따라서 황제는 이제 둘 중 하나를 회복할 필요가 있었다. 왕자는 황제의 권위를 되찾으려면 나폴레옹이 파리로 돌아와 정부를 이끌어야 하며, 이를 위해 마크마옹의 군대를 데려가라고 조언했다. 이에 따라 트로쉬와 18개 기동 대대가 파견되었고, 그들은 황제와 파리 총독으로 임명된 트로쉬가 함께 파리로 돌아갈 수 있도록 길을 준비했다.

하지만 그날 저녁 나폴레옹 3세는 바젠으로부터 르종빌 전투의 결과를 보고하는 전보를 받았다. 바젠은 전투 결과가 자신만만한 것처럼 들리게 하려고 노력했지만, 그럼에도 불구하고 군대와 물자 공급을 재정비하기 위해 후퇴가 필요했다는 사실을 언급했다. 이제 몰트케의 군대가 샬롱과 바젠 사이에 있다는 사실이 분명해졌다.

한편 파리에서 외제니 황후는 마크마옹의 군대가 동쪽으로 진군해 메스에서 프로이센군을 유인해내거나, 뫼즈강 유역에서 바젠과 합류해 프로이센 제1군, 제2군과 맞서는 방식으로 바젠을 구해야 한다고 결정했고, 그래서 8월 16일에 마크마옹에게 그런 명령을 내렸다. 그런데 이 명령을 그대로 따르는 대신 트로쉬가 자신의 기동 대대들을 이끌고 파리에 도착하자, 황후와 팔리카오는 깜짝 놀랐다. 그들은 사실 황제에게 잠재적으로 위험 요소인 이 자유주의적인 장군과 기동 대대를 수도에서 제거하기 위해 샬롱으로 보냈던 터였기 때문이다. 그래서 그들은 나폴레옹 3세가 파리로 돌아오는 계획은 곧 정치적 재앙을 의미한다고 믿었다. 팔리카오는 또한 보급망이 프랑스군을 파리로 복귀시키는 계획을 지원할 능력이 없다는 점을 지적했다. 그래서 황후와 팔리카오는 즉시 전보를 통해 이 내용을 나폴레옹에게 전했다. 나폴레옹은 이에 동의하면서 그날 아침에 수립했던 파리행 계획을 뒤집었다. 《로이터》는 8월 19일에 다음과 같이 보도했다. "나폴레옹 황제가 랭스로 갔다는 보고가 있다. 그가 정신질환을 앓고 있다는 소문도 돌고 있다. 조기 평화가 올 것이라는 기대가 제기된다."[3]

그래서 트로쉬가 기동 대대와 함께 파리에 머무는 동안, 마크마옹은 계속 명령을 기다렸다. 결국 그의 움직임은 바젠의 결정에 달려 있었다. 바젠은 육군 원수로서 프랑스군 전체에 대한 지휘권을 가지고 있었지만, 아무 도움도 되지 않았다. 8월 18일, 마크마옹은 원수에게서 다음과 같은 전보를 받았다. "본인은 국방부 장관이 귀하에게 명령을 내렸을 것으로 생각한다. 귀하가 지휘할 작전은 현재 완전히 나의 작전 반경 바깥에 있다."[4] 같은 날 바젠의 부관이 르종빌 전투에 대한 정보, 그리고 바젠이 2일 동안 휴식을 취한 후 북서쪽 경로를 통해 샬롱으로 이동할 계획이라는 정보를 가지고 샬롱에 도착했다. 베르됭으로 가는 도로는 막혔지만, 바젠은 브리예를 거쳐 갈 계획이었다. 그런데 그 직후 메스와 샬롱 사이의 통신선이 단절되었다. 통신이 두절되고 바젠이 어디에 위치해 있는지가 불확실하자, 마크마옹은 동쪽으로 이동하는 것을 주저했다. 하지만 결국 이동하지 않을 수 없었다. 8월 20일 오후, 독일 기병대가 샬롱에서 40킬로미터 떨어진 지점까지 진격해온 것이다. 이제 떠날 시간이었다. 다음날 마크마옹과 샬롱군은 북서쪽 랭스를 향해 출발했다. 나폴레옹 3세는 마크마옹과 함께 움직였지만, 이후 며칠 동안은 거의 영향력을 행사하지 못했다. 당시 이동하는 병력은 13만 명의 병사와 423문의 대포로 구성되어 있었으나, 보급품은 제한적이었다. 프랑스군이 프뢰슈빌레르를 떠날 때 보급품을 그대로 두고 나왔기 때문이며, 이동에 필요한 지도도 부족했다.

프랑스군은 진영을 버리고 랭스로 향하면서, 진영에 비축되어 있던 많은 양의 식량과 말 사료를 프로이센군의 손에 넘어가지 않도록 모두 불태웠다. 21일, 기름이 뿌려진 후 불이 붙으면서 프랑스군 진영에 있던 수많은 텐트, 창고, 마구간, 마차, 그리고 온갖 종류의 물건이 불태워졌고 그 엄청난 연기가 샹파뉴의 들판 위로 치솟았다. 열차가 프랑스군 진영으로 진입할 수 있게 지은 800미터가 조금 넘는 긴 목재 부교도 기차역 구조물과 함께 불타버렸다.

마크마옹의 이동 목적지는 여전히 의심스러웠다. 파리인가 메스인가? 파리에서 열린 각료회의는 정치적 상황을 고려할 때, 마크마옹이 메스에 포위되어 있는 바젠을 구출할 필요가 있다고 결정했다. 바젠을 구출하는 작전이 성공할 수 있는 기회가 있었다. 팔리카오는 샤를-프랑수아 뒤무리에Charles-François Dumouriez가 1792년 발미 전투에서, 프랑스군이 아르곤으로 진격해오는 프로이센군에 대항해 유사한 측면 작전을 수행했었다고 주장했다. 상원 의장인 외젠 루에Eugène Rouhe는 랭스로 가서 마크마옹에게 이 결정을 전했다.

한편 마크마옹은 자신의 군대를 파리로 이동시키기로 결심했다. 이는 그날 진군 속도가 느렸기 때문이기도 했고, 바젠을 구출하는 것이 불가능하다고 확신했기 때문이기도 했다. 루에는 마크마옹의 주장을 받아들여 새로운 선언문을 초안하기 시작했다.

바로 그때, 바젠이 그라블로트 전투 다음날인 8월 19일에 보낸 메시지가 도착했다. 그 메시지에서 총사령관은 마크마옹 부대와 합류하려 북서쪽으로 진군 중이라고 언급했다. 그는 몽메디를 지나 다시 남쪽 생트메네울드로 갔다가, 그곳에서 샬롱으로 향할 예정이었다. 따라서 마크마옹은 그를 만나려면 북쪽으로 갔다가 다시 동진해서 몽메디로 가야 했다. 그런데 이러는 동안 독일군은 생트메네울드에서 비트리프랑수아에 이르는 라인을 따라 마크마옹 부대를 향해 진군하고 있었다.

마크마옹은 결국 파리에 가지 않기로 결정했다. 8월 23일 샬롱군은 랭스를 떠나 북동쪽 부지에를 향해 진군했다. 그러나 그들은 속도를 낼 수 없었고 당장 더 많은 무기와 탄약이 필요했다. 프랑스군 행정부서는 산만하게 흩어져 있고 무질서하기까지 한 이런 대규모 군대에 보급품을 공급하는 데 어려움을 겪었다. 랭스에서 보급품을 분배할 직원도 시간도 부족했던 것이다. 8월 23일 파리에서 수신된 전보만 봐도 다음과 같은 이야기가 나온다. "현재 무장한 기동대 수: 없음." "코레즈에는 소총으로 무장한 기동대 없음." "무장한 기동대 아직 없음." "소총이 한 정도 없어서 본인은 아직 기다리고 있음." "소총으로 무장한 기동대원: 3천 명 가운데 40명."[5]

이러한 압박 속에서 샬롱군은 다시 북쪽으로 방향을 틀어 약 30킬로미터 떨어진 르텔에 도착했고, 그곳에서 보급품을 얻을 수 있었다. 프랑스군이 이처럼 불규칙하게 움직였기 때문에 독일 기병대는 이틀 동안 프랑스군을 추적할 수 없었다. 26일에 마크마옹은 르텔을 떠나 동쪽의 뫼즈와 몽메디를 향해 이동했다.

바젠을 지원하기 위한 마크마옹의 군대 이동은 재앙이 될 것이 거의 확실했다. 바젠은 결코 진지하게 메스를 벗어나려고 시도하지 않았으며, 샬롱군은 그러한 작전을 수행하는 데 필요한 속도와 효율성을 갖추지 못했다. 마크마옹의 군대는 거의 신병의 속도로 느리게 움직였다. 병사들은 무기는 충분히 소지하고 있었지만 운송 수단이나 조리 도구, 야영 장비, 구급차, 지도와 같은 보급품은 부족했다. 일부 병사는 군화도 없었다. 게다가 몽메디로의 행군은 열악한 도로 상황 때문에, 그리고 식량을 구하기 위해 지그재그로 진행되었다.

그라블로트 전투 이후 몰트케의 3개 군은 잠시 재결합했다. 왕세자는 부친과 재회했다. 그는 "내가 다시 만난 왕은 건강했지만, 독일군이 입은 엄청난 손실 때문에 기분이 매우 안 좋았다. 총 손실은 확실하게 추정할 수 없지만 2만 명에 가까워질 위험이 있었다."[6]

군대가 재집결되자 몰트케는 전쟁의 다음 단계에 대처하기 위해 군대를 재편성했다. 그는 바젠을 봉쇄하고 마크마옹을 추격하기 위해 제2군을 두 그룹으로 나누고, 이들을 각각 제1군, 제3군과 통합했다. 메스에서 몰트케는 프리드리히 카를에게 제2군 대부분과 제1군 전체를 지휘하게 했는데, 전체 병력은 12만 명이었다. 이런 배치로 슈타인메츠는 지휘선에서 쉽게 배제되었다. 예상대로 노장군은 이런 재배치에 대해 프리드리히 카를에게 동의하지 않았고, 신임 지휘관에게 적절한 존경심을 보이는 것도 거부했기에 프로이센의 포젠으로 파견되었다.

그런 다음 몰트케는 2개 군대를 왕실 사령부와 함께 서쪽으로 보냈다. 왼쪽에는 프리드리히 빌헬름 왕세자 휘하에 프로이센군, 바이에른군, 뷔르템베르크군으로 구성된 18만 명의 제3군이 배치되었다. 당시 남서쪽의 로렌 남부에서 도착한 이 제3군은 메스를 둘러싼 세 차례의 전투에는 참여하지 않았다. 왕세자는 샬롱에서 결정적인 전투가 있을 것으로 예상하고 이에 대비했다.

오른쪽에 배치되어 베르됭으로 진군한 새로운 뫼즈군은 작센군, 기병대, 제2군에 소속된 프로이센 근위대원 12만 명으로 구성되었다. 이 새로운 군대는 43세의 작센 왕세자 알베르트Albert가 지휘했는데, 그는 1866년의 전투를 경험했던 베테랑으로 생프리바에서 전공을 세운 바 있었다. 이들 2개 군대를 합치면 그 병력이 마크마옹이 이끄는 샬롱군의 두 배 이상이었다.

8월 21일, 몰트케는 이틀 후에 진군하라는 명령을 내렸다. 23일까지 프리드리히 카를은 메스에 대한 포위를 완료했으며, 뫼즈군과 제3군은 서쪽으로 이동했다. 그들은 툴과 베르됭에 포위 병력을 남겨두었으며, 이 도시를 포위하고도 여유가 있는 규모였던 이 부대의 나머지는 거기서 멈추지 않고 계속 전진했다.

다만 한 가지 문제가 남아 있었다. 몰트케는 프랑스가 어떤 전략을 세웠는지 알지 못했다. 8월 24일, 기병 순찰대가 샬롱에서 버려진 프랑스군 캠프를 발견했을 때, 그들은 프랑스군이 랭스로 이동 중이라는 정보를 이해할 수 없었다. 프랑스군은 분명히 파리로 후퇴하고 있어야 하는데, 왜 랭스로 이동하고 있을까? 혁명을 피하고자 바젠을 구해야 한다는 정치적 동기 때문일까? 하지만 이를 파악했다고 해도 몰트케는 즉시 진군 경로를 변경해야 한다는 압박을 느끼지 않았다. 그는 다음날 작전을 약간 조정해서 샬롱이 아니라 랭스로 진격하도록 명령했다.

8월 25일 저녁, 몰트케는 프랑스군이 메스를 구하기 위해 이동하고 있다는 신문 기사를 읽었다. 23일자 《르 탕Le Temps》에 실린 아바스Havas 통신 보도는 "바로 지금 이 순간, 마크마옹의 군대는 바젠의 군대 진영의 동쪽에 접근하기 위해 북쪽으로 향하고 있다"라고 언급했다.[7] 하지만 프로이센군은 이 정보가 프랑스군의 속임수가 아니라고 확신할 수 없었다. 특히 이 정보는 마크마옹이 파리로 후퇴할 것이라는 상식적 판단에 어긋나기 때문이었다.

8월 25일 늦은 오후 바르르뒤크에서 열린 만찬에서 빌헬름 국왕, 비스마르크, 몰트케, 전쟁부 장관 룬, 바이에른 왕자 레오폴트는 프랑스군이 이동한 이유에 대해 의견을 주고받았다. 만약 지금까지 입수한 정보가 맞다면 독일군은 북쪽으로 방향을 돌려 그들을 맞이해야 했다. 하지만 군대를 북쪽으로 이동시키는 결정은 위험 부담이 컸다. 거의 50킬로미터나 되는 긴 전선을 형성한 대규모 군대가 적군이 밀집해 있는 지역 근처에 있기 때문이었다. 결국 몰트케는 도박을 하기로 했다. 그는 보고서를 믿고 뫼즈군에게 진군 방향을 오른쪽으로 바꾸고, 그곳에서 베르됭과 바렌 사이 어딘가에서 마크마옹 군대와 교전할 준비를 하라고 명령했다. 제3군도 우측으로 선회해 마크마옹의 후방과 서쪽을 향했다. 가장 왼쪽에 있는 군단들조차도 생트메네울드와 아르곤 숲 쪽으로 방향을 틀었다. 8월 26일, 독일의 2개 군대가 이 거대한 선회 작전을 감행했다. 한편 제17경기병 부대 후사르Hussars는 몽메디 서쪽에서 철도를 끊었다. 이제 프랑스군은 더이상 동쪽 낭시로 탈출할 수 없었다.

약 30만 명에 달하는 독일군은 2주에 걸쳐 메스에서 스당까지 프랑스 북동부의 넓은 지역을 가로질러 진격했다. 독일군은 군장을 가볍게 꾸리고 빠르게 진군했지만, 그들이 지나간 자리엔 지울 수 없는 흔적을 남겼다. 그들은 전신망을 설치하기 위해 수천 그루의 나무를 베어냈다. 그리고 독일군은 통상적으로 야영을 하지 않기 때문에 지역 주민의 집에서 숙박했다. 그리고 이동하면서 독일군의 보급망에서 멀어지자, 지역민들에게 음식과 마실 것을 요구했다. 그들은 언어 장벽 때문에 종종 오해를 초래했다. 만일 프랑스인이 일부러 일부 독일군이 아는 프랑스어와는 다른 프랑스어나 사투리를 써서 소통을 회피할 경우 이미 존재하던 상호 불신이 순식간에 분노로 격화되었다. 군사 교본을 활용해 프랑스어를 말하려고 시도한 병사들은 발음이 엉망이었으며, 다른 병사들은 아예 프랑스어를 배울 생각을 하지 않았다. 프랑스 농부들은 갑자기 20~40명의 병사를 한꺼번에 자기 집에 수용하고 먹여야 하는 경우도 있었다. 독일 병사들이 모든 방을 차지하고 구석구석에서 음식을 뒤졌다. 만일 프랑스인이 주저하거나 음식 제공을 거부하면, 군인들은 어떻게 해서든 음식을 찾아냈다.

테터Thäter라는 바이에른 직업장교는 나중에 이렇게 회상했다.

병사들은 도둑질을 하고, 우리는 먼 산을 바라본다. 적어도 이런 긴박한 상황에서 우리는 문트라우브Mundraub['입 도둑': 직접 개인이 소비하기 위해 음식과 음료수를 훔치는 것]를 용납해야 한다. 물론 이 악습을 멈추는 것은 어렵다. 병사들은 마치 한번 토끼를 물어뜯은 사냥개와 같다.[8]

후고 아르놀트Hugo Arnold를 포함한 다른 병사들은 민간인에게서 음식을 약탈하는 것에 대해 양심의 가책을 느끼는 척하지 않았다. "누구도 선택의 여지가 없다. 약탈은 전쟁과 같은 극단적인 생존 투쟁에 적용되는 잔인한 명제다."[9] 그는 필요한 물품을 내놓지 않는 농장은 불태우고 약탈하겠다고 위협했고, 그런 상황이 벌어졌을 때 실제로 그렇게 행동했다. 8월 28일, 회슬린Hoesslin이라는 병사는 자신의 어머니에게 "우리는 여기 프랑스에서 신처럼 살고 있어요!"라고 전했다.[10] 이러한 무질서를 막기 위해 테터는 지휘관들과 협의해 식량을 징발하라는 명령을 내렸으며, 식량을 징발당하는 농부에게는 영수증을 발급했다. 하지만 그는 이 조치가 민간인에게는 별 도움이 되지 않고 주로 병사들의 약탈을 통제하는 데 도움이 된다는 것을 알고 있었다.

또다른 바이에른 장교인 코흐-브로이베르크F. Koch-Breuberg는 샴페인 양조장 주인과 함께 교양 있는 생활을 즐겼다. 그는 "주인집에서 했던 아침 식사에서 우리는 생애 처음으로 토끼 고기를 먹었으며, 이 국민 요리의 품질에 대해 서로 다른 의견을 주고받았다"라고 회상했다. 그리고 나중에 샴페인 양조장을 둘러보고 시음을 한 후에는, "내가 전에 샴페인 제조에 대해 도대체 어떻게 그런 이상한 생각을 했었나 싶었다. … 알고 보니 모든 것이 너무 단순하고 맛이 아주 좋았다." 마지막으로 코흐-브로이베르크는 이렇게 적었다.

> 우리는 테스튈라Testulat 씨와 정치에 대해선 아무 이야기도 하지 않았다. 그를 위해서나 우리를 위해서나 분위기를 망치고 싶지 않았다. 그의 집에서 우린 아주 편안했다. 지금도 당시의 광경이 눈에 선하다. 노란색 나무 벽 패널로 장식된 식당, 등잔불이 놓인 접이식 테이블, 예쁜 작은 장식장. 모서리에 있던 책상도 기억난다. 그것은 프랑스의 상류 부르주아 가정에서만 볼 수 있는 일상적인 장식품이다.[11]

양측 모두 아마도 서로 비슷한 계층에 속한다는 느낌, 그리고 자신들의 수준 높은 미각을 강조하고 싶어했다. 밖에서 벌어지고 있는 끔찍한 살인 행위와는 대조적이었다.

왕세자도 행군을 따라가며 시골 지역민들과 이야기를 나누었다. 비록 양국 사이의 전쟁이 지금의 상황을 만들었지만, 그들은 여전히 왕세자와 대화할 의향이 있었다. 시골 지역민들은 프랑스 정부가 "천진난만하게" 전쟁에 뛰어든 것에 대해 거침없이 공개적으로 비난했다. 그런데 이는 아마도 단지 침략군에 대한 비난을 삼가려는 자기보호 방식이었을 것이다. 반면 마을 사람들은 "특히 어느 군대도 주둔하지 않는 곳, 그리고 일꾼들이 아예 일손을 놓고 있는 곳"에서 사회적 소요가 일어날지 모른다는 불안을 토로했다.[12]

하지만 이미 이러한 초기 단계에서 프리드리히 빌헬름은 비정규군인 프랑-티뢰르 대대와 관련된 소문에 대해 경고했다. "이들에 대해서는 모든 진지한 수단을 동원해서 맞서야 한다."[13] 여러 마을을 거쳐 행군하면서 독일군은 점점 더 적대적인 프랑스 민간인들을 만났다. 단독 주택이나 건물에서 "교활하고 비겁한 방식으로" 발사된 단발의 총격이 독일군에게 사상을 입히자, 독일군은 복수심이 폭발해 총알이 발사된 집을 완전히 불태우거나 그 주변에 거주하는 주민들에게 기부금을 강요하는 일이 발생했다.[14]

독일군의 행군에는 감정이 강하게 스며든 의식과 경박함을 보여주는 요소들도 포함되어 있었다. 왕세자는 그 기원이 나폴레옹 전쟁 때로 거슬러 올라가는 프로이센 군사 훈장인 철십자 훈장을 수여하는 영광을 누리기도 했다. 프리드리히 빌헬름 자신은 "군대의 총사령관으로서 황제 폐하가 부재중일 때 이 훈장을 수여할 권리"를 갖는 무게감과 특권을 느꼈다. 이전에는 그런 무게감과 특권은 "적절하게 인정받지 못한" 권리였다. 그는 여러 계급의 장교 7명에게 철십자 훈장을 수여했는데, 그중에는 폰 블루멘탈 장군도 있었다. 그들은 "기쁨의 눈물"을 흘리며 감격했고, 역사책에서만 볼 수 있었던 이 훈장을 소유하게 된 것을 믿을 수 없어 할 만큼 영광스럽게 생각했다. 폰 한케von Hahnke 소령은 거의 기절할 뻔했다. 왕세자는 다른 부대에 철십자 훈장을 전달할 때 "환호의 함성"이 일어날 것으로 예상했다.[15] 이러한 영예를 주고받는 의식은 모두가 민족의 군사적 용맹함이라는 이름으로 서로 끈끈하게 뭉쳐 있다는 유대감을 강화해주었다.

일반 병사들은 철십자 훈장보다는 다소 낮은 수준의 포상에 만족해야 했다. 8월 25일, 바이에른 군대는 스물다섯 번째 생일을 맞은 루드비히 2세 앞에 도착하고자 일찍 일어나 한참을 행군했다. 그들은 군주와 함께 예배에 참석했고 그 뒤에 세 번의 만세 소리가 이어졌다. 충성스러운 바이에른인 디트리히 폰 라스베르크는 이 자리에 참석하지 못해 대단히 실망했는데, 말에게 발을 밟혀 야전병원에 머물러야 했기 때문이다. 그는 그날 늦게 프로이센 국왕과 그의 수행원들 앞을 지나 행진하는 영광도 놓쳤다. 그는 이날은 왕족과 함께 있는 상징적인 영예를 놓친 "절망스러운 하루였다"고 기록했다.[16] 라스베르크와 같은 바이에른 군인들은 프로이센의 왕실 행사에 참여하는 데 익숙해지고 있었다.

이 무렵 발생한 몇몇 작은 사건들은 독일 군대의 일부에서 전설이 되었다. 프리드리히 빌헬름이 입은 망토에 구멍이 났을 때 제5군단 소속 베스트팔렌 퓨질리어Fusilier 제37연대에서 온 재단사가 그 자리에서 수선해주었는데, 그후 연대 사람들은 행진하면서 이를 즐거운 이야깃거리로 삼았다. 또다른 즐거운 사건은 왕세자와 그의 동료들이 프랑스 장교에게서 빼앗은 편지를 즐거운 마음으로 읽은 일이었다. 아마도 교육 수준이 높은 편지의 저자는 신뢰하는 한 친구에게 프랑스군은 보급품이 부족하고, 그 결과 군대 내 규율도 엉망이라는 사실을 잔인할 정도로 솔직하게 적었다. "모든 병사가 도둑질을 하는 것 같아. 참모부 장교들도 예외는 아냐. 나 자신도 처음에는 안장을, 그다음에는 말을 훔쳤지." 이 편지는 나폴레옹 3세를 포함한 프랑스 지도부에 대해서도 가차 없이 비판했다. 나폴레옹 3세는 심적으로 낙담하고 판단력이 부족한 탓에 군대에 부담을 주고 있다는 내용이었다. 편지는 라틴어 구절인 "신은 파멸시키려는 자를 먼저 미치게 만든다Quem deus vult perdere, prius dementat"라는 말로 끝을 맺었다. 왕세자의 판단에 따르면, "편지에 서술된 이런 소문들은 어느 정도 사실이지만, 분명히 프랑스 일간지가 보도하는 허풍 섞인 어조와는 거리가 멀었다."[17]

이렇게 긴장을 풀 수 있는 순간은 이제 그들이 결전이 될 것이라고 희망하는 전투에 다가섰던 독일군에게 위안을 주었다. 끊임없는 긴장 속에서 왕세자는 다가올 전투를 위해 정신적·육체적 건강을 유지하는 것이 얼마나 중요한지를 깨달았다.

독일군이 프랑스 영토로 더 깊이 침투하자, 프랑스군은 전세와 관련된 민감한 지역에서 독일 민간인을 추방하는 조치를 취했다. 이 조치는 얼마 전에 군복무 연령의 독일 남성이 프랑스를 떠나는 것을 금지한 결정과 마찬가지로, 전례 없는 것이었다. 그들의 입국을 받아들인 국가에 대해 어떤 반국가적인 범죄도 저지르지 않은 외국인을 대규모로 추방하기로 한 것이다.

이 결정은 8월 중순부터 준비되었다. 여러 차례에 걸쳐 입법의회 의원들이 독일인의 즉시 추방을 요구하는 프랑스인들의 청원서를 제출했다. 8월 14일에만 중도 좌파에 속하는 야당 의원 바랑트Barante 남작이 파리 시민들이 서명한 청원서 4개를 제출했다. 3일 후 공화파인 야당 지도자 레옹 강베타가 라빌레트 마을에서 발생한 동네 소방대 습격이 외국인의 소행일 것으로 추정되자, 같은 청원서를 제출했다.

이런 일이 벌어진 것과 같은 시기에 프랑스 거주 독일인에 대한 적대감은 점점 커졌으며, 스파이 의혹도 자주 제기되었다. 한 무리의 프랑스 남자들이 개인을 공격하는 일이 벌어졌다. 한 사례에서는 40~50명의 프랑스인이 독일인 한 명을 둘러쌌다. 공공장소에서 독일어로 말하는 것은 위험한 행동이 되었다. 적대감이 이렇게 공공연하게 증가한 것은 프랑스 거주 독일 시민을 추방하려는 의지가 강해진 배경을 설명해

준다. 그런데 이는 파리 시민들의 박해로부터 독일인을 보호하는 방법이기도 했다. 비록 명확하게 언급하지는 않았지만, 입법 의회는 1792년 9월의 학살을 생각하고 있었을지도 모른다. 파리 주재 미국 대사 엘리휴 워시번은 8월 22일에 독일인을 추방하기로 한 결정은 "수도 심장부에 살고 있는 약 4만 명의 프로이센인으로부터 수도를 지키려는 목적인 동시에, 그들 프로이센인을 흥분한 파리 시민들로부터 보호하려는 목적"에서 취해진 것이라고 적었다.[18]

불과 몇 주 전만 해도 자유주의적 주장이 우세했었다. 프랑스는 개인의 자유를 수호했고 독일 민간인을 자율적인 개인으로, 즉 어떤 사람은 위험할 수 있지만 다른 사람은 그렇지 않을 수 있다고 판단했고, 따라서 전체를 적대적인 집단으로 일반화하지 않는 경향이 강했다. 그런데 독일군이 점점 진격해오자, 여론은 빠르게 바뀌었다. 이제 입법 의회는 더이상 좋은 독일인과 나쁜 독일인을 구별하지 않았다. 그저 독일인은 모두 프랑스를 떠나야 했다(그런데 상황은 그들이 우려했던 것과 반대 방향으로 흐를 수도 있었다. 왜냐하면 최소한 17명의 독일인이 전쟁 동안 프로이센이 아닌 프랑스 편, 즉 국민방위군이나 외인부대에 자원해서 전투에 가담했기 때문이다).

8월 28일, 팔리카오 정부는 남성, 여성, 어린이를 포함해 수만 명에 달하는 독일인을 센 데파르트망 국경 너머로 강제 추방한다고 발표했다. 가난한 사람들과 노숙자가 첫 번째 표적이 되었는데, 여기에는 헤센 출신의 거리 청소부들도 포함되었다. 약 4만 명의 가난한 외국인이 수도를 떠났는데, 여기에는 약 4천 명에 달하는 중립국 스위스인도 포함되어 있었다. 새로운 국민방위정부는 9월 5일에 이 지시를 반복했다.

워시번은 이 정책에 따라 추방 대상이 된 독일인들을 도와주려고 노력했다. 그는 8월 15일자 편지에서 다음과 같이 썼다.

전쟁이 발발한 이후로 어떤 독일인도 일자리를 구할 수 없었고, 가난한 계층은 가지고 있던 얼마 안 되는 돈조차 다 써버렸다. 따라서 그들은 현재 일자리, 돈, 신용도, 친구, 빵, 이 모든 것이 없다. 그들은 굶주림에 시달리고, 폭력의 위협 때문에 공포에 질려 있는데, 그렇다고 이 나라를 떠날 수단도 없는 상태다.[19]

루터파 교회와 학교는 문을 닫았고, 개신교도들은 국적과 상관없이 간첩 혐의를 받았다. 하지만 아직 이런 조치들이 (훗날 전쟁 때 행해진 추방과 비교한다면) 국외로 추방되는 독일인에게 미친 영향은 제한적이었다. 독일 국적자가 무조건 체포되거나 수용소에 갇히는 일은 없었다. 오직 파리나 센 데파르트망에 거주하는 사람, 그리고 스트라스부르와 같이 독일군에게 포위된 도시에 사는 사람들은 떠나야 했다. 모든 사람은 전쟁이 끝나면 독일인이 자유롭게 돌아올 것이라고 예상했다.

하지만 이런 추방 조치는 프랑스 사회 내부의 적에 대한 두려움이 있다는 사실을 구체적으로 드러내는 것이었고, 이 불안은 이후 좀더 가혹한 정책이 내려지도록 영향을 미쳤다. 파리의 상황은 1880년대와 그 이후 전 세계적으로 이루어진 대규모 강제 이주와 추방에 일종의 선례를 만들었다. 당시에는 전쟁 중 민간인에 대한 처우를 다루는 국제기구나 협정이 전혀 없었기 때문에(병들고 부상당한 군인을 돌보는 것은 제외), 추방 문제는 전적으로 주권 국가의 손에 달려 있었다. 사람들은 적국의 외국인을 국내 문제로 보았지, 교전 상대국과 협상해서 해결할 수 있는 국제적인 문제로 보지 않았다. 제네바 협약에는 그들을 보호할 만한 어떤 규정도 없었다.

그러면 독일 측의 상황은 어땠을까? 그들은 독일에 거주하는 프랑스 민간인을 어떻게 대했을까? 프랑스 민간인이 독일군 점령 지역에 거주하는지, 프로이센이나 독일 영토에 거주하는지에 따라 상황이 달랐다. 프랑스가 전쟁을 국가 대 국가의 갈등으로 바라보려고 시도한 것과 달리, 프로이센은 전쟁을 군대 간의 충돌로 본다고 주장했다. 그래서 그들은 민간인과 그들의 재산을 박해하거나 약탈하지 않겠다고 약속했다. 생타볼드에 있던 빌헬름 왕은 독일인들이 프랑스에서 추방되었다는 소식을 들었을 때, 독일은 이에 대해 보복 조치를 취하지 않을 것이라고 선언했다. "보나파르트를 최고 지도자로 갖는 저주를 받은 나라에 속한 사람들을 처벌하는 것은 불공평하기 때문이다. … 독일 내의 프랑스인은 불안해할 필요가 없다. 그들은 모든 인류와 마찬가지로 독일이 문명의 선두에 있는 나라라고 확신하게 될 것이다."[20] 물론 이러한 보호에는 단서가 있었다. 프로이센군은 민간인이 군사 활동에 가담하지 않는 한 해를 끼치지 않을 것이라는 점이었다. 그러나 이후에 전개된 사건들은 독일군의 침공에 적극적으로 저항하는 프랑스 민간인에게는 가혹하고 신속한 보복이 가해질 것이라는 사실을 보여주었다.

독일 지도자들은 독일 영토 내에서는 프랑스 민간인에 대해 보복 조치를 내리지 않았다. 이는 부분적으로는 그들의 수가 매우 적고 대부분이 여성이었기 때문이다. 게다가 프랑스군은 독일 영토 어디에도 진입하지 못하고 있었다. 그래서 그들은 독일 영토 안에 있는 프랑스인들을 계속 머물게 해도 될지, 강제로 추방해야 할지에 대해 우려할 필요가 거의 없었다.

8월 27일경, 마크마옹은 게임이 끝났다는 것을 깨달았다. 그는 바젠으로부터 아무 소식도 듣지 못했고 3개 독일군 가운데 적어도 하나를 돌파하지 않고는 바젠에게 도달할 수 없기 때문이었다. 그래서 그는 바젠에게 가는 대신 메지에르로 철수하기로 결정했다. 팔리카오는 이 계획에 거세게 반대했다. 그는 마크마옹이 알아낸 정보, 즉 프랑스의 샬롱군을 향해 진군해 내려오면서 샬롱군의 동부 통로를 봉쇄하고 있는 것이 프로이센 왕세자가 이끄는 프로이센 군 일부가 아니라, 새로 편성된 뫼즈군이라는 사실을 파악하지 못하고 있었다. 팔리카오는 각료회의의 전적인 지원 아래 마크마옹을 질책하고, 28일 이른 아침에 보낸 2개의 메시지에서 그에게 메스로 이동하라고 명령했다. 상황이 아무리 심각하다고 해도 명령에 불복종하거나 사표를 던질 사람이 아닌 마크마옹은 그의 명령을 따랐다. 그날 샬롱군은 비를 맞으며 동쪽으로 진군했고, 그 모습이 이미 언덕 위에 배치되어 조심스럽게 남쪽을 주시하고 있던 독일 기병대에 포착되었다. 독일군은 앞으로 며칠 안에 베르됭에서 결전이 벌어질 것을 예상했다.

그러다가 8월 28일, 독일의 예비군 기병 순찰대가 프랑스군의 조르주 드 그루시Georges de Grouchy 중위를 체포했는데, 그는 프랑스군의 전투 명령 및 행군 순서표 전체를 소지하고 있었다. 마크마옹 부대가 어떻게 이동하고 있는지는 더이상 미스터리가 아니었다. 몰트케는 이제 마크마옹이 자신의 손아귀에 있다는 것을 알아챘다. 그래서 그는 작전을 변경해 휘하의 두 군대에게 원래 계획했던 뫼즈강이 아니라, 뫼즈강 왼편 언덕에 있는 보몽앙아르곤에서 합류하도록 명령했다.

한편 마크마옹은 계속 동쪽으로 진군해 스트네에서 뫼즈강을 건너려고 했다. 그런데 그때 다리가 봉쇄되었다는 사실을 알게 되었다. 뫼즈강과 벨기에 국경 사이에 있는 프랑스 영토가 북쪽으로 갈수록 점점 좁아진다는 사실을 잘 알고 있던 마크마옹은 8월 29일 더 북쪽에 있는 무종 쪽으로 행군하라고 명령했다. 그런데 샬롱군의 가장 남쪽에 있던 파이의 제5군단은 이 명령을 받지 못했다. 명령을 전달하던 참모부 장교가 도중에 독일군에게 포로로 잡혔기 때문이었고, 그래서 그들은 계속해서 동쪽 스트네를 향해 진군했다.

파이의 제5군단은 29일에 작센 군단의 일부와 맞닥뜨렸다. 하루 동안 위제프 계곡에서 전투를 치른 끝에 프랑스군이 결국 밀려났는데, 양측에서 600명의 사상자가 발생했다. 파이는 그날 밤 지친 병사들을 어두운 숲 지대를 통과해 행군하도록 밀어붙였다. 고된 행군이었다. 그들 중 일부는 오전 5시까지 숲에서 나오지 않았다. 그날 아침 그들은 보몽 마을 근처에서 휴식을 취했는데, 이때 파이는 전방 감시 체제를 구축하는 것을 깜박했다.

그날 늦은 아침, 프로이센 제4군단과 바이에른 제1군단이 숲에서 나와 파이의 제5군단을 기습했다. 프랑스군은 서둘러 말을 준비하고, 무기를 들고, (민간인들과 함께) 북쪽 무종으로 가기 위해 뫼즈강을 가로지르는 다리로 도망쳤다. 독일군은 꾸준히 진격한 끝에 오후 6시가 되자 무종 앞의 평원을 장악했다. 오직 뫼즈강 왼편 언덕에 있는 파이의 보병이 독일군을 저지하면서 제5군단이 강을 건너도록 하고 있었다.

그날은 프랑스군의 참패였다. 독일군은 3500명의 사상자를 낸 반면, 프랑스군은 5700명의 사상자를 냈다. 독일군은 그날 저녁 많은 보급품과 말, 차량, 포로를 모았다. 나중에 한 바이에른 병사는 이렇게 회상했다. "아름다운 풍경, 온화한 날씨, 기습을 당한 적군이 깜짝 놀라는 모습. … 승리의 확실성, 이 모든 것이 합쳐져 우리의 공격을 활기차고 즐겁게 만들었다."[21] 파이는 완전히 방심한 상태에서 기습공격을 당했다는 사실이 수치스러웠다.

마크마옹의 군대는 이제 바젠으로부터 완전히 고립되었고 메지에르를 거쳐 파리로 후퇴할 가능성은 거의 사라졌다. 그는 포위되었다. 작센의 왕세자와 뫼즈군은 스당 동쪽의 강 오른쪽 기슭에 자리잡고 있었고, 프로이센의 왕세자와 제3군은 뫼즈강 서쪽을 따라 스당에 접근해 프랑스군의 퇴로를 막았다. 벨기에가 유일한 탈출로였지만, 그렇게 이동할 경우 프랑스 군대는 유순하게 감금되어야 했을 것이다. 독일군은 국경이 갖는 전략적 의미를 잘 알고 있었다. 왕세자는 프랑스군이 국경을 넘을 경우, 그 결과는 전쟁의 빠른 종결 아니면 '예측할 수 없는 복잡한 사태'를 초래할 것이라고 지적했다. 벨기에 영토에서 전쟁이 이어지고, 벨기에가 중립과 자국의 이익을 보호한다는 명분으로 전쟁에 참전할 가능성이 커질 터였다.[22] 그날 밤 무종에서 선택의 여지가 없던 마크마옹은 지휘관들에게 스당으로 후퇴하라고 명령했다.

◆ 8장 ◆

스당과 바제유

폐허가 된 바제유.

오래된 요새 도시 스당은 벨기에 국경에서 불과 11킬로미터 떨어진 곳에 있으며, 도시를 둘러싼 성벽은 1600년대에 만들어졌다. 남쪽과 서쪽으로는 습지가 넓게 펼쳐진 뫼즈 계곡이 도시를 보호하고 있었다. 북서쪽으로 흐르는 강의 왼편에는 고지대가 있고, 오른쪽 습지 너머에는 바제유와 발랑 마을이 있었다. 뫼즈강은 스당을 거쳐 서쪽으로 흐르다가, 글레르와 플루앵 마을 사이에서 북쪽으로 U자형으로 구부러져, 이제 Iges 삼각지 주변에 커다란 우각호(소뿔 모양을 닮은 지형)를 이루며, 남쪽으로 빠르게 흐르다가 동셰리에서 서쪽으로 급히 방향을 틀어 흐른다. 북동쪽으로 스당 너머에는 더 높은 지대가 있었다.

곧 격렬한 전쟁터가 될 작은 마을 바제유는 스당에서 남동쪽으로 3킬로미터 남짓 떨어진 곳에, 뫼즈강과 나란히 지나가는 도로를 따라 위치해 있었으며, 그곳은 지본강이 남쪽으로 흘러 뫼즈강과 만나는 지점이었다. 마을에는 500채의 주택이 있었고 2천~3천 명의 주민이 살고 있었다. 주요 도로는 넓었으며, 길가에는 4~5층 높이의 집들이 줄지어 서 있었다. 이곳은 단순한 시골 마을이라기보다는 "스당의 상류층 교외 지역으로 상인이 많이 살고 있었다."[1] 바제유 북쪽에는 지본강을 따라 라몽셀, 다이니, 지본 같은 마을들이 있었다.

마크마옹의 군대가 스당에 다가왔을 때, 프랑스군은 뫼즈강 남쪽의 고지대에 머물지 않고 계속해서 강을 건너 스당 북동쪽에 있는 삼각형 모양의 고지대를 차지했다. 마크마옹은 제7군단을 북쪽에, 뒤크로 장군 휘하의 제1군단을 지본강을 따라 동쪽에, 르브룅 휘하의 제12군단은 군대의 오른편이 바제유에 자리잡도록 남동쪽에 배치했다. 뒤늦게 도착한 이 군단들은 8월 29일에서 30일로 넘어가는 밤에 무종에서 뫼즈강을 건넜기 때문에, 약 10킬로미터 남쪽에서 파이의 부대에 치욕을 안겨준 보몽 전투는 그들과는 상관없는 일이었다. 8월 30일에서 31일로 넘어가는 밤, 프랑스군은 호위대 사이에 뒤섞인 채 뫼즈강 오른쪽 기슭을 따라 북서쪽으로 스당을 향해 행군했다. 이러한 혼란 속에서 마크마옹이 바제유를 방어할 목적으로 배치한 부대들은 식량 배급도 받지 못한 채 방치되었다.

프랑스군 전선의 중앙, 스당 성벽 바로 북쪽에 있던 전선의 한가운데에는 제5군단이 예비로 배치되었다. 나폴레옹 3세는 스당 시내에 지휘본부를 세웠다. 프랑스군은 방어적 태도를 유지했다. 그들은 다음날 진군할 계획이었기 때문에 참호를 파지 않았다. 이전의 전쟁에서는 뫼즈강과 요새가 적의 공격을 막아주는 엄폐물을 제공할 수 있었지만 1870년에는 상황이 바뀌었다. 몰트케는 마크마옹 부대를 포위해서 크루프 포대의 사정거리 안에 가두어두었기 때문에, 프랑스군에겐 언덕을 내려와 스당으로 가는 길 외에는 다른 탈출구가 없었다. 마크마옹은 이 위험을 알고 있었기에 더이상 여기 머물 생각이 없었다. 그의 목표는 메스로 이동하는 것이었다. 9월 1일은 병사들의 휴식일로 예정되어 있었지만, 기병대는 예외였다. 기병대는 주변 지역을 정찰하라는 명령을 받았다. 사실 뒤크로는 서쪽으로의 후퇴 가능성을 염두에 두어 군대를 북쪽으로 3~5킬로미터 이동시키는 게 더 나을 것으로 판단했다. 하지만 마크마옹은 병사들이 보몽 전투 이후에 휴식을 취하기를 원했다.

그러다가 한 가지 중요한 인적 변동이 9월 1일의 사건을 결정지었다. 8월 30일 파이가 당한 치욕적 패배가 너무나 심각했기 때문에, 전쟁부 장관 팔리카오는 파이를 대신할 인물로 오랑(프랑스 식민지 알제리 오랑주의 주도)의 총독이던 에마뉘엘 드 윔펜Emmanuel de Wimpffen을 보냈다. 나아가 아프리카에서의 오랜 경험 덕분에 윔펜은 심지어 마크마옹에게 무슨 일이 생길 경우 그를 대체한다는 위임장까지 가지고 왔다. 이 인사 이동은 나폴레옹 3세가 직접 지휘권을 장악하는 것을 막으려는 의도였다.

한편 독일군은 프랑스군이 벨기에로 탈출하지 못하도록 조치를 취했다. 보몽 전투 다음날 밤, 비스마르크는 벨기에 정부 측에 후퇴하는 모든 프랑스군은 즉시 무장해제해야 하며, 만약 그렇지 않을 경우 독일군은 프랑스군을 추격하기 위해 벨기에 영토로 진입할 권리를 행사할 것임을 통지했다. 나아가 몰트케는 뫼즈강 오른편 언덕과 스당 동쪽에 배치되어 있는 뫼즈군에게, 강둑을 따라 행군해 오른편 진영을 북쪽 벨기에 국경까지 펼치도록, 그리고 제3군 소속 제5, 제11군단에게는 북쪽으로 이동해 프랑스군의 서쪽 퇴각로를 차단하라고 명령했다.

이렇게 엄청난 규모의 병력이 스당과 스당 교외로 집결하자, 이미 전쟁 공포를 겪었던 민간인들은 다가올 전투에 대한 공포에 떨었다. 디트리히 폰 라스베르크는 8월 31일에 이 지역에 있는 르미이라는 마을을 지나갔다. 그의 묘사에 따르면 뫼즈강을 끼고, 바제유 바로 남쪽에 위치한 이곳은 "퍽 아름다운 마을이었지만, 이제는 황폐화된 채 여기저기 불타고 있었다."[2]

바제유에서 시 당국은 소방대와 국민방위대를 무장시키기로 결정했다. 8월 28일, 그들에게는 최근 부상당한 한 상사의 지휘 아래 약 40명의 재향군인이 있었다. 이들은 마을 동쪽에서 울란(창기병대)이 목격되었다는 소식을 듣고, 정찰에 나섰다. 바제유에서 동쪽으로 도보로 한 시간 거리에 있는 두지 마을에 도착했을 때, 그들은 이곳 시장이 국민방위대에게서 무기를 빼앗았다는 사실을 알게 되었다. 그는 이 재향군인들을 믿지 못했으며, 만약 이들이 저항할 경우 독일군의 보복을 당할까봐 두려워했기 때문이다. 그러자 바제유에서 지원을 나왔던 주민 부대는 바제유로 돌아갔다. 그들은 더이상 마을을 지키기 위해 무기를 들 생각도, 독자적으로 독일군을 공격할 생각도 없었다. 그럼에도 불구하고 한 지역 기자에 따르면 8월 31일에 마을 주민 8명(공병 장교의 지휘 아래 석공과 목수로 구성)이 마을에 있는 철교로 화약통을 가져가서 다리를 폭파하려 했다. 하지만 그들은 곧바로 뫼즈강 건너편에 배치되어 있던 독일군의 표적이 되어, 다리를 파괴하는 데에는 성공하지 못했다.

그날 저녁, 지본강을 따라 근위대 군단과 작센군이 지본 마을에 도착했다. 뫼즈강 왼쪽 기슭에 자리잡고 있던 바이에른군과 프로이센군은 강을 건너 바제유를 공격하려면 프랑스군의 총격을 무릅써야 한다는 것을 깨달았다. 그들은 무려 2주간을 행군한 끝에 마침내 적과의 전투를 눈앞에 두고 있었던 것이다. 그들은 프랑스군이 폭파하려던 다리를 향해 돌진했다. 이 짧은 교전 동안 발사된 포탄은 마을 전체를 화염에 휩싸이게 했다. 그럼에도 불구하고 프랑스군은 착검한 채 결사적으로 항전하며 진지를 지켜서, 독일군은 8월 31일 하루가 끝나갈 무렵 그 지역을 포기해야 했다. 그때 바이에른 공병대가 도착해서 아무 사고 없이 강을 가로지르는 부교를 건설했다.

제3군은 뫼즈강 왼편 언덕을 따라 남쪽과 서쪽으로 스당을 향해 빠르게 이동해 다리를 장악한 후, 강을 건너 스당과 파리 사이의 지역을 점령했다. 이 군단의 병사들은 모르고 있었지만, 몰트케는 2개 독일군이 궁극적으로는 스당 북쪽에서 합류해서 스당 포위 작전을 완료하는 것을 목표로 하고 있었다. 몰트케는 8월 31일 밤 뫼즈강 왼편 언덕에서 프랑스군 진영을 바라보면서 국왕에게 이렇게 말했다. "이제 그들은 쥐덫에 갇혔습니다."[3] 뒤크로는 이렇게 요약했다. "우리는 변기통 안에 들어와 있다. 이제 우리 머리 위로 똥이 떨어질 것이다."[4]

그날 밤 스당 주변 전역에서는 군인과 민간인들이 다가올 전투에 대비했다. 바제유에서는 민간인들이 무리지어 마을에 바리케이드를 치고, 적의 포화로부터 주택들을 보호하기 위한 시설물을 설치하며, 부상병을 이송하고, 프랑스 군인들에게 식량을 제공하는 작업을 도왔다. 거의 두 배에 가까운 수의 병력에 포위된 군인과 민간인들은 다음날 전개될 전투와 자신들의 운명에 대해 불안해하며, 그날 저녁 동안 짧게나마 서로 친밀한 시간을 보냈다.

9월 1일, 그날은 오전 3시 30분에 하루가 시작되었다. 4시경, 바이에른 제1군단 사령관인 루드비히 폰 데어 탄 장군은 그의 부대가 프뢰슈빌레르에서는 그리 눈에 띄는 공을 세우지 않았기 때문에 이번에는 반드시 영광스러운 승리를 거두고야 말겠다는 의욕에 넘쳐 있었다. 나아가 그는 바이에른군이 이날 예견된 승리에서는 꼭 중요한 역할을 해야 한다는 정치적 필요성을 강하게 인식하고 있었다. 그래서 그는 자신의 부대를 뫼즈강의 철교를 건너서 바제유로 보냈다. 라스베르크와 그의 동료들은 바제유에서 보낸 이 하루에 이후 평생 동안 그들을 괴롭힌 전쟁에서 가장 중심적인 전투를 치르게 되었다.

아침 6시에 플로리안 퀸하우저Florian Kühnhauser의 중대는 주요 간선도로를 따라 바제유로 진입했는데, 어떤 민간인도 이에 저항하지 않았다. 그런 다음 그들은 프랑스 샬롱군에서 파견된 르브룅의 제12군단 소속 해군 부대와 마주쳤다. "반대편 모퉁이에 있는 석조 주택에서 … 적의 첫 번째 총탄이 발사되었다. 즉시 모두가 멈춰 섰다."[5] 탄탄한 방어 구역에 숨어 있으면서 샤스포 소총으로 무장한 르브룅의 군단은 바이에른군의 진격을 멈춰 세웠으며, 이에 대응하는 바이에른군의 총격이 석조 건물에 튕겼다. 바이에른군은 갑자기 자신들이 프랑스군의 일제 사격에 무방비 상태로 노출되어 있다는 사실을 깨달았다. 퀸하우저는 "불과 몇 분 안에 제6중대의 선두에 있던 한 소대의 절반이 모두 사망하거나 중상을 입고 바닥에 쓰러졌다"라고 보고했다.

퀸하우저와 그의 동료들은 모퉁이에 있는 집으로 피신하는 데 성공했다. 그곳에서 그들은 엄폐물을 확보하고 프랑스군의 사격에 응사하면서, 대원 몇 명을 앞으로 전진하게 할 수 있었다. 이들은 이제 한 상점 건물에 진입해서 그곳을 불태우기로 결정했다. 상점 안에 있던 프랑스 민간인들은 도망쳤다. 하지만 이 시점에서 바이에른군은 앞으로 전진할 수 없었다. 퀸하우저는 깨달았다. "마을 주민들이 프랑스 군인들과 똘똘 뭉쳐 있었다. 그렇다. 심지어 여성들조차 전투에 참가해 당당하게 엽총을 발사했다." 이 "기만적이고" "배신적인" 민간인들이 "열기에 차 있는" 바이에른군을 상대하는 이 전투에 감히 뛰어들었다.[6] 독일군은 프랑스인들이 정정당당하게 싸우지 않고 스스로를 통제할 수 없다고 생각했다. 반면에 바이에른군은 자신들이 관례에 따라 전투를 치르고 있었으며, 서로 적이라고 명확히 인지할 수 있는 상대방과 예의 바르고 공정한 싸움을 하기를 기대하고 있었다.

곧 퀸하우저와 그의 동료 병사들은 백병전을 통해 바제유를 한 집 한 집 점령하라는 명령을 받았다. 그들은 독일군이 장악한 도로 건너편에 있던 한 집, 즉 맹렬한 총격이 쏟아져 나왔던 그 집부터 공격하기 시작했다. "모두가 여기서 복수하고 싶어했다."[7] 그들은 문을 부수고 진입한 후 그곳에 있는 사람들을 거의 무차별적으로 죽이기 시작했다. 아직 경험이 부족한 바이에른군은 오랜 기간 복무해서 전투에 익숙한 전문 병사들로 구성된 프랑스군과 격전을 펼쳤다. 그들에게 항복은 선택 사항이 아니었다.

가장 폭력적인 행위는 마을 중심부인 그랑뤼 거리, 교회 광장 근처에 있는 마을 중심부에서 발생했다. 한 관찰자는 "빗발치는 총알 때문에 땅이 많이 파여서, 마치 갈퀴질하는 것을 보는 것 같았다"라고 적었다.[8] 라스베르크는 화염과 열기, 자욱한 연기 속을 헤치며 중앙 광장으로 진입했다. 그는 곧 집 안에서, 계단과 입구, 지하실, 옥상 등에서 백병전을 벌였다. 집에서 타오르는 불길은 수비 측과 공격 측 모두를 집 밖의 거리나 아직 불타지 않은 집 안으로 내몰았고, 거기서 전투가 이어지게 했다. 라스베르크 자신은 어떤 집 안으로 들어가서 적과 치열하게 싸웠는데, 그러다가 침대 2개에 불이 붙었다. "이것은 그저 불타는 바제유에서 벌어진 지독하게 끔찍한 전투 장면 가운데 하나였을 뿐이다. 내가 여기서 보고 경험한 모든 것을 일일이 나열하는 것은 불가능하다."⁹

바이에른군은 때때로 프랑스 군인을 포로로 잡았다. 항복한 군인들은 대부분 전쟁 관례에 따라 적절하게 대우받았다. 하지만 모든 포로가 다 그랬던 것은 아니다. 전쟁 관례와 달리, 바이에른인들은 항복해오는 모리알Maurial 대위 휘하의 해군 보병 중대 소속 생존자들을 즉결 처형했다. 이런 처형은 프랑스 군인들에게 무기를 내려놓기보다 차라리 죽을 때까지 싸워야 한다는 확신을 심어주었다. 독일군 역시 이러한 프랑스군의 태도에 맞대응해 믿을 수 없는 적에게 항복하기보다는 목숨을 다해 싸우기를 택하면서 악순환이 전개되었다. 프랑스인들은 믿을 수 없는 적에게 복종하지 않고 최후까지 목숨을 다해 싸우고, 독일군은 이에 대해 보복을 가하는 악순환 속에서 이런 태도는 더욱 확산되었다. 물론 이 과정에서 발생한 사건들이 나중에 과장되는 경우도 있었다.

당시 해군 보병 제1연대의 소위였던 르 카뮈Le Camus 대령은 바이에른군이 자신의 중대원들을 사살하기 위해 항복하는 시늉을 한 것을 보았다고 1904년에 기록했다. 물론 이런 비난은 입증되지 않았다. 몇몇 포로들이 통제 없이 사살된 경우가 있지만, 포로들을 냉혹하게 집단 학살했다는 공식 보고는 없다.

해가 뜨기 전에 바제유는 양측의 거센 포격과 고의적인 방화로 인해 불길에 휩싸였다. 해가 떠오를 무렵, 르브룅의 제12군단은 강력하게 저항하면서, 독일군이 점령했던 상점과 집들을 탈환하고 있었다. 라스베르크는 기차역에서 부상자와 죽어가는 사람들을 돌보았다. 바이에른군은 기차역에 붉은 피로 적십자 표식인 십자가를 그린 흰색 천을 내걸었다. 이곳을 적이 공격하지 못하는 안전한 중립 지역으로 만들기 위해서였다.

지본강을 따라 북쪽으로 진군하던 뫼즈군 소속 작센군의 선봉 근위대는 라몽셀, 다이니 마을을 거쳐서 결국 지본강의 최북단 지역까지 도달했다. 작센군은 해당 지역에 대한 포위망을 완성하기 위해 스당 북쪽에서 제3군과 합류하려 시도하고 있었다. 그들은 이 포위 작전을 완성하기 위해 며칠째 하루에 13~14시간씩 거의 식량 배급도 없이 행군하고 있었던 것이다. 그들은 오른쪽에 바제유를 두고 지본강을 따라 북쪽으로, 라몽셀을 거쳐 다이니까지 진격하는 도중에 프랑스 제12군단의 저항에 마주쳤으며, 다이니에서는 뒤크로의 제1군단의 저항에 부딪혔다.

한편 스당 서쪽에 있던 제3군도 북쪽으로 향하고 있었다. 프로이센 제11군단은 스당 서쪽에 있는 동셰리에 집결해 스당 북서쪽에 있는 플루앵과 일리에 있는 프랑스군 진영을 공격할 준비를 했다. 뫼즈강의 굽은 부분을 피하기 위해 그들은 북쪽으로 10킬로미터를 행군한 후에 동쪽으로 진군 방향을 잡았다. 멀리 바제유에서 전투 소리가 들려왔기 때문에 행군은 힘들고 긴장되었다. 프로이센 제87연대의 병사 게브하르트 폰 비스마르크Gebhard von Bismarck는 훗날 당시의 긴장을 다음과 같이 회상했다.

갑자기 한 병사가 내 앞의 중대 대열에서 뛰쳐나가서 뫼즈강 제방을 기어오르더니, 배낭과 침낭, 소총을 짊어진 채 아래 물속으로 뛰어들었다. 시끄러운 물보라가 일고, 강물이 그 병사를 뒤덮었다. 원 모양의 소용돌이는 곧 가라앉았고, 그 뒤엔 아무것도 없었다. 그는 결코 다시 수면 위로 떠오르지 않았다. 아연실색한 병사들은 오랫동안 입을 다물지 못했다. 그들은 이 장면과 그들의 신경에 가해지는 끈질긴 압박감에 구역질을 느꼈다.[10]

지휘관은 병사들보다 좀더 낙관적인 견해를 가지고 있었다. 동셰리의 고지대에서 군대의 움직임을 관찰하던 블루멘탈 장군은 독일군의 승리가 임박했다고 확신했다. 우각호를 따라 돌면서 부대가 나뉘어, 제11군단은 남동쪽 플루앵 방향으로, 제5군단은 플레뇌로 올라가 뫼즈군 가운데 서쪽으로 이동하고 있던 근위대 군단과 합류할 준비를 했다. 정해진 규율대로 움직인 프로이센군의 행군은 물론 힘겨운 과정을 거쳐야 했지만, 결과적으로 독일의 승리를 가능하게 했다.

동쪽 지역에서는 프랑스 사령부가 바제유에 대한 독일군의 공격에 맞서 싸우고 있었으나 상황은 점차 악화되었다. 오전 6시경, 마크마옹은 바제유로 가는 도중에 다리에 포탄 파편을 맞았다. 걸을 수 없게 된 그는 홀로 말을 타고 움직였다. 웜펜이 지휘권을 이어받았다는 사실을 모른 채 마크마옹은 뒤크로 장군을 후임자로 임명했다. 그런데 뒤크로는 이 역할을 수행할 준비가 되어 있지 않았다. 그는 지난 며칠 동안 마크마옹을 보지 못했고 사령관의 계획도 모르고 있었기 때문이다.

뒤크로는 8시경이 돼서야 자신이 마크마옹의 후임으로 임명된 사실을 알았는데, 바로 작센군은 다이니에 공격을 퍼붓고 있었고, 근위대는 뒤크로가 지휘하는 제1군단의 좌측 측면을 공격하고 있을 때였다. 그리고 이때 다이니에서 사단을 지휘하는 믿을 만한 어느 장군이 포탄에 맞아 전사했다. 뒤크로는 즉시 프랑스군이 절박한 상황에 처했다는 사실을 깨달았다. 계속 싸우는 것은 단지 프랑스군의 파멸을 의미했다. 독일군에게 자신의 부대가 포위당할까봐 두려웠던 뒤크로는 독일군이 이미 동셰리로 진군했다는 것을 모른 채 서쪽으로 후퇴하라고 급히 명령했다. 르브룅 장군은 이 계획에 반대했다(한편으로는 자신의 제12군단이 그들의 위치를 잘 방어하고 있었고, 다른 한편으로는 후퇴할 방향의 지형이 험준했기 때문이다). 하지만 뒤크로는 바제유에서 벌어진 전투는 독일군이 프랑스군의 측면을 포위하는 동안 이를 견제하기 위한 것이며, 진짜 전투는 북쪽의 일리에서 일어날 것이라고 주장했다. 뒤크로는 오전 8시에 르브룅에게 바제유에서 후퇴하라고 명령했고, 르브룅은 명령에 따라 후퇴를 시작했다.

그런데 8시 30분경에 윔펜이 도착하더니 자신이 지휘권을 이어받았다고 선언했고, 그는 몹시 화난 상태였다. 그가 판단하기에 서쪽으로의 철수는 말도 안 되는 일이었다. 윔펜은 독일군이 이미 동셰리에 도착했으며, 프랑스군은 이를 돌파할 수 없다고 믿었다. 프랑스군이 어디론가 이동해야 한다면, 그것은 동쪽이었다. 지금의 상황에서, 르브룅은 바제유에서 버티면서 제7군단의 지원을 기다렸다가 공세를 취할 수 있도록 해야 했다. 윔펜이 뒤크로에게 반박했다. "우리에겐 승리가 필요합니다." 결국 르브룅은 이전에 내린 후퇴 명령을 철회했다. 뒤크로는 윔펜에게 후퇴하라고 설득할 수 없었지만 이렇게 경고했다. "장군, 당신이 만일 오늘 저녁에라도 후퇴한다면, 매우 운이 좋은 줄 아시오!"[11]

오전 중반 즈음에 전투가 도처에서 치열해지고 있었다. 남동쪽으로는 바제유에서, 동쪽으로는 지본강을 따라, 그리고 서쪽에서는 플루앵과 일리에서 전투가 불붙고 있었다. 작센군은 10시까지 다이니를 점령하고는 탄이 이끄는 바이에른군과 합류했다. 빌헬름 왕은 프레누아 위의 뫼즈강 남쪽 언덕에서 전투가 전개되는 것을 지켜보았다. 몰트케, 룬과 참모 장교들, 비스마르크, 외무부 장관 등이 그에게 왔으며, 영국·러시아·미국의 군사 참관인, 《타임스》의 윌리엄 러셀 기자를 포함한 영국 언론인들도 여기에 합류했다. 그리고 독일의 왕족들, 즉 바이에른의 레오폴트, 뷔르템베르크의 빌헬름, 슐레스비히-홀슈타인과 작센-코부르크의 공작, 작센-바이머와 메클렌부르크-슈트렐리츠의 대공 등도 합류했다. 마이클 하워드의 말에 따르면, 이들은 모두 "프로이센, 작센, 바이에른의 총과 대포가 스당 주변에 있던 프랑스 군대를 섬멸함에 따라 프랑스의 독립적인 영토가 순간순간 줄어드는 것을 지켜보고 있었다."[12]

아침 안개가 걷히면서 스당 주변의 넓은 벌판이 드러났다. 빌헬름이 머물고 있는 언덕 아래에는 뫼즈강 왼쪽 기슭에 포병대가 길게 배치되었다. 프레누아와 와들랭쿠르 사이에는 바이에른 제2군단, 르미이 오른쪽에는 제4군단의 포병대가 있었다. 뫼즈강 계곡과 스당 너머에는 지본 서쪽에 있는 부아 드 라 가렌Bois de la Garenne의 경계선이 나타났다. 더 북쪽에는 일리와 지본 위쪽의 경사지가 있었는데, 이곳에는 2개 독일군의 포병대가 있었고, 그보다 더 북쪽에는 아르덴 숲이 있었다.

바제유에서는 전투가 더욱 잔혹해졌다. 프랑스군은 오후 일찍 마을을 포기하고 떠났다. 마을에 남겨진 민간인들의 운명은 아침에 있었던 치열한 육박전 때문에 공포에 빠졌던 독일군의 자비에 맡겨졌다. 독일군은 마을 주택가에 숨어 있던 수많은 프랑-티뢰르 대원들이 자신들에게 맞서 싸웠다고 믿고 있었다. 민간인 전투원의 수가 몇 명이었는지는 입증하기 어렵지만 적어도 민간인 가운데 일부는 실제 전투에 가담했고, 다른 사람들은 프랑스군에게 적의 움직임에 관한 정보를 제공해서 도움을 주었다. 《쿠리에 데 아르덴Courrier des Ardennes》(아르덴 소식지)에 따르면, 8월 28일 지방자치단체가 마리 광장에서 시민들에게 무기를 나눠줄 때 독일인 정보원이 현장에 있었다. 한 바이에른 병사는 무장한 여성을 보았다고 보고했는데, 이는 전쟁은 남자들의 일이라는 그들의 믿음과 어긋나는 것이었다. 나중에 뉘른베르크에서 온 바이드너Weidner라는 사병은 이렇게 기록했다. "'여성은 그곳에서 하이에나가 된다'라는 시의 한 경구가 이 상황에 딱 들어맞는다. 위에서 언급했던 총탄들은 주로 여성들이 발사한 것이며, 그들의 얼굴은 분노로 가득했기 때문이다. 그렇다, 그들 가운데 어떤 이들은 부드러운 손으로 살상 무기를 잡은 채 용감하게 사격을 가했다."[13]

그리하여 9월 1일에 바제유를 점령한 독일군은 프랑스 주민들에게 힘을 과시해서 점령지에 대한 통제권을 확립하고, 저항했던 자들을 처벌해야 한다고 생각했다. 점령군의 이러한 행위로 인해 마을은 혼란에 빠졌지만, 바이에른 군인들은 대규모 부대에서도 역할을 잘 분담하며 싸우도록 훈련을 받은 터였다. 그래서 바제유에서 그들은 상관의 통제 없이 스스로 결정을 내리면서 상황에 대응할 수 있었다.

마을은 이미 불길에 휩싸여 있었고, 승자들은 등유와 방화용 탄약을 사용해 아직 파괴되지 않은 집들을 체계적으로 불태웠다. 집에 숨어 있던 사람들이 전부 밖으로 뛰쳐 나오도록 하기 위해서였다. 퀸하우저는 바제유에 불을 지르기로 한 결정을 다음과 같이 설명했다. "우리 모두가 이 잔혹한 시가전의 희생자가 되지 않으려면 상황이 정말 바뀌어야 했다. 그리하여 집집마다 강제로 문을 열도록 하고 모든 집에 불을 지르라는 명령이 내려졌다."[14] 지하실에 피신해 있었거나 다른 이유로 집을 떠날 수 없었던 민간인들은 이런 방화로 인해 연기에 질식하거나 산 채로 불에 타 죽었다. 바셸레 씨와 그의 열세 살짜리 딸 플로르, 그리고 매제 앙투안 아녜리는 그들의 집 지하실에서 목숨을 잃었다.

불타는 건물에서 탈출한 사람들은 길거리에서 기병들이 쓰던 검 사브르와 곤봉으로 얻어맞고, 밧줄에 묶인 채로 기차역으로 끌려가서 그곳에서 밤을 보내야 했다. 아뷜로-랑베르라는 남자는 사브르로 얻어맞고는 르가르되르 성으로 끌려가서 다리와 왼팔이 계단 기둥에 묶여 있었다. 부르제리J. Bourgerie에 따르면 아뷜로 랑베르의 아내는 "사브르에 맞아서 이마에 상처가 난 채, 거의 알몸으로 스당에서 14킬로미터 떨어진 돔르메닐까지 끌려갔다."[15]

83세의 오다르 부인은 바이에른 군인들에 의해서 집에서 끌려나왔다. 피에르 리에주아Pierre Liégeois라는 카페 주인은 오다르 부인이 처했던 곤경을 다음과 같이 설명했다. "그녀는 우리와 함께 포로로 잡혔지만, 빨리 걷지 못했다. 그러자 군인들이 거세게 떠밀어서 그녀는 자꾸 쓰러졌다. 바이에른인들은 그녀가 넘어질 때마다 총검으로 찌르거나, 발로 차서 다시 일어서게 했다."[16]

장교들은 순간의 감정에 사로잡힌 나머지 부대의 행동 지침을 준수하지 않았다. 전투가 한창일 때, 병사들이 주로 노동자가 입는 청색 작업복 차림의 민간인 2명을 대대장과 장교들에게 데려왔다. 여기 이 장교들 중 한 명(코흐-브로이베르크라는 이름을 가진)에 대한 이야기가 있다.

"소령님, 이놈들이 방금 우리에게 총을 쏘았습니다!" 흥분한 소령이 물었다. "그게 사실인가?" 소령은 방금 훌륭한 장교 한 명을 매장한 터였다. 그는 명령했다. "저놈들을 쏴버려! 그 자리에서!" 차분한 동료 병사가 나에게 말했다. "우리 대원들이 이놈들을 바로 죽였어야 했는데." 지금 그들은 사실상 군사재판의 역할을 대신하고 있다.[17]

어떤 프랑스인들은 모의 처형을 당하거나 실제로 사살되었고, 다른 사람들은 고의적인 폭력에 의해 상해를 입었다. 지하실에서 나와 도망치려 했던 한 민간인은 탈출하는 데 실패했다. "이놈들은 흥분한 채로, 아직도 총신이 따뜻한 무기를 손에 쥐고 있었지만 자신이 무죄라고 맹세했다. 이런 놈은 빠르게 처리되었다. 내 동료 하나가 총을 들었고, 탕 소리와 함께 그는 피를 흘리며 쓰러졌다."[18]

프랑스 민간인과 바이에른 군인들은 어떻게 하면 살아남을 수 있을지 재빨리 머리를 굴렸다. 퀸하우저와 그의 동료 군인들이 어떤 집에 들어가려고 했지만 아이를 품에 안은 여성이 막아섰다. 그녀는 자기 집에는 프랑스 군인이 없다고 맹세했다. 이 말이 사실일 수도 있었지만 아닐 가능성도 있었다. 바이에른 병사들이 거의 돌아서려고 하다가 무언가 인기척을 듣고 계단을 뛰어 올라갔다. 그곳에는 총알이 놓인 테이블이 있었고, 마룻바닥에는 탄피가 흩어져 있었다. 거기 머물던 남자들은 지붕 너머로 도망쳤다. 한 병사가 그들을 향해 총을 쏘았지만 빗나갔다. "그 여자는 여성의 교활함을 이용해서 자신의 목적을 달성했다." 남자들이 탈출할 수 있도록 바이에른 병사들의 진입을 지연시킨 것이다. 퀸하우저는 이렇게 적었다. "우리가 계단에서 내려왔을 때, 그녀는 이미 아이와 함께 사라지고 없었다. 그녀에게는 다행스러운 일이었다. 왜냐하면 죽고 죽이는 분노에 찬 시가전 속에서 여성이라고 예외를 두지는 않을 것이 분명하기 때문이다."[19] 퀸하우저는 자신의 목적을 달성하기 위해 여성은 연약하고 부드럽다는 고정관념을 이용한 그 여자에게 배신감을 느꼈다. 그는 그녀를 죽이고 싶은 마음이 들었다고 인정하지는 않았지만, 이 여성의 술수에 대한 분노가 살인으로 이어질 수 있었다는 것을 알았다. 또다른 여성은 퀸하우저와 그의 동료들에게 자기 집이 다 불타기 전에 몇 가지 물품을 꺼내오게 해달라고 간청했다. "이 치열한 죽음의 싸움에서도, 그리고 이미 비슷한 계략에 속은 적이 있음에도 불구하고 우리는 그녀의 요청을 들어주었다."[20]

여성은 강간의 피해자이기도 했다. 군인들이 저지른 성폭행에 관한 대부분의 자료들은 품격을 지킨다는 명분으로 이 문제를 제쳐두었다. 예를 들어 에르빌로-위베르M. Herbulot-Hubert는 르루아 부인이 역으로 끌려가서 "5~6명의 바이에른 군인들 사이에서 몸부림치는" 것을 보았다고 진술했다.[21] 바제유와 스당 사이에 있는 마을 발랑에서 에몬츠Emonts라는 바이에른군 소총수는 교회 탑에서 한 여성이 처형되는 것을 목격했다. 그는 망원경으로 "엽총을 손에 든 채 순찰대에 붙잡혀 숲으로 끌려가는" 여성을 볼 수 있었다. "거칠게 몸부림치는 그녀를 군인들이 둥글게 에워쌌고, 그 안에서 작업을 하기 시작했다. 몇 분 후 군인들은 흩어졌고, 흰 연기가 처형이 진행되었음을 알렸다."[22] 군인들이 처형하는 모습을 가린 것일까, 아니면 "작업하는" "몇 분" 동안 여성에게 학대나 성폭행을 가한 것일까? 에몬츠는 말하지 않았다. 여성의 나이가 적든 많든 적의 여성을 모욕하고 처벌하려는 의도적인 행위로부터 그녀를 보호할 수는 없었다. 앙리 엔츠Henri Entz는 "80세의 미망인 P가 … 군인들에게 묶여 질질 끌려가 최악의 폭행을 당했다. 또다른 여성 C도 … 같은 운명을 맞았다"라고 보고했다.[23]

그날 오후 스당 주변의 다른 곳에서는 프랑스군 사령부가 사방에서 끊임없이 공격받고 있었다. 바제유에서 총격과 민간인들의 저항이 계속되자, 바이에른 포병들은 마을 위 경사면에 그들을 지원하는 대포를 배치하고 발랑을 향해 진격하고 있었다. 작센군은 지본강을 거슬러 올라가면서 다이니를 점령했고, 프로이센 근위대는 지본강 위쪽에 주둔하고 있었다. 센강 서쪽에서는 제3군 가운데 제5군단에 속하는 슐레지엔군이 플레뇌 마을 앞에서 진입할 준비를 했으며, 제11군단의 헤센군은 뫼즈강을 돌아서 플루앙 마을에 도달하기 직전이었다. 정오가 되자 포병의 포위망이 거의 완성되었다. 독일군은 플루앙에서 바제유에 이르는 지역에 사거리가 1.5킬로미터가 넘는 대포 222문을 배치했다. 그날 그들은 약 2만 발의 포탄을 발사했는데, 프랑스 포병은 그 수나 사거리 면에서 전혀 상대가 될 수 없었다.

다음 증언에서 알 수 있듯이, 최전선에서 싸우는 독일군 병사들이 독일군 전체의 전략을 인지하고 있지는 않았다.

나는 오후에 일리에서 왼편 포대의 사령관과 함께 있었다. 그는 망원경으로 프랑스군을 주시하고 있다가 계속 고개를 저으며 중얼거렸고, 마침내 가장 가까운 곳에 있던 중위에게 소리쳤다. "저쪽에서 도대체 무슨 일이 벌어지고 있는 거지? 프랑스 포대 뒤에서 포탄이 폭발하고 있는데 저건 우리가 쏜

게 아니야!" 중위는 망원경을 들고 잠시 바라보더니 소리쳤다. "그들의 오른편 날개와 중앙의 포대가 우왕좌왕하며 후퇴하고 있습니다." "자네는 이게 무엇을 뜻한다고 생각하나?" "포탄이 뒤에서 날아오고 있습니다!" "그러면 이건 누가 쏜 거지?" 우리는 서서히 상황을 파악하게 되었다. 뫼즈군의 우익인 프로이센 근위대의 포병이 동쪽에서 대포를 쏘며 프랑스군을 완전히 포위하고 있었다. 바로 이 순간까지 우리, 최전선의 보병 장교와 포대 지휘관들은 자신들이 프로이센 2개 군 전체가 시도하는 대규모 포위 공격에 참여하고 있다는 사실을 몰랐던 것이다.[24]

왕세자는 독일군이 "가장 대담한 조합"을 형성하며 프랑스군을 "수학적으로 정밀하게" 포위해가는 모습을 흥미진진하게 지켜보았다.[25]

프랑스군은 샤스포 소총으로 독일 보병을 공격할 준비를 했지만, 독일 보병은 그들에게 다가오지 않았다. 뵈르트, 비옹빌, 생프리바 전투에서와 달리 독일 보병은 진영을 지킨 채, 프랑스군을 향해 진격하지 않았다. 그 대신 그들은 대포를 이용했다. 대포의 발사선이 전투 대형의 가장 앞쪽에 있는 나폴레옹식 전투와 달리 몰트케는 집단 포대, 이동 포대를 개발했다. 이들은 한곳에 집결하기도 하고 이동할 수도 있어서 장교들은 전투의 주도권을 가질 수 있었으며, 포병들은 효율적으로 움직이도록 훈련받았다. 물론 모든 것이 완벽하지는 않았다. 대포는 정확도가 높지 않았고, 그들이 조금씩 전진할 경우 아군에게 피해를 입히기도 했다. 이런 경우를 제외하면 포격전은 1866년 이래 독일군 지휘관들이 계획했던 것처럼 펼쳐졌다. 프랑스군은 혼비백산했다.

독일군의 포격으로 탈출할 공간조차 찾지 못한 프랑스군 각 부대에서는 내부의 의견 충돌과 분열 문제까지 발생했다. 삼각형으로 둘러싸인 프랑스 군단은 서로 가까이 밀착하도록 압박을 받았다. 윔펜은 바제유로 탈출할 기회를 파악했다고 보았으며, 그곳에서 르브룅이 이끄는 제12군단이, 탄약은 부족하면서 포도주나 마시고 있는 바이에른군을 돌파할 수 있을 것이라는 희망을 품었다. 그는 두에에게 제7군단으로부터 지원군을 보낼 수 있는지 물었는데, 지원군이 올 경우 그는 동쪽 카리냥을 향해 진격하겠다는 계획을 세웠다. 윔펜은 결국 성공 가능성을 조금이라도 높이려면 즉각 행동해야 한다는 것을 깨달았다. 제7군단에서 지원군이 도착할 때까지 기다릴 수 없었다. 그는 오후 1시경에 명령을 내렸으며, 나폴레옹 3세가 스당에서 와서 군대를 지휘해줄 것을 요청했다.

그러나 이러한 돌파 시도는 결코 실천에 옮겨지지 않았다. 나폴레옹은 윔펜의 계획이 현실적이지 않다고 판단해서 그가 계획한 모험을 지휘하기를 거부했다. 작전을 위해 배치된 군대도 얼마 되지 않았다. 지시 사항은 분실되고 지휘관들은 정확한 작전 지도조차 없는 상황에서, 전쟁의 안개를 뚫고 포위망을 돌파하는 것은 불가능했다. 어떤 병사들은 독일군의 집중 포화에 가로막혀 꼼짝할 수 없었고, 어떤 병사들은 화재 때문에, 또는 마차와 말, 시체들 때문에 탈출로가 봉쇄되었다. 그러자 윔펜은 탈출 작전 대신에 스당과 바제유 사이에 있는 발랑을 공격하기 시작했다. 그런데 이는 바이에른 제2군단의 증원을 이끌어내고 말았다.

프랑스 장교 랑베르Lambert와 몇몇 병사들은 스당에서 바제유로 가는 도중에, 발랑과 바제유의 경계에 있는 메종 부르제리에서 아침 10시부터 오도 가도 못한 채 갇혀 있었다. 그들은 오후 3시경 마지막 탄창이 다 떨어질 때까지 계속 싸웠다. 결국 탄약이 모두 소진되는 마지막 순간까지 싸우면서 상당한 인명 손실이 발생했지만, 포로로 잡혀 목숨은 건질 수 있었다. 그날이 끝날 무렵 폰 데어 탄 장군은 체포된 민간인 여성과 비무장 농민들이 모여 있는 빌라로 올라갔다. 탄은 프랑스어로 "당신들의 황제는 포로가 되었다. … 당신들은 폭도야! 우리는 당신들을 총살할 것이다!"라고 선언했다. 하지만 탄은 이 위협을 실행에 옮기지는 않았다.[26]

한편 오후 1시가 되자 플루앵에 있던 프랑스 제7군단의 왼편 진영도 독일군의 포격을 받아 어려움을 겪고 있었다. 프랑스군의 포대는 파괴되었고 보병이 반격을 가했지만, 진격해오는 독일군을 막을 수는 없었다. 뒤크로는 절망에 빠진 채, 그리고 윔펜이 동쪽에서 똑같은 작전을 시도하고 있다는 것을 모른 채 장 마르그리트Jean Margueritte 장군에게 기병을 보내서 진격해오는 독일군을 격퇴하고, 서쪽으로 돌파하려는 프랑스군을 지원하라고 명령했다. 마르그리트는 상황을 살펴보기 위해 말을 타고 나갔다가 얼굴에 총을 맞았다. 그는 있는 힘을 다해 적진을 향해 팔을 뻗으면서 쓰러졌다. 겁에 질린 부하들은 경사면을 정신없이 달려 내려가면서 "복수하자!"라고 소리쳤다. 그들은 독일군의 척후 전선을 넘었지만 독일군의 대형을 깨뜨릴 수는 없었다. 수많은 군인과 말이 독일군 앞에 쓰러졌고, 살아남은 병사들은 다시 모여 돌격을 시도했다. 빌헬름 왕은 프레누아에 있는 지휘석에서 이런 무능한 공격을 지켜보고 한숨을 쉬며 말했다. "아! 용감한 병사들이여!"[27]

늦은 오후까지 독일군은 700문의 대포를 배치한 반면, 프랑스군이 배치한 대포는 550문 남짓이었다. 프랑스군은 여러 군단이 방향을 잃고 싸울 에너지도 상실한 채 전선 뒤로 무질서하게 몰려들었고, 독일군은 다양한 각도에서 동일한 목표 지점을 향해 집중 포격을 가했다. 이런 극도의 혼란 속에서 프랑스군은 결국 스당으로 후퇴했다. 왕세자는 "무기도 없이 불안에 떨면서 정신없이 이리저리 뛰어다니는" 프랑스군 보병들의 처참한 모습을 목격했다. "절망이 프랑스 병사들을 사로잡았다. 이제 그들은 포로가 되는 것 외에는 어떤 다른 가능성도 남지 않았다는 것을 깨달았기 때문이다."[28] 독일군은 가렌 숲에만 200문의 대포를 배치했는데, 이는 1862년 남북전쟁 당시 남부연합군이 프레더릭스버그에 배치했던 규모와 같았다. 이 지역은 오후 늦게 무너졌다. 포위망에 갇혀 있던 많은 프랑스 군인이 해자를 넘어 성벽을 기어올라 스당 요새에 들어가려고 시도했다. 요새 자체는 무너지지 않았다.

늦은 오후, 르브룅과 두에, 뒤크로는 각각 스당으로 돌아가서 황제에게 프랑스군이 처한 끔찍한 상황을 설명했다. 나폴레옹 3세는 마침내 스당에 백기를 게양했다. 그는 공식적으로 휴전을 요청하기 위해 의원 한 명을 보내려고 준비했지만, 여기에는 발랑으로 행군하고 있던 현 사령관 윔펜 장군의 서명이 필요했다. 르브룅이 그를 찾았을 때 윔펜은 발랑에서 마지막 공격을 시도하겠다고 주장했지만 부하들은 그를 따르려 하지 않았다. 그는 마침내 패배를 인정하고 침묵 속에 말을 타고 요새로 돌아갔다. 그가 지나간 스당과 발랑 사이의 길은 시체로 가득했다. 나폴레옹 3세는 레유Reille 장군을 통해 프로이센 왕에게 보낼 항복 서한을 준비했다.

바이에른 병사들은 스당에 백기가 내걸린 것을 보고 환호성을 질렀다. 그들은 철제로 된 야전용 컵에 샴페인을 담아 마셨고, 품질이 그리 좋지는 않았지만 프로이센 장교를 즐겁게 하기 위해 맥주도 찾아내 마셨다.

한편 빌헬름 왕, 몰트케, 비스마르크, 왕세자, 왕실 수행단은 폰 브론사르트von Bronsart 중위에게서 나폴레옹 3세의 항복이 임박했다는 말을 전해 들었다. 그들은 황제가 스당에서 탈출하지 못했다는 사실을 처음 알게 되었다. 바이에른 보병들과 달리 빌헬름 왕의 부하들은 환호할 수 없었다. 왕세자는 이렇게 회상했다. "우리는 각자 본능적으로 이런 중요한 순간에 환호성을 지르는 것이 얼마나 부적절한지를 알았다. 이렇듯 매우 중요한 문제가 발생했을 때, 감정을 요란하게 드러내지 않는 것이 바로 우리 독일인의 방식이다."[29]

왕과 프리드리히 빌헬름 왕세자는 언덕 꼭대기에서 레유 장군이 항복 문서를 가져오기를 기다리고 있었다. 함께 있던 기타 독일의 왕세자들은 그들 뒤에서 반원 형태로 도열해 있었다. 왕세자는 "작센바이마르 대공이 가능한 한 내게 가까이 다가오기 위해 자리를 이리저리 옮겨 다니며 애썼다"라고 적었다.[30]

마침내 레유가 나폴레옹 3세의 항복 문서를 들고 도착했다. 빌헬름 왕은 왕세자에게 이 편지를 큰 소리로 읽어달라고 요청했다. "무슈 브라더, 나의 형제시여, 나의 대원들과 함께 죽을 수 없었던 본인은 이제 그저 폐하 앞에 저의 칼을 내려놓지 않을 수 없습니다. 본인은 폐하의 좋은 형제입니다. 나폴레옹."[31]

빌헬름 왕이 비스마르크, 몰트케, 프리드리히 빌헬름과 상의한 뒤 비스마르크가 항복을 수락하는 답신을 구술했다. 빌헬름은 바닥이 짚으로 된 의자 2개와 가죽 가방(기병들의 가방 사브르타슈)으로 만들어진 임시 테이블에서 자필로 답신을 적었다. 이 순간 독일인들에게는 축하와 엄숙한 침묵이 동시에 요구되었다. 어떤 이들은 창문에 램프와 촛불을 세워놓았다. 다른 이들은 기쁨과 축하의 환호성을 질렀다. 이들은 캠프의 모닥불 옆에서 루터교 찬송가인 '다 감사드리세'를 불렀다.

9월 1일 전투는 비인간적인 포격과 격렬한 육탄전이 마구 뒤섞이며 진행되었다. 프랑스군 측의 사상자는 사망자 3천 명, 부상자 1만 4천 명, 포로 2만 1천 명으로 독일인 사상자(사망자, 부상자, 행방불명자 포함) 총 9천 명에 비해 네 배 많았다. 또한 더 많은 프랑스 군인이 곧 포로로 넘겨질 예정이었다. 프랑스, 독일, 그리고 외국인 자원봉사자들이 근무하는 이동식 병원이 이 지역 전역에 설치되어 군인들을 치료하는 데 최선을 다하고 있었다. 바제유에서 하루 종일 전투에 참가했다가 이제 자신이 본 모든 것들과 씨름하기 시작한 디트리히 폰 라스베르크는, 바이에른 동료들이 그날 수많은 모순된 경험을 했음을 깨달았다.

> 그들은 침착하고 진지하게 서 있었다. 이 사람들은 자신의 행동에 대해 몇 마디 떠듬떠듬 이야기하며 그들이 입은 손실을 슬퍼한다. 하지만 그들의 얼굴에서 쓰라린 아픔이나 차분한 만족감, 슬픔과 고통을 읽어낼 수 있었다. 어떤 이들의 눈에는 눈물이 고여 있고, 또다른 이들의 눈은 열정으로 타오른다. … 이렇게 짧은 순간에 젊은 병사들과 장교들이 갑자기 전사로 거듭나는 것이다![32]

윔펜은 항복 협상이 마음에 들지 않았지만, 신임 사령관인 그로서는 선택의 여지가 없었다. 그는 전장에서 굴욕을 당했을 뿐만 아니라, 이제 항복이라는 자신과 조국에 대한 본질적인 모욕에도 직면했다. 프랑스 제국의 대표인 윔펜과 앙리 피에르 드 카스텔노Henri Pierre de Castelnau 장군은 몰트케, 비스마르크와 만나기 위해 동셰리에 도착했다. 프랑스군은 프로이센이나 그 동맹국과 맞서서 무기를 들지 않겠다고 약속하는 대가로 무기와 군장, 그리고 완전한 군사적 명예를 갖춘 채 명예롭게 퇴각할 수 있기를 바랐다. 하지만 이런 요구 사항은 당시 프랑스군처럼 대규모 군대에 허용되기엔 너무 과도했다. 비스마르크는 전쟁을 끝내고 싶었기 때문에, 프랑스군을 모두 포로로 삼고자 했다. 윔펜은 그런 조건이라면 프랑스군은 공격을 재개할 것이라고 위협했다. 몰트케는 8만 명의 프랑스군 병력이 지금 그들을 포위하고 있는 약 25만 명의 독일군과 맞서서 오랫동안 버틸 수 있으리라는 생각은 착각이라는 점을 그에게 환기시켰다.

그러자 윔펜은 지속적인 평화를 이루기 위해서는 독일 측의 관대한 조치가 필요하다고 주장했다. 비스마르크는 혁명으로 인해 불안정에 빠진 프랑스가 지난 80년 동안 유럽을, 그리고 거의 2세기 동안 독일을 혼란에 빠뜨렸다는 사실을 지적했다. 나아가 민주주의 체제에서는 후의나 고마움을 기대할 수 없다고 경고했다. 지금의 프랑스에는 "의지할 만한 것이 아무것도 없소."[33] 게다가 독일은 프랑스인을 신뢰할 수 없었다. 독일의 시각에서 그들은 "다혈질적이며, 남을 부러워하고 질투심이 많으며, 또 지나치게 자부심에 차 있다. 당신들은 마치 승리가 당신들만을 위해 예정된 자산이며, 무기를 통한 영광이 당신들의 독점물인 양 생각한다." 비스마르크는 이런 프랑스와 대조적으로 독일은 그동안 평화로웠으며 오히려 독일에 선전포고한 것은 프랑스라고 주장했다. 프랑스는 지난 200년 동안 서른 번이나 독일에 선전포고를 했다. 비스마르크는 독일을 보호하기 위해 완충 지대를 설정하고 이를 통제할 요새들을 독일에 넘겨줄 것을 요구했다.

윔펜은 1870년의 프랑스는 루이 14세나 나폴레옹 집권 당시의 프랑스와 다른 나라라고 반박했다. 나폴레옹 3세 치하의 프랑스는 부르주아지 국가라는 것이다. 비스마르크는 그렇지 않다고 대답했다. 프랑스 언론과 대중은 나폴레옹의 선전포고에 열광하지 않았나. 그렇기 때문에 그는 파리로 행진해 들어가서 대중과 언론인들에게 교훈을 주기로 결심했다. 비스마르크는 이렇게 결론지었다. "전투의 행운은 우리에게 프랑스 최고의 군인과 최고의 장교들을 넘겨주었습니다. 그런데 우리가 자발적으로 그들을 방치함으로써 그들이 또다시 우리에게 진격해 오는 위험을 감수한다면 이는 미친 짓일 거요."[34]

그리고 나서 비스마르크는 다음과 같은 핵심 질문으로 주의를 돌렸다. 항복한 것은 나폴레옹 자신인가, 아니면 프랑스 전체인가? 프랑스 군대인가, 아니면 국가인가? 비스마르크는 만일 국가 전체가 항복하는 것이라면 전쟁을 끝내기 위한 다른 (더 나은) 조건이 있을 수 있다고 암시했다. 카스텔노는 황제 개인이 항복한 것이지, 프랑스 국가 전체가 항복한 것은 아니라고 대답했다. 이 답변은 비스마르크와 몰트케 사이에 갈등을 촉발하는 단서가 되었고(몰트케는 종전 조건을 완화해서 전쟁이 더 신속하게 끝나는 것을 원하지 않았다) 전쟁이 수개월 동안 더 연장되게 만들었다.

윔펜은 또다시 반박을 시도했지만 몰트케는 스당 주변에 배치된 독일군의 포대 배치도를 보여주며 그의 시도를 일축했다. 몰트케는 항복 조건에 합의하지 않으면 오전 9시에 다시 포격을 개시할 것이라고 말했다(웜펜은 독일군의 탄약이 소진되었다는 사실을 간파하지 못했다). 웜펜은 내부에서 논의할 시간을 달라고 요청했고, 그래서 휴전은 다음날 아침까지 연장되었다.

그날 밤 라스베르크는 요동치는 전투에 대한 꿈을 꾸기는 했지만, 숙면을 취했다. 아침에 그는 바제유, 좀더 정확하게는 바제유의 폐허를 거쳐 후방으로 행군하면서 자신과 동료들이 함께 만든 처참한 전장을 목격했다. 치열했던 전투 현장은 여전히 불타고 있었다. 37채의 건물이 포탄에 의해 파괴되었고, 363채가 불에 탔으며, 온전히 서 있는 건물은 23채밖에 되지 않았다.

지금 이곳은 시커먼 연기와 피로 뒤덮인 채 불타고 있는 쓰레기장에 불과하다. 거리는 화마의 잔해, 가정용 식기와 온갖 무기, 죽거나 불에 탄 바이에른인과 프랑스인들의 시체로 뒤덮여 있다. 불에 탄 말이나 소가 여기저기 나뒹굴며, 이 모든 것 위에 불길이 여전히 공중으로 치솟고 있다. 벽이 무너지는 굉음과 총소리가 사방에 울려 퍼지고 있다.[35]

민간인 39명이 바제유에서 사망했다. 8명은 자택에서 질식사했고, 31명(남성 30명, 여성 1명)은 전투 도중에 혹은 직후에 사망했다. 그밖에 수백 명이 부상을 입거나 죽어가고 있었다. 군인의 경우 약 5천 명의 독일군과 2500명의 프랑스군이 바제유에서 죽거나 부상을 입었다.

라스베르크는 "독일인과 프랑스인, 유럽인과 아프리카인"이 뒤죽박
죽 섞인 300여 구의 시체 더미를 지나쳤다. 그들은 모두 바제유에서 같
은 운명을 겪었던 것이다.[36] 이 끔찍한 광경은 라스베르크에게 깊은 인
상을 남겼다. 승리한 동료 전사들을 높이 평가했던 이전과는 극명하게
대조되는 모습이었다.

이것이 바로 전쟁의 어두운 면이다! 이것을 군인들에게 말하는 것은 모두
괜찮고 좋은 일이며, 우리 군인들은 기꺼이 그것을 듣고 심지어 이렇게 말
하기도 한다. "가장 아름다운 죽음은 전장에서의 죽음이다." 하지만 정말로
가장 아름다운 죽음은 전장에서의 죽음이 아니다! 수많은 전쟁 화가들은 얼
마나 많은 것을 놓치고 있는가. 그들은 종종 전장에서 죽은 병사들에게 아
름답고 이상적인 모습을 투영해서 마치 당신들 스스로가 그렇게 아름답게
죽은 자의 자리에 있는 것처럼 보이게 하려 한다! 하지만 그렇게 아름답고
이상적인 군인의 시체는 어디에도 존재하지 않는다![37]

나중에 라스베르크는 전투에서 무사히 살아남은 동생 루돌프와 재
회하는 기쁨을 누렸다. 그러나 그는 형제가 불행하게 재회하는 장면도
목격했다. 어떤 군인이 사망자 사이에서 동생의 시신을 확인하고 "이
건 안톤이야!"라며 끔찍하게 울부짖었다. 사랑하는 동생이 죽었을 뿐
아니라, 시신이 끔찍하게 손상된 것까지 두 눈으로 목격했기 때문이다.
이 남자는 집에 있는 어머니에게 보내기 위해 안톤의 머리카락을 한 움
큼 잘라냈다. 라스베르크는 너무 마음이 아파서 거의 말을 할 수도, 흐
르는 눈물을 참을 수도 없었다.[38] 라스베르크는 그날 늦게야 나폴레옹

3세가 포로로 잡혔다는 소식을 들었다. 그와 동료들은 처음에는 터무니없는 농담이라고 비웃었다. 하지만 이 소식이 사실이라는 것을 깨달았을 때, 그들은 기쁨에 벅찬 환호성을 질렀다. 바제유 전투에서 라스베르크는 많은 군인과 마찬가지로 악한이자 영웅, 형제이자 적, 바이에른 출신 외지인이자 통일을 이룩한 독일인, 자신이 무죄라고 선언할 수 없는 전사이자 말할 수 없는 폭력에 공모한 사실을 인정할 수 없는 한 젊은이였다.

프리드리히 빌헬름 왕세자는 스당 전투 다음날 잠에서 깨어나서, 어린 시절 배운 역사의 교훈을 되새겨보았다. "세계사는 세계법정이다." (헤겔이 한 말로, '세계사는 세계의 정의를 보여준다'는 뜻이다) 그에게 이는 전날의 사건에서 포착된 '심오한 진실'을 보여주는 자명한 진술이었다.[39] 프리드리히 빌헬름에게 프랑스를 희생시키면서 독일이 부상하고, 프로이센 군주제 아래서 통일을 향해 나아가는 것은 예상 가능한 일일 뿐만 아니라 정당한 것으로 보였다.

9월 2일, 나폴레옹과 비스마르크는 스당 외곽, 여러 가족들과 한 포도주 상인이 살고 있던 외딴집에서 항복 조건을 최종 마무리하기 위해 만났다. 이 집은 외딴곳에 고립되어 있었고 프로이센군이 점령한 구역 안쪽에 위치해 있었기 때문에 특별히 협상 장소로 선택되었다. 나폴레옹 3세는 빌헬름 왕에게 특별한 호소를 하기 위해 일찍 출발했다. 그런데 동세리로 가는 도중에 비스마르크가 나폴레옹을 멈춰 세웠다. 항복이 체결될 때까지는 빌헬름 왕에게 접근할 수 없다며 제지한 것이다. 그는 나폴레옹 3세를 그 작은 집 바깥에 있는 벤치로 안내했고, 황제가 풀이 죽은 채 자리에 앉아 있는 동안 독일어로 일방적인 대화를 나누었다. 몰트케가 도착하자 나폴레옹은 프랑스 군대를 벨기에로 이동하는 방안을 제안하려고 했지만 몰트케는 이를 일언지하에 거절했다.

비스마르크는 이제 나폴레옹이 잠깐 동안 어색한 상태로 왕과 만나도록 허용했다. 황제는 조금 전에 프랑스군을 물리친 독일 군대, 특히 그 포병에 대해 경탄한다고 말했다. 대화 중에 그는 놀랍게도 자신의 군대가 독일군 전체와 맞붙은 것이 아니고, 독일군 7개 군단이 메스를 함락했다는 사실을 알게 되었다. 나폴레옹은 한 가지 부탁을 했다. 자신이 프랑스 군대와 함께 독일군의 포로가 되는 것이 아니라, 군대와는 별도로 벨기에를 경유해서 독일 측에 개인적으로 투항하도록 허락해 달라는 것, 즉 황제가 부하들과 함께 이동해 포로가 될 때 발생할 수 있는 당혹감과 위험을 덜어달라는 것이었다. 비스마르크는 이를 받아들였다. 그래서 나폴레옹 3세는 이후 6개월을 카셀 근처 빌헬름스회에 성에서 보냈다.

빌헬름 왕과 몇 마디 대화를 나눈 후 나폴레옹 3세는 왕세자와 짧은 만남을 가졌다. 모든 의견 교환에서 나폴레옹은 정중한 자세로 프로이센의 권력을 인정했다. 프리드리히 빌헬름은 만남의 순간을 이렇게 적었다.

나폴레옹은 나를 보자, 내게 손을 내밀어 악수를 청했다. 그는 말이나 태도에서 지극히 공손한 태도를 보였다. 이런 자세로 발언하는 동안 그의 눈에서는 눈물이 줄줄 흘러내렸고, 그는 뺨에 흘러내리는 눈물을 손으로 연신 닦았다. 나는 그에게 어떤 경우라도 불행을 당한 사람을 만나면 당연히 측은한 마음을 갖게 된다고 말했다.

한마디로 그는 동정심을 보이면서 대화를 주도했다. 왕세자의 다음 질문은 나폴레옹을 더욱 무력감에 빠지게 했다. "황제가 밤의 휴식에서 무언가 깨달을 수 있었는지"를 물었던 것이다. 나폴레옹은 "전쟁의 비참함 속에서 친구들을 걱정하느라 한숨도 제대로 잘 수 없었다"라고 대답했다. 이는 정서적으로 크게 상처를 입은 사람에게서 나온 경탄할 만한 대응, 즉 전쟁이 이렇게 씁쓸하게 끝나게 된 책임을 다른 사람에게 돌리는 말이었다. 이런 의견 교환이 서로에게 직격탄을 던지는 데 실패했다면, 이어진 다음 대화는 왕세자의 말문이 막히게 했다.

내가 이번 전쟁이 무시무시하고 매우 잔인했다고 말하자, 나폴레옹은 '그렇다, 전쟁이 잔인한 성격이었다는 것을 부인할 수는 없지만, 만일 누구도 전쟁을 원하지 않았다면 그것은 더욱 끔찍했을 것'이라고 대답했다. 이 말을 듣고 나는 잠시 아무 말도 하지 않고 침묵했다. 이번 전쟁을 도발한 주요 책임자인 나폴레옹의 입에서 그런 말이 나오는 것을 듣고 너무 놀라서 아무 대응도 하고 싶지 않았기 때문이다.

이 놀라움이 진짜였든 회고록을 위해 꾸며낸 것이었든, 왕세자는 전쟁의 책임을 일관되게 프랑스 측, 특히 황제와 그의 보좌관들에게 돌렸다. 프리드리히 빌헬름과 나폴레옹은 상반된 운명을 겪은 가족 이야기를 나눈 마지막 대화에서야 비로소 군인 간의 공감대에 도달할 수 있었다. "나는 현재 황후와 황태자의 안부가 어떤지 물었지만, 그는 일주일 동안이나 아무런 소식도 듣지 못한 상태였다. 그가 나의 아내와 아이들의 안부를 물었을 때 나 역시 똑같이 대답할 수밖에 없었다."[40] 두 사람이 떠난 후 프로이센의 한 장교가 빌헬름 왕이 좀전에 앉았던 의자를 가져갔다. 그는 여자 하인에게 의자 값으로 3프랑을 주었다. 그런데 나중에 그녀의 말에 따르면 4프랑을 지불했다고 한다.

오전 11시, 웜펜은 스당과 동셰리 사이의 뫼즈강 변에 있는 벨뷰 성에서 항복 문서에 서명했다. 프랑스군은 모든 무기, 모든 군수물자와 함께 요새들을 독일군에게 넘겨주고 전쟁 포로로 항복하기로 했다. 장교들은 전투에 복귀하지 않겠다고 맹세할 경우 자유를 얻을 수 있었다. 550명의 장교가 이 제안을 받아들였다. 전투에서 포로로 잡힌 2만 1천 명의 병사 외에 총 8만 3천 명이 포로로 잡혔으며, 마차 1천 대, 말 6천 마리, 대포 419문이 압수되었다.

부상당한 프랑스 군인들의 행렬이 중립지대인 벨기에를 지나는 동안, 스당은 도시 전역에서 모든 교회와 가정에 적십자의 백기를 내건 거대한 병원이 되었다. 프랑스군 포로들은 스당 바로 서쪽에 삼면이 뫼즈강으로 둘러싸인 이제Iges 지역으로 밀려갔다. 그들은 일주일 동안 먹을 것을 얻지 못한 채였고 많은 비가 내렸다. 이 포로 수용소는 나중에 에밀 졸라의 작품《패주The Debacle》에 극적으로 묘사되었다. 8만 3천 명의 병사와 1만 마리의 말이 16제곱킬로미터에 달하는 광활한 평원에 갇혀 있었다. 상처와 굶주림으로 죽어가는 말들이 도살되어 뫼즈강에 던져져서 비참함과 악취를 더했다. 르브룅은 9월 4일에 당시 상황을 이렇게 보고했다.

포로가 된 부대들은 식량이 없어서, 오늘은 수용소 야영지에서 발견되는 감자로 연명하고 있다. 무질서, 극도의 무질서가 지배하고 있다. 어디서나 가장 모욕적인 언사들이 들린다. 나는 수용소를 조금 가로질러 지나갔지만 병사들로부터 모욕을 당하진 않았다. 하지만 장교들에 대한 과도한 거부 반응과 공격이 두렵다. 이제 Iges 마을 어디에서나 군인들이 집을 약탈하고 나무와 짚 등을 빼앗아간다. … 평생 잊지 못할 끔찍한 장면이다.[41]

나폴레옹 3세는 9월 3일 동세리를 지나갔지만 "황제 만세!"라는 환호성은 들리지 않았다. 그는 가슴에 레지옹 도뇌르 훈장을 달고 있었지만, 얼굴은 까칠하고 주름이 졌으며, 왁스를 바른 콧수염은 여전히 빳빳한 채였지만, 눈에는 눈물이 글썽한 채였다. 말들이 걸음을 옮기며 내는 소리, 불규칙하게 딸랑거리는 말의 방울 소리, 그리고 뷔르템베르크 군인들이 간헐적으로 부르는 승전 축하 노래 외에는 아무 소리도 들리지 않았다.

빌헬름 왕은 9월 3일 아우구스타 왕비에게 다음과 같이 자랑스럽게 전했다.

이 한 번의 위대하고 성공적인 전쟁이 끝난 이후, 남은 통치 기간 동안 이보다 더 영광스러운 일이 또 있을 것이라고는 기대할 수 없소. 이제 나는 이러한 역사적인 행위가 완수된 것을 보며, 나와 나의 군대와 나의 동맹을 선택하셔서 전쟁이 이렇게 끝나도록 홀로 주재하시고, 우리를 그분의 의지를 실현하는 도구로 삼으신 하느님 앞에 머리를 숙인다오. 나는 오직 이런 관점에서만 현 상황을 바라볼 수 있으며 따라서 겸허한 마음으로 하느님의 인도와 은혜를 찬양한다오.[42]

◆ 9장 ◆

새로운 시작

공화국 선언, 파리.

스당에서 독일이 승리하자, 프랑스뿐 아니라 인접 국가들도 이 비상한 상황을 받아들이지 않을 수 없었고, 그에 따른 정세 변화가 연속해서 이어졌다. 나폴레옹의 제2제정은 몰락했다. 그런데 파리에서 새로운 공화국이 선포되었다. 새로운 군대를 창설해 국가를 방어하는 동시에 독자적인 정당성을 확립해야 한다는 부담스러운 임무를 안고 새로운 프랑스가 출범한 것이다. 이런 상황 때문에 독일군은 승리를 손에 넣었지만 양국의 전쟁을 종식시킬 수 없었다. 그들은 파리를 포위했지만, 루아르 남쪽에서 다가오는 새로운 위협에 직면했다. 끝난 줄 알았던 전쟁이 계속되자 더욱 절망에 빠진 군인들의 침입으로 인해 더 많은 프랑스 마을과 촌락들이 어려움을 겪었다. 프랑스군은 패배했지만 전쟁은 아직 끝나지 않았다.

　스당에서 프랑스가 패배했다는 소문이 퍼지면서 프랑스 전역에 불안감이 확산되었다. "카오르 주민들 뒷걸음질하다", "앙굴렘시市 충격에 빠지다", "생테티엔의 감정 폭발", "낭트 주민들, 전반적이고 깊은 경악에 빠지다", "혼미 상태의 툴롱" 등.[1] 많은 사람이 숨을 죽인 채 파리의 분위기가 어떤지, 소식을 기다리고 있었다. 브장송의 검사장은 "오늘 파리의 상황이 어떤지에 대해 내게 여러 번 전하는 것은 매우 중요하다"라며 "모두가 파리의 상황에 촉각을 곤두세우고 있다"라고 썼다.[2]

스당 전투와 나폴레옹 3세의 항복 소식은 독일에게 무릎을 꿇은 황제가 내무부에 보낸 전보를 통해 9월 3일 늦은 오후에야 파리에 도착했다. 정부 안팎에서 파리 시민들의 여론은 현재의 진행 상황이 전쟁 자체에 어떤 의미를 지니는지보다 제국을 위해서 어떤 의미를 지니는지를 더 잘 보여주었다. 그날 오후 열린 의회에서 총리 팔리카오는 자신은 아직 공식적인 소식을 듣지 못했다는 점을 강조하면서 프랑스군의 패배를 알렸고, 공화파 지도자 쥘 파브르는 파리 총독 트로쉬에게 최고 지휘권을 부여하고, 제국의 종식을 선언하도록 촉구했다. 자정 무렵 파브르가 제안한 방안이 "깊은 침묵 속에서 수용되었다."³ 하지만 의회는 아직 결정을 내리지 않았다. 같은 시각 프랑스군의 패배 소식이 공식적으로 튀일리궁에 전달되었고, 정부는 다음날 의회를 소집하기로 결정했다.

한편 패전 소식이 파리에 전해지면서 군중이 콩코르드 광장과 부르봉 왕궁 주변에 모여들었다. 의회는 9월 4일 새벽 1시에 긴급회의를 열고 트로쉬가 이끄는 임시정부를 수립할 준비를 했다. 이전에 나폴레옹 3세가 임명했던 장관들은 '섭정과 국가방위위원회'를 구성해서 권력을 유지하고자 했지만, 쥘 파브르와 좌파 진영은 이 순간을 새로운 공화국을 세우는 기회로 여겼다. 하지만 그들은 이러한 정권 교체를 거리에서 선언하기보다는 의회에서 합법적 투표를 통해 의결하는 방안을 선호했다. 하원은 다시 한번 파브르의 연설을 침묵 속에 청취했다. 스당 전투에서 아들을 잃은 팔리카오 백작은 잠시 망설이다가 표결을 정오까지 연기했다.

극좌파 지도자들은 전날 저녁에는 거리에서, 다음날에는 의회 앞에서 대중 시위를 조직하고 동원했다. 공화주의자들의 음모는 없었지만 좌파에 속하는 많은 사람은 그들이 1851년부터 경멸하고 저항해온 황제 정권을 전복하고자 했다. 9월 4일 새벽에 나온 보도는 시내에 떠돌고 있던 소문이 사실임을 확인해주었다.

> 프랑스인들에게: 엄청난 불행이 조국을 강타했다. 마크마옹 원수가 이끄는 프랑스군이 30만 명에 달하는 적에게 맞서 3일 동안 영웅적인 투쟁을 벌였지만, 결국 패배하고 4만 명의 병사가 포로로 잡혔다. 심각한 부상을 입은 마크마옹 원수를 대신해 지휘권을 이어받은 윔펜 장군이 항복 문서에 서명했다. 하지만 이 잔인한 반전反轉에도 불구하고 우리는 결코 좌절하지 않을 것이다. 파리는 현재 방어 태세에 있으며 전국의 군사력이 다시 조직되고 있다. 며칠 안에 새로운 군대가 파리 성벽 아래에 배치되고 루아르강 언덕에 또다른 군대가 자리잡을 것이다. 여러분의 애국심과 단결, 에너지가 프랑스를 구할 것이다. 황제는 전투 와중에 포로가 되었다. 하지만 정부는 공공기관들과 협조해 이러한 심각한 사태에 필요한 모든 조치를 취하고 있다.[4]

약 10만 명, 아마 15만 명일 수도 있는 대규모 군중이 거리로 쏟아져 나왔다. 황후가 만일 좌파가 승리하게 된다면, 콩코르드 광장과 의회를 폭파하라는 명령을 내렸다는 소문이 퍼졌다. 발언자들은 목청을 높여서 제2제정의 부패와 불법 행위를 증언했다. 남편의 팔에 안겨 있던 한 노동자의 아내는 분노로 가득 찬 목소리로 외쳤다. "여러분 … 12월 2일의 도살자가 더 많은 피를 원하고 있습니다. 그는 아직 피를 충분히 흘리지 않았어요! 왕실 근위대는 1851년에 그랬던 것처럼 우리를 향해 총을 쏠 것입니다. 그때 그들은 몽마르트르 대로에서 내 머리에 총알을 박았어요. 그 총알이 박혀 있어서 지금도 내 머리가 불타는 것 같아요!"[5] 당시 열네 살이던 이 여성은 일터에서 집으로 돌아오다가 총에 맞았다. 그녀가 말하는 동안 사람들은 귀를 기울였고 박수를 쳤다.

다른 사람들은 제국을 대신할 수 있는 가장 좋은 정부 형태가 무엇인지에 대해 토론했다. 공화주의 내부 그룹의 구성원인 쥘리에트 아당 Juliette Adam은 다음과 같이 연설했다.

공화국은 우리가 어떤 오염으로부터, 또는 적어도 어떤 얼룩에 의해 더러워지지 않도록 보호해야 할 여성도 신도 아닙니다. 공화국은 한 민족이 생산할 수 있는 모든 용기와 지성, 활동과 그 확장이 최대한 결합된 것입니다. … 공화국은 우리가 최선을 다해 행동한 결과이며, 우리의 의무와 권리, 우리가 가진 가장 크고 가장 진보적인 관심이 생생하게 뭉쳐진 구성체입니다. 공화국은 여러분이 선포하는 것이 아니라, 만들어나가는 것입니다.[6]

아직 많은 가능성이 열려 있던 이날은 군중에게 희망, 그리고 민중의 의지가 어떤 장애물도 극복할 수 있다는 믿음을 심어주었다.

군중 중 일부는 이미 제국의 운명에 대한 논쟁이 진행 중이던 부르봉 왕궁 앞에 모였다. 드 코사드 de Caussade 장군 휘하의 부대원 5천 명이 부르봉 왕궁을 보호하라는 명령을 받았지만, 코사드는 어떤 대가를 치르더라도 그 명령을 따를 마음이 없는 것으로 보였다. 오후 2시 30분경, 군중이 의회를 공격하기 시작했다. 좌파에 속하는 의원들은 군중을 진정시켜서 그들이 회의를 계속 진행할 수 있도록 하려고 애썼다. 하지만 아무 소용이 없었다. 제국을 폐지하는 투표를 실시할 수 없었던 그들은 대신 군중에게 주도권을 넘기기로 결정했다. 그들은 부르봉 왕궁에서 즉시 공화국을 선포하는 대신, 센강을 건너 3킬로미터도 채 떨어지지 않은 파리 시청사로 향했다. 그곳에서 그들은 훨씬 극좌파에 속하는 2명의 리더가 이미 전통적인 혁명 선포 장소에 와 있는 것을 발견했다. 기동 근위대의 지도자 2명은 "칼을 뽑은 채 장식용 굴뚝을 기어 올라가 대리석으로 된 요정의 무릎에 앉아" 있었다.[7]

그러나 온건파는 센 데파르트망에서 선출된 대표들이 새 정부를 이끌기로 하는 합의문을 도출하는 데 성공했다. 이제 파리와 온건 좌파가 새로운 국민방위정부를 이끌게 되었다. 트로쉬 장군은 새 지도부로부터 기존의 종교·재산·가족제도를 그대로 유지한다는 약속을 받고, 새로운 위원장직을 맡아 공화국 정부에 합류하기로 합의했다. 그를 정부에 참여시킨 것은 그가 질서의 상징으로서 지방들을 안심시키고 군사적 존재감을 제공할 수 있는 인물이었기 때문이다. 쥘 파브르는 외무부를, 32세의 레옹 강베타는 내무부를 맡았다. 에르네스트 피카르Ernest Picard는 재무부를, 이자크 크레미외Isaac Crémieux는 법무부를 맡았다. 에밀 드 케라트리Émile de Kératry는 경찰청장이 되었다. 마르탱 푸리숑Martin Fourichon 제독은 해군의 수장이 되었다. 전쟁부 장관은 66세의 아돌프 르 플로Adolphe Le Flô 장군이 맡았는데, 그는 충성스러운 공화주의자로서 1852년에 체포되고, 저지섬으로 망명한 이래 군에 적극적으로 복무하지 않았던 인물이다. 그래서 파리 총독 트로쉬가 군사 문제에서 주도권을 차지했다.

한편 군중은 튀일리 왕궁에 도착했다. 남자들이 궁전을 둘러싸고 있는 철제 울타리에서 장식용 독수리를 제거하자 문이 열렸고, 사람들은 왕궁 안으로 밀려들어갔다. 경비병들과 함께 왕궁을 지키고 있던 장교는 왕궁의 개인 정원으로 들어가는 출입문을 여는 것을 거부했다. 하지만 그는 국민방위군에게 근위대 교체를 허용함으로써 자신의 명예를 지키면서 군중에게 길을 열어주는 제스처를 보였다. 외제니 황후는 이미 탈출한 후였다. 사람들은 황태자의 것으로 보이는 앨범과 인형들, 빈 트렁크, 어수선하게 흐트러진 황후의 침대 사이를 신나게 마구 돌아다녔다. 이는 그들이 성급하게 탈출했음을 보여주는 흔적이었다. 황후는 담당 치과의사의 집에서 하룻밤을 보낸 후 파리를 탈출해 영국으로 건너갔다.

이렇듯 9월 4일의 혁명은 어떤 폭력이나 소요사태 없이 일어났으며, 사람들은 모두 오후 8시경에 집으로 돌아갔다. 이튿날 파리시는 고요함을 유지했다.

이 혁명적인 날은 새로운 정부가 제국으로부터 물려받은 전쟁을 과연 어떻게 처리할 것인가라는 엄청난 의문을 남겼다. 군중 속의 많은 사람은 전쟁을 일으킨 '두 폭군'의 어리석은 야만성을 비난했으며, 새로운 공화국 선포를 살인적인 전쟁의 종식과 동일시했다. 반면에 다른 사람들은 끝까지 싸우라고 촉구했다. 하지만 프랑스는 그들이 거둔 승리를 완결하고 프랑스 영토를 합병하고자 마음먹은 침략군의 즉각적인 도전에 직면해 있었다. 국민방위정부는 전쟁을 계속하겠다고 맹세했다. 하지만 그들의 주장은 국민방위를 명분으로 하는 국가 연합을 요구하기 위해 1914년에 사용된 용어인 '신성동맹Sacred Union'의 도움을

9장 새로운 시작 273

얻지도 못했다. 물론 역사상 어떤 정부도 진정으로 그러한 연합의 도움을 누리지 못했지만, 1870년에는 특히 국가 간의 정치적 적대감과 불신이 전쟁 노력의 중심에 뚜렷하게 남아 있었으며, 누구도 이런 현실을 부정할 수 없었다. 제2제정은 군사적 패배로 인해 무너졌지만, 제국이 많은 프랑스인들에게 매력을 잃었기 때문에 그렇게 된 것은 아니었다. 불과 몇 달 전인 1870년 5월에 시행된 국민투표는 나폴레옹 3세가 대부분 지역에서 계속 지지를 받고 있음을 보여주었다. 하지만 파리에서는 많은 사람이 황제의 몰락을 기뻐했다. 사람들은 혁명가인 '라 마르세예즈'를 부르고 보나파르트의 상징물들을 쓰러뜨렸다. 코메디 프랑세즈의 감독인 에두아르 티에리Édouard Thierry는 극장에 걸려 있는 제국 휘장을 내리고, 이를 1848년에 제2공화국 건국을 기념하기 위해 만들었던 공화국 깃발로 대체했다. 제국 휘장은 앞으로 있을지 모를 변화에 대비해 창고에 보관되었다.

단기적으로 트로쉬와 국민방위정부는 다음 큰 전투가 일어날 것이라고 믿었던 파리에 머물렀다. 정부는 파리 사람들이 지배했는데, 그들은 세대별로 분열되어 있었고, 지난 20년 동안 야당으로 활동해왔기 때문에 정부 운영 경험이 부족했다. 또한 그들은 의회로부터 어떤 공식적인 지원도 받지 못했다.

9월 6일, 파브르는 유럽 각국의 정부에 프랑스는 "우리 땅 한 조각도, 우리 요새의 벽돌 하나도" 포기하지 않을 것이라는 의지를 선언하는 서한을 보냈다.[8] 이런 강경 입장은 독일과의 협상에서 심각한 장애물이 되었다. 비스마르크는 윔펜에게 스당 전투 이후에 고통 없이 평화를 달성하려는 생각은 꿈도 꾸지 말라고 분명히 말했었다. 하지만 파브르는 프로이센의 입장이 바뀔 수 있다는 일말의 희망을 품고 있었다. 중립국들은 프로이센이 얼마나 빨리 프랑스 영토 깊숙이 진군할 수 있는지를 확인하고서는 근심에 차 있었다. 그래서 그들은 프로이센이 전쟁을 통해 급속히 강대국으로 부상하는 것보다는 차라리 전쟁이 언제 끝날지 모르게 계속되길 바랐다. 새로운 프랑스 정부의 구성원들은 이 부분에서 프랑스와 기타 유럽 군주들 사이에 협조 관계를 재건할 기회를 보았다. 그래서 그들은 퇴역군인인 오를레앙 왕가 지지자 아돌프 티에르를 파견해 유럽 군주들의 지원을 구했다. 1797년에 태어난 티에르는 이미 오랫동안 파란만장한 격동기를 거치며 활동한 정치 경력을 갖고 있었다. 그는 1830년 부르봉 왕조를 전복할 때 핵심 역할을 맡았으며, 1836년과 1840년에는 루이-필리프 국왕 치세에서 두 차례에 걸쳐 짧은 기간 총리를 지냈다. 또한 그는 프랑스 혁명을 다룬 영향력 있는 여러 권의 역사서를 출판해 온건하고 자유로운 정부의 필요성을 강조한 바 있었다. 그러다가 1851년 루이 나폴레옹의 쿠데타 이후 체포되어 10년 이상 정치에서 물러나 있었다. 티에르는 나폴레옹 3세가 제2제정을 자유화한 후인 1863년에 정계에 복귀해 의회에서 파리 대표로 활동했다. 그는 사랑받는 정치가는 아니었지만, 유럽의 많은 왕가들이 여전히 절대적 권위를 주장하던 시기에 지속적으로 입헌군주제에 헌신해 존경을 받아 왔다. 그래서 그는 유럽의 절대군주들의 궁정에 도움을 요청하러 파견하기에 적합한 인물이었다. 티에르는 런던, 빈, 상트페테르부르크, 피렌체를 방문해 강력해진 독일이 유럽의 세력 균형을 위협할 수 있다고 설득하려 했다. 이러한 외교적 노력은 파브르가 독일 측과 협상에 나설 때 도움이 되었다.

파브르가 이렇게 희망적인 성과를 얻기 위해 애쓰고 있었을 때조차, 국민방위정부의 대부분은 프랑스가 프로이센을 이길 수 없다는 것을 알고 있었다. 그들은 이 전쟁이 프랑스 자체가 아니라 보나파르트 정권에 대항해 벌어진 것이라고 믿었기 때문에 전쟁에 대한 책임을 느끼지 않았다. 왜 그들은 합병 없는 평화와 명예로운 휴전을 기반으로 해서 프로이센과 협상하지 않을까? 하지만 이런 당당한 협상 가능성조차도 파리에서는 받아들여질 수 없었을 것이다. 파리에서는 죽음을 무릅쓰고 프로이센과 맞서 싸우라는 압력이 협상을 어렵게 만들었기 때문이다. 국민방위정부는 선택할 수 있는 운신의 폭이 아주 좁았다.

파브르의 협상이 성공하든 실패하든, 파리의 국민방위정부는 지방 정부들의 지원이 필요했다. 당장 나폴레옹 3세 왕권이 전복된 것에 대해 지방들이 보인 반응은 차분함에서 흥분까지 다양했다. 리옹과 마르세유에서는 공화주의자들이 파리에서 어떤 지시가 오는 것을 기다리지 않고 권력을 장악했다. 니스, 마콩, 생테티엔, 보르도에서는 파리로부터 패전 소식이 도착하자 봉기가 일어나 곳곳에서 충돌이 발생했다. 마콩에서는 기동방위대원 한 명이 살해되었으며, 니스에선 감옥에 있던 죄수들이 석방되었다. 생테티엔과 낭트에서는 붉은 깃발이 휘날렸다. 리옹에서는 극좌파가 공공안전위원회를 구성해 공화국을 선언하고 모든 시민의 무장을 요구했으며, 강베타가 지명한 지사를 인정하지 않았다. 새로운 지사가 온건한 공화주의자들을 규합해서 자신의 권위를 관철하는 데에는 며칠이 걸렸다. 마르세유에서는 군중이 9월 4일에 시청사를 점거했고, 다음날에는 지사로부터 무기를 탈취했다. 공화주의자인 임시 지사는 그날 질서를 회복했지만, 강베타가 극좌파를 '반역자'로 규정하고 '선량한 시민들'에게 진정하라고 촉구한 후에야 그렇게 될 수 있었다.[9] 좌파 진영 내부에 균열이 있음이 분명했다.

혁명적인 초기 움직임이 이렇게 폭발한 이후, 국민방위정부는 그들이 통제하는 지방 권력구조를 구축했다. 지역의 공화주의 지도자들이 프랑스의 89개 데파르트망에서 주요 직책에 대한 통제권을 장악한 것이다. 그들은 오랫동안 이 순간을 기다려왔다. 프랑스의 중앙집권적 정부 체제에서 지금까지 각 데파르트망은 나폴레옹 3세의 중앙정부가 임명한 지사들이 통치해왔다. 9월 4일 이후 공화파에 속하는 선출직 지방 공무원들은 강베타가 임명해줄 것을 기다리면서 임시 지사로 지방 정부에 참여했고, 자신들이 제국의 임명직 관리들을 견제할 수 있으리라 믿었다.

반면 이전에 나폴레옹 3세가 임명했던 지사, 부지사, 도 의원, 회계부장들은 황제가 물러나면서 권력을 상실했기 때문에 이런 흐름에 저항하지는 않았다. 하지만 프랑스가 이중 위기에 처한 상황에서 사직하는 것은 고통스러운 일이었다. 몽뤼송(알리에)의 부지사는 사직서에 이렇게 적었다.

15년 동안 제국 정부를 섬긴 저는 이 정부가 시련을 겪고 있는 지금, 어떻게 이를 배신할 수 있을지 모르겠습니다. 가능한 한 빠른 시일 안에 제 후임을 임명해주시길 바랍니다. 제가 사랑하지 않는 정부에서 이런 직책을 계속 맡는 것은 고통스러운 일입니다. 지금 당장은 이 직책을 유지해서 이 나라가 프로이센의 침략에 맞서 싸우고 조국의 신성한 땅을 되찾을 수 있도록 맡은 바 조치를 취하겠습니다.[10]

시장과 시의회도 바뀌었다. 20년 동안 유지되어온 행정권한과 경험이 이틀 만에 사라졌다. 그것도 국가가 침략에 맞서 스스로를 방어해야 할 때 말이다.

강베타는 10일 만에 새로운 지사들을 임명했다. 그는 나폴레옹 3세가 임명했던 경험 많은 인물들을 제국에 맞서 싸우면서 치밀한 인적 네트워크를 형성해온 지역의 공화주의 지도자들로 교체했다. 그러나 그들은 행정 경험이 부족했다. 강베타가 임명한 새로운 지사 중 3분의 2는 변호사, 언론인 또는 교수였는데, 이들은 행정 업무의 지체를 공화제에 반대하는 음모의 징후로 해석하는 경향이 있었다.

스당의 함락과 나폴레옹 3세의 항복 소식은 전보를 통해 빠르게 퍼져나갔다. 이 소식이 인도에 도착한 것은 9월 3일 오전 9시 55분이었다. 런던 시민들은 프로이센이 나폴레옹에게 승리를 거둔 것을 축하했고, 그 승리의 결과를 예상했다. 런던에서 발간되는 일간지 《팰맬 가제트 Pall Mall Gazette》는 "만일 황제가 서둘러 평화를 맺음으로써 왕위를 아들에게 넘길 방법을 찾으려 한다면, 그것은 망상으로 가득 찬 그의 삶에서 마지막이자 가장 큰 망상일 것이다"라고 언급했다.[11] 《타임스》 특파원 윌리엄 러셀은 스당을 내려다보는 독일군 지휘본부에서 런던으로 달려가 영국의 반응을 확인한 후 이렇게 보도했다. "사람들은 너무 놀란 나머지 돌처럼 굳어버렸다."[12]

미국에서도 기쁜 소식을 알리는 전보가 전역에 도착했다. 축포가 울려 퍼지고 종소리가 울리며 거리 행진이 이어졌다. 뉴욕 시민들은 나폴레옹 3세가 그렇게 빨리 패배했다는 사실, 그래서 "그가 오직 죽음이라는 불쌍한 피난처만을 가진 채 왕좌도, 칼도, 친구도 없는, 즉 모든 것을 잃은 불운한 죄수"로 남게 되었다는 소식에 전율했다.¹³ 독일계 미국인들은 승리를 축하하기 위해 일터에서 뛰쳐나왔다. 월스트리트의 골드룸Gold Room에서는 독일 군가인 '라인강의 파수꾼'이 울려 퍼졌으며, "야성적인 주식 중개인 100명이 증권거래소 중앙에 있는 분수 주변에서 특이한 캉캉 춤을 추었다."¹⁴

새로운 프랑스 공화국이라는 단어는 영국과 미국 모두에서 이런 축제 분위기를 복잡하게 만들었다. 어떤 사람들은 프랑스가 과연 공화국을 수립하는 데 성공할 수 있을지 의문을 품었지만, 다른 사람들은 이러한 전망에 기쁨을 표했다. 미국의 한 연대기 작가는 "프로이센의 가장 강력한 지지자들은 공화국의 승리를 위해 프랑스를 버렸고 갓 태어난 민주주의에 손을 내밀었다"라고 적었다. 그들에게는 공화국이라는 "잃어버린 대의"가 황제의 장엄한 승리보다 더 좋았다. 나폴레옹과 카이사르주의(황제주의)에 맞서 치켜들었던 손도끼는 젊은 공화국이 도움을 애원하는 듯한 손을 내밀자 아무 해도 입히지 않은 채 내려졌다.¹⁵ 미국은 새 정부를 인정한 최초의 국가였다. 9월 4일 사건에 관해 전보로 타전된 뉴스를 접한 율리시스 심프슨 그랜트 대통령은 즉시 국민방위정부의 정당성을 인정하고 공화국이 평화롭게 선포된 것에 대해 축하를 표했다. 워시번 대사는 9월 8일 파브르에게 미국이 국민방위정부를 공식적으로 인정한 사실을 전달했다.

독일의 승리를 축하했던 독일계 미국인들도 국민방위정부의 의회에서 프랑스 거주 독일인들의 이해가 대변되기를 희망했다. 10월 초 세인트루이스에 거주하는 독일계 미국인 그룹은 비스마르크에게 다음과 같은 서신을 보냈다. 독일 국민에게 전달되기를 바라는 서신이었다.

형제들이여: 프랑스의 무모함이 당신들에게 강요했던 전쟁이 끝나고 있습니다. 여러분은 조국의 신성한 깃발 아래, 높은 문명에 의해서만 얻을 수 있는 비교 불가능한 규율과 용기를 보이면서 지도자들과 함께 행진해서 프랑스 영토에 들어갔고, 여러분의 대의는 승리했습니다. 지금까지 여러분을 위협했던 요새들을 국경을 지키는 방어벽으로 만들고, 강탈당했던 알자스와 로렌을 계속 차지하며 전쟁 비용에 대해 배상을 요구하기를 바랍니다. 여러분이 발휘한 용기에 대한 보상으로서 독일의 통일, 그리고 국민을 대변하는 완전하고 자유로운 대의민주주의 의회가 이루어지기를 바랍니다.[16]

스당 이후 영국의 관찰자들은 그동안 독일에게 보였던 대체로 호의적인 입장을 바꿨다. 이들에게 새로운 프랑스 공화국 선포는 환영할 만한 소식이었다. 그동안 "역겨운 학살 이야기, 끔찍한 복수 위협"에 대한 소문이 영국에도 퍼지면서, 많은 사람은 영국이 중립을 지키는 것이 과연 옳은지 의문을 제기했었다. 시비스CIVIS라는 필명을 사용한 한 평론가는 "위대한 독일인들이 너무도 복수에 목말라 그들의 지휘관과 병사들에게 칼과 불로 프랑스 국토를 완전히 황폐화하고, 원수들을 (불명예라는 처벌을 감수하면서라도) 마지막 절망의 단계에 몰아넣을 때까지 복수를 단념하지 말라고 명령했다는 것이 과연 사실일까?(나로서는 거의 믿을 수 없음)"라고 썼다.[17] 훗날 이 평론가는, 스당 이후 영국의 중립성은 다음과 같은 이유에서 "부끄러운" 일이 되었다고 썼다. 그가 판단하기로는 독일이 이번 승리를 지나치게 확장해서 프랑스를 아예 파멸시키는 수준까지 밀어붙이려 시도하기 때문이었다. 따라서 그는 영국은 새로 해방된 국가 프랑스가 '후장식 소총'과 '기관총 미트라이외즈를 신이 설계한 최고 작품이라고 간주하는 사람들, 왕의 신성한 권리나 세습 귀족의 법적 무책임과 같은 낡은 신조를 해방된 세대 앞에서도 여전히 유지하려 하는 사람들(독일인들)'의 손에 정복되도록 허용해서는 안 된다고 주장했다.[18] 나폴레옹 3세가 패배하고 퇴위한 데다 전쟁이 지속되자, 이제 걱정스러운 문제들이 떠올랐다.

베를린에서는 온 도시가 기쁨의 도가니에 빠져 있다는 보고가 들어왔다. 한 익명의 관찰자는 "수천 명의 사람들이 팔짱을 끼고 애국적인 노래를 부르며 소리를 지르고, 온갖 방법으로 열광을 표현하면서 거리로 몰려들고 있다"라고 썼다.[19] 왕궁 앞에 모인 군중은 왕비가 나와서 연설하도록 유도했다. 대부분의 상점은 문을 닫았으며 베를린 시민들은 비스마르크, 몰트케, 룬의 집 앞에서 기쁨에 찬 시위를 벌였다.

많은 독일인에게 스당 전투의 승리는 전쟁이 곧 끝날 것이며, 통일된 독일은 곧 프랑스의 넓은 영토를 차지할 것을 의미했다. 여러 독일 국가에서 언론은 알자스와 로렌 지역 일부를 합병하는 것에 대해 압도적인 지지를 표명했다. 독일 관리들과 정치인들 사이에도 합병을 선호하는 정서가 강했다. 주민들이 독일어를 사용하고 개신교를 믿는 경향이 있는 이들 지역은 프랑스의 추가 침공을 막기 위한 완충 지대가 될 수도 있었다. 독일 내부에서는 자유주의자조차도 알자스를 독일 국가의 일부로 간주했다. 그들이 보았듯이 지역 주민들이 독일어를 사용하며, 독일어를 사용하는 곳은 독일이라는 논리였다. 합병을 반대하는 언론인은 체포되었고 그들의 신문은 압수되었다. 이전에 프랑크푸르트 의회의 급진주의자였으며 오랫동안 비스마르크를 비판해왔던 요한 야코비Johann Jakoby 의원은 9월 14일에 쾨니히스베르크에서 알자스와 로렌의 합병을 반대하는 연설을 했다가 9월 20일에 체포되었다.

이 전쟁은 평화적인 수단을 통해 독일의 단결을 표현할 수 있는 기회도 제공했다. 9월 6일, 랭스에서 왕세자는 독일인들에게 '독일 상이용사 지원 기금'을 통해 부상당한 군인들을 재정적으로 지원해줄 것을 촉구했다. 이 기금은 1864년과 1866년에 프로이센이 설립한 것과 유사하지만, 이번 경우는 프로이센 군인에만 국한하지 않고 독일 각지에서 온 군인들 모두에게 도움을 주고자 했다. '모든 독일인의 가슴'에 기부를 요청하는 그의 호소문은 이런 문장으로 이루어졌다. "프랑스와의 전장에서 독일 민족은 자신의 위대함과 하나 됨을 깨닫게 되었습니다. 수많은 전사의 희생 위에 이루어진 이러한 성과는, 다가올 기나긴 미래에 지속적으로 독일 민족을 단결시키는 힘이 될 것이라고 믿습니다."[20] 기부를 요청하는 이 외침은 (통일된) 독일이 이미 존재하고 있으며, 단지 발견되고 인식되기만을 기다려왔다고 선언했다.

그러나 평화를 이루는 것은 어려웠다. 비스마르크는 전쟁을 종결하고, 영토적 이득을 거두기를 원했다. 그는 프랑스를 영구적으로 약화하고 미래의 전쟁을 저지하기를 바랐지만, 프랑스 제국이 파괴되는 것은 원하지 않았다. 그는 외교적 수단이나 직접적인 군사 개입을 초래할 가능성이 낮은 사건들을 통해 이 전쟁에 외국이 개입하는 것을 막으려고 분주하게 노력했다.

여기서 그는 어려운 국면에 빠졌다. 누구와 협상해야 할까? 나폴레옹 3세는 아직 퇴위하지 않았고, 8월 중순부터 메스에 발이 묶여 있던 라인군은 황제에게 충성하겠다고 선서했었다. 나폴레옹과 그의 군대는 항복했지만, 프랑스군 전체가 항복한 것은 아니었다. 비스마르크는 미국의 셰리든 장군에게 왕세자를 찾아내서 그를 프랑스 왕좌에 세우고 싶다고 말했다. 국민방위정부는 자신들이 프랑스를 대변한다고 주장했지만, 비스마르크는 그들이 충분한 정당성을 갖고 국민의 지원을 받고 있다고 생각하지 않았기 때문이다.

그가 마주한 어려움은 비밀이 아니었다. 9월 11일, 비스마르크는 파리로 가는 길에 랭스를 통과하면서 지역 신문에 다음과 같이 발표했다.

독일 정부는 지금까지 공식적으로 인정된 유일한 정부의 수반인 나폴레옹 황제나, 그가 임명한 대리인과 소통할 수 있었다. 독일 정부는 황제에게서 군통수권을 받은 바젠 원수를 대화 파트너로 삼을 수도 있을 것이다. 하지만 독일 정부가 지금껏 제국 당시의 의회에서 좌파 정당의 일부에 불과했던 세력을 대화 파트너로 상대하는 것은 어떤 정당성도 가질 수 없다고 본다.[21]

한편 그동안 몰트케는 주저하지 않고 군사적 해결 방안을 추진했다. 스당에서 항복 문서에 서명이 이루어진 지 몇 시간 만에 몰트케는 독일군에게 파리 진군을 명하는 문서에 서명했다. 그가 파리를 독일군의 다음 전략적 표적으로 지목한 것은 파리가 지닌 정치적·상징적 중요성, 혁명과 연관된 역사와 급진적인 흐름을 보이는 현재 상황, 그리고 도덕주의적인 루터파가 볼 때 모든 것이 천박하고 선정적인 파리의 명성 때문이었다.

진격은 9월 7일에 시작되었다. 독일군은 신속하고 비교적 순탄하게 진격했다. 병력이 넓은 영역에 흩어져 있어서 부대가 지나가는 시골의 주민들에게 식량을 의존하며 생활할 수 있었기 때문이다. 그들은 폭이 100킬로미터에 이르는 전선을 형성하면서 하루에 15~25킬로미터를 진격했기 때문에 매일 약 2080제곱킬로미터의 마을과 농장, 들판을 휩쓸며 행군했다.

프리드리히 빌헬름 왕세자는 랭스를 거쳐 서쪽으로 이동하면서 유명한 뵈브 클리코 농장에 들러 샴페인을 마시고 성당을 방문해서는 지역 성직자들과 함께 공화국에 대해 동정심을 표현했다. 도중에 그는 뵈르트 전투에서 승리한 공로로 바이에른 막스 요제프 군사훈장을 받았다. 그는 "이 훈장의 존재에 대해 들어본 적이 거의 없었다"면서, "이 훈장은 전쟁에서 승리한 경우에만 수여되는데, 바이에른에서는 그런 경우가 드물었기 때문에 지금까지 이 나라에서 이 훈장을 받은 사람은 아무도 없다"라고 기록했다.[22] 그렇기에 이 훈장보다 더 영예로운 것은 프로이센 철십자 훈장밖에 없다고 확신했다.

9월 15일, 국왕이 이끄는 사령부는 샤토티에리에 도착했다. 그날 몰트케는 파리를 포위하라고 명령했다. 17일, 뫼즈군과 제3군은 수도를 포위하고 파리에서 오를레앙으로 가는 철로를 차단하기 시작했다. 뫼즈군은 마른강과 센강의 오른쪽 언덕을, 제3군은 왼쪽 언덕을 점령했다. 20일이 되자, 15만 명의 병력이 파리를 완전히 포위했다. 그날 왕세자와 왕실 수행단이 베르사유에 도착했으며, 빌헬름 왕은 곧 이곳을 새로운 지휘본부로 지정했다.

베르사유 궁전은 독일과 연락을 주고받기에는 지리적 위치가 좋지 않았다. 그러나 궁전이 보유한 널찍한 방들은 규모가 점점 커진 왕실 측근과 많은 수행원, 많은 왕족과 그들의 일행, 종군 특파원, 여러 나라의 군사 지도자, 그리고 곧 새로운 독일 제국의 세부 사항을 파악하고자 독일의 각국에서 온 수많은 정치가를 수용할 수 있는 장점이 있었다. 베르사유 궁전은 한편 그곳의 분위기를 즐겁게도 하고 우스꽝스럽게도 만들 수 있는 왕실 인물들로 북적거렸다. 왕세자는 9월 말경에 다음과 같이 적었다.

> 오늘은 반쯤 정신이 나간 뷔르템베르크의 막스 왕자가 아프리카에서 수년 동안 사자 사냥 탐험에 참여해왔던 나를 만나러 왔다. 아침 식사를 충분히 마치고 갈증도 적절히 해소한 후, 그는 나의 만류를 뿌리치고 외곽 초소를 넘어서 밖으로 무모하게 돌아다녔다. 결국 그는 곧 머리에 총상을 입었다.[23]

한편 스당 이후 디트리히 폰 라스베르크는 프랑스군으로부터 포획한 물자와 죽은 말들을 처리하기 위해 며칠 동안 이 지역에 머물렀다. 많은 독일 부대는 후방의 보안, 철도 및 전신 시설 수리, 그리고 프랑스 전쟁 포로들을 독일로 이송하는 임무를 수행했다. 라스베르크의 부대는 포로 53명을 스당에서 남동쪽 방향, 즉 바제유를 거쳐 베르됭과 메스 사이에 있는 루브르로 이송했다. 많은 프랑스군 포로들은 메달과 훈장을 자랑스럽게 착용하고 있었다. 어떤 병사들은 그저 무심한 표정으로 행진했던 반면, 어떤 병사들은 분노와 수치심으로 눈물을 흘렸다. 그들 중 일부는 바제유와 발랑에서 라스베르크가 속한 바이에른군과 맞서 싸웠던 자들이었다.

특히 키가 크고 잘생긴 한 프랑스 남자가 라스베르크의 관심을 끌었다. 그는 알제리 군인으로 비상부르 전투에서 독일군에게 그토록 증오와 두려움의 대상이었던 튀르코 병사 중 한 명이었다.

그는 말을 한마디도 하지 않고 주위를 거의 둘러보지도 않으면서, 대부분 고개를 높이 들고 똑바른 자세로 앞으로 나아갔다. 그런데 바제유에서 갑자기 교차로에 멈춰 서더니 전쟁의 잔해들을 날카롭고 주의 깊게 바라보았다. 그는 부드럽게 고개를 끄덕이고 한마디 중얼거리더니 거기에서 돌조각 하나를 집어 주머니에 넣고는 다시 침묵 속에 걸어가기 시작했다. 아마도 전투 당일에 그는 이곳에서 전투에 참여하면서 '푸른 악마' 중 한 명과 특별한 경험을 했던 것 같다. 비상부르 전투와 뵈르트 전투 이후 프랑스인들은 우리 바이에른인을 자주 그렇게 불렀고 바제유 전투를 기억하기 위해 돌을 가져갔었는데, 그도 그랬던 것이었다.[24]

날이 갈수록 라스베르크와 그의 동료들은 이 남자를 지극히 감탄스러운 시선으로 지켜보았다. 라스베르크는 (두세 시간의 행군 후에) 그가 다리에 부상을 입은 채 걷고 있었다는 사실을 깨달았을 때 특히 그러했다. 그는 마차에 타고 가라는 제안을 거절했지만, 라스베르크가 빵과 슈납스, 치킨 반 마리와 담배를 제공하자 이번에는 받아들였다. 이 남자는 팔을 가슴에 대고 손을 이마에 납작하게 가져다댐으로써 "단순하면서도 진심 어린" 방식으로 감사를 표했다. 라스베르크는 이 남자가 "알라는 위대하고 선하시며 그를 도와주실 것"이라는 믿음을 통해서 마음의 평화와 기력을 찾았을 것이라고 상상했다.[25] 그날 그들은 날이 저물 때까지 빗속에서 16시간 반을 행군했다.

3일 동안 라스베르크와 키가 크고 차분한 그 남자, 서로 적으로 맞서서 자신의 국가를 위해 싸웠던 바이에른인과 북아프리카인은 그렇게 함께 행진했다. 에탕에 도착한 후 바이에른인은 그 포로를 프로이센의 향토방위군 소속 부대에 넘겼다.

라스베르크의 글에서 그 남자는 라스베르크가 이전의 전투에서 만났던 두렵고, 피도 눈물도 없는 알제리인과는 전혀 다르게, 그의 경탄과 찬사를 얻었다. 라스베르크는 이 남자를 존경하며 그의 생각과 경험, 특히 바제유에서의 만남에 대해 상상해보려고 애썼다. 그는 알제리인에 대해 이전에 가졌던 것보다 훨씬 더 세심한 견해를 표현했다. 그럼에도 불구하고 라스베르크는 여전히 "고귀한 야만인"이라는 표현을 사용하는 경향이 있었다. 그의 언어는 그 남자는 동의하지 않았을지 모르는 소유와 관계를 주장하고 있었다. 즉 그는 거만한 자세로 "이전에 언급했던 나의 튀르코 병사"와 "자주 언급했던 나의 흑인 친구"라고 언급했다.[26] 그리고 자신과 그를 구별하는 기본적인 선도 남아 있었다. 이 남자는 죄수인 반면, 라스베르크는 자유인이었다. 전쟁이 끝나면 이 남자는 프랑스 제국의 식민지인 고향으로 귀국할 가능성이 높은 데 비해, 라스베르크는 통일된 독일 제국의 시민으로서 뮌헨으로 행진할 것이다.

그와 헤어지면서 라스베르크가 마지막으로 떠올린 생각은 "이 가난하지만 훌륭한 인격을 가진 '야만인'은 백인들 사이에 벌어진 이 전쟁에 대해 과연 어떻게 생각할까?"였다.[27] 아마 이름이 밝혀지지 않은 이 남자 역시 라스베르크에 대해 같은 의문을 품었을지 모른다. 도대체 무엇이 이 젊은 바이에른 남자로 하여금 프로이센을 위한 이 전쟁에 뛰어들게 했을까? 국적의 차이나 신분의 구분 없이 자신을 그저 백인이라고 생각했던 라스베르크 자신은 이 질문에 대해 진지하게 생각해보지 않았다. 그는 행복감에 가득한 채 프랑스군 포로들을 수용소에 인계하고 다시 서쪽의 파리를 향해 계속 행군했다. 뜨거운 날씨 속에서 2주나 걸린 오랜 행군 끝에 라스베르크는 9월 24일 수도에서 남쪽으로 약 30킬로미터 떨어진 뢰빌쉬르오르주에 도착했다. 10월 1일, 그는 발랑 전투에서 보여준 용맹스러운 행위로 철십자 훈장을 받았다. 그에게는 매우 기쁘고 자랑스러운 일이었다. 하지만 키가 크고 평온한 알제리 남자가 이후 어떤 운명을 겪었는지는 알려지지 않았다.

독일군이 파리를 포위한 것은 그 자체로 엄청난 업적이었다. 성벽으로 연결된 일련의 요새들이 6킬로미터 간격을 둔 채 260킬로미터의 원을 그리며 프랑스의 수도를 방어했다. 근대적 방식으로 파리를 방어하기 위한 준비 작업은 50년 동안 진행되어왔다. 여기서 가장 중요한 것은 티에르 성벽이 1840년부터 시작해서 약 1억 4천만 프랑을 투자해서 건설되었다는 점이다. 도시 북쪽에는 생드니 요새가 있었고, 동쪽에는 로스니 요새와 노장 요새가 있었다. 도시의 남동쪽, 즉 뱅센 숲 바로 남쪽에는 샤랑통 요새가 센강과 마른강이 합류하는 지역을 보호하고 있었다. 그런 다음 동쪽의 이브리에서 서쪽 끝의 이시까지 이어지는 5개의 요새 라인이 파리의 남쪽을 지켰다. 센강이 다시 북쪽으로 구부러지는 지점에 있는 세브르 구역은 사람들이 파리와 외부 세계 사이를 오가도록 통행을 허용했다. 세브르 북쪽에는 생클루 궁전이 있었으며, 더 멀리 북쪽에는 몽발레리앙 요새가 있었다. 북서쪽에는 지루해서 졸릴 정도로 구불구불하게 반복되는 센강의 굴곡이 쿠르브부아, 아니에르, 젠빌리에를 방어하는 긴 요새들과 함께 파리시를 보호해주었다. 파리 주변의 요새들은 현대적이고, 잘 정비되어 있으며, 각 요새에 총 1300문의 대포와 450개의 포탄을 비축해둘 수 있을 만큼 엄청나게 넓었다. 고리형으로 이루어진 방어망 안에서 파리는 약 10미터 높이의 성벽과 94개의 요새, 그리고 3미터 너비의 해자로 둘러싸여 있었다.

스피셰렌과 프뢰슈빌레르 전투 이후, 파리를 지키고 있던 주둔군은 방공호/대피소를 건설하고, 적군의 진입이 용이한 도로들을 파괴했으며, 장애물과 지뢰 설치, 채석장 봉쇄 등의 작업을 수행했다. 9월 10일, 트로쉬는 파리 주변에 있는 숲(몽모랑시, 봉디, 몽발레리앙, 클라마르)을 모두 불태우라고 명령했다. 불로뉴 숲의 무성한 나무들이 다 잘리고 그루터기만 남았다. 센에우아즈에서는 프랑-티뢰르 중대가 그 지역에 있는 곡물 창고와 방앗간을 불태우라는 명령을 받았지만, 농민들의 반발에 부딪혀 포기했다. 그러나 파리 방어에 장애가 되는 건물들은 결국 모두 불에 탔다. 프로이센군도 마찬가지 작업을 실시했다. 9월 28일, 그들은 프랑스의 기동방위대나 프랑-티뢰르 중대를 보호할 것으로 보이는 약 300헥타르의 숲을 불태웠다.

독일군이 파리를 포위하자 파리 교외에 있는 마을의 농부와 주민들은 양배추와 토끼, 그리고 운반할 수 있는 온갖 가재도구를 갖고 파리로 밀려들었다. 프랑스 정부는 군사적 방어 구역을 마련하기 위해 그들의 집과 밭을 허물었다. 도시 거주자들은 파리를 떠났다. 파리에 남은 사람들은 파리 바깥에 있는 사랑하는 사람들을 언제 다시 만날 수 있을까 하는 불확실성 때문에 고통을 겪었다.

9월 10일, 전쟁의 위험을 피해 10대 딸 알리스를 노르망디 해안가에 살고 있는 부모님 댁에 보냈던 공화주의 저술가 쥘리에트 아당은 위험을 무릅쓰고 딸을 찾아갔다. 그녀의 남편 에드몽의 반대에도 불구하고, 아당과 하녀 쥘리는 파리를 탈출하려는 사람들로 인해 기차역이 극도로 혼잡했지만 결국 그랑빌로 가는 기차표 두 장을 구입했다. "나는 온갖 수단을 동원했고, 야만인이 쓰는 속임수를 사용했다! 기차표를 구하지 못한 채 역에 남은 사람은 적어도 2천 명은 되었다. 하지만 우리는 열차를 타고 떠났다!"[28] 혹시 다른 사람이 필요로 할 수도 있는 자리를 자신이 차지한다는 걱정은 뒤로한 채, 아당은 그랑빌로 가는 기차에 올라 독일군에게 포위된 파리를 떠났다.

아당이 탄 기차 객실에 동승한 5명의 남자는 모두 이튿날 파리로 돌아갈 계획이라고 말했다. 오를레앙 출신인 한 여자는 파리는 겨우 2주 정도 버틸 것이며, 그동안 사람들은 포악한 일을 저지를 것이니, 당신들이 신념을 지키기 위해선 용기를 가져야 한다고 거듭 말했다. 아당은 계속 듣고 있다가 마침내 반론을 제기했다. "부인 … 당신이 자신의 신념에 대해 용기 있게 말할 수 있다면, 저도 용기 있게 말해도 괜찮겠지요. 저는 파리가 적어도 두 달, 어쩌면 아마도 석 달은 버틸 것이고, 어떤 끔찍한 일도 저지르지 않을 것이라고 생각합니다. 저는 이 정도 예측은 할 자격이 있다고 믿어요. 저는 공화주의자거든요!"[29]

그랑빌에 도착한 아당은 남쪽 생페르로 가는 버스를 타고 서둘러 부모님 집으로 향했다. 남편에게 그날 안으로 기차를 타고 돌아오겠다고 약속했기 때문에 그곳에 머물 시간이 별로 없었다. 그녀는 예고 없이 도착했는데, 알리스가 절벽을 따라 마중 나올까봐 걱정했기 때문이다. 다행스럽게도 부모님과 알리스는 집에 머물고 있었다. 그들은 서로 얼싸안고 눈물을 흘렸으며, 프랑스에 대해 이야기를 나눴다. 아당은 그들이 함께 지낸 45분 동안 "우리의 애국적 열정이 너무 커서 우리의 연약한 감정을 극복하고 아픈 마음을 진정시켰다"라고 적었다. 많은 것이 위태로운 상황이었으므로 아당은 파리 바깥에 머물 생각이 없었지만, 그녀가 곧 포위 공격을 받게 될 도시로 돌아가는 것은 그들 모두에게 크나큰 걱정을 안겨주었다. 알리스는 "엄마, 너무 두려워하지 마세요. … 나는 이런 어려운 순간에 엄마에게 걱정을 끼치고 싶지 않아요. 그냥 엄마가 해야 할 일을 하시고 나는 잊어주세요"라고 말했다.[30]

파리로 돌아가는 기차에는 개 한 마리를 포함해 5명의 승객만 타고 있었다. 이들이 파리로 들어가도록 허용될지는 확실하지 않았다. 하지만 기차는 결국 몽파르나스역에 도착했고, 아당은 집으로 돌아왔다. 그녀는 사랑하는 가족과 함께 한 시간도 채 안 되는 짧은 시간을 보내기 위해 꼬박 하루를 보냈던 것이다.

9월 14일, 트로쉬는 파리를 지키는 병력의 위세를 세상에 과시하기 위해 열병식을 거행했다. 제복을 입은 군인과 해병들이 바스티유 광장에서 개선문으로 가는 대로를 따라 늘어선 열광적인 군중 앞을 지나 행진했다. 트로쉬는 "주변 건물의 모든 창문, 발코니와 테라스마다 많은 사람들, 깃발, 애국적인 상징물들이 물결치고 있었다. 모두 목청 높여 외치고, 손을 흔들며 환호했다. 한마디로 흥분의 도가니였다!"라고 회상했다.[31] 행진 대열에는 팔리카오가 스당 전투 이전에 결성했던 제13군단과 제14군단 소속으로 8만 5천 명에서 9만 명 사이의 보병이 있었으며, 그밖에 기병 5천 명, 포병 1만 6천 명, 공병단 기술병 6천 명과 해군 인력 1만 5천 명이 포함되어 있었는데, 도시가 완전히 봉쇄될 때까지 더 많은 병력이 추가되었다. 새로 구성된 제13군단 및 제14군단은 명목상 정규 병력이었지만 대부분 정식으로 군사훈련을 받은 적이 없는 징집병으로 구성되었다.

나아가 트로쉬는 샬롱에서 돌아온 18개 파리 대대를 포함해 90개 대대로 구성된 총 10만 5천 명의 기동방위군을 보유하고 있었다. 병역 의무 연령이지만 징집되지 않았던 남성들은 기동방위군을 구성해 정규군을 보충하는 제2선의 예비군 역할을 했다.

이 열병식에는 그 규모가 빠르게 확장하고 있던 지역 국민방위군에서 파견된 병력들도 포함되었다. 9월 6일, 내무부 장관 레옹 강베타는 파리의 국민방위군을 제2제정이 승인했던 60개 대대에서 더 확대하는 계획을 승인했다. 국민방위군은 매우 인기가 많아 9월 말 기준으로 총 194개 대대로 확대되었다. 즉 소총으로 무장한 30만 명에 가까운 병력이 요새를 지키고 파리의 치안을 유지하는 임무에 배치되었다.

국민방위군은 원래 프랑스 혁명 기간 동안 국내 치안을 유지하기 위한 목적으로 창설되었다. 대원들의 재산과 계급이 중간 정도인 국민방위군 민병대는 결국 정규군에 편입되어 1813~1814년에 전투를 치렀다. 나폴레옹 3세는 1851년 쿠데타 이후에 국민방위군을 폐지했지만, 병력 지원이 필요한 상황이 발생할 경우 이를 개정할 수 있는 조항을 유지했다. 그래서 파리에는 여전히 제2제정 당시 구성된 '구 부르주아 대대'가 일부 존속하고 있었다. 강베타의 병력 확대 계획은 모든 남성 시민의 입대를 환영했으며, 근무 수당으로 하루 1.5프랑, 그리고 추가로 방위군의 아내에게 75상팀을 지급했다. 그러나 애국적 봉사의 대가로 지급된 이 정도의 수당으로는 노동자의 경우 보통 하루에 3~6프랑을 벌 수 있었던 임금의 손실을 보상해주지 못했다. 기혼자에게는 약간의 인센티브를 제공했음에도 불구하고 실업의 고통을 줄여주기엔 부족한 수준이었다. 그럼에도 국민방위정부와 거기 합류한 사람들을 움직인 것은 공화주의와 애국주의였다. 9월 16일에 반포된 법령은 황제가 임명했던 자들을 해임하고 국민방위군 장교를 선출할 수 있도록 규정했다. 그 결과 장교가 선출되는 부대들은 노동자를 포용하고 급진적인 공화주의를 장려하는 경향을 보였다.

마지막으로, 많은 남성이 파리를 지키기 위해 민간 자원병 그룹에 지원했다. 그들 가운데 일부는 외국인으로 구성되었으며 — 프랑스 의용군단Legion des Volontaires de France(폴란드인), 프랑스의 친구들Amis de France(벨기에인, 이탈리아인, 영국인), 언론 프랑-티뢰르Francs-tireurs de la Presse — 지방 그룹, 파리 교외 그룹도 많았다.

이렇듯 다양한 군대가 파리 수비를 위해 조직되었으며, 그들이 일반적인 군인의 틀에 적합하지 않다는 사실은 열병식을 더욱 감동적으로 만들었다. 작가이자 비평가인 에드몽 드 공쿠르Edmond de Goncourt는 다음과 같이 적었다.

회색 턱수염이 있는 자들과 수염 없는 자들이 뒤섞인 모습, 허리 품이 잘록하고 무릎까지 내려오는 긴 외투를 입은 자들과 노동 작업복을 입은 자들이 나란히 행진하는 모습, 그리고 아버지들(그중 일부는 행진 대열에 뛰어든 어린 딸을 안고 있는), 죽음을 불사할 준비가 되어 있는 노동자와 상인들이 뒤섞여

행진하는 모습을 보는 사람들은 프랑스처럼 신앙을 가진 국가를 도와줄 기적이 일어나지 않을까 기대했다.[32]

군인들이 파리의 온 거리를 가득 메웠으며, 시민들은 이들을 따뜻하게 환영했다. "사랑스러운 자식들!" 쥘리에트 아당이 외쳤다. "그들은 우리와 함께 영웅주의가 무엇인지를 실전으로 겪게 될 것이며, 우리가 용기를 보인다면 그들도 용기를 낼 것이다."[33]

트로쉬는 개인적으로 훈련되지 않은 이 병사들이 프랑스가 처한 어려운 전세를 역전시킬지 모른다는 믿음을 표현했지만, 사실은 이들이 실제 전투에서 독일군을 대적하는 것은 불가능하다고 여겼다. 이들 가운데 기껏해야 약 10만 명만이 실제 전투에서 효과적으로 싸울 수 있을 것으로 예상되었다. 특히 지방 국민방위군의 복무는 실용적이라기보다는 상징적인 것이었다. 그들은 혁명적이고 애국적이었으며 하루 수당과 장교를 직접 선출할 수 있는 권리를 준다는 약속에 매료되었다. 그러나 그들은 군사훈련을 제대로 받지 않았고, 규율도 없었으며, 거주 지역에서 방어 역할을 수행할 용도로 구성된 부대였다. 트로쉬가 느낀 회의는 정당했지만, 프로이센군과 싸우고자 하는 국민방위군의 열망 또한 사실이어서, 결국 이들 사이에 존재하는 긴장이 포위 공격 상황에서 결정적인 쟁점이 되었다.

트로쉬는 필요할 경우엔 스당 전투 이후 운 좋게 감옥행을 면했던 오귀스트 뒤크로 장군을 움직일 수 있었다. 그런데 뒤크로와 트로쉬는 전쟁을 계속하는 최선의 방법이 무엇인지에 대해서 의견이 달랐다. 트로쉬는 헛된 전투를 최소화하고자 했던 반면, 뒤크로는 공격이 최선이라고 생각했다. 스당에서 패전한 후 뒤크로는 영웅적인 승리나 영웅적인 패배 중 어느 하나를 택하는 것을 선호했다. 궁극적으로 어떤 결과가 나올지는 중요하지 않았다. 두 사람은 정치에 대해서도 의견이 엇갈렸다. 트로쉬는 혁명이 불가피하다고 생각했고(독실한 가톨릭 신자임에도 불구하고) 정부의 지도부에 합류할 의향이 있었던 반면, 뒤크로는 제국을 지지했다. 그래서 극좌파의 목소리에 기꺼이 귀 기울일 준비가 되어 있던 트로쉬의 의지를 참기 어려워했다. 그렇다고 해도 두 사람은 모두 싸울 준비가 되어 있었고, 혁명을 약화한다는 명분을 내세워서 그대로 항복하는 것은 달갑지 않게 생각했다.

트로쉬는 뒤크로를 그리 신뢰하지 않았음에도 불구하고, 뒤크로가 파리 포위 기간 동안 독일군에게 맞서서 전개된 가장 중요한 작전을 지휘하도록 하락했다. 뫼동과 샤티용 고지대는 이시, 방브, 몽루주 요새 바로 남쪽에 있어서, 이들 요새에서 프랑스군의 움직임을 잘 관찰할 수 있을 뿐 아니라 파리시를 명확하게 조망할 수 있었다. 트로쉬는 이들 요새에 프랑스군의 방어력을 집중하는 것을 선호했음에도 불구하고, 뒤크로가 샤티용 고지대를 공격해서 점령하고 그 지역에서 지휘권을 행사하도록 승인했다. 9월 19일, 뒤크로는 베르사유를 향해 행군하던 독일군의 측면을 공격했다. 하지만 준비가 되지 않았던 뒤크로의 병사들은 아침 안개를 뚫고 날아온 독일군의 포탄에 맞아 쓰러졌다. 결국 프랑스군은 후퇴하고 독일군이 샤티용 고지대를 점령하게 되었다. 다음날 순찰에 나섰던 2개 독일군의 기병 순찰대가 생제르맹앙레에서 서로 마주쳤다. 이로써 독일군의 파리 포위가 완결되었다.

◆ 10장 ◆

파리의 전략

파리의 카페에서 전쟁에 관해 토론하는 모습, 1870년 9월.

한편 새로운 국민방위정부가 프랑스를 승리로 이끌 수 있을지, 아니면 적어도 제2제정보다는 더 나은 결과로 이끌 수 있을지는 확실치 않았다. 9월 중순이 되자 쥘 파브르의 외교 전략은 실패로 돌아갔다. 파브르는 영국 대사관의 개입으로 비스마르크와 공식적인 회동을 할 수 있었다. 9월 18일과 19일에 두 사람은 페리에르에서 만났는데, 그곳에 있는 로스차일드 저택에 프로이센 왕의 지휘본부가 머물고 있었다. 파브르는 자신들의 목표를 위해 전쟁을 일으켰던 정권은 이미 전복되었고, 10월 2일에 총선거가 실시된다는 점을 감안할 때, 비스마르크가 평화 또는 최소한 휴전을 기꺼이 받아들일 것이라고 믿었다. 나아가 파브르는 이번에 체결될 평화 협정으로 프랑스에게 어떤 영토 손실도 초래해서는 안 된다고 요구했다. 그러나 그의 판단은 무척 잘못된 것이었다.

비스마르크가 볼 때, 프랑스는 지난 수십 년 동안 정권이 거듭 바뀌면서도 공격적인 국가의 모습을 보여주었다. 이 문제는 보나파르트 한 개인의 일시적인 야망을 넘어서는 뿌리 깊은 것이었다. 프랑스라는 나라를 믿을 수 없었다. 파브르가 대표하는 새로운 국민방위정부와 "우리 영토의 한 조각도 포기하지 않겠다"라는 그의 주장은 전혀 설득력이 없어 보였다. 프로이센은 현재 프로이센의 서부 영토를 보호하는 국경 역할을 수행할 완충 지대가 필요했다. 이를 위해 프랑스는 스트라스부르와 메스를 프로이센에게 넘겨야 했다. 비스마르크는 프랑스에 대해 파브르가 예상했던 것보다 감정적으로 더 많이 분노하고 있었다. 무엇보다 독일 측은 향후 프랑스의 침공에 대비한 방어벽을 제공해주는 군사적인 해결책을 요구했다. 그런데 당시에 정말로 독일의 안전을 공고히 해주었을 대안은, 프랑스 국민이 수용했던 평화롭고 온건한 정부를 독일이 지원하는 것이었다. 하지만 비스마르크는 프랑스 정치가 독일에게 우호적인 방향으로 순화될 수 있다는 확신이 들기 전에는, 알자스를 원하는 독일 민족주의자들이나 메스와 벨포르 요새의 점령을 주장하는 군부와 맞서는 어떤 방책도 제시할 수 없었다. 그래서 1870년에는 사실 어떤 정치적 해결책도 만족스러울 수 없었다.

비스마르크의 요구가 분명히 드러나자 파브르는 갑자기 협상을 중단했다. 그후 4개월 동안 국민방위정부는 영토 손실 없이 전쟁을 종식시키기를 원한다는 원론적인 주장만 되풀이했다. 영국의 한 언론은 협상 실패의 책임이 파리에 있다고 보도했다. 프랑스인들은 "차라리 자신들을 폐허 속에 묻고자 한다. 전쟁은 최후의 순간까지 계속될 것이다."[1]

이제 파리가 완전히 포위되자, 모두가 프로이센의 다음 행보에 대해 추측했다. 많은 파리 시민은 독일군이 직접 공격을 감행할 것이며, 파리는 자신들이 보유한 방어시설과 수적으로 우월한 병력을 동원해서 이를 격퇴할 것이라고 예상했다. 또한 그들은 프랑스가 한 달 안에 지방에서 추가 병력을 모집해 독일군의 공격을 물리치고 결국 후퇴하게 만들 것이라고 믿었다.

망명지에서 파리로 돌아와 있던 빅토르 위고는 독일을 향해 파리를 침공하려는 어떤 시도도 하지 말라고 경고했다.

당신들은 요새를 점령할지 모른다. 하지만 그러고 나면 성벽을 발견할 것이다. 당신들은 그 성벽을 점령할지 모른다. 하지만 그러고 나면 바리케이드를 발견할 것이다. 당신들은 바리케이드를 점령할지 모른다. 하지만 그러고 나면 (애국주의가 고통받을 때 얼마나 결연한 의지를 보일지 누가 알겠는가) 화약으로 가득 찬 하수도 지뢰를 만나게 될 것이며, 이는 거리 전체를 공중으로 날려버릴 준비가 되어 있을 것이다. 그러면 아마 당신들은 다음과 같은 끔찍한 문장을 인정할 수밖에 없을 것이다: 파리를 차곡차곡 점령하고, 유럽을 그 자리에서 학살하고, 프랑스를 산산이 죽이기 위해서는 거리마다 집집마다 그 위대한 빛이 혼신을 다해 소멸되어야 한다! … 어제 시바리스(그리스 신화에 나오는 풍요의 도시)였던 이 도시가 내일 사라고사가 될지 모른다.[2]

독일인들은 이런 종류의 수사적 표현은 대수롭지 않게 생각했다. 다만 몰트케는 독일군이 15만 명의 병력으로는 파리를 점령할 수 없다는 것을 잘 알고 있었다. 그는 무모하게 파리를 공격해서 과거 프랑스가 에스파냐를 침공했을 때 사라고사의 끈질긴 저항 때문에 고통을 겪었던 나폴레옹 1세의 역사를 재현하고 싶은 생각은 추호도 없었다. 대신 독일군은 도시 전체를 둘러싸고 포격을 가할 포대의 도착과 배치를 기다리거나 봉쇄된 파리가 굶주려서 항복하기를 기다리고자 했다.

하지만 이런 전략은 누구도 만족시키지 못했다. 스당 전투에서 승리의 기쁨을 맛본 후 독일군 가운데 포위 공격이라는, 오랜 시간이 걸리는 작전에 기꺼이 참가하고 싶은 병사는 아무도 없었다. 비스마르크는 몰트케에게 신속하게 포격을 가하도록 압박했다. 한편 대규모 군대는 그만큼 많은 식량과 물자를 필요로 하고 보급품은 독일에서 수송되어야 했다. 하지만 독일로 연결되는 2개의 주요 철도 노선은 작은 요새들에 의해 봉쇄되거나, 방어 시설이 최신 상태는 아니라 해도 릴, 페론, 수아송, 티옹빌, 툴, 스트라스부르와 같이 프랑스군이 여전히 보유하고 있는 대규모 요새들에 의해 위협받고 있었다. 철도는 프랑스인들의 사보타주와 저항 투쟁으로 인해 벨포르, 랑그르, 메지에르에서 중간에 차단되었다. 트로쉬는 또한 독일군의 식량 공급과 이동을 방해하기 위해 도로와 농장, 마을을 파괴하고, 가축을 도축하라고 명령했다. 9월 23일에 툴 요새가 함락되어 독일군에게 도움이 되었지만, 앞서 언급한 문제들을 근본적으로 해결하지는 못했다.

한편 몰트케는 파리 봉쇄를 효과적으로 진행하고 국민방위정부가 루아르강 남쪽에서 조직하고 있는 새로운 대규모 군대에 대응하기 위해 더 많은 병력이 필요했다. 스당 전투에서 압도적인 승리를 거두었음에도 불구하고 전쟁은 아직 끝난 것이 아니었다. 몰트케는 더이상 대규모 전투에 참여해 군사 작전 차원에서의 승리를 확실하게 굳힐 기회가 없었다. 대신 그는 수도를 구하고자 하는 프랑스의 노력에 맞서 수행한 파리 봉쇄, 메스 봉쇄, 그리고 점차 증가하고 있는 파르티잔 투사인 비정규 프랑-티뢰르 부대와의 전투에 병력을 분산해야 했다. 몰트케는 제대로 취해질 경우 경악스러운 피해를 초래할 수 있는 포위전을 싫어했다. 그는 프랑스군을 궤멸할 수 있는 또다른 대규모의 결정적인 전투 기회를 기다렸다. 그래서 자신의 군대를 신중하고 질서정연하게 움직이는 것으로 만족했다. 전쟁을 신속하게 끝내고 싶어했던 비스마르크는 크게 실망했다.

몰트케는 효과적인 봉쇄 작전을 수행하려면 현재 병력의 두세 배가 필요했지만, 실제로는 트로쉬가 지휘하는 병력의 절반밖에 보유하고 있지 않았다. 그는 트로쉬가 병력을 집중해서 프로이센군의 취약한 지점을 찾아 공격할 경우 포위망이 뚫릴 수 있다는 점을 우려했다. 애초에 독일군의 동원 계획은 고도로 훈련된 부대를 초기 단계 전투에 투입하는 것이었다. 그런데 9월 중순까지 전투에서 7만 명의 사상자가 발생하고 13만 명이 병원에 입원하게 되자, 더 많은 병력이 필요해졌다. 그래서 독일은 프랑스 해군의 상륙을 막기 위해 북독일 지역에 배치했던 부대 중에서 새로운 제13군단을 구성하고 메클렌부르크-슈베린 Mecklenburg-Schwerin 대공에게 지휘권을 주었다. 그밖에 독일군 병력을 추가로 강화하려면 예비군인 향토방위군에 의존해야 했다. 룬은 그동안 향토방위군의 사용을 제한하기 위해 군대를 개혁해왔지만, 현재 상황은 이 부대의 실전 배치를 필요로 하고 있었다. 향토방위군을 이용해서 구성한 4개 사단은 결국 전쟁 후반에 스트라스부르와 벨포르에서 진행된 작전에 참여했을 뿐 아니라 그 이후에도 정규군을 따라다니며 전투에 참가했다. 향토방위군 대부분은 이들 작전에서 독일군 후방의 안전을 유지하고, 계속 그 면적이 늘어나고 있던 점령지에서 보급로를 경비하는 역할을 수행했다. 9월 말에는 자르브뤼켄과 낭시를 연결하는 새로운 독일 철도가 개통되었는데, 이는 메스를 거쳐 가는 경우와 달리 아무런 위험 없이 파리 봉쇄에 투입된 독일군에게 공급되는 물자의 양을 두 배로 늘렸다.

파리는 이제 프랑스의 나머지 지역과 거의 완전히 차단되었다. 훗날 샤를 드 프레이시네Charles de Freycinet는 "파리가 마치 한갓 보잘것없는 성채처럼 포위당하고 있는 상황이었다"라고 한탄했다.³ 편지와 신문은 더이상 통상적인 수단을 통해 도시 밖으로 배달될 수 없었다. 그저 몇 가지 하찮은 소통 수단만이 남아 있었다. 9월 13일에 강베타는 쥘 페브르를 포함해서 이자크 크레미외가 이끄는 소규모의 정부 대표단을 남서쪽 투르로 보냈었다. 9월 23일에 정부는 극도의 보안 속에서 외부와의 연락을 유지하기 위해 센강 바닥에 전신 케이블을 설치하는 작전을 개시했다. 그런데 안타깝게도 이 케이블은 다음날 훼손되었고, 27일에 독일군에게 인양되었다. 독일군은 전신으로 전송되는 프랑스의 메시지를 해독하는 데 실패하자 케이블을 파괴해버렸다.

　수중 전신 케이블을 통해서 외부와 소통할 수 없게 된 파리 시민들은 이제 하늘을 바라보았다. 열기구는 프랑스 혁명 전쟁 와중에 소통과 정찰 용도로 사용된 적이 있었다. 석탄가스가 개발되면서 열기구는 더욱 실용적으로 사용되었다. 1870년 여름 고다르M. Godard라는 발명가가 정부에 이 열기구를 사용하도록 부추겼다. 르뵈프는 열기구에 관심이 없었지만 팔리카오는 그의 제안을 진지하게 받아들였다. 파리가 봉쇄되자 열기구가 통신수단으로서 매우 유용해진 것이다. 펠릭스 나다르Félix Nadar라는 이름의 사진작가가 9월 21일에 실험 삼아 파리 상공에 열기구를 띄웠다. 23일에는 실험 열기구가 파리 상공을 날아 도시 밖으로 보내졌으며, 26일에는 처음으로 정기적인 운행 서비스가 개시되었다. 이 열기구는 민간기업인 국립항공기조종회사Compagnie Nationale Aérostatique가 프랑스 우체국과 협력해 운영했다.

파리 봉쇄가 진행되는 동안 열기구는 몽마르트르 언덕 기슭에 있는 생피에르 광장에서 출발해 독일군 대포의 사정권을 벗어나는 고도를 비행하는 방식으로 일주일에 두세 번씩 우편물과 승객, 통신용 비둘기를 운반했다. 통신용 비둘기는 작은 쪽지에 타이핑된 후 마이크로필름에 압축된 통신문을 들고 다시 날아왔다. 강베타는 10월 9일부터 1월 27일까지 비둘기 51마리를 파리로 보냈는데, 이중 40마리가 보통 일주일 안에 무사히 도착했다. 총 10.5톤에 달하는 메시지가 65개의 열기구를 통해 파리를 떠났으며 승객 164명, 비둘기 381마리, 개 5마리, 마이크로필름에 담긴 250만 통의 편지도 함께 운반되었다. 일부 열기구는 잘못된 방향으로 날아가거나 독일군의 수중에 떨어졌지만 대부분은 무사히 파리를 빠져나갔다.

궁여지책으로 시도된 열기구 비행은 극적인 이미지와 이야기를 만들어냈다. 한 이야기에 따르면 펠릭스 나다르가 열기구를 타고 투르에서 파리로 날아가는 동안 공중 총격전이 벌어졌다. 이 주장에 따르면 나다르가 탄 열기구는 샤랑통 요새의 약 3천 미터 상공을 지나던 중, 프랑스 국기를 단 또다른 열기구를 발견했다. 그들이 서로 접근하자 그 열기구는 나다르가 탄 열기구에 사격을 가하고는 프랑스 국기를 흑백으로 된 표준 깃발로 교체했다. 전하는 바에 따르면 나다르는 자신이 탄 열기구가 빠르게 추락하기 시작하자 열기구에 생긴 구멍을 수리했고, 열기구가 다시 하늘로 떠오르자 프로이센 열기구를 향해 보복 반격을 가했다. 결국 프로이센 열기구는 추락했으며 울란(창기병대)의 한 파견부대가 이를 수거했다.

하지만 이러한 노력에도 불구하고 열기구와 비둘기는 파리의 통신 문제를 해결할 수 없었다. 열기구는 방향을 조종할 수 없었기 때문에 귀환 비행에 재사용될 수 없었다. 열기구 하나가 출발할 때마다 이를 교체할 새로운 열기구를 제작해야 했다. 비둘기의 귀환도 안정적이지 않았다. 날려 보낸 381마리 중 59마리만이 출발지인 비둘기 집으로 되돌아왔다. 결국 트로쉬는 투르나 보르도와의 지속적인 소통 없이 파리에서 전쟁을 치러야 했다. 게다가 비둘기는 식량을 운반할 수도 없었다. 물론 마이크로필름 사진을 사용하면, 비둘기 한 마리가 최대 3만 개의 메시지를 운반할 수는 있었다. 그래서 프로이센군이 이 비둘기들을 잡기 위해 작센에서 매를 수입했으며, 파리 시민들이 아무리 굶주렸다 해도 비둘기를 잡아 먹지 않은 것은 놀라운 일이 아니었다.

한편 양측의 전초기지는 서로 접촉하며 심지어 우호적인 관계를 맺기도 했다. 독일군은 때때로 프랑스 여성들이 들판에서 감자 캐는 것을 허용했다. 세브르에서 센강을 건너는 나루에는 상호 협상을 위해 공식 초소가 설치되었다. 그곳에서는 강 한편에서 나팔 소리가 들리면 전투 행위를 중단하고, 양측 장교들이 서로 소식을 교환하기도 하고, 협상단이 통과하거나 중립국 시민들이 보트를 타고 이 지역을 출입하도록 허용했다. 하지만 이 나루에서는 병사들의 무지 때문인지 규율이 엉망이라서 그런 건지 모르지만 나팔 소리에도 불구하고 종종 상호 교전이 발생했다. 그러다 보니 이곳은 그리스 신화에 나오는 저승의 강인 스틱스강의 나루라고 알려지게 되었다.

파리 외곽에서는 침략자들에게 맞서 기꺼이 무기를 들고자 했던 의지가 곧 불안감으로 바뀌었다. 스당 패배 직후에 전국의 도시와 마을들에서는 전투 의지가 표명되었다. 스당 전투 이후 프랑스 제국이 위기에 처하자 많은 사람들은 1792년 제1공화국을 탄생시켰던 발미 전투 승리와 제2의 혁명기라는 비전을 갖게 되었던 것이다. 도시의 공화주의자들은 활력을 얻었으며 9월에 3만 500명의 자원병이 등록했다. 툴롱에서는 열성적인 시의회가 "시민 장관들"에게 "프랑스는 다시 주권을 되찾았습니다"라는 서신을 보냈다. "1792년에 그랬듯이 조국은 구제될 것입니다. 툴롱의 코뮌은 여러분을 믿습니다. 여러분이 코뮌을 믿는 것처럼. 공화국 만세."[4]

그러나 이런 열정은 그리 깊어지거나 오래 지속되지 않았다. 쥐라, 부르고뉴, 피레네 지방의 농부들은 투쟁에 참여하는 데 별 관심이 없었다. 망드의 지사는 "로제르 지역 주민들의 무력감은 사실상 회복이 불가능하다"라고 보고했다.[5] 도시 외곽 지역에 사는 많은 프랑스 시민들은 나폴레옹 3세가 현재 투옥되어 추종자들과 전혀 소통할 수 없었음에도 불구하고 그에 대한 오랜 충성심을 계속 유지했다. 스당 전투에서의 패배가 그동안 프랑스에 안정과 번영을 가져왔던 황제에 대한 그들의 믿음까지 흔들지는 못했던 것이다. 공화주의자들은 1792년에 대한 기억이 많은 사람들에게 테러의 통치 체제에서 1793년(2년차)에 일어난 공포를 상기시켜준다는 생각에 활력을 찾았다. 어떤 사람들은 새로운 공화주의자들을 열렬히 환영했다. 셰르의 지사는 이렇게 적었다. "만약 대중의 열정이 없다면, 공화주의 정부에 대한 저항은 어디에도 없었을 것이라는 점을 인식하는 것이 옳다. 국민들은 하나같이 새 공화주의 정부를 받아들이고 있다. … 백성들은 어떤 희생도 치를 준비가 되어 있지만, [국민방위정부에게] 통지문이나 선언 같은 것이 아니라 행동, 행동,

행동을 기대하고 있다."⁶ 새 정부에서 일하게 된 공화파 지도자들은 대다수 프랑스인이 공화국을 불신의 눈길로 바라보고 있으며, 제국에 충성했던 행정 당국자나 시의회와 협력해야 한다는 사실을 깨달았다.

우익 쪽으로 더 가면, 많은 군주제 지지자들이 여전히 지역에서 영향력을 행사하고 있었지만, 수적으로 새 정부를 위협할 만큼 많지는 않았다. 이들보다는 좌익 쪽에서 오는 위험이 더 컸다. 리옹에서는 9월 15~16일의 지방선거를 통해 급진적인 정부가 수립된 후 사회주의 계열 혁명가들이 두 정파의 지도자로 자리매김하고, 일시적으로 시청사를 점거했다. 그들은 국가의 폐지와 코뮌의 수립을 선언했다. 하지만 이런 움직임은 시민들로부터 거의 지지를 받지 못했고 곧 와해되었다.

같은 시기에 연방주의 운동(특히 노동자들의 지지를 받은 중앙집권화에 대한 반발이었던)이 급증했는데, 마르세유가 그 진원지였다. 연방주의 단체 남부연맹Ligue du Midi은 9월 18일에 12개 데파르트망의 대표단과 회동해 부자에 대한 과세, '반역자'의 재산 몰수, 교회와 국가의 분리, 기독교계 학교의 억제, 언론의 자유를 포함한 급진적인 조치를 요구했다. 다른 정치 조직들은 다소 실험적인 행보를 보였다. 서부연맹Ligue de l'Ouest은 군사적 목표에 집중한 반면, 남서부연맹Ligue du Sud-Ouest은 보다 고전적인 공화주의 프로그램을 가지고 있었다. 니스에서는 분리주의자들이 1860년에 니스를 프랑스에 통합시켰던 합병 결의를 뒤집으려고 했다.

이러한 운동 중 어느 것도 국민방위정부를 심각하게 위협하지는 않았지만, 강베타는 파리를 떠나 지방을 순회하며 이들의 지지를 이끌어 내야 한다고 인식했다. 10월 7일 그는 공화주의 혁명가 아르망 바르베Armand Barbès의 이름을 딴 열기구에 올라타서 수도를 떠나 지방으로 향했다. 비행 방향을 제어할 수 없었던 열기구는 마치 "벽 너머로 던져진 공"처럼 파리에서 북쪽으로 약 100킬로미터 떨어진 몽디디에 도달했고 이틀 후 남쪽 투르로 향했다.[7] 이 극적인 에피소드로 인해 이전에는 잘 알려지지 않았던 이 정치인이 프랑스인들의 호의적인 관심을 받게 되었다.

강베타가 10월 초 투르에 도착하면서 전쟁 노력이 새롭게 활기를 띠게 되었다. 그는 곧 독일의 침공에 계속 저항할 수 있게 해줄 새로운 군대를 창설했다. 시골과 도시 지역 모두에서 지사들은 주민들의 사기가 높다고 확인해주었다. 10월에 군복무에 자원한 자들이 1만 7천 명에 그칠 정도로 자원병 지원 속도가 느렸지만, 국민방위정부는 월말에 전쟁 채권을 발행해 9400만 프랑을 모금했다.

투르에서 강베타는 다음과 같이 확신에 찬 포고문을 발표했다.

우리는 동원할 수 있는 모든 자원을 투입해야 하며, 그 자원은 엄청나게 많습니다. 우리는 지방의 주민들을 무기력에서 깨어나게 해야 하며, 어리석은 패닉을 경계하고, 게릴라 전투를 강화해서 적에게 맞서 능숙한 매복과 기습전을 펼쳐야 하며, 우리 스스로 계략을 잘 세워 적의 측면과 후방을 기습해서 전쟁이 곧 전국으로 확산되도록 해야 합니다. … 고향을 떠나 먼 곳에 와서 프랑스의 수도인 파리를 봉쇄하느라 발목이 묶여 있으면서 불안해하고 애를 먹고 있는 프로이센군, 깨어 있는 우리 국민들에게 쫓기고 있는 프로이센군은 점차 우리 군대에 의해, 배고픔에 의해, 그리고 자연적 원인에 의해 처절하게 무너질 것입니다.[8]

강베타는 투르에 도착한 지 며칠 만에 이후 전쟁의 방향을 바꾼 두 가지 전략적 결정을 내렸다. 먼저 10월 10일에 그는 각자의 길을 가던 두 부처가 힘을 합쳐서 전쟁을 추진하도록 하기 위해 전쟁부 외에 내무부를 장악했다. 둘째, 그는 민간 전문가인 샤를 드 프레이시네를 '전쟁부 장관 권한대행'으로 임명해서, 자신의 오른팔이 되어 전략을 개발하고 대외 군수 조달 업무를 감독하도록 했다.

이러한 조치가 매우 대담한 것이었다는 사실은 의문의 여지가 없다. 군대 경험이나 실질적인 행정 경험이 없는 32세의 레옹 강베타가 파리를 포위하고 베르사유 궁전에 전쟁 사령부를 설치한 탁월하고 노련한 2명의 지도자, 비스마르크와 몰트케를 상대하며 프랑스를 이끌게 된 것이다. 1838년 카오르에서 태어난 강베타는 학창 시절에 매우 열심히 공부하는 학생이었다. 당시 그는 "지적知的이라기보다는 괴짜"로 여겨졌다. 같은 반 친구들은 "냉정하고", 어투가 과격하며, 고독을 좋아하고, 자신의 독립성을 꽤나 과신하지만, 너무 조숙하고 타고난 재능이 너무 탁월했던 그를 이해할 수 없었다." 제노바 출신으로 식료품점을 운영하는 아버지와 프랑스인 어머니 사이에서 태어난 강베타는 어린 시절에 수저(코틀러리) 공방에서 사고를 당해 오른쪽 눈의 시력을 잃었다. 제2제정에 반대했다고 알려졌던 그는 파리에서 법학을 전공한 후 이제 법무부 장관이 된 이자크 크레미외를 위해 일했다. 당시 크레미외는 그에게 신뢰와 우정을 주었고, 그를 '아들'이라고 불렀으며, 강베타에게 빛나는 미래가 있을 거라고 예측했다.' 강베타는 제2공화국을 위해 목숨을 바친 순교자 장-바티스트 보댕Jean-Baptiste Baudin을 둘러싸고 논란이 벌어졌을 때 한 연설로 공화주의자들 사이에서 명성을 얻으며 빠르게 출세의 길을 걸었다. 그는 1869년 5월 입법의회 대의원으로 선출되었으며, 곧 올리비에 총리에게 도전하는 저명한 연설가가 되었다.

강베타를 예찬하는 사람들은 그의 근육질 체격, 걸음걸이와 목소리, 그리고 손이 "번갈아가며 무엇인가를 힘차게 움켜쥐었다가 다시 풀어 놓을 것처럼 보인다"라고 묘사했다. 그의 얼굴은 "복잡한 것들을 융합하는 사려 깊음과 대담함, 솔직함과 거만함으로 가득 차 있었다"라고 얘기했다. 그러나 무엇보다 추종자들의 마음을 사로잡은 것은 작은 이슈들과 거대한 전략 사이에서 균형을 잡는 그의 능력이었다. "그의 사고력은 가장 거대한 주제와 가장 미세한 세부 이슈들을 한순간에 종합적으로 파악할 수 있을 만큼 뛰어나다."[10] 프레이시네는 가장 난감한 상황을 상세하게 분석해내는 강베타의 지적이면서도 신속한 능력에 감탄했다. 그는 실무적인 행정 경험이 전혀 없는 사람이 정부가 직면한 문제를 재빨리 이해하고 체계적으로 접근하는 모습을 보고 놀라움을 금치 못했다. "강베타에게 유창한 화술은 그 자체가 목적이 아니라 수단이며 … 그의 삶은 행동의 연속이었다. … 그는 이런저런 생각에 빠진 채 시간을 낭비하는 법이 없었다."[11]

강베타는 제대로 휴식하지도 못한 채였지만, 언제든 "벌떡 뛰어오르거나, 하늘로 날아오를 준비가 되어 있는 것으로 보였다. 달리 표현해서 그는 상황을 알리고자 했다. 학창 시절과 마찬가지로 소박한 공간인, 보나파르트 거리에 있는 그의 아파트에는 책들로 가득한 서가와 혁명 연설가 미라보의 흉상이 있었다."[12] 강베타는 젊은 나이에도 불구하고 자신감과 에너지를 갖고 정무를 보았다. 한 관찰자는 "심지어 그의 웃음에도 권위가 있었다"라고 썼다.[13]

강베타는 원기왕성한 자신처럼 프랑스군이 신속하게 움직일 것을 요구했다. 그런데 이로 인해 대단위 군사 작전이 진행되었고 그에 비견할 만한 대형 실책이 발생했다. 그가 신뢰했던 이 작전의 기획자는 군사 분야에서 어떤 특별 교육도 받은 적이 없는 마흔두 살의 민간 엔지니어 프레이시네였다. 프레이시네는 제2제정 시기에 타른에가론주의 도 의원으로 근무했으며, 전쟁 발발 당시 상무부에서 공장 여성과 아동 노동자에 대한 관리 감독 업무를 맡고 있었다. 스당 전투 이후 프로이센군이 파리를 에워싸고 점점 압박해오자 프레이시네는 자신이 맡은 작은 역할로는 아무것도 할 수 없다고 느꼈다. 그는 스스로 물었다. "내가 좀 더 잘해야 하지 않았을까? 국민방위정부의 일을 맡지 말아야 했을까? 지방과의 단절 때문에 남아도는 시간이 견딜 수 없게 될 때까지 인내심을 갖고 기다려야 했을까? 이런저런 생각 때문에 얼굴이 벌겋게 달아올랐다. 나는 단지 공동의 노력에서 내가 맡은 몫을 다하고 싶었다."[14]

그래서 프레이시네는 강베타에게 자신이 이시와 방브 사이에 있는 요새에서 발견한 문제점들을 적은 메모를 보냈고, 그 결과 강베타가 그곳을 방문했다. 강베타는 당시 그가 필요로 했던 많은 요직에 새로운 공화국 지지자들을 배치하기 위해 애썼으며, 그런 맥락에서 프레이시네를 타른에가론의 주지사로 파견했다. 그런데 프레이시네는 이에 반대했다. 그는 이전에 제국을 위해서 활동했었기 때문에 주도인 몽토방에 공화파 친구가 거의 없었으며, (이를 입 밖에 내지는 않았지만) 몽토방은 프레이시네가 상상할 수 있는 그런 작전으로부터 멀리 떨어진 곳에 위치해 있었다.

부임한 지 며칠 후 프레이시네는 투르에 모습을 드러냈는데, 거기서 크레미외와 국민방위정부 대표단의 무기력함과 마주쳤다. 하지만 10월 7일, 강베타가 열기구를 타고 파리를 극적으로 탈출했다는 소식이 전해지면서 투르는 활기를 띠었다. 이제 자신이 만난 모든 사람에게 깊은 인상을 남긴, 흡인력과 리더십을 가진 인물이 적극적으로 프랑스의 방어를 추구할 것이라는 기대감이 일었다. 프레이시네는 자신과 같은 민간 기술자가 몽토방보다는 투르에서 국민방위정부에 더 잘 봉사할 것이라고 인정했던 강베타와 개인 면담을 할 수 있으리라고 확신했다. 강베타 역시 투르를 방문했을 때 자신을 뒷받침해줄 권력 네트워크를 구축하고 있어서, 믿을 만한 오른팔이 필요한 상황이었다. 그는 프레이시네에게 전쟁부 장관 권한대행이라는 직함을 부여해서 그가 강베타의 이름으로 작전을 수행할 수 있도록 조치했다. 이 명령은 10월 11일에 서명되어 다음날 공표되었다.

강베타와 프레이시네는 아직 독일군에게 점령되지 않은 프랑스 전역에서 병력을 동원하는 작업을 계속했다. 라인군과 샬롱군에서 50만 명의 사상자와 포로가 발생했고, 26만 명이 파리를 방어하는 데 투입되었음에도 불구하고 프랑스는 아직 이론적으로 100만 명 이상의 병력을 국가 방위에 투입할 수 있었다. 가을이 지나면서 국민방위정부는 일련의 법령을 통해 군복무 대상자 명단을 계속 확대해 점점 더 많은 인원이 정규군이나 국민방위군 소속 기관에서 복무하도록 소집했다. 나아가 이전에는 프랑스의 대도시에서 복무하는 것이 법으로 금지되었던 외인부대도 알제리의 기지에서 소환되었다. 이에 추가로 6만 명의 대원으로 구성된 약 350개의 프랑-티뢰르 부대가 자원했다.

정규군은 1869년과 1870년(1년 일찍 소집)에 징집병뿐 아니라 예비군과 자발적 입대 신청자들까지 확대 소집했다. 국민방위정부는 9월에서 다음해 1월 사이에 12개 군단을 배치했는데, 이는 당시 어려운 상황을 고려할 때 놀라운 성과였다. 물론 이 군단의 질적 수준은 매우 다양했다. 첫 번째, 스당 전투 이후 소집된 새로운 군단인 제15, 제16군단은 정규군의 잔여 병력으로 구성되었으며, 이들은 오를레앙 주변 지역에서 프랑스군이 거둔 성공을 설명하는 데 도움을 준다. 이들보다 뒤늦게 결성된 군단들은 제대로 훈련되지 않은 상태였으며, 부대를 이끌 간부도 적었고 보급품도 산발적으로 지급되었다.

국민방위군은 내무부가 각 지방의 지사들을 통해 모집하고 장비를 지급했다. 이 부대는 60세 이하의 남성을 동원할 수 있고, 지역에 주둔시킬 목적으로 구성된 지역방위군 또는 정주방위군과, 전쟁부에 의해 군사훈련과 실전에 포함될 수 있는 기동방위군으로 나뉘었다.

11월 2일, 국민방위정부는 역대 가장 광범위한 법령을 제정했다. 이 법령은 21~40세의 모든 남성을 가족 관계와 무관하게 국민기동방위군garde nationale mobilisée에 소집할 수 있도록 허용했다. 그 결과 이들은 지역방위군으로만이 아니라 실전에 배치된 정규군과 함께 복무할 수 있게 되었다. 역사가 스테판 오두앙-루조Stéphane Audoin-Rouzeau에 따르면 이로써 "전 국민에 대한 보편적인 병역의무 원칙"이 시행되었다.[15] 이론적으로 신체가 허약하거나 특정한 공적 업무를 수행하는 자는 여기서 면제될 수 있었다.

하지만 실제로는 21세에서 40세 사이의 연령이면서 가족이 없는 남성들만 소집되었다. 프랑스군에는 복무할 의무가 있는 모든 남성을 동원할 만한 장비와 훈련 시설이 부족했으며, 심지어 이들에 대한 소집조차도 완전히 실현되지 않았다. 결과적으로 동원 가능한 64만 9천 명 가운데 현실적으로 동원할 수 있는 병력은 57만 9천 명(23개 주가 이미 점령된 상태였기 때문에 그 지역의 남성을 동원하는 것이 불가능했다)에 불과했으며, 실제로 군 당국에 파견된 병력은 50만 명 미만이었다. 게다가 이들 가운데 궁극적으로 전쟁이 끝나기 전에 전투 대형에 배치될 수 있었던 인원은 26만 명에 불과했다. 11월 2일에 공표된 법령에도 불구하고 국민방위정부는 장비 부족으로 인해 기혼 남성은 소집하지 못했다. 결국 전투에 참가한 사람은 젊고 미혼이거나 자녀가 없는 남성이었다.

　동원된 병사들은 잘 싸웠고 전투 경험을 쌓으면서 배워갔다. 하지만 훈련 장교를 포함해서 병사들을 이끌 장교의 수가 충분하지 않아 그들이 성공을 거두는 데에는 한계가 있었다. 8월 4일에서 9월 2일 사이에 장군 158명 가운데 16명이 사망하고 45명이 부상을 입었다. 이는 전체의 38.6퍼센트에 해당한다.

　지휘관의 수적 부족 문제를 해결하기 위해 프레이시네는 미국 남북전쟁 당시 연방군이 동원했던 방법을 차용했다. 보병 중대 규모를 두 배로 늘려서, 이들을 지휘하는 데 필요한 장교의 수를 절반으로 줄인 것이다. 10월 13일의 명령은 진급에 대한 제한을 없앴고, 10월 14일의 명령은 정규군에 속하지 않는 모든 병사를 정규군에 소속된 보조 부대로 편성해 국민방위군이라고 부를 수 있도록 허용했다. 이는 프랑스 영토를 방어할 의무가 현역 군인에게만 주어지는 것이 아님을 의미했기 때문에 중요한 조치였다. 또한 이 조치로 인해 기동대, 프랑-티뢰르, 심지어 외인부대 병사들조차 모든 계급에 임명될 수 있었다. 이탈리아의 주세페 가리발디와 해군 장교인 조레기베리Jauréguiberry 제독은 그들의 군대 계급 편성에 이 명령을 차용했다.

이러한 노력에도 불구하고 때로는 사태의 긴박성 때문에 군사훈련을 받지 못한 남성들(글자 그대로 단 하루도 훈련받지 못한 남성들)이 전투에 투입되기도 했다. 군복무에 소집된 지역 남성들은 소년 시절을 보낸 동네가 지근거리에 있는 상황에서 갑작스레 엄격한 군대 규율에 적응하는 것이 어렵다는 사실을 깨달았다. 오트피레네의 지사는 "우리 피레네 기동방위군 병사들은 군인이 되려면 자기 마을의 첨탑을 바라보아서는 안 된다"라고 썼다.[16]

수십만 명에 달하는 신병들의 지원을 활용하기 위해서는 막대한 규모의 2차 동원이 필요했지만, 프레이시네는 이 모든 문제를 간과했다. 그래서 그는 특별히 어려운 도전에 직면했다. 전쟁부는 평상시의 4분의 1밖에 안 되는 인력에, 어떤 문서 자료도 갖추지 못한 혼란스러운 상태로 투르에 머물고 있었다. 하지만 업무에 대한 정확성과 세부 사항에 대한 파악 능력으로 그는 뛰어난 관리자가 되었다. 그는 민간인들(과학자, 엔지니어, 전신 기사, 의사, 사업가, 건축가 등)이 군사 작전의 성공에 얼마나 중요한지를 군사 전문가보다 더 잘 이해했다.

프레이시네는 첫 번째 조치 중 하나로 장교들에게 고품질 지도를 지급했으며, 민간인을 고용해서 군의관과 기술자, 의사, 그리고 사무 작업을 지원하게 했다. 그리고 지방 총감들이 새로 구성된 군대에 물자를 공급하고자 할 때 대폭적인 자율권을 부여했으며, 샤스포 소총 탄약을 포함한 주요 보급품을 여러 공장에서 생산할 수 있도록 다각화했다. 그런 보급품은 지금까지 부르주에 있는 1인 소유 공장에서만 생산되어왔다. 적군이 오를레앙에 접근해옴에 따라 탄약 제조 공장이 툴루즈로 이전하자, 프레이시네는 다른 사람들에게 바욘, 보르도, 툴롱에 추가로 공장을 짓도록 지시했다. 또한 프레이시네는 몽펠리에서 생토메르에 이르기까지 11곳에 새로운 지역 군대 캠프를 설립해서 동원된 국민방위군의 집결과 교육을 담당하도록 했다.

이들 군대에서 여성의 전투 복무는 공식적으로 고려되지 않았지만, 일부 여성은 그럼에도 불구하고 군대에서 봉사하고 있었다. 군대에서 그들이 맡은 종군상인vivandièr, 즉 물품 공급자 역할은 사실 오래전부터 시행되어왔다. 1600년대 후반부터 프랑스 정부는 군인이 종군상인으로 복무할 수 있도록 공식적으로 허가해왔는데, 남편이 행군이나 전투에 참가하고 있는 동안에는 그들의 아내가 음식과 담배, 술을 구해서 공급하는 일을 맡았다. 이러한 활동은 네덜란드에서 치른 루이 14세의 전쟁, 팽창적인 혁명전쟁과 나폴레옹 전쟁에서 필수적이었다. 이 전쟁 당시 그들은 남편의 이름이 아니라 자신의 이름으로 군대와 계약할 권리를 얻었으며, 점차 캉티니에cantinièr라고 불렸다. 그들은 프랑스가 제국 건설을 위해 알제리 정복에 나섰을 때도 필수적인 역할을 담당했다. 그들은 나폴레옹 3세의 이탈리아 원정에 참가했으며, 프로이센-프랑스 전쟁 내내 활동했다. 캉티니에는 공식적으로 군인으로 인정되지 않았기 때문에 군인 연금을 받지 못했다. 하지만 그들은 그라블로트 전투에서, 포위된 메스에서, 스당 이후 포로가 되면서, 또는 국민방위정부가 결성한 새로운 군대에서 정규군을 따라다니며 전쟁을 경험했다. 그들은 부상자를 돌보고, 절실히 필요한 물품을 구해왔으며, 때로는 전투에도 참가했다. 이 과정에서 그들은 목숨을 잃고, 다치고, 포로로 잡혔다.

그럼에도 불구하고 일부 여성들은 미국 남북전쟁에서, 그리고 프랑스 역사 내내 그랬던 것처럼 남성들과 어깨를 나란히 하며 싸웠다. 빅토린 루시Victorine Rouchy라는 파리의 한 여성은 이렇게 썼다. "며칠 후 앵발리드 산책로에서 성대한 열병식이 열렸다. 나도 초대를 받아 당시 내가 참여했던 제17대대와 제7중대에 공식적으로 소개되었다. 이게 내가 전투원의 지위를 얻게 된 이유다."[17]

10월 10일, 저널리스트 펠릭스 벨리Félix Belly는 자신이 '센강의 아마조네스'라고 이름 붙인 제복을 입은 무장 여군 부대를 지역 국민방위군의 일부로 설립할 것을 제안했다. 이 여군은 지역 국민방위군의 남성 병사들과 마찬가지로 일당 1.5프랑을 받으며 전투에는 참가하지 않는 부대였다. 미국인 관찰자 네이선 셰퍼드Nathan Sheppard는 1만 5천 명의 지원자가 벨리의 부대에 등록했다고 보고했는데, 벨리 자신은 나중에 그 수가 1500명이라고 말했다. 여기에 관심을 가진 여성은 주로 서민층 여성, 요리사, 세탁부인 경우가 많았으며 상점 노동자나 재봉사도 있었다. 이 여성들은 대개 강하고 나이가 있으면서(적어도 25세 이상) 고된 노동에 익숙했다. 어찌되었든 정부는 이런 여성 대대를 만들 의도가 없었기에 펠릭스 벨리가 제안한 여군 프로젝트는 조롱과 호기심의 대상이 된 채 막을 내렸다.

이때 한 여성의 군인 생활이 큰 박수를 받고 보도되었다. 앙투아네트 '토니' 릭스Antoinette 'Tony' Lix는 1839년 콜마르에서 태어났다. 릭스는 평생 동안 여성성과 연관된 자신의 자질을 때에 따라 싸울 수 있는 능력과 결합했다. 그녀는 딸들의 교육을 지원하고, 열 살 된 딸에게 소총 사용법을 가르친 아버지 밑에서 자랐다. 하지만 릭스는 타인을 돌보는 법도 배웠다. 그녀는 폴란드에서 6년 동안 가정교사와 튜터로 근무했다. 1863년 폴란드인들이 러시아에 저항해서 봉기를 일으켰을 때, 릭스는 남성으로 변장한 채 전투에 참여했다. 폴란드에서의 경험은 자유를 돕고자 하는 열정을 고무했으며, 그녀가 기록했듯이 "이 경험은 그녀에게서 [프랑스를 위한] 뜨겁고 강한 사랑이 자라나게 했다."[18] 그녀는 1860년대 후반 고국으로 돌아오자마자 릴에서 콜레라 환자들을 돌보기 시작했으며, 보주에 여성자선가협회를 설립했다. 그녀는 프로이센-프랑스 전쟁 동안에는 보주 출신 프랑-티뢰르 그룹의 일원이 되었고 나중에는 간호사로 활동했다.

이탈리아의 민족통일운동 리소르지멘토Risorgimento의 영웅인 주세페 가리발디가 보기에 프랑스와 프로이센 간의 분쟁은 이제 새로운 차원, 즉 군주제와 교권주의 세력에 맞서 보편적인 공화국을 세우기 위한 투쟁이라는 차원에 도달했다. 이는 단순히 나폴레옹 3세와 비스마르크의 야망이 충돌한 것이 아니라 그보다 높은 차원의 문제였다. 전쟁은 오스트리아와 교황 세력을 이탈리아에서 몰아냈으며, 이 장대한 투쟁이 계속되면 모든 민족이 봉건주의에서 해방될 터였다.

가리발디는 10월에 국민방위정부에 원조를 제공하기 위해 투르에 도착했으며, 지역 비정규군을 조직하기 위해 보주로 파견되었다. 11월 중순이 되자 가리발디와 그의 군대는 지역 비정규군과 합동 작전을 펼쳐 독일군의 물자와 병력을 분산시킴으로써 독일군에게 타격을 입혔다. 화려한 제복을 입은 가리발디의 병사들은 그곳의 지리적 상황을 잘 알았으며, 가끔씩 대포로 무장해서 독일군의 전초기지와 물자 보급선을 괴롭혔고, 다리를 폭파해서 심지어 기관차 3량을 뫼즈강에 추락시켰다.

이에 대한 대응으로 독일군은 민간인을 인질로 잡고 보상금을 요구했다. 그들은 이들 파르티잔을 추적하기 위해 향토방위군을 보냈지만 기동성이 떨어져 별 소용이 없었다. 결과적으로 1만 8천 명의 남성이 가리발디 휘하에서 복무했으며, 또다른 2만 명이 코트도르의 지역공공안전위원회에 등록되었다. 디종에서 활동한 가리발디 부대(가리발디와 그의 두 아들 메노티와 리치오티가 이끄는 프랑-티뢰르)는 이탈리아 통일 전쟁에서 쌓은 경험 덕분에 프랑스군의 프랑-티뢰르보다 더 위협적이고 전문성을 갖추고 싸우는 것으로 보였다. 가리발디 부대가 디종을 방어하는 모습은 독일군 지휘관에게 강한 인상을 주었다. 그래서 이 독일군 지휘관은 전투가 끝난 후 포로들을 사면하고 보복을 가하지 않았으며, 단지 50만 프랑의 피해 복구 보증금만 요구했다. 심지어 만약 디종 주민들이 독일군에게 고분고분하게 행동하기만 하면 보증금도 돌려주겠다고 했다.

작가 조르주 상드의 말에 따르면, 강베타의 전략은 민간인이 조직한 기구에 대한 믿음으로 요약된다. "정규군은 붕괴되었고, 사기가 땅에 떨어졌으며, 패배했다. 그들은 우리를 구하지 못할 것이다. 우리가 소집하고 격려해야 하는 것은 즉흥적으로 구성된 시민군이다. 이들이 우리에게 승리를 가져다줄 것이다."[19]

상드는 이 전략을 깊이 불신했다. "우리는 위협받는 지역에서 즉흥적으로 시민군을 구성해서 어느 정도 전투에 동원할 수 있다." 하지만 그들에게 전체 전투의 부담을 짊어지게 하는 것은 "꿈에 불과하며, 우리의 경험은 이미 그것을 증명했다."[20] 방데 인근 지역에서 혁명의 공포에 맞서 발생한 반란은 프로이센 군대를 막을 수 없었다. "의지력이 과연 우리에게 대포를 줄 수 있을까?"[21] 상드는 강베타가 뛰어난 웅변가인 동시에 행동력과 의지, 인내심이 강한 사람으로 알려져 있다고 기록했다. 어떤 이들은 강베타가 프랑스를 구할 수 있는 사람이라고 생각했다. 상드는 "하지만 그런 임무는 한 사람의 한계를 넘어서는 일이 아닐까?"라고 물었다. "그리고 이 젊은이가 전쟁, 즉 우리가 이해하지 못하는 과학이라고 하는 전쟁에 대해 과연 무엇을 알 수 있을까?"[22]

정치적 지형도 마찬가지로 문제가 많은 것으로 드러났다. 공화국 정부가 정말 지방에 머물면서 충분한 시간을 벌 수 있을까? 많은 지역에서는 예비군과 신병 동원이 어렵지 않았다. 지역 주민들은 추수를 마쳤고, 겨울에는 군대로부터 식량을 배급받는 것이 얼마나 중요한지 잘 알고 있었다. 오드에서는 공화파 군대의 신병들이 행진하면서 공화국의 상징인 마리안Marianne을 위해 노래를 불렀다.

우리는 마리안을 원한다.
그녀를 원하며, 곧 그녀를 갖게 될 것이다.
외눈박이 강베타
우리 대통령이 될 것이다.[23]

다른 지역에서는 군대가 떠나자 시위가 벌어졌고 지역이 국민방위정부에서 이탈하는 결과를 초래했다. 조르주 상드의 보고에 따르면 크뢰즈에서는 10월 12일에 기동국민방위군이 소집령을 내리자 주민들이 절망했다고 보고했다. 가족은 사랑하는 남자들이 전쟁터로 떠나는 것을 보면서 길거리에서 눈물을 흘렸다. 그녀는 소집된 남자들에 대한 신체검사가 혐오스러웠다고 적었다. 한쪽 눈이 보이지 않는 사람 또는 피부질환이나 정신질환을 앓고 있는 신체 허약자까지도 군복무에 적합한 것으로 판정되었다. 상드는 그런 사람들로 구성된 군대가 과연 승리할지에 대해 회의적이었다.

이 점에 대해선 프로이센 왕세자도 같은 생각이었다. 그래서 그는 프랑스가 자국민을 동원하는 계획을 대수롭지 않게 생각했다.

> 얼마나 많은 불운한 기동방위군과 국민방위군이 잘 훈련되고 의기양양한 우리 군대와 부딪힐지를 생각하면 소름이 끼친다. 의심할 여지 없이 그들 중 상당수는 애국적인 열정에 사로잡혀 동원되었지만, 열정만으로 그들이 훈련된 군인이 되는 것은 아니다. 오히려 그들은, 전쟁의 끔찍한 현장에 직접 와보지도 않고 그저 멀찍이 떨어진 곳에서 테이블에 둘러앉아 무모한 결정을 내림으로써 그들을 학살 장소로 몰아넣고 있는, 고집스럽고 망상에 빠진 정치인들의 쓸모없는 도구가 될 것이다.[24]

독일군은 이념적으로 국민개병제 levée en masse〔병역의무제〕 자체에 반대했다. 그들은 프랑스군이 스당에서 재래식 전투를 하다가 패배했다고 생각하지 않았다. 그들은 매복, 시가전, 저격 등 기존의 전투 상식에서 벗어난 끔찍한 전투를 치렀으며, 여기에는 종종 프랑스 여성들도 참여했다. 이런 현상은 공화주의 및 파리에서 벌어진 혁명과 관련되어 있었다.

군 지휘부와 기동방위군에 대한 믿음 사이에는 긴장감이 존재했는데, 이는 조르주 상드가 언론에 게재했던 다음과 같은 말다툼에 잘 드러나 있다.

"기동방위군은 용감합니다."
"아닙니다, 그들은 도처에서 약해지고 있어요."
"그렇지 않아요. 점점 더 흔들리고 있는 것은 정규군이에요."
"천만에요. 제가 말씀드리지만 계속 버티고 있는 건 정규군입니다!"[25]

프랑스의 미래를 훈련되지 않은 사람들의 손에 맡긴 두 민간인, 강베타와 프레이시네가 현재 자신들이 이끌고 있는 전문적인 군인들에 대해 불만을 토로한 것은 놀라운 일이 아니었다. 루이 도렐 드 팔라딘Louis d'Aurelle de Paladines 장군은 프레이시네의 리더십에 대해 짜증을 냈다. "그는 성질이 불쾌하고 거만하며, 군대의 위계질서에 대해 무지해서 이를 마음대로 발밑에 던져버림으로써 [군대의] 일상적인 업무에 해를 끼칠 수 있었다."[26] 하지만 전쟁 초기에 프랑스를 재앙으로 이끈 것은 그와 같은 원로 장군들이었다. 따라서 원로 장군들은 강베타나 그가 신뢰하는 관리자 프레이시네가 어떤 명령을 내리면 그것이 노련한 원로 장군들이 반대하는 명령이라도 복종할 수밖에 없었다.

루아르강은 세벤산맥에서 출발해 대서양을 향해 완만한 곡선을 그리면서 굽이굽이 흘러 자연스럽게 지리적인 방어선을 형성하고 있었다. 이 강은 발원지에서 북서쪽 방향으로 480여 킬로미터를 흐르다가 파리에서 남쪽으로 110킬로미터 떨어진 오를레앙에 도달한다. 거기가 강의 최북단이다. 그후에 강은 남서쪽으로 구부러져 투르로 나아가며 그곳에서 다시 서쪽으로 흘러가 대서양으로 이어지는 비스케이만에 도달한다. 프랑스 군대는 초기에 적의 침공을 저지하는 데 실패할 경우, 만약 파리가 가진 정치적 중요성 때문이 아니라면, 순수하게 군사적 관점에서 볼 때 분명히 루아르강 배후 지역으로 후퇴해야 했을 것이다.

하지만 강베타와 프레이시네는 전쟁의 성패는 파리의 구제, 더 단순 솔직하게 표현하면 파리에 대한 식량 공급에 달려 있다고 굳게 확신했다. 투르에 있는 어느 누구도 이러한 전략적 초점에 대해 진지하게 의문을 제기하지 않았다. 가능한 한 직접적이고 신속하게 수도로 행군하는 전략이 분명히 필요해 보였다. 사실 동원된 군대는 모두 이 목적을 위한 것이었다.

이 전략은 수적으로는 우위에 있지만 제대로 훈련되지 않은 병사들과 비정규 병력에 의존하고 있었다. 늦가을이 되자 수십만 명의 병사가 몰트케의 군대는 도달할 수 없는 광활한 부채꼴 지역, 즉 루아르 계곡, 릴 주변 북쪽, 보주강 동쪽 지역에 집결했다. 강베타와 프레이시네는 가을과 겨울 내내 파리 수비대에게 봉쇄를 뚫고 탈출할 것을 촉구했다. 탈출 작전이 단행될 경우, 여러 지방에서 산발적으로 단행된 공세가 독일군의 주의를 분산시키고 지치게 할 것이며 이런 방식으로 탈출 작전이 지원을 얻을 터였다. 아마도 그들은 공화국 군대는 매우 강해서 지나치게 넓은 지역에 분산된 독일군을 지치게 할 수 있고, 그 결과 프랑스의 영토 상실을 초래하지 않을 평화 협상에 나서도록 그들을 압박할 수 있다고 믿었던 것 같다.

하지만 국민방위정부는 파리를 프랑스의 모든 노력이 집중되는 구심점으로 삼았기 때문에 독일군을 당황하게 만들 요소를 잃었다. 전쟁 초기 단계를 특징지었던 요소, 즉 적이 어디에 집결해 있는지에 대한 불확실성이 사라진 것이다. 독일군이 파리를 포위했다는 사실, 그리고 프랑스 정규군이 수도 인근에서 벌어질 몇 차례의 대규모 전투에서 승리를 거두어 파리를 구출하려 하리라는 사실은 누구에게나 자명했다. 프랑스군이 독일군의 보급선을 공격하는 데 집중했다면 국민방위정부는 더 나은 성과를 거두었을지 모른다. 하지만 이 전략은 너무 늦게 추진되었다. 물론 파리를 포기하는 것도 마찬가지로 난감한 일이긴 했을 것이다.

투르 자체는 제2의 수도로서 좋은 선택지가 아니었다. 이곳은 외부와 철도 연결이 잘 되어 있었고 지형적으로 루아르강의 보호를 받고 있었다. 하지만 군사적으로는 특별한 가치가 없는 곳이었기에, 이곳에는 전쟁 이전에 요새가 구축되지 않았다. 따라서 루아르의 프랑스군은 독일군을 추적하는 대신에 정부를 보호하기 위해 가까이 머물러 있어야 했다.

독일군이 파리 전체를 포위하는 더딘 작업을 계속하는 동안, 몰트케는 지방에서 결성된 지원군들과도 전투를 치렀다. 오를레앙 북쪽에서는 프랑스 제15군단이 드 라 모트-루주 de la Motte-Rouge 장군 휘하에 집결해 10월 5일부터 전진하기 시작했다. 몰트케는 이들 제15군단이 정확하게 어떤 작전을 추진하고 있는지 명확하지 않았음에도 불구하고 이들의 위협에 맞서야 했다. 10월 초, 그는 루드비히 폰 데어 탄 장군을 자신의 바이에른 제1군단, 제11군단 소속 프로이센 사단, 그리고 몇몇 프로이센 기병 사단과 함께 파리에서 오를레앙으로 보냈다. 진격해오는 프랑스군을 격퇴하기 위해서였다. 만약 새로 동원된 프랑스군이 성과를 거둘 수 없다면, 독일군은 프랑스가 항복하도록 설득할 수도 있었을지 모른다.

탄 장군이 이끄는 바이에른군은 그다지 평판이 좋지 않았다. 그들은 바제유를 제외하면 어떤 작전에도 참여하지 못했으며, 탄은 지나치게 신중한 사람으로 보였다. 그럼에도 불구하고 탄은 10월 10일에 2만 8천 명의 병력을 이끌고 오를레앙 공격을 감행했다. 독일군은 이틀 동안 아무것도 먹지 못한 프랑스군을 향해 하루 종일 쉴 새 없이 포격을 가한 후, 11일 자정에 오를레앙으로 진격해 들어갔다. 탄은 이 도시에 150만 프랑의 배상금을 지급하라고 명령했다.

디트리히 폰 라스베르크는 오를레앙 주변에서 전개된 전투에 참가해 승리를 거둔 후, 도시로 행진해 들어갈 때 가슴에 철십자 훈장을 착용했다. 자신이 속한 바이에른군이 오를레앙을 접수하는 최초의 독일인임을 자랑스럽게 생각했기 때문이다. 그는 잔 다르크 동상의 발밑에서 독일 군가인 '라인강의 파수꾼'을 노래하는 독일 병사들을 보고 프랑스 주민들이 무슨 생각을 했을지 궁금했다. "이루 형언할 수 없이 아름다운 순간이었다. 여기 있지 않았으면 당신은 이 순간의 감격을 도저히 이해할 수 없을 것이다."[27] 여기서 말하는 아름다운 순간이란 평화가 이루어진 순간, 전우들이 서로 축하하는 순간, 독일 통일의 순간을 의미했을까? 라스베르크는 명확히 밝히지 않는다. 베르사유에 있던 왕세자는 "바이에른 보병대가 우리(프로이센군)와 긴밀히 협조했을 때 매우 잘 싸웠다"는 말을 듣고 기뻐했다.[28]

오를레앙 소식을 들은 강베타는 분노했으며, 라 모트-루주를 군법회의에 회부하길 원했다. 주변에서는 만류했지만, 강베타는 그를 해임하고 루이 도렐 드 팔라딘 장군으로 교체했다. 도렐 드 팔라딘 장군은 아주 최근에 마르세유에서 사령관으로 복무했었지만, 공화주의 군중의 압박을 받아 그 도시에서 탈출했다. 새로운 국민방위정부는 제2제정이 몰락한 지 꼭 한 달 만에 첫 번째 큰 좌절을 경험했다.

◆ 11장 ◆

선택

피난길의 농민들.

10월 18일 늦은 아침, 프로이센 기병대는 오를레앙 루트를 통해 북서쪽으로 진격해 약 7천 명의 주민이 거주하고 있는 작은 도시 샤토됭으로 향했다. 1만 2천 명의 프로이센군이 24문의 대포로 무장한 채 그 뒤를 따랐다. 정오 무렵 독일군은 샤토됭에서 비정규군인 프랑-티뢰르와 국민방위군, 기동방위군의 격렬한 저항에 부딪혔다. 오후 내내 전투가 계속되었고, 포탄과 소이탄이 도시에 떨어졌다. 전투가 시청사 앞 광장을 중심으로 전개되어, 시장과 시의원들은 하루 종일 화재를 진압해야 했다.

밤이 깊어질 무렵 도시 대부분은 하루 종일 쏟아진 포탄으로 인해 불타고 말았다. 그날의 전투 성과에 만족하지 못한 독일군은 아직 불타지 않은 나머지 건물들에 불을 질렀다. 그들은 6주 전 바제유에서 그랬듯이 이번에도 집집마다 돌아가며 잔혹한 전투를 벌였다. 전투는 프로이센군이 마지막 남은 건물들과 시청사를 점령한 새벽 3시까지 지속되었다. 다음날, 프로이센군은 샤토됭시와 그 주민들에게 지난 격렬한 전투에 대한 보복 조치로 현금과 인질을 제공할 것, 그리고 주민들이 더 저항할 경우 그에 맞서 도시의 치안을 유지할 것을 요구했다.

샤토됭은 저항이 초래한 비극의 상징으로서 다른 마을들에게 일종의 경고가 되었다. 가을 내내 점점 더 많은 프랑스 민간인이 그들의 집과 농장, 마을에서 독일군과 싸워야 했다. 독일군은 레지스탕스, 특히 민간인이 전투에 개입할 경우 효과적으로 맞설 수단이 없었다. 아직은 프랑스 민간인이 독일군과 어떻게 교류해야 하는지, 또는 독일군과의 만남에 어떻게 대비하는 것이 좋을지에 대해 합의된 바가 없었다. 시장과 민간 지도자들은 끊임없이 변하는 전황 속에서 침략해 들어오는 독일군을 적당히 달래면서, 동시에 지역의 국민방위군과 파르티잔 프랑-티뢰르를 관리해야 했다.

스당에서의 비극적인 패배는 새로운 공화국이 선언되고 점점 더 광대한 프랑스 영토에서 독일군이 출현하게 된 상황과 함께 전쟁과 민간인의 관계를 변화시켰다. 상당히 많은 사람이 처음으로 침략과 점령이라는 현실을 마주하게 되었기 때문이다.

10월 말까지 독일군은 우아즈, 센에우아즈, 외르의 서쪽 가장자리, 그리고 외르에루아르의 대부분 지역에까지 진격했다. 그들은 오를레앙을 점령하고 브장송과 벨포르에 접근해갔다. 총 20개 이상의 데파르트망이 완전히 또는 부분적으로 점령되었다. 그리고 결국에는 30개 데파르트망의 전체 또는 일부가 '기름얼룩처럼' 독일군의 통제 아래 들어갔는데, 이는 프랑스 전체 영토의 3분의 1에 해당했다.[1] 아마도 프랑스 전체 인구의 4분의 1이 1870~1871년 가을과 겨울에 독일군이 마을과 마을을 누비며 행군하는 모습을 목격했을 것이다.

프로이센군은 알자스로렌, 로렌(낭시), 랭스, 베르사유에 거점을 둔 총독부를 설치했다. 알자스로렌에서 총독부의 의도는 때때로 프랑스 관리들을 고용해서 알자스로렌의 합병을 준비하고, 다른 세 지역의 치안과 행정을 장악하는 것이었다. 주지사의 먼 친척인 프리드리히 알렉산더 폰 비스마르크-볼렌Friedrich Alexander von Bismarck-Bohlen 중장이 알자스로렌의 총독부를 감독했다. 그는 아직 전쟁이 계속되는 중이었음에도 불구하고 프로이센인 행정 인력을 배치하고, 자치구/아롱디스망arrondissements과 지방자치단체의 조직 구조를 새로 개편했다. 나아가 이 지역에 프로이센의 형법을 도입하고, 이를 집행할 판사를 모집했으며, 새로운 교구 목사와 학계 지도부를 임명하고, 프랑스어 신문을 폐간했다.

독일이 점령한 영토는 프랑스의 나머지 지역과 연락이 두절되었다. 센에마른의 한 작은 마을 시장은 12월 말 "주민들이 마을과 연락이 끊긴 프랑스 정부의 법령이나 명령을 무시하고 있다"라고 불평했다.² 11월, 외르에루아르의 작은 코뮌의 한 성직자는 "각 코뮌은 프로이센군의 허락 없이는 아무도 들어가지도, 나오지도 못하는 감옥"이라고 썼다.³

점령한 지역들에서 독일군의 존재가 항상 그렇게 강력하거나 지속적인 것은 아니었다. 몰트케는 점령한 프랑스의 모든 지역과 마을에 두터운 존재감을 남길 만큼 충분한 병력을 보유하고 있지 않았다. 독일군이 마을에 들어오면 며칠 동안만 머물다가 다시 이동하는 경우가 많았다. 그러면 그 마을은 다음 부대가 진입해올 때까지 일상을 회복할 수도 있었다.

그러므로 독일군이 주둔하고 있던 지역은 고정적이라기보다는 가변적이었다. 그들은 여기저기, 특히 파리를 포위하고 있는 병력에 지원할 물자를 모을 수 있는 주변 지역 여러 곳에 흩어져 있었다. 그래서 1월에 휴전이 이루어지기 전까지는 점령된 프랑스와 점령되지 않은 프랑스 지역 사이에는 확실한 경계선이 없었다. 경계선에는 여기저기 뚫린 곳이 많았고 경계선 자체도 느슨해서, 차라리 순간순간 변할 수 있는 점선에 가까웠다.

가을이 지나면서 소문과 불확실성은 더욱 짙어졌다. 누구도 무언가에 대해 좋은 정보를 얻기가 어려워서, 단순히 희망적인 생각이나 깊은 두려움이 허위 정보를 퍼뜨렸다. 노앙에서 조르주 상드는 마을 주민들의 희망을 이렇게 적었다. "어느 날 우리는 단 한차례의 기습 작전으로 30만 명의 프로이센군을 죽였고, 또 한번은 프로이센 왕을 포로로 잡았다."[4]

1870년 여름은 무더위가 기승을 부리고 질병(상드 자신의 아들과 두 손자의 질병을 포함해)이 만연했으며, 산불과 늑대의 출몰, 폭풍으로 힘든 한 해였다. 침공이 계속되자 상드는 아예 무감각해져서 미래를 내다볼 여력이 없었다. "우리는 한 치 앞을 내다볼 수 없는 세계에 빠져서, 내일이 없이 그저 하루하루를 살아가는 단계에 들어갔다. 우리는 하루하루 어떤 목표도 없이 사형 집행의 날을 기다리는 사형수, 더이상 그 어떤 것에도 관심이 없기 때문에 그저 사형 집행을 당할 준비가 되어 있는 사람이 된 기분이다."[5]

그러나 사실 상드에게 전쟁은, 9월 중순 시골에서 아침에 눈을 떴을 때 적은 글이 증명하듯이 거의 믿을 수 없을 정도로 먼 그림자로 남아 있었다.

나는 창문을 열고 아침의 상쾌함을 느끼며 여전히 고요한 시골의 심오한 침묵 속에서 숨을 쉰다. 그리고 지난 6주 동안 겪은 모든 고통이 혹시 꿈이 아넌지 스스로에게 묻는다. 이 푸른 아침, 혹독한 여름날을 보낸 후 새로워진 푸르른 풀밭, 하늘에 떠다니는 분홍색 구름, 나뭇가지 사이를 관통하는 금빛 햇살에 행복하고 순수한 하루를 시작하는 새벽이 될 수 있을까? 이런 순간, 전쟁터의 우리 영웅들이 죽임을 당하고, 파리가 이미 도시 성벽을 에워싼 독일 대포의 굉음을 듣고 있다는 것이 과연 말이 되는가? 아니다, 그럴 수는 없다. 내가 악몽을 꾼 것이고, 내가 열이 있어서 내 주변을 어슬렁거리는 허상을 구분하지 못하고 나를 무너뜨린 거다. 내가 일어나자 모든 것은 예전과 똑같다. 포도 따는 사람들이 지나가고, 수탉이 울고, 태양이 잔디밭을 가로질러 빛의 카펫을 펼치며, 아이들이 웃으며 길을 따라 걸어가고 있다. 그런데 끔찍한 모습! 여기 부상당한 병사들이 돌아오고 있다. 떠나는 징집병들이 보인다. 슬픔이 나를 사로잡는다. 내가 꿈을 꾼 것이 아니다![6]

많은 민간인에게는 전쟁의 악몽이 이제 혼동할 여지 없이 그들의 문앞에 다가왔다. 정부나 군대로부터 어떤 분명한 안내도 받지 못한 채, 그리고 어떤 군사적 지식이나 실용적인 지식도 없이, 그들은 즉흥적으로 생존을 위한 전략을 수립했다. 나폴레옹 전쟁 이후 프랑스의 많은 지역이 점령당하는 경험을 했지만, 그 시기는 대부분의 프랑스인이 기억하기에는 너무 오래된 과거였다. 1870년을 살던 대부분의 프랑스인에게는 적에게 점령되는 경험이 새롭고 예상치 못한 일이었으며, 점령에는 19세기 규범에는 어울리지 않는 것으로 여겨지는 폭력이 수반되었다. 프랑스 민간인과 독일 군인들의 만남은 대부분 짧고 평화로웠지만, 양자 관계의 밑바닥에 흐르는 물리적 위협과 실제 폭력 사용은 비가 자주 내리고 음산했던 가을 동안 서로에게 상처를 남기고 사기를 떨어뜨렸다. 개인과 가족들은 각자 생존을 위해 어떤 전략을 세워야 할지 결단해야 했다. 하지만 많은 사람은 동료 시민을 돕고 자원봉사를 통해 피해를 입은 시민들의 어려움을 덜어줄 방법을 모색했다. 남녀 모두 이 끔찍한 시기에 도움이 필요한 동료 시민을 돕기 위해 움직였다.

아직 징집되지 않은 남성들은 전투에 참가할지 여부를 선택해야 했다. 징집 통지를 받았지만, 나이가 많거나 기혼인 적지 않은 수의 남자들은 그들의 집과 농장, 마을, 지역에 머물러 있었기 때문이다. 그들은 국민방위군에 자원하거나, 소총수 경험이 있다면 프랑-티뢰르 부대에 합류할 수 있었다.

인쇄매체들은 이 남성들에게 전투에 참여하도록 강력히 장려했다. 일간지 《라브니르 나시오날L'Avenir National》(국가의 미래)의 편집자들은 모든 남성에게 "자신의 생명과 집을 위해, 그리고 아내와 아이들을 위해" 싸울 것을 촉구했다.[7] 파리 봉쇄 당시 부사령관이었던 오귀스트 뒤크로 장군은 지친 병사들의 사기를 북돋기 위해 "여러분의 짓밟힌 가족, 여동생과 아내, 외롭게 남겨진 제군들의 어머니"를 생각해보라고 말했다.[8] 풍자 신문 《르 샤리바리Le Charivari》에 게재된 한 만평에서, 풍자만화가 샴Cham(아메데-샤를 앙리 드 노에Amédée-Charles Henri de Noé 백작)은 여성들이 아직 집에 머물고 있는 남편과 남자 친구를 부끄럽게 만들어 군대에 합류하도록 하는 모습을 묘사했다. 한 부르주아 여성이 자신의 멋쟁이 친구를 꾸짖는다.

"아르튀르! 안녕, 내 사랑하는 여인?"

"무슨 뜻이야, 사랑하는 여인이라고? 난 남자잖아?"

"아니야, 만약 당신이 남자라면 전선에 가 있을 거야."[9]

이러한 간곡한 권고에도 불구하고 전투에 참가하겠다고 결심하는 것은 쉽지 않았다. 만약 남성들이 전쟁터로 떠나면 그들의 가족은 보호해줄 사람도 주요 수입원도 없이 남겨졌다. 조르즈 상드의 아들 모리스는 아내와 자녀, 어머니를 프로이센 군인들의 손에 방치하는 것이 두려워서 공화국 군대에 입대하지 않았다. 우아즈의 비뇌이 가족이 지나가는 한 무리의 피난민을 보았을 때, 젊은 로베르는 이들이 프로이센군에게서 도망치는 겁쟁이라고 믿었다. 하지만 그의 누나 베르트는 이에 동의하지 않고, 로베르에게 이렇게 말했다. "만약 네게 아내와 자녀가 있다면 너도 가족을 지키기 위해 도망쳤을 거야."[10] 어느 쪽이든 여성은 보호가 필요한 수동적인 희생자라는 인식이 강했다.

또한 가족들은 여성과 어린이, 노인을 보호하기 위해서는 집에 머무는 것이 좋을지, 아니면 전투 지역에서 먼 곳으로 떠나는 게 나을지 결정해야 했다. 프로이센군이 프랑스로 휩쓸고 들어와서 점점 더 많은 영토가 점령되거나 공격 위협을 받자, 프랑스인들은 진격하는 군대를 피해 피난길에 올랐다. 독일군이 파리에 접근하면서, 사람들은 점점 더 많은 마을이 버려진 동물로 가득 차고, 우물은 막힌 채 버려진 것을 발견했다. 피난민이 되는 것은 쉬운 일이 아니었다. 베르트는 동생 앙드레에게, 자신이 바르르뒤크 외곽의 마을에서 한 젊은 여성을 만났던 일에 대해 이야기해주었다.

그녀의 아기는 6주 전에 작은 손수레에서 태어났다. 그녀는 남편이 어떻게 되었는지는 몰랐다. 남편은 그들의 작은 집을 떠나고 싶지 않았지만 그녀에게는 이웃과 함께 피난하라고 고집했다. 집을 떠난 후 그녀는 남편에게서 아무 소식도 듣지 못했다. 그녀는 남편이 아마 틀림없이 총에 맞았을 것이라고 상상하고 있다. 남편은 누군가가 그의 재산을 빼앗으려고 할 때 아무 방어도 하지 않은 채 수수방관하는 성격이 아니었기 때문이다.[11]

절망과 불안은 전쟁에 휘말린 수많은 여성의 운명이었다.

집을 떠나 피난길에 오른 여성들은 평소보다 훨씬 더 큰 고립감과 위험을 느꼈다. 조르주 상드는 손자들이 천연두에 걸리는 것을 막기 위해 노앙(앵드르)에서 생루프(크뢰즈)로 여행한 일이 있는데, 함께 여행했던 레오니는 그때 느꼈던 두려움에 대해 이렇게 털어놓았다. "요즘 [전쟁 중] 당신들은 이전에는 결코 상상하지 못했던 나쁜 생각을 하고 있어요. 눈앞에 나타나는 모든 사람이 우리를 파멸시키려 계획하고 있는 적의 스파이임에 틀림없다고 상상하고 있잖아요." 상드는 저녁 안개 속을 헤쳐가면서 자신도 그런 생각을 했다는 데 동의했다.[12] 비뇌이 부인의 여동생 티욀랭 부인은 남편과 함께 외르에루아르에 있는 별장에서 도망쳤다. 그런데 도중에 프로이센 군인들이 마차를 멈춰 세우고는 올라타서 여행의 일부 구간을 동행했다. 티욀랭 부인은 "그들이 우리를 괴롭힐 것"이라고 두려움에 떨었지만, 여행자들은 목적지에 별 탈 없이 도착했다.[13]

부유하고 명망 있는 비뇌이 가족의 경우, 아내가 남편에게 엔지니어인 큰아들 모리스와 합류해서 파리의 요새 건설 작업에 참가하라고 말했다. 작은아들 앙드레는 군인으로 복무하고 있었고, 아내와 딸 베르테는 어린 아기와 함께 집에 남았다. 베르테가 이 결정에 의문을 제기하자 그녀의 아버지는 "파리는 아마 포위당할 거야. 우리는 여자와 어린 아이가 포위된 도시에 갇혀 있게 하는, 그런 선택은 하지 않을 거야"라고 대답했다.[14] 베르테는 더이상 묻지 않았다.

17세 소녀 루실 르 베리에Lucille Le Verrier는 남자 형제들과 아버지가 스당 전투 이전에 국민방위군에 가담했었다. 그때 그녀는 젠더에 따른 역할 구분이 불공평하다고 생각했지만 어쩔 수 없이 거기에 굴복했다. 그녀는 "단지 여자이기만 하는 것, 그래서 남자처럼 전쟁에 나가 피를 흘릴 수 없는 것, 그리고 국가가 엄청난 시련에 직면해 있는데 뭔가 역할을 하지 않는 것은 괴로운 일"이라고 생각했다. "그래서 우리는 마음속으로 괴로워했다."[15] 르 베리에는 엄마가 되어야겠다고 빠르게 다짐했다. 그녀는 친구에게 보내는 편지에서 "나는 내가 이렇게 젊다는 것에 대해 행복감을 느껴. 나는 프로이센이 그들이 행한 대가로 결국, 아마도 우리에 의해 무너지는 것을 보게 될 거야. 왜냐하면 이 세대의 어린 여성들은 훗날 자기 자녀들이 프로이센을 증오하고 그들에게 복수하도록 끔찍한 열망을 심어줄 것이기 때문이야"라고 썼다.[16] 베르테 드 비뇌이Berthe de Vineuil와 르 베리에는 전쟁을 겪으면서 상류층 여성이 해서는 안 될 일과 해야 할 역할이 무엇인지를 배웠다.

서민층 여성들도 무척 대담한 행동을 펼쳤다. 여성이 적진을 넘나들며 남성들을 돕거나 중요한 편지를 배달했다는 이야기가 넘쳐난다. 한 젊은 여성이 편지들을 몰래 숨겨 들여오기 위해 농부로 변장한 채 걸어서 파리에 몰래 침입했다는 소문이 자자했다. 비뇌이 가정은 한쪽에서는 프로이센군에게 숙소를 제공하면서, 뒤에서는 비밀리에 프랑스군에게 식량을 공급해주었다.

쥘리에트 도뒤Juliette Dodu의 이야기는 전쟁 동안에 여성들이 보인 용기를 전형적으로 보여주었다. 전쟁이 발발했을 때 스물두 살이던 도뒤는 미망인이 된 어머니와 함께 피티비에(루아레)에서 살면서 우편전신국 사무실에서 일하고 있었다. 그런데 프로이센군이 프랑스의 전신선을 끊어버리자, 도뒤는 오를레앙(프랑스군 사령부)과의 연락망을 재구축했으며, 공격을 예고하는 프로이센군의 메시지를 가로채서 프랑스군에게 전달해주었다. 결국 도뒤는 프로이센군에게 체포되어 사형 선고를 받았지만 전쟁이 끝나면서 구출되었다.

도뒤는 사무직에서 근무한 젊은 독신 여성으로, 자신이 지닌 전문기술을 특히 대담하고 적극적인 방식으로 활용했다. 당시 전형적인 프랑스 여성은 아니었을지 모르지만 확실히 높이 인정받았다. 도뒤는 이러한 업적을 인정받아 1877년에 군사 훈장을 받았으며, 1878년에는 레지옹 도뇌르 훈장(기사 등급)을 받았다. 그녀의 사례에서 잘 드러나듯이 여성들은 전쟁이라는 극단적인 상황에서 대담함과 기술적인 역량을 보여주었다. 에르미온 키네Hermione Quinet가 기록했듯이, 여성들은 "병원과 작업장, 식당 등에서 총을 드는 것과는 다른 여러 가지 방식으로 나라를 방어하는 데 기여할 수 있다는 것"을 증명했다.[17]

많은 여성과 남성은 집과 농장을 지키고 보호하기 위해서, 또는 자원이 부족하고 대안이 없어서 지역과 공동체를 위해 활동하는 일과 거리를 둔 채 집에 머물러 있었다.

이렇게 남아 있던 사람들은 독일군이 마을에 도착했을 때 어려운 선택에 직면했다. 독일군은 이들이 저항하지 않고 그들의 요청에 순순히 응하리라 예상했다. 프랑스인들은 (국민방위군에 가담하는 것이든 게릴라식 프랑-티뢰르 방식이든) 대가로 치러야 할 보복을 감안하더라도 무장투쟁이 과연 가치 있는 것인지 신중하게 저울질해야 했다. 게다가 투쟁이냐 아니냐를 떠나서, 그들은 일단 독일군이 자신의 지역에 진입하면 어떻게 대처할지를 결정해야 했다. 그들은 결국 독일군이 요구하는 대로 끝없이 따라갔다.

프랑스 제국 정부는 지역 당국이 이들 문제에 어떻게 대처해야 할지 아무런 지침도 보내주지 않았다. 이는 정부가 제대로 하지 않은 많은 일 가운데 하나였다. 강베타는 9월 6~7일에 지사들에게 각 데파르트망이 지역방위위원회를 통해 지역 방위를 조직해서 적의 침공에 맞설 것을 지시했다. 거기에는 소방관, 국민방위군, 산림 관리인, 세관원 등을 동원하는 것이 포함되었다. 10월 14일, 강베타는 적으로부터 100킬로미터 이내에 있는 모든 지역을 '전쟁 상태'로 규정하는 명령을 발표했다. 이 지역에서는 군사위원회가 도로 차단을 설정하거나 건물을 철거하고, 군사 작전을 실시할 수 있었다. 군사위원회는 농작물과 가축을 제거할 수도 있었다. 가축은 해당 지역 밖으로 이동시키거나 나중에 주인에게 보상해준다는 약속하에 도축할 수 있었다. 전투에 가담할 수 없는 사람들은 대피했다. 시장과 사제, 학교 교사를 포함한 지역 유지들은 농민들이 이러한 명령을 이행하는 데 도움을 줄 수 있도록 권한을 부여받았다.

이 모든 결정에서 남성 민간 지도자(지사, 시장, 시의원)들이 핵심 역할을 수행했다. 그들은 민간인과 침공해온 독일군, 프랑스군의 여러 부대 사이에서 중재 역할을 수행했다. 그렇기 때문에 그들은 비대칭적인 보복을 유발할 수 있는 민간인들의 저항을 억제하면서도, 침략군에게 지나치게 관대해 보이지 않도록 신중하게 행동해야 했다. 이들이 동원할 수 있는 수단으로는 무언가를 선언하고, 설득하고, 달래고, 협상하고, 소통하는 능력이 전부였다.

또한 정치적 직책을 맡지 않은 일반 민간인 남성과 여성들은 전쟁의 피해를 완화하기 위한 여러 가지 노력을 조율했다. 사제와 학교 교사, 언론인, 부유층 여성들은 에너지를 갖고 창의력을 발휘하며 활동했다. 여성은 공직과 대부분의 직업에서 배제되어 있었지만, 그럼에도 불구하고 봉사할 기회를 스스로 만들어냈다.

남성과 여성 모두에게서, 전쟁과 관련된 이러한 봉사는 프랑스를 승리로 이끄는 행동이 아니라, 전쟁 피해를 줄이는 노력으로 규정되는 경향이 있었다. 그들은 자신의 활동을 전쟁으로 인한 불행한 희생자들을 돕는 것이라고 표현했다. 그러면서 자신에 대해서는 피해자로 규정하는 것을 피하고, 대신 이 명칭을 다른 이들에게 돌렸다.

시장들이 독일군의 접근을 예상했을 때, 프랑스 국민방위군과 프랑-티뢰르 사이의 차이는 시민들에게 생과 사의 문제가 되었다. 국민방위군은 내무부가 지사를 통해 조직하고 장비를 지급했다. 국민방위군의 지역 거점 부대는 해당 지역에 주둔할 목적으로 구성되었으며, 60세 이하의 남성을 포함했다. 독일군은 국민방위군을 프랑스군의 군복을 입은 공식적인 부대로 인정하고, 그들이 마을을 방어하고 명예로운 군인으로서 존중받을 권리가 있음을 인정했다.

하지만 게릴라 전사로 활동했던 경험 많은 소총수들로 구성된 프랑-티뢰르는 경우가 완전히 달랐다. 프랑-티뢰르 부대는 1870~1871년 전쟁 당시 프랑스군에서 맡았던 모호한 역할에도 불구하고(어쩌면 그 모호한 역할 때문에) 엄청난 명성을 얻었다. 물론 프랑-티뢰르의 파르티잔 투쟁이 처음 있는 현상은 아니었다. 파르티잔 전투는 해방전쟁(1813~1814년 프랑스와 반反프랑스 동맹이 맞붙은 전쟁) 당시 그들이 프로이센군을 지지하든 반대하든 상관없이 나폴레옹 1세에게 맞서 광범위하게 전개되었다. 프로이센도 1866년에 보헤미아와 모라비아, 상부 실레지아(실레지아의 남동쪽 지방. 오늘날 대부분 폴란드에 속한다)에서 소수의 파르티잔과 싸운 경험이 있었다.

그러나 1870년에 프로이센군은 파르티잔 전투가 발생할 것이라고는 예상하지 못했다. 전쟁이 신속하게 종결되고 평화 협상이 빠르게 마무리될 것으로 예측했기 때문이다. 그리고 제국에 적대적일지도 모를 민간인이 무장하는 것을 우려했던 제2제정은 프랑스군의 전략에 게릴라 전사들을 포함하지 않았다. 그러나 스당에서 패배한 후 국민방위정부는 프랑-티뢰르 부대의 창설을 공식 승인하고 전쟁부에서 재정을 지원해주도록 했다. 전쟁이 끝날 무렵, 총 5만 7600명으로 구성된 300개의 프랑-티뢰르 부대가 있었는데, 그들 가운데에는 외국인뿐 아니라 때때로 이질적인 제복과 모자, 재킷을 입거나 아예 제복을 입지 않은 여성들도 포함되어 있었다. 스트라스부르에서는 70세의 프레데리크 피통Frédéric Piton이 초기에 임시 편성된 프랑-티뢰르 부대에 입대하려고 시도했다. 그런데 그는 다른 지원자들이 "주로 사냥 뿔이 달린 티롤식 모자와 완장을 차고 다니는 것에 관심이 많던 나에게는 낯선 젊은 남자들"이라는 것을 알고 실망했다.[18] 결국 피통은 낙담해서 이 부대에 등록하는 것을 포기하고 떠났다.

그러나 프랑-티뢰르 부대 결성을 둘러싼 초기의 흥분이 가라앉은 후인 9월 11일, 국민방위정부는 명확하게 다른 곳에 노력을 집중했다. 프랑-티뢰르 부대는 정규군, 기동방위군, 국민방위군에 비해 그 존재 가치가 희미해졌다. 강베타는 자신이 이끄는 공화국 군대를 조직적이고 제복을 입은 정식 군인으로 채우길 원했고, 그래서 프랑-티뢰르 부대를 점진적으로 정규군 조직에 통합했다. 9월 29일까지 그들은 기동방위군과 같은 군율 아래 있게 되었으며, 10월 14일에 정규군에 통합된 보조 군대에 편입되었다. 11월 4일, 프랑-티뢰르 부대는 다양한 군단 또는 사단에 부속되어 정규군의 명령 체계에 따라 움직였다. 1월 중순이 되자 강베타는 새로운 군단을 추가 결성하는 작업을 중단했으며, 휴전이 체결된 직후에 프랑-티뢰르 부대는 모두 해체되었다.

독일군은 처음부터 프랑-티뢰르 부대에 대해 거부감을 드러냈다. 프랑스 국민방위정부가 이들을 공식 승인했음에도 불구하고 독일군은 이들을 무자비하게 다뤄도 되는 불법적인 게릴라 집단으로 간주했다. 나아가 독일군은 어디든 프랑-티뢰르 부대가 출몰하면 해당 마을이 그 게릴라들의 작전을 의도적으로 방조하는 것으로 간주해서 마을 전체에 대한 보복이 발생할 수 있다고 경고했다. 뿐만 아니라 개별적인 저격수도 조직이 느슨한 프랑-티뢰르 부대와 같은 범주에 속하는 것으로 간주했다.

프랑-티뢰르에 대한 독일인들의 견해는 민간인의 전쟁 가담에 대한 인식에서 근본적인 차이가 있음을 보여주었다. 프랑스군이 국민개병제에 찬사를 보낸 것과 대조적으로, 프로이센군은 프랑스가 민간인과 군인을 엄격하게 구분하리라 기대했다. 그들이 판단하기에 적의 침공에 맞서 저항할 수 있는 것은 무장한 민간인이 아니라, 제복을 입은 군인이었다. 독일군이 일단 마을에 진입하자 침공은 빠르게 점령으로 전환되었으며, 평정된 주민들은 이를 받아들여야 했다. 독일군은 개인적으로 독일군에게 총을 발사한 민간인과 공인된 파르티잔 부대를 구분하지 않았다. 둘 다 무법자였다. 1867년부터 프로이센 법령은 무장한 민간인은 사형에 처하기로 규정했다. 1870년 7월 25일에 공표된 훈령에서 프로이센군은 군대가 주둔하자마자, 심지어 아직 그 지역에 효과적인 행정 체계가 수립되기 전에도 점령 상태임을 주장했다. 9월 12일, 알자스로렌 총독이 된 비스마르크-볼렌은 민간인 저항운동에 관련된 이러한 규정을 재확인했다.

몰트케는 10월 말에 형제에게 보낸 편지에서 자신은 민간인을 전쟁에 동원하는 프랑스의 전략을 경멸한다고 말했다.

[공화국] 정부는 여전히 허위 보도와 애국적인 선동 구호를 통해 불행한 지역민들을 자극해서 새로운 저항 투쟁으로 내몰고 있다. 이는 결국 마을 전체를 파괴하는 결과를 초래할 것이다. 그리고 프랑-티뢰르가 일으키는 잡음 역시 피비린내 나는 보복을 초래함으로써 전쟁은 더욱 폭력적인 성격을 띠게 될 것이다. 양측 군대가 서로 상대방을 학살하려 하는 것만으로도 이미 충분히 나쁜 일이다; 양국 국민이 서로 적대적으로 맞설 필요는 없다. 그것은 진보가 아니라 야만으로 돌아가는 것이다. 한 나라가 국민개병제를 시

행하고 그 국민이 아무리 용맹스럽다 해도, 결코 규모가 작지 않으면서도 잘 훈련된 상대국 군대와 맞서서 할 수 있는 일이 과연 얼마나 있을까![19]

몰트케는 국민방위군을 합법적인 조직으로 인정했지만, 프랑-티뢰르는 즉결 사살할 수 있으며, 주변 마을 주민까지 처벌받게 만드는 야만인으로 보았다.

9월 22일, 바이에른 제1군단 사령관 폰 데어 탄 장군은 센에우아즈에 다음과 같은 공지문을 게시했다.

숲 지대에 살고 있는 프랑-티뢰르가 여러 건의 살인을 저질렀기 때문에 본인은 다음과 같이 명령한다. (1) 숲속이나 덤불에서 발견되는 모든 개인은 프랑-티뢰르로 간주될 것이다. (2) 지역 내에서 이런 개인들의 존재를 고발하지 않은 마을에는 높은 벌금을 부과할 것이다. (3) 경우에 따라 해당 지방자치단체장은 처벌받게 될 것이다.[20]

탄 장군은 프랑-티뢰르가 숲속 모든 나무 뒤에 숨어 있다고 믿었다. 그가 공표한 포고문에는 이처럼 독일군 사이에 퍼진 프랑스인을 의심하는 문화가 반영되어 있었다. 바이에른 군인들은 이제 그것이 가문의 골동품이라 할지라도 모든 총기를 압수했다. 그들은 파르티잔 전투에 대한 보복으로 인질을 잡고 집을 불태우고 민간인을 사살했으며, 때로는 정식 군사재판을 열어서, 때로는 군사재판 없이 사형을 집행했다. 예를 들어 10월 7~8일 밤, 프랑-티뢰르의 공격에 대한 보복으로 오를레앙 인근의 아블리 마을이 초토화되고 남자 주민들이 살해당하는 사건이 발생했다.

프랑-티뢰르가 야기한 두려움과 그들에 대한 증오의 크기는 그들이 실제로 살해한 독일군의 수를 훨씬 능가했다. 전쟁이 끝날 때까지 약 1천 명이 프랑-티뢰르에 의해 살해되었는데, 이는 전투 중 입은 부상으로 사망한 독일군의 4퍼센트도 안 되는 수였다. 그런데 독일군이 프랑-티뢰르를 과도하게 증오한 것은 지난 수개월의 끊임없는 긴장, 어딘가 멀리서 날아오는 총탄에 맞을지 모른다는 두려움, 그리고 배후에서 오는 공격으로 괴롭힘을 당했던 후방 지역 경비병들의 고립 때문이었다. 적의 전보를 가로채는 것은 쉬웠지만 해석하는 것은 어려웠다. 전보 내용이 고립된 한 사람의 마을 주민을 말하는지 아니면 다가오고 있는 적군을 뜻하는지, 이러한 불확실성은 독일 병사들의 불안을 증폭시켰다. 문제를 더욱 복잡하게 만든 것은 점점 더 많은 독일 민간인(전쟁이 끝날 무렵에는 3500명)이 프랑스 영토에서 철도 노동자로 활동했다는 사실이다. 프랑스 민간인의 총에 맞을 때 독일 민간인이 고통스러워했다는 것은 놀라운 일이 아니었다.

보복은 즉각 다가올 수 있었다. 맥마이클J. W. McMichael이라는 영국인 관찰자는 11월에 스당을 방문해서는 다음과 같이 보고했다.

우리는 옷을 갈아입다가, 창 밖에 우울한 행렬이 지나가는 것을 보았다. 스프링이 없는 10대 또는 12대의 시골 마차가 조금 전 스당에서 몇 킬로미터 떨어진 곳에서 벌어진 프랑-티뢰르와의 교전에서 부상을 입은 80여 명의 불쌍한 동료들을 이동식 야전병원으로 운반하고 있었다. 마차의 짚더미 위에 누워 돌길을 덜컹거리면서 지나가고 있는 그들의 모습은 보기에 딱한 광경이었다. 울란 부대를 앞세운 한 프로이센 보병대가 곧바로 프랑-티뢰르를 추격하기 위해 출발했으며, 내 친구는 우리도 그들을 따라가자고 제안했다. 하지만 우리는 "각자의 재량에 따라 행동하는 것이 더 용기 있는 일"이라는 데 동의했다.[21]

한 프랑스인의 기록에 따르면, 프랑-티뢰르가 트루아에서 멀지 않은 센강 유역에서 부상당한 채 포로가 된 독일군 병사들을 살해한 후 센강에 던졌다는 소문이 떠돌았다. 이는 제네바 협약을 노골적으로 무시한 행위였다. 이에 대한 보복으로 독일군은 인근 콩플랑쉬르센 마을과 마르시쉬르센 마을에서 수백 채의 건물과 주택을 불태웠다. 마르시 주민들은 교회에서 산 채로 불에 타 죽을 뻔했다가 겨우 탈출했다.

프랑-티뢰르는 호송행렬을 공격하거나 철로를 훼손해 프로이센군의 이동을 방해했다. 다리와 터널에 큰 피해를 입힐 만큼 부대 사이에 작전이 조율되거나 폭발력이 있지는 않았지만, 프랑-티뢰르 일부 부대는 전술적 정찰과 정보 수집을 통해 이러한 전투를 지원하거나 적의 전초기지를 괴롭혔다. 독일군 기병대의 공격은 프랑스 파르티잔이 가한 것과 마찬가지로 많은 다리와 구름다리를 파괴했다. 총 68개인데 각각 절반이 양측에 의해 파손되었으며, 총 3300만 프랑에 달하는 피해가 발생했다. 독일군은 열차 운행이 중단되고 물자공급 부족으로 인해 발생한 혼란을 죄다 파르티잔 탓으로 돌리는 경향이 있었다. 실제로는 지역의 철로가 대부분 충분한 보조 선로나 터미널 없이 단일 선로였기 때문에 교통 체증이 발생했다.

오를레앙 주변에서는 프랑-티뢰르가 전신선을 끊거나 이를 무작위로 변경했다. 통신 내용이 엉뚱한 곳으로 전달되어 문제의 원인을 쉽게 파악할 수 없도록 혼란을 야기한 것이다. 프랑-티뢰르는 독일 통신의 핵심 라인을 따라 활동하지는 않았다. 그럴 경우 독일군이 신속하게 보복을 가해서 지역 당국이 프랑-티뢰르의 행위를 제지하도록 할 수 있었기 때문이다. 그래서 프랑-티뢰르는 주기적으로 독일군이 점령한 지역의 주변 지역, 즉 독일군의 순찰이 적은 보주산맥, 우아즈강과 센강이 뻗어 있는 방대한 유역에서 작전을 펼쳤다. 몰트케는 적들의 이러한 조치에 대응하고 보급로와 통신망을 보호하기 위해 약 10만 5천 명의 병력을 배치해야 했다.

프랑스 민간인은 대부분 보복을 피하기 위해 프랑-티뢰르와 어떤 관련도 맺지 않고 독일군에 협력하고자 했다. 아르덴에서 독일군에게 저항을 시도했던 농민들은 결국 그에 대한 보복으로 마을이 불타는 것을 목격해야 했고, 이 사례는 다른 마을 사람들에게 저항을 자제하도록 했다. 인근 마을이 불타고 있다는 소식이 전해지면 농민들은 지역 당국에 손을 내밀었다. 프랑스 농민은 대부분 농작물을 수확하고, 가축을 돌보고, 가족을 보호하기를 원했다. 그들은 전쟁에서 살아남기를 원했고 평화를 갈망했다. 마을과 소도시 곳곳에서는 지역 지도자들이 주민들에게 침착함을 유지하고 독일군에게 맞서 저항하려는 유혹을 떨쳐버릴 것을 촉구하는 호소문을 게시했다. 시장들은 그럼에도 불구하고 종종 문제를 일으키려 하는 사람들에게서 무기를 압수해서 이들을 제지하려 했다. 나아가 그들은 독일군이 들어오면 지역에 주둔해 있던 국민방위군의 무장을 해제시키곤 했다. 만약 프로이센군이 곧바로 다음 마을로 진격할 수 있다면 왜 쓸데없이 다리를 파괴할 것인가? 이러한 사보타주 행위는 지역 주민들에게 피해를 입힐 뿐이었다. 앙들리의 부지사는 프랑-티뢰르 부대가 사보타주 행위를 하지 않도록 설득했다. 그리고 그들이 프로이센군 6명을 죽인 것이 온 마을이 불타버리는 것을 보상해주지 못한다는 사실을 강조했다.

퐁투아즈(센에우아즈) 주민들은 마을에 기동방위군이 나타나면 독일군의 보복으로 이어질까 두려워서 군인들에게 마을을 떠나달라고 권유했다. 다른 지역과 마찬가지로 노장쉬르센에서도 주민들은 진입해 오는 독일군 울란 부대에게 환영을 표함으로써 문제를 사전에 예방하고자 했다. 9월 13일, 오브의 우체국장은 절망에 빠진 채 일부 주민들이 울란 병사들에게 "최상품 과일과 스위트(식후의 디저트), 포도주, 오드비〔과일 브랜디〕"를 제공했다고 적었다.[22] 농부들이 가구와 동물을 카트에 싣고 이동하는 행렬, 공공장소가 소와 보급물자, 교외에서 온 난민을 위한 수용시설로 바뀌는 장면, 다가올 위기 상황에 대비해 주민들이 주요 문서와 그림, 가구 같은 귀중품을 서둘러 지하실로 옮기는 장면 등등, 이 마을 저 마을에서 같은 장면이 반복되었다. 그런 다음 그들은 침략군의 도착을 기다렸다.

하지만 모든 지역 주민이 무기를 내려놓은 것은 아니었다. 어떤 경우에는 지역 국민방위군이 적극적으로 저항했고, 심지어 침략군과 교전하기 위해 성벽 밖으로 나가기도 했다. 9월에는 에피날(보주), 10월에는 루앙(센앵페리외르)에서 그런 일이 있었다. 부안(루아레)에서는 주민들이 독일군 척후 순찰대의 접근을 막기 위해 바리케이드를 쳤고, 10월 7일 지조르(외르)에서는 국민방위군이 전투를 통해 프로이센군 40명을 물리쳤다.

다른 곳에서는 방어 행위가 더 적극적으로 이루어졌다. 10월 8일 생캉탱(엔)에서는 국민방위군, 소방관, 프랑-티뢰르로 구성된 연합군이 지사의 격려와 지역 주민들의 도움을 받아 약 15명의 사상자를 내면서 독일군에게 반격을 가했다(같은 달 후반에 프로이센군이 재차 공격해왔을 때는 주민들이 그들의 도시 진입을 허용했다). 로앙(보주), 에페르농(외르에루아르), 주민 25명이 사망한 노장쉬르센(오브), 국민방위군이 정규군 및 기동방위군과 함께 싸웠던 디종(코트도르)에서도 비슷한 사례가 발생했다.

10월 18일 샤토됭에서 벌어진 사건은 다른 마을에서 벌어진 상황과 같은 연장선에 있는 것은 아니었지만, 그럼에도 불구하고 충격과 경고로 다가왔다. 샤토됭은 단 하루에 벌어진 행동이 얼마나 끔찍한 결과를 초래할 수 있는지를 보여주었다.

이 작은 도시와 그곳을 지키는 요새 대부분은 보스 고원의 가장자리에 있는 반도의 절벽에 의지하고 있었다. 절벽이 서쪽과 남쪽, 북쪽으로부터 적이 접근하는 것을 막아주는 자연 지형이었기 때문이다. 루아르강의 물줄기가 이 고원으로부터 급강하해 두 갈래로 갈라졌으며, 그 사이에 범람원이 있었다. 오직 포부르생장 마을만이 같은 이름을 가진 도로를 따라 낮은 지대에 자리잡은 채 요새에서 북쪽 방향, 루아르강을 건너 북쪽의 브루를 향하고 있었다.

샤토됭은 동쪽, 즉 샤르트르, 오를레앙, 앙굴렘에서 오는 도로를 통하면 가장 쉽게 접근할 수 있었다. 언덕 위 마을에 있는 중앙 광장에서는 북동쪽, 남동쪽, 그리고 기차역과 연결된 동쪽에서 오는 3개의 도로가 합류했다. 직선으로 뻗은 대칭형의 거리들은, 1723년 화재가 발생한 후 도시 전체가 재건되면서 건설되기 시작했다. 놀랍도록 크고 웅장한 광장 한가운데에는 화려한 네오르네상스식 분수가 있다. 조각가 골리에의 작품으로 불과 10년 전에 개장한 이 분수는 루아르강에서 퍼올린 물을 고지대 마을에 공급했다. 이는 1855년에 물레방아들 사이에 새로운 수차水車를 설치한 결과였다. 분수는 사면이 윗부분은 둥근 아치형으로 된 열린 창으로 구성되어 있다. 안쪽에는 별도로 이오니아식 기둥이 원형 구조물을 떠받들고 있는 일종의 작은 전망대 모습이다. 분수 위에는 1723년 화재 이후 마을의 부흥을 상징하는 불사조가 돔형 지붕에 얹혀 있다. 광장의 서쪽 측면에는 시청사가 자리잡고 있었다.

 10월의 사건은 샤토됭이 전쟁 동안 겪었던 첫 번째 사건은 아니었다. 이미 여러 부대가 기차역을 거쳐서 북동쪽으로 나아갔다. 그리고 병들고 다친 군인들이 돌아와서 자신이 겪은 전투 이야기와 지휘관들의 무능함에 대해 전해주었다. 샤토됭 주민들은 그들에게 음식과 쉴 곳을 마련해주었다.

 그러다 10월 초에 700명으로 구성된 프랑-티뢰르의 한 부대가 이 도시로 들어왔다. 이 부대는 9월 9일에 검은색 바지와 파란색 벨트, 미국식 모자에 전투복이 아닌 약식 제복을 입고 파리를 출발했던 한 대대 소속이었다. 학생, 군인, 예술가, 노동자, 재향군인, 새로 모집된 신병 등으로 구성된 8개 중대, 약 1200명 이상이 프랑스의 해방을 위해 싸우려고 여기에 자원했었다. 군인들은 프랑-티뢰르의 평등주의 정신에 따라 투표를 통해 지휘관인 아론송Arohnsonn을 에르네스트 드 리포프스키Ernest de Lipowski로 교체했다. 콧수염을 길렀고 늠름한 리포프스키는

1843년에 스트라스부르의 폴란드계 가정에서 태어났으며 생시르에서 대학을 다녔다.

  프랑-티뢰르 부대는 9월 내내 전진과 후퇴를 거친 후 샤토됭에 도착했다. 시정부는 처음에는 그들을 따뜻하게 환영했다. 하지만 바로 얼마 전인 10월 2일에 시장에 선출된 에르네스트 뤼미에르Ernest Lumière는 아직 방어 능력이 검증되지 않은 프랑-티뢰르가 아니라 자신이 책임을 맡은 샤토됭시에 충성하고자 했다. 10월 12일 저녁 10시, 샤토됭의 부지사가 갑자기 시청사에 나타나 적이 이미 오를레앙을 점령했으며 약 600~1천 명으로 구성된 부대가 바로 그날 밤 샤토됭을 향해 진격하기 시작했다는 소식을 전했다. 적군은 인근 마을 투르누아지에서 불과 24킬로미터 떨어진 곳에 있으며, 약 1만 2천 명에서 1만 5천 명의 병력이 들이닥칠 것으로 예상되었다.

  이 소식을 들은 리포프스키는 자신은 끝까지 싸울 각오가 되어 있지만, 결국 적에 의해 진압될 것이기 때문에 프로이센군과 맞서 이 도시를 방어하려고 해서는 안 된다고 선언했다. 2개 경기병 대대의 지휘관도 이에 동의했다. 그 직후 시의회는 프로이센군과 맞서 도시를 지키기 위한 전투에 참여하지 않을 것이라고 선언했다.[23] 일반적으로 국가를 지킨다는 이유로, 별다른 이득은 없이 도시가 파괴되고 약탈당하기만 하는 것을 막기 위해서였다. 이 결정은 부지사를 통해 지역의 군 지휘관들에게 전달되어야 했다. 그리고 국민방위군은 무기를 반납하라는 요청을 받았다.

  프랑-티뢰르는 시의회의 결정을 배신으로 간주했다. 그러자 리포프스키는 마음을 바꾸어 10월 13일에 최후의 순간까지 싸우기로 결심했고, "샤토됭 국민방위군의 무장해제를 전면 취소했다."[24] 몹시 추웠던 10월 13일 밤 리포프스키는 도시 전역에서 바리케이드 설치 작업을 감독했다. 그러자 다음날 뤼미에르 시장은 '화합'을 외치면서, 지방자치단체는 "도시의 이익 외에 어떤 다른 목적을 가진 행위에 대해 토론하거나 이를 정당화하지 않는 것이 그들의 의무"라고 선언했다.[25] 다음날 지사가 국민방위군의 무장해제를 비판한 후, 의회는 무기를 국민방위군에게 돌려주었고 군대는 돌아갔다.

 샤토됭 전투로 이어지는 며칠 동안 있었던 일에 대해 나중에 전해진 이야기는 주로 누가, 언제, 어디에 있었는지, 그리고 그들이 무기를 가지고 있었는지 여부에 집착했다. 뤼미에르 시장은 다가오는 적으로부터 어떤 경고나 선전포고, 그래서 독일군을 불법적인 침략자로 규정하는 어떤 소식도 전달받지 못했지만, 마을은 독일군이 다가오고 있음을 알고 미리 대비할 수 있었다고 조심스럽게 설명했다. 프랑-티뢰르 부대는 이 마을 저 마을을 돌아다니면서 자신들이 도시를 방어할 수 있도록 정당성과 권한을 달라고 요청했다. 그들은 그런 권한을 확보할 준비가 된 듯 보였다. 지사와 시장, 시의회는 스스로를 방어하고 독자적인 규정을 만들어야 했다. 바리즈 마을과 시브리 마을에서 불길이 타오르는 모습이 쉽게 목도되자, 샤토됭 주민들은 마을 전체에 28개의 바리케이드를 세웠다. 우리가 1883년에 펠릭스 필리포토Félix Philippoteaux가 그린 그림을 믿을 수 있다면 이 바리케이드들은 벽돌, 드럼통, 상자, 막대기 묶음, 짚 등으로 구성되어 있었다. 그것들은 소총과 대포에 맞서기 위한 최소한의 엄폐물이었다.

10월 18일 아침, 리포프스키가 지휘하는 약 700명의 프랑-티뢰르와 낭트에서 온 1개 중대, 국민방위군과 루아르에셰르, 제르에서 온 기동방위군, 그리고 경기병 부대가 샤토됭 방어에 나섰다. 모두 합쳐서 약 1200명이었다.

11시 30분에 경보가 울리자 군인들이 바리케이드 쪽으로 향했다. 도시의 동쪽에 루드비히 폰 비티히Ludwig von Wittich 장군의 군대가 프로이센군 1만 2천 명, 대포 24문, 곡사포 2문과 함께 모습을 드러냈다. 정오 무렵, 7문의 대포가 기차역을 향해 불을 뿜었다. 전투가 시작된 것이다. 프로이센군은 철도를 장악하려 했고, 프랑-티뢰르군을 바리케이드 뒤로 밀어냈다. 곧 도시 전체가 프로이센군에게 포위되어 탈출이 불가능해졌다.

포격은 오후 12시 30분부터 오후 6시 30분까지 분당 약 10발의 속도로 계속되었다. 기차역 동쪽이나 도시 남쪽 들판에 설치되어 있던 대포는 사정거리가 약 1.5킬로미터여서, 이끼가 낀 탑이 있는 성벽의 맨 끝, 마을에서 북서쪽으로 뻗어 있는 생장 거리의 여러 목표물을 타격할 수 있었다. 생장 거리는 앞면이 평평한 형태인 집들이 빽빽하게 밀집해 있는 좁은 중심 도로였다. 건물들은 포탄과 소이탄에 맞아 무너졌다.

저녁이 되고 프로이센군이 도시로 진군해 들어오면서, 프랑스군은 중앙 광장을 향해 후퇴했다. 어느 시점엔가 리포프스키는 부하들에게 광장에서 퇴각하라고 명령했다. 부대는 북서쪽으로 이동해서 언덕을 내려가 루아르강의 두 지류를 건넌 다음 생장의 인근 마을을 거쳐 샤토됭을 떠났다. 여러 기록들이 이 퇴각에 대해 동일하게 설명하고 있지만, 그 시점에 대해서는 차이를 보인다. 리포프스키의 기록에 따르면 그는 오후 10시 30분이나 11시경에 샤토됭을 떠났다. 리포프스키는 또한 보병들이 "매우 어리고", 가장 약한 공격에도 "버티지 못하고 후퇴할" 가능성이 높았다고 언급했다.[26] 국민방위군 사령관 테스타니에르Testanière는 리포프스키가 국민방위군이 저항을 멈춘 오후 10시보다 훨씬 전인 오후 6시경에 후퇴했다고 기록했다. 한 비평가는 리포프스키의 기록에 대해 "저자는 자신의 성급한 후퇴를 만족스럽게 설명하지 않고 있다"라고 냉정하게 지적했다.[27]

하지만 저항은 계속되었다. 남편과 2명의 성인 아들과 함께 프랑-티뢰르의 제1대대에 합류했던 53세의 병원 매점 직원 마리-쥘리엔 자레투Marie-Julienne Jarrethout는 실제 전투에 참여했다. 그녀는 남자 옷을 입은 채 탄약을 분배하고 부상자를 도왔다. 그때 몇몇 독일군이 광장에 나타나 분수를 향해 진격했다. 리포프스키가 후퇴한 후 뒤에 남아 있던 르되이Ledeuil 대위의 명령에 따라, 도시에 남아 있던 프랑-티뢰르들은 '라 마르세예즈'를 부르며 이에 대응했다. 끔찍한 야간 전투가 시작되었다. 적은 세 번이나 샤르트르 거리(현재는 북동쪽으로 이어지는 장물랭 거리)와 오를레앙 거리(현재는 레퓌블리크 거리)에서 후퇴했다가 다시 돌아왔다. 불길이 머리 위로 치솟았고, 시체가 땅을 뒤덮었다. 프랑스군은 한번 더 반격을 가해서 일시적으로 다시 적을 밀어냈다. 하지만 그들은 더이상 버틸 수 없었다. 마지막까지 남아 있던 프랑스 병사들은 포부르생장 마을을 거쳐 소리 없이 후퇴했다.

뤼미에르 시장은 정오부터 오후 11시까지 중앙 광장에 있는 시청사에서 시의원 한 명과 함께 집무실을 지키고 있었다. 두 사람은 문자 그대로 화재와 싸우며 하루를 보냈다. 다른 의원들은 부재중이거나 국민방위군에서 싸우고 있었다. 뤼미에르는 프로이센군이 자신을 찾아 시청사로 올 것으로 예상했지만, 대신 그들은 뤼미에르의 자택과 도시의 다른 곳, 즉 "시장실이 아닌 다른 곳"을 뒤지고 다녔다.[28] 실망한 그는 공식 집무실에서 프로이센군과 마주쳐서, 협상을 시도하거나 정식으로 인사를 나눌 수 있었으면 더 좋았을 것이라고 생각했다. 마침내 집으로 돌아갔을 때, 그는 거기서 프로이센군의 총격을 받았지만 탈출하는 데 성공했다.

오후 9시경 폰 비티히는 부하들에게 집집마다 공격을 가해 마을을 점령하라고 명령했다. 독일군은 기차역과 중앙 광장 사이에 있는 집과 건물들을 약탈했다. 강제로 문을 열고, 창문을 부수고, 집을 약탈하고, 주민들을 잔혹하게 대하거나 억지로 쫓아냈다. 주민들이 아직 안에 있든 없든 모든 건물에 불을 질렀다. 프랑스인들은 집에 불이 붙을 때까지는 밖으로 나오지 않았다.

한 관찰자는 60~80명 규모의 잘 조직된 독일군 화염방사기 부대가 절반은 거리에 나가 저격수를 감시했고, 나머지는 15~20명 규모의 분대를 형성해서 가정집에 들어가 귀중품을 약탈하고 나면, 두 번째 분대가 들어가 동시에 열 군데에 불을 질렀다고 기술했다. 자주 반복되는 이야기에 따르면 66세의 노인이 명령에 따라 독일군에게 촛불을 가져다주었고, 군인들이 자신의 침대 시트에 불을 지르는 것을 지켜봐야 했다. 그다음에 노인은 총검의 위협을 받으며 군인들을 사료 저장소로 데려가야 했는데, 군인들은 사료를 불태웠으며 그런 다음 그를 포로로 끌고 갔다. 다른 버전에 따르면 독일군의 강압에 따라 2명의 노인이 자기 집 커튼에 불을 붙였다.

전투가 끝나고 오랜 시간이 지난 후에 시장은 민간인들이 자기 집 침대에 누운 채 살해당했으며, 부상자들이 불길 속으로 던져졌다고 보고했다. 그랑 모나르크 호텔은 명령에 따라서 70명의 군인에게 저녁 식사를 제공했지만, 그후에 폰 비티히는 호텔 사장인 세네샬 부인의 간청에도 불구하고 그 건물을 그대로 두기를 거부했다. 이 혹독한 전투는 독일군이 마지막 남은 집들과 시청사를 점령한 새벽 3시까지 계속되었다. 황폐화되고 파괴된 도시의 모습은 거의 형언할 수 없을 정도였다. 소방관들이 불길을 잡으려고 밤새 헛수고를 하는 동안, 주민 수천 명이 서쪽이나 북서쪽으로 도망쳤다.

그날 밤 독일군은 마을 주변, 루아르강 오른쪽 기슭에 있는 벨뷔와 생장 언덕에 군 막사를 세우고 그곳에서 마을로 신호를 보냈다.

다음날 신분 구별 없이 모든 연령대의 시민 100명이 포로로 잡혀 독일로 끌려갔다. 시장은 전투 중 30명이 사망하고 40명이 부상당했으며, 235채의 주택이 완전히 파괴되었고, 12명의 주민이 화재로 사망했다고 보고했다. 폴 몽타를로Paul Montarlot라는 전투 대원은 국민방위대원과 프랑-티뢰르 26명의 매장에 대해 언급했는데, 그중 10명은 "완전히 불에 타서 거의 형체를 알아보기 어려운" 상태였다.[29] 관찰자들은 샤토됭의 폐허를 폼페이 화산 폭발과 비교했다.

그날, 시장 뤼미에르와 그의 동료들은 시의회 및 지사와 함께,

긴박한 상황에 굴복해서 가장 어렵고 굴욕적인 종류의 강제 징수를 받아들여야 했다. 오후 3시에 우리는 가장 폭력적인 위협 속에 소집되었으며, 오후

6시에 20만 프랑의 전쟁 기여금을 납부하라는 요구를 받았다. 우리는 그것을 5만 2천 프랑으로 줄일 수 있었지만, 반쯤 파괴되고 황폐해진 도시로서는 여전히 엄청난 금액이었다. 그날 우리가 겪은 굴욕은 포격보다 더욱 잔인했다.[30]

프로이센 군대는 10월 20일 오전 4시에 샤토됭을 떠났다. 도시는 완전히 폐허가 되고 재만 남은 상태였다. 그후 며칠 동안 고통은 계속되었다. 독일군은 저항을 막기 위한 방패막이로서 지역 유지들을 인질로 잡았다. 인질 중 한 명인 르노M. Renoult는 생장의 이웃 마을에서 온 한 가족의 아버지이자 정원사였는데, 23일에 살해당했다. 그는 손이 등 뒤로 묶여 있었지만, 빵 한 조각을 놓고 다투다가 바이에른 군인을 실수로 밀쳤다고 보고되었다. 체포된 르노는 마구 구타당한 후 사형 선고를 받았는데, 코와 귀를 자르고 눈을 멀게 한 뒤 총살대에 세워졌다. 그의 시신은 얼마 안 되는 흙으로 대충 덮여 있다가 3월에 점령이 끝난 후 발굴되었다.

파괴되지 않고 남은 집들은 독일군의 숙소로 사용되었다. 한 주민은 자신의 집에 머물고 있던 작센 군인들을 자비롭게 묘사했다. "내 집에 머물고 있는 15명의 작센 군인들은 본질적으로 꽤 착한 악마였다. 그들 대부분은 결혼했고, 한 가정의 아버지이며, 어서 평화가 찾아와 집으로 돌아가기를 조바심을 갖고 기다리고 있었다. 나는 그들이 어린아이들을 정말 사랑스러운 마음으로 쓰다듬는 모습을 보았는데, 그 아이들의 나이가 그들에게 어린 시절 달콤했던 추억을 일깨웠던 것 같다."[31] 그후 4개월 동안 많은 군인이 마을을 거쳐 갔는데, 혹독하고 힘든 겨울 동안 주민들은 바이에른 군인들을 수용해야 했다.

　샤토됭 시의회가 발표한 보고서에 따르면, 투르의 정부는 프로이센군에게 맞서 혼신을 다해 방어한 공로를 높이 평가한다는 뜻에서 샤토됭의 도시 재건 기금으로 10만 프랑을 신속하게 승인했다. 트로쉬는 파리 시장에게 파리의 거리 하나를 샤토됭 거리로 개명해달라고 요청했다. 그 결과 파리 제9구에 있는 카르디날-페슈 거리가 샤토됭 거리로 개명되었다. 파리에서는 이 불행한 마을을 기념하기 위해 연극 공연을 기획해 기금을 모았다. 또한 노래와 시가 샤토됭 주민들의 영웅적 저항을 기리기 위해 헌정되었다. 빅토르 위고의 제안에 따라 한 대포의 이름이 이 도시를 기리기 위해 개명되었다.

　이렇듯 샤토됭을 돕기 위한 지원의 손길이 넘쳤지만, 다른 마을들은 샤토됭의 발자취를 따르려 하지 않았다. 샤르트르에서 주민들은 침략해오는 독일군에게 맞서 도시를 방어하기 위해 준비했었다. 하지만 샤토됭에서 어떤 참극이 벌어졌는지를 알게 되자, 시장은 진입해온 독일군에게 도시의 열쇠를 건네주었다.

　샤토됭은 침략자이자 점령자인 독일의 요구에 따라 행동하도록 강요받았던 수십 개의 마을과 촌락 중 하나였을 뿐이다. 수십만 명의 독일군은 대체로 군인과 교류한 경험이 없는 프랑스 민간인들과 가깝게 접촉하며 지냈다. 프로이센의 군사 문화는 군인과 민간인의 접촉을 허용했던 반면, 프랑스의 군사 문화는 직업군인을 주민들과 분리된 막사에 머물게 했다. 그래서 프랑스군은 전쟁 동안에도 군용 막사를 도시 외곽에 설치했다. 따라서 도시를 지키는 요새의 병사들을 제외하면, 프랑스 민간인은 그들의 도시와 집에서 군인을 만나거나 접촉한 경험이 별로 없었다. 그렇지만 독일군은 프랑스 영토로 더 깊이 진군하면서, 식량과 음료 및 사료를 1866년 이후에 정착된 징발 규정에 의거해서 현지에서 강제로 징발하는 데 점점 더 의존하게 되었다.

스당 전투 이후, 미국 남북전쟁 당시 연방군에 속해 승리를 거두었던 필립 셰리든 장군은 몰트케에게 다음과 같이 충고했다고 전해진다. "전쟁에서 적절한 전략은 적군에게 가능한 한 치명적인 타격을 가하는 것, 그리고 그 주민들에게 가능한 한 커다란 고통을 겪게 하는 것으로 구성됩니다. 이렇게 하면 주민들이 평화를 간절하게 갈구하게 될 것이고, 정부는 결국 평화를 모색하지 않을 수 없게 됩니다. 사람들에게는 전쟁 때문에 눈물을 흘릴 수 있는 눈만 남겨두어야 합니다."[32]

그러나 9월까지 대부분의 프랑스 민간인과 독일 병사들은 비교적 충돌 없이 상황에 잘 대처했다. 초기 몇 달 동안에 관한 기록은 독일군이 아이들과 놀거나 음료를 사거나 담배에 붙일 불을 부탁했다는 내용 등을 포함하고 있다. 독일의 징집병들은 불과 몇 주 전까지만 해도 집에서 아이들과 함께 지내거나 선술집에서 술을 마시곤 하던 민간인이었다. 또한 군인들은 민간인에게 폭력을 행사할 경우 정식 군사재판을 통해 처벌되었다. 대부분의 관찰자들은 침공해온 독일군이 규율을 잘 지키며 진지했다고 평가했다. 그들은 이전의 군대들보다 훨씬 더 나은 물자 공급 시스템과 지원 인력을 갖추고 있어서 마을에서 물자를 징발해야 할 만큼 크게 절박하지 않았다. 비뇌이 가족 같은 집들은 독일 군인과 말이 머물 곳을 제공해야 했다. 홀로 아이들을 키우던 비뇌이 부인은 병사들과 독일어로 대화하는 것을 거부했지만, 그래도 그들의 지시에 따라야 한다고 느꼈다. 그녀는 베르트에게 "내가 할 일은 그들의 일을 쉽지 않게 만들어주는 거야"라고 말했다.[33]

그런데 가을이 깊어지면서 점령군의 인적·물적 징발이 더 거칠어지고 과도해졌다. 프로이센군은 병사들에게 프랑스 지자체가 주민들을 무장해제하지 못한 지역에서는 그에 대한 처벌로 건물을 파괴하고 인질을 잡고 기부금을 징수하도록 권한을 부여했다. 강력한 저항에 대해 과도한 보복 조치를 취했던 샤토됭에서와 비슷한 조치를 내린 것이다. 그들은 장작과 빵, 고기, 지방, 커피, 담배, 술 외에도 말에게 먹일 귀리와 건초, 짚을 징발할 것을 요구했다. 그런데 농민의 집과 울타리, 헛간이 불을 지필 수 있는 목재로 지어졌다는 점을 고려한다면, 그들이 요구한 '장작'은 정확히 무엇이었을까?

린트플라이쉬Rindfleisch라는 이름의 한 프로이센 병사는 이러한 변화를 다음과 같이 회상했다.

> 처음에는 야영지에서 포도나무를 지지하는 기둥을 땔감으로 쓰는 것이 금지되어서 이를 어길 경우 엄중한 처벌을 받았다. 탈곡하지 않은 옥수수를 짚더미 매트리스로 사용한 자도 벌을 받았다! 어린아이 같은 순수함이 있었다! 하지만 이제는 우리가 정원 울타리나 주택의 문 또는 마차를 땔감으로 써도 아무도 뭐라 하지 않는다. 오직 우리 같은 꼼꼼한 이상주의자들만 서둘러 진화한 불꽃이 혹시 근처에 있는 짚과 주인집의 지붕을 태우지는 않을지 신경을 쓴다. 어떤 프랑스인도 더이상 자신의 재산이나 생계 수단을 지킬 수 없게 되었다.[34]

독일의 물자 보급선이 점점 더 얇고 넓게 펼쳐짐에 따라 강제 징발은 더욱 거칠고 빈번하게 이루어졌다. 철도가 설치되어 있었지만, 독일군은 종종 식량과 가축, 탄약을 50킬로미터에 이르는 일반 도로를 통해 운반해야 했다. 그래서 군인들은 그때그때 필요한 식량을 현장에서 조달해야 했고, 종종 농민과 마을 사람들을 약탈하고 괴롭혔다. 독일군이 자신들은 군인의 행동 지침을 지키고 있다고 생각하더라도 징발은 당연히 환영받지 못했다. 그들이 현금으로 대가를 지불한다고 해도 당장 먹을 식량이 필요한 농민들에게는 별로 쓸모가 없었다. 또한 독일인들은 항상 문제가 된 (어딘가에서 훔쳐온) 가축의 소유자가 누구인지를 확인하려고 하지 않았다. 가축이 먹이를 찾아 멀리까지 다니도록 허용하는 농촌의 방목 관행 때문에 배고픈 독일군은 여기저기 돌아다니는 닭을 보았을 때 닭의 주인이 누구인지를 중요하게 생각하지 않았던 것이다.

농민과 촌락 사람들은 본래 도시 사람들보다 더 고립된 채 자급자족적으로 살고 있어서 프랑스 관리가 그곳에서 발생하는 마찰을 해결해줄 기회가 적었다. 그래서 시골 지역에서 독일군과 마을 주민 사이의 관계는 더 어려운 경향이 있었다. 프로이센 군인들은 젊고 미숙했으며 무장하고 있었다. 조르주 상드가 기록했듯이(이 경우에는 프랑스군의 징발에 대해 말하고 있다), "가족들은 집안에 남자도 없고, 총도, 말도 없이 오직 신의 보호에 맡겨진 상태다. 그리고 그들은 모든 것을 징발하고 있다."[35] 이러한 상호 관계는 농가마다 직접 그리고 어떤 중재도 없이 발생했다. 외르에루아르 지역에서 화재와 파괴로 인해 발생한 전쟁 피해는 일부 공동체의 경우 주민 한 명당 500프랑 정도에 달했다.

지역 관리들도 독일군이 저항에 대한 처벌로서 또는 사전 예방 조치로서 인질을 확보할 때 이에 대응하는 조치를 내렸다. 종종 독일군은 지역 지도자, 일반적으로 시장 또는 그의 대리인, 심지어 지역 사제를 인질로 잡았다. 프랑-티뢰르를 지원해주었던 센에우아즈의 한 마을에서는 50명의 주민이 인질로 잡혀 처형 위협을 받았다. 오브에서 독일군은 저항 세력이 공격이나 지뢰 등을 통해 철도 운행을 방해하는 것을 막기 위해 인질들을 기차에 태웠다. 10월 27일, 랭스 총독부의 민간인 총독 카를 폰 호엔로에Karl von Hohenlohe 왕자는 기차로 여행할 때 지역 유지들에게 그 기차에 동승하게 하고 그들이 기차에 타고 있다는 사실을 마을에 알리라고 명령했다. 기차나 선로에 대한 공격이나 파괴 행위를 막기 위한 조치였다. 주민들은 이러한 "무모하고" "야만스러운" 요구에 항의했지만, 결국 따를 수밖에 없었다.[36]

독일군은 또한 현금 기부금을 징발과 처벌 수단으로 사용했다. 이 경우 지역 시장과 시 지도자들이 주민들과 점령군 사이에서 중요한 중재 역할을 했다. 수아송의 시정 위원회는 10월 28일 한밤중에 독일군 보초 한 명이 주민이 가한 총격으로 손에 부상을 입는 사태가 벌어진 후, 마을 주민들에게 다음과 같은 공지문을 보냈다.

지금까지 수아송 주민들은 침착함을 보여주었습니다. 그래서 우리는 주민들이 처한 상황을 잘 이해하고 그에 따라 부과되는 의무를 계속 이행할 것이라고 충분히 믿고 있습니다. 그럼에도 불구하고 분명히 이 도시 출신은 아닐 것이라고 믿는 한 잘못된 자가 오늘 밤 프로이센군 보초에게 적대적인 행위를 가했습니다. 이러한 행위는 단지 비난받는 것으로 끝나지 않고, 보복과 가혹한 조치가 뒤따를 수 있습니다. 그러니 우리 모두 이를 막아야 합니다. 우리는 이 도시 주민들의 충성심과 솟구치는 책임감을 분명하게 믿고 있기 때문에, 앞으로 이런 사태가 재발하지 않도록 돕고 노력할 것이라는 점을 조금도 의심하지 않습니다.[37]

이 공지는 거센 반응을 불러일으켰다. 모니퇴르 드 투르 Moniteur de Tours는 이 위원회 위원들을 "프랑스의 적들의 조력자이자 대변인"이라고 불렀다. 반면 프로그레스 드 렌 Progrès de l'Aisne은 "우리의 의무는 적에게 맞서 전쟁을 벌이는 것이지 그들을 암살하는 것이 아니다"라는 주장에 동의하면서 수아송의 "용감하고" "사려 깊은" 지도자들을 칭찬했다.[38] 이에 대해 수아송 시의회는 "우리는 적을 지켜주는 경찰이 아니다. 우리는 우리가 행정을 맡고, 주민의 뜻을 대표하고 있는 이 도시를 위해 행동하고 있다"라고 반박했다.[39] 하지만 이런 주장은 적에게 점령된 마을의 대표자들이 가진 양면성과 어려움을 드러내준다. 그들 역시 점령군을 위해 활동하지 않았나?

독일군은 이러한 저항 행위에 대해 점점 더 강경하게 현금 기부와 벌금을 부과했다. 그래서 어떤 게임의 규칙이 적용되는지 널리 이해되었다. 프로이센 군인들은 협상을 시도할 때 우선 도시나 마을이 부담할 수 있는 수준 이상, 즉 시장이 협상에서 마지막까지 방어하고자 하는 최대치(샤토됭에서처럼)를 제시한다는 사실을 알고 있었다. 최종 협상 결과를 극대화하려는 전략이었다. 시장은 협상을 최대한 오랫동안 끄는 지연 전략을 썼다. 이런 전략을 수행하는 과정에서 시장은 종종 고군분투해야 했다. 프랑스 중앙정부나 주지사가 이런 전략을 공식적으로 뒷받침해줄 수 없었기 때문이다. 게다가 시장은 프랑스 정부가 부과할 세금을 예상해서 이미 비축해둔 현금을 인출해 독일군의 요구액을 지불할 것인지, 아니면 지역 주민의 모금이나 대출을 통해(자발적으로 혹은 강제로, 무이자나 이자 지급을 통해) 지불할 것인지 구체적 방안을 찾아야 했다. 그들은 이런 요청에 주민들이 응하는 것을 애국심이라고 표현했다.

예를 들어 에피날에서 시장은 끈질긴 협상을 통해 점령군이 초기에 요구했던 50만 프랑을 10만 프랑으로 낮추었다. 그리고 그는 10월 18일에 시민들에게 1870년의 세금 납부를 요청하면서 이와 함께 1871년에 나올 세금의 5분의 3도 미리 납부해달라고 요청했다. 관련 공지문은 "시장은 동료 시민들이 공익을 위해, 그리고 애국심으로 이 세금을 납부해주실 것이라 믿습니다"라는 말로 끝났다.[40]

이런 전략은 애국심이란 진정 무엇인지에 대한 논쟁을 불러일으켰다. 생디에(보주) 시장은 12월 31일에, 점령 체제에서 요구된 징발 부담금을 어떻게 분담할 것인가를 논의하는 험난한 회의에서 자신의 실망감을 다음과 같이 토로했다.

지금 이 자리에서, 우리는 늘 비판만 하면서 끊임없이 떠드는 사람들, … 그러면서 돈이든 신체든 자기 것은 하나도 내어주지 않는 사람은 진정한 애국자가 아니라는 사실을 깨닫습니다. 진정한 애국자는 오히려 사심 없이 동료 시민에 대한 진정한 애정을 가지고, 가슴에서 거부하고 자신의 존엄성이 결코 수용할 수 없는 그런 조치들을 받아들이고, 또한 다른 사람들에게도 받아들이라고 설득하는 사람이라고 생각합니다. 진정한 애국자는 자신에게 운명이 맡겨진 수천 명의 주민에게 더 큰 악이 초래되지 않도록 하기 위해 그런 조치에 복종하는 사람입니다.[41]

시장은 계속해서 저항하겠다고 고집하는 사람들은 무기를 들고 에피날을 장악한 지역 프로이센 지도부를 향해 행진할 수 있지만, 그 결과가 고통스러울 수 있다고 선언했다.

가을과 겨울이 지나는 동안 테러와 보복의 악순환이 심화되었다. 8월 25일 초, 무장해제된 49명의 기동방위군 대원이 파사방(마른)에서 독일 경비대에 의해 학살당했다. 심지어 전쟁이 계속되는 동안에도 전투에 연루된 사람들은 이 상황이 자신과 주변의 군인을 어떻게 완전히 다른 인간으로 만들었는지 놀라워했다. 조르주 상드는 "한 인간을 훌륭한 전투 기계로 만들기 위해서 당신은 그를 인간으로 만드는 부분을 제거해야 한다"라고 말했다.[42] 한 인간을 군인으로 만드는 것, 바로 그 자체가 인간을 비인간화한다는 의미였다. "더이상 영웅은 없다. 모든 군인은 사람을 학살하는 기관총이다."[43] "누가 가장 용감한지 묻지 말고 … 누가 총알을 가장 많이 갖고 있는지 물어보라."[44] 전쟁은 문명의 후퇴, 문명화된 시민이 "세상에서 (마치 청동기 시대로 회귀하는 것과 같이) 가장 멍청한 시민"으로 퇴화하는 것을 상징한다.[45] 이 전쟁은 그 수가 더 많거나 적은, 또는 사정거리가 길거나 짧은 발사체들의 상호 힘겨루기에 불과하며, 이들은 "인간의 개별적인 장점을 마비시키고, 군인의 양심과 의지를 완전히 무력화한다."[46]

전쟁이 길어지면서 군인들은 자신이 어떻게 다른 사람이 되어가는

지를 목격했다. 후고 아르놀트라는 바이에른 병사는 전쟁 초기에 저항에 가담한 프랑스 민간인을 군사재판에서 심판하는 데 동조했다. 하지만 전쟁 후반에 그는 "프랑스인들의 불타는 광신주의에 직면해 … 이들에게 자비를 베푸는 것은 단순히 어리석은 일 정도가 아니라 범죄였다. 적, 특히 법[Recht]을 지키지 않는 사람들에게는 오직 하나의 원칙만 적용할 수 있다. 눈에는 눈, 이에는 이!"라고 썼다.[47]

또다른 바이에른 병사 카를 타네라Karl Tanera는 9월 말 루아르 전투 동안 겪은 에피소드를 회상했다. 당시에 그와 부사관 2명, 나팔수 1명, 소총수 45명은 "숲 지대를 수색하라는 명령을 받았다. 구체적으로 무장한 민간인을 체포·사살할 것, 가축을 징발해서 가장 가까운 부대에 넘길 것, 가장 모호한 지역에서도 독일군 제복이 눈에 잘 띄게 존재감을 과시할 것, 그리고 어떤 위험한 습격으로부터도 군대의 안전을 지켜줄 모든 조치를 취할 것"이 그들이 부여받은 임무였다.[48] 그들은 공식적인 처벌을 집행하기도 했지만, 민간인을 자의적으로 괴롭히기도 했다. 그들은 한 사람을 처형했지만, 마을에 무기가 없다고 거짓말을 한 시장은 사살하겠다고 위협만 하고 결국 살려주었다. 타네라는 자신이 이 시장을 처형할 권리가 있는지 확신하지 못했다. 퐁트네생페르(센에우아즈)에서는 독일군이 여러 채의 주택을 불태웠을 뿐만 아니라, (한 자료에 따르면) 소방관을 붙잡아 장작더미에 던져서, 반쯤 산 채로 화형에 처했다.

복수심도 한몫을 했다. 10월 18일, 회슬린Hoesslin이라는 바이에른 병사는 동생에게 보낸 편지에서 "우리는 희생된 많은 친구와 동지들을 위해 피의 복수를 했어"라고 적었다. 3일 후 회슬린은 어머니에게 친구들이 모두 죽었다고 말했다. "저는 친구들이 당한 비극을 보고 피눈물을 흘렸고, 그래서 적군 병사들이 죽어가는 것을 보고 기쁨도 느꼈어요. 찢어진 내 가슴이 복수를 갈구했기 때문이에요."[49] 11월 1일까지 원래 52명이었던 그의 부대원 가운데 34명이 죽거나 다쳤고, 병에 걸렸다. 회슬린 자신은 12월 2일에 사망했다.

프랑스군도 프랑스 시민의 집을 약탈했다. 무엇보다 프랑스 군대는 너무 비참할 정도로 보급품을 받지 못해서 야영 텐트, 군화, 심지어 군복 바지도 없었다. 겨울 내내 기동방위군과 국민방위군 소속 프랑스 군인들이 프랑스 민가에 해를 끼치고, 식량을 약탈하고, 리넨/천, 목재로 된 집의 문짝, 가구, 양탄자를 훔치거나 불태운다는 불만이 수백 건 접수되었다. 몇몇 사례에서는 농장이나 방앗간이 독일군의 손에 넘어가기 직전에 프랑-티뢰르가 불태웠다는 비난을 받았다. 파리의 많은 교외 지역은 정복과 재정복을 겪으면서, 광범위하게 불에 타서 황폐화되었다. 장티, 몽루주, 가르슈, 르부르제, 메슬리, 샹피니, 빌몽블, 아니에르, 쿠르브부아, 르발루아페레, 뇌이쉬르센 등이 그랬다. 그리고 다른 지역(세비라뤼, 라이레로즈)들도 프랑스군에 의해 불타버렸다.

왕세자 프리드리히 빌헬름 역시 전쟁이 자신과 병사들에게 미친 도덕적 결과에 대해 고심했다. "우리가 거둔 모든 승리와 그로 인해 우리가 얻은 향상된 전망에도 불구하고, 나는 매일 스스로에게 묻는다. 마치 야수처럼 서로를 물어뜯는 현재의 행동이, 날마다 설교되고 우리 시대의 특징으로 여겨지는 모든 기독교적 덕목과 도덕의 교리에 반하는 일인데도 불구하고, 어떻게 여전히 벌어질 수 있는가." 그는 이에 대한 대답은 회피했다.

하지만 이러한 모순에 너무 몰두해서는 안 된다. 그렇지 않으면 나는 거의 미칠 지경이 될 것이다. 내가 아직 전쟁의 한복판에 있다는 현실을 들여다보면, 나는 적을 파괴할 새로운 방법을 계속해서 계획할 수밖에 없다. 이는 모두 전쟁의 비극을 더 빨리 끝내기 위해서다.[50]

그는 자신에게 주어진 역할, 즉 국가의 목적을 위해 폭력적인 수단을 동원하는 역할을 거부하지 않았다. 왕세자는 폭력이 동원되는 전쟁의 현장에 있기 위해 군대를 따라다녔다. 스당 전투에 대한 성찰에서 그는 바이에른 병사들이 자신을 높이 평가했다는 사실에 자부심을 느꼈다고 적었다. 그는 바제유 전투에 대해서는 아무런 관심도 표명하지 않았고, 단지 탄 장군은 "자신이 가진 칼처럼 단단하지만, 불같은 성격은 억눌러야 한다"라고만 간략하게 언급했다.[51]

전쟁이 격화되면서 프랑스인과 독일인은 모두 전쟁을 국민들war of nations 간의 갈등으로 규정하기 시작했고, 상대방의 행동 때문에 전쟁의 잔혹함이 정당화되고 있다고 보았다. 브장송의 사서 오귀스트 카스탕August Castan은 "도시 주변에 떠도는 과장된 소문들이 서로를 미워할 이유가 없는 두 국민 사이에 깊은 증오의 심연을 파고 있다"라고 지적했다.[52] 양측은 서로 자신들이 야만인으로부터 문명을 수호하고 있다고 믿었다.

독일의 신문들은 프랑스에 살고 있는 독일인들이 직면한 위험을 강조했다. 사실 그 독일인들의 곤경은 프랑스 민간인의 고통에 비하면 미미했지만, 전쟁 원인에 대한 해석을 민족주의적으로 과장해서 강조하는 데 사용되었다. 친프로이센적인 《크리스텐보테Christenbote》(뷔르템베르크에서 발간되는 개신교 신문)의 한 기자는 다음과 같이 상상했다.

만약 프랑스가 우리 영토에 침입했다면, 우리 도시와 마을은 약탈당하고 파괴되고 불태워졌을 것이다. 이 적들은 신의 법이나 인간의 법에 대한 존중심을 전혀 보이지 않기 때문이다. 우리는 우리에게 닥쳤을 끔찍한 파괴, 문명을 부정하는 거칠고 잔인한 적들이 우리에게 가했을 칼과 불길, 굶주림, 질병의 무수한 희생자, 엄청난 파괴는 생각만 해도 몸서리쳐진다. 우리는 모두 죽임을 당하거나 불타버린 마을에서 쫓겨나고 전 재산을 잃었을 수도 있다.[53]

신문들은 특히 프랑스가 침략했을 경우 튀르코 병사들의 손에 의해 독일의 아내, 자매, 딸들에게 어떤 운명이 닥쳤을지를 강조했다. "이 튀르코 병사들을 본 사람이라면 누구나 이들이 적으로 침략해와서 승리를 거두지 않은 것에 대해 마음속 깊이 신께 감사드렸다"라고 적었다.[54]

하지만 조르주 상드는 다른 많은 사람과 마찬가지로 독일이 군국주의로 전환함으로써 "수많은 학자와 철학자, 예술가, 괴테와 베토벤을 낳은 독일의 명예를 희생시켰다"고 비난했다. "이 얼마나 큰 몰락이고 얼마나 부끄러운 일인가!"[55] 그녀는 "[나폴레옹 이후] 지나간 반세기 동안에도 진보의 법칙과 상호 연대의 개념을 도입하지 않았던" 독일이 프랑스에 복수를 가하고 있는 것에 대해 실망했다.[56] 이제 프로이센의 영향력이 독일의 작은 국가들을 장악하게 되어 모두에게 해를 끼치고 있었다. 그녀는 "이 전쟁에서 당신들은 우리 바덴, 바이에른, 뷔르템베르크 편이 아니라 영원히, 현재의 저주와 미래의 전설 속에서 프로이센 편이다."[57]

스트라스부르에서 젊은 역사가 로돌프 로이스Rodolphe Reuss는 프로이센군의 포격으로 도시의 가장 큰 도서관이 불타고 파괴되는 장면을 목격했다. 그때 그는 강력한 분노와 원망의 감정이 새롭게 끓어오르는 것을 느꼈다. "우리는 우리의 목소리가 흐느낌으로 끊어지는 것을 느꼈다. 우리는 가슴속에서 이제는 다 잊었다고 믿었던 격한 민족적 증오가 다시 일어나고 있으며, 이것은 결코 빠른 시간 안에 꺼지지 않을 것이라는 느낌이 들었다."[58] 로이스는 오랫동안 자신이 국경선 너머의 세계를 지향하는 세계시민주의자라고 믿어왔지만, 전쟁은 한순간에 그를 무감각하게 만들었다. "만약에 그들이 야만인이라면, 우리는 그들을 야만인으로 대해주자. 그들은 그저 뿌린 대로 거둘 것이다!"[59]

상대방도 이런 감정을 느꼈다. 회슬린도 이렇게 썼다.

프랑스군이 보여준 형언할 수 없는 부도덕함에 대한 경멸감을 보고했다. 젊은 시절부터 저속한 쾌락을 추구해온 사람들이 더 고상한 인생관을 가진 사람들에 맞서 저항할 수 없는 것은 당연한 일이다. 훌륭한 군인에게는 종교성과 규율이 필수인데, 도덕적 수준이 낮은 프랑스 병사들에게는 이 부분이 부족할 수밖에 없다.[60]

일부 독일인은 이 전쟁을 '인종 전쟁Rassenkrieg'이라고 불렀다. 이는 두 민족 간의 생존 투쟁을 뜻하는 사회다윈주의의 용어였다.[61]

10월 말까지 희생이 속출하면서 병사들이 느끼는 부담은 견디기 힘든 수준이 되었다. 철도는 끊어졌고, 그로 인해 식량과 기타 물자를 제대로 공급하기가 어려워졌다. 조르주 상드는 "모든 면에서의 희생이 동시에 요구되고 있다"라고 불평을 토로했다. "우리는 우리가 조국의 구원을 위해 고통받고 있다는 기쁨을 느낄 수 있을까? … 만약 그렇다면 아무도 불평하지 않을 것이다. 하지만 아무것도 지급되지 않으면서 현재 상태가 장기화된다면 우리는 피할 수 없는 재앙으로 나아갈 것이며 우리의 가련한 파리는 결국 항복하지 않을 수 없을 것이다."[62]

아직 독일군이 가혹한 보복에 나서고 있었지만, 프로이센-프랑스 전쟁은 주로 주민을 해치기 위한 행위가 아니라 재산을 둘러싼 행위였다. 그리고 프랑스 혁명 당시 방데에서 일어난 봉기나 나폴레옹 전쟁 당시 에스파냐에서 일어난 사태, 또는 미국 남북전쟁 당시 국경 지대와 남부에서 일어난 사건들과는 전혀 달랐다. 만약 프랑스가 전면적인 게릴라 전쟁에 돌입했다면 분쟁은 훨씬 더 비참해졌을 것이다. 강베타는 게릴라 전쟁 대신 파리를 구하는 전략에 집중했고, 이를 위해서는 정규전을 치를 준비된 군대가 필요했다. 그런데 강베타가 새로운 군대를 결성하는 동안 프랑스의 여러 도시와 마을에서는 민간인들이 끊임없이 눈앞에 놓인 어려운 선택지를 둘러싸고 고민에 빠졌다.

◆ 12장 ◆

포위전

포위 동안의 스트라스부르 대성당.

한편 메스에서는 병사와 민간인 모두 여전히 지원군을 기다리고 있었다. 그라블로트 전투 이후 8월 19일부터 바젠과 약 15만 2천 명의 군인 및 7만 명의 민간인은 도시 성벽 안에서 꼼짝하지 않고 있었다. 다른 지역과 완전히 단절된 상태였기 때문에 그들은 지난 두 달 동안 어떤 일들이 일어났는지 전혀 모르고 있었다. 스당 전투, 제2제정의 몰락, 국민방위정부의 혼란스러운 등장, 파리 봉쇄 및 오를레앙 함락, 샤토됭 전투, 광대한 프랑스 북동부 지대에 대한 독일군 침공의 확산 등, 사태가 이렇게 진전하고 있다는 소식은 뒤늦게 그리고 불완전하게 그들에게 도착했다. 10월 중순, 메스의 한 관리는 "우리는 프랑스에서 도대체 무슨 일이 일어나고 있는지 아무것도 모르고 있다"라고 언급했다.[1]

　스당 전투에 관한 소식이 메스에 전해지기까지는 거의 일주일이 걸렸다. 9월 6일 군인들이 동쪽으로 진군해 모젤강을 건넜다는 보고를 들은 바젠은 처음에는 그들이 후퇴하고 있는 프로이센군이라고 믿었다. 그러나 곧 이들이 무장하지 않은 프랑스군이라는 것을 깨달았다. 스당 전투에서 포로가 된 프랑스 병사들이 독일 영토로 끌려가고 있는 것이었다. 이 소식은 프리드리히 카를이 포로 교환을 승인하면서 확인되었는데, 바젠은 이때 스당에서 발생한 재앙의 규모가 어느 정도인지에 대해 총체적인 설명을 들을 수 있었다.

메스군 사령관으로서 바젠은 아직 제2제정을 대변하고 있는 유일한 권력자였고, 나폴레옹 3세에게 충성을 맹세했었다. 바젠은 공화주의자나 트로쉬에 대한 애정은 없었으며 새 정권에서 자신은 미래가 없다고 인식하고 있었다. 물론 나폴레옹 3세나 황태자가 통치하는 제국 체제가 복원된다면, 지도자의 자리를 유지할 수 있었을지 모른다. 외제니 황후는 여전히 의미 있는 권력을 보유하고 있어서 중대사를 결정할 때 그녀의 동의를 얻는 것은 중요했다. 황후와 바젠은 서로를 좋아하지 않았지만, 그들의 운명이 위기에 빠질 경우 서로 필요할 수 있다고 생각했다. 게다가 비스마르크는 나폴레옹 3세를 전쟁 포로가 아닌 방문 군주로 대우하고 있었는데, 이는 부분적으로는 바젠이 국민방위정부를 지지하지 못하게 하려는 조치였다.

메스가 독일군의 포위 공격을 받는 동안, 바젠은 새 공화국 정부를 공식적으로 인정하지 않았다. 그가 취할 수 있었던 최선은 9월 16일에 공표된 '오늘의 명령'에 드러나 있다. "우리 군의 국가에 대한 의무는 이전과 동일하다. 따라서 우리는 계속해서 헌신적인 자세와 에너지를 갖고 국가를 위해 봉사하자. 외부의 적으로부터 이 나라를 지키고, 사악한 욕망에 맞서 사회 질서를 수호하자."[2] 바젠 원수가 이 마지막 구절에서 무엇을 의미했는지 정확히 파악하기는 어렵다. '사회 질서'를 수호한다는 것이 국민방위정부에 대한 저항 선언이었을까, 아니면 혁명적 행동에 대한 우려의 표명이었을까? 어떤 경우든 바젠과 강베타는 서로 거의 접촉하지 않았고, 서로의 군대를 조율하거나 공조하는 방법에 대해 전략을 세우지도 않았다. 바젠의 군대는 새로운 공화국에 충성을 선언하지 않았기 때문에 메스 포위전이 전개되는 동안에도 새 공화국에 대한 그의 충성심에는 의문이 남아 있었다. 바젠은 계속 버틸 수도 있었고, 언제든 독일군에 항복할 수도 있었다. 혹은 많은 사람이 우려했듯이 공화국을 타도하기 위해 투쟁할 수도 있었다.

1870년 이후 몇 년 동안, 전쟁 당시 바젠이 보인 행동은 반역죄에 해당하며, 그것이 프랑스의 패배에 기여했다는 것이 공화주의자 사이에 일종의 신조가 되었다. 그러나 당시 그가 갖고 있던 현실적인 선택지를 고려할 때, 문제는 전쟁의 결과보다는 오히려 바젠의 개인적인 명예와 더 관련되어 있다. 공화파 지도자들이 볼 때, 사령관은 메스에서 포위를 뚫고 탈출을 시도해야 한다는 것이 분명했다. 하지만 바젠이 볼 때는 문제가 분명하지 않았다. 그의 부하들은 날이 갈수록 피곤하고 굶주리고 낙담했는데, 이는 대부분 그라블로트 전투 이후 메스로 후퇴하기로 한 바젠의 결정 때문이었다. 9월 4일에는 배급이 중단되었고 9월 말이 되자 굶주림은 더욱 심해졌다. 9월 23일에는 감자를 모으기 위해 도시에서 나가다 전투에 휘말린 프랑스 병사 200명이 사망했다. 배급 상황이 심각해지자, 병사들과 민간인 사이에 갈등이 일어났다. 군인들은 배급 문제, 검문 등 일상적인 임무로 바쁘게 지냈지만 이런 몸부림은 과연 무엇을 위한 것이었을까? 8월에는 바젠의 군대가 프리드리히 카를의 군대를 앞질러서 마크마옹의 샬롱군과 만날 것이라고는 상상하기 어려웠다. 스당 전투 이후에는 그가 다음에 어떤 작전을 취해야 할지가 더욱 명확하지 않았다. 파리를 지원하러 갈 것인가? 독일군의 진을 빼기 위해 교란 작전을 펼 것인가? 전투에서 몰트케의 군대 중 하나와 싸울 수 있을 만큼의 병력을 모을 것인가? 바젠이 9월에 계획했던 탈출 작전을 연기했다가 결국 취소한 것은 군대의 사기를 극도로 떨어뜨리기는 했지만, 그리 놀랄 만한 결정은 아니었다.

사기가 떨어진 그의 군대는 바젠의 전략을 매우 냉정하게 평가했다. 그들의 판단이 공정하든 그렇지 않든, 많은 병사는 거기서 탈출을 시도해야 한다고 믿었다. 9월 25일, 바젠은 자신의 방 앞에서 '라인군의 한 병사'가 익명으로 쓴 쪽지를 발견했다. 바젠의 형편없는 리더십에 항의하는 그 쪽지는 이렇게 시작되었다.

> 장군께서는 지난 22일 동안 적을 코앞에 둔 상황에서 아무것도 하지 않은 것에 대해 부대 안에 어떤 소문이 떠도는지 알고 계시겠지요. … 그렇게 아무것도 하지 않은 결과 우리 기병이 무너졌고, 곧 우리 포병도 무너져서 군대 전체가 무력화될 것입니다. 스당에서 겪은 비극적 패배, 그리고 장군들이 앞으로 어떤 계획을 갖고 있는지에 대한 병사들의 지속적인 무지로 인해, 부대 전체가 손과 발이 묶인 채 적에게 넘겨질 것이라는 소문으로 몹시 동요하고 있습니다. 그럼에도 불구하고 바깥에 있는 적은 모든 면에서 우리보다 열등합니다. 장군께서는 이 사실을 인지하시길 바랍니다. 장군께서는 13만 명의 정예 병력을 보유하고 있는데, 이런 군대가 적에게 무릎을 꿇게 하시겠습니까? 이것은 상상도 할 수 없는 일입니다.[3]

바젠은 강베타에게 알리거나 그의 지원 없이 중재인을 통해 비스마르크와 두 번에 걸쳐 평화 협상을 시도했다. 이 사실만으로도 국민방위정부와 공화주의자들이 사령관에 대해 적대감을 품게 된 현상을 설명할 수 있을 것이다. 나아가 이런 상황은 바젠이 보나파르트 정권이 회복될 경우에 대비해서 자신의 지위를 지키고자 적극적으로 모색했기 때문일 수도 있다. 그게 아니라면 어쩌면 나폴레옹 3세나 국민방위정부 모두가 흔쾌히 고려하지 않고 있는 명예로운 평화 협정을 체결하고 싶었기 때문일 수도 있다.

첫 번째 협상 시도는 사업가이자 제국의 확고한 지지자로서 고위급 외교관 역할을 수행했던 에드몽 레니에Edmond Régnier의 도움으로 이루어졌다. 레니에는 왕세자와의 개인적 친분 덕분에 비스마르크에게 접근할 수 있었다. 비스마르크는 파브르와의 협상이 교착상태에 빠졌기 때문에 이 만남을 평화 협상을 추진할 기회로 삼았다. 그는 체스판에서 폰(가장 낮은 계급) 하나를 보았고, 그것이 쓸모 있는 폰이라는 것을 깨달았다. 레니에는 비스마르크에게 자신이 황제의 이름으로 메스와 스트라스부르의 사령관들에게 항복하도록 설득할 계획이라고 설명했다. 그러면 황후는 현재 이들 군대의 보호를 받고 있는 구제국 정부의 각료들을 소집해서 평화 협상을 추진할 것이라고 했다. 이 은밀한 계획에 대한 어떤 설에 따르면 바젠 자신이 이 정부의 수장으로 지명될 예정이었다. 레니에는 9월 23일에 메스에 도착해서 바젠과 비밀리에 만났다. 그다음, 바젠은 샤를 부르바키 장군을 적십자사 소속 의사로 변장시켜서 영국으로 보내 헤이스팅스에 있는 외제니 황후와 협의하도록 했다. 그러나 외제니 황후는 이 계획이나 바젠에게 주도적인 역할을 부여하는 데 전혀 관심을 보이지 않았다. 무엇보다 바젠은 메스를 둘러싼 전투에서 무능함을 드러냈으며, 황후는 그가 성공을 거두는 데에 특별한 관심이 없었기 때문이다. 황후는 현 상황에 대해 아무것도 모르며, 자신이 독자적인 행위를 함으로써 국민방위정부를 약화하는 일은 하지 않을 것이라고 말했다.

 이 에피소드가 남긴 가장 중요한 결과는 부르바키가 메스를 벗어났었다는 것이다. 그가 메스로 돌아가려고 시도했을 때, 프로이센군은 일시적으로 그의 복귀를 허락하지 않았다. 그의 여권에 날짜가 잘못 기재되어 있었는데, 처음에는 프로이센군이 그것을 실수로 인정하지 않고, 기재된 대로 처리했기 때문이다. 그때 몰트케가 개입해서 부르바키의 메스 복귀를 허용하라고 부하들에게 명령했다. 몰트케는 그가 메스에 있어야 덜 위험하다고 판단했기 때문이다. 그러나 이 프랑스 장군은 이미 국민방위정부에 봉사하기 위해 메스를 떠난 뒤였다.

 이 무렵 계절은 뜨거운 여름에서 쌀쌀하고 비가 내리는 가을로 바뀌었다. 메스의 식량은 품귀 상태여서 가격이 천정부지로 뛰어올랐다. "말고기 파운드당 1프랑, 소고기 6프랑, 베이컨 8프랑, 감자 1프랑, 설탕과 소금 각 6프랑, 달걀 75상팀 … 우유 1리터에 2프랑."[4] 상인들이 식품을 사재기한다는 소문이 무성했다. 어린이들은 영양실조로 인해 이질과 설사병에 걸려 고통을 받거나 사망했다.

 독일군도 그다지 잘 지내고 있지 않았다. 10월의 첫 한 주 동안 뫼즈군의 15퍼센트가 부상으로 인한 합병증 또는 독감, 이질, 장티푸스로 고생을 하고 있었다. 특히 바이에른 제2군단은 거의 절반이 병에 걸렸을 정도로 큰 어려움을 겪었는데 이는 전투 중 목숨을 잃은 병사의 여섯 배가 넘는 숫자였다.

 메스 주변의 저택과 정원들은 프랑스군에 의해 초토화되어, 이제는 나무 그루터기와 주택의 기초들만 남아 있었다. 포위 공격이 끝난 지

일주일도 채 되지 않아 이 지역을 방문한 사람들은 메스 주변이 황폐화된 모습을 보고 이렇게 적었다.

> 우리는 여기서도 이전에 정복자들이 진을 치고 있던 흔적을 볼 수 있다. 수천 개의 옥수수자루와 많은 비스킷 통, 일부는 뚜껑에 덮인 채, 일부는 비에 젖은 채 철로 양쪽에 널려 있었다. 죽은 말의 사체와 캠프에서 일어난 화재의 잔해 등 다양한 장면이 이 현장 모습에 더해졌다. 이곳의 마을들은 스당 근처의 마을들과는 현저한 대조를 보였다. 들판과 도로는 진흙에 뒤덮여서 어디가 들판이고 어디가 도로인지 구분할 수 없을 정도로 엉망진창이었고 황폐해진 상태였다.[5]

양측 사이에 끼어 있던 주변 마을들도 마찬가지로 어려움을 겪었다. 포위 공격이 진행되는 동안 펠트르 마을은 100채의 가옥 중 90채와 교회가 완전히 불에 타 잿더미가 되었다. 한 관찰자는 이러한 파괴에 대해 서로 상반되는 주장들을 이어 붙이면서 이렇게 믿었다. "프로이센군이 이 마을을 점령하자 프랑스군이 포격을 가해서 이들을 격퇴했다. 프랑스군은 어느 날 밤 프로이센군이 이 마을에 불을 질러 이 집 저 집에서 불쌍한 창조물(마을 주민)들을 태울 때까지 이곳을 탈출을 위한 거점으로 삼았다."[6]

프랑스군의 위기는 10월 7일 바젠이 모젤강을 따라 침투조를 파견하면서 더욱 악화되었다. 이때 2천 명이 전사했다. 10월 10일, 바젠은 두 번째 전쟁위원회를 열었다. 그의 장군들은 탈출이 가능할 것이라는 희망을 완전히 잃었다. 오직 르뵈프만이 한번 더 싸우자고 제안했다. 메스는 단지 열흘 정도 더 버틸 밀가루 배급량만 남아 있었다. 만약 빵 배급을 5분의 2로 줄이면 아마도 18일까지 버틸 수 있었다. 메스 수비대 사령관 그레구아르 코피니에Grégoire Coffinières 장군은 장티푸스와 천연두 발병 사례가 점점 증가하면서 1만 9천 명의 환자와 부상자가 발생해 병원 업무가 마비되었다고 보고했다. 전쟁위원회는 보급품이 완전히 소진되는 순간까지 버티기로 결정했다. 이는 메스를 포위하고 있는 독일군 20만 명의 발목을 잡아서 루아르로 진군하는 것을 막기 위한 것, 그래서 마지막 한 번의 시도를 통해 협상으로 항복을 달성하려는 것이었다.

전쟁위원회의 이런 판단에 따라 바젠은 그의 보좌관 나폴레옹 부아예Napoleon Boyer 장군을 베르사유로 보냈고, 비스마르크는 10월 14일 궁전에서 부아예를 맞이했다. 부아예는 비스마르크에게 프로이센이 파리를 점령해 전쟁을 종식시킨 후 공화주의자들을 축출하는 데 동의할 테니 메스군이 남프랑스나 알제리로 철수할 수 있도록 허용할 것을 제안했다. 그러면 프로이센은 바젠의 군대(전쟁 포로에서 석방되어 귀환한 14만 명의 병사로 강화된)에게 프랑스를 인도할 것이며, 그 군대는 공화주의자를 축출하고 보수적인 정부를 수립해서 지속적인 평화를 창출할 수 있을 것이라는 제안이었다.

비스마르크는 이 계획을 추진하고 싶었을지 모르지만, 왕세자는 바젠의 의도를 신뢰하지 않았고 몰트케는 관심을 보이지 않았다. 대신 몰트케는 프랑스군이 제대로 항복하고 요새를 프로이센군에게 넘길 것을 요구했다. 게다가 독일 측은 프랑스 황후와 섭정위원회가 독일이 공식적으로 요구하는 조건을 받아들일 것인지, 그리고 설령 그들이 수락하더라도 프랑스가 이를 받아들일 것인지 확신하지 못했다. 프랑스의 경우 이러한 협상 조건을 확정하려면 황후와의 논의가 필요했지만, 메스 측에는 그럴 만한 충분한 시간이 없었다.

부아예는 다음날 전쟁위원회와 추가 논의를 하기 위해 10월 17일 메스로 돌아갔다. 그들의 계획의 실현 가능성은 의문에 싸여 있었다. 과연 군인들이 무너진 제국을 다시 세우려는 방침에 따를 것인가, 아니면 그냥 각자의 집으로 돌아갈 것인가? 하지만 이는 프랑스가 완전한 패배를 인정하지 않으면서 전쟁을 마무리할 수 있는 최선의 방법이었다. 따라서 부아예는 10월 19일 런던으로 떠나 22일 치슬허스트에 있는 외제니의 새 거처에 도착했다. 외제니는 독일군이 요구하는 평화 협정의 조건이 무엇인지 알고 싶어했다. 프로이센 대사관에서는 독일 측이 아직 결정한 것은 없다고 밝혔다. 따라서 외제니는 사실상 백지수표와 같은 평화조약에 서명해야 하는 상황이었다. 황후는 이를 거부했고, 빌헬름 왕은 황후의 확실한 보장 없이는 협상을 계속할 생각이 없었다. 평화 협상은 이렇게 막을 내렸다.

10월 말이 되자 프랑스군은 더이상 병사들에게 식량을 제공할 수 없었다. 10월 20일에 민간인은 하루에 10온스의 빵만 배급받았다. 말고기 배급량은 10월 초에 1/2파운드에서 3/4파운드로 증가했지만 메스에는 이를 맛있게 조리할 소금이 거의 없었다. 우리가 동원령 당시에 만났던 브리타니의 이브-샤를 캉텔이라는 병사는 나중에 집으로 보낸 편지에서 "일부 동료들이 5일 동안 받은 배급량을 모았다가 한 끼에 먹는 것을 보았다"라고 썼다. 포위가 끝날 무렵 그는 빵 없이 말고기와 밀가루만 갖고 나흘을 버텼다.⁷ 소누아Sonnois 대위는 병사들이 10월 24일에 남아 있던 마지막 배급 식량을 먹었다고 적었다. "그들은 내게 내일 200그램[0.5파운드도 안 되는]의 비스킷을 먹고 나면, 그다음엔 … 먹을 것이 하나도 없을 것이라고 말한다!"⁸ 병사들은 감자를 찾아 들판을 누비거나 차라리 독일군에게 항복하려고 했다. 아직 살아 있는 말은 540마리뿐이었다. 이제 항복할 시간이었다.

프로이센군은 요새의 항복과 프랑스 군대의 투옥, 그리고 모든 군수물자의 온전한 인계를 요구했다. 전쟁위원회는 10월 26일에 이 조건을 수락했다. 물론 이런 항복 조건은 분노를 불러일으켰다. 바젠이 대포와 화약을 스스로 파괴해버리는 것을 거부하고 군수물자와 무기를 프로이센군에게 넘겨주는 데 동의했다는 사실은 또 하나의 수치스러운 행위, 반역의 사례로 여겨졌다. 《모젤 독립신문 Indépendant de la Moselle》은 28일자 사설을 통해, 1815년 혁명전쟁에서 파리가 함락된 후 메스시는 도시 외곽에 모젤강을 건너는 다리를 특별히 건설했고, 그래서 대프랑스동맹군이 당당히 도시 성문을 통과해 행군해가는 수치를 피했다는 사실을 기억에서 일깨웠다. 이 사설은 또한 1792년 사태 및 자유와 인간의 권리를 위한 투쟁의 기억을 일깨웠다. 신문은 "항복하는 것은 우리가 아니다"라고 주장했다.⁹

마지막 지푸라기를 잡는 심정으로, 바젠은 그의 군대가 장교들의 지휘를 받으며 무장한 채 군악대와 함께 행진할 수 있도록 허용하겠다는 프로이센의 제안을 거부했다. 그는 궂은 날씨 때문에 이를 거부했다고 주장했지만, 나중에는 프랑스 병사들이 과연 프로이센군의 면전에서 무기를 든 채 질서정연하게 행진할 수 있을지 의심스러워서 그랬다고 말했다. 그러나 프랑스군이 명예롭게 행진할 수 있는 기회를 거부한 진짜 이유는 포위 공격 기간 내내 병사들에게 거의 모습을 내비치지 않았던 바젠이 차마 그 군대를 바라볼 수 없었기 때문인 듯하다. 10월 29일, 차가운 비가 내리는 가운데 13만 3천 명의 병사와 600문의 대포로 구성된 프랑스군이 항복했다. 그날 일반 병사들과 장교들은 분리되어, 장교들은 프로이센 호송부대의 감시 없이 메스로 돌아갈 수 있었지만 일반 병사들은 포로로 잡혔다. 프랑스 병사들은 10월 29일부터 31일까지 메스 근처에서 프로이센의 포로가 되어 음식을 만들어 먹으며 지냈다. 그런 다음 그들은 화물차에 실려 독일 동부 지역으로 보내졌다. 메스가 함락되면서 나폴레옹 3세가 보유했던 병력은 사망하거나 포로로 잡히거나 부상을 입었다. 패배의 규모는 현대 유럽의 전쟁사에서 전례가 없는 수준이었다. 이제 프랑스에게는 겨우 2개 정규군 연대만 남아 있었다. 이들 제35연대와 제42연대는 전쟁 전에 로마에 주둔했는데, 새로운 국민방위정부에 복무하기, 위해 로마를 이탈리아 군대의 손에 남겨둔 채 프랑스로 돌아와 있었다.

주민들은 바젠이 항복한 것에 격렬하게 불만을 표명했다. 그러나 10월 31일,《모젤 독립신문》편집자들은 시민들에게 평온을 지켜달라고 요구해야 할 필요성을 느꼈다.

진정하세요. 친애하는 시민 여러분, 진정하세요. 그리고 침착하세요, 항상 침착한 자세로 용기를 가지고 이 시련을 이겨나가도록 도와주세요. 어떤 어리석은 시도도 불합리한 시위도 하지 마세요. 이 순간 우리의 존엄성을 지키세요. 마음속 깊은 곳에서 솟구치는 의견을 억누르세요. 우리 성벽 안에 있는 사람들을 저주하지 말고, 여기 없는 사람들을 저주합시다. 그들은 비난받아 마땅합니다. 다시 한번 강조합니다. 평온과 질서, 공격적 행위 금지, 폭력 행사 금지![10]

나폴레옹 3세의 마지막 사령관 바젠 자신은 자발적으로 독일군에 투항하도록 허락받았다. 하지만 그는 너무 일찍 도착해서 굴욕적이고 비에 젖은 비겁한 모습으로 포로가 될 때까지 교외의 빌라에서 하루를 보내야 했다.

프랑스의 반응은 신속하고 고통스럽게 이루어졌다. 메스가 함락되면서 나폴레옹 3세의 복귀는 완전히 불가능해졌고 그의 지지자들은 이런 현실을 분명히 파악했다. 클로드 롱바르Claude Lombard 대위는 프랑스 국기가 내려지고 프로이센 국기가 올라가는 것을 보면서 느낀 심정을 다음과 같이 묘사했다.

비탄과 황망함에 찬 날. 모든 것이 끝났다. 불쌍한 프랑스! 10만 프랑스군이 최후의 노력도 없이 무릎을 꿇었다. … 우리 국가를 상징하는 삼색 깃발이여! 용맹과 영광의 상징, 우리의 위엄과 승리, 그리고 군사적 영예를 상기시켜주는 너, 여기 네가 땅바닥에 뒹굴고, 진흙 위에 질질 끌려가고 있고, 그 깃발 대신 우리의 요새와 성채에 적의 깃발이 휘날리고 있다. 오! 이 수치! 우리 조상들이 무덤에서 일어난다면, 그들은 후손들에게 무슨 말을 할까? 조국의 문턱을 지킬 수 없고 현관에서 적을 몰아낼 수 없었던 이 한심한 세대에게.[11]

항복은 롱바르 대위에게 심각한 좌절감을 안겨주었다. 다른 사람들은 좀더 투쟁적인 반응을 보여 앙제에서는 11월 2일에 약 5천~6천 명의 시민이 시위를 벌였으며, 시위대는 지사에게 "휴전과 평화 반대! 선거 반대! 무기를 들자!"로 끝나는 문건을 전달했다.[12] 메스가 함락되자 급진주의자와 혁명가들은 공공안전위원회 설립을 포함해 권위주의적 조치를 취할 필요가 있었다. 미디에서는 또다시 혁명 시도가 일어났다. 이런 움직임은 11월 3일에는 리옹과 니스에서, 10월 31일에는 생테티엔에서, 10월 30일에는 발랑스에서 이어졌다. 그런데 이들 가운데 어느 것도 성공하지 못했다. 가장 심각한 소요 사태는 11월 2일 마르세유에서 발생했지만, 그곳에서도 도시는 다음날엔 평온을 되찾았다. 국민방위정부가 더 극단적인 조치에 동의하지 않자, 이 과격 집단들은 국민방위정부가 과격하고 권위주의적이라기보다는 기껏해야 나약하고 패배주의적이며, 최악의 경우 바젠의 반역 혐의에 공모한 것으로 보았다.

10월 30일 강베타의 선언은 바젠이 반역을 저질렀다는 의심을 부채질했다. 그는 "이러한 범죄는 정의의 이름으로 처벌하기 어려운 수준이다. … 국가적 성격을 벗어던진 프랑스 군대는 병사들이 영웅적으로 투쟁했음에도 불구하고 지도자들의 반역으로 인해 조국의 재앙 속에 침몰해버렸다"라고 선언했다.[13] 강베타는 이 선언을 통해, 국민방위정부를 위해 계속 봉사한 자들을 포함해 마치 제국의 모든 장교들이 메스의 항복에 책임이 있는 것처럼 뭉뚱그려서 비판하는 수사적 오류를 범했다. 이 선언문은 지역 당국들에 의해 널리 배포되고 반복되었다. 프로이센 왕세자는 이 문건을 "빅토르 위고 식의 허세와 과장된 문구로 가

득 찬 가련한 문건"이라고 묘사했다.[14]

　우리가 바젠을 비난할 수 있을까? 항복 자체가 문제가 아니다. 그가 항복한 시점에 이르러서는 프랑스군이 할 수 있는 일이 별로 없었다. 그래서 스당 전투 이후에는 돌파구를 찾는 것이 어떤 목적에도 도움이 되지 않았을 것이다. 하지만 그는 8월에는 돌파구를 마련하기 위한 계획을 적절히 추진할 수 있었지만, 그렇게 하지 않았다. 특히 마크마옹의 군대가 자기를 향해 진군해오고 있다고 믿을 만한 이유가 있었던 그 중요한 시기에 말이다. 그는 국민방위정부를 지원해서 그들과 협력하고 정부를 위해 활동하는 데에도 실패했다. 또한 그는 메스가 가능한 한 오래 버틸 수 있도록 처음부터 식량과 보급품을 철저히 통제해서 배급할 수도 있었다. 메스가 11월 중순까지 몇 주 더 버텼다면, 몰트케는 루아르를 지원하기 위해 파리를 포위하고 있던 군대 일부를 보내야 했을지도 모른다. 만약 그런 사태가 벌어졌다면 트로쉬는 파리를 탈출할 기회가 있었을지 모른다(이 논의에 관해서는 514쪽에 서술). 물론 메스가 이렇게 분투했다고 해도 전체적으로 전쟁의 흐름을 뒤바꾸지는 못했겠지만, 패배를 덜 완벽하게 만들었을지 모른다. 혹시 더 영리하고 교활한 사령관이라면, 패배 후에 제국을 재건하기 위한 계략을 성공적으로 꾸몄을지도 모른다. 전체적인 전략을 추진하는 대신 그저 눈앞의 세부 사항에만 몰두했던 바젠의 태도는 위기에 처한 다른 지도자들에게 좋은 반면교사가 된다. 메스 주변에서 벌어진 전투에서, 그가 보여주었던 나폴레옹 3세에 버금가는 망설임과 무능함은 제2제정이 불명예스럽게 막을 내리는 데에 일조했다.

한편 프랑스 북동부 전역에 걸쳐서 일련의 요새 도시들이 프로이센군에게 포위되었다. 이 도시들은 종종 철도 노선을 방위하고 있어서, 광범위하게 진격해오는 프로이센군이 보급 노선을 확보하기 어렵게 만들고 있었다. 이들 철도 노선은 자르브뤼켄, 비상부르, 스트라스부르에서 독일과 프랑스 사이의 국경을 넘었다. 따라서 이 노선에 대한 통제는 독일이 이 전쟁을 성공적으로 종식시킬 수 있을지를 결정하는 데 도움이 될 터였다.

남부 노선은 스트라스부르, 뮐루즈, 벨포르, 브줄, 랑그르, 쇼몽을 통과했다. 벨포르가 장기간 버티면서 저항했기 때문에 이 노선은 독일군이 사용할 수 없었다. 북부 노선도 메스, 티옹빌, 몽메디, 메지에르에 있는 요새들에 의해 차단되었다. 이 노선은 1월 2일에 메지에르가 함락된 후에야 비로소 독일군이 이용할 수 있게 되었다. 프루아르(낭시 바로 북쪽)에서 툴, 바르르뒤크, 샬롱쉬르마른, 샤토티에리, 그리고 거기서 파리까지 이어지는 중부 노선도 북부 노선과 비슷하게 교란되었지만, 9월 25일에 툴이 함락되자 독일군이 더 쉽게 이용할 수 있게 되었다. 그럼에도 불구하고 이 노선은 퇴각하는 정규 프랑스군의 대규모 방해 행위로 인해 교란되었다. 9월 말, 프랑스군이 낭퇴이쉬르마른 근처의 터널에 설치한 지뢰 6개가 폭발하면서 터널이 엄청난 양의 모래로 가득 차서 복구가 불가능한 상황이었다. 결국 독일군은 별도의 철도 우회로를 건설해야 했는데, 이는 11월 22일까지 개통되지 않았다. 그사이에 파리 외곽에 주둔하던 제3군은 샤토티에리에 있는 마지막 사용 가능한 기지에서부터 48킬로미터에 이르는 도로를 통해 물자를 수송해야 했다.

따라서 이제 프랑스 요새를 점령하는 것이 독일의 전쟁 작전에서 중요한 부분이 되었다. 대부분의 경우 그것은 어려운 일이 아니었다. 벨포르를 포함한 몇 가지 사례를 제외하면 요새는 오래되었고 그곳에 설치된 대포는 독일군의 대포에 상대가 되지 않았다. 그들에게는 견고한 대피소가 없었고 때로는 잘 훈련된 군인도 부족했다. 독일군은 단지 어느 정도 시간이 필요했고, 병력을 집중시키면 그것으로 충분했다. 그렇긴 하지만 요새는 병력이 충분히 투입되어야 하는 장애물이었고 여기에 투입된 병력은 다른 어느 곳에서도 사용할 수 없었다.

포위된 도시 안에 있는 사람들은 자신들이 이 전쟁에서 인질로 취급되고 있다고 느꼈다. 민간인과 그들이 겪은 고통은 포위 공격과 그 결과에 반드시 뒤따랐기 때문에, 민간인의 의견은 저항이냐 항복이냐 사이에서 팽팽하게 맞섰다. 각 요새는 그곳의 지휘관, 수비대, 방어 능력 및 민간인의 압력에 따라 저항하려는 의지에서 차이를 보였다. 툴의 한 청년은 9월 23일에 이렇게 썼다. "용맹의 모범인 주민들은 항복하기보다는 차라리 폐허 속에 짓밟히는 것을 선호했다."[15] 툴은 9월 25일에 함락되었다.

스트라스부르에서는 민간인 지도자들이 도시의 명예를 수호하면서 주민들을 지키기 위해 고군분투했다. 이 도시는 북부 알자스 지방에서 비상부르와 프뢰슈빌레르 전투가 벌어진 뒤인 8월 초에 포위되었다. 이 도시는 군사적 중요성이 높다기보다는 알자스의 중심 도시라는 상징성이 있었다. 메스 전투에서는 바젠이 중심인물이 되었기 때문에 그가 어떻게 움직였는지가 여러 자료에서 주를 이루었지만, 포위된 스트라스부르에는 이와 대조적으로 주도적인 인물이 없었다. 저항 여부에 대한 결정은 민간인에게 달려 있었는데, 도시를 위한 그들의 열정적 활동은 경탄을 자아냈다. 포위가 계속되면서 그들은 시민적·국가적 자존심과 자신의 생존 사이에서 균형을 맞추기 위해 점점 더 어려운 선택에 직면하게 되었다.

포위라고 하는 군사적 국면이 민간인의 활동이 펼쳐지는 무대를 만들었다. 잘 방어된 파리, 메스에서와는 대조적으로 스트라스부르에서 프로이센군의 목표는 요새를 포격해서 실질적인 돌파구를 만들고, 이를 토대로 공격을 가함으로써 항복을 강요하는 것이었다. 만약 그들이 성벽을 돌파하지 못하면 봉쇄를 통해 도시가 굶주리게 하는 작전을 사용할 수 있었다. 민간인(남성, 여성, 어린이)에게 고통을 가하는 것이 이 작전의 핵심이었다. 프랑스와 프로이센 모두 스트라스부르 봉쇄는 지난 수백 년 동안 펼쳐졌던 봉쇄가 그랬던 것처럼 대규모로 전개될 것이라고 예상했다. 양측의 군 지휘관은 매우 정형화된 메시지를 전달하는 중개자를 통해 서로 연락을 주고받았다. 포위군은 일련의 참호를 구축해서, 그들이 도시로 진격할 때 적의 포화로부터 병사들을 보호하고 그들이 포대를 배치할 때 그 측면을 보호하도록 했다.

스트라스부르는 퇴역했다가 복귀한 68세의 장군 장-자크 알렉시스 위리크Jean-Jacques Alexis Uhrich의 지휘를 받게 되었는데, 그는 에스파냐에서 알제리, 크림반도, 이탈리아에 이르기까지 프랑스가 치렀던 19세기 중반의 많은 전장에 참전한 경력이 있었다. 하지만 그는 전투 지휘 경력은 풍부했지만, 나라를 지키기 위해 프랑스 본토에서 복무한 것은 이번이 처음이었다. 직선적이고 충성심이 강한 위리크는 프랑스에 봉사하기 위해 노력을 기울였지만 상황을 근본적으로 혁신할 별다른 수단을 갖고 있지는 않았다.

8월 17일까지 독일의 바덴 사단은 스트라스부르 주변에 단독으로 포진한 채 프로이센 지원군을 기다렸다. 몰트케는 8월 14일 프로이센군 중장 아우구스트 폰 베르더August von Werder를 포위군 사령관으로 임명했다. 오스트리아와 맞붙은 쾨니히그레츠 전투에 참전했던 역전의 용사 베르더는 프리드리히 빌헬름 왕세자의 총애를 받는 군인이었다. 그는 프뢰슈빌레르 전투에서 승리한 후 몰트케의 간단한 명령에 따라 스트라스부르로 파견되었다. "전하의 명령은 귀관이 가능한 한 신속하게 이곳을 점령하라는 것이다."[16]

위리크는 포위전의 경우 프랑스의 군사 규칙을 따라야 한다는 것을 알고 있었다. 거기에는 "군법은 적의 포위가 천천히, 그리고 연속적인 단계를 거쳐 이루어지도록 적을 강하게 압박하지 않거나, 적의 포위를 실질적으로 돌파해서 적어도 한 번 이상 적의 포위 공격을 격퇴하지 않은 채 항복한 지휘관은 … 사형이나 군법에 따른 계급 강등으로 처단한다"라고 명시되어 있었다.[17] 8월 10일의 선언에서 위리크는 "한 명의 병사, 한 조각의 빵, 그리고 한 개의 탄창이라도 남아 있다면" 스트라스부르는 항복하지 않을 것이라고 선언함으로써 한 걸음 더 강경한 노선을 밝혔다.[18] 위리크는 나중에 이 강경 노선에 대해 후회했지만, 이는 그를 도덕적으로 의심스러운 바젠과 차별화해주었다.

스트라스부르 성벽은 1680년대에 구축되었다. 프랑스의 수많은 성벽과 마찬가지로 건축가 세바스티앙 르 프레스트르 드 보방Sébastien Le Prestre de Vauban이 설계했다. 이 성벽은 프랑스가 알자스의 대부분을 합병한 후 루이 14세가 새로 확보된 국경을 공고히 하는 데 도움이 되었다. 거대한 규모로 지어져서 많은 양의 식량과 탄약을 저장할 공간이 있으며, 정교한 돌출부와 망루를 갖춘 스트라스부르 성벽은 17세기의 합리성과 기술의 정점을 보여주었다.

스트라스부르를 둘러싼 성벽은 그 외곽이 이등변 삼각형 모양으로 구축되어 있으며, 동쪽에 군사용 요새와 오각형 성채가 라인강을 향하고 있었다. 남서쪽과 북동쪽에는 일강이 흘러 지나도록 성벽 두 군데가 개방되어 있으며 이곳을 방어하기 위해 방어벽과 탑이 세워져 있었다. 보방은 분노한 시민들뿐만 아니라 신성로마제국의 침입에 맞서 프랑스 군대를 방어하기 위해 성채를 도시의 동쪽에 배치하기로 결정했다. 이 결정으로 인해 도시의 북서쪽 구석은 취약한 상태로 남게 되었다. 서쪽에 2개의 보루가 있었지만 서쪽, 특히 북서쪽은 취약했는데, 프로이센군이 바로 이곳을 공략했다. 도시로의 진입은 7개의 성문을 통해 이루어졌다. 이밖에 철도 노선이 성벽을 통과해 도시로 들어가는 길을 제공했으며, 역은 도시의 서쪽 가장자리에 자리잡고 있었다. 1860년대에 요새를 개선하라는 권고가 있었지만, 수리나 유지 보수 작업은 전혀 이루어지지 않았다.

그 결과 1870년 무렵 스트라스부르 성벽은 최신 대포를 견디기 어려울 정도로 낡은 상태였다. 프랑스군은 현대화된 소총과 새로운 기관총을 보유하고 있다는 점에서 프로이센군보다 우위에 있었지만, 프로이센군은 강철로 된 크루프 대포로 무장한 최강의 포병을 발전시켰다. 강철로 제조된 크루프 대포는 1859년에 제조된 전면 장전식 프랑스 청동 대포보다 더 빨리 그리고 더 멀리까지 포격할 수 있었다. 프랑스군은 무게 1.8킬로그램과 5.5킬로그램짜리 포탄을 발사할 수 있었던 반면에,

프로이센군이 보유한 포탄의 무게는 최대 11킬로그램으로 강력한 파괴력을 보였다. 크루프 대포는 명중률이 훨씬 높고 발사 속도도 두 배나 빨랐다. 프로이센군은 고체나 화약으로 채워진 포탄, 또는 파편으로 채워진 포탄 등 다양한 포탄을 사용했다. 게다가 프랑스군은 1.2킬로미터 또는 2.7킬로미터 거리에서 폭발하도록 미리 시간이 설정된 타임 퓨즈를 사용했지만, 프로이센군의 포탄은 물체에 충돌할 때 발생하는 충격으로 폭발하는 방식이었다. 그 결과 프로이센군의 대포는 4킬로미터 떨어진 곳에서 발사해도 적에게 큰 피해를 입힐 수 있었다. 마지막으로 이 포위 공격에서 프로이센군은 간접 사격 전술을 사용했다. 프로이센 포병은 발사 각도를 미리 계산했기 때문에, 목표물을 눈으로 확인하기 위해 스스로를 노출하지 않은 상태에서 대포를 사용할 수 있었다. 이런 상황에서 프랑스군 수비대가 프로이센의 포격에 대응하는 것은 대단히 어려웠다.

스트라스부르 주변의 강과 운하는 도시의 방어를 강화하기 위해 설계된 수리 시설에 물을 공급해주었다. 그러나 위리크는 민간 주택이나 요새의 경사면을 덮고 있는 정원들에 피해가 갈 것을 우려해서 선뜻 방류 조치를 명령하지 못하고 망설였다. 이렇게 지체하는 사이에 독일군은 더 쉽게 현장을 정찰할 기회를 얻었고, 곧바로 폭격을 개시했다.

8월 중순까지 스트라스부르의 프랑스 수비대는 기동방위군, 국민방위군, 소방관, 세관 공무원, 선원 등을 포함해 겨우 1만 7천 명의 병력으로 구성되어 있었다. 그들이 독일군 4만 명을 상대해야 했고, 지원군을 보내달라는 요청은 무시되었다. 다른 곳에서도 지원군이 필요했기 때문이다. 스트라스부르의 가장 큰 희망은 그들이 구축한 거대한 흙벽이었다. 이를 무너뜨리기 위해서 프로이센 포병은 그곳에 가까이 다가와서 낮게 조준해야 했다. 그런데 이 경우 프로이센군은 성벽에서 250문의 프랑스 대포와 명중률이 높은 소총에 노출될 수밖에 없었다. 따라서 프로이센군이 스트라스부르의 방어벽을 실질적으로 돌파하는 데에는 시간이 걸릴 터였다.

민간인은 소방대를 조직해서 포위 공격에 대비했다. 그들은 매일 저녁 지역 선술집에 모여서 화재를 진압하기 위해 거리를 순찰했다. 그들은 각자 펌프와 유니폼을 가져왔고, 폭발을 막기 위해 거리의 가스등이 꺼져 있었기 때문에 촛불을 들고 순찰 활동을 했다. 독일군은 성 나폴레옹 축일인 8월 15일부터 매일 저녁 도시에 포탄을 퍼부었으며, 낮 동안에는 포대를 구축하기 위해 천천히 이동해왔다. 독일군에게는 이 시기가 힘들고 지루한 투자의 시기였던 반면, 도시 안에 있던 민간인에게는 매일 밤이 공포였다. 8월 15일부터 9월 27일까지 44일 밤 동안 스트라스부르시에는 20초마다 포탄이 떨어졌다. 이 무작위적이고 인정사정없는 포격으로 민간인들은 극도의 불안에 시달렸다. 스트라스부르에서 전투를 감수할지 아니면 이 도시를 떠날지 고민했던 어느 어머니는 이제 자칫 산 채로 건물 잔해에 묻힐지 모를 사태에 대비하기 위해 어린 자녀 에밀과 마리를 데리고 매일 밤 지하 대피소로 갔다. 그녀는 세 가족이 함께 씻고 식사하는 동안 이웃들로부터 사생활을 보호하기 위해 임시 침대와 가림막을 설치했다. 자녀들은 갑작스럽게 탈출해야 할 순간을 대비해 신발을 신은 채 잠을 잤다. 그녀의 집은 세 번이나 불이 나서 의용소방대에 의해 구조되었다. 이런 상황에서 공포심은 때때로 참을 수 없는 수준에 도달했다. 그녀는 이렇게 적었다. "공포는 비이성적이다.

그것은 자신도 모르는 사이에 엄습한다. 그것은 전염성 있는 악이다."[19]

민간인들은 이렇게까지 끊임없이 포격이 가해질 것이라고는 예상하지 못했다. 기자인 폴 레몽-시누레Paul Raymond-Signouret는 자신이 겪은 공포를 다음과 같이 묘사했다.

> 한 지점에서 섬광이 번쩍이면 3초, 4초, 5초, 또는 10초 동안 긴 침묵이 이어진다. 그동안 사람들은 밤하늘에 반짝이는 선이 뻗어가는 모습을 볼 수 있다. 그리고 갑자기 포탄이 떨어져 폭발하는 둔탁한 소음, 이 소리가 무거운 포탄 덩어리의 힘으로 온 대기와 지면이 뒤흔들리는 전율과 거의 동시에 도착한다. 그리고 또다시, 그러나 거의 순간적으로 포탄 자체가 어떤 물체에 부딪히면서 막 폭발이 이루어지고, 그 덩어리나 파편이 벽의 일부를 파괴하거나 인간, 어쩌면 친척이나 친구일지 모를 인간들을 학살했다.[20]

부자와 가난한 자, 노인과 젊은이가 침대에 누워 있다가 폭탄에 의해 가차 없이 죽을 수 있었다. 포격으로 300명의 민간인이 사망했는데, 대부분이 거리에서 마주칠 가능성이 높은 성인 남성이었다. 많은 민간인은 이러한 포격이 전쟁법 위반이라고 믿었다. 그러나 현실에서는 전쟁 수행을 규제하는 국제적 협정이 미비했기 때문에 민간인은 제도적 보호를 받지 못했다.

반면 독일군의 입장에서는 포위 공격이 너무 느리게 진행되었다. 신속한 성과를 얻지 못해 조급해진 베르더는 8월 24일부터 27일까지 3일 동안 도시 중심부에 강력한 포격을 가해서 항복을 압박하고자 시도했다. 그런데 이 전략은 너무나 분명하게 군사 요새가 아닌 민간인을 타격 대상으로 삼았다. 포격을 개시하기 전에 그는 위리크에게 항복을 요구했으며, 여성과 어린이는 도시를 떠나도록 허용해달라는 프랑스 사령관의 요청을 거부했다. 베르더의 전략은 무엇보다 그들에게 고통을 주는 것에 성패가 달려 있었다. 베르더는 포격으로 성벽을 무너뜨리는 목표 대신, 민간인에게 격렬하고 고의적인 폭격을 가해 그들의 비명이 위리크를 움직여서 결국 항복하게 만들기를 바랐다. 이 기간 동안 프로이센의 진흙투성이 포병 부대는 24시간 교대로 복무하면서, 대포 1문당 400발을 발사했다. 독일 기자 율리우스 폰 비케데Julius von Wickede는 "이는 매우 고되고 위험한 임무다. 하지만 용감한 포병들은 기쁜 마음과 희생정신으로 기꺼이 이 일을 수행하고 있다"라고 적었다.[21]

8월 24일 밤은 전체 포위 공격 기간 중 가장 파괴적인 밤으로 드러났다. 개신교의 뉴처치와 부속학교 및 도서관이 불에 탔다. 목사와 그의 딸 엘리즈 레이샤르Elise Reichard는 부상자들을 단지에 있는 적십자 병원으로 대피시켰다. 사람들이 줄지어서 양동이로 물을 퍼 나르면서 밤새 불타는 건물들을 구하기 위해 분투했지만 소용없었다. 아침이 되자 지붕에 남아 있던 마지막 타일이 떨어졌고 은색 종과 함께 결국 교회 지붕이 무너져 내렸다. 레이샤르는 탄식했다. "이제 더이상 교회 종소리가 일요일에 우리를 이곳으로 부르지 않을 것이며, 그 밝은 소리가 주님을 기리는 자매 성당의 종소리와 함께 섞이지도 않겠구나!"[22]

뉴처치 도서관의 소실은 특히 스트라스부르의 문화 엘리트들에게 큰 충격을 주었다. 종교개혁 이후 배움의 장이자 프랑스에서 두 번째로 큰 이 도서관은 초기 인쇄된 고서들과 화려하게 장식된 채색 필사본,

특히 중세 12세기에 제작된 란츠베르크 수녀원장 에라드Herrad의 작품 〈기쁨의 정원Hortus deliciarum〉을 소장하고 있었다. 구텐베르크 활자가 자신들의 소유라고 주장했던 이 도시에서 모든 서적의 한 페이지 한 페이지가 재가 되어버린 이 도서관의 소실은 문화와 정체성의 완전한 파괴를 뜻했다. 뉴처치 부속학교에서 교사로 근무했던 역사가 로돌프 로이스에게 이 손실은 영영 복구할 수 없는 것이었다. 그는 "미래를 위한 수많은 활동 계획을 추진하던 우리의 아름다운 도서관이 프로이센 야만인들에 의해 파괴되었다는 것을 생각하니 너무 화가 나서 울었다. 그것은 내 인생에서 가장 슬픈 순간 중 하나였다"라고 적었다.[23] 문명 자체가 포위된 것 같았다.

아침에 베르더는 위리크에게 항복을 요구하는 메시지를 보냈다. 위리크는 "나의 성벽은 여전히 멀쩡하며, 프랑스의 명예와 이익이 나에게 끝까지 방어하라고 명령하는 이곳을 적에게 내어줄 생각은 꿈도 꿀 수 없다"라고 대답했다.[24] 지역사가인 프레데리크 피통은 스트라스부르 시민들이 엄청난 고통에도 불구하고 항복을 거부했다고 적었다. "거리를 가득 메운 시민 집단들 사이에서는 프로이센군에게 결코 무릎 꿇지 않겠다는 확고한 결의가 지배하고 있다. 그들은 끝까지 저항할 것이다."[25] 스트라스부르 주교인 76세의 앙드레 레스André Raess가 위리크의 허락을 받고 베르더와 협상을 시도했지만 빈손으로 돌아왔다. 레스는 자신을 훈족의 침입을 성공적으로 막았던 교황 레오 1세에 비유했다. "내가 성 레오는 아니지만 아틸라보다 더 나쁜 적을 발견했다."[26] 그날 밤 포격은 계속되었다. 이번에는 스트라스부르의 웅장한 성당에 불이 붙었다. 구리 지붕이 불에 타면서 건물 정면에 있는 레이스 문양의 석조 장식에 녹색과 파란색 불꽃이 튀었다. 가고일(중세 유럽의 건축물 지붕에 있던 괴물 형태의 석상)들이 녹은 납을 뿜어냈다. 화재로 이글거리는 불빛 속에서 첨탑은 기괴한 높이로 솟아오르는 것처럼 보였다. 대성당이 무너지지는 않았지만 이 화재를 목격한 레스 주교는 그 충격으로 인해 위중한 병에 걸렸다.

시의 지도자들은 이제 항복할 때가 된 것이 아닌지 의문을 품기 시작했다. 하지만 위리크는 독일군이 프랑스의 방어벽을 실질적으로 돌파할 때까지는 자신이 군법에 묶여 있다는 것을 알고 있었다. 한편 격렬한 포격을 퍼붓고도 도시를 무너뜨리지 못하자, 베르더는 포위전의 규칙과 전통에 따라 성벽을 집중 공략하는 방식으로 작전을 전환했다. 1차 공격은 8월 29일에서 30일로 넘어가는 밤 성벽에서 북서쪽으로 200미터 남짓 떨어진 피에르 성문 북쪽에서 완료되었다. 9월 1일, 독일군은 생텔렌 묘지를 관통해 지나는 곳, 도시에 90여 미터 더 가까운 곳에서 2차 공격을 개시했다.

독일군이 점점 진입해오고 있었지만, 스트라스부르 안에 살던 민간인들은 계속 살아갈 방법을 찾았다. 뉴처치의 목사는 지붕도 제단도 강단도 없이 뼈대만 남고, 바닥은 여전히 화염으로 온기가 남아 있는 예배당에서 설교를 했다. 더이상 교회 묘지를 사용할 수 없게 되자 시신들은 지역의 공원에 매장되었다. 이제 격렬한 포격의 시기가 지나자, 일부 민간인은 정규적인 포위 상태를 비교적 안도할 수 있는 시기로 경험했다. 저널리스트 오귀스트 슈니강Auguste Schneegans은 "첫 며칠 동안의 공포가 너무 끔찍해서 이후에 겪은 재난은 그저 단순한 사고처럼 느꺼졌다"라고 썼다.[27] 프리메이슨과 같은 조직은 통상적인 모임을 계속했다. 가족이나 친구와의 사회적 소통도 예전처럼 정기적으로 이루어졌다. 역사가 로이스는 "지금까지 이번 포위전 기간처럼 서로를 자주 방문한 적이 없었으며, 어디서나 똑같은 것을 말하고 또 들을 수 있었다"라고 적었다.[28] 모두가 밤사이에 누군가가 죽었거나 다쳤는지 확인하고 싶어했던 것이다.

8월 말, 오를레앙 시장 테오도르 위만Théodore Humann은 시의회가 크게 분열되어 있어서 더이상 주민들의 신뢰를 받지 못하고 있다는 사실을 깨달았다. 그래서 위만은 1848년 혁명 때 활동했거나 제2제정에 반대했던 온건한 공화주의자를 포함해 지역 사회에서 견고한 지지를 받는 시 위원회를 지명해달라고 요청했다. 이렇게 지명된 새로운 리더에는 오귀스트 슈니강과 이미 적십자사의 조직자로서 두각을 나타냈던 앙투안 조프Antoine Zopf, 그리고 1848년에 공화파의 지역 지도자였지만 나폴레옹 3세 치하에서 정치적 변방에 머물렀던 의사 에밀 퀴스Émile Küss가 포함되었다. 8월 30일 시 위원회가 공지한 소식에 따르면, 스트라스부르 주민들이 구텐베르크 광장에서 시위를 벌이면서, '실제 전쟁 상황'을 조사해 포스터를 통해 주민들에게 보고할 것을 요구했다.[29] 주민들은 위리크 휘하의 군사 지도부가 식량 공급이나 군사력에 대한 정확한 정보를 그들에게 숨기고 있다고 생각했다. 그래서 그들은 시 위원회에 군사 규정에 어긋나더라도 군이 시민들에게 다가갈 수 있게 해달라고 요구한 것이다. 바젠 휘하의 군대가 전혀 신뢰받지 못했던 메스와 달리, 스트라스부르 지방 정부는 시민들의 지지도가 높았다. 물론 위리크는 군대가 처한 실제 상황을 일반 대중에게 공개해달라는 요청에 흔들리지 않았다.

따라서 시 위원회는 갑자기 집을 잃고 난민 신세가 된 주민들에게 대피소를 구해주고, 실업 구제금과 식량, 치료 시설을 제공하는 데 총력을 기울였다. 그들은 지붕이 있는 시장, 도살장, 황궁을 포함한 공공건물들을 개방해서 화재로 집을 잃은 주민들이 머물도록 조치했다. 노동자들은 극장에, 노인들은 학교에 수용되었다. 조프는 도시에 특별작업장을 설치해서 실업자들을 그 작업장의 인력이나 소방관, 또는 쓰레기나 말의 사체 처리를 담당하는 시 직원으로 배치했다. 그는 또한 시민들에게 말린 채소, 빵, 포도주 또는 커피를 무료로 제공하는 대중 레스토랑도 세웠다. 이러한 시설들, 그리고 민간이 설립해서 저렴한 가격으로 약간 더 나은 식사를 제공한 식당은 도시의 안녕을 유지하고 굶주림을 막는 데 도움이 되었다. 그 결과 스트라스부르에서는 파리나 다른 도시에서와 같은 클럽 급진주의가 결코 발생하지 않았다.

포위전 동안 베르더와 위리크는 때때로 시에서 나가기를 원하는 주민들은 나갈 수 있도록 협상했다. 로돌프 로이스와 그의 가족은 9월 2일 점심때 안전하게 시를 떠날 수 있는 통행증이 발부되었다는 소식을 들었다. 선생은 일기에 "큰 감동!"이라고 적었다. "아빠는 떠나기를 원치 않는다. 엘리제 이모는 떠나자고 주장하고, 로이스의 여동생인 엘레네는 울부짖는다. 뜨겁고 격한 숙고가 이어진다."[30] 쥘리에트 아당이 고난의 시기에 파리를 떠나기를 거부했던 것처럼, 로이스 가족은 남아서 저항할 것인지, 아니면 도시를 탈출할 것인지 사이에서 갈등했다. 게다가 안전 통행증은 독일군의 포위선을 통과하는 데만 도움이 되었지, 스트라스부르를 떠난 후에 어디서 식량이나 피난처를 구할 수 있을지는 알 수 없었다. 도시 바깥의 상황이 어떤지를 그들은 전혀 알 수 없었기 때문이다. 아무도 바로 그날 나폴레옹 3세가 스당 외곽에서 자신의 군대와 함께 항복했다는 사실을 몰랐다. 결국 로이스의 아버지, 어머니, 할머니, 여동생, 4명의 여자 사촌과 2명의 여자 하인이 스트라스부르를 떠났다. 로이스 자신은 "떠나는 것은 꿈도 꾸지 않았다. 그래서 어머니는 그에게 함께 떠나자고 너무 고집부리지 않았다."[31] 그와 그의 삼촌들, 그리고 여자 하인 한 명은 떠나지 않고 남았다. 가족이 마차에 짐을 싣고 성문을 통과한 후, 로이스는 아버지의 서재에 남아 있는 담배를 물끄러미 바라보며 언제 다시 만날 수 있을지 생각에 잠겼다.

에밀과 마리의 운명에 대해 불안에 빠져 있던 한 익명의 어머니(397쪽 참조)도 이들과 마찬가지로 도시 밖으로 나갈 수 있는 통행증을 확보하는 데 성공했다. 그런데 그들이 남편과 헤어져서 도시 밖으로 나갈 경우, 어떤 상황에 부딪히게 될지 불확실하다는 문제가 새롭게 다가왔다. 그럼에도 불구하고 그녀는 두 자녀를 도시 밖으로 데리고 나가는 책임을 과감히 짊어졌다. 그녀는 자녀에게 쓴 회고담에서 그들이 성문을 빠져나가던 순간을 다음과 같이 기록했다. "너희들의 아빠는 우리가 성을 나간 후 문이 닫히는 것을 보고 세상에서 가장 행복해하셨단다. 아, 하지만 내 마음은 아빠와 똑같지는 않았지. 나는 이제 혼자 도시 바깥에서, 그 어떤 지원도 없이 지내야 하고, 너희 아빠는 지옥과 같은 스트라스부르에 남아 있는데, 언제 다시 그를 볼 수 있을지 … 나는 완전히 용기를 잃었지. … 나는 더이상 생각할 힘도 없었어."[32] 그럼에도 불구하고 그녀는 자신이 소지한 통행증을 의심하면서 길을 잘못 들어섰다는 이유로 그녀를 스트라스부르로 돌려보내겠다고 위협하는 프로이센 경비병들의 심문을 뚫고 헤쳐 나갔다. 그녀는 한 걸음씩 앞으로 나아가면서 조금씩 기운을 차렸다. 마차와 작은 보트, 기차 등을 타고 몇 주 동안 여행했고, 그동안 두 자녀가 병까지 걸렸지만 마침내 콜마르에 있는 부모님 댁에 도착했다.

독일군은 도시 외곽에서 천천히 대포를 이동시켜서 스트라스부르에 더욱 가까운 지점에 배치했다. 프리드리히 빌헬름 왕세자는 베르사유에서 다음과 같은 글을 쓰면서 이 도시가 항복하길 간절히 기다렸다. "전체 작전에서 가장 견딜 수 없는 부분은 우리가 이 도시를 독일 영토로 만들어 통치하려면, 우선 이 도시를 잿더미로 만들어야 한다는 것이다. 그외에 스트라스부르를 포위하고 있는 우리가 할 수 있는 일이 과연 무엇일까?"[33]

9월 초, 스트라스부르를 방문한 스위스 고위 인사들이 나폴레옹 3세가 항복했으며, 파리에는 새로운 공화국이 선포되었다는 공식 확인서를 가져왔다. 시의 지도자들은 서둘러 제국 시대에 임명된 지도자들을 대체할 새로운 공화주의자 지도자를 임명했다. 그리고 그들은 에밀 퀴스를 새 시장으로 선출했다. 퀴스는 시민들을 보호하기 위해 프로이센군과 기꺼이 타협할 의향이 있었다. 9월 18일, 그는 45명의 시 지도자들과 함께 위리크에게 항복하도록 청원하기로 결정했다. 그들은 자신들과 시가 맡은 바 의무를 다했으므로, 이제 항복해도 명예로울 것이며, 또 항복할 경우 도시가 무차별 공격을 받아 폐허가 되는 것을 막을 수 있다고 믿었다. 훗날 슈니강은 이렇게 설명했다.

폐허 속에 자신을 묻는 것, 그리고 6만 명의 남녀노소를 자신과 함께 거기 매장하는 것은 분명히 놀랄 만큼 영웅적이다. 만약 이런 희생이 전쟁의 성패를 결정하는 데 쓸모가 있고 나라를 구할 수만 있다면, 모든 구성원은 그런 희생을 감수해야 할 것이다. 하지만 만약 이 영웅주의가 순전히 헛된 것이라면, 그것은 비난받아 마땅하고, 그런 희생을 주민들에게 강요한 사람은 쓸모없이 흘린 모든 피에 대해 책임을 져야 할 것이다.[34]

이런 관점에서 볼 때, 당시 상황에서 항복하지 않고 계속 버티는 것은 고귀한 일이 아니라 어리석은 일이었다. 시 지도자들은 죽을 때까지 싸운다는 원칙을 따르기보다는, 그만하면 도시가 충분히 저항했으며, 계속 저항할 경우 항복하는 것보다 훨씬 더 큰 고통을 초래할 수 있다고 판단했다. 그들은 대의를 위해 죽을 수밖에 없는 군인이 아니라 시민의 안녕을 책임져야 하는 민간인이라는 사실을 받아들였고, 그래서 선량한 공화주의자로서 이 사태가 진정되도록 영향을 미칠 권리가 있다고 판단했다.

위리크는 이러한 요청을 수용하지 않았다. 독일군이 프랑스군의 방어선을 실질적으로 돌파할 때까지는 싸워야 할 군사적 의무를 준수해야 한다고 생각했기 때문이다. 나폴레옹 3세가 지휘하든, 국민방위정부가 지휘하든 상관없이 프랑스 군대에 충성했던 그는 자신도 부분적으로 겪고 있던 역경과 고통에 대한 개인적인 감정을 극복했다. 그는 시 지도자들에게 "저를 믿어주십시오"라고 말했다. "스트라스부르시에 닥친 불행을 저보다 깊이 느끼는 사람은 없습니다. 하지만 제게는 저 개인의 심정에 따를 자유가 없습니다. 군법이 저를 지배하고 있으며,

거기에 충성스럽게 복종하는 것이 제게는 영광입니다."[35]

이때 예상치 못한 마지막 사건이 도시를 놀라게 했다. 새 공화국 정부에서 이전 제국이 임명한 지사를 대체하기 위해 파견한 바랭Bas-Rhin의 신임 지사 에드몽 발랑탱이 스트라스부르에 도착한 것이었다. 발랑탱은 나폴레옹 3세 치하에 프랑스를 떠나 수십 년 동안 망명 생활을 했다. 의료기관을 설립하고 스트라스부르에서 조용히 살고 있던 퀴스와 달리, 발랑탱은 울리치에서 공화주의적인 자유사상가가 되어 군대에 자원했으며, 나중에는 군사사史를 가르쳤다. 위리크나 시 지도자들과 달리 발랑탱은 죽을 때까지 싸우는 것 외에는 포위에서 벗어나는 길이 없다고 생각했다. 발랑탱은 운하를 헤엄쳐서 건너고, 들판을 기어오고, 변장과 영어 실력까지 동원해 프로이센군의 전선을 몰래 통과하는 대담함을 보이면서 스트라스부르에 도착했다. 그는 이러한 영웅적 행위로 스트라스부르 사람들에게 찬사를 받았지만, 시 당국이 군사적 필요성을 넘어서 항복하지 않은 채 계속 버티도록 설득하지는 못했다.

발랑탱이 도착했을 때 슈니강은 "지난 한 달 동안 우리의 인내심이 바닥나게 한 [거짓] 위로 전보 시스템 같은 것이 갑자기 다시 나타나는 것을 보았다"라고 짜증을 냈다.[36] 스트라스부르의 민간인은 대부분 저항을 고집하는 발랑탱의 무모한 방침에 관심이 없었다. 위리크는 더이상 이 도시가 마지막 한 명의 병사가 죽을 때까지, 마지막 한 덩어리의 빵과 마지막 탄창이 떨어질 때까지 싸워야 한다고 믿지 않았다.

9월 11일에서 12일로 넘어가는 밤, 프로이센군은 세 번째 포위망을 구축했다. 그들은 이 위치에서 도시의 가장 외곽에 배치된 프랑스 포병대를 파괴하고 외곽에 설치된 여러 뤼네트lunettes(반달 모양의 성문을 지칭)

가운데 52번과 53번을 장악할 수 있었다. 이제 도시의 주요 성벽이 근거리에서 발사되는 직접 포격에 노출되었다. 위리크는 9월 27일 2번 성채가 무너질 때까지 독일군의 항복 요청을 계속 거부했다. 그의 장교들은 빠르면 몇 시간 내에 성을 돌파하는 공격이 시작될 것이라고 보고했다. 결국 위리크는 전투 규정에 따라 마지막 공격을 기다리는 대신 항복하기로 결정했고, 국방위원회는 이를 승인해주었다. 27일 오후 5시, 성당 꼭대기에 흰색 깃발이 게양되었다. 의심할 여지없이 위리크는 이 결정으로 수많은 생명을 구했지만, 전쟁이 끝난 후 소집된 군사조사위원회는 그를 질책했다. 머물고 있던 다락방에서 흰색 깃발이 게양되는 것을 본 프레데리크 피통은 이제 모든 것이 끝났다는 사실을 깨달았다. 지난 6주간의 고통이 그저 헛수고였다. 시 지도자들은 분노를 표출했다. 슈니강은 "우리는 분노와 슬픔의 눈물을 흘렸다"라고 적었다. "우리의 운명은 이미 결정되어 있었다! 이 전쟁을 원하지 않았던 우리, 우리가 그 첫 번째 희생자가 되었다!"[37] 항복 소식에 분노한 군중이 구텐베르크 광장에 모여 저항할 것을 요구했지만, 발랑탱조차도 이제 모든 것이 끝났다는 사실을 인정했다.

  9월 28일 새벽 2시, 위리크와 베르더가 보낸 대표들은 쾨니히스호펜의 한 박스카boxcar[지붕이 있는 화물열차]에서 항복 합의문에 서명했다. 다음날 아침 스트라스부르 시민들은 독일군의 점령하에 들어갔다. 새로운 프랑스 공화국을 희망했던 사람들이 이제 프로이센 군주제 아래에 있게 된 것이다. 점령군은 위리크와 그의 장교들에게는 명예로운 석방을 허용했지만, 약 1만 7천 명의 프랑스 병사들은 전쟁 포로가 되었다. 이제 퀴스 시장이 독일 점령군과 스트라스부르 민간인 사이에서 중재 역할을 했다. 스트라스부르 시민들은 무질서한 프랑스 군인들이 도시를 떠나서 포로로 잡혀갈 때 쓰라린 실망감을 감출 수 없었다. 그래서 퀴스는 주민들에게 평화를 유지하고 사적인 보복행위를 하지 말라고 촉구했다. 퀴스의 호소는 성공을 거두었다. 그날 저녁, 로돌프 로이스는 프로이센 군인 8명과 함께 억지로 포도주 한 잔을 마셔야 했다.

프리드리히 빌헬름 왕세자는 베르사유 궁전의 정원에서 아침 승마를 하다가 스트라스부르의 함락 소식을 전해 듣고 안도의 숨을 내쉬었다. 베를린의 《폴크스차이퉁》은 즉각 "독일 도시들로 이루어진 왕관에 오늘 진주 한 개가 더해졌다. 스트라스부르는 우리의 것이다"라고 보도했다.[38] 전쟁이 끝날 때까지는 합병이 공식적으로 이루어지지 않았지만, 스트라스부르를 점령한 독일군은 즉각 이 도시에 대한 통치를 정상화하기 위한 조치를 시행했다. 성당 앞 광장에서 '라인강의 파수꾼'이 연주되었고, 10월 2일까지 프로이센의 흑백 깃발이 북독일연방의 검정-하양-빨강 국기와 나란히 게양되었다. 스트라스부르는 거리를 정리하고 상점을 다시 여는 작업을 시작했다. 독일군은 전쟁 배상금을 부과하거나 도시 거리를 행진하지 않았지만, 스트라스부르가 상징적인 대가를 치르게 했다. 1681년 프랑스가 스트라스부르를 점령한 것을 기념하는 날인 9월 30일에 성 토마스 교회에서 개신교 예배를 드린 것이다. 수백 명의 프로이센 군인들이 교회에 입장했으며, 앞좌석에는 퀴스 시장과 슈니강을 포함한 개신교의 지역 지도자들이 베르더와 그의 장교들 옆에 나란히 앉았다.

도시가 함락되고 1871년 3월 1일에 공식 합병될 때까지 스트라스부르 점령은 비교적 평온하게 진행되었다. 점령 초기에 사망 사건이 두 건 발생했다. 보고에 따르면 모두 프랑스 남성이 거리에서 독일 군인을 위협하다 발생한 사건이었다. 프레데리크 피통은 곧 자기 집에 독일 병사 10명을 수용했다. 포위 공격 동안 건물들의 창문이 모두 깨졌지만, 병사들은 숙소가 충분히 쾌적하다고 생각한 듯하다. 피통은 독일 병사들이 자기 집에 머물게 됨으로써 약탈을 피하고 안전을 확보했다는 사실에 안도했다. 그는 자기 집에 머물고 있는 병사들에 대해 이렇게 적었다. "그들은 예의 바르다. 그들은 많은 것을 요구하지 않았으며, 그들끼리 나누는 대화를 통해 판단하건대, 스트라스부르를 억압 지배하는 것보다는 집에 돌아가고 싶어하는 마음이 더 크다. … 그들에게서는 우리에 대한 미움이나 적대감을 느낄 수 없다."[39]

스트라스부르의 민간인들은 전쟁으로 집을 잃은 8천 명에서 1만 명 사이의 사람들, 그리고 부상당한 수백 명의 사람들과 함께 6주간에 걸친 포위 공격이 남긴 상처에서 회복하기 위해 고군분투했다. 며칠 동안 자신의 집 지하실에 은신해 있던 한 남자는 이렇게 기록했다.

내가 지하실에 처음 들어갈 때는 회색 머리칼이 하나도 없었다. 그런데 오늘 보니 완전히 백발이 되었다. 나흘 사이에 20년은 늙어버린 것이다. 내 가게는 모두 불에 탔다. 나는 가족이 소박하게나마 평안을 누릴 수 있도록 10년 동안 일했고, 아내와 나 자신을 위해 행복하고 평온한 노년을 꿈꾸었다. 그런데 이제 모든 것을 새로 시작해야 한다. 나는 저 멀리 우리 인생의 노년에 그저 불행만이 있을 것을 바라본다.[40]

폐허가 정리되면서 가족의 유품들이 발견되었다.

전쟁은 어딘가에서 아직 계속되고 있었지만, 스트라스부르에는 독일, 특히 프랑스와 인접한 바덴에서 온 전쟁 구경꾼이 넘쳐났다. 프랑스 주민들은 구경꾼들의 무심한 호기심, 그리고 폐허가 된 도시를 관광 명소로 취급하고 파괴된 성채에 들어가기 위해 입장료(프로이센군은 수익금을 시에 기부했다)를 내는 행태에 분노했다. 피통은 그들의 "악의적인 기쁨, 냉소적인 오만함"에 대해 실망감을 표명했다. "나는 그들이 피해자들에 대해 어떤 동정심이나 공감을 표현하는 것을 한 번도 보지 못했다."[41] 지금까지 알자스인과 바덴인 사이에 존재해왔던 따뜻한 인간관계는 이제 두 지방이 같은 통일 국가의 일부가 되면서 오히려 상처를 입었다.

스트라스부르에서 벌어진 극적인 상황으로 인해, 서유럽과 미국 전역에서 거의 50만 프랑에 달하는 전례 없는 재정 지원의 물결이 속속 도착했다. 민간인 희생자들을 지원하기 위해서였는데, 이는 크림 전쟁이나 미국 남북전쟁 당시에는 볼 수 없었던 현상이다. 이 자금은 스트라스부르 포격 피해자 구호위원회를 통해 포위 공격 동안 집이나 가족을 잃은 사람들에게 분배되었다.

점령 기간 동안 스트라스부르 재건이 우선순위 사업으로 추진되었다. 특히 격렬한 포격 기간 동안 큰 피해를 입은 종교적·문화적 건물의 재건이 우선시되었다. 이어진 몇 년 동안 독일 정부는 독일 군인들의 숙박 비용을 포함해 포위 공격 중 발생한 손실 비용의 거의 4분의 3을 스트라스부르시에 돌려주었으며, 도시의 거리와 건물을 재건하는 데 5천만 프랑 이상의 자금을 제공했다. 또한 독일인들은 스트라스부르에 대학을 설립하고 50만 권이 넘는 장서를 보유한 도서관을 지었다. 이 도서관은 1차 세계대전 이전 30년이 넘는 기간 동안 세계에서 가장 큰 도서관이었다. 스트라스부르가 독일의 도시로 재등장하면서 전쟁 당시 포위망 속에서 시민들이 벌였던 치열한 투쟁은 잊히고 말았다.

13장

파리의 가을

야간에 파리를 출발하는 열기구.

메스와 스트라스부르가 함락되었을 무렵, 파리 봉쇄가 막 시작되었다. 파리가 포위되었다는 사실은 새 국민방위정부가 새로운 정치적 자유, 특히 언론·출판·집회와 관련된 자유를 개방했다는 사실과 함께 파리 시민 모두를 사로잡았다. 9월과 10월에는 국민방위군이 파리를 굳게 방어하는 영웅적인 주체로 떠오르면서 새로운 사회 질서가 수립될 가능성이 높아 보였다. 전쟁 이전, 많은 파리 시민은 지방을 떠나 수도로 이주해왔을 때 무언가 새로워지는 과정을 거쳤다. 이제 그들은 포위된 도시를 지키는 영웅적인 수호자의 모습으로 다시 한번 거듭났다. 파리시가 이렇게 '파도에 흔들리되 가라앉지 않는다Fluctuat nec mergitur'라는 모토에 따른 것은 이번이 마지막이 아니었다.

9월 말이 되자, 국민방위군에 복무하는 것은 파리 남성에게 일반적인 일이 되었다. 이제 성벽 위에서 일상적인 임무를 수행하기 위해 출퇴근하는 군인이 거리를 가득 채웠다. 그런데 프랑스군에는 이 병사들을 수용할 텐트나 막사가 없었다. 그래서 대부분의 병사들은 성벽에서 가정의 난로 곁으로 가는, 조금은 특이한 출퇴근을 반복하며 매일 밤 집으로 돌아갔다. 국민방위군 대대는 도시 전체가 아닌 자치구별로 조직되었기 때문에 지역적 성격이 강했고 이웃들과 연결되어 있었다.

지방에서 차출된 병사들은 임대된 아파트와 주택에서 머물렀다. 탄약과 보급품을 보관하기 위한 숙소와 창고도 필요했다. 파리 시장 에티엔 아라고Étienne Arago는 9월 7일에 다음과 같은 협조 요청 공문을 발표했다.

> 친애하는 시민 여러분, 지방에서 오는 기동방위군이 파리의 방어를 돕기 위해 발걸음을 재촉하고 있습니다. 여러분이 처한 위험을 분담하러 오는 용감한 프랑스의 자식들을 형제처럼 환영해주기 바랍니다. 그들에게는 숙소가 필요합니다. 그들에게 여러분의 거처를 개방해주십시오. 기동방위군 병사들은 시장이 직접 발부하는 숙소 바우처를 받게 되는데, 거기에는 그들이 거처하게 될 집의 주인 이름과 주소가 기재될 것입니다.[1]

일상의 리듬이 바뀌었다. 파리 시민들의 친숙한 공간에서 이제 혼란스러운 모습이 보였다. 고향을 떠나온 농민들이 샹젤리제 거리에서 수레를 끌고 내려오고 있으며, 팡테옹 앞 광장에서는 자원병이 줄지어 국민방위군에 등록하고 있었다. 여가와 화려함의 공간이 실용성과 무력의 공간이 된 것이다.

그러나 공적 장소는 기이하게도 가정집 같은 사적 성격을 지니게 되었다. 군인들은 피갈 광장 분수대에서 옷을 세탁하고 튀일리궁 정원에서 면도를 했다. 성벽은 생활공간이 되었다. 이와 반대로 민간인을 위해 존재했던 사적 공간들은 군사화되었다. 호텔, 극장, 백화점은 병원으로 바뀌었다. 루브르 박물관의 그랑 갤러리는 무기 제작실로 개조되었다. 기차역도 용도가 변경되었다. 파리 시민들은 파리 북역에서 밀가루를 빻았고, 오를레앙역에서는 열기구를 제작했다. 개선문, 팡테옹, 몽발레리앙 요새, 몽마르트르 언덕 등에는 세마포어Semaphore 기지〔광학 시스템을 이용한 통신기지〕가 설치되어 도시를 가로지르며 신호를 보냈다.

제2제정의 장식품과 같았던 샤를 가르니에Charles Garnier의 오페라하우스는 이제 저수창고가 되었다. 프로이센군이 파리의 수로를 차단할 것을 두려워한 가르니에는 오페라하우스의 토대가 세워진 바닥 콘크리트를 뚫어서 몽마르트르에서 흘러내린 광대한 지하수가 드러나도록 우물을 만들었다. 이렇듯 지하수와 오페라하우스의 기괴한 조합은 나중에 가스통 르루의 작품《오페라의 유령》에 영감을 주었다.

파리 시민들은 성벽에서 복무하든 안 하든 간에 곧 전시의 긴장감 속에서 한편에는 높은 불안감, 다른 한편에는 점차 확산되는 지루함 사이를 오고 갔다. 그들은 희망과 두려움을 가지고 무슨 일이든 일어나기를 기다렸다. 하루하루가 방금 지나간 날들과 비슷했지만, 조금씩 더 어두워졌고, 식량은 점점 줄어들었다. 포위를 느슨하게 만들고 싶어도 할 수 있는 일은 거의 없어서, 많은 사람에게 자신들을 지켜줄 권력이 없다는 사실은 무력감을 느끼게 했다.

밤 동안은 거리가 텅 비었다. 임시 경찰청장 에밀 드 케라트리는 9월 9일부로 모든 극장을 폐쇄할 것을 발표했다. "국가가 패전의 슬픔에 빠져 있는 시기에 극장의 개방은 현재 파리 시민들이 느끼는 전반적인 정서와 맞지 않다는 점을 고려해서"였다.[2] 카페를 포함한 공공시설은 밤 10시 30분에 문을 닫아야 했다. 풀베르 뒤몽테유Fulbert Dumonteil는 "바빌론이 깨어났을 때 스파르타는 잠자리에 든다"라고 한탄했다.[3] 파리의 거리를 느긋하게 배회하는 산책자flâneur(거리를 산책하면서, 무언가 학습된 지루함의 시선으로 도시 풍경을 관찰하는 유식한 멋쟁이 신사들)의 독특한 모습은 점점 찾아보기 어려웠다. 모두가 지루하거나 위기를 느끼고 있었으며, 모두가 모두를 관찰하고 있었고, 거리에는 시민-군인들이 활보하고 있었기 때문이다.

역설적이게도 평범한 오락 프로그램이 중단되면서 도시 자체가 극적인 구경거리가 되었다. 성벽이나 야영지, 배식을 기다리는 긴 줄이 새로운 볼거리가 된 것이다. 쥘리에트 아당은 "포위망에 갇힌 이후, 파리의 삶은 대로변에서 이루어진다"라고 썼다.[4] 익명의 한 시민은 10월 3일자 일기에 이렇게 적었다. "이전에 매력적이었던 장소가 지금은 매우 색다른 모습이 되었지만 슬픈 기색은 전혀 없는 듯하다. 황폐해진 것은 사실이지만, 이 지역 전체가 활기로 가득하며, 호기심 많은 군중이 프로이센군을 보기 위해 로르녜트〔한쪽에 긴 손잡이가 달린 일종의 안경〕를 끼고 잔뜩 모여 있다."[5] 예술가들은 대로변에서의 생활을, 동행자 없는 여성이 성적 대상이 되지 않으면서도 자유롭게 움직일 수 있는 공간으로 묘사했다. 당시는 우편 서비스, 이웃 간의 유대감, 대로변의 생활, 그리고 정치적 소란이 절정에 달했던 황금기였다.

파리 사람들은 서로를 위로하기 위해, 그리고 매일의 경험을 이해하기 위해 문자로 기록을 남겼다. 포위 공격 동안 파리 시민들은 860권의 새로운 비정기 간행물을 출판했으며, 신문 발행 부수는 두 배로 늘었다. 대부분의 출판물은 익명의 작가에 의해 집필되었는데, 빅토르 위고의 시집 《징벌Les Châtiments》은 엄청난 독자를 확보한 예외적인 작품이었다.

작은 인쇄기가 출판 활동의 원동력이 되었다. 이는 대부분의 검열이 철폐되었기 때문이기도 하지만, 전국에 있는 인쇄기의 7퍼센트 정도가 파리에 있었기 때문이기도 하다. 너무 많은 인구로 붐비는 파리에는 대형 증기를 동력으로 하는 대형 인쇄기를 설치하기 어려웠다. 파리에 있는 인쇄기들은 저널리스트이자 엔지니어인 막심 비욤Maxime Vuillaume이 설명했던 것처럼, 그리고 가이테Gaittet라는 여성 출판인이 소유했던 것처럼, 크기가 작고 좁은 장소에 적합했다.

나는 여전히 조약돌이 깔린 안마당에 각종 장비, 손수레, 낡은 가구와 연장 등이 가득 차 있는 것을 볼 수 있다. 모퉁이에는 인쇄된 종이로 가득한 작은 부티크가 있으며, 그 뒤에서는 구두 수선공이 신발을 두드리고 있다. 회색 문 안으로 들어서면 인쇄기가 보인다. 주인이 금방 도착했다. 키가 크고 머리가 희끗희끗한 여자인데, 늘 파란색의 치렁치렁한 드레스를 입고 있다. 몸집이 크고 황달이 있으며, 나이 들어 주둥이가 얇아진 그레이하운드가 그녀의 뒤를 따르고 있다.[6]

이런 소규모 인쇄소가 포위된 파리 사람들을 위한, 그리고 파리 사람들이 집필한 서적과 팸플릿의 인쇄 수요를 충족시켰다. 정치 선언문, 성벽에서 진행된 전투 기록, 정치적인 시詩와 포위 일지 등이 발행되었다. 1868년 5월 11일에 공표된 법은 이미 출판물에 대한 규제를 완화해 개테와 같은 제작자가 팸플릿을 출판할 수 있도록 허용했다. 국민방위정부가 검열과 새로운 정기 간행물에 대한 일회성 세금인 코숑caution을 폐지하자, 파리 시민들은 정치적 의견을 자유롭게 표현할 수 있는, 보기 드물게 완전한 언론의 자유를 누렸다.

신문은 발행하는 데 어려움이 있었지만 시민들은 이를 열정적으로 읽었다. 포위 공격 동안에는 종이가 부족해 지면을 줄이거나(종종 한 장만 발행되기도 했다) 더 작은 크기로 인쇄되었다. 성벽 밖에서 일어난 사건에 대해서는 거의 보도하지 않았다. 신문 가판대에서 행인들의 관심을 끌기 위해 경쟁하면서 근거 없는 소문을 퍼뜨리는 일도 잦았다. 예를 들어 9월 5일자 《프티 주르날Petit Journal》에는 '스당의 승리'를 알리는 가짜 뉴스가 실리기도 했다. 그런데 이 신문은 가짜 뉴스를 결코 철회하지 않았으며, 계속 쏟아지는 뉴스의 홍수 속에 묻혀버렸다.

파리 시민들은 일기 형태의 개인적인 글쓰기에도 참여했다. 일기 작성을 통한 매일의 명상은 시민들이 포위 기간 동안의 지겨움과 불확실성을 견뎌낼 수 있게 했으며, 똑같이 반복되는 일상에 질서를 부여해주었다. 포위의 결과가 어떻게 될지 모르는 상태였고 전쟁의 국가적 맥락에 대해서도 전혀 아는 바가 없었기 때문에, 일기 저자들은 글의 줄거리를 구성할 수 없었고, 그저 현재의 순간에 갇혀 있을 뿐이었다. 이는 마치 일부 후대의 연대기 작가들이 긴급 뉴스나 밝혀지지 않은 소문을 반복해서 기록하는 것과 같았다.[7]

파리의 예술가들은 포위라는 조건에 적응해야 했고, 종종 국민방위군에서 병사로 복무했음에도 불구하고 놀랄 만큼 많은 양의 새롭고 창의적인 예술을 창조했다. 포위 시기의 예술에는 세 종류의 새로운 캐릭터가 등장한다. 신입 병사(문화를 대표하는 스타가 되는), 포위 상태에서도 명예로운 자세로 식량을 구하거나 포격을 당하는 여성, 그리고 무질서와 결핍의 상징으로 취급되는 경향이 있는 농촌 출신 난민들이다. 신념에 찬 공화주의자이자 강베타의 친구인 화가 에두아르 마네는 바티뇰에서 온 국민방위군 대대에 합류했는데, 포위 공격 동안 눈 덮인 파리 이웃 마을을 그린 암울한 풍경화 두 점을 완성했다.

화가 귀스타브 쿠르베Gustave Courbet는 전쟁 중 국가의 예술 작품 보호를 위한 국가위원회 위원장으로 선출되었다. 현재는 그가 코뮌 기간 동안 방돔 기둥(나폴레옹 보나파르트가 아우스터리츠 전투를 기념하기 위해 세운 기둥)을 파괴하는 데 중요한 역할을 한 것으로 가장 잘 알려져 있지만, 포위 기간 동안 쿠르베는 예술품을 잘 보존하고 민주적 절차를 통해 관리하는 데 집중했다. 베르사유 궁전은 주로 회화와 조각으로 이루어진 57점의 예술품을 안전하게 보관하기 위해 루브르 박물관에 보냈으며 생클루, 트리아농, 엘리제 궁전, 튀일리 궁전도 이와 비슷하게 움직였다. 루브르의 큐레이터 직원들은 포장된 예술품을 지하실이나 방과 계단의 둥근 천장 밑에 보관하고 창가에는 모래주머니를 쌓았다. 그러나 독일 대포가 등장하자 쿠르베는 이러한 조치로는 예술품을 안전하게 보호할 수 없다고 생각했다.

쿠르베는 또한 독일군에게 맞서 목소리를 내기도 했다. 공화주의적 생각을 가진 예술가들을 포함하고 있는 독일 병사들을 향한 발언에서, 그는 자신의 정치적 입장을 분명히 밝혔다. "스당 전투까지 당신들은 우리(공화주의자들)에게 호의를 베풀었다. … 하지만 보나파르트가 당신들 앞에 무릎을 꿇은 지금, 당신들은 새로운 공화국을 어떻게 다루고 있는가? 공화국을 쇠사슬로 묶고 싶은가? 불쌍한 바보들이여! 당신들은 스스로 자신의 목에 쇠사슬을 채우고 있다."[8]

프랑스는 독일 국적자를 추방하려고 애썼지만, 포위 공격 기간 동안

5천~9천 명의 독일인이 파리에 남아 있었다. 독일과 연대감을 느끼지 못하거나 가족 구성원 가운데 프랑스인이 있는 독일인들은 파리에서 숨어 사는 위험을 감당하기로 결정했다. 일부 가정에서는 아내와 자녀들은 남고 남자들만 파리를 떠났다.

일부 독일인 가사 도우미들은 자신을 고용한 주인의 보호를 받으며 파리에 머물렀다. 그러다가 나중에 때로는 비난받고 거리로 쫓겨나거나, 파리 시민들의 괴롭힘으로부터 보호받는 대가로 감옥에 갇혀 자유를 빼앗기는 선택을 하기도 했다. 전쟁이 끝날 무렵 생라자르 감옥에는 52명의 바이에른 여성이 수용되어 있었다. 나중에 스위스 대사관은 그 여성들을 석방했는데, 이때 석방은 소규모로 분산하여 이루어졌다. 파리 시민들의 눈길을 피하기 위해서였다.

파리 거주 독일인들은 포위 공격 동안 배급 카드를 사용할 수 없었다. 미국 대사 워시번은 그(미국)가 1870~1871년 겨울 동안 식량과 돈, 땔감을 지원해준 독일인이 3천 명이라고 기록했다. 다른 독일인들은 혹시라도 프랑스인에게 발견될까 두려워서 도움을 구하지 않았다. 그들은 몇 달 동안 숨어 지냈다. 1월 9일, 워시번의 직원 하나가 5명의 자녀를 둔 어느 독일인 가정을 발견했다. 그들은 식량이 다 떨어진 상태였고, 난방을 위해 침대를 포함한 모든 가구를 땔감으로 사용하고 있었다. 그 직원은 독일인들에게 땔감과 포도주, 초콜릿, 설탕을 주고 왔다. 그 뒤로 전쟁은 거의 3주 정도 더 계속되었다.

일부 외국 국적자들은 전쟁 와중에 프랑스 시민권을 신청했다. 국민방위정부는 9월 12일에 법무부가 시민권 발급 절차를 감독할 권리가 있다고 선언했다. 10월 26일에 관련 법령이 공포되어 이번 전쟁에 참가한 외국인들의 귀화가 가능해졌으며, 이러한 귀화 절차는 11월 19일에 공표된 추가 법령에 의해 더욱 간단해졌다. 귀화 신청자 중 많은 사람은 프랑스 여성과 결혼한 남성이었다. 다른 사람들은 그저 전쟁이 진행되는 동안 프랑스인들에게 적이 되고 싶지 않았다. 로제 라이브Rose Leib라는 여성은 20년 동안 파리에서 세탁소를 운영해왔다. 그녀는 전쟁 동안 파리에 머물게 해달라고 공식적으로 신청하면서 이웃 9명이 서명해준 추천서를 제출했다. 그녀의 기록에 따르면, 그녀의 유일한 적은 같은 세탁 업계의 경쟁자였으며, 그 사람이 자신을 당국에 고발할까 두려워했다. 전쟁 중에도 좋은 개인적 관계는 유지되었으며, 파리의 독일인에 관한 전반적인 히스테리를 압도할 수 있었다. 안타깝게도 우리는 그녀의 신청 결과가 어떻게 되었는지는 알지 못한다.

귀화 신청을 감독한 프랑스인들은 엄격한 경향이 있었으며, 독일의 다양한 지역에서 온 독일인을 모두 프로이센인으로 취급했다. 그럼에도 불구하고 같은 사무실에 있는 직원들조차 서로 다른 관점을 취했다. 한 상관은 자기 부서 직원이 한 귀화 신청서를 거부한 것에 대해 "당신은 정말이지 구제 불능의 독일 혐오자이군"이라고 말했다. 문제의 서류는 파리에 26년 동안 거주 중이며 프랑스 여성과 결혼한 뷔르템베르크 출신의 51세 장 퓌르테르Jean Furterer의 귀화 신청서였다. 그의 서류는 모든 요건을 충족했고, 이미 거주 허가를 받은 바 있었으며, 파리 시장 에티엔 아라고가 작성한 추천서까지 첨부하고 있었다.[9]

나폴레옹 3세가 몰락하자 프랑스의 사회관계와 정치권력을 개혁하고자 하는 오랜 희망이 곧 실현될 것처럼 보였다. 1848년에 채택되었으나 그후 오랫동안 탄압받았던 사회민주주의가 이제 막 눈앞에서 꽃피려는 것처럼 보였다. 9월 4일, 노동운동 진영은 시의회의 즉각 선출, 파리 경찰청 폐지, 치안판사의 선출 및 책임 부여, 언론의 완전한 자유, 결사의 자유, 종교 지원 예산 폐지, 정치적 투옥 종식, 모든 시민의 무장 등을 촉구했다. 파리 급진주의자들은 곧 각 자치구에 치안위원회를 구성했으며, 그 위원회들은 중앙위원회에 대의원을 파견했다.

처음에는 이 위원회들이 국민방위정부를 지지했지만, 임시정부의 정통성은 아직 불확실한 상태였다. 제헌의회 구성을 위한 총선거가 아직 결정되지 않았기 때문이다. 강베타는 이 선거 문제에서 정당성 없이 주도권을 행사해서, 새로운 독재정권을 만들고자 위협했다는 비판을 받았다. 9월 8일, 국민방위정부는 제헌의회를 위한 총선거를 10월 16일에 치르기로 확정했다. 그러나 강베타는 여전히 이 선거가 자신이 국민들에게 든든하고 광범위한 지지를 받지 못한다는 사실을 드러낼 것이라고 우려했다.

실제로 9월 중순까지 국민방위정부가 보인 느린 행보와 절제는 치안위원회의 불만을 야기했다. 이 새로운 공화국이 진정으로 제2제정과 다를 것인가? 9월 16일, 국민방위정부는 다가오는 파브르와 비스마르크의 협상을 지원하기 위해 선거일을 10월 2일로 앞당겼으며, 9월 25일에 지방 선거를 실시하기로 확정했다. 총선거 날짜를 앞당긴 것은 파리 내부의 공화주의자, 그리고 파리 바깥의 공화주의 지사 모두를 실망시켰다. 그들은 일정 변경이 표심을 보수적인 평화 쪽으로 흔들 수 있다는 것을 깨달았기 때문이다. 게다가 급진주의자의 관점에서 볼 때, 정부에서 제국 시대 인물들을 숙청하는 작업이 아직 마무리되지 않았으며, 군사적 준비 작업도 너무 느리게 진행되고 있었다. 나아가 극좌파는 오를레앙주의자 아돌프 티에르가 외국의 왕실 인사들을 만나는 활동이 반혁명적이라고 생각했다.

9월이 지나면서 파리의 국민방위정부 비판자들은 탄력을 받았다. 파브르가 페리에르에서 비스마르크와 협상하는 데 실패했다는 소식과 파리가 완전히 포위되었다는 소식이 동시에 전해지면서 국민방위정부와 파리의 비판 세력 사이의 긴장은 더욱 심화되었다. 9월 22일까지 중앙위원회는 매우 강력한 논조로 "유럽 혁명의 승리", "고통의 종식", "혁명적으로 적을 패배시키고, 시민들의 이해관계를 조화롭게 조정하며, 스스로 운영하는 자치정부를 촉진할 자주적인 코뮌의 설립" 등을 촉구하는 요구 사항을 공표했다.[10] 이에 좌파 언론은 국민방위정부가 적과 협상하려 한다고 통렬하게 비판했고, 중앙위원회는 상시 회의를 시작했다.

파브르가 9월 19일과 20일에 비스마르크와 합의에 이르지 못하자, 신속한 선거는 더이상 유리한 평화를 확보하는 데 별 도움이 되지 않는 것처럼 보였다. 파리 자체에서는 9월에 예정된 지방 선거가 시행될 경우, 여기서 선출된 시 정부가 국민방위정부와 나란히 운영되거나 국민방위정부를 전복하려 할지 모른다는 위험이 대두되었다. 결국 9월 24일에 총선거와 지방선거 모두 무기한 연기되었다. 투르 대의원들은 이 결정에 이의를 제기했고, 10월 1일 회의에서 선거일을 16일로 확정했다. 그러나 10월 9일 투르에 도착한 강베타는 또다시 선거를 연기했고, 그것이 마지막이었다.

파리 시민들은 도시 전역에 문을 연 동네 클럽에 자주, 때로는 밤마다 모여 이야기를 나누며 분노에 불을 지피기도 하고, 가라앉히기도 했다. 클럽들은 국민방위정부가 아무 행동도 하지 않고, 군사적으로 실패했으며, 도시를 먹여 살릴 능력조차 없다는 사실에 분통을 터뜨렸다. 반면에 국민방위군 대대들은 저항을 계속하려는 이웃들의 의지를 대변하기 위해 소집되어 민주적인 무력시위를 했다. 국민방위정부는 표면상 공화주의를 주장했기 때문에 선거를 회피하는 그들의 태도는 받아들여지기 어려웠다.

포위 시기에 이루어진 이들 모임들은 최근에 있었던 '집회운동meeting movement'에 기반했는데, 이는 제2제정 말기에 시작되었다. 1868년에 나폴레옹 3세는 의회가 선거 유세 모임이나 비정치적인 집회를 허용하는 법안을 통과시키도록 했다. 이제 집회 주최자들은 모임 개최를 위해 허가를 받는 대신 경찰청에 신고하기만 하면 되었다. 집회에 대한 대중의 인기가 빠르게 높아져서, 1868년 6월부터 1870년 4월까지 파리, 특히 파리의 주변 자치구들에서 776회의 집회가 열렸다.

집회운동은 벨빌, 라빌레트, 몽마르트르, 바티뇰 등 최근 파리에 통합된 지역에서 더욱 열기를 띠었다. 주민들의 일상생활이 의도적인 정책보다 이웃 간의 자연스러운 결속을 중심으로 활발하게 이루어지던 지역들이었다. 이러한 밀접한 이웃 관계 안에서 이미 비공식적인 상호작용이 이루어지고 있었는데, 공개적인 집회운동이 등장하면서 그때까지 지니고 있던 정치적 집단 정체성을 더욱 분명하게 만들어주었다. 그렇기 때문에 급진적이고 사회주의적인 혁명가들은 집회를 그들의 메시지를 전파하는 기회로 사용했다. 클럽 집회들이 체제와 대립하는 모습을 보이면 경찰이 이를 해산했다. 파리 외곽 자치구에서 열린 집회의 20퍼센트는 이런 식으로 끝났다. 집회에 참석한 사람들은 자본주의 질서가 아니라 국가와 경찰을 주적으로 바라보는 법을 배웠다.

포위 공격 중에 파리 시민들은 매일 밤 클럽 집회에 참석했다. 전부터 존재하던 이웃 간의 유대감이 포위라는 심각한 위기 상황에서 더욱 강해졌기 때문이다. 제2제정의 마지막 몇 년 동안 내려진 자유화 조치는 사회적 저항이 겉으로 표출되고 견고해지도록 허용했는데, 이는 나폴레옹 3세가 예상했던 것보다 훨씬 더 강력하고 분노에 차 있었다. 그리고 이는 공화주의자들이 믿었던 것보다 더욱 강력하게 자신들을 향해 분출될 수 있었다. 국민방위군 대대도 도시 전체보다는 그들을 배출한 이웃 사회의 특성을 반영할 것으로 기대되었다. 클럽의 연사들은 참석자들의 행동과 헌신적 참여를 촉진하기 위해 다음과 같이 이웃 간의 경쟁심을 이용했다. "오늘 저녁 시청으로 행진하기로 했을 때 벨빌보다 더 열정적으로 참여한 동네들이 있습니다." ("맞아요! 우리는 너무 순해요!") "우리가 라빌레트나 몽마르트르에게 뒤처질 겁니까?" ("아니요! 아니요!")[11] 파리 시민들은 다른 동네 이웃들과 접촉하는 일이 상대적으로 적었다. 그래서 그들은 다른 동네 이웃들이 자신들과 비슷하게 정부에 대해 불만을 표할 경우, 클럽의 연사들은 그 정보를 이용해 자신의 이웃 주민들이 중앙정부에 맞서 저항하도록 선동했다.

시간이 지나면서 파리의 일부 급진주의자들은 더욱 호전적이 되었다. 그들은 콩코드 광장에 있는 스트라스부르 동상 앞, 루브르 박물관, 또는 시청 앞에서 시위를 시작하면서 군주제 시절의 정부 관료들을 제거하고 시민들에게 샤스포 소총을 배포하거나 시의회 선거를 실시할 것을 요구했다. 10월 5일, 국민방위군 5개 대대에 의해 선출된 귀스타브 플로랑Gustave Flourens은 벨빌에서 약 8천~1만 명의 무장 병력을 이끌고 시청사로 와서 시의회 선거, 적과의 대규모 전쟁, 그리고 강제적인 징병권을 요구했다. 중앙위원회가 주관한 10월 8일의 시위는 국민방위정부 구성원들을 향해서 "적에게 항복한 자들은 물러가라! 배신자는 물러가라!"라는 구호를 외쳤다. 이 두 차례의 혁명적 순간은 모두 실패했지만, 극좌파가 얼마나 신속하게 대중을 동원할 수 있는지를 보여주었다.

국민방위정부를 비판하는 사람들이 볼 때 9월 4일의 행정부는 점점 더 "우스꽝스럽고 조롱할 만한" 대상이 되어갔다.[12] 좌파 언론은 국민방위정부를 공격하면서, 코뮌과 국민개병제, 공공안전위원회 소집을 요구했다. 국민방위정부는 언론 탄압을 원하지 않았지만(파브르는 언론 탄압이 필요하다는 피카르의 제안에 반대했다), 신문들은 정부의 통치를 어렵게 만들었다. 그럼에도 불구하고 파브르는 언론의 자유를 무너뜨릴 경우 초래될 정치적 파국에 직면하고 싶지 않았으며, 제2제정의 전례를 따르고 싶지도 않았다. 전쟁의 위기 상황에서 자유 언론의 도전은 빠르고 날카롭게 다가왔다.

10월 11일, 쥘리에트 아당의 남편 에드몽 아당은 경찰청장으로 임명되었고, 부부는 관사로 이사했다. 에드몽은 언론의 자유를 허용하면서도 유언비어를 타파하기 위해 고투했다. 10월 15일, 《라 베리테La Vérité》는 리옹에 붉은 공화국이 세워졌으며, 법무부 장관 크레미외가 이를 수용했다는 사실, 푸리숑 제독이 사퇴하고 바젠이 항복했다는 사실, 오를레앙과 노르망디 모두에서 프랑스가 패배했다는 사실을 투박하게 보도했다. 이 기사를 접한 쥘리에트 아당은 "끔찍하고 전반적으로 경악스러운 기분이다"라고 적었다. 정부는 해당 언론을 탄압하지 않기로 했지만, 에드몽 아당에게 담당 기자를 체포하라고 명령했다. 쥘리에트는 이 조치를 듣고 깜짝 놀랐다고 적었다. "[에드몽] 아당은 쥘 파브르에게 이런 식의 체포를 허용하는 법이 도대체 무엇인지 알려달라고 요청했다. 그것은 포스터에 관한 법이란다! 결국 포르탈리스Portalis(프랑스 법률가이자 《나폴레옹 법전》의 주요 기초자)가 체포되었다. 나는 독단적으로 보이는 이 조치를 유감스럽게 생각한다."[13]

한편 국민방위군은 자신들이 성벽 위에서 경계 태세를 유지하고 있는 것에 대해 점점 더 불만을 품었다. 훈련 부족과 빈약한 군기, 열악한 장비에도 불구하고 국민방위군은 적과 정면으로 맞설 준비가 되어 있다고 느꼈다. 무엇보다 트로쉬는 80킬로미터에 걸친 광대한 포위망을 형성하느라 얄팍하게 흩어져 있는 23만 6천 명의 독일군과 대적할 40만 명의 병력과 도시의 공장에서 생산된 좋은 무기를 보유하고 있었다. 그런데 왜 독일군의 포위망을 공격하지 않는 것인가? 그들은 자신들이 뛰어나지만, 그럼에도 불구하고 실제 전투에서는 믿을 만하지 못하다는 얘기를 반복해서 들어왔다. 이러한 좌절감 때문에 거리와 클럽, 특히 급진적인 파리 북동부의 자치구들에서는 국민방위정부가 패배주의에 물들어 있다는 이야기가 끊임없이 들려왔다.

트로쉬는 이러한 압박 속에서 점점 더 큰 두려움을 느끼면서 자신이 어떤 작전을 취할 수 있을지 고민했다. 그는 9월 19일 샤티용 전투 이후, 프랑스군이 기강이 튼튼하고 잘 훈련된 독일군을 상대로 공개적인 전투를 벌일 수 없다는 믿음을 다시 한번 확인했다. 그래서 그는 예상되는 적의 공격으로부터 파리를 방어할 준비를 하는 것이 더 낫다고 판단했다. 그럼에도 불구하고 그는 파리 주둔군 사령관 조제프 비누아 장군이 9월 30일 파리 남쪽으로 '공격적인 정찰'(탐색전)을 시도하도록 허용했다(트로쉬는 이러한 공격을 프랑스군의 전체적인 전략과 연결시키지는 않았다). 비누아는 비세트르와 이브리에 배치된 포대의 엄호를 받는 2만 명의 병사를 동원해서 레이, 셰비, 티에 마을을 공격했지만, 포대가 독일군의 방어망을 타격하는 데 실패해 결국 퇴각했다.

10월 13일, 몽발레리앙에 배치된 포대가 서쪽을 향해서 발포해 생클루 궁전을 파괴하는 동안에, 비누아는 파리 남쪽에서 7개 대대를 동원해 클라마르, 샤티옹, 바뇌 마을을 상대로 또다른 탐색전을 수행했다. 이번에는 프랑스군이 좀더 신중하고 능숙하게 움직였지만, 그럼에도 불구하고 샤티옹 고지대에 배치된 바이에른 포대에 의해 격퇴되었다. 400명의 사상자가 발생했지만, 200명의 독일군 포로를 잡았다. 이렇게 상대적인 성공을 거두자, 프랑스 내부에서는 방어보다 공격을 시도하라는 요청이 더욱 거세졌다.

이제 트로쉬는 어떤 공격 작전이든 루아르강에서의 작전과 조율해서 추진할 필요가 있다는 사실을 깨달았다. 그러나 남쪽으로 탈출하려는 시도는 나쁜 아이디어로 보였다. 그곳의 독일군은 강했기 때문이다. 하지만 서쪽 상황은 어떠했나? 여러 갈래로 뻗은 센강이 프랑스군의 탈출에 장애가 되었지만, 강은 독일군이 강력한 방어진지를 구축하는 것도 막았다. 그래서 프랑스군은 몽발레리앙에 배치된 포대와 센 함대의 지원을 받아 4만 명의 병력으로 독일군의 포위를 돌파할 계획을 세웠다. 루앙 쪽으로 진출해 바다 가까이에 있는 루아르 군대와 합류하는 것이 목표였다. 이 계획에는 명백한 결함이 있었지만, 당시 상황에서는 좋은 계획이었다. 트로쉬와 뒤크로는 비밀리에 이 탈출 작전을 계획했지만, 거리와 카페에서는 이미 '트로쉬 플랜'에 관한 소문이 퍼졌다.

공격을 시작하기 전에 뒤크로는 독일군의 방어력을 시험하고 프랑스군의 사기를 높이며, 가능하다면 이 작전에서 핵심이 되는 돌파 작전을 지원할 영토를 확보하기 위해 관련 구역에서 더 작은 규모의 작전을 실시하기로 결정했다. 10월 21일 뷔장발에서 실시된 작전에는 8천 명의 병사가 참가했다. 그들은 결국 밀려나긴 했지만 잘 싸워서 전열을 안정적으로 유지했다. 따라서 트로쉬와 뒤크로는 11월 중순에 본격적인 공격을 개시하기로 계획하고 강베타에게 이러한 작전 계획을 제출했다. 하지만 이 작전은 장관의 전폭적인 지지를 얻지 못했다.

그러나 10월 말에 발생한 일련의 사건들은 트로쉬가 통제할 수 있는 수준을 넘어섰다. 먼저 르부르제에서 실망스러운 사건이 발생했다. 이 마을은 파리 북동쪽이자 생드니에서 바로 동쪽에, 그리고 요새 및 성벽으로 이루어진 프랑스군의 방어망 바깥에 있었다. 10월 27일 밤, 생드니에 배치되어 있던 카레 드 벨마르Carrey de Bellemare 장군 휘하의 한 프랑-티뢰르 부대가 평원을 가로질러서 전투를 치른 끝에 르부르제를 차지했다. 이는 보기 드문 승리여서 언론으로부터 찬사를 받았다. 그런데 이 전투는 트로쉬가 승인한 적이 없고, 예상하지도 못했던 전투였다. 승리를 거둔 후 벨마르 장군은 트로쉬에게 더 많은 병력을 요구했지만 트로쉬는 르부르제에 대해 어떤 전략적 관심도 갖고 있지 않았다. 독일군 역시 르부르제를 탈환하기 위한 전투에 특별히 관심이 없었다. 이 시점에 독일 병사들은 그저 크리스마스를 맞아 집으로 돌아가고 싶었을 뿐, 이 전쟁에서 마지막으로 전사하는 병사 중 한 명이 되고 싶지 않았다.

그럼에도 불구하고 프로이센 방위군은 르부르제 마을에 포격을 가한 후 10월 30일에 반격에 나섰다. 이때 그들은 전혀 예기치 못했던 새로운 전술을 사용했다. 군 역사상 처음으로 보병이 후장식 속사포로 방어되고 있는 요새로 진격하도록 한 전술이었다. 보병들은 가능한 한 많은 엄폐물을 사용하면서, 작은 부대로 나뉘어 넓게 간격을 유지한 채 흩어져서 진격했다. 그들은 병사들이 서로 밀착해 큰 무리를 형성하는 것을 피함으로써, 적군에게 쉽게 노출되지 않으면서 빠른 속도로 진격했다. 그리고 나머지 그룹이 뒤따르거나 뒤에서 엄호 사격을 가했다. 게다가 그들은 공격 명령을 기다리지 않고 주도적으로 사격을 가할 수 있도록 권한을 부여받았다. 이러한 전술로 인해 프랑스군은 생프리바에서처럼 독일군을 쉽게 격퇴하기 어려웠다. 이제 독일군은 프랑스군 요새가 방어용 샤스포 소총과 대포를 보유하고 있었음에도 불구하고 앞으로 진격할 수 있었고, 결국 르부르제를 탈환했다. 파리에서는 잠시 지배하던 과장된 승리감이 밀려나고 파멸적 패배감이 그 자리를 차지했다. 프로이센군이 사용한 혁신적인 전술은 대부분 잊혔다.

르부르제에서 겪은 패배는 특히 바티뇰에 있던 대대에 큰 타격을 입혔다. 에두아르 마네는 도시를 떠났던 아내 쉬잔에게 이렇게 썼다. "바티뇰은 황폐한 상태요. 르부르제에는 바티뇰에서 온 기동방위군 병사들이 있었지만, 거의 모두 포로로 잡혔소."[14]

같은 날, 아돌프 티에르는 유럽의 군주들에게 프랑스의 휴전 협상을 지원해달라고 설득했으나 실패한 채 돌아왔다. 러시아의 차르는 공화주의 정권을 지지하고 싶지 않았으며, 그 대신 프랑스의 무질서한 상황을 이용해서 크림 전쟁을 종식할 때 체결했던 파리 조약에서 흑해를 중립화한다는 조항을 취소하려 했다. 이탈리아에 주둔했던 프랑스군이 전쟁을 위해 본국으로 떠나자, 이탈리아 왕 비토리오 에마누엘레는 이 기회를 이용해 로마를 장악했다. 영국은 한편으론 독일이 오랜 적국인 프랑스를 물리친 것에 대해 기뻐했지만, 다른 한편으론 독일이 지나치게 강해질까 두려워하는 마음도 있었기 때문에 역시 설득하는 데 실패했다. 오스트리아 빈은 스당 이후 패배한 프랑스를 지원하는 데 관심이 없었다. 결국 프랑스는 혼자 싸워야 했다.

이 기쁜 소식을 접한 비스마르크는 프랑스 측의 조건을 확실히 하기 위해 티에르가 '스틱스강'을 건너 파리로 들어가도록 허용했다. 파리에 들어간 티에르는 국민방위정부에게 프랑스의 일부 영토를 독일에게 넘기는 것을 포함해서 비스마르크가 제시한 조건을 수락하도록 권유했다. 트로쉬는 알자스와 로렌의 유권자를 포함해서 선거가 치러지고, 파리가 보급품을 공급받을 수 있다는 것을 전제로 비스마르크의 조건을 기꺼이 수락할 의사가 있었다. 티에르는 비스마르크가 물자 공급은 결코 수용하지 않으리라는 점을 알고 있었다. 그런데도 트로쉬는 이를 고집했다. 따라서 티에르가 10월 31일에 베르사유에서 했던 보고가 아무 소용이 없었다는 것은 전혀 놀라운 일이 아니었다. 게다가 국민방위정부가 휴전 협정 체결을 추진해왔다는 소식은 여전히 프랑스가 이 전쟁에서 승리할 수 있다고 믿었던 사람들에게 분노를 자아냈다.

그리고 세 번째 충격이 전해졌다. 같은 날 아침, 메스가 함락되었다는 소식이 파리에 도착한 것이다. 여전히 프랑스의 승리를 자신하고 있던 사람들에게 메스 함락 소식은 제2의 스당처럼 충격으로 다가왔다.

이렇게 연쇄적으로 발생한 참담한 충격들은 파리의 혁명가들에게는 굉장히 큰 힘이 되었다. 31일 오후, 파리 20개 자치구 대표들은 콩코르드 광장에서 만나 시청사로 행진하면서, 임시 대통령 루이-쥘 트로쉬의 해임과 파리 코뮌 수립을 외쳤다. 노련한 혁명가들, 특히 악명 높은 오귀스트 블랑키Auguste Blanqui, 펠릭스 피아트Félix Pyat, 샤를 들레클뤼즈Charles Delescluz의 추종자들은 이 순간을 이용해 장기적인 혁명의 토대를 구축하고자 했다. 벨빌에서는 국민방위군 병사들이 파리 중심부로 향했다. 쥘리에트 아당에 따르면 여성 그룹들은 "모든 남자는 집으로 돌아가라! 휴전은 안 된다! 항복하느니 차라리 파리를 폭파하자"라고 외쳤다.[15]

시청사 앞에서는 혼란한 군중 사이에서 국민개병제가 시행될 것이며, 조만간 선거가 실시될 것이라고 공포되었다는 소문, 코뮌이 선포되었다는 소문이 퍼졌다. 새 정부 지도자들의 이름이 언급된 다수의 명단도 유포되었다. 그리고 국민방위군의 한 파견대가 장관들이 회의 중이던 회의실에 진입해 현 정부가 전복되었음을 선언했다. 회의에 참석했던 장관들은 이제 자신들이 포로가 되었다는 사실을 깨달았다.

하지만 혁명 세력은 다음으로 어떤 조치를 취할 것인지에 대한 구체적인 계획은 없는 듯했다. 혼란과 논쟁이 계속되는 와중에 트로쉬와 장관들은 국민방위군 한 대대의 도움을 받아 그곳에서 탈출했다. 뒤크로는 군대에 개입을 요청했지만 트로쉬는 당시 센 데파르트망의 지사인 쥘 페리Jules Ferry의 지휘를 받는 친정부적인 국민방위군 대대가 작전을 수행해야 한다고 주장했다.

그날 저녁 페리는 위험 부담이 큰 직접 공격을 시도하기보다는 협상을 선택했다. 이 무렵 반란군은 혁명을 밀어붙이기보다는 살아서 존엄하게 탈출하기를 원했다. 그래서 11월 1일 이른 시간, 트로쉬와 뒤크로가 시청사에 도착하기도 전에 모든 것이 끝났다. 반란군은 이미 그곳을 떠나버린 것이다.

그날 밤 국민방위정부는 자신들이 계속 권력을 유지해도 될지에 관해 이틀 후인 11월 3일에 파리에 한해서 국민투표를 실시할 것이라고 발표했다. 하지만 국민방위정부는 새로운 시의회를 위한 선거는 실시하지 않고 자치구 시장 선거만을 승인했다. 그러자 시의 자치를 추구하던 급진주의자들은 격분했다. 관건은 나폴레옹 3세의 권력 중앙집중화, 특히 시의회에 대한 그의 통제가 새 정권에서도 계속될지 여부였다. 나폴레옹 3세가 임명한 주지사들은 자신들에게 걸림돌이 된다고 판단되는 시의회를 자주 해산시켜서, 유권자와 지역 공화주의 지도자들을 지치게 했었다. 황제는 파리와 리옹이 모두 시의 지도자들을 선출하지 못하도록 막았었고, 내무부 장관이 그들에게 우호적인 시의회와 시장을 임명했다. 국민방위정부의 전국적인 선거와 시의회 선거 거부는 좌파를 계속 좌절시켰다.

하지만 국민방위정부의 계산은 성공적이었다. 국민방위정부의 권력 유지에 '반대표'를 던진 사람은 파리 유권자(21세 이상 남성)의 14퍼센트에 불과했다. '찬성표'를 던진 사람이 55만 7996명으로 6만 1638명의 '반대표'를 압도한 것이다. 좌파는 11월 5일과 7일에 치러진 자치구 시장 선거에서 일부 승리했음에도 불구하고 전체적으로 볼 때 이번 선거에서 완패했다. 익명의 한 시민은 11월 3일자 일기에 당시 대중이 어떤 감정을 공유하고 있었는지를 다음과 같이 적었다.

나는 현 정부에 나의 한 표를 주기 위해 시민으로서 내가 가진 권리를 행사하려고 최선을 다하고 있다. 현 정부는 현재 우리가 처한 상황에서 유일하게 합법적인 정부, 우리를 이 상황에서 벗어나게 해줄 수 있는 유일한 정부다. 한마디 덧붙이자면, 이 정부는 우리가 택할 수 있는 가장 명예로운 길, 온건하고 침착한 시민이라면 당연히 찬성표를 던져야 하는, 그리고 나의 정치적 생각과 평가가 투영된 유일한 정부다.[16]

그럼에도 불구하고 투표 결과는 다음과 같았다. '반대표'는 파리 외곽의 자치구, 즉 제18구(20~30퍼센트), 제19구(20~30퍼센트), 제11구(30퍼센트+)에 집중되었는데, 특히 제20구에서는 반대표가 50퍼센트 이상을 기록했다. 여성과 21세 미만의 젊은 남성, 그리고 투표를 거부한 가장 급진적인 사람들의 기권까지 포함해서 추정한다면 파리에는 약 10만 명의 급진주의자가 거주하고 있었던 것이다.

10월 31일 이후, 파리의 좌파는 세력이 약하고 규모가 작지만 자신들의 기본 입장을 굽히지 않는 것으로 나타났다. 에드몽 아당이 경찰청장으로 교체되었고, 강베타가 투르에서 권력을 잡았지만 트로쉬는 10월 31일 반란 주동자들을 체포할지를 둘러싸고 이틀 동안 결정을 내리지 못했다. 정치적 불만이 계속되고 물자 부족 사태가 심화되었으며, 사회적 분열이 계속 확대되었다. 심지어 프로이센 왕세자는 투표가 "나폴레

옹 시대에 걸맞게 교묘한 장식 효과를 노리고 연출된 코미디"에 불과하다고 보았다.[17]

티에르는 11월 1일부터 5일까지 비스마르크와 또 한차례 협상을 시도했다. 파브르와 다른 사람들의 지원을 받은 그는 10월 31일 사건 이후 파리에 대한 물자 공급을 다시 요구했지만, 비스마르크는 요새의 항복을 선결 조건으로 내세우며 이를 거절했다. 11월 5일, 티에르는 세브르에서 뒤크로와 파브르를 만나 독일 측 조건을 받아들이도록 설득을 시도했다(트로쉬는 자신의 대리인으로 뒤크로를 보냈다. 최근의 불안한 상황 때문에 그 자신은 파리를 떠날 수도, 티에르를 파리로 부를 수도 없었기 때문이다). 뒤크로는 항복을 거부했다. 정치적 견해가 각기 다른 파리 시민들처럼, 그는 겨울까지 긴 고투를 거치면 그후에는 승리와 명예가 찾아올 것이라고 확신했다. 많은 파리 시민은 이런 생각에 동의했다. 그들에게 승리 없이 평화를 추구한다는 생각은 상상할 수 없는 모욕이었다. 11월 11일자 기록에서 쥘리에트 아당은 다수의 파리 언론이 밝힌 분노를 공유했다. "이 무슨 굴욕인가! 이 무슨 수치인가! 뭐라고? 60만 명의 병력을 보유한 우리가 항복을 받아들인다고?"[18] 이로써 평화는 더욱 멀어져갔다.

지방에서는 전쟁을 계속하고자 하는 의지가 그렇게 명확하지 않았다. 생루프에서 조르주 상드는 절망했다. "휴전은 거부되었다. 이것은 죽음으로 가는 전쟁이다. 우리 모두 죽을 준비를 하자."[19] 상드는 1839년 카탈루냐의 산속에서 이렇게 비참하고 초췌한 병사들을 본 적이 없었다. 그들의 말은 머리부터 꼬리까지 가죽과 뼈만 남았으며, 병사들은 음식과 탄약을 빼앗긴 채 "반쯤 벌거벗은 상태"였다.[20] "이틀 동안 우리는 루아르 군대에 대해 아무 소식도 듣지 못했다. 그들은 무너져버린 것일까? 우리는 그들이 과연 존재했었는지조차 확신하지 못한다!"[21] 11월 초에 눈이 내려서, 땅은 온통 하얗지만 나무들은 여전히 침울하고 죽어가는 잎들을 매달고 있었다.

파리 내부에서는 심각한 혼란이 지배하고 있었지만, 베르사유에 머물고 있던 독일 진영은 점점 지루하고 조급해졌다. 3개월 동안 쉼 없이 이동해왔던 빌헬름 왕과 그의 측근들은 이제 의욕을 잃고 절망스럽게 기나긴 겨울로 접어든 상황에 적응했다. 기온이 떨어지고 전쟁이 끝나지 않자 왕실 측근들은 모피와 따뜻한 옷을 요청했다. 빌헬름은 우울해졌고 중요한 결정을 내려야 할 때마다 큰 부담을 느꼈다. 나이와 책임감에 상응하는 부담감이었다. 몰트케는 10월 26일에 70세가 되었다. 룬과 빌헬름 왕은 모두 70대였다. 룬의 아들은 스당 전투에서 전사했다. 몰트케가 전쟁부 장관 룬에게 점점 더 많은 인력과 물자를 요구하면서 두 사람은 갈등을 빚었다. 그리고 거의 모든 사람이 비스마르크를 싫어했다. 그가 입은 예비군 제복도, 그가 군사 문제에 대한 권한을 주장하는 것도 마음에 들지 않았다.

가장 심각한 갈등은 파리 포격을 둘러싼 견해 차이로 발생했다. 몰트케와 룬은 적어도 초기에는 포격이 필요하지 않을 것이라고 생각했다. 몰트케는 파리가 식량 부족으로 곧 항복할 것이라고 예상했다. 무엇보다도 독일인들은 파리가 보유하고 있는 보급품은 6주 정도 분량에 불과하므로 10월 말이면 물자가 모두 소진될 것이라고 믿었다. 게다가 몰트케는 스트라스부르에서 일어났던 일처럼, 포격은 단순히 탄약을 낭비할 뿐 그곳 주민들을 항복시키지도 못하면서 오히려 적대감만 조장할 수 있다고 생각했다. 또한 포격에는 기술적인 어려움도 있고, 긴 투자가 필요했다.

이런 많은 이유로 몰트케는 포격보다는 파리 주변 지역까지 광범위하게 포위하는 데에 집중했다. 병사들은 버려진 교외 마을에 임시 숙소를 설치했고, 그는 후방에서 전방으로 이어지는 정교한 전보망을 설치했다. 심지어 전초기지조차 견고하게 구축되어 쉽게 무너지지 않았다. 나아가 몰트케는 새로운 프랑스 군대가 집결하면서 발생할지 모를 위협에 선제적으로 대응하기 위해 프랑스 영토 내부로 군대를 파견할 의향이 있었다.

반면 비스마르크는 파리에 신속하고 징벌적인 포격을 가해서 국민방위정부로부터 항복을 이끌어내자고 강하게 압박했다. 그는 군부가 불필요하게 전쟁을 프랑스 영토 내부로 끌고 가고 있다고 항의하면서, 파리에 대한 포격이 지연되고 있는 것을 공개적으로 비판했다. 독일의 많은 사람에게 파리 포격은 프랑스가 수 세기에 걸쳐 행한 악행과 도덕적 타락에 대한 응징이 될 터였다. 비스마르크의 격려를 받은 독일 언론은 요새뿐만 아니라, 민간 지역에까지 포격을 가하라고 촉구했다.

비스마르크는 "왕세자, 그의 영향을 받은 빅토리아 공주, 그리고 그녀의 영국 친구들에 의해 쓸데없이 양심의 가책 문제가 제기되었고", 그 결과 포격이 의도적으로 지연되었다고 믿었다. 그는 10월 28일에 아내에게 보낸 편지에 이렇게 적었다.

이 모든 사건에는 여자들, 대주교, 교수들이 꾸민 음모가 연루되어 있소. ⋯ 그동안 병사들은 추위에 얼어붙고 병에 걸리고, 전쟁은 길어지고 있으며, 중

릴국은 우리와 논의하는 데 시간을 낭비하고 있소. 그러면서 시간은 계속 흘러가고, 프랑스는 영국과 미국에서 들여온 수십만 개의 총으로 무장하고 있소. … 이 모든 것은 특정인들에게 이른바 '문명'을 구한다는 찬사가 쏟아지게 하려는 거요.[22]

이와 달리 왕세자는 포격을 가하자는 외침이 자신을 괴롭게 만든다고 생각했다.

베를린에서 사람들이 점점 더 피에 굶주리고, 마침내 파리에 대한 포격이 시작되는 것을 보고 싶은 조바심으로 불타고 있다는 소식을 듣게 되어 유감이다. 글쎄, 많은 사람은 몇몇 요새를 포격해서 점령하기를 원한다. 그런데 이는 단순히 포위를 통해 강요된 굶주림으로 항복을 얻어내는 것보다 무기를 사용해서 파리를 철저히 차지하는 것, 모든 과학적인 포위전 원칙에 따라 파리를 점령하는 것이 더 명예롭다고 생각하기 때문이다. 그런데 따스한 집 안에서 편안하게 테이블에 둘러앉아 있는 문외한들이 아무것도 모르고 이해하지도 못하는 질문에 대해 판단을 내리는 것은 매우 나쁜 일이다.[23]

결국 왕세자는 평화를 달성하기 위해 포격을 준비하는 것을 묵인하면서 다음과 같이 얘기했다. "하지만 분명 인명 피해를 최소화하면서 가능한 한 최대의 성과를 거둠으로써 승리를 달성하는 것이 최우선 목표이며, 이것이 바로 내가 이전에 설정했던 목표이기도 하다. 지금까지 우리가 거둔 승리들은 충분히 피비린내 났기 때문이다."[24]

◆ 14장 ◆

관대함

샹피네에서 부상자와 사망자를 수습하고 있는 구급대원들.

1870년 11월 맥마이클과 그의 친구 토머스 아이언멍거Thomas Ironmonger는 전쟁이 민간인들에게 미친 결과를 직접 확인하기 위해 길을 떠났다. 두 사람은 11월 2일 세번강에 접한 버밍엄 서쪽의 브리지노스에서 여행을 시작했다. 그들은 기차를 타고 옥스퍼드와 런던을 거쳐 도버로 이동한 후 거기서 배를 타고 벨기에로 건너갔다. 오스탕드에 상륙한 그들은 11월 3일 아침 브뤼셀에 도착했다. 그들은 브뤼셀에서 친분이 있는 몇몇 고위 인사의 도움으로 벨기에 적십자사 명예 회원 자격을 얻었다. 그 덕분에 벨기에와 룩셈부르크에서는 절반의 비용으로, 독일과 프랑스에서는 무료로 여행할 수 있었다. 그들은 발랑 마을 주민들을 돕기 위해 저축했던 돈을 기부하기로 약속했다. 필요한 경우 착용하기 위해 적십자사의 완장도 받았다. 메스 주민들과 다양한 인적 유대 관계를 맺고 있던 브뤼셀의 많은 사람은 메스에 사는 사랑하는 사람들에게 편지를 써서, 맥마이클 일행에게 이를 전달해달라고 부탁했다.

  맥마이클과 그의 동료는 전쟁 지역 방문 프로그램에 참여해 이제 더 이상은 실제 전투가 없는 전쟁터와 국가적 굴욕의 장소를 둘러보았다. 그곳에 남겨진 민간인들은 고통이 계속되고 있다고 증언했다. 그들은 스당, 바제유, 발랑과 메스를 방문했으며, 도중에 비스마르크와 나폴레옹 3세가 항복 조건을 논의했던 소박한 집과 항복문서에 서명한 성에 잠시 들렀다. 방문한 곳곳에서 그들은 여러 증인을 만났다. 시선을 끌어당기는 우아함과 지성을 갖춘 사람들도 있었고, 자신들의 박탈감에 대한 이야기, 황제와 스쳤던 이야기를 들려준 사람들도 있었다. 맥마이클 일행은 약간의 기부금을 전달한 후, 생생한 전쟁 소식을 갖고 고국으로 돌아왔다.

맥마이클의 여행기는 민간인이 어떻게든 프로이센-프랑스 전쟁에 개입해야 한다는 의무감을 느꼈다고 강조한다. 전쟁 중이던 교전 국가 뿐 아니라 중립국에서도 많은 민간인은 민간인과 군인들이 겪는 고통을 줄이고, 당분간이라도 전쟁이 가진 민족주의적 특성을 극복하려고 노력했다.

프랑스 민간인이 처한 상황이 악화됨에 따라 영국의 민간인들은 이 전쟁을 종식시켜야 한다고 점점 강하게 주장했다. 하지만 이는 불간섭과 비동맹을 원칙으로 하는 외무부 장관 그랜빌 경을 움직이지는 못했다. CIVIS라는 이름으로 《데일리 이그재미너Daily Examiner》에 기고한 37세의 저널리스트 새뮤얼 로브Samuel Lobb는 특히 파리 시민들이 처한 고통스러운 상황을 우려하면서, 영국 정부가 프랑스 민간인을 위해 개입할 것을 점점 더 강력하게 촉구했다. 그는 티에르가 그랑빌을 방문한 직후에, 이 방문이 영국 내 여론을 움직이는 데 도움이 되었다는 글을 썼다. "만약 빌헬름 왕이 자비나 인간성에 대해 고민하지 않고, 후세에까지 그의 이름이 악명으로 남을 야만적 행위를 저지른다면, 그리고 만약 그가 프랑스 국민에게 패배의 쓴 잔을 마지막 한 방울까지 마시게 하겠다고 결심했다면, 유럽은 더이상 침묵으로 이를 방관해서는 안 된다."¹ 로브는 정부뿐만 아니라 모든 영국인에게 호소했다. 자국의 진정한 안녕을 마음에 담고 있는 영국인, 문명국가들이 이 전쟁의 비극에서 아무런 역할도 하지 못하고 있을 때 영국이 그 위대한 명성에 걸맞은 역할을 수행해서 영국 정치가들로 하여금 전쟁을 종식하도록 촉구하기를 원하는 모든 영국인에게도 말이다.²

파리에서는 전쟁을 계속하기를 원하는 시민도 많았지만, 전쟁 종식을 갈망하는 사람들도 있었다. 이렇게 엇갈리는 정서는 겨울이 깊어지고, 더 많은 지역이 독일 침략군과 직접 접촉하게 되면서 점점 확산되었다. 이미 10월에 프랑스 일간지《페이Pays》는 군대 동원, 패배한 전투, 징발, 재산 피해, 수확과 사업상 손실 등 프랑스가 치른 전쟁 비용을 120억 프랑으로 추산했다. 일부 프랑스인들은 전쟁을 계속하는 것이 과연 그만한 가치가 있는지 의문을 품기 시작했다.

민간인에게는 평화를 청원할 수 있는 유용한 통로가 거의 없었다. 개신교 목사와 결혼한 쥘리아 뒤랑-다시에Julia Durand-Dassier와 그녀의 시누이인 모노Monod 부인은 종교적 유대 관계를 이용해 평화를 추구하려고 노력했다. 그들은 하노버 왕비에게 편지를 보냈다. 왕비가 자신이 가진 영향력을 이용해 '두 형제 민족' 간의 동족상잔을 종식시켜달라는 요청이었다.³ 왕비는 11월 5일, 현실에서 여성이 할 수 있는 일은 거의 없다는 체념 어린 답신을 보내왔다. 이는 하노버가 프로이센의 행동에 별다른 영향력을 행사할 힘이 없다는 사실을 에둘러 표현한 것이다. "아, 만약 여성들이 인류에게 이토록 필요한 평화를 위해 행동하도록 허락받았다면, 그러한 노력은 이미 성공적으로 마무리되었을 것입니다. … 하느님께 가능한 한 빨리 이 전쟁을 끝내달라고 기도합시다."⁴

평화를 위한 노력에 가장 공을 많이 들인 사람은 제네바의 발레리 드 가스파랭Valérie de Gasparin 백작 부인이었다. 가스파랭은 9월 9일, 개신교 신문《레페랑스l'Espérance》에 〈전쟁 대 전쟁Guerre a la Guerre〉이라는 제목의 호소문을 실었다. 가스파랭은 르베levée라는 군사적 은유를 사용해 양국의 여성들에게 함께 일어나 단결해서 전쟁의 파괴에 반대하는 기도를 올리자고 요청했다. 그녀는 "우리들, 프랑스와 독일의 어머니이자 아내, 약혼자, 자매인 우리가 평화를 원한다면 평화가 이루어질 것"이라고 선언했다.[5] 여성 시민권 쟁취를 위해 모성애를 논거로 삼았던 페미니스트처럼 가스파랭은 공적 영역과 사적 영역의 경계를 모호하게 만들었다. 여성이 종교 또는 가정 문제에 관심이 많다고 해서 공적 영역에서 자동적으로 침묵하는 것은 아니었다. 특히 개신교 신자가 더 많이 거주하는 프랑스 남서부 지역에서는 개신교 신문들에 실린 기사와 교회 설교, 가정 방문 토론 등을 통해 평화를 원하는 수천 명의 서명이 모였다.

평화를 위한 청원은 무조건적인 평화를 수용할 준비가 된 사람들과 그런 수치스러운 평화는 상상조차 할 수 없는 사람들 사이에 동일한 균열을 초래했다. 비스마르크가 강요한 조건을 받아들이기에는 이미 너무 큰 희생을 치렀다. 부르도(드롬)에서 프루니에F. Prunier 목사는 서명을 받기 위해서는 청원서에 다음과 같은 문구를 추가해야 했다고 적었다. "평화는 정의와 사람에 대한 사랑에 기초를 두어야 합니다. 왜냐하면 부르도의 여성들은 어떠한 대가라도 감수하는 방식의 평화는 원하지 않기 때문입니다."[6]

중립적인 제네바에 있는 자택에서 가스파랭은 무조건적인 평화 방

14장 관대함 447

안을 견지했다. 그녀는 10월 17일 《에방젤리스트Évangéliste》에서 자신의 입장에 비판적인 사람들에게 이렇게 대답했다. "만약 프랑스나 어떤 다른 나라에 전쟁이 아직 그렇게 끔찍하지 않다고 생각하고, 인간의 신체가 포탄에 의해 더 철저하게 산산조각이 나도 괜찮다고 생각하는 여성이 있다면, … 그들은 평화 청원에 서명하지 말라고 하세요."[7] 청원서에는 11월 26일까지 2만 782명이 서명해서, 투르에 있는 프랑스 국민방위정부와 베르사유에 있는 독일군 왕립총사령부에 전달되었다. 크리스마스까지 4553명의 서명이 새로 추가되어 전체 서명자는 2만 5천 명을 넘었다. 하지만 청원서를 수령한 양측에서는 아무 답변이 없었다.

맥마이클과 동료들은 브뤼셀에서 스당으로, 메스로, 그리고 다시 영국의 집으로 돌아오는 여정 내내 고향을 떠나 온갖 고난과 싸우고 있는 주민들의 상처 가득한 광경을 보았다. 독일과 프랑스는 약속한 대로 벨기에가 전쟁에 연루되지 않게 하려고 애쓰고 있었지만, 전쟁은 어떤 방식으로든 국경을 넘어 이루어졌다. 브뤼셀에서 스당으로 가는 길은 방문객이 예상했던 것만큼 쉽지 않았다. 프랑스 쪽의 철도 노선이 스당에서 북서쪽으로 불과 20킬로미터 떨어진 메지에르에 대한 포위를 준비하고 있던 독일군에게 점령되었기 때문이다. 그래서 그들은 우선 푸아로 가는 기차를 타야 했고(이는 약간 동쪽으로 이동하는 길이어서 지름길은 아니었다), 거기서 시골 역마차를 타고 스당에서 불과 25킬로미터 떨어진 벨기에 남부 국경에 있는 부용으로 가야 했다. 마차를 끄는 말들의 등에서는 "긁힌 상처에서 피가 흐르고 있었는데", 이 모습은 말들이 아직 험한 일에 적응하지 못했음을 보여주었다. 프로이센군은 스당에서 프랑스로부터 빼앗은 이 "말들을 마부에게 넘겨주면서 자신들이 직접 도살하는 수고를 덜게 되었다고 기뻐했다."⁸ 적어도 마부는 그렇게 말했다.

마차 안에서 여행자들은 바제유에서 온 농부 소녀 쥘리를 만났다. 그녀는 전쟁 중에 집을 떠났다가 브뤼셀에서 온 포도주 상인과 함께 여행했는데, 그 상인은 브뤼셀의 많은 사람처럼 전쟁의 폐허를 목격하기 위해 바제유를 방문하기로 마음먹은 사람이었다. 그는 쥘리를 브뤼셀로 데려가서, 하녀로 고용해주겠다고 약속했다. 그런데 상인의 의도가 "무언가 너무 의심스럽다"는 것이 드러나자 그녀는 도망쳐서 홀로 궁핍하게 지내는 길을 택했다. 그녀는 부용으로 가고 있었다. 여행자들은 그녀에게 관심을 보였다. 벨기에 동료 중 한 명은 벨기에에 돌아가면 그녀가 일자리를 찾을 수 있도록 도와주겠다고 다짐했고, 다른 사람들은 바제유에 도착하면 그녀의 가족을 방문하기로 했다.⁹

부용에 도착한 그들은 회중이 프랑스어로 아름답지만 구슬픈 찬송가 '추방자들의 탄식'을 부르는 것을 듣고 매우 감동했다. 그들은 그 찬송가의 사본을 달라고 요청해 영어로 번역했다. 그곳에서 그들은 춥고 청명한 날씨 속에서 버스를 타고 이동했는데, 버스로 계속 가기엔 언덕이 너무 많아서 한참을 걸어서 이동했다. 그런데 그 길을 따라 벨기에 경비대가 국경을 지키고 있었다.

맥마이클과 아이언멍거는 동료 여행자들에게서 프로이센인들이 저지른 잔학 행위에 대해 들었다. 20년 동안 바제유에서 살다가 이제 그곳을 떠나온 한 노신사가 전해준 이야기였다. 맥마이클은 그 이야기를 다시 말하고 싶지 않았고, "아마도 누구나 이건 과장된 이야기일 거야"라고 바랐을 그런 내용이었다. 맥마이클의 기록에 따르면,

그 노신사는, 한 불쌍한 주민이 바이에른 병사들에 의해 손과 발이 잘린 후에 짚더미에 던져져 불에 타 죽었다고 단정적으로 이야기했다. 우리는 그 이야기를 여기저기서 여러 번 들었으며, 바제유에 도착했을 때는 한 여성이 그 이야기를 가장 애절하게 반복했다. 그녀는 자신이 끔찍하게 살해당한 그 남자의 아내라고 말했다. 이 이야기는 앞뒤가 안 맞는 허구일 수도 있고, 어쩌면 실제 발생한 사건일 수도 있다. 하지만 분명 사람들은 이를 전반적으로 믿었으며, 이 이야기는 독일군에 대한 적대감을 불러일으키는 데 잘 활용되었다.[10]

한편 마부는 15킬로미터 떨어진 곳에서 전투가 벌어진 날, 쿵쾅거리는 대포 소리와 윙윙거리는 기관총 소리를 들을 수 있었는데, 그것은 "자신과 모든 여행자들이 굳게 믿고 있던 무기"였다고 보고했다.[11] 그는 자신의 발아래에서 지축이 요동치는 것을 느낄 수 있었다.

항복 조건이 최종 손질되었던 샤토벨뷔에서는 정원사의 아내가 그들을 맞이했다.

그녀(아마도 지능이 다소 낮은 노파였다)는 전투가 벌어지는 동안 자신이 어떻게 지하실에 몸을 숨겼는지, 프로이센 군인들이 어떻게 그녀가 갖고 있던 식량을 다 먹어치워서 "죽을 것 같은 배고픔을 느꼈는지"를 우리에게 이야기했다. 황제에 대한 그녀의 충성심은 확고했다. … 그녀는 왕실에서 좋아하는 음식을 만들기 위해 감자 껍질을 벗기고 요리한 것에 대단한 만족감을 표현했다![12]

나중에 메스로 가는 길에서 여행자들은 성급하게 만들어져 임시 십자가로 표시된 독일 병사들의 무덤을 발견했다. 전쟁 첫 달에 도보로 또는 기차로 장거리를 신속하게 이동하는 빠른 기동력으로 주목받았던 병사들이 이제는 목숨을 잃고 그 현장에 그대로 묻혀 있었다. 사망한 병사들의 이름이 적힌 종잇조각을 봉랍으로 십자가에 꾹 눌러서 붙여놓은 모습이었다. 안타깝게도 11월이 되자 십자가에 붙어 있던 이름표들이 날씨나 '불친절한 손'에 의해 파손되는 일이 많았다.[13] 여행자들은 스당 외곽 지역을 지날 때는 목초지에 소 200마리의 사체가 널브러져 있는 것을 보았다. 소들은 광우병에 걸려 죽었는데, 파라핀이 뿌려진 채 불태워져 끔찍한 악취를 풍겼다.

매 순간 맥마이클은 전쟁이 초래한 고통을 분명하게 보여주는 생생한 장면들을 목격했다. 스당에서 약 1.5킬로미터 떨어진 곳에서 그는 도로 옆에 약 10~12미터 깊이의 급격한 비탈면이 있는 곳을 통과했다. 맥마이클은 기병대가 빠른 속도로 이곳을 질주하다가 옆에 있는 가파른 절벽을 보지 못하고 그대로 추락해 끔찍한 인명 손실이 발생했을지 모른다고 상상했다. 계곡에 자리잡은 프랑스 마을 지본에서는 전투로 인해 많은 주택이 점령당하고 피해를 입었다. 맥마이클은 "이곳에서는 마구잡이식 피해가 많이 발생했는데, 도로 양쪽에 있는 주택들의 깨진 유리창과 문들이 바로 그 증거였다"라고 보고했다.[14] 그들은 나중에 한 여성을 만났는데, 그녀의 열다섯 살 된 아들이 어디선가 얻은 프랑스식 샤스포 총 네 자루를 벨기에로 밀반입해서 판매하려 했었다. 그런데 프로이센군이 그의 마차를 수색하다가 소총을 발견하고는 소년을 체포했다. 그는 감방에서 판결을 기다리고 있었다. 엄마는 자비를 간청했지만, 아들을 만날 수 없었다. 맥마이클은 자를루이에서는 독일군의 포로가 된 프랑스 병사들이 가축 수송 열차에 실려 동쪽으로 이동하는 것을 목격했다. 자르브뤼켄에서 여행자들은 프랑스 왕세자가 '불의 세례'를 경험한 것으로 추정되는 고지를 방문했다. 독일인과 프랑스인 모두 이 상상된 영광의 순간이 한 편의 어리석은 가면극이라고 비난했다. 근처에는 드벤델 철공소가 있었는데, 공장의 모든 건물에 총탄 자국이 선명했다. 이 모든 것이 프랑스군이 프로이센 영토에 침입한 흔적으로 남아 있었다.

맥마이클이 귀국 후 전쟁의 참상을 알려서 영국의 여론을 움직인 것은 이런 다양한 만남을 통해서였다. 다양한 캐릭터와 이미지로 구성된 만화경을 통해 전쟁이 초래한 끔찍한 피해가 그가 전하는 이야기의 초점이 되었다. 그 속에서 주민들은 각자 가장 극심한 고통의 매 순간에 몰두해서 필사적으로 생존하고 있었으며, 도움을 요청하는 애절한 장면과 황량한 배경이 거기에 더해졌다.

맥마이클과 그의 동료들에게는 바제유가 전쟁이 초래한 고통의 중심지가 되었다. 패전의 상징인 스당은 오히려 여행자들에게 별 관심을 끌지 못했다. 스당은 "의기를 상실한 채 마비된 듯 보였고, 여성들은 모두 검은색 상복을 입음으로써 상황을 바라보는 그들의 시각을 드러냈다."[15] 그러나 전투 중에 500여 발의 포탄이 마을에 떨어졌음에도 불구하고 도시 자체는 그리 심각하게 파괴되지 않은 상태였다.

그래서 맥마이클과 아이언멍거는 즉시 스당 중심부에서 도보로 한 시간 거리에 있는 바제유를 향해 떠났다. 가는 길에 그들은 발랑 마을을 지나갔다. 한 가족의 농장은 완전히 불에 타서 철근 기둥만 남은 채였다. 한 여자는 슬픈 표정으로 키우던 말과 소 두 마리가 묻혀 있는 석회 더미를 가리켰다. 수도관, 셔터, 간판 등 한 건물에서 나오는 모든 물건에 총알이 박혀 있었다. 끔찍한 전투가 진행되는 내내 시청 건물은 영국 병원으로 사용되었는데, 프랭크 씨가 부상당한 병사들을 돌보기 위해 그곳에 남아 있었다. 이름이 알려지지 않은 시장은 "우리가 생각하는 그런 공직자의 이미지에 부합하지 않았다." 방에 들어서자마자 나무로 만든 신발wooden sabots을 벗는 시장의 모습은 이곳을 방문한 영국 신사들의 정서에 충격을 주었지만, 결국 그들은 시장이 "지적이고 친절하며 가치 있는 사람"이라는 것을 발견했다.[16]

그들은 바제유로 향했다. 도중에 이 도시에 대해 불길한 이야기를 들었지만, 맥마이클은 마음의 준비가 제대로 안 된 상태에서 결국 끔찍한 파괴의 장면을 목격했다. 그곳에서 멀쩡한 집은 다섯 채뿐이었다. 나머지 집들은 모두 검게 그을리고 무너지고, 부서지고, 안에 들어가기엔 불안한 상태였으며, 그중 일부는 여전히 연기를 내뿜고 있었다. "나는 우리가 거기서 목격한 것을 낱낱이 묘사할 힘도 없고 그럴 마음도 안 든다. … 당신이 끔찍한 진실을 깨닫기 위해서는 이곳을 직접 봐야만 한다!"[17] 사전에 단단히 마음의 준비를 하려 했지만, 그들은 직접 현장을 목격하고 "완전히 당황"했다. 아이들이 떼 지어 몰려와 음식과 돈을 달라고 구걸했으며, 여행자들은 서둘러 이를 내주었다.

9월 이후 바제유에서의 삶은 몹시 어려웠다. 전투 이후 몇 주 동안 새로운 공포가 밀려왔다. 군대는 바제유에서 철수하면서 이질, 발진티푸스, 천연두라는 질병의 흔적을 남겼다. 거리에는 시체들이 매장되지 않은 채 겹겹이 쌓여 있었다. 너무 많아서 빨리 매장할 수 없었기 때문에, 마을 주민들은 십자가 모양으로 깊은 구덩이를 파서 시신들을 한꺼번에 화장했다. 그 구덩이에는 프랑스, 독일 병사들의 시신이 함께 쌓여서 화장을 기다리고 있었다. 하지만 수천 구의 시신이 15킬로미터에 걸쳐 줄지어 있는, 얕은 무덤들에 묻혀서 부패해가고 있었다. 한 보고서에 따르면 "죽은 사람 중에는 농부가 많으며, 심지어 여성들도 일부 있었다. 그들이 어떻게 해서 군인들 사이에 있게 되었는지는 알 수 없다. 하지만 그들의 시신이 거기에 있었다."[18]

전투에 이어진 몇 주에서 몇 달 동안 약 150명의 마을 주민이 사망했다. 열 명 중 약 한 명꼴이었다. 83세의 위다르Oudart 부인은 군인들에게 걷어차이고 집에서 끌려 나와서 며칠 후 결국 사망했다. 계단에 묶여 있던 아르불로-랑베르M. Harbulot-Lambert 씨는 6일 동안 그 상태로 방치되었다. 그는 6주 후에 부상 후유증으로 사망했다. 다른 사람들은 마을을 떠났다. 마을 인구는 1870년에 2048명이었지만 1875년에 1470명으로 줄었다.

남아 있던 사람들은 그들이 겪은 끔찍한 시련으로 인해 트라우마에 시달렸다. 맥마이클과 아이언멍거가 도착하자 몇몇 주민들이 여행자들을 맞이하기 위해 나왔다. 맥마이클의 기록에 따르면, 그들은 측은한 상태였지만, 구호금을 요청하지는 않았다. "그들은 우리 옆에서 함께 걸으면서, 처절한 싸움이 벌어졌고 적들의 보복이 극에 달했던 장소를 보여주었다. 나는 우리가 들은 모든 이야기를 감히 반복할 자신이 없다."[19] 감정적·정신적 긴장이 "당시 벌어진 폭력적인 소란과 가슴 아픈 드라마에 잘 드러났으며, 그 결과 사람들의 신경계를 격하게 뒤흔들어놓았다. 사람들이 보인 광기와 히스테리, 신경쇠약, 각종 마비 증상은 이 모든 비극적인 사건이 초래한 결과였다."[20] 다른 사람들의 보고에 따르면, 마을 사람들은 미쳐버려서 훗날 일종의 포탄 쇼크 또는 외상 후 스트레스 장애PTSD로 보이는 증상을 보였다. 하지만 당시에는 이를 설명할 수 있는 명칭이 없었다.

맥마이클은 9월 초부터 회자되고 있던 이야기와 소문을 정리해보려고 노력했다. 바제유 소식은 빠르게 퍼져나가면서 과장되는 비중이 컸다. 유럽인들은 그 마을에서 자행된 폭력에 충격을 받았다. 9월 15일 《타임스》에 실린 피츠-제임스Fitz-James 공작(프랑스인)의 편지에 따르면 2천 명의 주민 중 단 300명이 살아남았다. 근거가 빈약한 일부 보고서(예: 전투 날짜를 9월 2일이라고 기재하는 등 기본적인 오류가 있었다)들은 "아버지, 어머니, 자녀 등을 포함한 수백의 민간인 가구가 불타는 동안, 병사들은 불길에 휩싸인 채 마지막까지 싸우다 사망했다"라고 보고했다. 한 익명의 보고서는 "나는 우연히 구조된 마을의 주임 신부에게서 3천 명이 넘는 영혼 중 현재 살아 있는 사람은 3분의 1도 채 되지 않는다는 말을 들었다"라고 언급했다.[21]

바제유의 비극은 빠르게 영국 대중의 상상력에 영향을 주었다. 드라마틱한 짧은 이야기를 저렴한 가격에 판매하는 문고판 〈목격자의 눈으로 본 프로이센-프랑스 전쟁 이야기〉에서 바제유는 한 바이에른 장교와 영국 여성의 만남을 다룬 다소 감상적인 스토리의 배경이었다. 이 책은 바이에른 병사들의 과도함 그리고 정당하다고 할 수 없는 프랑스 민간인들의 투쟁, 두 가지 이야기를 반복하고 있다. "2명의 농민과 심지어 1명의 여성이 손에 총을 든 채 발견되었는데, 그들은 지하실에 숨어서 독일 병사들에게 총을 쏘았다." 그리고 (어디서도 입증되지 않은 이야기지만) "한 목사가 교회에 숨어서 병사들에게 총을 쏘다가 독일 병사의 총에 맞아 숨졌다."[22]

독일인들도 9월 1일에 발생한 사건을 처리하는 데 어려움을 겪었다. 전투가 끝난 후, 그들은 체포된 민간인의 운명을 심판하기 위해 군사 재판을 열었다. 전반적으로 이러한 기구는 민간인에게는 호의를 베푸는 경향이 있었다. 한 재판에서 통역사로 일했던 요제프 슈타인베르거 Joseph Steinberger는 훗날 32명의 프랑스 남녀가 독일인에게 총을 쏜 혐의로 재판을 받았다고 밝혔다. 그중 한 남성은 사형 선고를 받았지만 폰 데어 탄 장군이 그를 사면했다. 슈타인베르거는 이렇게 기록했다. "우리 군인들은 동료들이 마을에서 저격당한 것에 대해 몹시 분노했기 때문에 마을 주민 가운데 이 사람, 저 사람이 우리 군인들에게 총을 쐈다며 너무 성급하게 기소했다는 사실이 드러났다. 손가락이 탄약으로 검게 그을린 사람은 무조건 체포되었다."[23]

탄 자신은 우발적인 사격이나 해병대와의 전투가 벌어진 것은 민간인이 겪은 고통 때문이라고 판단했다. 그는 전투의 혼란 속에서 발생한 '과도함'과 '부당한 고발'에 대해 비판적이었다.[24] 프랑스인들과 마찬가지로 바제유에서 싸웠던 바이에른인들도 과거 기억을 끄집어내어 당시 그들이 했던 행동을 제대로 파악하는 데 수년이 걸렸다.

프랑스 정부는 바제유 사태에 대한 공식적인 조사를 실시하지 않았다. 그럼에도 불구하고 프랑스의 기록들은 적을 동물로 취급하고, 그들을 기꺼이 인간 존엄성과는 모순되는 존재로 취급하고 있다. 프랑스의 기록들은 바제유를 침공한 독일인을 "야만적인 정복자", "흉악한 짐승", 또는 "야만 시대의 공포와 비교될 만한" 공포를 일으키는 "야수"로 규정했다.²⁵ 하지만 그들은 이러한 동물주의적 언어와 도덕적 비난을 사용함으로써 오히려 당시의 폭력을 덜 현실적으로 만들고, 자행된 끔찍한 행동과 사태가 전개된 논리를 모호하게 만들었다. 독일 병사들의 행동은 양면적이었다. 그들은 때로는 프랑스인을 존중하는 자세를 보였고, 때로는 도덕적 절제가 결여된 모습을 보였다.²⁶

그렇다면 맥마이클은 바제유 사태를 어떻게 생각했을까? 가엾은 영혼인 그는 당시의 잔학 행위에 대해 성찰하고 분석하거나 심판할 수 없었다.

> 바제유를 불태운 행위는 역사적으로 판단할 문제다. 그것은 전쟁의 관행으로 정당화되든 아니든 간에, 가장 두려운 성격을 지닌 보복 행위였음이 분명하다. ⋯ 그러나 결코 이해할 수 없을 몇몇 경우를 제외하면, 한 가지 사실은 분명하다. 그 치명적인 날에 프랑스인과 바이에른인 모두에 의해 비극적 행위가 저질러졌다는 점이다. 이는 19세기 역사의 오점으로 영원히 남을 피의 행위, 살인 행위였다.²⁷

맥마이클에게 이 비극적 사태의 책임이 어디에 있는지는 여전히 모호했지만, 이야기가 주는 교훈은 분명했다. 영국 대중은 바제유와 프랑스 전역에 사는 민간인의 고통을 덜어주기 위해 계속 원조를 제공해야 한다. 그는 이렇게 적었다. "이 박애의 흐름은 계속되어야 하며, 우리 마음이 자극하는 일 가운데 우리가 실제로 할 수 있는 것이 너무 보잘것없다고 느낄 때, 우리는 이 모든 문제를 우리보다 높은 존재에게 전달해야 한다."[28] 맥마이클의 목격자 증언은 인도적 지원을 위해 영국인들에게 행동할 것을 촉구했다.

맥마이클의 여행은 국제 사회의 관찰자들이 전쟁을 겪는 민간인의 고통에 책임을 지도록 하는 새로운 자극제가 되었다. 이런 현상을 보여 주는 가장 두드러진 사례가 정규 포위전 기간 동안 스트라스부르에서 일어났다. 9월 10일, 한 무리의 스위스 인도주의자들이 스트라스부르에 갇혀 있던 여성과 어린이, 노인들을 그곳에서 구출해달라는 요청을 받고 시내로 들어가는 성문에 도착했다. 이는 전쟁 중의 민간인을 돕기 위해 실행된 국제 사회 최초의 인도주의적 개입이었다. 또한 전쟁에 대한 근대적 이해, 그리고 전쟁과 무관한 민간인이 전쟁에 휘말린 다른 민간인을 위해 어떤 책임을 져야 하는가에 대한 근대적 사고가 발전하는 데 영향을 미친 중요한 순간이었다. 역사가 프레데리크 피통은 일기에 이렇게 적었다. "스위스인은 위대한 사람들이다. 그들만이 우리를 버리지 않았다. … 그들만이 형제애의 손길을 내밀었다."[29]

스위스는 스트라스부르에서 약 2천 명의 민간인을 구출해 안전한 스위스로 데려왔다. 여러 개인과 가족이 이러한 지원 사업에 등록했으며 점령군 사령관인 베르더 장군이 누가 스트라스부르에 머물 수 있고, 누가 떠날 수 있는지를 결정했다. 스위스는 여성, 어린이, 노인을 주요 구호 대상으로 삼았지만, 스트라스부르를 떠난 사람 중 약 15퍼센트는 한 가족의 가장인 성인 남성이었고, 5퍼센트는 혼자 떠난 남성이었다. 도시를 떠나는 남자들은 남아 있는 남자들에게 조롱을 받았다. 스트라스부르를 떠날 사람의 명단에는 스위스에 도착했을 때 스스로 자립할 수단을 가진 사람이 우선적으로 배정되었다. 스위스 당국은 난민을 지원하기 위한 인프라를 구축하는 데는 관심이 없었다. 그 결과 의사, 교수, 판사 등 자립 능력을 가진 사람들이 명단에 포함되었다. 베르더는 9월 15일, 17일, 19일, 20일, 21일, 22일 아침 민간인들이 스트라스부르를 떠날 때 독일군의 포격 방향을 변경하도록 명령했지만, 포격 중지를 허용하진 않았다.

스위스는 여러 가지 복합적인 이유에서 스트라스부르 사람들을 도왔다. 스위스 도시들은 스트라스부르와 오랫동안 우호적인 관계를 맺고 있었다. 취리히와 스트라스부르는 1474년에 첫 번째 상호 지원 조약에 서명했었다. 한 세기 후 그들은 가톨릭 칸톤(스위스 행정구역의 하나)들의 위협에 직면한 개신교 도시라는 공통의 명분을 받아들였다. 그러나 이번 경우(강대국 간의 전쟁에 휩쓸린 민간인 지원이라는)와 같은 특별한 개입에는 상황에 대한 새로운 이해와 수단들이 동원되었다. 그리고 인도주의humanitarianism가 현대 세계에서 잘못된 것을 바로잡는 잣대를 표현하게 되었다. 철도와 전보를 통해 더 많은 소통이 가능해지고 고통받는 현장에 대한 접근이 가능해진 시대에, 인도주의를 실천하는 지리적 반경도 확대되었다. 인도주의적 개입은 자신과 나머지 세계의 관계를 다시 생각하게 만들었다. 무언가 도울 수단이 있는 사람들은 이제 행동할 필요가 있다고 느꼈다. 인도주의자들은 세상이 더 나은 곳, 더 문명화된 곳이 될 수 있으며, 따라서 그런 세상을 실현하는 데 적극적으로 도움을 줄 수 있다고 믿었다. 구조 활동에 참여한 스위스인들은 베르더의 집무실 앞에 도착해 그와의 면담을 허락받을 수 있는 개인적 인맥과 추진력, 조직력을 갖춘 부르주아 활동가들이었다. 인도주의는 또한 아무 잘못도 없는 사람들이 겪는 고통에 대해 속죄하고자 하는 정신적 욕구를 표현했다. 인도주의는 지난 두 세기 동안 발생한 많은 사건을 통해 상호 공감이 얼마나 가치 있는 일인지를 경험한 데서 파생한 결과였다. 스위스인들은 전쟁이 촉발된 순간, 그들로 하여금 개입하게 해준 견고한 시민 사회 내에서 행동했다. 그들은 또한 전쟁을 겪고 있는 사람들은 피해자이므로 더 운 좋은 사람들이 구조 활동에 나서야 한다고 믿었다. 동정의 대상은 구조의 손길을 내민 행위자와 도덕적으로 같은 차원에 있지 않았다. 이러한 노력을 통해 스위스는 이후에 계속해서 널리 울려 퍼질 인도주의 정신을 창조하는 데 기여했다.

나아가 스위스는 그들의 인도주의적 개입이 자국의 중립성을 지키기 위한 투자라고 보았다. 종교개혁 이래로 스위스 칸톤들은 자신들이 유럽 국가들 사이의 분쟁에서 어느 편에도 속하지 않는 비동맹국이라는 생각을 점점 키워왔다. 프랑스와 독일 국가들 간의 긴장이 점차 고조되어 1870년에 전쟁이 터졌을 때, 이는 스위스가 중립적인 지대임을 주장할 새로운 토대가 되었다. 이러한 오랜 노력 덕분에, 스위스는 스트라스부르 민간인들을 구조하기 위한 민감한 협상에서 양측의 신뢰를 얻을 수 있었다. 또한 스위스는 전쟁 욕구를 극복했다는 명성을 얻었고, 호전적인 민족국가의 부상에 대한 대안을 제시할 수 있었다. 시자치위원회의 앙투안 조프는 스위스의 개입과 적십자사를 즉시 연결시켰다. "스위스는 … 전장에서 부상당한 군인들을 위한 인도주의적 활동을 그들의 국기로 덮었다. 그것은 오늘날 전 세계에 귀감이 되고 있다."[30]

스트라스부르를 점령한 프로이센군 사령관 아우구스트 폰 베르더가 스위스의 개입에 동의한 것은 다소 다른 이유에서였다. 그는 9월 초, 스트라스부르 사람들이 스당 전투에서 패배한 사실과 나폴레옹 3세의 생포에 대한 신뢰할 만한 소식을 아직 받지 못했다는 것을 깨달았다. 베르더가 이 소식을 프랑스 사령관 위리크에게 알리자, 그는 이를 항복을 유도하기 위한 계략으로 여겼다. 그래서 베르더는 스위스가 개입할 경우, 그들은 중립적인 입장을 가진 외부자이기 때문에 스트라스부르 내부의 프랑스인들이 이 절망적인 상황을 직시하도록 도울 것이라고 여긴 듯하다.

스위스의 개입은 프로이센의 전략에 도움이 되었지만, 그럼에도 불구하고 스위스가 프랑스 민간인의 생명을 구하고 그들의 고통을 덜어주는 데 성공했다는 사실은 부인할 수 없다. 이러한 관대한 행위는 현대전의 시대에 (고상하지만 결함이 있는) 인도주의적 개입이 어떻게 전개되어야 하는지, 그 양상을 제시해주었다.

바제유를 방문한 후, 맥마이클과 아이언멍거는 오후 6시에 성문을 닫기 전에 다시 스당으로 돌아왔다. 그리고 현지 은행가이며 "백발의 매우 존경받는 인물"인 니낭Ninnan, 그리고 그의 아들과 함께 저녁 식사를 했다. 맥마이클과 아이언멍거는 소개장을 소지하고 있었다. 아들 앙드레는 약 서른 살로, 예의 바르고 활기차며 스당 사람들에게 헌신적이었다.[31]

저녁 식사를 하면서 아버지와 아들은 자신들이 겪은 전쟁에 대해 이야기했다. 전투 당일, 두 남자는 위층 창문 앞에 서서 멀리서 벌어지고 있는 전투를 지켜보았다. 그러다가 갑자기 창가에서 포탄 한 발이 터지면서 파편이 두 사람에게 튀었다. 아버지는 귀의 일부를 잃었고 아들은 가슴을 다쳤다. 포탄이 방을 통과하면서 가구와 그들이 서 있던 뒤쪽의 복도에 걸려 있던 그림을 파괴했다. 그들은 부자였지만, 가족은 전투 이후 3일 동안 빵 한 조각도 먹지 못하고 지냈다. 교외에 살던 이 은행가의 누나는 정원에 숨어서 1박 2일을 지냈다.

맥마이클은 이러한 어려움에도 불구하고 앙드레 니낭이 상황을 극복하고 다른 사람들을 돕기 위해 나서는 품위 있는 모습을 보여주었다고 강조했다. 니낭은 겨울이 시작될 무렵 자신의 재원을 동원해서 따뜻하고 건조된 옷가지를 공급했다. 니낭과 같이 지도적 지위에 있던 민간 남성들은 모호한 상황에 처해 있었다. 그들은 전쟁 폭력의 희생자가 될 가능성이 가장 높았다. 하지만 그들은 자신의 고통을 인정할 수 없었다. 예를 들어 스트라스부르에서 포격으로 인해 사망하고 부상당한 민간인 가운데에는 성인 남성이 압도적으로 많았다. 다친 사람 가운데 남성의 비중이 훨씬 많은 것은 이들이 길거리에 있었을 가능성이 높기 때문이다. 하지만 그들은 여성과 아이들이 전쟁의 주요 희생자라는 오래된 이야기를 반복했다. 한 예를 들자면, 오귀스트 슈니강은 "도시는 이렇게 황폐화되었지만 요새의 성벽은 멀쩡했으며, 아이들은 사방에서 고통스러워했지만 성벽 위에는 부상당한 군인이 별로 없었다"라고 주장했다.[32] 생활 수단이 있는 민간인 남성들은 다른 남성이 아닌 여성과 아이들에게 피해자 지위를 부여하는 경향이 있었다.

민간인 남성들은 아직 대규모 비정부기구와 국제 자선단체들이 활동하지 않던 시기에 구호 활동의 공백에 뛰어들었다. 그들은 강해야 했고, 지역 사회와 마을들을 이끌고 주도해야 했다. 하지만 그들은 프랑스가 아직 보편적인 징병제를 실시하지 않았던 시기(이는 전쟁 와중에 바꿰었다)에는 군인이 아니었다. 사실 이 민간인 남성들은 시장이나 의사, 시민 지도자로서의 역할을 짊어지고 있었지만, 그들에게는 아내와 누이, 아이를 진정으로 보호할 방안이 거의 없었다.

이처럼 젠더 프레임 안에 갇혀 있던 이 남성들은 자신들이 겪는 고통을 거의 인정하지 않았다. 또한 그들은 여성을 전쟁 중에 이루어지는 다양한 활동에서 대등한 파트너로 보지 않고, 피해자의 지위로 폄하하거나 기껏해야 이타적이고 유순한 돌봄 제공자로 격하했다. 관찰자들은 여성과 아이들의 운명을 걱정하면서도 그들을 내면의 삶을 가진 개인으로 보지 않고, 오히려 프로이센의 침략을 돋보이게 하는 포장지, 또는 더 나쁜 경우에는 프랑스 의사 앙리-에티엔 보니스가 묘사했듯이 바보 같은 피해자로 여겼다. "여성과 아이는 … 더 경솔하고 쉽게 당황하며, 제때 자신을 구하는 데 필요한 침착성을 잘 잃어버린다."[33] 민간인 남성들은 자신들이 여성과 아이를 전쟁으로부터 보호해야 한다고 믿었으며, 그들을 보호하는 데 실패하면 그것은 문명 자체가 무너지는 것이라고 생각했다.

민간인들이 이러한 문제와 모호함을 인정하는 경우가 별로 없음에도 불구하고, 죽음이 두렵고 또 자신이 여성과 어린이를 보호할 힘이 없다고 느낀 슈니강은 "열린 하늘 아래에서 서로 모습을 드러낸 채, 눈에 보이고 몸으로 부딪히는 구체적인 적과 싸울 수 있었던 이전 시대의 전사들이 차라리 부럽다"라고 이야기했다. "그들은 어떤 사람에게서도 용기를 꺾고, 아무리 용감한 사람도 무너지게 하는 무력함이라는 멍에에 얽매이지 않았다."[34] 그는 자신과 같은 사람들(기자나 공무원처럼 거리에서 위험에 노출된 사람들)과 지하실에 웅크린 채 숨어 있던 사람들을 구별했다. 스위스의 인도주의자들이 포위된 스트라스부르에서 민간인을 구출하는 데 도움을 주었을 때, 도시에 있던 남성 지도자들은 안도감을 느꼈다. 그것은 그들이 사랑하는 사람들이 비교적 안전한 교외로 떠날 수 있기 때문만은 아니었다. 자신들이 더이상 그들이 고통받는 모습을 지켜보는 아픔을 느끼지 않아도 되기 때문이었다. 피통이 기꺼이 받아들였던 스위스의 "형제애적 손길"은 스트라스부르의 남성 시민들에게 영향을 주었다. 스위스가 여성과 아이에게 내민 것은 아버지 같은 손길이었다.

맥마이클과 같은 영국인 관찰자에게 여성과 아이는 프로이센 병사의 총에 쓰러진 농민, 노동자와 함께 희생자 범주에 속했다. 하지만 부르주아에 속하는 민간인 남성들은 희생자들의 동맹이자 공동 지도자였다. 맥마이클은 그들이 전쟁에서 명백히 적의 표적이 되었을 때조차 이 남성들에게 희생자 지위를 주는 것을 주저했다.

그러나 많은 프랑스 여성은 희생자라는 표식을 거부했다. 그들은 자신들이 프랑스를 구하고 남녀 동포를 보호하는 대의에 기여하고 있다고 여겼다. 그들은 전쟁에서 도피하지 않고, 의도적으로 전쟁에 가담했다. 집 앞과 전장의 경계는 모호해서, 수천 명의 여성이 전쟁에 직접 연루되었다. 그들이 치러야 했던 희생은 끔찍하고 치명적일 수 있었다. 하지만 많은 여성에게 이러한 고난은 침략군에 맞서는 국가적 대의를 위한 결의를 굳게 해주면서, 서로의 관계를 끈끈하게 만들어주었다.

구체적으로 이 여성들은 병사들을 육체적·정신적으로 돕고 또한 전쟁으로 피해를 입은 다른 여성들을 보호하고 싶어했다. 어떤 여성들은 옷을 바느질하거나 붕대와 리넨을 준비하는 필수적이지만 일상적인 일을 했다. 다른 여성들은 전사한 아들의 어머니에게 편지를 써서 그들을 위로하고자 했다. 포위된 파리에서는 부유층 여성들이 더이상 음식을 살 여유가 없는 사람들을 돕기 위해 여러 가지 노력을 했다. 쥘리에트 아당은 국민방위정부의 생계지원위원회 위원인 체르누스키Cernuschi에게 "한 덩이 고기를 얻기 위해서 비를 맞으며 추위 속에서 반나절 동안 서 있어야 하는 가난한 여성들"을 생각해달라고 호소했다.[35]

부유층 여성들은 자선단체도 운영했다. 전쟁피해자구호협회의 창립자에는 공화주의자 쥘 시몽Jules Simon과 외젠 펠트탕Eugène Pelletan의 아내, 그리고 나중에 가명을 사용하며 코뮌 동안 여성의 권리를 주장한 앙드레 레오André Léo가 포함되어 있었다. 이 여성들은 동포들에게 매주 여성과 어린이, 노인에게 보낼 돈과 음식, 의복을 기부하고 의료 지원을 제공해줄 것을 호소했다. 르모니에 직업학교협회는 5개의 장소에서 기부금을 받고 이를 배분할 공간을 제공했다. 에르미온 키네는 여성들이 국민교육부 건물에서 전쟁 피해자를 돕기 위한 자선 경매를 열었다고 보도했다. 이 여성들의 "애국적인 웅변"은 경매에 참가한 청중의 마음을 움직여서 정어리 한 상자에 100프랑을 지불하도록 했다.[36]

모든 지원 활동이 좁은 의미의 자선으로만 이루어진 것은 아니었다. 적어도 2개의 여성단체는 작업장이나 아틀리에를 만들어서 임금 소득이 필요한 여성들에게 일자리를 제공했다. 이 단체들은 여성이 자립할 수 있도록 돕고 싶어했다. 여성노동자단체협회의 목표는 "남성들이 군대에 가서 빈 일자리를 여성으로 대체하는 것"이었다.[37] 이 프로젝트는 마치 1차 세계대전 동안 많은 여성이 일자리에 투입될 것을 예상하고 있는 것처럼 보인다. 세계대전 당시 참전 국가들은 남성 노동자들이 전쟁터에 나가 공장 가동이 어려운 상황에서 여성을 대체 투입함으로써 엄청난 양의 무기와 기타 전투 필수품을 생산해야 했다. 그러나 이번 소규모 프로젝트의 경우, 프랑스의 미래를 키우는 가난한 어머니로서의 여성을 돕고자 하는 열망이 국가의 경제적 이익보다 우선시되었다. 프로젝트의 후견인이자 설립자 중 한 명으로 이름이 올라 있던 쥘리에트 아당은 프로젝트의 목표가 "공장의 모든 여성에게 그들이 다루는 기계의 소유권을 갖게 함으로써 여성 임금을 자연스럽게 올리는 것"이라고 설명했다.[38] 이 협회는 여성들이 몇몇 자치구에서 만든 소규모 조직들과 연계해 파리 전역에서 활동할 생각이었다. 제3자치구에서는 20개 자치구 구호협회에 부속된 여성협회가 포위 공격 중에 여성들이 일자리를 찾을 수 있도록 돕고자 했다. 전쟁이라고 하는 예외적인 상황은 여성들에게 자신이 가진 자원을 사용해 다른 사람을 돕도록 장려했으며, 여기서 비록 공화주의적이고 세속적인 가치가 수반되긴 했지만, 자선 기부자의 젠더 역할이 재생산되었다. 그런데 이러한 자선단체와 작업장은 남성이 아닌 여성만 지원을 받아야 한다는 개념을 강화했다.

여성이 전쟁에 참여할 수 있는 주요 경로는 적십자사의 후원 아래 야전병원에서 간호사로 자원봉사하는 것이었다. 전쟁이 끝날 무렵까지 적십자사는 2200만 프랑을 모금해서 프랑스 전역에 설치된 병원에서 적어도 11만 명의 병사를 치료했다.

국제적십자위원회는 1863년, 제네바의 한 박애주의자 그룹에 의해 병들거나 부상당한 군인들을 돌보는 데 중점을 두고 설립되었다. 1864년까지 12개국이 국제 분쟁 동안에 구급차와 병원 및 그들의 의료 활동에 대해 중립성을 부여하기로 확약하는 제네바 협약에 서명했다. 그해 9월, 프랑스는 제네바 협약을 비준한 최초의 국가가 되었다. 프로이센-프랑스 전쟁은 양측이 제네바 협약을 적용하기로 한 첫 번째 주요 국제 분쟁이었다.

제네바 협약은 국제인도주의법International Humanitarian Law이 구현된 대표적인 사례다. 획기적인 이 협정을 통해 각국은 전쟁 중에 지켜야 할 올바른 행동 기준을 명문화해, 기존의 구체적이고 항구적인 법들이 병들거나 부상당한 병사들과 그들을 돌보는 사람들을 보호하도록 만들고자 했다. 지난 세기 동안 정의로운 전쟁을 규정해온 전통Just War Tradition은 이와 대조적으로 구체적인 법은 미리 제정하지 않고, 그때그때 상황에 따라 구체적인 행위를 이끌어낼 수 있는 원칙을 세웠었다. 1700년대에는 전쟁 전에 부상자 돌보기나 사망자 매장에 관한 협정을 맺었지만, 이는 당면했던 특정 분쟁에만 한시적으로 적용되었다. 그런데 이번에 적용된 국제인도주의법은 상시 협정을 통해 전쟁의 고통을 완화하고자 했다. 나아가 이는 19세기 민족주의 전쟁의 열기뿐 아니라 목적이 수단을 정당화한다는 클라우제비츠식 신념도 제어하고자 하는 의도에서 제정되었다.

각 회원국은 자체적인 적십자 기구를 만들었다. 프랑스에서는 1866년에 페젠사Fezensa 공작이 프랑스 최초의 적십자 기구인 부상병구호협회SSBM를 설립했다. 초기에 이 조직은 파리 상류 사회의 작은 서클 이상으로 성장하지 못했다. 몇 차례 자선 무도회를 개최하고 1867년에는 만국박람회에서 전시 부스를 열었지만, 실질적인 자원이나 조직을 발전시키지는 못했다.

1870년 전쟁이 시작되자 민간인들은 당장 눈앞에 닥친 즉각적인 문제를 해결하기 위해 어느 건물에든 임시 병원을 세웠다. 그리고 이러한 공간은 종종 적십자사와 제휴하게 되었다. 전쟁이 치러진 지역 도처에, 기부되거나 징발된 공간에 갑작스레 병원들이 세워졌다. 파리에서는 쥘리에트 아당의 지도 아래 제9자치구의 음악원이 병원으로 변모했다. 의사의 딸이자 외과의사의 손녀인 아당은 해부학과 상처 처치법을 알고 있었다. 심지어 코메디 프랑세즈조차도 그들의 공연장을 수녀와 여배우들이 운영하는 병원으로 제공했다(그런데 누군가 극장에 있던 볼테르 동상을 천으로 덮어서 반교권적 인물이었던 그를 가리려 하는 소동이 일어나기도 했다). 당시에는 아직 국제적인 유명 스타가 아니었던 여배우 사라 베르나르는 오데옹 극장에서 간호사로 근무했다. 스트라스부르와 같이 포위된 도시에서는 도시 전역에 작은 규모의 적십자 병원들이 세워졌다. 이는 부상자가 발생할 가능성이 높은 곳 가까이에 병원을 세우려고 한 것이며, 많은 단체가 부상자 관리 노력에 기여하고자 했기 때문이다.

그런데 이러한 근접성 때문에 병원도 폭격의 위험에 처했다. 프로이센-프랑스 전쟁은 교전 당사국이 모두 제네바 협약을 채택했던 최초의 전쟁이지만, 이들이 실제로 협약 사항을 완전하게 이행하진 않았다. 많은 지휘관은 상대방을 신뢰하지 않거나 협약을 무시했고, 협약에 관해 잘 몰랐다. 게다가 적들은 규모도 작고 깃발도 제대로 세우지 않은 적십자사 병원을 존중하기 어려웠다. 그리고 당시 장거리 무기가 목표물을 그리 정확하게 타격하기 어려웠다는 점을 고려하면 병원도 폭격의 위험에 노출될 수밖에 없었다. 독일과 프랑스 신문은 모두 상대국이 제네바 협약을 준수하지 않았다고 불평했다. 어떤 사람들은 누군가 전쟁터에서 사망자와 부상자에게서 무언가를 훔칠 의도로 적십자 완장을 차고 다니며 보호를 요청한 일도 있다고 투덜댔다.

적십자사는 수녀회원을 포함해서 남녀 자원봉사자 모두를 환영했다. 부상자와 환자의 간호는 여성이 해오던 전통적인 간병인 역할을 재현했으며, 이는 여성들에게 리더십과 학습을 위한 새로운 기회를 제공했다. 벨기에의 이다 드 크롬브뤼헤Ida de Crombrugghe 남작 부인 같은 일부 여성들은 이미 적십자에서 활동하고 있었는데, 전쟁이 발발하자 그들의 업무는 새로운 의미를 부여받게 되었다. 크롬브뤼헤는 이동하는 군대를 따라 자르브뤼켄, 메스, 캉브레 등으로 옮겨 다니면서 간호 활동을 수행했다. 다른 적십자 자원봉사자, 특히 종교계 출신이 아닌 자원봉사자들은 얼마 가지 않아 전문 의료진과 갈등을 빚었다. 자원봉사자들은 고귀한 의도를 가지고 있었지만, 그들 중 대다수는 전문 교육을 받지 않았고 보급품도 갖고 있지 않았다. 그래서 어떤 자원봉사자들은 도덕적으로 의심스러운 사람으로 여겨지기도 했다. 많은 여성이 자원봉사를 지원했지만, 모두 받아들여지지도 않았다. 크롬브뤼헤는 지원자를 선별해 "개인적으로 내가 알고 있거나, 특별히 추천받은 여성들만" 기꺼이 받아들였다.[39] 그녀는 자신이 선발한 간호사들이 덕을 갖춘 봉사자로서 적십자사의 이미지에 부응하기를 원했다. 간호사는 환자가 신체적인 문제뿐 아니라 정신적인 면에서도 회복하도록 헌신하는 것이 중요했기 때문이다.

여성들은 간호 활동이 매우 보람 있는 일이라는 사실을 발견했다. 크롬브뤼헤는 짧은 여행을 마치고 벨기에에 있는 사무실에 돌아와서 이렇게 적었다. "돌아와서 사랑하는 동료들을 다시 만났을 때 느낀 환희, 그리고 그들이 나의 복귀에 대해 보여준 기쁨은 함께 자선활동을 수행함으로써 우리 사이에 맺어진 끈끈한 애정을 입증해준다."[40] 비뇌이M. Vineuil는 아내에게 그가 파리의 병원들에서 만난 많은 자원봉사자들이 기쁜 마음으로 봉사활동에 임하고 있다고 말했다. 그 봉사자들은 그에게 이렇게 말했다. "환자들이 겪는 고통은 바라보기에 끔찍합니다. … 하지만 적어도 우리는 악과 고통에 맞서 싸우고 있습니다. 그렇게 본다면 우리는 처음으로 하느님이 우리에게 바랐던 모습대로 살고 있는 겁니다."[41] 쥘리에트 아당에게 야전병원은 여성이 서로 연대하고 그들의 역량을 전달해주는 원천이었다. 다양한 계층의 여성들이 집에 고립되어 있는 대신 그곳에서 시간을 보내기로 선택했고, 포위와 전쟁, 정부, 시중에 떠도는 소문과 신문에 실린 기사들에 대해 이야기를 나누었다.

간호사는 그들의 종교적 신념에서 봉사를 위한 영감을 얻었다. 크롬브뤼헤는 부상당한 군인들에게 병원에서 영혼과 신체를 구제하면서 신앙을 새롭게 하라고 격려했다. 그녀는 목사가 찾아와 기도해주려 할 때 환자들이 조롱했던 한 병실에 개입했다. 그녀가 거기 입원 중이던 병사들에게 관용을 베풀어줄 것을 요청함으로써, 목사나 신부가 희망자를 찾아가 기도해줄 수 있게 되었다. 간호라는 통상적인 일은 때때로 종교적 차이를 넘어서 아프고 부상당한 사람들에게 봉사하는 것이었다. 유대인 여성 코랄리 카엔Coralie Cahen은 7명의 수녀가 일하는 병원을 이끌고 있었다. 병원 식구들은 그들의 종교적 차이를 인식했지만, 수녀들은 그녀에 대한 존경과 애정을 담아 카엔을 '어머니'라고 불렀다.

간호 활동은 또한 일부 여성이 국적의 차이를 넘어서 지위 상승을 시도하도록 고무했다. 물론 이 과정에는 여러 걸림돌이 있었다. 크롬브뤼헤는 처음 병원을 열었을 때 각 마을에서 제기된 의혹 때문에 좌절했었다. 그녀가 처음에는 프랑스를 지지하는 것으로 의심받았다가 나중에는 프로이센을 지지하는 것으로 의심받았기 때문이다. 벨기에 출신인 크롬브뤼헤는 신분증을 보여달라는 요청을 받을 때마다 자신은 정치적으로 중립임을 주장했다. 캉브레에 도착한 후 그녀는 "특히 여성들이 공문서 직인을 통해 자신이 존중받을 만한 인물임을 확인받는 것은 고통스러운 일"이라고 썼다.[42]

프랑스 여성들도 국적의 차이를 넘어 프로이센 병사들을 돌봐주었다. 칼바도스에서 몽고메리 백작부인은 전투 현장에서 양측의 부상자를 돌보기 위해 목숨을 걸었다. 비뇌이 부인은 자신의 집에서 아픈 독일 군인 2명을 돌보면서, 그들과 함께 그녀의 사진과 사진 속의 아들들에 대해 이야기를 나누었다. 딸 베르트는 엄마가 '적'과 대화하는 모습을 보고 충격을 받았다. 하지만 엄마는 화를 내며 "병든 사람은 더이상 적이 아니야"라고 대답했다.[43] 분명히 많은 여성이 국가 정체성을 넘어서 간병인으로서의 역할을 강조했다. 그러나 모든 간호사가 자국의 패배를 무시할 수 있는 것은 아니었다. 메스의 구급대는 그들의 보살핌을 받다가 사망한 프랑스 병사 7203명을 추모하는 기념비를 남겼다. 그들이 선택한 비문은 성경, 그리고 성 베르나르와 성 프랑수아 드 살의 어록에서 발췌한 구절로, 이 병사들이 자신의 의무를 다했으며 국가에 대한 '불굴과 헌신'의 모범을 남겼다는 것을 강조했다. 이 기념비는 프로이센 '적군'이 아니라 오직 프랑스 병사만을 기리기 위한 것이었다.[44]

병원 일은 단순히 덕망이나 애국심의 문제가 아니었다. 부상당하거나 병든 남성을 치료하기 위해서는 단지 명예로운 의도뿐 아니라 의료 물자와 의료 기술도 필요했다. 병원에서 봉사하는 여성들은 생사가 오가는 긴박한 상황에서 책임감 있게 기여해야 했다. 크롬브뤼헤가 메스에 도착했을 때, 그녀는 수간호사라고 불렸다. 이 호칭은 그녀에게 다른 간호사들을 지휘하고 병원의 서비스와 안전에 필요한 모든 것을 요청할 수 있는 권한을 부여해주었다. 크롬브뤼헤는 의사들에게 새로운 치료법도 배웠다. 예를 들어 장티푸스에 걸린 병사를 찬물로 목욕시키는 방법은 그 질병으로 인한 사망률을 30퍼센트에서 8퍼센트 미만으로 낮췄다.

나아가 여성 간호사들은 주변에서 진행 중인 전쟁에 대해 잘 알고 있었다. 크롬브뤼헤는 티옹빌에서의 경험을 바탕으로 캉브레가 프로이센군의 포격에 얼마나 오래 버틸지 '관계 당국'보다 더 잘 알고 있다고 믿었다. 그녀는 일지에 자신은 캉브레가 적어도 8일을 더 버틸 수 있다는 믿음을 밝혔다. "나는 오늘 저녁 우리 병원에 있는 2명의 방문객에게 이 말을 했는데, 그들은 매우 놀란 것 같았다. 그런데 그들이 군사 과학에 대한 나의 지식에 대해 어느 정도 신뢰한다는 사실을 알게 되었을 때, 나는 그들을 안심시키기 위해 최선을 다했다."[45]

간호사들은 아들이나 남편의 마지막 말을 듣기 위해 병원을 찾은 조문객을 돕는 일도 했다. 종종 그들은 사랑하는 이들과 마지막 순간을 보내기에는 너무 늦게 도착해서, 이미 사망한 시신을 수습해야 할 때도 있었다. 크롬브뤼헤는 슬픔에 잠긴 한 미망인과의 만남을 일기에 이렇게 적었다.

이틀 전, 상복을 입은 한 젊은 여성이 호텔에 도착했다. 그녀는 남편이 스피셰렌 전투에서 사망했다고 확신하고, 그의 시신을 찾으러 왔다. 그녀는 내게 어떤 절차를 밟아야 하는지 도와달라고 했다. 시신 인도는 여러 희생자들의 유해를 들춰보면서 자신이 찾는 사람이 맞는지 직접 확인한 후에 가능했다.[46]

어떤 조문객은 사랑하는 사람의 시신을 확인하지 못할 수도 있었다. 크롬브뤼헤의 보고에 따르면, "환자가 사망하면, 그는 다른 시체들과 함께 카트에 실려서 검은 깃발에 덮인 채 시립 묘지 중 한곳으로 옮겨졌다. 9월 이래 메스에서 부상이나 질병으로 사망한 약 6천 명의 프랑스 군인이 거기에 묻혔다."[47]

코랄리 카엔은 프랑스 적십자사 조직인 프랑스부인협회Association des Dames Françaises의 공동 회장으로서 전쟁 동안 그리고 그 이후에 자원 간호 업무에 기여한 공로로 널리 칭송받았다. 그녀의 활동이 희망과 경외감을 불러일으켰다는 명성을 얻은 것이다. 한 관찰자는 "프랑스가 바젠 같은 인물을 총사령관으로 배출했다는 생각 때문에 절망에 빠질 때, 나는 카엔 부인을 생각하며 다시 고개를 들었다"라고 기록했다.[48]

카엔은 프로이센-프랑스 전쟁 이전에는 거의 알려진 바 없는 인물이었다. 그녀는 생애(1832~1899) 전반부를 낭시에서 가장 부유한 유대인 가족 중 한 가문에서 피에르 레비Pierre Lévy의 딸이자 파리 은행가 라자르 레비-빙Lazare Lévy-Bing의 조카딸로 안락함을 누리며 살았다. 코랄리 레비는 파리 유대인 평의회의 저명한 회원이었던 아버지 모이즈Moïse

와 마찬가지로 의사였던 마이어 카엔Mayer Cahen과 결혼했다. 카엔에 대한 간략한 전기가 나와 있지만, 이는 전쟁 전 그녀의 활동에 대해선 자세히 서술하지 않고 있다. 훗날 《유대인 세계L'Univers Israélite》(1844년부터 1940년까지 프랑스에서 발간된 유대교 신문)의 한 각주에 그녀가 조각가로서 재능이 있어서 "카를 이벨Karl Ivel이라는 가명으로 살롱에 여러 번 출품했다"라는 내용이 나오긴 하지만, 자원봉사 활동에 참여했는지 여부는 불분명하다.[49]

프로이센-프랑스 전쟁은 카엔의 인생에서 분수령이었다. 전쟁이 발발하기 직전, 아내와 엄마로서 가정을 중심으로 이루어지던 그녀의 생활은 남편과 아이의 죽음으로 중단되었다. 카엔은 아마도 그 심적 손실을 메우기 위해 전쟁 관련 활동에 헌신적으로 참여했던 것 같다. 그녀는 여러 프로젝트에 주도적으로 참여했고 그 결과 언론인과 정치인들로부터 존경과 신뢰를 얻었다. 게다가 그녀는 의사였던 남편에게서 간호 지식을 배웠던 것으로 보인다. 그래서 그녀는 단순히 태생적으로 봉사정신을 갖고 있던 것이 아니라, 자신의 기술을 사용할 수 있는 재능 있는 여성으로 여겨졌다.

끔찍한 해로 알려지게 된 기간 동안 카엔은 프랑스 군인을 돕기 위한 여러 프로젝트에 참여했다. 먼저 그녀는 메스로 가서 프랑스 적십자사와 함께 부사관 및 일반 병사를 위한 병원에서 일했다. 메스가 함락된 후, 강베타는 카엔을 방돔에 있는 야전병원 원장으로 임명했고, 그녀는 그곳에서 생트크루아뒤망에서 온 의사, 수녀들과 함께 일했다. 전쟁이 진행되는 내내 카엔은 프랑스와 독일 병사 모두를 돌보았지만, 프랑스의 전쟁 목표를 지지하는 입장은 확고했다. 프로이센군이 방돔을 점령했을 때, 그녀는 병원에 걸려 있는 프랑스 국기를 독일 국기로 바꿔 게양하는 것을 허용하지 않았다. 그들이 결국 그녀의 뜻을 따랐던 것은 아마도 그녀가 프랑스인뿐만 아니라 독일인도 간호했기 때문일 것이다.

전쟁 초기부터 언론인들은 전쟁과 관련된 카엔의 봉사를 높이 평가했다. 적십자사의 활동 중 일부에 대해서는 부정적인 보도가 있었지만, 카엔의 활동은 모범적인 사례로 주목받았다. 카엔과 그녀의 활동에 대한 묘사는 종교적이고 영웅적인 이미지를 불러일으켰다. 《유대인 세계》에는 그녀가 야전병원에서 하는 일이 "느리고 어렵다"라고 묘사되어 있다.[50] 그녀가 극복해야 했던 힘든 장애물을 고려할 때, 카엔의 헌신은 "성스러웠으며", "그녀의 손에 있는 신비한 마법"은 문자 그대로 거의 기적을 일으킬 수 있었다.[51]

《유대인 세계》가 보기에 카엔이 펼친 봉사활동과 외로운 여정에서 마주친 어려움을 극복하는 능력은 그녀에게 영웅적 지위를 부여할 만했다. 그녀는 "진정한 영웅주의"를 구현했으며 "그 어떤 것도, 총알도, 기관총도, 철철 흐르는 피도 두려워하지 않았다." 용맹함이 신체적 능력이나 기술에서 나온 것일지 모르는 남자 영웅들과 달리, 카엔의 영웅주의는 "고통에 맞서는 저항정신"에서 비롯되었다. 신체적으로 카엔은 "매우 강건하지는 않았다. 또한 그녀는 선이 고운 아름다움을 지니고 있지는 않지만, 사람들은 그녀의 얼굴에서 용기가 깊이 스며들어 있는 무한한 부드러움을 읽을 수 있었다. 그녀가 감정을 억누르고자 싸울 때, 그리고 흐르는 눈물을 참기 위해 미소를 지으려고 몸부림칠 때, 그녀의 얼굴은 반짝이는 빛으로 가득 차 있었다."[52] 이러한 노력의 보상으로 그녀는 주변 사람들에게 존경과 흠모의 대상이 되었다.

물론 모든 이의 노력이 이같이 존경으로 보상받은 것은 아니었다. 프리드리히 빌헬름 왕세자의 아내이자 빅토리아 여왕의 딸인 빅토리아는 베를린과 포츠담에서 병자들을 돌보려고 시도했지만, 그녀의 제안은 거부당했다. 그래서 그녀는 병원을 세우기 위해 함부르크로 여행하기로 결심했으며, 라인강 지역에 있는 병원들을 둘러보기도 했다. 이런 노력을 계속 이어간 끝에, 그녀는 자비를 들여서 라인강 지역과 프랑크푸르트암마인에 병원을 세웠다. 남편은 그녀가 거둔 성공에 대해 기쁨을 표했고, 동시에 "아내의 조용하지만 강하고 효율적인 활동에 대해 거듭 높은 존경심을 표하지 않을 수 없다"라고 밝혔다.[53] 그러나 빌헬름 왕은 이런 활동을 인정하지 않아서 왕세자를 크게 실망시켰다. 사실 "왕께서는 아내가 베를린에서 멀리 떨어진 곳에 머물고 있는 것이 불만스러우시고, 아이들이 모두 그녀와 함께 있는 것도 못마땅하게 생각하시는 것 같다. 그분은 전쟁과 같은 위험한 시기에는 왕실 가족이 모두 함께 있어야 한다고 생각하시기 때문이다."[54]

유럽 전역의 민간인은 관대한 마음과 인맥, 그리고 기꺼이 갈등의 중심에 서고자 하는 의지를 통해 프로이센-프랑스 전쟁의 흐름을 바꿀 수 있다고 주장했다. 그래서 이들 여성과 남성은 자신을 전쟁의 희생자로 여기기보다는 전쟁의 고통을 완화하는 자원봉사자의 역할을 짊어지고자 했다. 그들은 당시 사회를 지배하고 있던 민족주의 서사를 에둘러 피해가는 활동을 통해 양측의 군인과 민간인을 보호하는 것을 목표로 설정했다. 전쟁이 11월까지 계속되면서 이러한 노력은 마음 둘 곳이 없는 자원봉사자들에게 위안과 의미를 제공해주었다.

이렇듯 맥마이클은 전쟁 동안 프랑스와 벨기에를 두루 다니면서 기록한 여행기에서, 영국이 전쟁에 직접 참여하려 하지는 않았지만 자국민에게 전쟁을 겪고 있는 민간인과 군인들의 고통을 덜어달라고 촉구한 것에 대해 독자들이 감사하는 마음을 가지도록 일깨웠다. 그는 영국으로 돌아오자마자 서둘러 여행기를 발표하고, 이를 현지 청중에게 읽어주는 행사를 추진했다. 그리고 행사가 있을 때마다 거기 참석한 영국인들은 공동체가 함께 연대하고 상실감을 공유한다는 표현으로 프랑스와 벨기에 사이, 전쟁과 평화 사이의 국경에서 들려온 찬송가 '추방자들의 탄식'을 불렀다.

맥마이클은 고향과 신앙, 그리고 가족에 대한 감상적인 회상을 불러일으키면서 다음과 같이 여행기를 마무리했다.

따라서 우리, 영국에 있는 행복한 가정에서 크리스마스를 맞이하는 우리는, 크리스마스 벽난로 옆, 함께 그곳에 있어야 할 가족이 전쟁의 와중에 사망해서 여러 자리가 비어 있는 많은 다른 가족들, 크리스마스를 축하하는 노래가 죽은 자를 위한 통곡으로 바뀌어버린 그들을 기억합시다. 그리고 우리의 울부짖음이 '고아들의 아버지이자 미망인의 남편'인 그분께 닿도록 부르짖읍시다. 그분은 전쟁의 신으로서 자신의 시간이 왔을 때, 살인의 손길을 멈추시고 분쟁의 자리에서 '잠잠하라'고 말할 수 있는 분입니다.[55]

◆ 15장 ◆

고통의 날들

밤새 순번으로 돌아가며 환자를 지키고 있는 한 가족.

오를레앙과 그 주변에 주둔해 있던 바이에른 병사들에게 10월은 기나긴 기다림의 시기였다. 물론 일부 병사들은 프랑스 군대가 장악하고 있는 영역을 분명하게 파악하려는 탄의 지속적인 기동 작전에 참가했다. 탄의 부대는 10월 22일에 샤르트르를 점령한 후, 서쪽으로 투르를 향해 행군했다. 그리고 10월 말까지 탄은 투르와 오를레앙으로 진격하는 독일군의 배후를 정비했지만, 프랑스군이 어느 지점에서 공격해올지 알 수 없었다. 르망일까? 아니면 투르? 어쩌면 부르주?

디트리히 폰 라스베르크는 탄의 작전에 포함되지 않았다. 한 달이나 되는 긴 시간 동안 작전에 참가하지 않았던 그는 오를레앙 바로 외곽에 있는 셰시로 이동했다. 집에서 오는 아무 소식도 받지 못하고, 전반적인 전황에 대해서도 전혀 듣지 못한 채 몇 주가 지나자, 라스베르크는 불안해지기 시작했다. 그는 오를레앙에서는 시내 관광을 할 수 있었지만, 셰시에서는 거의 그럴 수 없었다. 10월 동안 그는 스당 전투 이후 거의 보지 못했던 동생 루돌프를 여러 번 만났다. 그들은 함께 병원에 있는 친구를 방문하기도 했다. 하지만 이처럼 전쟁이 다소 느슨하게 진행되는 시기에도 갑작스럽게 죽을 가능성은 남아 있었다. 그와 루돌프는 소규모 접전에 참여했는데, 그때 병사 2명이 사망하고 11명이 부상당했다.

유일하게 밝은 순간은 10월 27일 메스의 함락 소식과 함께 찾아왔다. 라스베르크와 그의 동료들은 메스 함락이 전쟁의 종식을 예고한다는 희망에서 서로 축하하며 이를 즐겼다. 메스 함락 소식은 분명히 독일군 병력이 좀더 자유롭게 움직일 수 있게 해주었다. 몰트케는 수도를 제외한 지방에서 프랑스군이 전개할 전략에 대응하기 위해 2개의 군대를 더 보유하고 있었다. 이제 에드빈 폰 만토이펠Edwin von Manteuffel 장군의 지휘를 받게 된 제1군은 북쪽으로 가서 아직 점령되지 않은 요새인 베르됭, 티옹빌, 몽메디, 메지에르를 공격한 후, 북쪽에 있는 프랑스군과 맞서기 위해 우아즈강을 따라 서쪽으로 이동했다. 프리드리히 카를 휘하의 제2군은 11월 3일에 루아르강을 향해 출발했지만, 시간상 곧 전개될 전투에 영향을 미치지는 못했다.

하지만 강베타에게는 메스 함락이 더욱 강력하게 싸우고자 하는 의지를 자극했을 뿐이었다. 오를레앙이 함락된 직후, 그는 드 라 모트-루주 장군을 해임하고 귀족이자 가톨릭교도이며 보나파르트주의자였던 구방위군 지휘관 루이 도렐 드 팔라딘 장군(이하 오렐)을 새로 임명했다. 오렐은 공화주의자를 싫어했는데, 프레이시네와 강베타는 그에게 계속해서 그 입장을 지킬 좋은 명분을 제공해주었다.

오렐이 내린 첫 번째 명령은 프랑스군의 규율과 사기를 회복하는 것이었다. 기동대원을 포함해서 신병으로 보충된 제15군단은 겉으로는 강해 보였지만, 기동대(이제 지역 사단이라고 불렸다)가 스스로 장교를 선출하고 때로는 명령에 따르기를 거부하면서 분열되고, 훈련도 부족한 상태였다. 오렐은 자신의 군대를 루아르강 남쪽의 살브리로 이동시키고 직접 현장에 머물면서 진영의 규율을 문란하게 하는 자들을 처벌함으로써 군의 자신감과 규율을 회복했다.

국민방위정부는 이 군대를 파리로 이동 배치해서 남쪽으로부터 파리를 해방하려는 계획을 세웠다. 프레이시네의 구상은 오렐의 부대가 오를레앙을 탈환하게 해서 그곳을 수도 파리에 더 가까운 작전의 전초기지로 구축하는 것이었다. 10월 24일 프레이시네는 살브리에 있던 오렐을 방문해 이 작전 계획을 설명했다. 오렐이 철도 시스템을 이용해 제15군단 대부분을 투르로 이동시켜서, 그들이 르망으로 진격한 후 파리로 향할 것처럼 보이게 하려는 것이었다.

하지만 실제로 오렐은 루아르강을 거슬러서 제16군단이 있는 블루아로 이동하고 그곳에서 오를레앙을 공격할 계획이었다. 프랑스군은 두 방향에서 오를레앙에 접근하고자 했다. 제15군단의 1개 사단을 제외한 모든 프랑스군이 블루아에서 제16군단과 만나 서쪽에서 오를레앙에 접근하는 동안, 마르탱 데 팔리에르Martin des Pallières 장군이 지휘하는 제15군단의 마지막 1개 사단은 루아르강에 접해 있는 오를레앙 남동쪽의 지앵에서 탄이 이끄는 독일군의 후방으로 접근한다는 계획이었다. 이렇게 되면 그들은 12만 명이나 되는 우세한 병력으로 탄의 병력 5만 명을 포위할 수 있을 터였다.

그런데 철도를 이용한 병력 이동에 의존하는 다른 계획과 마찬가지로 이 작전 계획은 문서에 나와 있는 것보다 훨씬 더 실행하기 어려웠다. 이 기동 작전은 예정했던 36시간이라는 짧은 시간 안에 단행되지 못했고, 그 대신 빗속에서 3일이라는 낙담스러운 시간을 허비했다. 그래서 오렐은 공격 개시 전에 일주일 동안 작전을 연기하고자 했는데,

바로 그 일주일 사이에 메스가 무너졌다. 강베타와 오렐 사이의 관계는 이미 전자가 민간인의 감독을 고집해서 긴장되어 있었다. 이런 긴장 관계는 강베타가 10월 31일에 전략적인 감각 없이 바젠의 항복 사실을 발표한 후 더욱 악화되었다. 소속 장교들이 대부분 보나파르트파인 한 군대에 보낸 메시지에서 강베타는 "보나파르트주의를 추종하는 부패한 권력"과 "국가적 위기 속 [프랑스군] 장교들의 반역"을 언급했다.[1]

오렐은 11월 7일에 진군을 시작했지만 제대로 전진하지 못했고, 그의 부대들은 금세 무질서해졌다. 그는 진군을 멈추고, 프레이시네에게 진군을 연기하라고 압박했다. 하지만 프레이시네는 진군을 고집했다. 그래서 오렐은 11월 9일에 자신의 부대에게도 계속 진군하도록 명했다. 그러는 동안 탄은 프랑스군의 작전을 알아차리고, 프랑스군이 계획한 함정에 빠져서 양면 공격을 당하게 되는 사태를 피할 방법을 모색했다. 8일에 탄은 110문의 대포와 2만 명의 병력(라스베르크를 포함)을 이끌고 오를레앙에서 나와 서쪽의 쿨미에에 진지를 구축했다. 탄의 군대 후방에서 봉쇄하려는 팔리에르의 군대와 약 20킬로미터 떨어진 곳이었다.

탄은 자신의 군대가 프랑스군에 비해 수적으로 크게 열세임에도 불구하고 이 전투에서 승리할 수 있다고 믿었다. 무엇보다 오렐이 지휘하는 7만 명의 병력은 급조되어 전투에서 검증된 바 없었다. 하지만 프랑스군은 잘 싸웠고 자신감을 가지고 전투에 임했다. 게다가 국민방위정부는 제2제정보다 포병 부대를 활용하는 법을 더 잘 터득하고 있었다. 또한 그들은 이제 대포에 퍼커션 퓨즈(외부에서 가하는 충격으로 작동하는 폭약의 안전장치)를 사용했다. 바이에른군은 몽피포 숲에 갇혀서 끔찍한 포격을 받았는데, 범위를 조절해 한곳에 많은 포탄을 떨어뜨리는 탄막 포격으로 인해 숲의 나무들이 산산조각이 되어 공중으로 날아다녔다. 디트리히 폰 라스베르크와 그의 동료들은 불길에 휩싸여 있었다. "우리 뒤의 숲에, 우리 앞의 들판에, 참호 안 우리 옆에, 우리의 머리 위로, 간단히 말해서, 모든 곳에서 온갖 구경의 포탄이 터져서 폭발물, 흙덩어리, 잔디, 나뭇가지가 우리에게 쏟아졌다. 이는 최악의 뇌우였다."[2] 비 오듯 퍼붓는 포격에도 불구하고 그는 구사일생으로 살아남았다.

바이에른군은 꼬박 하루를 버텼지만, 탄은 오후 4시경 기력이 소진된 군대를 철수해야 한다고 결정했다. 프랑스군은 그들이 차지하고 있던 위치를 고수했다. 다음날 아침 오렐은 이번 전쟁에서 프랑스군이 거둔 첫 승리를 자기 부대가 거두었다는 사실을 알았다. 프랑스군은 11월 10일 도시의 종소리가 울리는 가운데 오를레앙으로 진군했다. 탄의 부대는 눈비가 번갈아 가며 내리는 궂은 날씨 속에서 이틀 동안 후퇴했다.

조르주 상드는 크뢰즈에 있는 집에서 프랑스가 오를레앙을 탈환했다는 소식을 듣고 믿을 수 없었다. 다음과 같은 소문이 도시에 퍼졌다. "기동방위군이 잘 싸웠고 도시가 용감하게 방어했습니다. 이 소식이 모두 사실이기를 바랍니다! 우리의 명예심은 우리가 싸울 수 있다면 다시 싸우라고 명하지만, 나는 우리가 더이상 싸울 수 있다고 믿지 않습니다. 우리는 너무 무질서하고 … 모두가 의심과 비난과 침묵 속에서 서로를 미워합니다."[3]

하지만 짧은 기간이지만 프랑스는 승리에 대한 희망, 그리고 계속 싸우려는 의지를 경험했다. 오를레앙 탈환은 서둘러 소집한 군대를 파리로 진군하게 하는 국민방위정부의 전략이 어쩌면 효과를 거둘 수 있음을 시사했기 때문이다.

라스베르크에게 이 전투는 개인적으로 끔찍한 결과를 가져다주었다. 11월 10일, 그는 동생이 머리에 심한 부상을 입었다는 사실을 알았다. 라스베르크는 더 자세한 소식을 알아보려고 바이에른 출신의 동료 카를 타네라에게 달려갔다가 그에게서 사실 루돌프는 즉사했다는 말을 전해 들었다. 라스베르크는 즉각 뮌헨에서 소식을 기다리고 있을 어머니가 떠올랐다. 그날 밤 라스베르크는 "이 세상에서 다시는 동생을 볼 수 없다는 사실은 도저히 상상조차 할 수 없었다"라고 회상했다.[4] 다음날 그는 힘든 일이지만, 집에 이 끔찍한 소식을 알리는 편지를 썼다. 그후 몇 주 동안 라스베르크는 자신이 어떤 슬픔에 빠져 있었는지에 대해 거의 아무것도 기록하지 않았다. 그는 긴 군복무를 마무리하면서, 집에서 루돌프에게 보낸 두 통의 편지를 자신이 받았다는 사실을 기록했다. 루돌프의 죽음을 알기 전에 보낸 편지였다.

전쟁이 진행되는 동안 양측의 병사들은 엄청난 고통과 상실을 겪었다. 프랑스 측에서는 13만 6천 명의 군인이 전투 중 사망하거나 실종되거나 부상으로 사망했다. 그밖에 13만 1천 명이 부상을 입었고 33만 9천 명이 병에 걸렸다. 메스에서만 3만 5천 명이 티푸스와 이질로 사망했다. 독일 측에서는 11만 7천 명의 사상자가 발생했는데, 그중 1만 7천 명은 전투 중 사망했고 1만 1천 명은 나중에 부상으로 사망했다. 나아가 47만 5천 명의 독일인이 질병에 걸렸고 그 가운데 1만 4904명이 사망했다. 대부분 티푸스와 이질 때문이었다(자료에는 사인이 티푸스인지 장티푸스인지 명확히 기재되어 있지 않다). 부상자 한 명당 병자가 4명 정도였다. 37만 5천 명에 달하는 프랑스군 전쟁 포로 가운데 15만 6천 명이 병에 걸렸고 이중 1만 7천 명이 사망했다. 천연두로 사망한 독일군은 단

15장 고통의 날들 487

278명에 불과했다. 의무 예방접종을 실시한 덕분에 거둔 성과였다. 하지만 프랑스 군인들은 일관되게 천연두 예방접종을 맞지 않아서, 1963명이 이 질병으로 사망했다. 게다가 프랑스인 전쟁 포로들은 독일 민간인들에게 천연두를 퍼뜨렸다. 의사와 자원봉사 간호사들은 파리뿐만 아니라 전국에 걸쳐서 군인과 민간인을 대상으로 질병과 부상, 그리고 작은 규모이지만 심리적 외상을 치료하려고 애썼다. 그들은 특히 파편과 장거리 소총으로 인해 신체에 가해진 끔찍한 상처를 보고 충격을 받아서, 이러한 새로운 종류의 상처를 다룰 새로운 치료법을 찾으려고 애썼다.

전쟁 전에 군인의 건강을 지원하려는 노력 가운데 가장 중요한 진전은 예방접종의 형태로 이루어졌다. 프로이센군은 전투에서 사망한 군인의 수가 질병으로 사망한 군인보다 많았다. 그러나 위생 상태는 대부분의 환경에서 여전히 좋지 않았다. 1870년에는 군인에게 비누가 아직 표준 비품으로 제공되지 않았다. 군인들은 화장실이 아닌 어딘가에서 볼일을 보는 경우가 많았고, 군복을 깨끗하게 세탁할 수도 없어서 이가 만연했기 때문에 질병에 걸리는 일이 흔했다.

독일군은 얼마 전에 있었던 덴마크와 오스트리아와의 전쟁에서 군사 의료에 관한 경험을 새롭게 축적했다. 그래서 그들은 의대생을 징집해 전문 의료 지식을 쌓았는데, 징집된 의대생들은 나중에 예비군 군의관이 되었다. 따라서 독일군은 경력이 많은 의사를 모집해야 했던 다른 나라에 비해 군대 안에 더 높은 수준의 의료진을 보유했다. 군의관은 베를린에 있는 중앙위원회에 의해 조직되었으며, 독일군은 동원된 군인 290명당 한 명의 의사가 있음을 자랑했다. 전쟁이 시작될 때 독일군은 3853명의 군의관을 보유하고 있었으며, 그 수는 이후 5548명으로 늘어났다. 그리고 거의 6천 명에 달하는 의료 보조원과 3천 명의 간호사가 이들과 함께 활동했다. 독일의 각 군단에는 총 21명의 의사와 약 450명의 들것 운반원으로 구성된 3개의 의무분견대와 12개의 소규모 야전병원(5명의 의사를 포함해 30명이 근무)이 있었다. 이와 대조적으로 프랑스군은 전쟁 시작 무렵에 1020명의 외과의사를 보유하고 있어서, 의사 한 명이 군인 740명을 담당해야 했다. 독일의 의료 체계에는 군 의료 서비스와 자원봉사자가 모두 포함되어 있어 이들 사이에 끊임없이 마찰이 일어났다. 25세의 프리드리히 니체는 군 병원에서 자원봉사 인력으로 일했다(그러다가 디프테리아와 이질에 걸렸다).

그밖에 영국, 벨기에, 네덜란드, 이탈리아, 러시아, 특히 스위스에서 의료 지원이 왔다. 영국 국립협회위원회Committee of the British National Society는 10명의 의사와 5명의 간호사(나중에 의사 62명과 간호사 16명으로 증원되었다)를 프랑스군과 독일군 양쪽에 동등하게 나누어 파견했다. 외과의사들은 군 병원의 환자를 지원하기 위해 하루에 1파운드를 받았다. 영국-미국 연합구급대의 수석 외과의였던 아일랜드인 윌리엄 맥코맥William MacCormac은 메스, 파리, 스당에서 활동했다.

교전 국가가 아닌 곳에서 온 의사들의 존재가 현장에서 약간의 마찰을 일으킨 것은 놀라운 일이 아니었다. 프로이센 왕세자는 "여기에 오는 영국인 의사와 구급대원들이 대부분 처음에는 독일어를 전혀 할 줄 모르며, 게다가 주임 의사의 지시에 귀를 기울이지 않고 독자적으로 행동하려고 고집하는데, 이는 매우 짜증나는 일이다. 결코 일어나서는 안 되는 일이다"라고 항의했다.[5] 물론 이런 불평은 드물었다. 에마뉘엘 도메네크Emmanuel Domenech 신부는 부상자의 사망률이 30~50퍼센트에서 10퍼센트로 감소했는데, 이는 외국인 의사들 덕분이라고 말했다.

전쟁이 시작된 이래로 새로운 무기가 더 큰 부상과 더 심각한 신체 손상을 야기한다는 것은 분명했다. 프랑스 샤스포 소총의 경우, 총알이 들어간 신체 부위의 입구에는 작은 구멍이 있었지만, "총알이 회전하면서 뚫고 나간 곳에는 트럼펫 입구 모양으로 넓게 펼쳐진 상처가 만들어졌다."[6] 미트라이외즈 기관총은 아주 빠르고 무차별적으로 사람을 살상했다. 포탄과 그 파편은 병사들에게 끔찍한 상처를 입혔다.

병사들은 전장에서 전우들이 어떻게 속절없이 쓰러지는지를 목격했다. 그토록 많은 사망자와 부상자를 직접 본 것은 그들에게 깊은 충격을 남겼다. 로젠탈H. Rosenthal은 1871년 1월 21일에 집으로 보낸 편지에서 이렇게 썼다.

그때 쓰러진 많은 사망자와 부상자를 다시 한번 생각해보면, 전장에서 우리가 건너야 했던 피 웅덩이에 대해 몸서리치면서 생각해보면, 그리고 그때 하늘을 울렸던 모든 신음과 울부짖음을 떠올리면, 이 끔찍한 세상에서 살아남고자 하는 나의 모든 활력과 의지가 다 사라집니다.[7]

또다른 병사는 8월 16일에 《코부르거 차이퉁Coburger Zeitung》에 실린 편지에서 처음으로 "부상당한 사람, 그 가운데 몇몇은 신체가 끔찍하게 훼손된 채 죽도록 비명을 지르고 있는 사람들"을 목격했을 때 큰 충격을 받았다고 썼다.[8] 한 병사는 전투가 끝난 후 그 격전의 현장을 가로지

르는 것은, "당신이 경험할 수 있는 가장 고통스러운 일이며, 전투 자체보다 더 힘든 일이다"라고 썼다.⁹

뵈르트 전투에서 싸웠던 한 참전용사는 일기에서 당시의 고통을 지나쳐보려고 노력했다. 그는 이런 기록을 남겼다. "걸음을 옮길 때마다 새로운 비참함을 보지만, 전쟁과 위험을 겪으면서 당신의 마음은 굳는다. 당신은 어떻게든 불행한 동지가 처한 상황을 완화하기 위해 할 수 있는 모든 것을 다 해보지만, 모든 비극적 상황은 다른 어느 때보다 빨리 지나간다. 거기에는 좋은 면도 있다."¹⁰ 여기서 과연 무엇이 좋은 면인지는 분명하지 않다. 영국 특파원 아치볼드 포브스Archibald Forbes는 스당에서 목격한 부상자들을 다음과 같이 묘사했다.

> 우리는 마크마옹이 어디에 부상당한 채 누워 있는지, 그리고 마을이 얼마나 많은 군대로 가득 차 있는지 보았다. 그들은 촘촘하게 밀집한 채 도처에 들어차 있었다. 부상자 중 일부는 교회나 주택, 공공건물에 수용되어 있었고, 그렇지 않은 다른 사람들은 누구의 주목도 받지 않은 채 건물들의 안마당에 방치되어 있었다. 사방에 죽은 자들이 누워 있었다. 살아 있는 사람들이 밟고 다니는 도랑에, 해자 외곽의 질퍽질퍽한 늪지대에, 요새의 경사면과 성벽을 통과하는 좁은 길에 널려 있었고, 그들 중 일부는 교회 앞 계단에도 누워 있었다. 결코 잊을 수 없는 광경이었다.¹¹

전투 현장에서도 응급처치가 이루어졌다. 프로이센 군인들은 각자 구급상자를 가지고 있었지만, 다른 응급처치 도구도 사용할 수 있었다. 오를레앙에서 전투가 진행되는 동안, 한 부상자가 라스베르크에게 간신히 매달려 있는 자신의 손가락을 잘라달라고 부탁했다. 그는 "아주 끔찍할 거야"라고 대답하고는 그 잘린 손가락을 던져버렸다. 병사는 그 손을 감싼 채 동료 대원들과 합류하기 위해 달려갔다.[12]

전선의 배후 지역의 경우, 병들고 부상당한 사람들은 후방의 독일이나 프랑스 남부 지방으로 보내졌다. 프랑스는 우선 철도를 통한 대피 시스템을 급하게 고안해야 했다. 프레이시네는 부상당한 병사를 몇 개 노선을 따라 전선에서 남부 지방으로 이송하도록 하는 지침을 개발했다. 오를레앙 주변에서 부상당한 병사는 마시프 중앙역을 지나 생테티엔과 클레르몽페랑에 들른 다음 지중해 연안으로 향하는 5호 노선을 따라 이송되었다. 독일의 철로 시스템에는 칸막이로 나뉜 객차 대신 칸막이가 없는 개방형 특별 열차가 포함되어 있었다. 한 기자는 "지나치게 주제넘은 표현일 수 있지만, 당신은 아마 한 번 부상당해서 이런 이송 제도의 혜택을 누리고 싶어했을지 모르겠다. [이 열차로] 휴머니티의 진정한 승리를 경험할 수 있다"라고 열광했다.[13]

병원에 도착한 부상병은 냉혹한 환자 분류 조치를 받았다. 스트라스부르 군병원의 외과의사인 앙리-에티엔 보니스는 9월 초의 특히 힘들었던 어느 날을 다음과 같이 기록했다.

나는 첫 번째 부상병을 덮고 있던 시트를 들추었다. 그는 포병대원이었다. 그의 오른쪽 다리는 포탄 파편으로 거의 잘린 상태였다. 다리는 그의 옆에 있었고, 여전히 표준형 군화 안에 들어 있는 채로 살점 조각으로만 몸에 붙어 있었다. 나는 그를 수술실로 데려가 절단 수술을 마쳤다. 두 번째 부상자는 앳된 티가 완연한 기동대 대원이었다. 그의 두개골은 으깨졌고, 얼굴은 피투성이였으며, 눈동자는 희미했다. 관자놀이에는 상처가 벌어져 있었는데, 그 상처의 바닥에서는 그가 호흡할 때마다 뇌 조직이 겉으로 올라왔다. 파편이 뇌수 안에 들어 있었다. 그는 곧 사망할 것이다. 사제가 들것 앞에 무릎을 꿇고 서둘러 [임종 의식을] 집행한다. 세 번째 환자는 이미 죽은 상태였다. 나는 그의 상처를 보지도 않는다. 시간이 촉박하다. 이 사람은 가슴에 총상을 입어 거의 숨을 쉬지 못하고 있었다. 넘어가자. 할 수 있는 게 없다. 구석에서 나는 거친 소리는 뭐지? 나는 그쪽을 쳐다본다. 그는 허벅지가 으깨져 있다. 총알이 뒤쪽에서 골반 깊숙이 들어갔다. 그런데 이건 상처가 아니다. 형태도 없고 상처 부위를 지칭할 이름도 없다. 그저 무언가 뛰고 있는 근육과 아직 살아 있는 내장의 고리, 천 조각, 지푸라기와 똥 조각, 약간의 뼈 같은 것이 뒤섞여 있다.[14]

수술을 받도록 선택된 사람들은 종종 자신의 신체 일부가 절단되는 문제에 직면했다. 어떤 의사들은 보수적인 접근 방식을 선호했던 반면, 다른 의사들은 생명을 구하고 외과의가 거의 통제할 수 없는 부위에서 위험 요소를 확실하게 제거하기 위해 원칙적으로 절단 수술을 시행했다. 보니스는 "절단하라, 항상 절단하라"라는 말을 회상했다.[15] 독일군은 프랑스군보다 규모가 더 크고 더 잘 조직된 의료 부대를 보유하고 있었다. 그래서 그들은 부상자들에게 더 많은 주의를 기울일 수 있었기 때문에 신속하게 신체를 절단하기로 결정하는 경향이 적었다.

1870년에는 최신 살균 기술들이 뒤섞여서 사용되었다. 루이 파스퇴르의 세균 이론 연구는 1865년까지 영국의 외과의 조지프 리스터Joseph Lister에게 전해졌고, 리스터의 살균 이론은 1867년에 영국의 의학 저널

《랜싯Lancet》에 게재되었다. 1870년까지 리스터는 여러 차례 살균/항균 수술 실험을 통해 절단 수술 후유증으로 인한 사망률을 50퍼센트에서 15퍼센트로 낮추었다. 독일에서는 외과의들이 페놀 스프레이를 이용해 수술 부위와 수술 도구를 살균 소독했다. 그러나 프랑스에서는 리스터의 살균 소독 기술이 거의 사용되지 않았다. 프랑스 의사들은 위생에 대해 말할 때, 병동의 과밀화를 방지하고 의료 용품을 제대로 공급하는 것은 언급했지만, 살균 소독에 대해서는 토론하지 않았다. 그런데 전쟁이 계속되면서 리넨과 클로로포름, 퀴닌, 그리고 훈련된 의사 인력까지 모든 것이 부족했다. 결과적으로 프랑스에서는 절단 수술로 인한 사망률이 75퍼센트가 넘었다(손가락, 발가락을 포함한 1만 3천 건의 절단 수술에서 1만 건의 사망자가 발생했다).

군인들도 근대화된 대포가 초래한 끔찍한 상처로 인해 충격을 받고 고통스러워했다. 스트라스부르의 군인건강서비스학교를 이끌었던 프랑수아 퐁세François Poncet는 당시 상황을 다음과 같이 설명했다.

> 엄청난 폭발에 타격을 받은 남자, 두 다리가 날아가거나 으깨진 채 바닥에 쓰러져 죽어가고 있었다. … 그의 얼굴은 시체와 같이 창백했고, 표정은 일그러진 채 움직이지 않았으며, 눈은 감겨 있거나 초췌하게 한곳만 멍하니 응시하고 있는 병약한 모습이다. 침이 흘러서 [그의] 수염을 얼룩지게 한다. … [그의] 가슴은 차갑거나 끈적끈적한 땀으로 뒤덮여 있었다(관자놀이와 마찬가지로). 그의 사지는 … 무감각하고 차가웠다. 맥박은 가볍고 느리고 가늘었다. … 이것은 죽음의 고통이나 죽음 자체의 이미지다.[16]

풍세가 쇼크사의 위험에 대처하기 위해 할 수 있는 일은 환자에게 따뜻한 물을 제공하고 알코올을 붓고 따뜻한 벽돌과 함께 담요에 싸는 것뿐이었다. 외과의는 부상 환자가 쇼크 상태에 빠져 있으면 절단 수술을 실시할 수 없었지만, 그런 경우엔 어쨌든 그 환자는 피를 너무 많이 흘려 목숨을 잃을 위험이 있었다.

두부 외상은 추가적인 도전 과제를 제기했다. 프로이센-프랑스 전쟁 중 사용된 총알은 크기가 크고 속도는 비교적 느려서 머리에 파괴적인 상처를 입혔다. 이 때문에 의료 연구진이 뇌의 손상 부위를 세밀하게 관찰하는 데 어려움을 겪었다.

부상당한 남성들은 수술 후 몇 주 동안 병원에 입원해 있으면서 회복했다. 대륙을 여행하는 도중에 맥마이클은 브뤼셀의 수도원과 귀족 저택에 흩어져 있던 임시 병원들을 방문했다. 그 병원들에서는 벨기에 적십자사의 재정 지원으로 약 500명의 부상자(프랑스인과 독일인)가 치료받고 있었다. 지원받은 치료비는 하루에 약 1천 프랑이었다. 러시아, 이탈리아, 스위스의 관심 있는 민간인들은 리넨, 붕대, 베개, 의류, 매트리스, 신발, 포도주, 감자, 책, 드레싱을 상자에 담아 브뤼셀의 야전병원으로 보냈다. 맥마이클은 "우리 공동의 인류애를 실현하기 위해 함께 노력을 기울이는 와중에 국적은 전혀 문제가 되지 않았다"라고 적었다. "프랑스인과 독일인은 똑같이 보살핌을 받았고, 많은 사람의 얼굴에서 나오는 감사의 표정은 그들이 얼마나 따뜻하게 간호를 받았는지를 말해주었다."[17] 벨기에에 있는 오스트리아 백작의 저택이었던 오텔 드 그륀Hôtel de Grunne에서 아이언멍거와 맥마이클은 불구가 되거나 부상당한 병사들을 보고 눈물을 흘렸다. "여기에는 프랑스 장교가 몇 명 있었는데, 그들 중 일부는 귀족 출신이었다. 우리가 들어서자 그들은 다친 몸을 최대한 일으켰다. 그들 외에도 모든 계급에 속하는 프로이센, 바이에른, 프랑스 병사가 많이 있었다."[18]

그들이 입은 상처는 단순하지 않았다.

거기에 있던 어떤 사람들은 총알이 양쪽 뺨을 관통했다는 것을 얼굴로 말해주었으며, 또 어떤 사람들은 대포의 포탄이나 파편에 맞아 팔다리가 날아갔다. 그 표정을 쉽게 잊을 수 없는 한 불쌍한 사람은 보몽 전투에서 양손이 파편에 잘려서 그루터기만 남은 두 팔을 우리에게 내밀었다. 그의 표정은 애처롭기 그지없었으며, 마치 "이제 나는 어떻게 살아야 할까요?"라고 말하는 것 같았다. 그나마 우리는 그에게 의수 한 쌍이 제공될 것이라는 소식을 듣고 기뻐했다.[19]

그들은 "다리를 잃은 젊은 바이에른 병사"도 만났다. "그는 겨우 스무 살이었고 비교적 행복한 얼굴을 하고 있었다. 그는 보통 사람처럼 자연스럽게 앉는 것이 어려워 보였지만, 우리의 생각은 그가 떠나온 집을 향하고 있었다. 거기서는 아마도 연로한 어머니가 불구가 된 아들 때문에 슬퍼하고 있을 터였다."[20] 패혈증과 농혈증으로 고통받던 20명의 환자는 10일에서 40일 동안 치료를 받아 회복되면 그들을 치료한 의사들과 우정을 쌓을 수 있을지 모른다. 하지만 이 환자들이 회복되지 않았을 때, 그들의 슬픔과 상실감은 이들을 돌본 사람들에게 더욱 큰 충격을 주었다.

맥마이클은 자신이 병원에서 목격한 부상들이 "근대적인 전쟁 도구가 인간의 연약한 신체에 가할 수 있는 온갖 상처"를 보여주고 있는 것에 대해 경악했다.[21] 사람들은 종아리와 허벅지, 두 팔이 절단되는 고통, 그리고 눈이 멀고 신체가 변형되는 고통을 겪었다. 그럼에도 불구하고 (분명히 극심한 고통과 정신적 고뇌를 과소평가한 기록들에서) 그들은 고통을 견뎌냈고 심지어 쾌활하기도 했다. 한 젊은 남성은 자신의 몸에서 떼어낸 뼛조각을 일종의 트로피처럼 보여주었다. 자신의 신체가 두 부분으로 암울하게 분리된 모습이었다. 어떻게 해서든 회복에 필요한 시간을 견디기 위해 환자들은 도미노 게임, 체스, 스케치 등에 몰두했으며, 방문객들이 가져온 담배를 감사하게 받아 피웠다.

맥마이클은 프로이센 병사들이 브뤼셀에서 부당한 대우를 받았다는 소문이 아무 근거 없는 허위 사실이라는 점을 강조했다. 프랑스군에 비해 차별로 보이는 처우가 있었다면, 식단 차이로 인한 것이었다. 벨기에 식단은 프랑스 식단과 비슷했지만, 프로이센인은 이에 익숙하지 않았기 때문이다. 맥마이클은 당시 무언가 불만족스러운 상황이 있었다면, 그것은 국가적 원한이나 편견보다는 자원과 물류 공급의 한계 때문이라고 보았다. 그는 이 상황이 합리적으로 설명될 수 있다는 것을 보여줌으로써 차별 대우에 관한 소문을 불식시키려고 애썼다.

방문객을 맞이할 때 프랑스 병사들은 그들이 영국인이라는 것을 알고는 무척 반가워했다. 그들을 전쟁터에서 병원으로 옮겨온 것이 바로 영국인 구급대원들이었기 때문이다. 전반적으로 프랑스와 독일인 모두 영국인 방문객에게 긍정적인 태도를 보였다. 유일한 문제는 맥마이클의 친구가 입었던 외투였다. 그 옷은 우연히 프로이센 군대의 복장과 비슷한 모양과 색상으로 제작되었기 때문이다. 이 때문에 그 친구는 임시 병동을 지나다닐 때 간혹 프로이센인으로 오인되기도 했다.

적십자 병원뿐만 아니라 군인들이 개인적으로 쓴 편지에서도, 병들고 부상당한 프랑스인과 독일인의 국적 차이는 아무 문제가 되지 않았다. 비슷한 사례는 더 있었다. 독일인들이 부상당한 독일인과 포로가 된 프랑스군 모두를 돕기 위해 기부금을 낸 것이다. 그런데 언론은 다른 이야기를 전했다. 독일의 민족자유주의 언론은 독일 군인들의 고통을 통일의 상징이라고 부각시켰다. 역사가 크리스티네 크뤼거Christine Krüger의 말에 따르면, 언론은 "독일 군인들이 흘린 피가 풍성한 국가적 수확을 위한 밑거름, 또는 새로 건설된 국가를 위한 견고한 '시멘트'가 될 것"이라고 주장했다.[22] 프랑스 언론도 알자스와 로렌의 상실을 '절단'이라는 은유로 표현했다.

독일 신문들은 독일 병사들의 고통을 은유적으로 표현한 것 외에는 전투와 새로운 무기로 인한 가공할 만한 폭력의 정도에 대해서는 거의 묘사하지 않았다. 그들은 전투 장면을 묘사한 판화를 게재했을 때, 현대식 무기가 신체에 가하는 잠재적인 파괴력을 최소화해서 표현했다. 그래서 집에 있는 독자들에게는 전쟁이 수반하는 위험이 그렇게 커 보이지 않을 수 있었다. 전쟁이 주는 위험에 대한 이런 인상은, 언론에 잘 보도된 바와 같이 의료 서비스의 실질적인 개선으로 부상자의 사망률이 줄어들었다는 사실에 의해 강화되었다.

이처럼 독일 언론은 총알과 포탄 파편으로 인한 고통을 가능한 한 축소해서 보도한 반면, 프랑스군을 위해 복무한 9천 명의 튀르코[알제리인 용병)들이 가한 고통에는 지대한 관심을 기울였다. 이들 북아프리카 식민지 출신 병사들은 이성이 아니라 본능에 의해 움직이는 '짐승'으로 묘사되었다. 기자들은 튀르코들이 부상당하거나 사망한 병사들의 신체를 난도질했다는 소문을 공개적으로 언급했다. 기자들은 스당 전투 이후에는 프랑-티뢰르와 파르티잔들이 초래한 위험성에 초점을 맞췄다. 그리고 파르티잔도 튀르코처럼 독일군 부상병과 전사자의 시신을 훼손했다는 비난을 퍼뜨렸다.

나아가 독일 언론은 현대 무기의 파괴적 능력을 고려할 때 미래의 전쟁이 어떤 모습으로 전개될지를 묘사했다. 독일 언론에서, 국가자유주의 진영의 다수는 무기의 기술적 발전이 사실상 전쟁을 인간답게 만들 것이라고 주장했다. 뷔르템베르크의 민족자유주의 계열 신문인 《슈베비셔 메르쿠어Schwäbischer Merkur》에서 한 관찰자는 이렇게 적었다.

메스 전투에서 너무 커다란 살상이 이루어졌다는 인상을 받음으로써, 당신이 후장식 소총과 샤스포 소총, 미트라이외즈 기관총, 후장식 대포 등 완성도 높은 현대식 무기가 전투에서 과거보다 훨씬 더 많은 피를 흘리게 만들었다는 결론에 도달한다면, 그것은 잘못이다. … 아니다, 그 무기들이 온갖 공포심을 자극하기는 하지만 사상자 수는 오히려 감소하고 무기들이 조국에 가져다주는 이점은 증가하고 있다.[23]

그러나 민주 진영 언론들은 이 신무기들이 상상을 초월하는 파괴를 야기할 것에 대해 우려의 목소리를 냈다. 《뷔르템베르크 베오바흐터 Württemberg Beobachter》는 8월 31일자 신문에서 이렇게 예견했다.

수천 명을 학살하는 이 무기는 … 괴물로 변신했다. 굶주림을 충족시키는 것이 불가능할 그런 괴물 말이다. 우리의 무기는 너무 정교해져서 더이상 바랄 것이 없을 정도다. 그럼에도 불구하고 그것들은 또다시 상당한 수준으로 개선될 것이다. 우리의 대포, 유산탄(다량의 쇠구슬을 넣은 인명 살상용 포탄), 미트라이외즈 기관총, 후장식 대포는 이미 인간의 신체에 너무 심대한 해를 끼치고 있어서 어떠한 강대국의 병력도 4주가 지나기 전에 서로를 완전히 무력화할 수 있을 것이다. 그런데 만약 무기 기술이 추가로 개선된다면, 그리고 만약 현재 우리의 작전 속도를 유지하면서 전쟁이 이미 초래한 것보다 적어도 3분의 1 정도 더 많은 인명을 손상한다면, 과연 어떤 상황이 벌어질까?[24]

1870년 전쟁이 초래한 정신적 외상에 대한 증거는 찾기가 어려운 탓에 얼마 안 되는 상황이다. 정신적 외상을 입은 사람의 고통이나 다른 이들의 고통을 전달하고자 하는 작가들은 그 순간의 고통을 묘사했을 뿐, 그 이후에 오래도록 남아 있는 고통은 다루지 않았다. 예를 들어 스트라스부르에서 나흘 동안 파편 더미에 묻혀 있던 한 남성은 "파묻혀 있던 첫날 내 머릿속을 스쳐 지나간 생각을 도대체 어떻게 설명해야 할지 모르겠다. 처음에는 소리 없이 분노에 차 있다가 점차 전반적인 낙담으로 넘어갔다. 그러다가 아주 조금씩 정신이 돌아왔다. 사실 나는 처음에는 완전히 정신을 잃었던 것이다"라고 회상했다. 시간이 지나면서 그는 서서히 집중력을 회복해 지하실로 내려올 때 가지고 온 등유 램프를 떠올렸고, 잔해를 치우면서 천천히 탈출구를 파는 데 성공했다. 훗날 그는 자신이 겪는 지속적인 정신적 트라우마는 언급하지 않고, 단

지 집과 가게를 잃은 후 겪고 있는 재정적 어려움만 언급했다.[25]

그러나 1870년대 초 일부 전문가들은 전쟁이 장기적인 심리적 트라우마를 유발했다고 주장하기 시작했다. 프랑스 정신과 감독관인 뤼제르 뤼니에Ludger Lunier는 1870년 7월 1일부터 12개월 동안 정신병원에 수용된 남성(민간인과 군인)의 18퍼센트와 여성 입원자의 13퍼센트가 전쟁 트라우마와 관련이 있다고 주장했다. 이들을 사로잡았던 트라우마에는 독일군의 침공, 사랑하는 사람의 상실, 포위에서 살아남기, 파리 코뮌을 포함한 정치적 격변 등이 포함되어 있었다.

보니스도 스트라스부르의 여성(여성만 해당)들에게서 "심장 두근거림(심계항진), 실신, 불면증, 악몽, 미열, 복통"과 때로는 "정신적 소외"를 포함한 각종 신경 증상을 확인했다. 그는 이러한 증상이 포위 공격의 경험에서 유발되었다고 보았다. 특히 "이러한 불안과 끊임없는 괴로움의 상태, 교대로 반복되는 휴식과 소음, 희망과 낙담, 언제 떨어질지 모르는 포격과 화재가 특히 어떤 여성들에게는 때때로 광기에 가까운 신경증 상태를 유발했다."[26] 훗날 일부 의사들은 이런 종류의 질병을 '지하실 병maladie des caves'이라고 불렀다. 프랑수아 퐁세 역시 심리적 손상, 즉 그가 도덕적 섬망le délire moral이라고 부른 증상인, 감정이 지나치게 강하게 분출될 때 나타나는 환각에 대해 우려했다. 하지만 그는 명백한 원인이 없는 신체질환에 대해서는 기술하지 않았다.

전쟁이 정신적 외상을 일으킬 수 있다는 이러한 암시는 전쟁과 같은 환경 요인이 정신 장애의 원인이 될 수 있다고 주장한 19세기 초반 정신과학의 연장선상에 있었다. 이것은 유전적 퇴보가 정신질환의 원인이라는 세기말의 새로운 해석과 상반되는 것으로, 전쟁에서 입은 외상적 장애, 특히 세계대전의 참호 안에서 생겨날 '포탄 충격' 개념에 새롭게 관심을 기울이게 될 것을 예고했다.

포위된 도시가 함락된 후 군대는 다른 곳으로 이동했지만 민간인과 병사와 부상자는 그곳에 남았다. 점령된 메스에서는 10주간의 포위 공격이 감행된 후 20만 명의 인구 중 4만 3천 명의 병사와 부상자가 병원과 응급센터 및 개인의 집에 흩어져 있었다. 프로이센군은 이제 기차역을 밀짚 창고로 사용해 대기실과 사무실에 짚을 쌓아두었는데, 그곳에 부상당한 프로이센 군인들이 누워 있었다.

맥마이클과 그의 여행 동료들은 11월 초 메스에 도착해 이 도시의 처참한 운명을 목격했다. 메스에는 그들이 묵을 호텔이 거의 없었다. 여행자들은 여섯 군데를 헛걸음하며 돌아다니다가 마지막으로 상업 호텔Hôtel de commerce에서 피난처를 간청한 끝에, 그곳 식당 바닥에서 잠을 잘 수 있었다. 맥마이클은 자신이 목격한 광경에 경악을 금치 못했다. 도시의 거리는 군인들과 군사 장비 더미, 철도 차량, 텐트, 짚더미들이 여기저기 흩어져 있는 "혼란이 극에 달한" 모습이었다. 사람들은 꿈에서 막 깨어난 듯 눈을 비비고 있었고, 독일 병사들은 점령의 혼돈 속에 최소한의 질서를 세우기 위해 분주하게 움직이고 있었다. 수천 명의 병자와 부상자가 거리에 누워 있었다. 프랑스 병사들은 집집마다 돌아다니며 "제정신이 아닌 표정으로 구걸했는데, 그 표정은 지금 이 순간에도 내게 생생하게 남아있는 듯하다. 그들 중 많은 이들이 정신병원에서 생을 마감하지 않는다면 그건 정말 대단한 일일 것이다. 이건 나 혼자만의 생각이 아니다." 건물들 전체가 포획된 샤스포 소총으로 가득

차 있었다. 그중 많은 샤스포 소총들은 부서지고 녹슨 채 바닥에 뒹굴고, 그 옆에는 썩은 가죽 주머니와 벨트가 쌓여 있었으며, 가끔씩 프랑스 제국 방위군의 북이 가죽이 벗겨진 채 덩그러니 놓여서 "위대한 제국이 어떻게 쓰러졌는가!"를 보여주는 듯했다.[27]

점령군 수장은 폰 쿰머Von Kummer 장군이었다. 이 전쟁에서 일반적이듯이 그는 점령군에게 위협이 되지 않는 시민들에게는 보호를 약속했고, 자신의 병사들에게는 규율을 지키라고 명령했다. 주민들은 점령군에게 숙박 시설을 제공하고 병사들에게 땔감을 제공해야 했다. 맥마이클에 따르면 메스의 여성들은 도시를 방어한 병사들을 격려했으며 "여성만이 할 수 있는 방식으로 부상자와 굶주림 또는 열병에 신음하는 병사들을 돌보았다."[28]

여행자들은 상업 호텔로 돌아와서 저녁 식사를 하기 위해 둘러앉았다. "열병과 이질이 무섭게 만연하고 있어서 저녁 식탁에도 살균액이 가득 찬 검은 병이 줄지어 있었다. 이 때문에 식욕이 전혀 생기지 않았다!"[29] 입맛이 달아나게 했지만 이 병들은 적어도 질병의 원인인 세균에 대해 새롭게 이해하고 행동하라고 안내하는 듯했다.

여행자들은 메스에 오래 머물지 않았다. 식당에 잠자리가 준비된 것은 자정 무렵이었으며 3명은 바닥에서, 1명은 소파에서 잤다. 그들은 오전 4시에 일어나 아침 식사 없이 5시 기차를 타고 전염병이 그들에게 침투하기 전에 도시를 빠져나갔다. 브뤼셀까지 480킬로미터를 가는 기차 여행은 도중에 여러 차례 연착되었다. 하지만 그들은 식사를 하자고 여행을 멈추고 싶지는 않았기 때문에 동료 승객들에게 빵과 소시지를 얻어 먹으면서 여행을 계속해서, 10시 30분에 목적지에 도착했다.

15장 고통의 날들

메스의 여성들은 많은 찬사를 받았다. 《뵈 나시오날Voeu National》(국가적 염원) 11월 10일자에는, 편집자는 그 내용이 사기라고 생각했고 특히 "결혼 이야기를 하기에는 시기가 적절치 않았다"고 책망했던 한 통의 편지가 게재되었다. 그는 "신화적으로 말해서, 전쟁의 신 마르스는 항상 사랑, 심지어 부부의 사랑까지도 몰아냈다"라고 경고했다. 그럼에도 불구하고 신문에는 다음과 같은 구혼 편지가 실렸다.

> 신체 건강한 45세의 남자, 훈장을 많이 받았고, 프랑스 남부에 5만 프랑 상당의 부동산을 소유하고 있으며, 메스의 여성들에게 친절한 보살핌을 받았던(그래서 그들의 헌신에 대해 감탄한) 남동생을 둔 기병대 대위가 메스에 사는 25세 이상의 젊은 여성이나 과부와 결혼하기를 원합니다. 룩셈부르크를 경유해 아래 기재된 주소로 연락해주시기 바랍니다. '툴루즈 우체국'.[30]

수천 명의 프랑스 병사가 전쟁 포로가 되어 메스를 떠났고, 도중에 스당과 스트라스부르, 전국의 무너진 요새들에서 끌려온 동료들과 합류했다. 프로이센-프랑스 전쟁은 한 국가가 수천 명의 전쟁 포로를 수용했던 최초의 유럽 전쟁이었다. 스당에서 패배한 프랑스군 8만 3천 명이 한꺼번에 포로가 된 것은 가장 유명한 사건이지만, 이때 포로가 된 프랑스 병사는 독일군이 포로로 삼은 전체 프랑스 병사 가운데 비교적 적은 비중에 불과했다. 독일군은 전쟁의 일부 기간 동안 최대 72만 3500명의 프랑스 병사를 포로로 삼았는데, 그중 37만 3천 명은 독일의 여러 주로 보내져서 몇 달 동안 억류되었다.

프로이센 군대는 1870년 7월에 전쟁 포로들의 처우에 관한 지침을 발표했지만, 프로이센-프랑스 전쟁 중 프랑스인 전쟁 포로들은 국제 협정에 의한 보호를 받지 못했다. 포로 가운데 압도적인 다수는 군인이었고 민간인은 아니었다. 많은 사람이 결국 살아서 고향에 돌아왔지만, 귀향은 휴전 후 몇 달이 지나서야 가능했다. 전쟁 포로 가운데 약 1만 7천 명이 사망했는데, 이는 프랑스 측에서 발생한 전체 사망자의 약 8분의 1에 해당했다.

전쟁 포로들이 처해 있던 상황은 그들이 수용소나 요새에 도착하기도 전에 이미 심각할 수 있었다. 제100보병 연대 소속 군인인 실뱅-폴 올리비에Sylvain-Paul Olivier는 8월 초에 포로가 되어 1천 명이 넘는 다른 포로들과 함께 비텐베르크를 향해 행군했다. 먹을 음식은 끊임없는 걱정거리였다. 포로들은 자신의 배낭에서 무언가 꺼내도록 허락받지 못해서 "석탄처럼 검은" 딱딱한 빵을 먹었다.[31] 밤에는 상황이 더 나빴다. 올리비에는 "너는 잠에 들기만 하면 항상 악몽을 꾼다. … 너는 떨고 있어. 너는 춥고 항상 배가 고파"라고 적었다.[32] 열차로 이동하는 포로들의 상황도 그리 다르지 않았다. 한 관찰자는 로렌을 통과하는 포로들의 상황을 이렇게 묘사했다. "우리의 불행한 포로들은 거의 신발도, 속옷도 없이, 너덜너덜하게 해진 웃옷 아래로 맨 가슴을 드러내고, 제대로 먹지 못하거나 아예 굶주린 채 12월과 1월의 가장 혹독한 추위 속에서 지붕이 반쯤 열린 화물차에 빈틈없이 가득 실려 있었다. … 아침이 되면 몇몇이 죽은 채 발견될 것이다."[33] 12월 루아니 전투 이후 오를레앙에서는 6천 명이나 되는 프랑스인 포로가 성당에 과밀하게 수용되었다.

프랑스에 우호적인 한 관찰자는 독일군이 프랑스인 포로에게 의도적으로 가혹행위를 가한 것은 파악하지 못하고, 오히려 소수의 독일군이 수만 명의 포로를 이송하는 과도한 임무를 수행하는 과정에서 의도치 않게 가혹행위가 초래되었다는 사실만 파악했다. 그리고 가혹행위가 발생한 이유는 호송부대가 포로들에게 공급할 식량과 보급품을 따로 지급받지 못했으며, 포로들이 지저분한 옷차림으로 말을 탄 프로이센 호송대 앞에서 느릿느릿 움직였기 때문이다. 그런데 독일군이 포로를 학대했다는 보고들이 고국에 전해진 이유는 아마도 도덕적인 실수라기보다는 표현상의 실수 때문이라고 설명할 수 있을 것이다.

하지만 맥마이클은 보급품 부족이 초래한 파멸적인 결과를 직접 두 눈으로 보았다. 그는 프로이센의 자를루이에서 프랑스 포로를 태운 채 독일로 향하던 가축 운반 열차를 만났다.

그 광경을 보고 우리는 속이 메스꺼워졌다. 그들은 거기에 소처럼 실려 있었고, 역에서 몇몇 여성들이 건네준 빵과 과일을 게걸스럽게 먹고 있었다. 허약하고 부들부들 떨고 있는 몸은 그들이 지금까지 얼마나 극도의 배고픔을 힘겹게 견뎌왔는지, 그리고 그들의 건강이 앞으로 그들에게 닥쳐올 길고 험난한 여정에 얼마나 부적합한 상태인지를 말해주었다. 프로이센 군인들의 조치에 대해 공평하게 말하자면, 포로들은 그들이 보유한 열차 상황이 허락하는 한 덮개가 있는 열차에 실려 호송되었으며, 가축 운반 열차는 더 나은 운송 수단이 없는 경우에만 사용되었다는 사실을 언급해야 한다.[34]

포로가 된 군인들은 소지하고 있던 편지나 소속 부대가 기재된 책자를 모두 버렸다. 포로 호송 중에 탈출할 경우, 프로이센군이 그들의 신분을 확인할 수 없게 하려는 것이었다. 그래서 그들은 자신과 사랑하는 사람, 소속 부대 동료들을 이어주는 모든 관련 물품을 잃어버렸다. 맥마이클은 "이렇게 버려진 수천 통의 편지가 사람들에 의해 습득되었는데, 우리는 그 가운데 몇 통을 얻는 데 성공했다"라고 적었다.[35]

전쟁 포로들이 프랑스 전역을 거쳐 지나가는 이동은 프랑스인들이 일찍이 보지 못한 경험이었다. 그래서 그들은 즉흥적으로 반응해야 했다. 낭시에서는 들에서 일하고 있던 여성들이 지나가는 군인 포로들을 보고 먹다 남은 빵 조각과 손수건을 던져주었다. 낭시와 북동부의 다른 도시들에 있던 여성 위원회는 포로를 실은 열차가 기차역을 지나갈 때 그들에게 전달해줄 음식을 모았다. 음식을 전달하는 일은 항상 순탄하게 이루어지지는 않았다. 낭시의 독일 사령관은 포로 호송 열차가 지나갈 때 몇 명의 여성만 역에 접근하도록 허용했다. 이는 1500명을 태운 호송 열차에 음식을 전달하기에는 충분하지 않은 인원이었다. 때때로 기차는 역에 정차하지 않고 그대로 통과했다. 기차에 접근할 기회가 주어지더라도, 열차 안에 있는 포로들에게 음식과 옷을 전달하는 것은 매우 까다로운 일이었다.

[여자들은 빵과 포도주 병이 들어 있는 꾸러미를] 긴 막대기 끝에 묶은 채 열차 위쪽으로 올렸다. 군인들이 지나가면서 그것을 풀어 내리게 하려는 것이었다. 또한 기차가 역에 들어올 때 끈을 이용해서 꾸러미를 열차 안으로 밀어 넣으려고 시도하기도 했다. 하지만 이런 시도는 절반만 효과가 있었다. 호송대의 소총 개머리판에 부딪혀서 병이 깨지고 막대기가 부러지기도 했으며, 병이 열차에 부딪혀서 깨지는 경우도 있었기 때문이다.[36]

여러 번 시도를 거듭한 끝에, 나이가 많은 한 여성이 빵과 고기로 병을 싸는 방법을 생각해냈고, 이를 통해 그들은 빵과 고기, 포도주를 전보다 훨씬 쉽게 기차 안으로 던져 포로들에게 전달할 수 있었다. 이 방법은 효과가 있는 듯했다. 하지만 저자는 "이게 무사히 전달되지 않고 머리에 맞은 사람들도 있는데 참 안된 일이었다"라고 지적했다.[37] 프랑스 포로들을 감시하던 독일군은 이 기록에서 거의 언급되지 않았지만, 기록에 나오는 "소총 개머리판에 부딪혀서"라는 언급은 누가 프랑스 여성들의 노력을 방해했는지 의문을 제기한다.

포로들은 스위스의 7곳, 점령된 프랑스의 6곳, 알자스로렌의 3곳, 벨기에의 7곳, 독일의 226곳(1807년에 나폴레옹 1세가 프로이센의 절반 영토와 인구를 합병하는 조약을 강요했던 동부의 틸지트까지 이르는)을 포함해 적어도 249곳에 마련된 수용소 중 한 곳에 도착했다. 감옥의 상황은 천차만별이었다. 올리비에는 비텐베르크에서 하루에 1~1.25프랑을 받고 노동을 할 수 있었으며, 대가로 받은 수당 대부분은 괜찮게 보이는 음식 값을 치르는 데 직접 쓰였다. 나중에 작센의 보네베르크로 옮겨간 올리비에는 주민들이 대체로 친절하다는 것을 알게 되었다. 이는 주민들이 말하듯 "자신들이 프로이센인이 아니라 작센인이었기 때문"이었다.[38] 다른 기록들은 주민들에 대해 그렇게 긍정적이지 않았다. 지중해 연안 도시 베다리외에서 온 27세의 한 자원병은 "우리가 가진 돈으로는 종종 필요한 생활 물품을 조달할 여유조차 없다"라고 썼다.[39] 또다른 관찰자는 베를린에 수용된 포로들에 대해 "그들이 먹는 음식은 끔찍하고, 많은 사람은 마른 빵만 먹는다. 그리고 그들이 입고 있는 옷은 이제 누더기일 뿐이다"라고 기록했다.[40] 소수의 관찰자들은 독일군이 전쟁 포로를 대우하는 것을 보면, 그들의 성격이 "잔혹하고, 잔인하게 부주의하며, 승리에도 불구하고 관대하지 않음"을 확인시켜줄 뿐이라고 기록했다.⁴¹

포로수용소의 수감자들은 또한 장티푸스, 이질, 특히 천연두의 확산을 부추겼다. 포로수용소는 1870년대 초반 50만 명의 유럽인, 그중 17만 6977명의 독일 민간인을 사망하게 만든 전염병 유행기간 동안 천연두를 확산시킨 핵심 요인이었다. 다양한 배경을 가진 군인들이 미처 적응하지 못한 낯선 지역에 밀집 배치되었는데, 거기서 이들은 면역력이 거의 없거나 전혀 없는 질병에 노출되고, 같은 장소에서 활동하는 많은 민간인과 자연스럽게 접촉했다. 이들 인구 집단은 영양실조와 피로, 정신적 스트레스, 외상 및 노출로 인해 면역력이 약해졌으며, 게다가 비위생적인 환경, 강제적인 인구 집중 및 과밀화, 의료 서비스 부족, 정상적인 행동 규칙의 전반적인 붕괴 등으로 인해 어려움을 겪었다.

전쟁 위기 동안 정부가 해결할 수 없거나 해결하려 하지 않는 전쟁 포로들의 필요를 채워주기 위해 자선단체들이 생겨났다. 자선단체의 일차적인 관심사는 포로와 그들 가족 간의 소통을 원활하게 해주는 것이었다. 수용된 장교들은 때때로 가족과 함께 지내도록 허가를 받았지만 대부분의 포로에게는 그런 행운이 주어지지 않았다. 국제적십자위원회는 독일이나 독일이 점령한 프랑스에 억류된 전쟁 포로의 명단을 발표했다. 랍비와 언론인을 포함해 포로를 위해 활동한 활동가들은 편지를 모아 그들에게 우편으로 보내거나, 포로들에 대한 일반적인 소식을 지역 사회에 전달했다. 당시의 여성들은 때때로 기차를 타고 그곳을 지나가는 군인들에게 종이와 연필을 슬쩍 건네기도 했다. 포로들이 부모의 이름과 주소를 적어서 그 종이를 민간인에게 돌려주면, 그들이 살아 있다는 소식이 고향의 부모에게 전해졌다.

　개인과 단체들도 포로들의 배고픔과 추위를 조금이나마 덜어주기 위해 구호품 꾸러미를 보냈다. 스위스 바젤에 있는 국제적십자위원회는 개인과 지역 적십자위원회가 보낸 소포들의 분배를 조정했다. 예를 들어 몽펠리에 위원회는 겨울 내내 포도주 33통과 5천 점에 가까운 의류를 보냈으며, 특히 귀향을 앞둔 군인들에게는 신발을 보내주었다. 이렇게 발송된 소포 꾸러미가 모두 특정 군인들에게 전달되지는 않았다. 적십자사가 보낸 소포 342개는 수취인을 찾을 수 없어 반송되었다. 나머지 소포들도 지정된 수취인에게 도달했다는 보장은 없었다. 가을이 겨울로 바뀌면서 전쟁 포로들은 전쟁이 완전히 끝날 때까지 길고 추운 날들을 견뎌야 했다.

　11월의 마지막 며칠 동안 프랑스군은 두 차례에 걸쳐 중요한 진격을 시도했다. 루아르에서 북쪽으로 파리를 향한 진격, 그리고 파리에서의 탈출. 진격을 시도한 시기는 완벽했지만, 잘 조율된 전략은 아니었다. 두 작전은 열정의 수준이 같지 않은, 훈련되지 않고 검증되지 않은 병력에 의존했고, 서로 110여 킬로미터 떨어진 곳에서 수십만 명의 독일군에 의해 분리된 채 진행되었다. 이들 작전에서 가장 빠르고 신뢰할 수 있는 통신 수단은 비둘기였다. 결국 프랑스군은 더 많은 좌절을 겪었으며, 계속되는 고통에 맞서 싸우는 데 도움이 될 새로운 신화를 만들어냈다.

　11월 중순, 프랑스군은 쿨미에에서 거둔 승리와 오를레앙 탈환을 어떻게 연계해서 활용할지를 둘러싸고 견해 차이를 보였다. 프레이시네와 강베타는 파리로 진격해서 수도 탈출 작전과 연계하기를 원했다. 반면 오렐은 프리드리히 카를이 지휘하는 독일 제2군이 메스에서 진격해오고 있다는 점을 감안할 때 파리로 진군하는 것은 불가능하다고 믿었다. 11월 12일, 프레이시네와 강베타는 오렐이 당분간 참호와 창고를 짓는 등 오를레앙에 있는 그의 작전 기지를 강화할 수 있다는 데 동의했다. 더 많은 병력, 구체적으로는 새로 3개 군단으로 구성된 총 20만 명이 아직 오고 있는 중이었다. 방돔에 있는 제17군, 지앵에 있는 제18군, 샤토에 있는 제20군. 프레이시네는 전투 개시를 간절히 기다리고 있었지만, 오렐은 병사들이 아직 준비되지 않은 상태라는 것을 알고 있었다. 그들은 여전히 군수품 보급이 부족한 채로 과중한 부담을 안고 있었다. 11월 말, 한 주아브(알제리 주민과 튀니스 주민을 주축으로 편성된 프랑스 식민군의 보병) 병사는 "이틀 밤을 한숨도 자지 못했고, 이틀 동안 아무것도 먹지 못했다"라고 적었다.[42]

한편 프로이센군은 쿨미에에서 바이에른군이 패배한 것을 보고 솔직히 만족했다. 탄은 메스에서 온 추가 파견대(바이에른 제1군단, 프로이센 제3, 제9, 제10군단)를 거느린 새로운 군단의 사령관으로 파견되어, 메클렌부르크-슈베린 대공 프리드리히 프란츠의 지휘를 받았다. 이 군대는 샤르트르에서 서쪽, 르망 방향으로 이동했다.

이제 독일 제2군이 맡은 역할이 바뀌었다. 그들은 투르로 진군하는 대신 오를레앙에서 파리로 가는 도로를 방어해야 했다. 이것은 프리드리히 카를에게 어려운 임무였다. 프랑스 분견대가 이 방어전선 어디에선가 나타나 프로이센 수비대를 괴롭힌 후 사라질 수 있었기 때문이다.

그래서 그들은 몇 주 동안 낙담에 빠져 있었다. 보급품이 너무 부족해서 낡은 군화를 교체할 수도 없었다. 그런데 프랑스 주력 부대는 모습을 드러내지 않았다.

결국 몰트케는 프랑스군이 사실상 루아르 지역을 벗어나지 않았다는 것을 알아차렸다. 11월 22일, 그는 프리드리히 카를을 메클렌부르크의 군대를 포함해서 루아르 전쟁 구역을 지휘하는 총사령관으로 임명했다. 그들은 이 시점에서 전쟁 목표에 대해서 의견이 엇갈렸다. 몰트케는 파리 주변에 배치한 독일군 포위망을 보호하고, 예상되는 오렐의 공격에 대비하고 싶었다. 그래서 그는 오렐의 군대를 격퇴하기 위해 선제적으로 정면 공격을 가하기를 원했다. 프리드리히 카를은 오렐의 루아르 군대를 파괴하고 싶었는데, 그의 전략은 정면 공격이 아닌 포위 공격을 포함하는 것이었다. 만약에 이런 작전이 성공했다면 11월에 전쟁을 완전히 끝낼 수 있었을지 모른다.

하지만 이틀 후 프랑스군이 움직이기 시작했다. 11월 24일, 오를레앙에서 2주를 보낸 후, 오렐은 프레이시네의 명령에 복종하면서 마지못해 진군했으며, 주력 부대는 중앙에 배치되어 있었다. 쿨미에에서 승리를 거둔 후 지금은 오를레앙에서 파리로의 진군을 시도하는 제15 및 제16군단이 주력 부대였다. 새로 편성된 제18 및 제20군단은 오른쪽에서 오렐을 지원했다.

28일, 프랑스군의 우익은 오를레앙에서 북동쪽으로 약 48킬로미터 떨어진 본라롤랑드에서 프리드리히 카를이 이끄는 제3군단 및 제10군단의 선봉대와 만났다. 프랑스 제18군단 및 제20군단(약 5만 명)이 강력한 방어진을 구축하고 있던 포크츠-레츠 장군의 제10군단 소속 하노버군에 맞서기 위해 합류했다. 프랑스군은 수적으로 우세하고 강한 열정을 보였지만, 독일군의 규율과 대포는 하루 종일 전례가 없을 만큼 격렬한 전투 끝에 마을을 방어하는 데 성공했다. 프랑스군은 마을로 물밀듯 밀려들어 왔지만, 독일군 제38여단 병사들에 의해 격퇴되었다. 여기서 제38여단 병사들은, 역사가 데니스 쇼월터의 말에 따르면, "직조공과 공장 노동자였지, 프로이센 체제에서 그렇게 소중히 여겨지는 농장 소년들은 아니었으며, … 영양실조로 발육이 멈췄고, 노동으로 몸이 굽었지만" 견실하고 군기가 잡혀 있었다.⁴³ 오렐을 측면에서 지원하러 온 제18군단이 늦게 도착해서, 프랑스군은 하루가 끝나갈 무렵 공격을 중단해야 했다. 본라롤랑드 전투는 독일 보병이 포병만큼 잘 버틸 수 있음을 입증했다. 이것은 강인하고 잘 훈련된 독일군이 전혀 준비되지 않은 프랑스군을 상대로 거둔 승리로, 마치 전문적인 군대와 예비군 사이의 전쟁과 같았다. 프랑스군이 쿨미에에서 이뤄낸 승전의 흥분은 반복되지 않았다.

한편 파리에서는 트로쉬와 뒤크로가 서쪽으로 이동해서 포위를 돌파하려는 준비를 계속했다. 계획된 일정은 원래 11월 15일이었다. 그런데 센강의 수위가 상승하고, 투르에서 비둘기를 통해 오렐이 쿨미에에서 승리하고 오를레앙을 탈환했다는 소식이 전해지면서 하루 전인 14일에 작전이 연기되었다. 이 소식으로 고무된 파리 언론은 남쪽으로 돌파해 퐁텐블로 숲 주변에서 오렐의 군대와 합류해야 한다고 주장했다. 트로쉬는 오렐이 실제로 그렇게 기민하게 진격할 수 있으리라고 믿지 않았지만, 장관들은 그렇게 생각했다. 결국 국민방위정부는 남동쪽으로 돌파해서 오렐의 군대와 합류한다는 작전 계획을 명령했다.

뒤크로는 20일에 변경 사항을 통보받았다. 짤막한 명령에 따라 그는 원래의 작전 계획을 폐기한 후, 샹피니에서 마른강을 건너 새로운 돌파구를 마련하고, 파리의 좁은 거리를 통해 400문의 대포를 이동시키며, 8만 명의 병력과 보급품을 철도와 도보로 수송하고, 54개의 부교를 재배치해야 했다. 그리고 이 모든 것은 기습 효과를 발휘하기 위해 극도의 비밀 속에서 수행해야 했다. 사실 이는 병력과 물자 이동 배치의 측면에서 엄청난 과제였다. 병사들의 군장을 줄이기 위해 뒤크로는 배낭과 보급품, 심지어 담요까지 줄였으며, 민첩성이나 주도성을 질식시키는 지나치게 상세한 계획을 직접 작성했다. 그는 자신이 작성한 오늘의 명령서에 "나는 결심을 굳혔고, 여러분과 온 국민 앞에서 맹세합니다. 나는 죽어서든 승리한 채로든 파리에 다시 입성할 것입니다"라고 적었다.[44]

트로쉬는 11월 26일에 투르에 있는 국민방위정부에 이 탈출 작전의 세부 사항을 알리려고 했지만, 열기구가 북쪽 노르웨이로 날아가는 바람에 메시지는 30일까지 목적지인 투르에 도착하지 못했다. 프레이시네는 그날 늦게 전쟁위원회를 소집했다. 이 파리 탈출 작전을 돕기 위해 지원군이 신속하게 올 수 있었다면, 프랑스에게 절실한 파리의 해방이 성취될 수도 있었다. 이 무렵 파리 내부에서 추진되는 돌파 작전은 이미 (아마도) 개시된 지 24시간 정도 지나고 있어서, 루아르 전장에서 오는 즉각적인 지원이 필요했다. 프레이시네는 오렐에게 피티비에를 공격하기 위해 약 17만 명의 병력을 진군시키라고 명령했다. 제15군단과 제16군단은 서쪽으로부터, 제18군단과 제20군단은 동쪽으로부터 진군해서 피티비에로 오고, 두 부대는 파리에서 남쪽으로 내려오고 있는 군대와 합류하기 위해 거기서 퐁텐블로 숲으로 진군해야 했다.

그런데 오렐은 이 작전 계획에 동의하지 않았다. 그의 부대가 유지하고 있는 얇은 전선 뒤에는 예비 병력이 전혀 없었기 때문이다. 오를레앙 숲은 오른쪽에선 이동하기 어려운 환경이었는데, 제20군단은 그런 환경을 극복하고 진격을 허용할 장비를 갖추고 있지 않았다. 하지만 프레이시네는 고집을 꺾지 않았다. 먼저, 오를레앙 숲 왼쪽에 위치한 앙투안 샹지Antoine Chanzy 장군의 제16군단은 오렐 군대의 측면을 보호하기 위해 북쪽을 공격해야 했다. 그들은 12월 1일에 앞으로 진군해 빌피옹에서 바이에른 제1군단과 충돌했다.

프랑스군은 사기가 떨어진 바이에른군을 상대로 잘 싸웠다. 바이에른군은 이때까지 질병으로 2만 1천 명을 잃었고 전투에서 7천 명의 사상자가 발생했지만, 보충 병력이 도착하는 데 시간이 오래 걸렸고 장교도 부족해졌다. 디트리히 폰 라스베르크는 많은 동지와 마찬가지로 이제 전투에 대한 열정을 잃었으며 자신이 이렇게 집에서 멀리 떨어진 곳에서 도대체 무엇을 하고 있는지 의아해했다. 11월 26일, 거의 2주간을 행군한 후 그는 다음과 같이 기록했다.

발에 군화를 제대로 신은 병사는 얼마 되지 않았고, 어떤 병사들은 나무 신발을 신었고, 어떤 병사들은 여자 신발을 신었으며, 또 어떤 사람들은 슬리퍼를 신었거나, 가죽이나 천 조각으로 겨우 발을 감쌌다. 다양한 색상과 크기의 담요와 프랑스 군인들이 입었던 군복 조각들(특히 거의 모든 군인과 장군에 이르는 모든 장교가 입고 있던 모자가 달린 실용적인 회청색 샤셰르 코트)은 습한 추위를 막고 종종 임시 숙소에서 밤을 보낼 때 체온을 보호해주었다. 우리의 얼굴은 창백하고 쇠약해졌으며, 엄청난 긴장, 그리고 적과 진지하게 마주치지 않으면서 거의 원을 그리며 계속되는 행군으로 인해 사기가 떨어졌다. … 우리의 대열은 질병 탓에 놀라울 정도로 줄어들었고, 한 중대에서 15명, 심지어 20명이 기진맥진해 대열에서 낙오되는 일이 드물지 않았다. 이렇게 낙오된 자들은 밤에 마차를 타거나 걸어서 이동했다.[45]

7월에는 열정적이었다가 10월에 접어들어 점차 지루해진 병사들의 사기는 점차 우울감과 침울함에 빠져들었다.

11월의 마지막 날은 한 달 동안 밤낮으로 행군한 끝에 맞이한 본격적인 첫 번째 겨울날이었다. 사기가 떨어진 바이에른군은 점령한 마을을 요새화하는 데 실패했는데, 포병 덕분에 겨우 살아남았다. 그들은 하루 동안 후퇴했다가, 빌피옹 성에서 마지막 저항을 시도했지만, 장 조레기베리Jean Jauréguiberry 제독이 이끈 프랑스군의 공격으로 격퇴되었다. 루아르 군대의 두 번째 승리였다.

같은 날 강베타는 파리에서 탈출하는 데 성공한 한 부대가 에피네를 점령했다는 보고를 받았다. 그는 그 소식이 파리에서 남쪽으로 약 20킬로미터 떨어진 에피네쉬르오르주를 말하는 것이라고 생각했다. 만약 사실이라면 그것은 진정한 성공이었다. 그는 승리 소식에 환호하는 선언문을 발표했다.

잠시 가려져 있던 프랑스의 천재성이 다시 드러나고 있다! 프로이센인들은 이제 자신의 변덕을 만족시키기 위해 싸우는 전제군주와 멸망하지 않겠다는 결의로 무장한 국민의 차이를 판단할 수 있을 것이다. … 프랑스와 온 세계는 파리가 온갖 어려움을 겪으면서도 영웅적인 혁명 정신에 충성을 지키는 모범을 보이고, 혁명 정책을 가르쳤으며, 이를 통해 도덕적 우월성을 확립했다는 사실을 결코 잊지 않을 것이다. 파리 만세! 프랑스 만세! 분할될 수 없는 단일 공화국 만세!⁴⁶

이런 기쁨은 오래가지 못했다. 강베타가 상황을 잘못 파악한 것이었다. 그가 받은 메시지는 파리 북쪽, 생드니 근처에 있는 에피네쉬르센에 대한 것이었으며, 강베타가 추정한 곳이 아닌 곳에서 거둔 미미한 승리였다. 사실 파리에서의 탈출은 저지되었다. 뒤크로의 공격은 11월 29일에 개시될 예정이었지만, 마른강의 홍수로 인해 하루가 지연되었고, 추가로 부교를 설치할 필요가 있었다. 철도 이동과 주의를 산만하게 하는 기만 공격, 프랑스군의 붉은 바지는 프랑스군의 의도를 노출시켰다. 하루가 더 경과하면서 독일의 왕립방위군과 작센 제12군단은 프랑스군과 맞서 싸울 위치로 이동할 수 있었다.

그러나 파리 시내에서는 시민들이 프랑스군이 포위를 돌파했다는 소식을 고대하고 있었다. 쥘리에트 아당은 새벽에 창문에서 진군을 알리는 북소리를 들었다. 한 친구는 뒤크로가 병사들과 함께 오페라 광장에서 출발하는 것을 목격했고, 아당은 파리 봉쇄를 뚫으려는 마지막 시도가 어떤 결과를 가져왔는지 숨죽이고 기다렸다. 뒤크로가 이끄는 7만 명의 병력은 11월 30일에 마른강을 건너 동쪽의 샹피니쉬르마른으로 향했다. 프랑스군은 파리를 거점으로 삼아 대규모 공격을 성공적으로 감행할 수 있음을 입증했다. 하지만 그들은 독일군의 포격망을 돌파할 수 없었다. 그날의 전투에서 프랑스군은 샹피니 마을을 점령해서 독일군을 동요시켰지만, 사실 그들은 독일군의 1차 방어선조차 돌파하지 못했다.

다음날인 12월 1일은 양측이 전사자들을 매장하기로 합의한 휴전의 날이었다. 12월 2일 독일군은 반격을 가했지만 프랑스군이 차지한 위치를 탈환하지 못했고 다음날로 예상되는 프랑스군의 공격에 대비했다. 그러나 뒤크로는 병사들을 더이상 공격으로 밀어붙일 준비가 되어 있지 않았다. 그들은 지쳐 있었고 날씨는 추웠다. 영하의 날씨인데도 병사들은 며칠 동안 담요도, 조리된 음식도 제공받지 못했다. 12월 4일 아침, 안개가 자욱한 가운데 뒤크로는 군대에게 마른강을 건너 파리로 복귀할 것을 명령했다. 그들의 병력은 며칠 전보다 1만 2천 명이 줄어든 상태였다. 이번 전투는 독일군도 한계에 도달한 소모전이었다. 하지만 먼저 물러선 것은 뒤크로였다.

루아르에서 강베타는 쿨미에와 빌피옹에서의 성공을 작전에 활용하려고 했다. 드디어 전세가 역전될 것이라는 기대가 고조되었다. 12월 2일 새벽, 샹지는 제16군단 병력을 빌피옹에서 전진시켜서 메클렌베르크의 진영과 맞서도록 했다. 메클렌베르크의 진영은 오를레앙에서 북서쪽으로 거의 30킬로미터 떨어진 거리에 루아니 마을에서 구리 성까지 뻗어 있었다. 양측은 거의 비슷한 수의 병력을 보유하고 있었다. 3만 5천 명의 바이에른군과 메클렌부르크군의 분견대에서 온 프로이센군이 프랑스군 4만 5천 명과 마주하고 있었다. 처음에는 샹지의 부대가 바이에른군을 몰아내는 데 어느 정도 성공했지만 이는 오래가지 못했다. 긴 하루 동안 펼쳐진 전투에서 독일군이 샹지의 부대를 격퇴했다.

오후 일찍 프랑스군의 중앙이 무너지기 시작했고, 결국 바이에른군이 루아니를 탈환했다.

　루아니 전투는 가스통 드 소니Gaston de Sonis 장군이 이끈 최후의 필사적 돌격으로 유명해졌다. 아이러니하게도 이 돌격은 공화주의자들이 치르는 전쟁의 심장부에서 가톨릭 병사들이 몸을 바친 전투였다. 황혼이 지면서 가톨릭 군주주의자 소니 장군은 마을 탈환을 시도하기로 작정했다. 소니의 제17군단은 분산 배치되어 있었기 때문에 정작 그가 동원할 수 있는 병력은 서부자원병의 제1대대, 투르와 블리다에서 온 프랑-티뢰르 대대, 코트뒤노르의 기동방위군으로 구성된 약 700명뿐이었다.

　서부자원병Volontaires de l'Ouest 부대는 통상적인 자원병 부대가 아니었다. 불과 몇 달 전까지만 해도, 지휘관인 아타나즈 드 샤레트Athanase de Charette 대령을 포함해서 이 부대의 상당수 핵심 병력은 이탈리아 왕국의 침략에 맞서 교황을 수호하는 주아브 병사로 복무했다. 그러던 중 프랑스에서 프로이센과 전쟁이 일어나자 로마에서 철수했다. 그 결과 9월 20일, 이탈리아 군대가 로마를 포위했고, 비오 9세는 바티칸에 대한 세속적 지배권을 잃었다. 1860년 이래 교황을 수호해온 자원병이었던, 국제 주아브 부대는 이제 포로가 되어 본국으로 송환되었다. 프랑스에서 주아브의 핵심 병력으로 구성된 서부자원병 부대는 가톨릭이 강했던 프랑스 서부의 자원봉사자들이 지원함으로써 병력이 강화되었다. 그들은 가톨릭 가치에 뿌리를 둔 진정한 애국자로서 패배의 오점 없이 프랑스에 재생의 희망을 제공해주겠다고 외쳤다. 서부자원병 부대는 이런 주장으로 인해 매우 세속적인 국민방위정부, 특히 무장한 인민의 성공에 대해 과도한 칭찬을 아끼지 않은 강베타와 분명한 대조를 이루게 되었다. 오렐을 포함한 보수적인 가톨릭 장군들은 이 점을 매우 못마땅하게 생각했다.

소니가 루아니를 점령하기 위한 필사적인 반격에 투입한 것이 바로 이 열렬하고 신앙심이 강한 병사들이었다. 그들은 "예수의 심장, 프랑스를 구하라"라는 모토를 내세우면서 성심Sacred Heart의 깃발 아래, "프랑스 만세! 비오 9세 만세!"를 외쳤다. 하지만 헛수고였다. 루아니는 잠시 점령되었다가 오후가 끝나갈 무렵 다시 버려졌다. 그리고 프랑스군은 너무 서둘러 후퇴하느라 부상자 대부분을 전장에 그대로 남겨두었다.[47] 소니의 병력 3분의 2가 전사했다. 샤레트는 부상을 입고 포로로 잡혔다. 소니는 전장에서 쓰러졌고 무릎이 부러졌다. 그의 기록에 따르면 그는 루르드의 성모 환상을 통해 몹시 추운 밤을 버텨냈다. 그는 나중에 다리 절단 수술을 받았고 회복되었다.

하지만 루아니 전투 이야기는 계속 회자되었고, 여기서 프랑스 병사들은 무패이고 굴복하지 않는 것으로 묘사되었다. 전투의 양편에서 병사들이 견뎌낸 모든 고통과는 별개로, 루아니의 병사들은 자신들이 겪은 육체적 고통이 프랑스를 새롭게 하고 정화시킬 것이라고 주장했다. 루아니 이야기는 가톨릭계 언론뿐 아니라 설교, 전기, 회고록 등에서도 부활한 가톨릭 민족주의 발전의 중요한 순간으로 반복해서 묘사되었다. 부활한 가톨릭 민족주의는 감정과 육체적 고통, 기적을 강조했다. 샤레트가 부재중인 상황에서 지휘권을 이어받은 알비우스Albiousse 중령은 주아브가 이 전투를 어떻게 이해하는지를 다음과 같이 서술했다.

우리가 겪고 있는 이 전쟁은 속죄의 전쟁이며, 신은 이미 우리 중에서 가장 고귀하고 순수한 희생자들을 선택하셨다. … 프랑스가 톨비아크 전쟁터에서 태어난 것은 신앙 행위에 의해서였다. 프랑스가 구원받게 될 것도 신앙의 행위에 의해서이다. … 하느님의 도움으로, 조국을 위해, 우리 모두 여기서 우리가 로마에서 갖고 있던 모습을 지키자, 교회의 장녀〔프랑스 가톨릭교회를 지칭한다〕의 귀한 아들들로 남자.⁴⁸

프랑스군은 루아니에서 총 7천 명의 사상자를 냈다. 이어진 이틀 동안 오렐의 병사들은 패닉에 빠졌다. 12월 3일에 프리드리히 카를의 군대와 맞서 방어선을 지키려 용감하게 싸웠지만, 그들은 추위와 눈 속에서 무너졌다. 오렐은 마침내 4일 오후에 후퇴해도 좋다는 명령을 받고, 군대가 완전히 궤멸되는 것을 막기 위해 오를레앙 남쪽으로 후퇴했다. 그의 병사 가운데 1만 8천 명이 포로가 되었고, 2천 명은 사상을 입었다.

루아니 전투는 오렐이 이끄는 루아르 군대의 종말을 의미했다. 독일군은 루아르 군대를 서로 조율되지 않는 두 부분으로 분열시켰지만, 이들을 완전히 파괴하지는 않았다. 제16군단, 제17군단, 제21군단은 샹지의 지휘 아래 루아르 북쪽에 남았고, 제15군단, 제18군단, 제20군단은 부르바키 원수의 지휘 아래 루아르 남쪽에 남았다. 오렐은 지휘권을 박탈당했지만, 교체되지는 않았다.

메클렌부르크군은 12월 4일에서 5일로 넘어가는 자정 이후에 독일군을 오를레앙으로 이끌고 갔으며, 중앙 광장 잔 다르크 동상 앞에서 전체적인 상황을 파악했다. 독일군 역시 프랑스군의 미트라이외즈 기관총으로 인해 많은 사상자를 냈지만 계속 진격했다. 북부, 중부, 남부에 분산 배치되었던 독일군은 모두 연합해서 이 승리를 위해 싸웠다.

루아니와 샹피니에서 당한 두 번의 좌절은 모두 12월 2일에 일어났다. 이날은 보나파르트주의자들에게는 중요한 날이지만, 공화주의자에게는 불명예스러운 날이기도 했다. 바로 나폴레옹 1세의 황제 대관 기념일, 아우스터리츠 전투 기념일, 그리고 거의 50년 후 루이 나폴레옹이 제2공화국을 해체하고 자신을 나폴레옹 3세로 선언한 기념일이었는데, 만약 공화주의자들이 전투에서 승리했다면 1870년 12월 2일은 이 쓰라린 기억을 달래주는 날이 되었을지도 모른다. 하지만 이날은 또 한번 실망의 날로 끝났다.

병사들이 추운 겨울 날씨에 눈 속을 헤치며 나아가는 동안, 그들에게는 전쟁이 결코 끝나지 않고, 실패할 운명인 또다른 러시아 원정처럼 보였다. 그러나 파리에 있던 쥘리에트 아당은 오를레앙이 두 번째로 함락되었다는 소문을 회의적으로 받아들였다. 무엇보다 이 시점에 실제로 오를레앙에 얼마나 많은 프랑스 군인이 있을까? 그리고 정말 몰트케는 오를레앙 함락 소식을 듣고 파리가 항복할 것이라고 생각했을까? 파리는 계속 버티겠다고 맹세했다.

◆ 16장 ◆

크리스마스

독일 군인들의 크리스마스 파티.

루아니 전투 이후 프랑스에게 아직 희망이 남아 있었을까? 거듭된 좌절에도 불구하고 프랑스는 계속해서 신병을 모집했고, 북부(루이 페데르브Louis Faidherbe 장군), 르망 근처 서부(샹지 장군), 그리고 동부의 보주(부르바키 장군)에서 영토를 지켰다. 그리고 파리를 수호했다. 같은 시간에 독일군은 자신들이 지나치게 넓게 퍼져 있다고 느꼈다. 파리 주변에 집결한 군대 외에도 그들은 디종, 오를레앙, 디에프를 포함하는 프랑스 북부 전역에 군대와 분견대를 파견했다. 루아르 전투는 더이상 파리에 대한 포위 공격의 일부가 아니고, 그 자체로 독자적인 전장이었다. 메스가 함락된 후 추가된 병력은 확실히 도움이 되었지만, 한 달이 지나자 이들 역시 지치고 사기를 잃었다. 샹지, 페데르브, 부르바키의 군대, 그리고 끊임없이 불안을 자극한 비정규군 프랑-티뢰르의 활동 덕분에, 프랑스는 비스마르크가 계속 주장해왔던 파멸적인 합병을 포함하지 않는 평화조약을 체결하도록 독일 측을 설득할 수 있었다.

    그러나 12월의 추위와 어둠 속에서 민간인들이 처한 상황은 계속 악화되었다. 군대가 서쪽, 북쪽, 동쪽으로 확산해 이동하면서 결핍 때문에 더욱 악화된 질병을 널리 퍼뜨렸다. 로제 드 모니Roger de Mauni라는 23세의 프랑스 기동대원은 한 농가에 머물렀는데, 거기서 한 여자가 따뜻한 난롯가로 오라는 권유를 거부하며 구석에 웅크린 채 울며 떨고 있는 것을 보았다. "그 집에 있던 그 불쌍한 여자는 내 간청에도 불구하고 감히 난로에 가까이 다가오지 못했다. 그녀는 하루 종일 어두운 구석에서 떨며 울고 있었다. … 그녀의 남편은 팔을 잃었고 아들들은 어린아이였다. 이 가족의 애처로운 모습은 보는 이들을 슬픔에 가득 차게 했다."[1]

겨울철이 되자 병사들의 군기는 느슨해지기 시작했다. 바이에른 출신 회슬린은 여동생에게 보낸 편지에 이렇게 적었다.

> 우리는 마치 … 가는 곳마다 비참함과 괴로움을 퍼뜨리는 기동부대 같다. 우리 군인들이 받는 고통은 너무나 심해서 관련 마을 주민들이 그로 인해 실제로 고통을 받을 정도다. … 평화 시에 우리는 사람들의 삶이 이렇게 취급될 것이라고 결코 생각하지 못할 것이다. 그렇지만 나는 이런 생각에 깊이 빠져들고 싶지 않다.[2]

12월 2일, 왕세자는 "탄 장군이 이제 자신은 더이상 휘하 군단들의 결속력에 대해 책임질 수 없다는 사실을 인정하고 있다"라고 말했다.[3] 12월 말과 이듬해 1월 초, 프랑스군이 지키던 페론시는 독일군의 포격으로 크게 파괴되고 곳곳에 화재가 발생했다. 수십 채의 주택, 병원, 교회, 특히 종탑이 파괴되었다. 한 관찰자는 이것이 "불길하면서도 동시에 위엄을 보이는 아름다운 광경이며, 문득 강박관념에 사로잡힌 영혼들에게는 나폴레옹의 모스크바 점령과 불길에 휩싸인 크렘린궁의 이미지를 떠올리게 했다"라고 묘사했다.[4] 한 목격자는 "적군 병사들은 주변 언덕에서 엄청난 불길의 빛을 받으며 춤, 지옥 같은 춤을 추고, 애국적인 노래를 부르고, 도발적인 함성을 질렀다. 그리고 그 소리가 바람

에 실려 우리가 있는 성벽에까지 들려왔다"라고 적었다.[5]

불길은 계속해서 마을을 잿더미로 만들었다. 사르트주의 수제르가 늘롱 마을은 곳곳에서 개별적으로 가해진 총격에 대한 보복으로 화재가 발생해 53채의 주택 또는 건물을 잃었다. 수제는 언덕에 자리잡고 있어서 이 마을의 화재는 주변 마을에서 눈에 잘 띄는 경고 역할을 했다. 외르에루아르에서는 약 40개의 코뮌이나 마을, 즉 해당 데파르트망의 10퍼센트가 전쟁 중에 화마에 희생되었다.

센강 계곡에서 코탕탱에 이르는 노르망디 지역은 길고 힘든 겨울을 보냈다. 에트레파니(외르)는 전투가 벌어졌던 11월 29일 밤 이후 부분적으로 불탔는데, 화마가 빵집과 창고, 장작 창고 등을 집어삼켰다. 독일군은 잠깐 동안 마을을 점령했는데, 떠나기 전에 꼼꼼하게 소방 펌프를 파괴했다. 한 목격자에 따르면, 한 달 후에도 "여전히 눈 속에 묻힌 잔해 여기저기서 짙은 연기가 뿜어져 나왔다."[6] 다른 관찰자에 따르면, "작센 병사들이 거리 한가운데서 총검으로 농사용 말의 배를 찔러 죽였는데, 이는 바이에른 병사들조차 깜짝 놀랐을 만큼 잔혹했다."[7]

강베타는 그들이 직면한 도전적인 상황을 분명히 이해했다. 그는 두 번의 소통 과정에 참여했다. 그중 한번은 대중 앞에서였다. 거기서 그는 현재 자신과 프랑스가 직면한 상황이 어떠하든, 대중의 용기를 북돋우고 에너지를 진작하려고 노력했다. 다른 한번은 프랑스의 위태로운 상황을 다룬 사적인 소통이었다. 강베타는 12월 5일에 파브르에게 보낸 공개적인 전보에서 전쟁을 의무로 제시하면서 이렇게 적었다.

"저는 환상을 갖고 있지 않습니다." 하지만 저는 귀하에게 이렇게 말씀드립니다. 운명이 우리에게 권력을 부여해준 작금의 끔찍한 상황에서, 우리는 나라와 우리의 이상에 … 후손과 역사를 위해 마땅히 감당해야 할 최소한의 의무가 있다고 생각합니다. 그것은 가능한 한 오랫동안, 가능한 한 높이, 가능한 한 확고하게 프랑스 공화국의 영광스러운 깃발을 드는 것입니다. 그리고 만약 프랑스가 결국 사라질 수밖에 없다면, 그 깃발과 함께 쓰러지는 것, 그리고 다시는 일어나지 않는 것입니다.[8]

공화주의 이상을 지키고자 하는 이러한 메시아적 수호 정신에도 불구하고, 강베타는 순교자가 되는 데엔 관심이 없었다. 파리와 루아니에서 프랑스군이 연달아 패배한 후, 투르에 머물고 있던 프랑스 정부는 더이상 안전하지 않았다. 그래서 정부는 남서쪽, 가론강 가에 있는 비중 있는 항구 도시인 보르도로 이동했고, 그곳은 12월 8일에 수도로 정해졌다.

국민방위정부가 머물면서 전쟁의 마지막 단계를 준비한 이 도시는 새로운 정권을 강력하게 후원했던 곳이다. 지난 9월에 보르도는 나폴레옹 3세의 몰락을 축하했다. 시민들은 그의 기마상을 넘어뜨리고, 세관 건물과 증권거래소에서 제국의 상징인 독수리를 제거했다. 클럽들에서는 매일 민주주의를 위한 모임이 개최되었다. 많은 데파르트망에서와 마찬가지로, 이 지역의 공화주의자들은 방어위원회를 조직하고 무기를 확보하려고 했다. 많은 데파르트망과 달리 지롱드는 바다에 접근할 수 있었고 주도인 보르도는 영국과 오랜 관계를 유지하고 있어서 군인들을 무장시키기가 더 쉬웠다. 9월 9일, 보르도 시정부는 박물관을 짓고 생루이 교회 건설 비용을 지불하기 위해 배정되었던 예산 150만 프랑을 재할당했다. 그 자금은 이제 보르도와 지롱드 데파르트망 전역에서 필요한 군사 장비를 구입하는 데 사용되었다. 이 데파르트망은 각각 3개 대대로 구성된 5개 연대를 편성했고, 다른 데파르트망과 비교했을 때 예외적으로 이른 12월 중순까지 배치를 완료했다. 어느 시점엔가 2천 명의 병사가 눈 속에서 노숙하며 출정을 기다렸다.

국민방위정부가 보르도에 도착한 후 시청 건물과 호텔의 내부 구조를 재편해야 했다. 프레이시네는 시청사의 1층을 차지했다. 지사는 9월에서 이듬해 1월 사이에 약 10만 개의 전보를 발송했던 국민방위정부의 대규모 전신 서비스를 작동시키기 위해 대극장의 별관을 징발했다. 이런 작업에는 넓은 공간이 필요하고, 여기서 발생할 소음을 처리할 수 있어야 하기 때문이다.

처음 몇 주 동안은 강베타가 현장의 군대를 순시했기 때문에, 국민방위정부는 그가 없는 상태에서 운영되었다. 처음에 프레이시네는 아돌프 크레미외와 푸리숑 제독을 포함해서 방위군 원로들과 갈등을 빚었다. 원로 정치가인 아돌프 티에르도 새 수도에서 자신의 영향력을 키우고 임박한 평화에 대비하기 위해 보르도에 왔다.

보르도에 도착했을 때 강베타는 이런 복잡한 상황에서 자신의 권위를 바로 세워야 했다. 도착한 다음날인 12월 29일에 강베타는 지사 집무실 발코니에서 연설하면서 보르도와 투르를 비교했다. "정부는 [투르에서] 전통적으로 느긋한 경향을 가진 주민들의 무기력한 행동에 기대어 근근이 운영되었습니다. … 그런데 이곳 [보르도에서] 정부는, 진보에 대한 사랑으로, 사업가적 취향에서 영감을 받는 온건함과 분별력을 잘 결합한 여러분 같은 적극적인 주민들 사이에서, 든든하게 지지받고 있다는 사실을 발견합니다."[9]

강베타는 독재자라는 비난을 받고 있었지만, 다원주의와 반대 의견 모두를 존중했다. 하지만 그는 30개 데파르트망이 점령되고, 사람들이 투표 장소에서 먼 곳으로 동원되었으며, 파리와의 통신이 제한적인 상태에서, 선거를 실시하는 것은 불가능하다고 계속해서 말했다. 그에겐 국가를 방어하는 것이 무엇보다 긴급하고 우선적으로 해야 할 일이었다. 강베타는 오를레앙이 두 번째로 함락된 이후 프로이센과 평화를 체결하기 위한 조건을 탐색하는 대신, 추가적인 공세를 개시할 준비를 했다. 그런데 이 희망은 점점 작아졌다.

프레이시네는 자신이 보르도에서 강베타의 측근으로 활동했던 것을 즐겁게 회상했다. 그들은 업무 회의 외에도 종종 강베타의 숙소에서 함께 점심 식사를 하며 당면한 과중한 업무 사이에 한 시간 정도 휴식을 취했다. 그는 나중에 이렇게 회상했다. "우리의 대화는 거의 끊어지지 않고 이어졌다. 모든 위계가 사라졌고, 우리는 각자 자유롭게 말했다." 그들은 어떤 주제로 대화를 나누었을까? 물론 전쟁이었다. "우리는 주요 인사들의 행동에 대해 매우 열정적으로 평가했다. 우리는 정부를 풍자하는 발언도 서슴지 않았으며, 쥘 파브르나 트로쉬가 보낸 전보에 대해 대단한 존중심 없이 날카롭게 논평했다."[10]

겨울이 본격적으로 다가오면서 프랑스는 계속해서 신병을 모집했다. 조르주 상드는 지역 남자들이 전선으로 출발하는 장면을 이렇게 기록했다.

마을 주민 전체가 그들과 동행했다. 그들은 매우 결연했고, 매우 애국적이며, 매우 자부심에 차 있었다. 우리는 서로를 껴안고, 눈물을 참았다. 그들은 어디로 가는 것일까? 그들은 어떻게 될까? 그들은 알지 못하지만, 무엇이든 할 준비가 되어 있다. 희망과 헌신의 정신이 솟구친다. 우리는 프랑스의 구원이 여전히 가능하다고 믿는다. 그런데 왜 나의 희망은 이렇게 약하고 금세 사라지는지 모르겠다.[11]

그러나 오를레앙이 두 번째로 함락된 이후, 병력을 모으려는 노력이 점차 둔화되었다. 지방 공무원이나 잠재적인 징집병들은 국민방위정부의 결집 외침에 점점 귀를 기울이지 않았고, 이미 모집된 사람 가운데 탈영하는 자도 부지기수였다. 프랑스에서 자원병의 수가 10월의 1만 7천 명에서 11월에는 1만 명, 12월에는 5700명, 1월에는 4천 명으로 꾸준히 감소한 것은 놀라운 일이 아니었다.

12월은 특히 추웠고 기온이 매일 밤 영하로 떨어졌다. 그런데 프랑스 군인들은 텐트에서 야영하는 관행을 계속했다. 일반적으로 옷과 탄약 및 기타 장비를 제공해주는 연대의 공장들은 더이상 수요를 충족시킬 수 없었다. 매일 밤 어떤 사람들은 얼어 죽었다. 기온이 영상으로 올라 눈이 녹으면 벌판은 진흙으로 변했다. 파리에 주둔해 있던 병사들은 지방에 있는 병사들보다 물질적으로 훨씬 더 나은 상황에 있었다. 그들은 더 규칙적으로 식량을 공급받았고, 끊임없이 이어진 오랜 야전 행군도 피할 수 있었기 때문이다.

국민방위정부는 신병들을 남서부 지방이나 대서양 항구를 통해 들어오는 보급품으로 무장시켰다. 프랑스는 바다를 장악하고 있었기 때문에(프로이센 함대는 프랑스의 10분의 1 규모였다) 바다를 통해 영국과 미국에서 무기를 들여올 수 있었다. 그런데 18종이나 되는 수입된 녹슨 재고 소총에는 각각 다른 구경의 탄환이 필요했기 때문에 사실 이는 엇갈린 축복이었다. 리옹의 사령관은 12월 19일에 이렇게 썼다. "무기 공급 문제는 글자 그대로 재앙 수준이다. 현재 일부 기동대는 엔필드 카트리지를 필요로 하고, 다른 병사들은 스프링필드 카트리지를, 어떤 병사들은 또다른 제품을 필요로 한다. 도대체 이 모든 것을 어디서 구할 것인가? 내가 지휘하는 부대는 하나가 아닌데 그들은 바로 지금 적과 마주하고 있다."[12]

무기 부족은 곧 훈련 부족을 의미했다. 많은 병사는 직접 전쟁터에 투입되기 전에 한 번도 소총을 사용한 적이 없었다. 망슈에서 온 한 도의원은 12월 말에 강베타에게 다음과 같이 경종을 울리는 메시지를 보냈다. "일레빌렌과 코트뒤노르에서 온 병사들은 … 동원된 이후 단 한 발도 … 사격을 해보지 못했습니다. 병사들은 프로이센군과 전투에 돌입하기 전에 최소 5회에서 10회 정도 표적 사격 훈련을 실시해보는 것이 시급히 필요합니다."[13]

1870년 겨울, 프랑스에서 군사 작전을 위해 최초로 대규모 민간 군수 공장이 가동되기 시작했다. 영국에서 무기가 수입되었지만, 이와 함께 이들 민간 기업이 12월에 가동을 시작하면서 프랑스의 전쟁 노력을 지원하기 시작했다. 가장 큰 두 민간 기업인 슈나이더와 지중해제철소는 모두 대포를 생산했다. 그곳에서 일하는 산업 노동자들은 징집에서 면제되었다.

한편 독일군은 프랑스 내의 거점들을 계속 점령하고 있으면서 더 많은 병사를 다른 곳에서 싸우도록 내보냈다. 11월에는 베르됭, 뇌프브리자크, 티옹빌, 라페르가 함락되었다. 팔스부르는 12월 12일에 함락되고, 그로부터 이틀 후엔 몽메디가 함락되었다. 왕세자는 이런 파죽지세의 진격을 이렇게 우쭐거리며 언급했다. "전 세계가 볼 때 우리는 이틀마다 한 줌 정도의 요새들을 취하고 있는 것과 마찬가지다."[14]

오를레앙이 두 번째로 함락된 이후, 루아르의 대규모 군대는 2개의 소규모 부대로 나뉘었다. 샹지는 루아르 북쪽의 부대(제16, 제17군단)를 지휘하고 부르바키는 남쪽의 부대(제15, 제18, 제20군단)를 맡았다. 강베타는 뒤크로가 파리 탈출 작전에서 패배했다는 사실을 며칠 동안이나 모르다가 12월 6일에야 알게 되었다. 그래서 그는 처음에는 부르바키에게 지앵에 집중하고 퐁텐블로를 향해 북쪽으로 진격하라고 명령했고, 샹지에게는 오를레앙을 탈환하도록 명령했다. 그런데 부르바키와 샹지는 이 작전이 정신 나간 짓이라고 생각했다. 병사들은 그런 작전을 수행하기에는 너무 지치고 축축하게 젖은 채였으며 날씨는 추웠다. 결국 강베타는 그들의 항의를 받아들였다. 12월 7일, 부르바키는 남쪽 부르주로 후퇴해 결국 루아르 구역을 벗어나 새로운 전략을 추진하기 위해 동쪽으로 이동했다. 샹지는 오를레앙에서 남서쪽으로 30킬로미터 떨어진 보장시 앞 루아르에서 병력 재편성을 시도했다.

몰트케는 프랑스가 여전히 전장에 10만 명의 병력을 보유하면서 이를 평화 협상을 위한 지렛대로 이용하는 것을 원치 않았다. 독일군은 오를레앙에서 프랑스를 완전히 파괴하지 못했는데 몰트케는 지금이 그렇게 해야 할 시기라고 판단한 것이다. 따라서 그는 프리드리히 카를에게 부르주에서 부르바키의 군대를 추격하고, 이제 독립적인 지휘관으로 복귀한 메클렌부르크가 남서쪽으로 진군하도록 독려했다. 메클렌부르크와 샹지는 12월 8일과 9일에 보장시에서 치열하고 격렬한 전투를 벌였다. 결국 메클렌부르크가 전투 중단을 명령했다. 샹지는 10만 명을 거느린 반면에 그가 보유한 병력은 2만 4천 명에 불과했기 때문이다.

보장시 전투 이후, 샹지의 군대는 지쳐 있었고, 국민방위정부가 보르도로 이동하자 더이상 투르를 방어할 필요가 없어졌다. 샹지는 전장에 프랑스 군대를 그대로 유지하기를 원했다. 그는 만약 독일군이 자신의 군대를 파괴하면 프랑스는 더이상 버틸 수 없다는 사실을 알고 있었다. 그는 서쪽 방돔으로 후퇴해 그곳에 머물기를 바랐지만, 메클렌부르크의 군대가 집결하고 있었고 샹지의 병사들은 너무 춥고 더이상 견딜 수 없이 빈약한 상태였다. 그래서 샹지는 12월 16일에 군대를 더 서쪽, 즉 파리, 낭트, 브레스트를 잇는 철도 교차로인 르망으로 이동시켰다. 휴식을 취하고 군대를 재정비하기 위해서였다.

그런데 이 행군은 샹지의 부하들에게는 진눈깨비 속을 뚫고 가는 힘든 여정이었다. 프랑스 농민들은 이동 중인 군대에게 물자를 지원해주는 데 거의 관심이 없었다(적어도 독일군은 물품을 징발할 때 때때로 그 대가를 지불할 수 있었지만, 프랑스군은 그렇지 않았다). 샹지는 부르바키와 협력할 희망도 없었다. 그의 군대는 방돔에서 르망에 이르는 마지막 72킬로미터에서 언덕과 높은 방벽, 구불구불한 길에 직면해 진군 속도가 느려지고 사기는 떨어졌다. 그러나 샹지는 이 행군을 통해 자신이 보유한 군대와 함께 싸울 의지가 있고 자신감과 능력이 있다는 것을 증명했다.

그는 어쩌면 자신이 원했을지도 모르는 이상이 실현되지 못하는 것을 한탄만 하고 있지 않았다. 그는 자신의 대원들이 대부분 정규군이 아니고, 정규군처럼 싸울 수도 없다는 것을 잘 알기 때문에 그들이 능력을 넘어서 무리하게 싸우도록 강요하지 않았다. 그러면서도 그는 절망하거나 포기하지 않았다. 이어진 7주 동안 그는 말라리아 열병에 시달리면서도, 인내심을 가지고 군대가 추운 겨울 날씨 속에 황량한 땅을 가로질러 이동하도록 지휘했다. 프레이시네는 이런 샹지의 성격을 존경했다. "거만함 없이 확고하고, 무모함 없이 용감하며, 냉정하고 체계적이며, 환상에 빠지지 않으면서도 대규모 작전에 필요한 자신감을 갖고 있던" 샹지는 병사와 상관들에게 사기를 북돋아주었다.[15]

샹지와 그의 대원들에겐 다행스럽게도 프리드리히 카를과 메클렌부르크가 지휘하는 독일군 역시 얼음에 뒤덮인 길과 구릉지 때문에 지쳐 있었으며, 배후에서는 프랑-티뢰르군이 그들을 위협하고 있었다. 그들은 한 달 전에 치른 쿨미에 전투 이후로 충분히 쉬지 못한 상태였다. 그들은 군화가 부족해서 짚을 채운 일종의 나막신을 신고 행군했다. 바이에른군 소속 카를 타네라는 12월 11일에, 그의 여단에서 장교가 192명에서 40명으로 줄었는데 그중 절반인 20명이 새로 대체된 인원이었다고 언급했다. 전체 병력은 7천 명에서 2124명으로 줄었고, 그 가운데 500명이 보충병이었다. 그들의 위생 상태는 불결하고 무질서했으며, 제복은 닳아서 너덜너덜했다.

12월 17일까지 몰트케는 샹지 부대에 대한 추격을 공식적으로 중단했다. 오렐, 뒤크로, 샹지, 부르바키가 큰 성공을 거두지 못했음에도 불구하고, 프랑스는 독일군과 평화를 협상할 어떤 기미도 보이지 않았고 프랑스군은 계속 전장에 남아 있었다. 이들 프랑스군은 파리 공격에 집중하고자 하는 몰트케의 주의를 분산시키는 방해물로 남아 있었다. 프로이센 총사령관은 서둘러 수도 파리에 포격을 가하려 하지는 않았지만, 전쟁을 끝내려면 파리를 함락시켜야 한다고 믿었다. 그는 12월 중순에 자신의 군대가 전장에서 프랑스 군대를 어느 정도까지는 추격하도록 허용하기로 결정했다. 그들에게 프랑스군이 더이상 새로운 병력을 얻지 못하게 하는 임무가 부여되었지만, 보급품이나 병력이 추가로 배분되지는 않았다. 독일군은 현재의 집중 배치 상태를 유지하면서 필요에 따라 프랑-티뢰르의 기습에 맞서기 위해 분견대를 파견했다. 제1군(생캉탱, 아미앵, 루앙에 배치된 분견대 포함)은 보베에 주둔하고, 샤르트르와 드뢰에 위치해 있던 메클렌부르크 분견대는 서쪽에 집중하며, 제2군(블루아와 지앵에 배치된 분견대 포함)은 오를레앙에, 디트리히 폰 차스트로의 제7군단은 샤티용에, 그리고 폰 베르더 장군의 제14군단 손 계곡에 배치했다. 몰트케의 작전에서 핵심은 독일군이 파리를 포위하는 동안 프랑스 전역을 점령하는 것이 아니었다. 물론 그렇게 할 만한 병력도 없었다. 오히려 새로 편성된 프랑스군의 균형을 무너뜨리고 비정규군을 견제하는 것이 핵심이었다.

피카르디와 아르투아 평원에서는, 점령된 북동부에서 어렵게 도착한 신입 징집병들 그리고 메스에서 탈출한 장교들, 심지어 포로로 잡혀갔다가 독일에서 탈출한 장교들로 새로운 프랑스 북부군이 구성되었다. 루이 페데르브 장군이 이 군대의 지휘를 맡았다. 샹지와 마찬가지로 릴 출신이고 프랑스 식민지인 세네갈의 총독을 지냈던 페데르브는 전쟁이 시작될 무렵 알제리에서 복무하고 있었다. 그 역시 본국으로 돌아왔을 때 열과 감기에 시달렸다. 그는 프랑스가 승리할 가능성이 없다고 생각했다. 이 점에서 그는 샹지와 달랐지만, 공화주의자들의 신뢰를 얻었고 병사들에게 규율을 강조했다.

페데르브는 자신의 군대가 어느 위치에 있는지 잘 이해했다. 릴을 정치적 중심지로 삼은 북부군은 파리와 그 주변을 포위한 독일군 때문에 프랑스의 나머지 지역과 단절되어 있었다. 북부는 오직 세마포어 통신〔프랑스 혁명전쟁 당시 유용하게 사용된 일종의 광학 통신. 19세기 중반 모스 통신이 개발된 후 소멸했다〕이나 영국이나 르아브르를 경유하는 전신으로만 보르도와 통신할 수 있었다. 페데르브는 프랑스를 승리로 이끌 수는 없었지만 독일군에게 중요한 방해물과 성가신 존재가 될 수는 있었다.

메스 함락 후, 이미 폰 만토이펠 장군의 제1군(제1, 제7, 제8군단)이 북쪽의 작은 요새들을 점령하고, 점차 세력을 키우고 있는 프랑스 북부군과 맞서기 위해 파견되었다. 11월 24일, 만토이펠의 제1군단과 제8군단이 아미앵 바로 동쪽 빌레르브르토뇌에서 프랑스 북부군과 마주쳤다. 그 결과 프랑스군은 남쪽 보베를 향해 진군할 수 없었다. 대신 그들은 아라스와 릴 요새로 후퇴했다. 만토이펠의 군대는 그들을 추격하지 않았다. 루앙은 12월 5일에 전투 없이 독일군에 점령되었다. 루앙의 프랑스군은 서쪽 르아브르로 이동했지만, 만토이펠은 병력이 충분하지 않아서 그들을 추격하지 못했던 것이다. 독일군은 군대를 그 정도까지만 전개할 수 있었다.

스당 전투 이후에 다른 모든 프랑스 사령관이 그랬던 것처럼, 페데르브는 병사들을 훈련시킬 시간을 더 원했지만, 그럴 시간이 없다는 것을 깨달았다. 그래서 강베타가 돌파구를 마련하려는 뒤크로의 작전에 합류하라는 명령을 내렸을 때, 페데르브는 12월 9일, 어둠과 눈발에도 불구하고 군대를 움직였다. 그는 암에 있는 요새를 점령함으로써 랭스와 아미앵 사이의 철도 접근을 차단했다.

페데르브는 암에서 동쪽으로 계속 이동하려 했지만, 라페르에서 저지되었다. 그래서 그는 솜강을 따라 서쪽 아미앵을 향해 이동했다. 12월 23일, 그는 아미앵에서 북동쪽으로 약 8킬로미터 떨어진 곳에서 독일군의 공격을 막아내어 군의 사기를 지켰다. 그는 아직 도시를 점령하지 못했기 때문에, 춥고 노출된 언덕에서 긴 시간 계속 머물러 있을 수 없었다. 페데르브는 아라스로 후퇴했다.

12월 말까지 강베타와 프레이시네는 전략적 거점을 동쪽의 부르바키 군대로 옮겼다. 하지만 그들은 독일군을 분산시키기 위해 지방에 배치된 주요 군대(서쪽의 샹지와 북쪽의 페데르브의 군대)가 독일군의 주의를 끌 필요가 있었다. 페데르브는 1월 3일에 바포메로 진군했다. 그는 다음날 바포메를 점령했을지 모르지만, 도중에 곧바로 지쳐버렸다. 그래서 그는 자신의 병력을 더이상 재촉할 수 없었다. 페데르브가 참가한 마지막 전투는 1월 18일과 19일에 생캉탱에서 벌어졌다. 3천 명의 사상자가 발생하고 1만 1천 명이 실종(대부분 포로가 되었다)됨으로써 페데르브는 군대의 3분의 1을 잃었다. 그는 나머지 군대를 북쪽 요새로 보냈으며, 그들은 휴전 협정이 체결될 때까지 거기에 머물렀다.

한편 르망에 도착한 샹지는 공격 계획을 세우기 시작했다. 이제 동쪽에서 새로운 전략을 추진하려고 집중하고 있던 프레이시네와 강베타는 샹지 장군에게 진격을 연기하도록 설득했는데 이는 드문 경험이었다. 샹지의 군대가 머물던 지점은 여전히 위태로웠다. 그는 12월 몇 주 동안 르망을 지켰지만, 그것은 단지 몰트케가 보급품 문제 탓에 프리드리히 카를 왕자와 메클렌부르크의 군대를 제지했기 때문이다. 병참 문제가 해결되자, 몰트케는 1871년 새해 첫날 프리드리히 카를의 부대에게 르망에서 샹지의 군대를 격파하기 위해 서쪽으로 진군하라고 명령했다. 메클렌부르크는 군대의 오른쪽(제22, 제17사단으로 구성되어 제13군단으로 새로 명명되었다)을 이끌었고, 프리드리히 카를은 왼쪽(제10, 제9, 제3군단)을 지휘했다. 1월 초, 날은 추워졌고 구불구불한 길을 따라 이동한 독일군의 행군은 전달인 12월에 있었던 프랑스의 후퇴 행군만큼이나 고되고 힘들었던 것으로 드러났다.

일단 샹지의 군대가 우세를 보였다. 그는 자신이 차지한 고지대에 여러 개의 요새를 구축해놓았으며, 사르트강이 그들의 측면과 배후를 지켜주고 있었다. 나아가 브르타뉴에서 온 국민방위군 22개 대대가 샹지군에 합류했다. 그런데 이들은 제대로 훈련되지 않았고 미국 남북전쟁에서 쓰고 남은 총구 장전식 대포를 가지고 있었다. 그마저 포탄은 구경이 잘못되고 눈에 젖어 있었으며, 발사 장치는 녹슬어 있었다. 독일군은 1월 10일에 공격했지만 샹지의 방어선을 돌파하는 데 실패했다. 다음날 전투가 재개되었는데 이번에는 프랑스군이 독일군의 공격에 더이상 버틸 수 없었다. 샹지의 군대는 2만 5천 명이 사망하거나 부상당했으며, 춥고 눈에 젖고 지친 병사 5만 명이 탈영했다. 1월 12일까지 독일군은 르망을 점령한 후 200만 프랑과 4만 명의 병사들이 머물 곳을 요구했다.

전투가 끝난 후, 샹지의 남은 병사들은 북쪽과 서쪽으로 이동했는데, 파리로의 진군을 계획하기 위해 우선 알랑송으로 갔다. 그러다가 강베타의 지시에 따라 서쪽 라발로 가서 또다른 공격을 계획했다.

1870년 크리스마스이브에 고향을 멀리 떠나온 독일 병사들은 따뜻한 가족 모임을 그리워하면서 당시 벌어지고 있던 전쟁 상황을 극복하기 위해 고군분투했다. 병사들은 그들이 진을 치고 있는 숲에서 촛불과 임시 장식품으로 크리스마스트리를 장식했다. 왕세자의 마음은 아내와 자녀, 그리고 이 성탄 축제 기간에 가족의 죽음을 슬퍼하고 있을 미망인과 고아들에게로 향했다. 그는 전쟁이 끝나면 이 고통스러운 전쟁이 지속적인 평화의 시대를 이끌었다는 사실을 돌아보며 위로받게 해달라고 기도했다. 그날 저녁 그는 크리스마스 경품 추첨을 실시했는데, 이때 참모 80명이 각자 2개의 작은 선물을 가져와서 함께 나누었고, 또 펀치(과일, 주스, 탄산수, 술, 향신료 등을 섞은 음료), 후추 케이크, 견과류, 사과를 함께 먹으며 크리스마스트리 아래에서 성탄을 축하했다. 바늘꽂이, 승마 가방, 세면도구, 심지어 주머니용 리볼버까지 들어 있던 선물 꾸러미는 참석자들에게 즐거움과 웃음꽃을 선사했다.

디트리히 폰 라스베르크는 이전에 경험한 크리스마스와 현재의 크리스마스가 각종 자질구레한 장신구로 대충 메우기에는 너무 멀리 떨어져 있다는 것을 깨달았다. 그는 또다른 프랑스 포로들의 집단 수송을 도운 후에 오를레앙으로 돌아갔었다. 그곳에서 그는 루돌프가 사망한 장소까지 가고 싶었지만, 기회를 얻지 못하고 다시 떠나야 했다.

휴일이 다가오자 라스베르크는 전쟁일지의 맨 처음에 적었던 내용을 떠올렸다. "전쟁이다! 프랑스와의 전쟁!" 당시에 그는 기쁨에 차서 이렇게 적었었다. 전쟁이 가져올 슬픔과 비참함을 몰랐던 것이다. 그는 이제 전쟁이 가져다준 "어두운 면과 공포"를 알게 되었고, 전쟁이 초래한 헤아릴 수 없는 손실로 인해 괴로움을 느꼈다.[16] 12월 18일, 그는 23통의 편지를 받았는데, 그 가운데 첫 번째 편지가 루돌프의 죽음을 알게 된 가족이 보낸 편지였다. 그는 일지에 당시 자신이 느낀, 말로는 표현할 수 없었던 고통을 나타내는 특이한 표시를 적었다. "———."[17]

라스베르크는 루돌프 없이는 어떤 기쁨도 느낄 수 없었다. 크리스마스이브에 그는 모닥불 주위에 조용히 앉아 향수병으로 생각에 잠긴 채, 동료 발터와 함께 주석 잔에 담긴 핫그로그〔추운 겨울에 마시는 따뜻한 칵테일〕를 마셨다. 마디마디 사이에 침묵으로 이어진 단음절 대화는 그들이 가슴속에 품고 있는 깊은 그리움을 숨기고 있었다. 그들은 마치 크리스마스트리 아래에 모여 브라트부르스트〔구운 소시지〕 수프와 훈제 고기를 먹는 고향의 가족, 친지를 그리는 듯했다. 결코 잊지 못할 크리스마스이브였다.

◆ 17장 ◆

겨울의 극장

눈으로 만든 〈라 레지스탕스〉 상.

파리의 크리스마스는 특히 암울해 보였다. 저널리스트 프랑시스크 사르세Francisque Sarcey는 이렇게 기록했다.

아무도 크리스마스를 즐길 마음이 없었다. 1월 1일까지 이어지는 성탄절 기간에, 우리는 정말 우울하고 씁쓸한 마음으로 우리의 파리, 휘황찬란하게 반짝이던 파리의 풍경을 떠올렸다. 크리스마스 때 우리의 거리와 골목골목이 얼마나 활기에 넘쳤던가! 수천 대의 마차가 파리의 뒷골목을 따라 얼마나 신나게 굴러갔던가! 이 휴일들을 위해 장식된 백화점 창문의 불빛이 얼마나 명랑하게 빛났던가!¹

익명의 한 시청 직원은 이렇게 비참한 휴일을 맞이하게 된 것이 프로이센인들 때문이라고 비난했다.

너희들 때문에 우리는 파리의 가장 아름답고 행복한 날을 이렇게 엄청난 슬픔과 궁핍 속에서 보내게 되었다. 그리고 그것은 추위 때문에 더 심해졌다. 모든 집이 그저 잠이나 자야 할 운명인 것 같다. 여기저기에 몇 개의 불빛만이 소리 없이 예외적으로 깜빡인다. 그저 막연히 휴일을 연장하고 싶어하는 듯한 모습이다. 즐거운 대화와 노래는 사라지고 여기저기에 드물게, 거의 조

용히 중얼거리는 듯한 말소리만 남아 있다.[2]

크리스마스가 오기까지 3개월 동안 파리는 포위된 상태여서 외부와의 소통이 거의 없었다. 10월 31일에 펼쳐졌던 혁명적 '여정'은 옛이야기였다. 민간인은 식량을 기다리는 긴 줄, 견디다 못해 말고기와 쥐고기를 먹게 된 것, 질병, 특히 추운 겨울에 매일 땔감을 찾는 일로 고통받았다. 파리 성벽에 너무 가까이 다가간 파리 사람들은 독일군에게 음식을 훔치러 다니는 '약탈자'로 오인되어 총격을 당할 위험이 있었다.[3]

포위 공격은 파리 시민들이 가진 인내심의 한계를 넓혔다. 도시 전역에서 사람들은 포위를 견디면서 감당해야 할 희생의 짐과 승리 가능성 사이에서 고민했다. 쥘리에트 아당이 다니던 양품점 주인은 그녀에게 이렇게 말했다. "부인, 만약 프랑스가 승리한다면 이 모든 고통은 아무것도 아닙니다. 하지만 만약 이 전쟁이 프랑스의 패배로 끝나 우리가 파산하게 된다면 우리는 미쳐버릴 겁니다!"[4] 파리 사람들은 그들의 분노를 적국인 프로이센과 국민방위정부의 실패에 집중함으로써 저항의지를 유지하고 있었다.

파리 포위 동안 이 도시의 해방에 성공한, 또는 해방의 희망을 주었다가 좌절된 기억할 만한 행동을 한 진정한 영웅은 탄생하지 않았다. 그 대신 파리 사람들은 글쓰기와 관찰을 통해 스스로 영웅주의를 만들어냈다. 그들은 파리와 프랑스 민족을 은유적으로 대신하는 상징적인 여성들을 영웅으로 만들어서, 그들을 실망시킨 실패한 남성 정치가들과 대조시켰다. 그리고 파리 사람들은 스스로를 자신들이 겪은 이야기 속의 영웅으로 만들었다. 글쓰기와 예술 분야에서는 항상 파리의 '수호'에 대한 언급이 등장했다. 심지어 식량 구하기가 점점 어려워지고, 추운 겨울 때문에 점점 더 많은 시민이 목숨을 잃었음에도 불구하고 '패배'나 '고통'에 대한 언급은 보이지 않았다.

12월 8일, 제13구 외곽의 바스티옹 거리 84번지에 국민방위군 제19대대의 (모두 예술가들로 구성된) 제7중대가 주둔하던 곳에 폭설이 내렸다. 다음날, 1859년 로마상 수상자였던 39세의 장-알렉상드르-조제프 팔기에르Jean-Alexandre-Joseph Falguière는 두세 시간 만에 눈을 이용해서 팔을 교차해 저항하는 자세로 대포 위에 앉은 근육질의 여성 누드 조각품을 만들었다. 강인하면서도 연약한 〈라 레지스탕스La Résistance〉 상은 파리 언론의 상상력을 사로잡았다. 파리의 이 덧없는 알레고리는 겨울의 추위가 점점 심해지고 있을 때, 시민들에게 이를 견디라는 메시지를 던졌다. 또한 눈을 이용한 조각, 즉 팔기에르의 창의성과 테크닉, 저항심을 동원한 예술 행위 자체가 파리 사람들의 상상력을 사로잡았다. 아당은 이 눈 조각상이 녹은 후에도 "그들의 마음속에 뚜렷하게 각인된 채" 남았다고 기록했다.[5]

1870년 겨울은 이상하리만큼 춥고 어둡고 고립된 느낌이었다. 10월 말에는 난방용 석탄이 부족해졌기 때문에 파리 사람들은 실내 온기를 유지하기 위해 대로변의 나무를 베어 땔감으로 사용했다. 센강은 3주 동안이나 얼어붙었다. 12월에는 열기구 서비스를 지원하기 위해 가스 배급제가 시행되었다. 그래서 거리의 가스등 4개 중 3개가 꺼지자, 석유램프가 가스등이 사라진 거리를 밝혔다.

우울한 거리는 파리 시민, 특히 부유한 사람들에게 충격을 주었다.

그들은 노천카페와 극장, 그리고 조명이 켜진 창문이 사라지는 것을 예민하게 느꼈다.《르 골루아Le Gaulois》는 "이 우울한 도시 … 이게 아직도 파리인가?"라고 물었다.[6] 파리는 밤하늘에 별이 보였던 중세 도시의 시대로 돌아갔다. 테오필 고티에Théophile Gautier는 이렇게 적었다. "희미해진 가스등 불빛이 붉은 점이 되어 어둠을 비춘다. 그 점들이 강물에 반사되어 혈흔처럼 길어지고 녹아버린다."[7] 번화했던 파리의 거리들이 보여주는 슬픈 상황은 군사화된 광경의 새로운 특징인 전기 탐조등의 밝고 강렬한 빛과 뚜렷하게 대조를 이루었다.

12월에 파리 시민들은 평소보다 두 배 이상 많은 장례식을 치렀다. 1월에는 사망자 수가 이전 월평균보다 네 배로 늘어났다. 등록된 장례식이 거의 2만 건에 달했다. 공무원들은 그 숫자가 너무 많아서 장례식을 지원할 자원이 다 소모되더라도 가능한 한 죽은 자들을 기리기 위해 노력했다. 18세기 이래로 파리는 도시가 익명화되면서, 애도할 친구나 가족이 없는 개인을 포함해 모든 시신을 추적하고 적절하게 매장할 수 있도록 그 능력을 키워왔다. 한 세대 동안 가난한 파리 시민들은 시립 공동묘지에 무료로 매장될 권리가 있었고, 이들 각 개인은 서로 분리된 채 매장되어 각각 십자가로 표시되었다.

한 세관원은 "포위된 도시에서 가장 큰 고통은 성벽 너머에서 무슨 일이 일어나고 있는지, 그들의 친구와 적이 무엇을 하고 있는지, 그들이 잊혔는지, 주변을 둘러싼 전선 너머에 세상이 있는지 없는지조차 전혀 알 수 없다는 것"이라고 적었다.[8] 아주 드물게 외부에서 온 편지를 받는 사람은 축하인사를 받았다. 쥘리에트 아당은 12월 20일, 그녀가 9월에 직접 찾아가 만났던 날 이후 처음으로 딸 알리스와 부모님 소식을 듣고 기뻐했다. 그들은 저지섬으로 거처를 옮겼고 살아 있었다! 아당은 마송에 살고 있던 피에르클로 부인이 쓴 편지에서 이 소식을 알게 되었다. 이 편지는 뉴욕으로 보내졌다가 이중 봉투에 담겨 프랑스로 돌아왔고, 어떻게 된 일인지 조제핀 애비뉴에 있는 우체국을 통해 아당에게 도착했다. 아당은 이 편지가 어떻게 도착했는지 확실히 알 수 없었지만, 아마 미국 대사가 배후에서 어떤 역할을 했을지 모른다고 생각했다. 파리에 있는 미국 대사관은 매주 화요일마다 전선을 오가는, 봉인된 서신과 소포를 교환할 수 있는 특별 관할권을 누리고 있었다.

파리 포위는 주로 식량 위기로 기억되었다. 파리 시민 대부분은 채소가 부족했고 고기가 없어서 고양이, 개, 말 고기를 먹었다. 남자들은 국민방위군에서 복무하면서 배급 식량을 얻을 수 있었지만, 여자와 어린이들은 긴 줄을 힘들게 기다리며 빵과 우유를 얻었다.

파리는 포위된 다른 도시들보다 물리적으로 더 큰 피해를 입지는 않았지만 포위되고 포격을 받은 인구는 수적으로 가장 많았다. 포위 기간 동안 도시 안에는 난민 약 23만 명과 지방에서 온 병사 20만 명을 포함해 200만 명이 머물고 있었다. 파리의 도시 공무원들은 8월에 포위 공격에 대비해서 식량을 비축하기 시작했지만, 9월 26일까지도 식량을 종합적으로 관리하는 부서가 없었다.

정부는 자유주의 정치경제를 지향했기 때문에 즉시 식량과 땔감에 대한 배급제를 실시하지는 않았다. 그 결과 빈부 격차가 벌어졌다. 식용 고기에 대해서는 10월 중순부터 세금이 부과되었고 그달 말에는 배급제가 도입되었다(1인당 하루 50그램 또는 1.5온스, 나중에 30그램 또는 1온스로 감소). 고기는 시립 정육점에서만 구할 수 있었다. 특정 정육점은 고양이고기와 개고기를 전문으로 판매했다. 말은 12월 중순에 식용으로 징발되었다. 빵 배급제는 포위 공격 후기에 이르기까지 시행되지 않았다. 밀가루는 12월에 징발되었고 빵 배급은 1월 19일에 시작되어 1인당 하루에 빵 425그램까지 구입할 수 있었다. 그런데 이렇게 동네에 있는 특정 빵집에서 제한적으로 판매되는 빵은 품질이 아주 떨어졌다.

11월 말, 프랑스는 파리 거주 외국인들이 프랑스를 떠날 기회를 주는 문제에 대해 독일 측과 협상했다. 그 직후 약 200명의 영국인, 미국인, 스위스인이 파리 남동부 교외에 있는 크레테유를 통해 프랑스를 떠났는데, 이는 수도에 머물고 있던 약 1500명의 미국인, 4만 명의 벨기에인, 3만 명의 스위스인, 5천 명의 영국인 가운데 극히 일부에 불과했다. 11월 말까지 프로이센군이 파리로 식량이 유입되는 것을 허용할 조짐이 보이지 않자, 영국의 인도주의자들은 포위가 끝나면 즉시 분배할 수 있도록 영국 항구의 창고에 물자를 비축하기 시작했다.

파리 내부에서는 국민방위군의 아내들에게 지급되는 1일 보조금이 11월 말에 1.5프랑에서 2.25프랑으로 인상되었지만, 이 금액은 식품 가격의 급격한 인상분을 도저히 메울 수 없었다. 버터는 전쟁 전 가격의 8배, 우유는 3배, 달걀은 14배, 감자는 10배에 판매되었다. 치즈, 버터, 소고기, 양고기는 일찍 매진되었고, 그 뒤를 이어 채소와 우유가 사라졌다. 한 남자는 중앙 시장 광장에서 판매되는 신선한 음식이 부족한 현실을 이렇게 기록했다.

나는 방금 레알(파리의 중앙 식료품 도매시장)에 다녀왔다. 상인들은 꽤 많은데 상품은 별로 없고 품질도 정말 최악이다! 그곳에서 찾을 수 있는 몇 안 되는 채소는 요새와 성벽 사이에 있는 풀밭에서 뜯어온 것이다. 반쯤 썩었거나 반쯤 말라버린 채소들은 비싼 가격에도 불구하고 금방 동이 난다. 며칠 안 가면 푸른 채소는 더이상 없을 것이기 때문이다.[9]

낯선 음식과 그것을 입맛에 맞게 만드는 파리 사람들의 독창성은 아이러니하거나 유머러스한 이미지의 주제가 되었다. 여기에는 만화가 샹Cham이 그린 이미지, 즉 "쥐를 먹으면 고양이가 그 쥐를 따라올 위험이 있어요"와 "쥐고기를 기다리는 줄"이라는 설명을 단 만화가 포함되었는데, 이들은 12월 1일과 8일에 《르 샤리바리》에 실렸다. 뒤의 만화는 하수구 앞에서 손을 짚은 채 무릎을 꿇고 있는 파리 사람들의 모습을 단면으로 묘사하고 있는데, 이는 미술사학자 홀리스 클레이슨Hollis Clayson이 사용한 불멸의 용어로 '부엌 쥐 장르의 고전'이다.[10]

파리에 살던 한 익명의 영국 여성은 11월 4일에 이렇게 썼다. "나는 어제 드디어 말고기를 먹기로 결심했다. 그러고 나니 이제 불안감을 극복한 것 같다. 정말 너무 배가 고팠다. … 나는 우유 상인의 단골 고객이다. 그런데 소를 먹일 사료가 떨어져서 조만간 그는 기르던 소들을 잡아야 할 것이다."[11] 편지는 거의 구구절절 음식과 음식 가격, 음식 얻는 법 같은 정보 교환에 대해 쓰고 있었다. 그녀는 "나는 아주 좋은 상태다. 나는 여자가 아니라 말이라는 인상이 든다. 나는 먹을 것만 있으면 된다. 그러면 최대한 좋은 상태에 있을 것이다"라고 글을 맺었다.[12]

아주 큰 부자들만 높은 수준의 생활을 유지했다. 12월 초에 설탕과

케이크용 밀가루가 처음으로 배급되었다. 쥘리에트 아당이 기록한 바에 따르면, 12월 말까지 저녁 파티를 열고자 하는 호스트들은 포틀럭에 의지했는데, 이는 참석자들이 각자 조달할 수 있는 식료품을 가져오는 '일종의 피크닉'이었다.[13] 야크, 얼룩말, 그리고 두 마리의 유명한 코끼리와 같은 동물원 동물들은 부유한 사람들을 위해 예약되었다. 쥐는 필수적인 요리로 언론에 등장했지만, 실제로 설치류가 식사 테이블에 오르는 일은 드물었다(그것들은 일반적인 프랑스 요리로 만들기 어려웠고, 주로 파테pâté나 살미salmi 형태로 조리했다). 그리고 포위 공격 중에 쥐고기를 먹었다는 주장은 부자들에게 명예의 상징이었다. 새해를 축하하기 위해 아당은 도살된 동물원 코끼리 카스토르의 고기 한 조각을 영국 정육점에서 구했다. 그녀는 그 살코기가 "맛있고, 분홍색이고, 쫄깃쫄깃하며, 고운 곡물이 들어 있고, 순백색의 작은 반점이 있다"라고 기록했다. 그녀는 루이 블랑Louis Blanc과 그의 남동생 샤를을 초대해서 카스토르의 고기를 대접했는데, 그들은 이에 대해 매우 흥미를 느꼈고 맛과 장점에 대한 많은 대화를 나누었다.[14]

역사가 에드가르 키네Edgar Quinet와 결혼한 루마니아 출신 작가이자 번역가인 에르미온 키네는 식량 구하는 문제를 그녀의 이름 모를 하인에게 의지했다. 이 부부는 9월 4일 직후 파리로 이사했는데, 에드가르 키네는 그때 제2제정 기간 동안 18년간의 망명 생활을 마치고 돌아온 터였다. 키네는 남편이 정치 논문과 신문 칼럼을 쓰는 동안 집안일을 돌보았다. 부유층 여성이었던 키네는 아주 절박한 시기를 제외하고는 늘 하인 한 명을 고용할 여유가 있었다. 그럼에도 불구하고 종종 식량을 구하기가 어려웠다. 여성들은 서로 도우며 정어리 통조림을 구하거나 밥을 짓는 새로운 방법에 대한 정보를 비공식적으로 교환했다. 여자 친구들의 너그러운 도움 덕분에, 키네는 때때로 식탁에 토끼 고기를 올릴 수 있었다. 물론 음식을 맛있게 만드는 것은 또다른 문제였다. 《르탕Le Temps》 같은 신문은 뒷면에 '쥐고기 섭취: 주의 사항'과 '말고기 조리: 여덟 가지 요리법'이라는 기사를 실었다.[15] 이런 정보에도 불구하고 키네는 구하기 어려운 연료를 너무 많이 사용하지 않으면서 고기를 부드럽게 만드는 것이 얼마나 어려운지를 알게 되었다.

여성 노동자들은 상황이 훨씬 더 절박했다. 종종 관찰자들은 파리의 노동계급 여성의 이미지를 혁명 당시 상퀼로트를 암시하는 극기심 강한 애국자로 묘사했다. 그리고 음식을 기다리기 위해 줄을 선 파리 시민들, 특히 여성의 이미지는 파리의 포위 시대를 예술적으로 대변해주는 지배적인 표현이었다. 그럼에도 불구하고 코뮌 이전에 공화주의자들은 이 여성들을 위협적인 존재로 보지 않았다. 그들은 문을 부수지 않고 빵을 얻기 위해 질서 있게 줄을 서서 기다리는 존재로 묘사되었다. 키네에 따르면 가난한 여성들은 국가적 대의를 전폭적으로 지지했다. "아이들을 품에 안은 채 검은 빵을 배급받기 위해 거리에서 긴 시간을 기다리는" 동안 그들이 유일하게 두려워한 것은 "항복"이었다는 말이 회자되었다.[16]

10월 31일 공화국에 반대해서 일어난 소요를 무시하면서, 키네는 여성 노동자들이 프랑스에 대한 애국심을 갖고 있을 뿐 아니라 공화국도 지지한다고 강조했다. "여성들은 [기근을] 붉은 유령처럼 대담하게 마주했다."[17] 키네는 공화국 시대의 파리, "프랑스가 알았던 유일하게 진정한 자유의 시대"로 돌아갈 수 있는 기회를 얻기 위해서는 희생하는 것이 가치 있는 일이라고 강조했다.[18] 여성들은 불평 없이 희생할 마음을 굳게 먹고 있었다. 키네는 어느 날 아침 하인에게서 빵을 사기 위해 빵집 앞에 줄 서 있던 한 여성이 기다리는 것에 대해 불평했다는 말을 들었다. 그러자 키네의 하인은 그 여성에게 "전쟁터에 있는 우리 병사들을 생각해보세요"라고 대꾸했다. "그들도 눈 속에 발을 디디고 있지만 그들이 기다리는 것은 빵이 아니에요." 나머지 군중도 이 말에 동의했다.[19] 전쟁의 마지막 주 동안 파리 여성들의 강인함을 보여준 이 사건은 《르 샤리바리》에 실린 샹의 만화에서 예견되었다. 거기서 아기를 안고 있던 한 가난한 여성은 잘 차려입은 남자가 주는 구호품을 거부하고, 대포의 포문을 가리키며 말했다. "고맙지만 저는 배고프지 않아요! 프랑스에 프로이센 사람이 단 한 명이라도 있는 한, 먹이를 줘야 하는 곳은 여기예요!"[20]

파리의 예술가들은 여성들이 긴 줄을 서서 음식을 기다리는 것은 고귀하고 덕이 있는 일로 주목한 반면, 포위 공격 중에 여성들이 행한 다른 행동, 즉 간호 활동, 정치 클럽과 지역 회의에 참석하고 연설하고, 군용 식당 종업원으로 일하고, 10월 31일 봉기에 참여한 활동 등은 간과했다. 여성의 활동에 대한 이런 폄하는 결과적으로 남성성의 위기를 가리기 위한 것이었다. 위기에 처한 남성들의 군사적 무능과 실패로 인해 여성들이 보여준 능력을 인정하고 싶지 않았던 것이다. 아당은 남성 시민의 무력함을 보여주는 드문 이야기를 하나 보고했다. 크리스마스이브에 그녀는 한 남자가 은행 거리에서 쓰러지는 것을 목격했다. 그녀는 그를 데려간 경찰에게 그가 술 취한 사람인지 물었다. 경찰은 아니라고 대답했다. 그 남자는 추위와 배고픔으로 고통받고 있다고 했다. 그는 말채찍 판매상이었다. 그런데 말이 식량으로 징발된 이후 아무도 그의 상품을 필요로 하지 않았던 것이다. 아당은 그 남자의 말채찍을 몇 개 사서 경찰에게 주었고, 경찰은 그 남자의 자존심을 조금이라도 지켜주기 위해 그녀가 등을 돌렸을 때 채찍을 그에게 돌려주었다.

11월 말까지는 몇몇 극장이 다시 문을 열어서 파리 사람들은 열심히 공연을 보러 가고자 했다. 그때까지는 연극 공연 관람이 경박하기보다는 애국심의 표현으로 여겨졌다. 파리 사람들은 연극 작품들이 제2제정의 몰락을 재연하는 것을 보면서, 당시 정치적 장소가 된 극장들에서 동료 시민들과 유대감을 형성하고자 몰려들었다. 극장들은 공연 수익금을 전쟁 자금으로 기부했다. 국민방위군에 지원했던 남성 배우들은 때때로 군복을 입고 무대에 올랐다. 앙리-폴리도르 모방Henri-Polydore Maubant은 이런 방식으로 희곡《르 시드Le Cid》에 나오는 한 독백을 공연했다. 그렇지 않은 경우, 그들은 의상과 무대 세트가 포격에서 안전한 창고에 보관되어 있었기 때문에 평상복을 입고 공연하기도 했다. 남자 배우들은 수염도 분장해서 그들을 군대 구성원으로 식별하게 했다.

겨울에 있었던 두드러진 이벤트는 루이-나폴레옹 보나파르트를 비판하는 내용의 빅토르 위고의 시집《징벌》낭독회였다. 1853년 쿠데타 와중에 처음 쓰인 이 시집은 포위 기간 동안 2만 부가 팔렸다. 위고는 1851년에 망명을 떠나서 1859년에 사면을 받았음에도 불구하고 1870년 9월까지 프랑스로 돌아오지 않았다. 그러다가 프로이센군이 파리를 포위하기 직전에 파리로 돌아와 정착했다. 시 당국은 11월 28일에 르 펠르티에 거리에 있는 오페라에서 이 작품의 낭독회를 개최하기로 결정했다. 이 낭독회는 대중에게 무료로 개방되었다. 각 행정구에서 선착순으로 입장권을 배포했는데, 각 구역에는 인구에 비례해 입장권이 배정되었다. 쥘리에트 아당은 낭독회에 참석해 제2공화국의 희망찬 시절에 임시정부 지도자였던 루이 블랑과 1848년, 1870년 혁명의 특징에 대해 토론했다. 그해 겨울, 파리의 많은 시인이 위고의 스타일로 작품을 발표했으며, 포위 기간 동안 파리의 저항과 경험에 대한 찬가를 썼다. 이 찬가들은 종종 혁명가로 불렸던 '라 마르세예즈'의 음악에 맞춰 만들어졌다.

시집《징벌》의 발표는 제2제정 초기에 저질러진 불의를 돌아보게 했다. 파리 사람들은 이제 독일군의 침략과 그것이 민간인에게 미친 결과를 관리할 능력이 없는 것처럼 보이면서도 군사 및 정치 생활에서 국민의 직접적인 참여는 온전히 수용하려 하지 않는 새로운 국민방위정부와 힘겨루기를 했다. 국민방위군 내에서는 10월 31일의 봉기와 11월 30일의 파리 탈출 작전이 실패한 이후 국민방위정부에 대한 분노가 더욱 커졌다. 그들은 왜 굶주림, 추위, 우울증, 무위無爲, 패배에 시달리고 있을까? 어떤 국민방위군 병사들은 문화재 파괴 행위와 질서 파괴를 저질렀고, 어떤 경우에는 수백 명이 그들의 위치를 이탈하면서 군대 내에서 규율이 지켜지지 않는 사태가 심화되었다.

12월, 언론은 국민방위정부에 대한 공격을 멈추지 않았다. 국민방위정부가 프랑스군의 전쟁 노력을 고의로 지연시켰고 반동 세력이 군주제를 되찾기 위해 프로이센의 승리를 원했다는 소문이 넘쳐났다.《르레베유Le Réveil》는 트로쉬가 "파리 시민들이 프로이센에게 항복하도록 압박하기 위해 파리 시민들을 굶주림으로 밀어 넣었다"라고 비난했다.[21]

주민 클럽들은 매일 밤 모여서 그들이 처한 상황에 대해 논의했다. 실제로 할 일은 별로 없었지만, 지난 2년간 유지되어온 모임 운동은 이런 종류의 사회적 소통을 위한 토대를 준비해왔다. 클럽은 이웃 정체성의 원천이 되었고, 그들의 거주지는 기본적인 집단적·정치적 정체성이 굳어지게 만들었다. 발언자들은 몽마르트르, 벨빌, 라빌레트의 '시민들'을 언급했고, 갈등은 점차 이웃 주민들과 국가 간의 갈등으로 개념화되었다. 11월 10일 제20구에서 열린 회의에서 자신을 '용감한 시민의 아들citizen Gaillard fils'이라고 칭한 한 연설자는 "벨빌 시민들은 패배를 거부하라"고 촉구했다. 연설자는 이웃들에게 "투옥된 죄수들의 석방을 요구"하는 서신에 서명해서 시청으로 가져가라고 말했다. 여기서 죄수들은 10월 31일 이후에 시청사 점거에 가담한 혐의로 체포된 벨빌 시장과 시의원들을 지칭했다. "만약 정부가 거부한다면, 그것은 벨빌 시민들에게 전쟁을 선포하는 것과 마찬가지로, 우리가 이제 무엇을 해야 할지 알게 될 것입니다(우레와 같은 박수)."[22]

클럽들은 고전 소설 같은 새로운 전략을 사용해서 승리를 얻고자 하는 황당한 계획을 논의했다. 12월 9일에 열린 바티뇰 민주클럽의 회의에서 참석자들은 동로마 그리스인들이 해군 선박을 공격하는 데 사용했으며, 물에 닿으면 불이 붙는다고 알려진 '그리스의 불'이라는 인화성 물질의 효능에 대해 논의했다. 미래에 코뮌의 순교자가 된 들레클뤼즈Delescluze는 이 계획에는 "프로이센군을 흠뻑 젖게 하기 위해서 그들에게 물을 뿜을 대구경의 소방 펌프가 필요하다"라고 주장했다.[23] 프로이센군을 모두 불태우겠다는 구상이었다.

클럽 연설자들은 더 심각한 논조로 부자들이 음식을 쌓아두고 있는 것에 대해 점점 더 거세게 비판했다. 1월 15일 클럽 파비에Favié에 갔던 한 정보 제공자는 이렇게 기록했다.

> 사람들은 그날 아침 제20구에서 시작된 빵 배급에 대한 열띤 토론에 참여했다. 특히 여성들은 매우 거세게 불평을 토로해서 눈에 띄었다. 어떤 그룹에서는 시청에 근무하는 사람들은 일반인과 달리 마음껏 음식을 즐기고 있다는 이야기가 나왔다. 그들은 원하는 만큼 고기를 먹는다. 그들과 그들이 뒤를 봐주는 부자들은 지하실에 햄을 보관하고 있으며, 젊은 여성들과 함께 레스토랑에서 광란의 파티를 벌인다. 부자들은 배급 대상이 아니기 때문에, 우리가 굶주리고 있음에도 불구하고 '끝까지 싸우자'라는 애국적인 연설을 한다. 하지만 우리, 빵 외에는 아무것도 없는 우리가 과연 1파운드 또는 100그램의 빵으로 하루를 살 수 있을까? 그들은 우리가 굶어 죽어서 프로이센군보다 그들에게 더 위협적인 벨빌을 제거하길 원한다.[24]

당시 파리 사회의 현실을 사회경제적 차원에서 보면 짜증이 났지만, 대체로 사람들은 아직 문제를 마르크스주의 이론의 틀에서 이해하고 있지 않았다. 노동계급이 가장 일반적인 표적으로 삼는 계층인 상점 주인이나 소규모 고용주를 포함해서 도시민 대부분이 함께 궁핍으로 인해 고통을 겪고 있었기 때문이다. 게다가 당면한 문제는 군사적 좌절, 매일매일의 위험과 더불어 식량과 땔감 부족이었지, 마르크스주의자들이 관심을 집중하는 임금 노동이 아니었다. 그래서 투쟁의 초점은 자본이 아니라 국가에 맞춰져 있었다. 게다가 클럽에서 공식적으로 제기된 대부분의 요구 사항 목록에는 시의회의 민주적 선출이 포함되었다.

우익 진영에서도 국민방위정부 비판자들은 선거를 요구했다. 그들은 국민이 공화주의 정부를 지지하지 않을 것이라고 확신하며, 국민이 좀더 보수적인 미래 정권을 바랄 것이라고 희망했기 때문이다. 11월 말《파리주르날Paris-Journal》은 "제발, 우리에게는 휴전이 있든 없든, 물자의 재보급이 있든 없든 국민의회가 필요하다. 만약 프랑스에 우연히 권력을 잡은 연설가들 대신 진정한 정부를 세우기 위해 우리가 무언가 해야 한다면, 우리 부츠의 밑창까지 먹어치우자"라고 썼다.[25]

12월 말까지 프랑스군이 다른 곳에서 패전하자 파리 외곽에는 프로이센의 2개 군이 추가로 도착했다. 국민방위정부는 내부적으로 항복이 임박했다는 것을 인정할 수밖에 없었다. 그러나 도시 내부에서는 국민방위군에게 포위를 돌파할 출구를 찾으라는 요구가 거세졌다. 그러자 트로쉬는 자신이 공세를 취할 의지가 있다는 사실을 프랑스 국민에게 보여주기로 결심했다. 그래서 12월 21일에 돌파구를 마련하기 위한 또 한번의 작전을 승인했다. 이번에 그는 페데르브가 지휘하는 북부군이 적극적이고 규모가 크며, 그들의 진격 루트가 넓은 평야이기 때문에 프랑스 포병이 공격할 때 독일군을 막아줄 엄폐물이 적은 피카르디 평원에 기대를 걸었다. 트로쉬는 10월 말에 프랑스가 잠시 점령했던 르부르제 마을을 점령하기 위해 21일에 공격을 개시했다. 그들이 르부르제에 도착했을 때 군대의 사기는 높았지만, 곧 멀리서 오는 독일군의 집중포격을 받고 있으며, 그들이 사격을 가할 독일군 보병들은 시야에 들어오지 않는다는 사실을 발견했다. 프랑스군은 급속도로 혼란에 빠져서, 마을을 점령하거나 마을을 포위하기 위해 얼어붙은 땅을 파서 진지를 구축할 수 없었다. 이런 상황에서 병사들은 불을 피울 연료가 없었고,

땅은 너무 딱딱하게 얼어서 텐트조차 세울 수 없었다. 그들은 졌다.

르부르제 패전 이후, 트로쉬는 사임할 준비가 되어 있었다. 자, 그러면 이제 누가 그를 대신할 것인가? 뒤크로는 자유주의자는 안 된다고 분명히 반대했으며, 그들이 패배로 향하고 있다고 믿었다. 공격 지점을 특정하지는 않았지만 기꺼이 대규모 공격을 감행하자고 제안했던 비누아는 제국 정권에 너무 깊이 연루되어 있었다. 결국 트로쉬는 남았다.

그해 겨울, 비스마르크는 다른 강대국들이 러시아에 관한 외교 회의를 통해 전쟁에 개입할지 모른다고 걱정하고 있었다. 1856년, 크림 전쟁이 끝난 후 체결된 파리 조약은 러시아 군함의 흑해 출입을 금지했었다. 1870년에 갈등이 발생하자, 러시아 외무부 장관 알렉산드르 고르차코프Alexander Gorchakov는 10월 31일자 회람을 통해 이를 러시아가 더 이상 해당 조항에 구속되지 않는다고 선언하는 계기로 삼았다. 비스마르크는 이전에 그러한 움직임을 지지할 것이라고 분명히 밝혔으며, 1870년 가을에 이러한 지지 입장을 재확인했다. 영국은 이와 관련해 외교 회의를 개최해야 한다고 주장했는데, 거기에는 파리 조약의 서명국이었던 프랑스가 참석해야 했다. 그러자 비스마르크는 이를 피하려 했다. 프랑스를 포함해서 강대국들이 모이면, 이들은 다른 강대국들이 프로이센과 프랑스 간의 갈등을 협상을 통해 종식시키는 방안을 모색할 것이기 때문이었다. 그는 쥘 파브르의 회의 참석을 막고자 초대장이 늦게 도착하도록 파리와 외부 사이의 통신을 단절시켰고, 그래서 프랑스는 여기에 참석할 수 없었다. 결과적으로 외교 회의에서는 아무것도 처리하지 못했다.

한편 베르사유에서 무거운 책임에 지쳐 있던 비스마르크와 몰트케는 포격 준비에 대해 계속 논쟁했다. 몰트케는 파리 지역으로 가는 철도 운송의 한계를 감안할 때 더 많은 시간이 필요하다고 주장했다. 그에게는 가동할 수 있는 선로가 하나뿐이었는데, 그 노선은 독일군이 형성하고 있는 전선보다 무려 24킬로미터나 미치지 못한 곳에서 끝났다. 몰트케는 지방의 모든 프랑스 군대와 전투를 마친 후에, 파리를 포격하고 점령하는 것을 선호했다. 그러나 전쟁부 장관인 룬은 비스마르크와 함께 지금 포격 준비를 가속화해야 한다는 데 동의했다. 몰트케는 마침내 정치적 요구를 달래기 위해 포격을 준비하기로 동의했지만, 그가 동의한 것은 독일 병사들을 공격에 투입하지는 않는 포격이었다.

비스마르크가 참석하지 않은 12월 17일 전쟁 회의는 독일군이 대포 1문당 500발로 구성되는 10일분 포탄을 비축하면 바로 포격을 개시하기로 결정했다. 로스니 바로 외곽, 트로쉬 군대의 동쪽 거점인 아브론 고지대에 대한 실험 포격이 12월 27일에 개시되었다. 그러자 트로쉬는 이틀 만에 고지대에서 철수했다. 실험 포격이 성공적인 결과를 얻자, 그후 독일군은 동쪽과 남쪽의 요새들(노장, 누아지, 로스니; 몽루주, 방브, 이시)에 포격을 가했다. 1월 4일, 빌헬름 왕은 파리에 포격을 가하라고 명령했다. 포격은 안개로 인해 다음날로 연기되었다.

왕세자는 계속해서 이 결정에 반대하며 이를 "어리석은 짓"이자 "비열한 포격"이라고 불렀다.[26] 현장에 물자가 부족하고 프랑스가 보급품과 탄약 수송을 쉽게 방해할 수 있다는 점을 감안할 때, "파리 사람들은 우리를 비웃을 뿐이며, 만약 굶주림조차 그들에게 항복을 강요하지 못한다면 … 내 예상에, 첫 포성이 울리자마자 그들의 저항정신은 그 어

느 때보다 더 뜨겁게 타오를 것이다."²⁷

프리드리히 빌헬름은 유럽 전역에서 여론이 독일에게 등을 돌리고 있다는 사실을 잘 알고 있었다.

우리 독일은 유럽의 여론에서 더이상 잘못된 행위에 시달리는 무고한 피해자로 여겨지지 않고, 오히려 적을 정복하는 데 만족하지 않고 적을 완전히 멸망시키는 데 급급한 오만한 승자로 여겨지고 있다. 중립국의 눈에 프랑스는 더이상 거짓말을 하고 경멸받는 국가로 보이지 않으며, 압도적인 역경에 맞서 명예로운 싸움을 함으로써 그들의 가장 소중한 재산을 지키는 영웅적인 마음을 가진 국민으로 보인다.²⁸

어린이를 포함한 민간인에 대한 포격은 이런 이미지를 더 악화할 뿐이었다.

실제로 영국 언론에서는 프랑스에 우호적인 정서가 꾸준히 커졌다. 많은 영국인이 맥마이클이 출간한 현장 보도와 외교 사절의 보고, 전쟁 현장을 직접 목격한 군사 자문단, 전쟁 특파원의 보도를 통해 프랑스 국민이 겪는 고통을 알게 되고 이에 동정심을 느꼈다. 독일은 이제 착취적이고 탐욕스러워 보였다. 반면 프랑스는 더이상 벨기에와 룩셈부르크를 위협할 위치에 있지 않았고, 스스로를 공화국이라고 선언했다. 심지어 독일에 우호적인 일러스트 신문《그래픽Graphic》조차 프랑스인을 묘사하는 데 우울증과 굴욕이라는 주제를 통합하기 시작했다.

하지만《일러스트레이티드 런던 뉴스》는 프랑스가 루이-나폴레옹 보나파르트를 대통령으로 선출하고 그의 제국을 지원함으로써 이런 상황을 자초했다는 사실을 독자들에게 지속적으로 상기시켰다. 이 신문은 파리 시민들이 처한 곤경에 대해 동정하면서도, 1월 21일자 기사에서 독일에게는 파리를 파괴할 권리가 있다고 언급하지 않을 수 없었다.

우리가 앞서 말했듯이, 이 포위 공격의 진짜 이야기가 알려질 때, 우리 같은 사람들이 파리 시민들에게 느낀 동정심이 넉넉하게 정당화될 것이다. 하지만 이와 함께 우리 같은 사람들은 독일 황제에게는 자신에게 강요되었던 작업을 마무리하는 것 외에 선택의 여지가 없었다고 믿는다.[29]

영국은 결코 이 전쟁에 개입할 만큼 자국의 이해관계가 충분히 연관되어 있다고 보지 않았다. 대륙에 새로운 세력 균형이 성립되고 있는데, 영국은 어떤 경우에든 여기에 군사적으로 개입할 능력이 없다는 것이 분명했다. 울리치의 왕립군사아카데미에서 막 학업을 마친 젊은 허레이쇼 키치너Horatio Kitchener는 이동병원 부대에 입대했다가 라발 전투를 목격했다. 그는 상관을 설득해 프랑스의 열기구를 타고 하늘로 올라가 독일군의 움직임을 연구할 수 있도록 허락받았다. 그런데 그의 행동이 영국 언론에 보도되자, 이 젊은 장교는 군사령관에게 소환되었다. 그는 장교직을 잃지는 않았지만 경솔한 개인 행동으로 영국의 중립성을 위태롭게 했다는 경고를 받았다.

1월 5일 저녁, 독일 포병대는 포격의 방향을 파리 중심부로 돌렸다. 이는 직접적인 군사적 목적에서가 아니라 파리 시민들을 궁핍에 빠뜨려서 그들이 평화를 원하도록 압박하기 위해서였다. 포격은 3주 동안 매일 밤 10시경에 시작되어 4~5시간 동안 지속되었으며, 매일 밤 200~500발이 발사되었다. 총 6천~7천 발의 포탄이 파리 시내로 발사되었다. 대포의 사거리는 엄청났다. 샤티용 고지에 설치된 포대는 약 8킬로미터 떨어진 생루이섬까지 포탄을 날릴 수 있었다. 당시 파리에서 남동쪽으로 15킬로미터 떨어진 몽제롱에 주둔하고 있던 디트리히 폰 라스베르크는 멀리서 이 포격을 목격했다.

특히 밤에 가해진 포격은 거대한 드라마를 연출했다. 우리는 몇 시간 동안 때때로 창가에 앉거나 밖으로 나가서 독일이나 프랑스 포대에서 나오는 섬광을 지켜보았다. … [그것이] 지평선 전체를 밝혔다. [우리는] 중거리 대포가 발사될 때 거기서 나오는 장엄한 천둥소리와 적군 진영에서 솟아오르는 모든 불길을 즐겼다.[30]

낮에는 짙은 연기구름이 시야를 가렸다.

많은 파리 시민은 지하실에서 피난처를 찾았다. 관찰자였던 프랑시스크 드 비오티에르Francisque de Biotière는 지하실에 있는 생활공간이 완벽할 정도로 질서 있게 정리되어 있는 것을 보고 경탄했다. 각각의 공간은 흰색 시트로 분리되어 있었으며 몇 개의 매트리스, 테이블, 램프가 그 장면을 완성했다. 지하실 양쪽 끝에는 2개의 큰 난로가 있었는데, 의자·테이블·옷장의 나무들이 땔감이 되어 맹렬하게 타고 있었다. 비오티에르는 한 귀족의 지하실에서는 관리인이 세입자들을 주의 깊게 감시했다고 기록했다. 가장 큰 부자들은 가구와 카펫, 리넨, 귀중품을 가져와서 질서 정연한 지하실 장면에 응접실 분위기를 더했다. 풍자

신문인 《라 카브La Cave》는 농담조로 원하는 물건을 지하실로 배달해주겠다고 제안했다. 생쉴피스의 사제는 "폭탄이 떨어져 미사를 방해했을 때, 침착한 자세로 참석했던 신도들에게 조용히 떠나라고 부탁하고, 폭풍이 몰아치는 가운데 갑판을 왔다 갔다 하는 배의 선장처럼 조용히 성당의 통로를 오르내렸다는 점에서 영국인 관찰자에게 칭찬을 받았다."[31]

아직 포격은 심각한 피해를 입히지 않았다. 독일군 대포의 사거리가 꽤 길었지만 센강 너머까지 보낼 수는 없었고, 그래서 센강 우안 지역은 무사했다. 대부분의 포탄은 건물이 아닌 빈 공간에 떨어졌다. 앵발리드와 팡테옹은 쉬운 표적이었다. 그래도 건물들(소르본, 생쉴피스 성당, 팡테옹, 앵발리드, 성심 수도원)은 겉에만 조금 피해를 입은 정도여서 상징적으로 강한 인상을 주었다. 하지만 포격은 화재를 초래했고 이는 독일군에게 희망을 주었다. 주택, 목조 건설 현장, 포도주 창고, 그르넬 도축장 등 총 약 1500채의 건물이 화재로 피해를 입었다.

그러나 파리 사람들은 신속하게 피해를 복구했다. 트로쉬는 특히 라 피티에, 라살페트리에르, 르발드그라스, 네케르 등의 병원에 대한 독일군의 무차별 포격에 항의했다. 병원들이 피해를 입은 사실이 알려지자, 미국을 포함한 국제사회는 프랑스에 동정심을 갖는 모양새를 보였다. 그리고 독일은 민간인, 특히 비무장 여성과 어린이를 표적으로 삼은 전략을 해명하라는 압력을 받았다. 비스마르크는 1871년 1월에 공개서한을 발표해 프랑-티뢰르가 불법적으로 이 전쟁에 참가했다고 비난함으로써 파리에 대한 포위 공격을 옹호했다.

파리 포격은 도시와 주민들에게 직접 가해진 피해를 훨씬 넘어서는 큰 고통을 초래했다. 사망자 명단이 매일 《르 탕》에 보도되었고, 아당과 키네의 일기에도 기록되었다. 아당은 이렇게 적었다. "집에 돌아온 엄마가 두 자녀가 죽어 있는 것을 발견했는데, 시신이 일부만 남아 있었다."[32] 집 안에 있던 아무 죄 없는 무고한 아이들을 무참하게 살해한 이런 공격은 현대 전쟁에서는 누구도 안전하지 않다는 것을 분명히 보여주었다. 무차별 포격은 포탄이나 파편이 언제든지 집을 파괴하고 그 안에 있는 사람들을 죽일 수 있음을 뜻했다. 포탄의 파편이 어디로 튀어 끔찍한 해를 입힐지 알 수 없었기 때문에 아당은 크게 불안에 떨었다. 그래서 그녀는 거의 글을 쓸 수 없었고 거의 일주일 동안이나 일기를 쓰지 않았다. 그녀는 6일 동안 끔찍한 두통을 앓았으며, 그동안 누구의 글을 읽거나 쓰는 일, 또는 누구의 말을 듣는 일 등 아무것도 할 수 없었다.

심지어 파리에서 멀리 떨어진 곳에 있던 조르주 상드조차 포격에 대해 들었을 때 참을 수 없었다. 그녀의 가족은 이렇게 말했다. "우리는 포격에 대해 아무 말도 하지 않는다. 포격에 대해 듣는 순간, 말로는 표현할 수 없는 고통을 느꼈기 때문에 우리는 어떤 성찰을 할 여유도 없었다."[33] 날씨가 따뜻해지자 상드는 파리 사람들을 생각했다. "날씨가 좋아져서 이제 파리 사람들의 고통이 좀 덜해졌을 거야."[34]

1월 중순에 트로쉬는 45명의 여성과 21명의 어린이를 포함해 189명의 민간인 사상자가 발생했다고 보고했다. 스트라스부르에서와 마찬가지로 민간인 남성이 민간인 여성보다 사망하거나 부상당할 가능성이 더 높았지만, 어떤 보고서도 사상자 가운데 일부는 민간인 남성이라는 사실을 기록하지 않았다. 총 100명의 파리 시민이 사망했고 300명 미만이 부상당했다. 반면 1월 중에 매주 3천~4천 명의 파리 시민이 추위와 굶주림으로 목숨을 잃었다.

일단 포격이 시작되자, 왕세자는 그것이 즉각적인 항복을 이끌어내리라고 생각한 사람들이 조급해질 것으로 예상했다. "이제 베를린의 현명한 사람들은 사실 의기양양해져서 늦어도 오늘 저녁에는 항복을 이끌어낼 것으로 기대할 것이다. 하지만 만약 2주가 지난 후에도 모든 것이 여전히 그대로라면 그들은 무슨 말을 할까?"[35]

왕세자는 파리 남서쪽의 전망이 좋은 위치에서 포격 결과를 주시하고 있었다. 이시와 방브 요새는 피해를 입었고, 몽루주 서쪽의 막사는 불탔고, 파리 전역에서 여기저기 연기가 피어올랐다. 포격 속에 갇혀 있는 파리의 어린이와 민간인에 대한 생각이 그를 괴롭혔지만, 그는 마치 오도 가도 못하게 갇힌 기분이었다. "현재 상황에서 나는 이 고통스러운 의무를 수행하지 않으면 안 된다. 전쟁에 대한 나의 개인적인 혐오감을 고려할 때, 이것은 정말 내가 피하고 싶은 진정한 십자가다. 하지만 두 강대국 사이에 벌어진 이 전쟁에서 내가 회피할 수 있는 의무는 없다." 그에게 유일한 위안은 미래에 대한 소망 섞인 생각이었다. "어쨌든 전쟁 결과, 평화가 주는 진정한 축복이 사방팔방으로 확산되고, 그것이 토대가 되어 조용하고 질서 정연한 시기에만 번성할 수 있는 모든 것이 풍성하게 성장하기를 바란다."[36]

강도 높게 집중포화를 퍼붓고 나니 독일군 대포가 마모되기 시작했다. 대포는 그저 밤마다, 연달아서 끊임없이 계속되는 포격을 버틸 수 없었다. 어떤 대포는 고장이 나서 사용할 수 없었고, 어떤 대포는 갑자기 폭발해버렸다.

도시 중심부에 대한 포격이 가장 많은 주목을 받았지만, 포격의 주요 표적은 여전히 파리 외곽의 요새, 즉 이시, 방브, 몽루주였다. 모두 격렬하게 방어를 시도했지만, 독일군의 강도 높은 포격을 오래 버틸 수 없었다. 각각의 표적들에 대한 포격을 실시한 후 3일 이내에 독일군은 요새에 더 가까이 접근해서 사정거리를 넓힐 수 있었다. 생드니는 1월 21일까지 포격을 받았고 그곳 주민들은 파리로 도망쳤다.

독일군이 예상했던 것과 달리 파리 시민들은 항복에 동의하지 않았다. 그들은 새로운 탈출 작전을 요구했다. 독일군의 포격은 그들이 항복하도록 설득하기는커녕, 버티고자 하는 결의를 더욱 굳히게 했다. 동시에 많은 급진적인 파리 시민에게 이 포격은 국민방위정부가 그들이 가장 중요하게 여기는 관심사를 중시하지 않고 있다는 추가 증거를 제공했다. 포격 첫날인 1월 5일, 최근 몇 달 동안 조용했던 20개 행정구 중앙위원회는 프로이센에 대한 전면 공격을 촉구하는 두 번째 '붉은 포스터'를 게시했다.

적들은 이 순간 우리의 심장 박동 하나하나를 세고 있는데, 바스티유를 파괴하고 왕좌를 전복했던 1789년의 위대한 인민들이, 절망에 빠져서 추위와 기근이 우리 심장 속 마지막 피 한 방울까지 얼어붙게 할 때까지 그저 기다릴 것인가? 아니다! 파리의 주민들은 이런 비참함, 이런 수치를 결코 받아들이지 않을 것이다. 그들은 아직 시간이 있으며, 살아서 싸우기 위해 노력하는 사람들이 자신이 어떤 능력을 갖고 있는지를 입증할 결정적인 조치를 취할 수 있다는 것을 알고 있다.[37]

포스터는 파리가 이런 상황에 놓인 것에 대해 국민방위정부를 명백히 비난했다. "정부는 대책을 내놓았다. 그런데 그것이 우리를 죽이고 있다."[38]

1월이 되자 온건한 공화주의 언론조차 국민방위정부에 등을 돌렸다. 1월 6일, 《르 시에클Le Siècle》은 정부에 "진지하고 단호한 언어로 말하고, 만약 무언가 계획이 있다면 그것을 공개하라"고 촉구했다. 같은 신문은 19일에 "정부가 반역이 있을 것이라고는 별로 믿지 않으려 하지만, 어리석고 무능한 전략에 대해선 믿음을 주고 있다"라고 썼다.[39]

파리 시민들에게 파리 포위는 한마디로 비극이었다. 그 속에서 국민방위군과 그 지지자들이 용기를 보이고 연대했지만, 성공은 거두지 못한 채 오히려 파리 시민들의 비참함을 지속시켰으며, 새로운 공화국은 국민을 대표하겠다고 주장했지만 실제로는 그들의 마음을 사로잡지 못했다. 파리 포위는 평범한 사람이 부당한 압제 체제에 무릎 꿇기를 거부함으로써 영웅이 될 수 있었던 한 편의 로맨스였다. 이는 자신이 결코 묵과하지 않았지만, 계속되는 폭력에 갇힌 상태에 머물러 있던 왕세자의 이야기와 대비되는 로맨스였다. 파리 봉쇄는 또한 바리케이드를 향해 나아갔다가 돌아오는 끝없는 행진이 사실 아무것도 달성하지 못하고, 이전 혁명 시대에 국민방위군이 보였던 행동을 쓸데없이 반복한 한 편의 작은 희극 내지 소극笑劇이었다. 포위 시기는 또한 "어떻게 해도 극복할 수 없는 장애물에 대한 인내가 결국은 폭발해서 반란이나 혁명의 기반을 형성할 수 있게 한" 터무니없는 해프닝이었다.[40] 그러나 단 한 가지, 파리 포위는 희극, 즉 뒤집힌 세상이 결국은 아름다운 결혼과 행복한 결말로 끝나는 그런 희극은 아니었다. 어떤 데우스 엑스마키나deus ex machina[초자연적인 해결자, 즉 신을 의미한다]도 파리를 구하기 위해 개입하지 않았다.

베르사유에서는 다른 역사적 드라마가 펼쳐지고 있었다. 바로 독일 제국의 선언이다. 독일 통일 전쟁으로 알려지게 된 일련의 전쟁은 정복 전쟁이 아니라 프로이센이 쌓아온 힘을 과시한 사건이었다. 1866년 오스트리아와의 전쟁은 곧 통일을 통해 만들어질 대독일Greater Germany에서 합스부르크 왕가가 지배적인 세력이 될 수 없음을 분명히 했다. 이 전쟁으로 프로이센이 이끄는 북독일연방이 창설되면서, 주권을 가진 독일 국가의 수가 39개에서 6개(프로이센과 오스트리아 포함)로 줄었다. 그리고 프랑스와의 전쟁 결과 프랑스 영토의 일부가 통일된 독일 제국에 합병되었지만, 영토 획득은 전쟁의 주요 목적이나 대상이 아니었다. 그 대신 이 전쟁은 4개 독일 남부 국가들, 즉 바덴·헤센 대공국·뷔르템베르크·바이에른의 지도자들에게 프로이센이 이끄는 더 강력한 집단에 합류하는 것이 유리하다는 점을 분명히 보여주었다. 독일 남부 국가들의 북독일연방 합류는 공공연한 합병이 아닌 외교와 협상을 통해 이루어졌다. 그리고 이 전쟁들은 새로운 통일된 독일이라는 개념을 정당화해주었다. 하지만 독일 제국의 통일이 피할 수 없는 사건은 아니어서, 이를 이루려면 정교한 외교, 의회와 군주들의 상호 탐색, 그리고 적절한 시기에 치러지는 인상적인 사건이 필요했다.

1866년 이후, 비스마르크는 아직 남아 있는 몇몇 독일 국가가 프로이센이 지배하는 통일 국가에 합류하는 것은 피할 수 없는 일이며, 자신이 이루어낼 수 있는 일이라고 생각했다. 하지만 그는 그것이 언제 진행될지에 관한 정확한 일정은 가지고 있지 않았다. 최근 프랑스와의 갈등을 촉발하는 데 도움이 된 엠스 전보 사건이 알려지자마자 비스마르크는 이를 양국 군주들 사이의 전쟁이 아닌 프랑스 국민과 독일 국민 사이의 갈등으로 규정했다. 8월에 전쟁이 발발했을 때에도 비스마르크는 여전히 알자스 지방이 아직 결정되지 않은 통일 독일의 공통된 부분이 될 수 있다고 암시하는 정도였지, 그 수준을 넘어서 다른 독일 국가들에 어떤 압력을 가하는 것처럼 보이기를 원치 않았다.

그러다가 스당 전투 이후 협상이 본격적으로 시작되었다. 바덴은 쉬웠다. 9월 2일 초, 바덴의 수도 카를스루에에서 욜리Jolly 주지사가 비스마르크에게 '독일 제국' 창설을 촉구하는 요청서를 보냈다. 바이에른에서는 스당 승리가 루드비히 왕과 그의 장관들에게 변화가 다가오고 있다는 확신을 주었지만, 그들은 여전히 북독일연방을 대체할 새롭고 느슨한 독일연방을 원했다. 이에 비스마르크는 기존 북독일연방의 협약 조건을 유지·강화하는 방식으로 독일 남부 국가들을 통합하려 했다.

9월 말, 비스마르크는 바덴에 답신을 보내 북독일연방에 가입해달라고 요청했다. 바덴과 뷔르템베르크 대표단이 곧 베르사유에 도착했고, 뒤이어 바이에른과 헤센 대표단이 도착했다. 네 주권 국가는 각자 복잡하게 얽히고 상호 경쟁 관계였기에 비스마르크와의 협상에서 하나의 공동 전선을 보이지는 않았다. 그래서 프로이센은 그들이 서로 대립하도록 만들 수 있었고 각국에 동일한 내용의 양보를 할 필요가 없었다.

협상에서 가장 어려운 국가는 바이에른이었다. 그들은 '제국과 카이저'는 기꺼이 받아들일 생각이 있었지만, 외교 정책에서의 동등한 발언권, 전시戰時가 아닌 시기에도 자체 군대를 보유하고 자체적인 군사 예산을 편성할 권리, 그리고 제국 헌법 개정에 대한 거부권을 요구했다. 비스마르크는 일단 바이에른을 고립시킨 후, 다른 세 국가와 협상하며 언론 선전을 통해 압력을 가함으로써 이에 대응했다. 11월 8일까지 바이에른은 느슨한 연방제를 포기하고 통일을 수용하는 대신, 통일의 구체적인 조건에 대해 협상할 준비가 되어 있었다.

협상 참가자가 너무 많아서 하나의 결정이 성사될 때마다 그로 인한 새로운 부작용이 발생했다. 왕세자는 이렇게 적었다. "먼저 온갖 종류의 끝을 모르는 어려움이 대두되었고, 마침내 목표를 달성했다고 생각한 순간, 이미 도달한 결론에서 새로운 문제가 민첩한 뱀장어처럼 재빠르게 미끄러져 나왔다."[41] 뷔르템베르크 왕은 바이에른이 달성한 것과 동일한 양보를 요구함으로써 협상 지연을 초래했다. 그는 그 요구를 관철하는 데는 실패했다. 하지만 결국 협상 참가 국가들은 저마다 각각 특별한 사항을 얻어냈다. 바이에른은 자체 철도를 관리할 권리를 유지했고, 바이에른과 뷔르템베르크는 제2제국에 의해 제한적으로만 규제되는 자체 우편 및 전신 시스템을 유지할 수 있었다. 바덴은 지역에서 생산되는 맥주와 기타 주류에 세금을 부과할 수 있었다. 뷔르템베르크 왕은 실제 권한은 없어도 군 총사령관의 의례적 권리를 유지할 수 있었다. 바이에른 왕은 군대에 관련된 추가적인 지휘권을 받았다. 황제는 전쟁이 선포되었을 때에만 바이에른 군대를 지휘할 수 있고, 전쟁이 끝난 후에는 바이에른 왕이 독자적으로 지휘하도록 규정했으며, 바이에른에 있는 요새들을 지휘하는 장교와 사령관도 임명할 수 있었다. 바이에른은 또한 통일 제국이 외국과 평화 협상을 할 때 대표를 파견할 수 있는 상징적 권리를 부여받았다(이 권리는 1917년 브레스트-리토프스크 회의에서 실제로 행사되었다).

그러나 결국 비스마르크는 북독일연방의 정부 시스템을 새로 탄생할 독일 전체로 확장하는 데 성공했다. 각국은 11월 15일에서 25일 사이에 조약에 서명했다.

두 가지 해결해야 할 사안이 더 남아 있었다. 첫 번째는 이 새로운 통일 독일 국가의 명칭, 그리고 지도자로서 빌헬름 국왕에게 부여될 호칭 문제였다. 두 번째는 베를린에 있는 북독일연방의 제국의회와 각국에서 이 조약을 비준하는 문제였다.

비스마르크에게는 새로운 칭호가 매우 중요했다. 다른 왕들은 프로이센 왕의 리더십보다는 황제(카이저Kaiser)의 리더십을 더 기꺼이 받아들일 터였다. 그런데 여기서 비스마르크는 빌헬름의 반대에 직면했다. 빌헬름은 과거 프로이센을 억압했던 오스트리아 합스부르크 황제의 호칭인 카이저라는 칭호를 받아들이지 않으려 했다. 그래서 비스마르크는 바이에른과의 협상이 한창 진행되는 도중에, 바이에른의 루드비히 왕에게 만약 그가 빌헬름 왕에게 '황제Kaiser와 제국Reich'이라는 용어를 받아들이도록 제안해준다면, 루드비히는 바이에른이 요구했던 사항들을 얻게 될 것이며, 나아가 개인 계좌로 연간 30만 마르크를 지급받게 될 것이라고 제안했다. 12월 2일, 루드비히는 '카이저 서신'으로 알려진 한 문서에 서명했다. 사실 비스마르크가 쓴 이 문서는 빌헬름에게 황제Kaiser의 제관을 제안했다. 빌헬름은 계속 이 호칭에 대해 불평했지만, 이미 결정이 내려졌다는 사실을 받아들였다. 왕세자는 "65년의 공백기가 끝난 것에 대해 신께 감사드립니다"라고 적었다. "우리 가문이 우리에게 맡겨진 임무를 적절히 인식함으로써, 전장에서뿐만 아니라 평화의 길에서도 우리가 살고 있는 시대가 무엇을 필요로 하는지를 적절히 이해하여, 어떻게 하면 독일 제국의 자유로운 발전을 위해 나아갈 길을 닦을 수 있을지 그 방법을 깨닫기 바랍니다!"⁴²

베를린의 제국의회 역시 각각의 조약과 북독일연방 헌법 개정안을 비준해야 했다. 당연히 좌파 진영 대표들은 이에 반대하며 전 독일을 대표할 새로운 의회에서 새로운 헌법을 초안할 것을 요구했다. 하지만 이 요구는 실패로 끝났다. 이에 그들은 시민권과 의원들에 대한 보상 지급을 보장하는 수정조항을 제출했다. 이것도 실패했다. 사회주의자인 아우구스트 베벨은 공화국을 요구했다. 비스마르크는 다시 자신이 가진 모든 수완을 동원해서 각국과 체결한 합의 사항을 수용하는 조치를 12월 9일에 195 대 32로 통과시켰다. 다음날 헌법 개정안 역시 통과되었고, 여기에는 '황제Kaiser'와 '제국Reich'이라는 명칭도 포함되었다. 마침내 제국의회는 표결을 통해 베르사유에 대표단을 보내 그곳에 머물고 있던 빌헬름 왕에게 제국 황제의 왕관을 수락해줄 것을 간청하기로 결의했다.

빌헬름은 독일의 모든 군주가 이 결정을 수락할 때까지 대표단을 받아들이지 않으려 했다. 왕은 여전히 '황제와 제국'이라는 명칭에 반대했고, 대부분의 군주도 마찬가지였다. 하지만 비스마르크는 빌헬름에게 제국의회에서 결정된 또다른 기정사실을 제시했다. 빌헬름은 그동안 자신이 비스마르크의 여러 계획에 반대했던 다른 경우들과 마찬가지로, 사실상 자신이 임명했던 총리 비스마르크의 계획을 최종적으로 제지하는 것은 자제해왔다. 하지만 그는 가능한 한 비스마르크가 그 계획들이 꼭 필요한 것으로 느껴지게 만들어주기를 기대했다. 그는 12월 18일에 제국의회 대표단을 접견했다. 왕세자가 "독일인이라고 생각하는 모든 백성"을 대신해 큰 안도감을 느끼며 경험한 행사였다.⁴³

바덴과 헤센은 12월에 각자의 조약을 비준했고, 뷔르템베르크는 12월 5일 선거에서 독일당이 승리한 후 조약을 통과시켰다. 그러나 바이에른은 1월 11일까지 토론을 시작하지 않았다. 그러다가 비스마르크가 프로이센이 프랑스와 별도로 평화를 맺으면 바이에른에게 얼마나 나쁠지 생각해보라고 위협하자, 1월 21일에 비준에 필요한 3분의 2에서 겨우 2표가 넘는 근소한 표결로 이를 통과시켰다.

한편 1월 18일 행사를 위한 준비는 순조롭게 진행되었다. 15일까지도 왕세자는 행사 준비에서 '호칭, 방패 휘장, 문장 등'에 대해 아직 확정하지 못했다며 초조해했다. 하지만 그는 벨벳으로 된 제국 독수리에 금 브로케이드를 장식해 새로운 문장을 만들 것이라고 안도감을 가지고 설명했다. 그는 자신이 지니게 될 새로운 호칭인 '황제 폐하'가 불편하게 느껴졌다고 추가로 기록했다. 그리고 그는 적극적으로 나서서, 행사가 진행될 베르사유 궁전의 거울의 방을 장식하기 위해 자신의 장교들에게 깃발을 나눠주도록 했다.⁴⁴

행사 전날 국왕은 비스마르크, 왕세자, 그리고 궁내부 장관인 알렉산더 폰 슐라이니츠Alexander von Schleinitz와 회의를 가졌다. 여기서 마지막 남은 문제에 대해 세 시간 동안 토론이 이어졌다. 빌헬름을 독일의 황제Emperor of Germany라고 부를 것인가, 아니면 독일 황제German Emperor라고 부를 것인가? 바이에른 전권대사들이 '독일의 황제'라는 호칭을 거부해서, 비스마르크는 빌헬름과 상의하지 않은 채 '독일 황제'라는 호칭에 동의했다. 그 결과 영토를 표기할 때도 독일 영토German lands라는 표현을 사용해서 특정한 의미, 즉 특정 영토를 지칭하지 않도록 표현한 것이다. 빌헬름은 이에 경악했지만, 비스마르크의 입장은 단호했다. 비스마르크는 바이에른 측이 이제 어떤 명칭 변경도 거부할 것이라고 생각했다. 나아가 많은 사람이 독일의 전체 영토라는 표현에는 오스트리아 영토가 포함되는 것으로 이해하고 있는 현실에서, 과연 빌헬름이 전체 독일을 통치한다고 주장할 수 있을지도 의문이었다. 결국 빌헬름과 왕세자는 "우리, 빌헬름, 신의 은총으로 독일 황제German Emperor가 된, 프로이센 국왕"이라는 표현에 타협해야 했다. 하지만 일상 언어에서는 '독일의of Germany'라는 표현이 사용될 가능성이 높다고 스스로 위로했다.[45] 그래도 여전히 빌헬름의 기분은 나아지지 않았다.

왕세자는 현실을 조용히 수긍하며 1월 18일 아침을 맞이했다. 그는 이렇게 인정했다.

'이제부터' 나의 의무와 아내의 의지는 두 배나 더 무겁고 중요해지며, 막중한 책임을 짊어지게 될 것이다. 하지만 나는 이렇게 부담이 커진 것을 기꺼이 환영한다. 왜냐하면 나는 어떤 어려움이 닥쳐도 두렵지 않으며, 내게는 두려움 없이 건실하게 활동을 시작할 만큼 충분히 새로운 용기가 있다고 확신하기 때문이다. 또한 나는 내가 30대에서 40대를 거치면서 거듭해서 최고로 중대한 결정들을 내리고, 그 결정과 관련된 위험을 정직하게 직시하며, 그 결정을 끝까지 완수하도록 부름을 받아온 것이 헛되지 않았다고 확신하기 때문이다.[46]

거울의 방에는 벽난로마다 불을 지폈지만, 싸늘한 화랑은 겨우 온기를 유지하고 있었다. 그런데 이 순간을 공식적으로 인정하는 소리는 이상하게도 잠잠했다. 궁정 의전관은 공식 통지문에서 간단히 이렇게 말했다. "황제 즉위식은 정오 12시에 베르사유 궁전 거울의 방에서 거행될 예정이며, 짧은 기도가 있은 후 선포식이 진행될 것입니다."⁴⁷

왕세자는 궁전 주변과 경내에 수용되어 있던 프랑스군 부상자들을 혼란에 빠뜨리고 이들에게 모욕감을 줄 포탄 예포 사격은 하지 않았지만, 기마 의장대에 이어 마차를 타고 도착했다. 그는 튜닉 드레스, 투구, 현장과 장신구를 갖춰 입었지만, 평소에 신던 높은 부츠는 그대로 신었다. 거울의 방은 왕실 고위 인사와 장교, 부사관 등으로 가득 찼다. 모두 지난 6개월 동안 국왕과 국가를 위해 봉사한 자들, 그리고 곧 하나의 제국에 편입될 독일 국가들을 대표하는 다양한 집단에서 파견된 자들이었다. 그들은 모두 가슴에 철십자 훈장을 달고 있었다. 합창단은 '찬미와 영광을Sei Lob und Ehr'을 불렀고, 그후 기도문이 낭송되었다. 루이 14세에 대한 다소 서투르고 재치 없는 비판을 담은 기도문이 태양왕이 자신의 성공을 찬양했던 천장 아래에서 울려 퍼졌다.

테 데움Te Deum이 끝난 후, 빌헬름 왕이 연단으로 나아가 손상되고 낡을 대로 낡은 군기를 든 두 연대의 기수들을 앞으로 불렀다. 왕은 참석한 독일 군주들에게 간단한 연설을 했으며, 그후 비스마르크가 차갑고 사무적인 말투로 '독일 국민에게'라는 연설을 했다. 이 연설에서 그가 빌헬름을 '제국의 확장자'라고 언급하자 조용하던 청중 사이에 감정의 파문이 일었다.

마침내 극적인 순간이 왔다. 바덴 대공은 엄숙하고 자연스러우면서 품위 있게 왕에게 다가가 "오른손을 들며 큰 소리로 '황제 폐하, 빌헬름 1세 만세!'라고 외쳤다."[48] 거울의 방은 여섯 번이나 반복된 큰 환호로 요동쳤으며, 깃발과 기치가 거울의 방 위에서 물결쳤다. 왕세자는 무릎을 꿇고 아버지의 손에 입을 맞추었다. 빌헬름은 그를 일으켜 세웠고, 서로 포옹했다. 왕세자는 이렇게 썼다. "당시 내가 느꼈던 감정을 도저히 표현할 수 없다. 참석자 모두가 조용히 그 감정을 잘 이해했다. 나는 심지어 절도 있게 서 있는 기수들 사이에서도 뚜렷하게 감정이 요동치는 것을 발견했다."[49]

왕자들이 메달을 단 채 몰려와 축하 인사를 전했다. 빌헬름이 비스마르크에게 인사를 하지 않은 채 모임을 떠나자, 왕세자는 악대에게 '호엔프리트베르거 행진곡'을 연주하라고 신호를 보냈다. 황제는 베를린에 있는 아내에게 편지를 보내 자신이 느낀 감정을 이렇게 토로했다. "나는 방금 '황제Kaiser' 공연을 마치고 돌아왔소! 지난 며칠 동안 내가 얼마나 긴장된 감정을 느꼈는지 말로 표현할 수 없구려. 그것은 부분적으로는 앞으로 내가 짊어져야 할 막중한 책임 때문이고, 또 부분적으로는 그리고 무엇보다도 프로이센의 작위가 제국의 작위로 대체된 것을 보아야 하기 때문이오!"[50] 바이에른의 오토 왕자는 동생에게 보내는 편지에서 이렇게 적었다. "그 장면이 내게는 얼마나 한없이 고통스러웠는지 네게 설명할 수 없구나. … 모든 것이 너무 차갑고, 너무 오만하고, 너무 윤이 나고, 너무 더듬거리고, 거만하고, 무정하고, 공허했다."[51]

라스베르크에게 그날은 보통의 다른 날과 다름없이 지나갔다. 다음 날, 바이에른군은 프랑스군의 마지막 파리 탈출 작전 때문에 중단되었던 일을 기리기 위해 특별 축하 행사를 열었다.

의식과 조약 비준이 완료되자, 이제 통일에 합류한 국가의 독일인들이 이 새로운 칭호를 받아들일지 하는 의문이 남았다. 그날 늦은 시간에 왕세자는 처음으로 '황제 폐하'라는 호칭을 듣고 깜짝 놀랐다. 1월 22일, 거울의 방에서 의식이 거행된 후 첫 번째 일요일에, 궁전 예배당에서 열린 기도 예배는 '황제와 국왕'인 빌헬름에게 감사를 표했다. 왕세자는 "사람들이 제국 문제에 속한 부수적인 것들을 진지하게 받아들이기 시작했다"는 안도감을 느꼈다.[52] 왕세자가 일기에 토로한 이 간략한 진술은 제국 선언이 가진 취약성을 보여준다. 그 겨울에 베르사유 궁전에서 근무하던 독일인 사제가 황제라는 칭호를 사용하지 않을 가능성은 거의 없었지만, 이 상징적 주장이 가진 불안정성 때문에, 중부 유럽 전역에 사는 독일인이 그 호칭을 사용할지 말지는 그들의 마음에 달려 있었다.

이처럼 여러 주권 국가의 대표들이 통일 조약을 체결하는 것과 그들 주권 국가에 속하던 주민들을 독일인으로 만드는 것은 전혀 다른 문제였다. 프리드리히 빌헬름은 '독일 제국의 황태자, 프로이센의 왕세자'라는 새로운 칭호와 함께, 프로이센인인 자신이 '처음으로 바이에른인, 바덴인, 헤센인'과 구별되지 않는 진정한 '독일인'이라고 느꼈다. 그렇지만 그는 후세를 위해 이렇게 조심스럽게 기록했다. "그러므로 나는 결코 여러 나라의 내정에 관여하거나, 어떤 식으로든 그들의 개별적인 특권과 특성을 박탈할 생각이 없다."[53] 라스베르크는 이런 문제에 대해서는 아무 말도 하지 않았다.

◆ 18장 ◆

최후의 저항

파리에 대한 포격, 무프타르 거리.

1871년 초, 양측은 모두 전쟁을 끝내고 싶어했지만 둘 다 같은 문제에 직면했다. 프랑스는 영토 상실을 받아들여야 한다는 사실을 인정하지 않았고, 독일은 이보다 더 조건을 완화한 협상은 원치 않았다. 하지만 어느 쪽도 전쟁이 장기화되어 다른 유럽 강대국이 이런 상황을 자신들에게 유리하게 이용하는 것은 원치 않았다.

정치적 이견과 세대별 차이 때문에 여전히 내부 분열을 겪고 있던 국민방위정부는 점점 더 인기를 잃어갔다. 극좌 진영은 선거 실시를 거부하는 온건한 정부에 반대하는 입장을 유지했다. 우파 진영은 강베타를 새로운 공화주의 독재자로 보았으며, 이런 우려는 그가 12월 24일에 제국 정권 하에서 선출된 각 부처의 위원회를 해산한 후 더욱 커졌다.

그들은 여전히 막대한 자원을 보유하고 있었지만, 어느 진영도 체스판의 판도를 근본적으로 뒤집을 만큼 신속하게 움직일 수는 없었다. 그들은 모든 노동계와 산업계를 전쟁에 투입할 만한 행정 능력과 도덕적 권위가 부족했다. 하지만 프랑스는 병력을 무한히 공급할 수 있는 것처럼 보였다. 독일군이 이미 피곤에 지쳐 있는 병사들을 계속 투입해야 했던 동안에, 그들은 훈련도 제대로 시키지 않고 장비도 충분히 지급하지 못한 채 새로운 병력을 끊임없이 동원했던 것이다. 9월에서 1월 사이에 국민방위정부는 12개의 새로운 군단을 포함해 약 50만 명의 병력을 동원했다. 그런데도 프랑스군의 동원 가능 인력은 고갈되지 않은 상태였다. 그들은 아직 동원되지 않은 약 47만 명 외에도 21~40세의 기혼 남성 및 1871년에 병역의무를 시작할 새로운 집단까지 보유하고 있었다.

1월이 되자 프랑스 농민 사회는 새해 농사를 걱정하기 시작했다. 적이 물자를 징발해갈 때 1871년 초에 새로 파종할 씨앗까지 가져갔기 때문이다. 이런 상황에 직면하자 일부 지역에서는 패배를 인정할 준비가 되었지만, 많은 프랑스인은 프로이센군에 대한 분노가 수그러들지 않아서 계속 싸우겠다고 다짐했다. 제르의 지사는 1월 21일에 "나에게 독일 측과 협상하거나 평화를 맺고 싶다는 신호를 보낸 사람은 아무도 없다. 오히려 농민들조차 이 전쟁을 기꺼이 끝까지 치르고자 하는 의지를 보이고 있는 듯하다. … 나는 개인적으로, 만약 우리가 어떤 승리라도 거둘 수 있다면, 전 국민은 우리가 요구하는 모든 것을 해줄 의향이 있을 것이라고 확신한다."[1] 1월 23일만 해도, 멘에루아르의 한 마을은 무기와 갈퀴, 낫을 들고 침략군에게 저항했다. 프랑스는 병력도 계속 추가했다. 프랑스는 해군력 덕분에 대외 무역이 활발하게 유지되었으며, 해외 식민지들은 위협받지 않았다. 대외 신용도를 인정받았기 때문에 무기 수입에도 어려움이 없었다. 브레스트, 보르도, 마르세유는 무기 수입과 다양한 활동으로 활기를 띠었다.

하지만 독일군은 겉으로는 이렇게 결연해 보이는 프랑스 진영에 내부 균열이 있다는 사실을 쉽게 알아챘다. 새로 조직된 군대는 이미 지쳐 있었고 너무 많은 패배를 겪었다. 1월 3일, 한 프랑스 장교는 자신의 중대원들과 함께 베르사유에 있는 프로이센 군대에 항복했다. 왕세자는 "그의 대원들은 보급받는 식량의 질이 나쁘고 부족했으며, 상관들이 병사를 마치 흙처럼 하찮게 취급하며 모욕을 퍼부었기 때문에, 더는 참을 수 없어서 항복하게 되었다고 밝혔다"라고 기록했다.[2]

1월 내내, 포위된 도시들이 계속해서 함락되었다. 메지에르, 로크루아, 페론, 롱위. 오직 비치와 벨포르만이 계속 버텼다. 비치는 8월 초에 포위되었고, 9월에 포격을 받아 부분적으로 잿더미가 되었지만 여전히 버티고 있었다. 벨포르는 70일간의 포격으로 마을 주민 4천 명 중 300명이 사망 또는 부상당한 후 결국 굴복했다.

1월까지 프랑스는 전쟁에 하루당 약 1천만 프랑을 투입했는데, 국민방위정부는 이 자금을 전쟁 채권 발행을 통해 조달했다. 하지만 이렇게 즉흥적으로 전쟁 자금을 지원하면서 프랑스의 국가 재정은 쪼그라들었다. 국가의 지출이 3억 3700만 프랑인 반면, 수입은 1억 2300만 프랑에 그쳐서 2억 1400만 프랑의 재정 적자를 기록했다. 국민방위정부는 10월 말에 성공적인 차관을 통해 프랑스와 영국의 자본 시장에서 2억 5천만 프랑을 모았다. 하지만 정부는 1월까지 프랑스 국립은행의 대출을 통해 전쟁을 지속할 수 있었다. 프로이센은 대출과 민간인의 기부금을 통해 전쟁 자금을 지원했으며, 승전 후에 프랑스에 부과할 전쟁 배상금으로 이를 상환할 계획이었다.

많은 사람에게 전쟁은 언제 끝날지 모르는 단조로움 속에서 계속되었다. 그러나 1월 중순의 짧은 며칠 동안 몇몇 특정 지역에서 전쟁을 절정에 이르게 한 일련의 격렬한 드라마가 펼쳐졌다. 서부의 작은 마을에서 파리의 거리, 스위스 국경의 고갯길에 이르기까지 프랑스와 독일 국가들 사이에 치러진 전쟁은 그 최후의 끔찍한 희생을 초래했다.

강베타는 파리를 구하기 위해서 또는 파리를 포위하고 있는 독일군을 분산시키기 위해 지방에서 군대를 모집할 수 있다는 믿음을 계속 가지고 있었다. 12월 중순까지도 그는 부르바키 장군이 샹지 장군의 군대와 마주하고 있는 독일군의 주의를 돌리거나, 아니면 부르주에서 북쪽으로 진격해서 지앵과 몽타르지를 거쳐 파리를 포위하고 있는 독일군을 공격할 것이라는 비전을 갖고 있었다.

12월 중순에야 독일군과 독일 본토 사이의 통신을 끊는 것을 목표로 한 동진 전략이 등장하기 시작했다. 이때 강베타는 처음으로 파리가 함락된 후에도 전쟁을 계속할 수 있다고 상상하기 시작했다. 12월 말, 프리드리히 카를이 샹지의 군대를 추격하는 대신 일시적으로 오를레앙으로 돌아왔고 뒤크로는 여전히 파리에 갇혀 있는 상태에서, 프레이시네는 새로운 계획을 세웠다. 그는 토목 기술자인 자신의 부관 드 세르 de Serres를 보내 이를 설명하게 했다. 부르바키는 이제 제18, 제20군단을 손 계곡으로 이동시키고 제15군단은 부르주를 보호하러 보내기로 했다. 부르바키는 다른 병력(본Beaune의 카미유 크레메르Camille Crémer, 가리발디 및 브장송의 수비대)과 함께 11만 명을 모아서 디종을 탈환하고 벨포르와 랑그르를 구한 다음 북쪽으로 진격해 아마도 북쪽에서 온 페데르브와 함께 독일의 통신망을 단절시키고자 했다.

이것은 대담한 계획이었으며 강베타와 부르바키 모두 동의했다. 작전에 참여하는 병력이 많다는 것이 이런 상황을 증명하는 듯했다. 만약 병사들과 참모진이 더 경험이 많고, 또한 더 재능 있고 의지가 굳은 사령관이 지휘했다면 이 작전이 성공했을지 모른다. 무엇보다 독일군은 지방에서 새로 동원된 프랑스군을 추격하면서 병력이 지나치게 넓은 지역에 분산되었기 때문에 동쪽이 취약했다. 측면은 대부분 바덴에서 온 제14군단이 방어하고 있었는데, 아우구스트 폰 베르더가 사령관이었다.

부르바키가 이끄는 2개 군단은 12월 20일에 부르주를 떠났는데 곧 평소와 같은 문제에 부딪혔다. 겨울에 철도 시스템을 통해 2개 군단을 이동시키면서, 같은 철도 노선이 일관되게 병력을 수송할 능력이 있으리라고 기대하는 것은 문제가 많았다. 부대들은 며칠 동안 플랫폼에서 열차를 기다리다가 철로가 트럭과 고장으로 막히면서 가축 운반차에 갇혔다. 드 세르는 전쟁 물자 공급에 대한 경험이 부족했지만, 대단한 열정을 갖고 문제를 조정하고 즉흥적으로 대처하는 능력을 보여주었다. 하지만 아무리 그렇다 해도 그가 이 불가능한 임무를 완수할 수는 없었다. 프랑스 군단이 동부에 도착하자마자, 작전의 어느 부분을 어떤 순서에 따라 수행해야 할지, 가리발디의 부하들이 지휘 계통에서 어떤 위치를 차지하는지 분명하지 않았다. 강베타는 리옹에, 드 세르는 부르바키와 함께, 프레이시네는 보르도에 있어서, 민간 지도부가 그들과 협력하는 지휘 체계가 결여되어 있었다.

부르바키 자신은 비관주의에 빠져 있고 창의적인 상상력이 부족해서 작전 계획에 걸림돌이 되었다. 장군은 자신의 첫 번째 임무가 10월부터 포위되어 있던 벨포르를 구하는 것이라고 생각했다. 최근까지 보충된 그들의 방어력은 11개 예비 대대를 동원해서 미온적이고 약했던 독일군의 포위 공격을 잘 견뎌냈다. 그래서 벨포르는 희소식에 굶주려 있던 프랑스 언론에서 환영받는 주제가 되었다. 그런데 사실 벨포르는 항복할 지경에 처해 있지도 않았고 이 도시를 구출하는 것이 전략적으로 유익한 것도 아니었다. 그럼에도 외관상 프랑스군이 벨포르를 구제하려 한다는 신호를 보이기 위해 부르바키가 파견되었던 것이다.

프랑스군이 12월 30일에 진군할 수 있을 때쯤, 프레이시네는 독일군이 부르바키 군대를 무너뜨리기에 충분한 정보와 시간을 가지고 있다는 사실이 두려웠다. 그래서 그는 이제 루아르 계곡에 있던 제15군단도 파견하고 싶었다. 그런데 이런 작전 변경은 더 많은 지연과 혼란을 초래했다. 사실 당시 몰트케는 부르바키 군대의 위협을 아직 인지하지 못하고 있었다.

이런 상황은 1월 5일 이후에 바뀌었다. 부르바키는 벨포르로 진군하는 도중에 전투 없이 베르더의 군대를 디종에서 밀어내고 그들을 북동쪽 브줄까지 추격했다. 몰트케는 부르바키의 동부군을 찾아 격파하기 위해 폰 만토이펠 장군이 지휘하는 새로운 남부군을 창설했다. 이 부대에는 베르더의 제14군단뿐 아니라, 로렌과 파리에서 온 제7군단과 제2군단도 포함되었다. 프랑스군과 달리 만토이펠이 지휘하는 독일군은 전반적인 작전 목표와 명령을 받은 다음엔 스스로 알아서 대응하도록 지시를 받았다.

디종 전투 이후에 기세가 올랐지만, 부르바키는 더이상 공격을 밀어붙이지 않았다. 그는 공격을 계속하는 대신 베르더의 군대를 프랑스 땅에서 몰아내고, 이와 유사한 책략을 통해 벨포르를 포위 공격에서 구출하겠다는 믿기 어려운 주장을 펼쳤다. 물론 부르바키가 진격을 주저한 것은 궁극적으로는 그의 병사들이 무질서하고 보급품도 거의 없었기 때문이다. 그들은 추웠고 먹을 식량을 애타게 찾고 있었다. 한편 이 프랑스 장군은 메스의 바젠 장군과 마찬가지로 주변에서 벌어지는 사태에 맞서 제대로 대처하기에는 너무 무능하고 수동적이었다. 1월 10일에서 13일 사이에 그와 그의 부하들은 브줄-벨포르 도로를 따라 겨우 8킬로미터밖에 이동하지 못했다. 부르바키는 9일에 빌레르세크셀에서 베르더의 군대와 마주쳤음에도 불구하고, 그들이 프랑스군의 진격을 저지하기 위해 리센강 유역에 참호를 파는 것을 저지할 수 없었다.

그들은 1월 15일부터 17일 사이에 에리쿠르에서 충돌했다. 프랑스군 병력은 11만 명으로 4만 명을 보유한 독일군보다 수적으로 우세했지만, 지치고 배고픈 상태여서 지휘도 제대로 되지 않았다. 15일 밤은 몹시 추웠고, 독일군과 달리 프랑스군은 눈 덮인 숲길을 치우지 않았었다. 그럼에도 불구하고 프랑스군은 16일에 에리쿠르 근처를 돌파해 진군했지만, 부르바키는 그 기회를 이용하지 않았다. 대신 그는 벨포르-브장송 철도에서 자신이 맡은 구간을 방어하기 위해 후퇴했다. 한 젊은 장교가 그에게 전진하자고 간청했을 때, 부르바키는 "내가 자네보다 스무 살이나 더 많네. 장군은 자네 나이 정도라야 해"라고 대답했다.[3]

에리쿠르 전투는 프랑스군에게 아무 소득 없이 6천 명의 사망자와 부상자를 남겼다. 아마도 철수할 구실을 찾고 있던 부르바키는 만토이펠의 남부군 병력이 늘어날 것을 예상하고 브장송으로 후퇴했다. 그러나 이미 너무 늦었다. 만토이펠은 1월 21일까지 돌을 점령하고 부르바키의 군대를 프랑스의 나머지 지역으로부터 차단시켰다. 부르바키 군은 더이상 도로나 철로에 접근할 수 없었고, 다른 쪽은 강과 14만 명의 독일군에 막혀 있었다. 병사들의 군화는 다 닳아갔고, 보급품은 줄어들었다.

유일한 탈출구는 스위스로 향하는 것이었다. 비슷한 입장에 있던 마크마옹은 전투를 포기하고 벨기에로 후퇴하기보다는 스당에서 싸우는 길을 선택했었지만, 부르바키는 자신이 처한 상황이 절망적임을 깨달았다. 1월 24일, 그는 군단 지휘관들과 협의해 퐁타르리에 방향, 쥐라산맥으로 이동하라고 명령했다. 이 소식을 들은 프레이시네는 믿을 수 없었다. 그는 "혹시 지명을 잘못 말한 게 아닌가?"라는 전보를 보냈다.

귀하가 말한 이동 방향이 정말 퐁타르리에가 맞습니까? 스위스 근처의 퐁타르리에? 그곳이 정말 귀하가 말한 목적지라면, 그곳으로 이동했을 때 어떤 결과가 초래될지 예상은 했는지요? 거기서 귀하의 부대는 무얼 먹고 살 수 있을까요? 귀관들은 틀림없이 굶어 죽을 겁니다. 귀관들은 항복하거나 스위스로 건너가야 할 겁니다. … 어떤 희생을 치르더라도 귀관들은 거기서 탈출해야 합니다. 그렇지 않으면 끝장입니다.[4]

프레이시네의 말이 맞았다. 하지만 부르바키는 병사들이 더이상 싸울 여력이 없음을 깨달았다. 부르바키는 같은 날 프레이시네에게 답신을 보냈다. "이 계획이 당신의 판단에 맞지 않는다면 저는 정말 어떻게 해야 할지 모르겠습니다. 저를 믿어주십시오. 지금 이 순간에 지휘권을 행사하는 것은 순교입니다. … 만약 제 군단 지휘관 중 한 명이 저보다 더 잘할 수 있다고 생각한다면 주저하지 말고 교체해주십시오. … 그 일은 제 권한을 넘어서는 일입니다."[5] 그는 점점 가까이 다가오는 독일군과 맞서 이틀은 더 버티려고 했지만, 자신의 군대가 점차 무너지고 지휘관들이 자신의 결정을 거부하는 것을 보며 점점 더 낙담하고 지쳐버렸다. 결국 부르바키는 1월 26일에 부하들에게 퐁타르리에로 진군하라고 명령했다.

명령을 내린 후, 부르바키는 동료들이 모여 있던 자신의 방으로 물러났다. 그는 커튼을 치고 침대에 누운 후, 왼손으로 권총을 잡고 관자놀이에 가져다대었다. 그리고 방아쇠를 당겼다.

총성이 들리자 부르바키의 동료들이 그의 침대로 달려가 커튼을 열었다. 그들은 그의 얼굴이 피투성이이고 왼손에 화상을 입었지만 아직 의식이 있는 것을 확인했다. 총알은 그의 두개골을 향해 발사되어 피부를 뚫고 지나갔지만 심각한 두개골 골절은 없었고 뇌 손상도 없었다. 훗날 그는 이렇게 적었다. "나는 내 어린 뤼시앵Lucien(메스 근처의 라동샹성에서 죽은 그의 조카)이 맞이했던 것처럼 영광스러운 상황에서 총알을 맞을 만큼 운이 좋지 않았기 때문에, 다른 방식으로 삶을 끝내고 싶었다."⁶ 하지만 부르바키는 오랜 회복기를 거쳐 살아남았다.

프레이시네는 이미 부르바키를 쥐스탱 클랭샹Justin Clinchant 장군으로 교체하기로 결정했었다. 클랭샹 장군은 이제 퐁타르리에로 진군하기만 하면 되었다. 그러나 그에게 남은 군대는 많지 않았다.

이렇게 늦은 단계에서조차 전쟁은 전투에 연루된 많은 마을 사람들의 삶에 영향을 미쳤다. 1871년 당시 퐁맹은 파리에서 서쪽으로 약 320킬로미터 떨어진 작고 고립된 마을로, 독자적인 코뮌으로 간주하기에는 너무 작은 곳이었다. 이 마을은 백년전쟁 당시 영국인들이 이곳을 잿더미로 만들기 전에는 4세기 동안 절정기를 구가하고 있었다. 어떤 기록에 따르면 주민들은 오랫동안 "파리가 불타면 퐁맹이 다시 일어날 것"이라고 믿고 있었다.⁷ 그 예언이 1871년 봄에 실현되려는 듯했다.

1월 17일 저녁, 프로이센 군대는 단 하루면 퐁맹에 도착할 거리에서 마옌의 주도인 라발에 점점 접근하고 있었다. 퐁맹은 곧 점령되거나 전쟁터가 되고, 전쟁이 이미 수많은 다른 마을에 가져다주었던 물자 징발과 파괴, 질병과 죽음을 경험하게 될 듯했다. 퐁맹 출신 38명(전체 인구의 약 8퍼센트)이 이미 프랑스군에서 복무하고 있었는데, 그중에는 오귀스트 바르브데트Auguste Barbedette라는 청년도 있었다.

오귀스트의 열두 살짜리 남동생 외젠Eugène은 밖에서 집안일을 하던 중 갑자기 마당 위로 떠다니는 한 여성의 환영을 보았다. 푸른 옷을 입고 별에 둘러싸인 젊은 여성이 그를 내려다보며 미소를 지었다. 열 살짜리 또다른 동생 조제José도 곧 외젠과 함께 그 여성을 경외감에 찬 눈으로 바라보았다. 형제는 부모님과 마을 아이들을 가르치는 수녀, 그리고 오랜 지역 사제인 미셸 게랭Michel Guérin을 포함한 마을 사람들을 불러왔다. 그들 중 어떤 어른도 그 여성을 볼 수 없었지만, 몇몇 아이들은 자신도 보았다고 말했다. 그들은 그녀가 성모 마리아임을 깨달았고, 곧이어 그녀가 그들을 위해 하늘에 다음과 같은 메시지를 쓴 것을 보았다. "그러나 기도하라, 나의 자녀들아. 하느님께서 곧 너희의 기도를 들어주실 것이다. 그리고 내 아들이 움직일 것이다."[8] 마을 사람들이 기도하고 성가를 부르며 약 두 시간 반이 지난 후에 그 환영은 사라졌다.

19세기 유럽에서는 마리아 목격담이 부활했는데, 루르드에서 일어난 것이 그 가운데 가장 유명했다. 일반적으로 가난하고 불안에 떨던 어린아이들이 환상을 보았다. 환상 속에서 마리아는 종종 국가적 또는 사회적 추락에 대해 경고했다. 인류학자인 빅터Victor와 에디스 터너Edith Turner는 이런 환상 속에서 마리아가 "자비롭고, 온화하고, 아마도 약간은 변덕스럽고, 고통에 취약하면서, 무한히 모성애적이고 이해심이 많으며, 세상의 죄를 처벌하기보다는 이에 대해 애통해하는 경향이 있는" 것으로 나타났다고 설명한다.[9] 19세기에는 성지 순례가 산업화되고 세속화된 시대와 어울리지 않는 반反근대적인 것으로 여겨졌지만, 최근 수십 년 동안 역사가들은 이를 변화하는 세상에 대한 근대적 반응으로 재해석했다. 순례는 시대 변화에 반발하면서 생긴 거품에 숨겨진 분리된 사건이 아니라 미디어와 교통, 의학 지식을 사용하며 현대 세계에 통합되고 적응되었다.

프랑스에서 마리아 성지는 지역의 기도 명소에서 지역 및 국가적 순례 중심지로 진화했다. 복음적 헌신이 중시되고, 여성의 이미지가 신성시되고, 철도와 저렴한 출판물이 확산되면서 이러한 변화가 촉진되었다. 1천 개가 넘는 장소에서 소규모 순례가 이루어졌고, 그중에서도 루르드(1858)는 프랑스에서 가장 유명한 순례지가 되었으며 지금도 그 명성을 유지하고 있다.

그러나 1870~1871년이라는 '끔찍한 해'는 프랑스 가톨릭 신자들에게 세 가지 재앙을 경험한, 특히나 더 불길한 시기였다. 그 세 가지는 프랑스 제국이 몰락한 일, 프랑스군이 로마를 세속적인 이탈리아 세력에게 넘긴 일, 반교권주의적인 파리 코뮌이 수립된 일이었다. 퐁맹으로 가는 순례자들은 앞서 서술한 환영 사건이 알려지자마자 바로 이곳을 방문하기 시작했다. 1월 26일에 랑디비(마옌)에서 온 500명의 순례자들이 그 시작이었다.

퐁맹에서 들렸다고 전하는 마리아의 말씀, 즉 "그러나 기도해라, 나의 자녀들아. 하느님께서 곧 너희의 기도를 들어주실 것이다. 그리고 내 아들이 움직일 것이다"라는 말씀은 두 가지 약속을 담고 있는 것으로 널리 해석되었다. 첫 번째는 프로이센과의 전쟁 종식이고, 두 번째는 프랑스에서 벌어지는 모든 전쟁과 고통의 종식이었다. 첫 번째 약속은 현재 겪고 있는 두려움에 대한 응답이었고, 두 번째 약속은 미래에 대한 희망을 담고 있었다.

1871년 1월에 프랑스인들이 느낀 불안감은 확실히 높았다. 환상에 대한 설명은 그것에 전쟁과 오귀스트의 군복무라는 시대적 맥락이 작용하고 있다는 점을 분명히 고려하고 있었다. 일부 작가들은 그 환상이 파리의 노트르담 데 빅투아르 성당(승리의 성모 성당)에서 같은 시간에 열린 미사에서 기인한 것으로 생각했다. 외젠과 조제 바르브데트는 모두, 특히 오귀스트가 9월에 전투에 나간 이후로 전쟁 종식을 위해 열렬히 기도했다고 기록했다. 외젠은 "나는 형이 크게 다치지 않기를, 평화가 찾아오기를, 그리고 프로이센군이 프랑스 땅을 떠나 평온한 일상이 돌아오기를 기도했다"라고 말했다.[10] 훗날 조제는 그들이 "적대 행위가 발발한 이후로 매일같이 '십자가의 길'을 걸었으며, 오귀스트가 우리를 떠난 이후로는 더 열성적으로 했다"라고 적었다.[11]

당시에 이 환상은 즉시 긍정적이며 사회를 안정시키는 효과를 가져왔다. 자주 반복되는 한 삽화에는 여행 중이던 조제프 바뱅Joseph Babin이라는 마을 사람이 환상이 펼쳐지는 동안에 퐁맹으로 돌아와서는 프로이센군이 라발에 도착했다는 사실을 보고했다고 묘사되어 있다. 이때 기도하고 있던 마을 사람들은 "그들이 마을에 들어온다 해도 우리는 두려워하지 않을 것이다"라고 대답했으며, 바뱅도 이 기도에 동참했다.¹² 수녀 교사 중 한 명인 티모테Timothée 수녀는 환상 덕분에 기분이 나아졌다고 썼고, 아베 게랭Abbé Guérin은 암울했던 마을의 분위기가 좋아졌다고 기록했다.

게다가 이 환상이 나타난 바로 직후에 전쟁이 종식되었다. 라발 외곽에 있던 프로이센군은 진격을 멈추고 그 지역에서 철수했다. 그로부터 11일 후에 휴전 협정이 체결되었다. 오귀스트 바르브데트를 포함해 전쟁에 나갔던 퐁맹의 군인 38명 전원이 무사히 돌아왔다. 독일의 침공이 중단된 것에 대한 세속적인 설명은 독일군 총사령부가 가능한 한 빨리 전쟁을 끝내고 싶어했다는 것이다. 그러나 많은 작가들은 조제프 위카르Joseph Wicart 주교의 공식적인 판단에 동의했다.

> 퐁맹에서 이 놀라운 사건이 발생한 바로 그날, 프로이센군은 선발대를 라발의 성문까지 진격하도록 독려했다. 그런데 다음날, 도시에서 2킬로미터 떨어진 곳에서 마지막 포성(적어도 우리 지역에서는 마지막 소리)이 들려왔다. 이 땅을 피로 물들이고 불행한 우리 조국을 온통 폐허로 만들었던 끔찍한 전쟁에서 들려온 마지막 포성이었다. 3일 후 적군은 … 멘에루아르와 사르트로 물러나기 시작했다. 그리고 교전 당사자들은 마침내 휴전을 선언하고 1월 28일에 예비적인 평화조약에 서명했다. … 우리는 어떤 결론도 내리지 않고, 이러한 사실과 날짜를 그대로 인용한다. 그러나 휴전, 평화로 이어진 일련의 사건들과 퐁맹에서 나타난 환상을 비교할 때, 환상 속에 들려온 말과 … 바로 그 환상에 뒤이어 벌어진 중대한 상황을 보고 놀라지 않을 사람은 없을 것이다.¹³

1873년에 《라발 종교 주간La Semaine Religieuse de Laval》에 게재된 환상 2주년 기념 기사는 환상이 일어난 날짜인 1월 17일과 프로이센군의 퇴각 날짜인 1월 20일을 연결시켰다. "우리는 이 두 날짜를 별개로 생각해서는 안 된다. 우리는 영원히, 이 두 날짜를 매년 엄숙하게 기념할 것이다."14

푸아티에에서도 비슷한 이야기가 전개되었지만 약간의 반전이 있었다. 푸아티에도 퐁맹처럼 프로이센의 침략 위협을 받고 있었는데, 성자의 개입을 통해 구원을 받았다는 믿음이 돌았다. 이번에 개입한 것은 성녀 라드공드였다. 마리아는 프랑스만의 영광을 약속했지만, 라드공드는 프랑스와 독일의 화해를 상징했다. 6세기에 튀링겐의 공주로 태어난 라드공드는 프랑크족인 로타르Lothar와 결혼했다. 라드공드가 수도원을 세우기 위해 남편에게서 도망쳤다는 사실은 말할 것도 없고, 튀링겐족과 독일인, 프랑크족과 프랑스인 사이에 정말 직접적인 연속성이 있는지에 대해 의문이 있었다. 하지만 푸아티에의 피에Pie 주교는 이런 의문은 제쳐둔 채 이 성인을 평화의 상징이라고 불렀다. 신자들은 영광, 정복, 복수를 위해서가 아니라, 명예로운 평화를 위해 성녀 라드공드에게 기도했다. 성녀 라드공드는 프랑스를 더 강하게 만들고 국민을 하나로 모았다.

1월, 위의 사건들이 발생했던 그 주간에 퐁트누아쉬르모젤 마을에서는 프랑-티뢰르와 독일 점령군 사이의 충돌이 절정에 달했다. 샤쇠르데 보주Chasseurs des Vosges 부대(샤쇠르 부대는 경보병이나 경기병을 포괄하는 명칭이다)는 11월 중순에 결성되었으며 11월 14일에 내무부로부터 정식

18장 최후의 저항 597

부대로 인정되었다. 그 부대는 동부군과 라인군의 구성원, 알자스와 로렌의 자원병, 산림 안내원, 국민방위군 대원들을 재편성한 것이었다. 그들은 이전에 북아프리카, 이탈리아, 멕시코에서 복무했던 자크 베르나르Jacques Bernard 대위와, 생시르에서 대학을 다녔으며 제93보병연대의 장교로서 생프리바에서 부상을 입었던 앙리 쿠메스Henry Coumès 중위가 이끌었다.

샤쇠르 데 보주 부대와 그 지역의 다른 분견대들은 디종과 낭시의 중간에 위치한 코뮌인 라마르셰 바로 북쪽에 진영을 구축했다. 그곳은 벼랑이 진영을 둘러싸고 있었으며, 통나무 초소와 둑, 참호가 숲길을 방어했다. 12월 20일, 국민방위정부는 샤쇠르 부대에게 인근 철도를 방어하는 임무를 수행하라고 명령했지만 그들은 화약이 지급될 때까지 아무것도 할 수 없었다. 1월 15~17일, 화약을 지급받은 보주의 군 지휘관들은 작전 목표를 정하기 위해 진영에 모였다. 그들은 논의를 거듭했지만 합의에 도달하지 못하다가 약 80킬로미터 북쪽, 툴 근처에서 철로가 지나가는 2개의 지점을 목표로 정했다. 퐁트누아 근처에 있는 모젤강 철교 아니면 푸Foug에 있는 터널이었다. 지휘부는 북쪽으로 척후병을 보내서 지역 상황을 평가한 후에 어느 목표물을 추적할지 최종 결정하기로 했다.

1월 18일 오후 5시에 첫 번째 부대가 독일군의 주의를 끌지 않기 위해 작은 그룹으로 나뉘어 진영을 떠나 북쪽으로 행군했다. 여기에는 베르나르와 쿠메스가 지휘하는 약 300명의 보주 샤쇠르 4개 중대, 총 40명으로 구성된 프랑-티뢰르 2개 중대(한 중대는 화려하게 죽음의 유격대Partisans de la mort라고 불렸고, 다른 중대는 더 산문적으로 뫼즈 프랑-티뢰르Francs-tireurs de la

Meuse라고 불렀다), 그리고 예비 병력으로 국민방위군 제4기동대 800명이 포함되었다. 병사들은 각각 탄창 3개, 약간의 빵과 비스킷, 하루치 라드(돼지기름)를 지니고 있었다. 그리고 수송 차량이 화약 450킬로그램을 추가로 싣고 떠났다.

프랑-티뢰르 부대는 이틀 동안 행군한 끝에 툴에 접근했다. 그들은 콜롱베레벨 서쪽에 설치한 진영에서 최종적인 작전 목표를 결정해야 했다. 퐁트누아는 500명의 주민이 사는 아담한 마을로, 9월 이후 50명의 프로이센군이 점령하고 있었다. 이 프로이센군은 기차역을 점거한 채 철로를 경비하고 있었다. 기차역에서 800미터 떨어진 다리 위에는 2명의 경비병이 낮과 밤을 가리지 않고 보초를 서고 있었지만, 퐁트누아는 푸보다 감시가 덜한 듯했다. 샤쇠르 부대는 동쪽 퐁트누아로 가기로 운명적인 결정을 내렸다.

1월 21일 새벽 2시, 부대는 진영을 떠나 툴 주변에 주둔하고 있는 독일군에게 발각되지 않기 위해 소리를 죽인 채 북쪽으로 향했다. 휴식도 거의 없이 긴 하루를 보낸 후, 그들은 오후 7시에 피에르라트레시 성에 도착해서 잠시 머물렀다. 그리고 22일 오전 1시에 다시 조용히 출발했다. 그들은 성에서 일하는 나무꾼이 신호를 보내자 큰 보트 두 척에 나눠 타고 어렵게 모젤강을 건넜다. 2명의 뱃사공이 망설임 없이 차가운 물속으로 들어가 안개 속에서 배가 육지에 도달하도록 밀었다. 그들은 40명씩 무리지어 말 몇 마리와 함께 강 건너편에 도착했다.

오전 5시에 샤쇠르 데 보주 부대는 소리 없이 퐁트누아를 지나갔다. 독일어를 구사하는 하사관 조세 드레퓌스Josué Dreyfus(팔스부르크에서 탈출)가 부대의 통과를 방해하는 역 외곽의 경비병에게 다가가 칼로 머리를 찔러 쓰러뜨렸다. 그러자 병사들은 일제히 역으로 달려가서 백병전을 벌이며 역을 장악하고 프로이센군 13명을 제압했는데, 그중 7명은 부상을 입었다. 그들은 전신선을 끊고 서쪽에 있는 다리로 향했다. 그곳에서 경비하고 있던 2명의 독일 병사를 다치게 한 후, 두 병사가 화약을 설치하기 시작했다.

바로 그때, 병사들은 툴 방향에서 기차가 들어오는 소리를 들었다. 그들은 손상된 선로 때문에 열차가 탈선할까봐 두려웠다. 그런데 기차는 800미터를 남겨두고 멈추더니 방향을 돌려 후진했다. 기관사는 기차를 향해 보내는 신호가 뭔가 잘못되었고 역의 램프가 켜져 있음을 알아챘다. 병사들은 화약을 설치하는 작업을 계속했다. 작업을 서두르다가 한 병사가 들고 있던 램프를 화약 자루에 떨어뜨렸지만, 민첩한 대위가 재빠르게 움직여서 램프의 불을 끄는 데 성공했다. 오전 7시에 화약이 제자리에 배치되고 퓨즈가 설치되자 병사들은 서둘러 그곳을 떠났으며, 이후 세 번의 폭발로 다리에 30미터 깊이의 갈라진 틈이 만들어졌다. 병사들은 모두 무사했다. 그들은 부상당하지 않은 6명의 프로이센군 포로를 데리고 떠났으며, 이틀 동안 행군한 후 진영으로 복귀했다. 프랑스 병사들은 전체 작전 내내 아무런 손상도 입지 않았다.

프로이센군은 격노했다. 프랑스군의 이번 공격은 지난 4개월 동안 독일군을 지속적으로 괴롭혀온 파르티잔 저항군에 대한 최악의 공포를 불러일으켰다. 그들은 겉으로는 아주 평온해 보였던 구역에 갑자기 나타나 실질적인 피해를 입혔다. 이제는 누구도 안전하지 않았다. 샤쇠르 부대는 몇 킬로미터 떨어진 곳에서 왔고 퐁트누아와 어떤 접촉도 없었지만, 프로이센군은 이번 사보타주의 책임을 퐁트누아 주민들에게 돌렸다. 그래서 프로이센 제57보병연대는 마을을 약탈하고 불을 질렀다. 대화재는 4일 동안 지속되었고, 결국 마을에 있던 55채의 가옥 중 단 4채와 교회 건물을 제외하고는 모두 잿더미가 되었다. 나아가 프로이센군은 민간인 23명을 인질로 잡았다. 주민들은 추위와 눈으로부터 아무 보호도 받지 못한 채 몇 주 동안 고통을 겪었다. 독일군은 사진사를 보내 파괴된 도시의 모습을 촬영했고, 병사들을 교묘한 위치에 배치해 사진이 더욱 충격적으로 보이게 했다. 심지어 끔찍한 재난 이미지를 연출하기 위해 그나마 남아 있던 몇 안 되는 건물 중 하나를 추가로 파괴했다는 이야기마저 돌았다.

게다가 1월 23일 로렌 총독인 폰 보닌von Bonin은 로렌에 1천만 프랑의 벌금을 부과했다. 이로부터 불과 며칠 후에 휴전이 이루어졌기 때문에 이 벌금은 결코 납부되지 않았다. 하지만 이는 프로이센이 이번 사보타주 공격을 얼마나 불쾌하게 생각했는지를 과시함으로써 유사한 행위를 고려하던 다른 지역 사람들에게 경고하기 위한 것이었다. 프랑-티뢰르가 군모와 갈색 셔츠라는 기본 유니폼을 입었음에도 불구하고, 독일군은 그들을 민간인 파르티잔과 구별되는 정식 군대로 인정하기를 거부했다. 대신 그들은 민간인들이 틀림없이 이들 파르티잔 행위에 연루되었을 것이라고 가정하거나, 혹은 그 두 집단을 딱히 신경써서 구별하지 않았다.

프로이센군은 파괴된 다리를 재건하기 위해 인근 낭시에서 500명의 인력을 징발했다. 그런데 그들 중 누구도 일하러 나오지 않았다. 그러자 점령군은 더 징벌적인 조치를 취했다. 그들은 도시의 공장과 작업장을 모두 폐쇄하고 실업자들에게 급여를 지급하는 것을 금지했다. 스타니슬라스 광장에서 열린 한 공연이 끝났을 때, 그들은 거대한 광장의 출구를 막고, 여성과 어린이만 나가도록 한 후, 모든 연령대와 모든 직업군의 남성 250명을 강제 징발해 17일 동안 퐁트누아에서 이번 공격이 남긴 잔해를 치우는 작업에 동원했다.

하지만 다리의 파괴는 전쟁의 흐름을 바꾸는 데 별 도움이 되지 않았다. 독일군은 이미 메지에르를 통과하는 북부 철도 노선을 통해 물자를 공급받고 있었다. 만약 이 공격이 3개월 전에 이루어졌다면, 독일군의 군수물자 보급에 심각한 문제를 일으켰을 수도 있고, 얼마 동안은 공급망이 완전히 붕괴되었을 수도 있다. 하지만 1월 말은 이런 성과를 거두기에 너무 늦은 시점이었다. 파리의 운명은 이미 1월 19일의 뷔장발 전투로 결정되었기 때문이다.

강베타는 점점 더 궁지에 몰리는 것을 느꼈다. 하지만 그는 자신과 자신의 정치에 대한 반대는 전쟁 피로감이 아니라, 잘못된 정치에서 비롯되었다고 계속 주장했다. 1월 초, 그는 쥘 파브르에게 이렇게 편지를 썼다.

결국 프랑스는 공화주의 정권에 점점 더 집착하고 있습니다. 대중은, 심지어 시골에 있는 사람들조차도 전쟁이 불리하게 전개되고 있는 상황의 압력 속에서, 공화주의자들이 … 진정한 애국자이며, 국가와 인권, 시민의 진정한 수호자라고 이해하고 있습니다. … 우리는 패망의 순간까지 계속해서 투쟁을 이어갈 것이며, 우리는 프랑스에는 무력의 승리에 집착하는 어떤 사람이

나 집단도 찾아볼 수 없다는 사실을 보증할 것입니다.[15]

　강베타는 항복이 프랑스의 명예를 실추시키고 오랫동안 고대해온 영속적인 공화국 수립을 위협할 것이라고 생각했다. 그가 보기에 현재 프랑스 내에서 벌어지고 있는 갈등은 보나파르트주의 세력과 인민들이 원하는 공화주의의 대립이었다. 그래서 그는 국민방위정부 체제에서 '극단적인 자유'를 허용함으로써 등장한 부정적인 언론은 그저 아직도 잔존하는 보나파르트주의가 여전히 끼치고 있는 사악한 영향의 결과라고밖에 이해할 수 없었다. 강베타는 1789년에 있었던 인권 선언, 그리고 시민의 권리와 자유를 위한 투쟁을 상기하면서, 진정한 애국심이 있다면 계속 싸워야 한다고 믿었다. 그는 몽발레리앙을 출발점으로 삼아 젠빌리에반도의 방어선을 공격하고, 그런 다음 독일군의 가장 강력한 거점인 베르사유까지 진격할 것을 요구했다.

　트로쉬와 뒤크로는 이 계획이 아무 소용이 없다는 사실을 즉시 깨달았다. 트로쉬는 그것이 최후의 수단이 아니라면, 파멸을 초래할 탈출전을 시도하고 싶지 않았다. 게다가 각료회의는 트로쉬가 가능하다고 생각했던 것보다 이틀 앞선 1월 18~19일 밤에 이 작전을 개시하라고 명령했다. 그래도 상관없었다. 이 작전은 그저 파리의 클럽과 급진주의자들에게 프랑스가 처한 군사적 상황이 절망적이며 항복을 준비해야 할 때라고 확신시키려는 시도였다. 1월 15일 각료들은 항복을 심각하게 논의했다. 파브르는 이미 20개 아롱디스망(행정구역)의 시장들과 정보를 공유하기 시작한 상태였다. 그들도 국민방위정부의 최종 결정을 함께 짊어지도록 하려는 의도에서였다.

1월 19일 새벽, 4만 2천 명의 국민방위대를 포함해서 총 9만 명의 병력이 몽발레리앙을 출발했다. 이 작전은 클럽들이 오랫동안 요구했던 대규모 탈출 작전이었고 국민방위군이 외국의 적과 싸운 역사에서 처음 있는 일이었다. 그들은 부지발에서 생클루까지 남서쪽으로 6킬로미터에 걸친 전선에서 독일군과 충돌했다. 생클루는 센강이 뷔장발 마을을 가로지르면서 형성된 반도의 기슭에 있었다. 만약 프랑스군이 이 전선을 성공적으로 돌파했다면, 그들은 계속 베르사유로 진격해서 신생 독일 제국의 건국 축하 행사에 재를 뿌릴 수 있었을 것이다.

프랑스의 계획에 따르면 오전 6시에 전군이 세 지점에서 동시 공격을 가할 필요가 있었다. 하지만 9만 명의 병력이 동시에 공격을 개시하도록 배치하기가 어렵다는 사실이 드러났다. 프랑스군은 2개의 다리를 통해 전 병력을 이동시키는 것이 밤새 걸리는 일이라는 것은 알고 있었지만, 이 다리로 가는 길에는 좁은 통로 외에 바리케이드가 설치되어 있으며, 이동식 병원으로 사용되는 개인 차량들로 막혀 있다는 사실은 고려하지 않았다. 게다가 최근의 폭우로 인해 진군 속도는 더욱 느려졌다. 오전 6시가 되었는데도 공격 준비가 된 부대는 하나도 없었고, 트로쉬 자신조차 아직 공격 신호를 보낼 위치에 있지 않았다. 오전 7시가 되자 2개의 부대가 공격 대형으로 배치되었지만, 하늘이 밝아지기 시작할 무렵 그중 한 부대는 독일군의 포대에 너무 가까이 있었다. 이에 요새 사령관은 공격 신호를 보냈다.

프랑스 병사들은 처음에는 열정적으로 움직였다. 하지만 사방에서 진격이 저지당하자, 국민방위군은 곧 규율을 잃었다. 그들은 예비군도 없었다. 트로쉬는 몽발레리앙에 도착해서 그의 병사들이 독일군의 반격을 잘 방어하는 것을 지켜보며 용기를 냈다. 하지만 저녁이 되자 그는 후퇴 명령을 내려야 했다. 그들의 후방은 보급 마차, 구급차, 대포가 길을 막고 있어 매우 혼란스러웠지만, 프랑스군은 능숙하게 후퇴해서 독일군이 프랑스군의 후퇴를 파악하지 못하게 할 수 있었다. 달빛이 밝게 비치는 긴 겨울밤 덕분에 그들은 다음날 오전 6시까지 전쟁의 흔적을 정리할 수 있었다. 프랑스군은 4천 명, 독일군은 700명의 사상자를 냈다. 독일 제국이 선포된 지 불과 이틀 후, 베르사유 궁전 거울의 방은 부상당한 병사들을 치료하는 병원으로 바뀌었다.

뷔장발 전투 이후, 파리 시청의 관리들은 새로운 관행을 채택했다. 그들은 신원이 확인되지 않은 시체는 매장하기 전에 사진으로 찍어서 가족과 친구들이 사랑하는 사람의 유해를 찾는 데 도움을 주었다. 1월 20일, 250구의 시체가 영안실에 도착했다. 관리들은 시체를 페르라셰즈 묘지로 인도하기 전에 소지품 목록을 작성했다. 그리고 매장하기 전에 귀스타브 마세Gustave Macé라는 경찰관이 개별적으로 또는 단체로 시체 사진을 찍었다. 이 관행은 나중에 파리 코뮌 기간 동안 정보국에서 채택되어 그 시대를 보여주는 가장 유명하고 끔찍한 이미지 중 하나를 남겼다. 바로 코뮌 지지자 12명의 관이 두 줄로 늘어서 있는 모습이다.

쥘리에트 아당은 "또 하나의 작전이 엄숙하게 준비되었다가, 어설프게 전개되고 결국 비참하게 끝난 것"에 대해 절망했다. 그녀는 같은 문구로 "우리는 포위 공격에 관한 군사사를 쓸 수 있었다"라고 적었다.[16] 모두가 항복 가능성에 대해 긴장감을 느꼈다. 아당은 "우리 모두 열이 나고 있다"라고 썼다. "우리는 포위에서의 구출이라는 버거운 프로젝트를 진행하고 있다. 조카는 내게 항복만 생각하면 미쳐버릴 지경이어서 잠을 한숨도 잘 수 없으며, 로스니 요새에서는 국민방위군의 선원과 자신을 포함한 포병대원들이 절대 항복하지 않겠다고 맹세하고 있다고 말했다."[17] 하지만 이제 9월 4일의 이상은 무너졌다.

뷔장발 전투는 열정을 가진 국민들의 군대가 현대식 군대를 물리칠 수 있다는 생각을 종식시켰다. 그럼에도 불구하고 파브르와 강베타는 좌절 상태를 벗어나지 못했다. 몰트케 군대의 주의를 지방으로 돌리려는 그들의 계획은 효과가 있는 듯했다. 만약 프로이센군이 샹지의 군대에 대응하기 위해 파리에서 서쪽으로 20만 명을 보내고, 부르바키를 상대하기 위해 동쪽으로 10만 명을 보냈다면, 파리 포위 병력이 대폭 약화되었을 텐데, 프랑스군의 파리 탈출 작전은 왜 실패했을까? 이에 대한 답은 르망에서 샹지의 군대가 패배하고 1만 명의 새로운 포로가 생겼다는 소식이 담긴 전보에서 찾을 수 있다. 파리를 구원할 병력은 사실 하나도 남아 있지 않았다. 파브르 자신도 이제는 항복해야 한다는 것을 깨달았다.

그래서 파브르와 트로쉬는 1월 20일에 파리 시장들을 만났다. 시장들은 그동안 수많은 희생을 치렀음에도 불구하고 여전히 항복해야 한다는 사실을 받아들일 수 없었다. 그들은 또 한번의 전격적인 탈출 작전과 트로쉬의 사임을 요구했다. 하지만 트로쉬는 물러날 생각이 없었다. 그는 정부가 자신의 해임을 요구하기를 원했다. 하지만 정부는 그저 파리 총독 자리를 없앴다. 트로쉬가 시 위원회 의장으로는 남을 것이라고 확신했기 때문이다. 그런데 뒤크로가 이마저 거부하자 군 지휘권을 파리 수비대 사령관인 비누아에게 넘겼다.

이제 국민방위정부는 평화를 성사시키기까지 마지막 관문을 남겨두고 있었다. 즉 파리 시민들이 이에 반대해서 봉기를 일으킬 수 있다는 점이었다. 비누아는 1870년의 카베냐크Cavaignac 장군(1848년 혁명 때 프랑스 임시정부의 전쟁부 장관으로서 국민의회에 반기를 든 6월 봉기를 진압한 장군)이 되어 거리에서 일어나는 모든 시위를 진압하는 임무를 떠맡았다. 그는 그 임무를 맡게 되어 기뻐했는데, 1월 22일 결전의 순간이 왔다. 10월 31일과는 달리 블랑키를 포함한 혁명 지도자들은 소요 사태가 시작된 이래로 시위 현장에 있었다. 그들 중 일부는 전날 저녁 군중에 의해 감옥에서 풀려났다. 22일 아침, 국민방위군 가운데 혁명 대원들이 브르타뉴에서 온 기동대가 방어하고 있던 시청에 집결했다. 이른 오후에 2개의 무장 집단 사이에서 총격이 발생했다. 누가 먼저 발포했는지는 분명하지 않다. 이는 전쟁이 시작된 이래 파리에서 발생한 가장 피비린내 나는 충돌이었다. 여기서 5명이 사망하고 18명이 부상당했으며, 그중에는 구경꾼도 여러 명 있었다. 포위된 상태에서 파리 시민들이 다른 파리 시민에게 총을 쏜 것은 이번이 처음이었다. 당국은 다음날 저녁까지 봉기를 일으킨 혁명가들을 체포하고 클럽을 폐쇄했으며 《르 레베유》와 《르 콩바Le Combat》를 포함한 신문의 발간을 금지했다. 그리고 도시는 다시 평온을 되찾았다.

이런 사태가 벌어지는 동안 정부는 시청에서 회의를 하고 있었으며 시민들에게 배급할 밀가루가 이틀치밖에 남지 않았다는 사실을 알게 되었다. 이제 파브르는 독일군에게 항복하는 고통스러운 일을 준비하기 시작했다.

협상 가능성이 다시 수면 위로 떠오르면서 양측 내부에서는 권력 다툼이 심화되었다. 독일 측에서는 비스마르크와 몰트케가 임박한 평화 협상에 대한 주도권을 둘러싸고 서로 유리한 지위를 차지하기 위해 힘겨루기를 했다. 왕세자가 비스마르크와 몰트케를 화해시키려고 노력했지만 실패했다. 1월 14일 몰트케는 포격 후 펼쳐질 작전에 대한 자신의 아이디어뿐 아니라, 파리의 항복을 이끌어내기 위한 협상을 자신이 주도하고 싶다는 기대를 메모에 적어서 왕에게 전달했다. 이 메모에 대해 알게 된 비스마르크는 몰트케가 왕에게 메모를 전달한 당일과 1월 19일 두 차례에 걸쳐 왕에게 메모를 보냈다. 몰트케가 정치와 외교 분야에서 월권을 해왔다고 확신하면서, 왕에게 비스마르크가 파리와 베르사유 사이의 협상을 주도할 수 있도록 분명하게 정리해줄 것을 요청하는 내용이었다.

새로 즉위한 황제는 자신의 군사적 성향에도 불구하고 정치가인 비스마르크 편에 섰다. 다음날, 파브르가 대화에 참여하고 싶다는 의사를 밝혔을 때 빌헬름 황제는 몰트케에게 다음 사항을 충족하지 않으면 프랑스 측과의 대화에 응할 수 없다는 점을 분명히 했다. 몰트케는 먼저 빌헬름 황제를 거쳐서 비스마르크의 개입을 보장하거나 적어도 비스마르크에게 대화 내용을 반드시 통보해야 한다는 조건이었다. 황제는 또한 비스마르크와 먼저 상의하지 않은 상태에서, 그리고 총리에게 이에 대한 자신의 견해를 알릴 기회를 주지 않은 상태에서 추가적인 군사 작전이 추진되어서는 안 된다고 밝혔다. 빌헬름 황제가 몰트케와 비스마르크 사이의 갈등을 이렇게 정리하자, 독일 측이 1월 23일에 시작된 협상에 참여하는 길이 열렸다.

프랑스 측에서는 파브르가 보르도에 있는 정부 대표단에게 협상 개시에 대해 사전 통보하고 승인을 받지도 않은 채 움직였다. 사실 강베타는 파리가 함락된 이후에도 전쟁을 계속할 계획이었다. 1월 22일, 강베타는 파브르에게 이렇게 편지를 썼다. "이 영웅적인 수도의 함락에 뒤따르는 무기력함과 슬픔이 어떤 영향을 미치든, 나는 우리가 대중의 감정 그리고 지금 필요한 정치적 조치에 관련된 결정들을 통해 이 사태에 대응할 것이며, 우리가 이 엄중한 사태를 극복할 수 있을 것이라고 믿습니다."[18]

파브르는 강베타보다 현실을 직시할 준비가 되어 있었다. 그는 독일 측에 데리송 d'Hérisson 백작을 보내서 회동을 요청하고 단기적인 휴전에 합의하도록 했다. 데리송은 파리로 돌아가 23일 늦은 오후에 파브르와 만났다. 그리고 그들은 달이 없는 밤에 물이 새는 보트를 타고 센강을 건넜다. 생클루 궁전의 붉은 불빛이 수면에 반짝였다. 파브르와 비스마르크는 비스마르크가 머물고 있던 집에서 만났다. 파브르는 파리 정부로부터, 비스마르크를 만나면 어떤 조건이 가능한지 알아내라는 것 외에는 별다른 지침을 받지 못했다. 그날 저녁, 비스마르크는 다른 사람들에게 파브르와의 대화 내용을 밝히지 않았다. 하지만 그는 미팅을 진행한 방을 나가면서 개들에게 휘파람으로 신호를 보냈다. 사냥 나간 개들에게 추격의 끝을 알리는 신호였다.

파브르와 비스마르크는 24일과 25일에 다시 만났다. 두 사람 모두 신속하게 전쟁을 끝내고자 했다. 비스마르크는 이전에 휴전을 확보하기 위한 대화 창구로 황후 외제니의 대리인과의 연락선을 열어두었었다. 하지만 이 시점에서 그는 파브르나 국민방위정부와 평화를 모색할 것임을 분명히 했다. 파브르는 도시가 굶주리고 있으며 봉기로 인해 트로쉬가 총독에서 해임되었다는 사실을 부인하지 않았다. 왕세자는 "파브르는 파리 복귀를 생각할 때 그가 공포를 느낀다는 사실을 숨길 수 없었고, 비스마르크 백작이 제공한 만찬에서 거의 늑대와 같은 배고픔을 느꼈던 것 같다"라고 적었다.[19] 기록에 따르면 파브르가 베르사유로 향하는 이유를 들은 파리 전초기지의 프랑스군은 세브르 다리에서 캉캉 춤을 추기 시작했다.

파리 내각에서 권한을 부여받은 파브르는 명예로운 휴전을 확보하기 위해 최선을 다했다. 하지만 비스마르크는 모든 카드를 쥐고 있었다. 3일간의 협상 끝에 파브르와 비스마르크는 1월 26일 이른 아침에 3주간의 휴전을 위한 협정에 서명하고 이것이 28일에 발효되도록 했다. 프랑스는 2억 프랑의 배상금을 즉각 지불하기로 했다. 파리의 요새와 성벽들은 2천 문의 대포, 17만 7천 정의 소총과 함께 독일군에게 넘겨졌다. 독일군은 도시에 물자를 재보급하는 데 도움을 주기로 했다. 이 시점에 프랑스 장교들은 칼을 찰 수 있었고, 독일군은 파리에 발을 들여놓지 않기로 했다. 게다가 비스마르크는 파브르에게 설득되어 국민방위군의 무장을 해제하지 않기로 동의했다. 만약 그렇게 하면 내전에 불이 붙을 것이라는 파브르의 주장에 설득되었기 때문이다.

협상의 초석으로 파브르는 프랑스가 2월 19일까지 선거를 실시하고, 파리에서 멀리 떨어진 보르도에 국민의회를 소집해 휴전에 대한 비준 여부를 결정하도록 하는 데 동의했다. 만약 새로 소집된 국민의회가 휴전을 거부하고 적대 행위가 계속된다면 프로이센은 더욱 강하게 압박할 생각이었다. 전형적인 파리 중심적 입장에서 휴전은 파리 함락과 관련이 있었다. 수도가 장기간 점령되는 것은 면했지만, 지방 곳곳을 점령하고 있던 독일군은 프랑스군과 10킬로미터 길이의 휴전선으로 구분된 채 그들의 위치를 유지했다.

휴전과 파리의 항복을 규정한 문서에는 비스마르크와 파브르만이 서명했다. 이 사실은 이 문서가 군사적 문서가 아니라 정치적 문서임을 강조하는 것이었다. 필수적인 군사 협약은 1월 28일에 독일 측의 몰트케, 비스마르크, 테오필 폰 포드비엘스키Theophil von Podbielski(병참 장군)와 프랑스 측의 파브르, 발당 장군(트로쉬의 사임 후 이 환영받지 못하는 임무를 수행하도록 부름을 받았다)과 한 참모 장교에 의해 서명되었다.

28일 저녁, 디트리히 폰 라스베르크와 그의 바이에른 동지들은 자정이 되기를 기다리며 깨어 있었다. 그들은 멀리서 대포들이 불을 뿜는 것을 볼 수 있었다. 그들은 긴장한 채로 시곗바늘이 12시를 가리키기를 기다렸다. 바늘이 12를 가리키자 포성이 즉시 멎었다. 어둠 속에서 어떤 불꽃도 보이지 않았고 포성도 들리지 않았다. 라스베르크는 수많은 포대에서 군인들이 환호하는 소리를 들었다. 그들은 기쁘고 감사한 마음으로 "하느님께 찬양을, 전쟁은 끝났다!"라고 외쳤다.[20]

한 가지, 전쟁의 마지막 삐걱거리는 구석이 아직 남아 있었다. 비스마르크의 지원 아래 몰트케는 프랑스군이 동부 지역에서 여전히 활발하게 저항하고 있으니 그 지역은 휴전에서 제외해야 한다고 주장했다. 파브르는 이에 동의하지 않았지만 그는 협상할 처지가 아니었다. 파브르가 강베타에게 전보를 보내 휴전 소식을 알렸을 때, 강베타는 어떤 이유에서인지 보르도에 있는 국민방위정부에 쥐라, 코트도르, 두Doubs 데파르트망에서는 군사 작전이 계속될 것이라고 말하지 못했다. 1월

29일 밤, 부르바키로부터 동부군을 인계받은 클랭샹은 베르사유에서 휴전 협정이 체결되었다는 사실을 알게 되었지만, 동부 지방이 휴전에서 제외되었다는 사실은 전해 듣지 못했다. 하지만 독일 측 만토이펠 장군은 이 예외 사실을 알게 되었고, 1월 30일에 프랑스군의 탈출을 막기 위한 작전을 계속했다. 클랭샹은 부하들을 포로로 넘겨주는 것을 거부했다. 1월 31일에 휴전이 동쪽에 적용되지 않는다는 사실을 공식적으로 확인한 클랭샹은 스위스와 협정을 맺어 프랑스군 약 8만 명이 2월 1일에 레베리에르에서 국경을 넘어 탈출할 수 있도록 조치했다. 이 탈출 작전은 소수의 예비군이 퐁타르리에에서 6킬로미터 떨어진 라클뤼즈에서 독일군의 진격을 막고 있는 동안에 이루어졌다. 프랑스군은 모든 무기를 길가에 버린 채 떠났다. 전쟁은 끝났다.

◆ 19장 ◆

휴전에서 평화조약까지

운하의 보트를 통해 파리로 수송된 부상자들.

선거 준비는 성급하고 혼란스럽게 진행되었다. 서둘러 소집된 위원회들은 휴전과 선거가 예정된 2월 8일까지 일주일 반 만에 후보자 명단을 결정했다. 때로는 당사자들과 상의 없이, 때로는 그들에게 자신의 견해를 공식화하고 전달할 기회도 주지 않은 채 모든 일이 급하게 진행되었다. 점령된 지역에서는 독일 측이 우편 통신을 허용하지 않았기 때문에 독일 군인들이 선거에 대한 정보를 벽과 공공 게시판에 게시했다. 이 시점에 프랑스에서 누가 국가를 이끌고 있는지는 명확하지 않았고 정치 기구도 없었다.

1월 31일 늦게까지만 해도 일부 지역에서는 아직도 휴전 소식을 듣지 못했었다. 많은 다른 지역에서는 휴전이 단지 일시적이며 곧 적대 행위가 재개될 위험이 있다고 느껴졌다. 조르주 상드는 휴전 협정에 서명한 파브르를 저주하는 사람들을 견딜 수 없었다.

불행한 선동가들이여! 양심이 있다면 이 나라에 밀어닥친 재앙과 수치심, 절망이 당신들의 마음을 짓누르기를! … 당신들의 양심에 대해 더이상 깊이 성찰하는 것은 내 능력을 넘어서는 일이다. 그래서 나는 이 순간 정부를 비난하고 있는 사람들, 우리 정부가 당신들이 느끼는 고통스러운 공포 앞에서 제 할 일을 포기했다고 비난하는 사람들에게 분노를 느낀다고 맹세한다.[1]

당시는 도처에 불확실성이 만연한 시기였다. 파리에서 질서를 유지하는 것은 어려웠다. 파리 시민들은 음식을 구하기 위해 양국의 통제를 받지 않는 중립 지대로 들어갔고, 어떤 사람들은 수십 년 동안 그곳에 살고 있던 독일인 상점 주인을 위협하기도 했다.

프랑스군 내부에서 샹지 장군은 휴전 기간이 만료되면 곧 전투를 개시할 준비가 되어 있었다. 그는 자신의 군대를 루아르강 남쪽 둑으로 이동시키고 그곳을 거점으로 독일군을 압박해서 장기적인 대치를 시도할 계획이었다. 그는 그렇게 함으로써 독일군을 지치게 해 결과적으로 좀더 나은 평화 조건을 얻어낼 수 있을 것으로 상상했다. 물론 이 프로젝트는 성공할 가능성이 낮았고, 그저 독일군을 더 성나게 했을 것이다. 몰트케와 그의 장군들은 전투가 재개될 경우 프랑스군을 궤멸시킬 준비를 했다. 이러한 준비 작업은 종종 몰트케가 전투를 계속해서 프랑스군을 완전히 파멸시키려 하는 것으로 해석되기도 했다. 하지만 그의 준비 작업은 프랑스가 휴전을 받아들일 능력이 희박하다고 생각했기 때문일 수도 있었다. 그는 일단 파리가 함락되면, 파리에 즉각 계엄령을 발동하고, 지역에서 벌어지고 있던 저항을 진압하며, 무거운 전쟁 배상을 요구할 필요가 있다고 생각했다. 역사가 데니스 쇼월터는 몰트케가 한 번도 그렇게 말하지는 않았지만 파브르가 휴전을 요청했다는 소식을 듣고 내심 안도했을 수 있다고 주장한다. 무엇보다 몰트케는 독일군이 실제로 적을 완전히 파괴할 수 없으며 프랑스가 패배하더라도 독일군에게 심각한 피해를 입힐 수 있다고 생각했다는 것이다.

몰트케와 비스마르크는 모두 휴전이 일시적일 수 있다고 우려할 만한 이유가 있었다. 휴전 체결에 참여하지 않았던 강베타는 휴전을 임시 조치, 즉 전쟁을 계속할 정치인을 선출할 시간을 버는 조치로 해석했다. 그리고 그는 새로운 군대를 모을 계획을 세우고, 이번 선거를 프랑스인 다수가 전쟁 지속을 지지한다는 것을 과시하는 기회로 만들려고 노력했다. 1월 31일, 강베타와 보르도 주재 정부 대표단 3명은 제2제정과 공식적으로 관련된 사람은 선거에 출마할 수 없도록 하는 법령을 발표했다. 그런데 강베타의 협조를 확보하기 위해 파리에서 파견되었던 쥘 시몽은 이 법령이 공표된 직후 도착해 이 법령을 무효화할 것을 요구했다. 시몽은 강베타를 제압하기 위해 자신이 가진 전권을 사용할 수 있었다. 하지만 섬세하게 움직이는 정치인이었던 그는 그렇게 하는 대신에 강베타와 그의 지지자들을 다수결로 제압하기 위해서 파리에 추가로 정부 구성원을 파견해줄 것을 요청했다.

이런 움직임을 파악한 비스마르크는 분노했다. 제한된 선거에 대한 강베타의 주장은 자칫 전쟁 종식을 위한 협상을 무효로 만들 위험이 있었다. 비스마르크의 압력과, 전쟁을 종식시키고자 하는 열망 속에서 파브르와 파리의 지도자들은 회동을 갖고 강베타가 발표한 법령을 무시하기로 합의했다. 공개 발표문에서 그들은 강베타의 법령이 무효임을 밝히고, 그의 사임을 요구했으며, 시몽이 요청한 대로 파리 내각 구성원 3명을 보르도로 파견했다. 하지만 강베타는 여전히 "만약 평화가 우리의 명예를 보장해준다면 평화를 원하지만, 전쟁도 불사할 수 있는 의회, 프랑스를 말살하는 데 도움을 주기보다는 무엇이든 행동할 준비가 되어 있는, 진정으로 민족적이고 공화주의적인 의회"를 요구하면서 물러나지 않고 버텼다.[2] 그러나 강베타는 보르도에서조차 정치적 입지를 상실했다. 현지 언론과 도시 엘리트들은 티에르의 영향과 전쟁 피로감 때문에 이미 그와 거리를 두고 있었다. 자신을 지지하는 사람이 줄어들어서 신임 표결에서 이길 가능성이 없자, 그는 마침내 2월 6일 아침 사표를 던졌다.

2월 8일의 선거는 긴장되고 혼란스러운 상황에서 치러졌다. 선거가 전쟁 종식과 분명하게 연관되어 있었기 때문에 선거 결과는 당시 프랑스인의 이념적 선호도에 대해 명확한 그림을 보여주지는 못했다. 유권자들은 본질적으로 독일에 대한 적대 행위를 재개할지 여부를 묻는 질문 앞에 섰다. 그들은 평화를 원하는 마음에서 지역의 보수파 지도자에게 압도적으로 표를 던졌다. 농민들은 보수적인 지역 명사들에게 표를 던진 것 때문에 종종 비판 능력이 없는 유권자라고 비난받았다. 하지만 사실 그들은 당시 상황을 합리적으로 해석해 투표한 것이었다. 그들이 지주나 귀족의 정치권력 복귀에 동의한 것은 보수주의자들을 지지해서가 아니라, 평화로의 복귀를 원해서였다. 또한 1871년에 공화주의자들이 특히 주요 도시의 외곽 지역에서 인기가 없었다는 것은 아직도 부인할 수 없는 사실이다. 강베타의 허세와 파리의 급진주의는 그들의 리더십이 국민으로부터 나온다는 사실에 대한 폭넓은 믿음을 심어주는 데 실패했다.

지도자들이 여전히 독일 제국의 감옥에 수감되어 있던 보나파르트주의자들은 더 인기가 없음이 드러났다. 선거에서 선출된 의원 676명 가운데 400명은 군주주의자, 200명은 공화주의자였던 반면, 보나파르트주의자는 약 30명에 불과했다. 특정 지도자들에 대한 선호도 측면을 보면 유권자들의 선택은 분명했다. 애초에 전쟁 개시를 반대하고, 가을에는 평화를 달성하기 위해 노력했던 티에르는 26개 데파르트망에서 선출되었던 반면, 강베타는 단 9개 데파르트망에서 선출되었다(당시 프랑스에서는 의원이 여러 데파르트망에서 동시에 선출될 수 있지만, 최종적으로는 한 데파르트망에서만 활동할 수 있었다). 프레이시네는 낙선했는데, 심지어 자신이 선택한 타른에가론 데파르트망에서조차 선출되지 않았다. 그는 이런 결과에 실망하고 지친 채 보르도에 머물렀다. 트로쉬는 국회의원 선거 출마를 거부하고 은퇴한 뒤 브르타뉴로 내려갔다.

프랑스 임시정부는 2월 12일 보르도의 대극장에서 회의를 개최했다. 파브르는 다음날 국민방위정부 대표들의 사직서를 제출했다. 2월 17일, 알자스의 오트랭 대표인 에밀 켈레르Émile Keller가 공화주의 좌파 일부 의원들을 대표해 알자스로렌 문제에 관해 발언했다. 만약 국민투표를 실시해서 알자스로렌 합병안이 통과되지 않는다면, 의회는 이 지역을 포기하는 데 동의하지 말자는 요구였다. 그러자 의회에서 일대 논쟁이 벌어졌다. 티에르는 이 제안에 대해 단호하게 반대했다. "전쟁이냐 평화냐, 이것은 심각한 문제입니다. 현재 프랑스가 직면한 문제는 두 지방의 운명(이곳이 매우 중요하긴 하지만)이냐, 아니면 국가 전체의 운명이냐입니다. 그렇기 때문에 여기엔 철없이 판단할 여지가 없습니다."[3] 의회는 켈레르의 제안을 심의하기 위해 위원회를 구성했다. 하지만 위원회는 켈레르의 제안에 공감은 하지만, 지지하지 않기로 결의했다. 의회는 협상가들을 신뢰하기로 동의했고, 나아가 티에르를 행정부 수반으로 임명했다. 2월 19일, 티에르와 신임 외무부 장관 쥘 파브르는 보르도를 떠나 이틀 후 베르사유에 도착했다.

휴전 기간이 종료되기까지, 심지어 이 기간이 2월 24일에서 26일로 약간 연장되었지만, 양측은 평화조약의 예비조건에 대해서만 결정할 수 있었다. 티에르는 자신이 10월과 11월에 협상했던 것과 같은 조건을 얻어내려고 했지만, 그동안 상황이 달라졌다. 프랑스에서는 최후의 순간까지 전쟁을 하자고 주장했던 사람들이 2월 8일 선거가 끝난 후에는 침묵을 지켰다. 반면 독일 제국에서는 프랑스에게 가혹한 조건을 부과하기를 원하는 목소리가 여전했다. 평화조약은 계속 가혹한 조치를 요구하는 목소리를 반영하고 있었고, 이는 몰트케의 폭넓은 지원을 받았다.

가장 중요한 문제는 알자스와 메스를 포함한 북부 로렌 지방의 운명과 관련이 있었다. 이 문제는 9월 스트라스부르 점령 이래 뜨겁게 달아올랐었는데, 로렌 문제는 10월 말 메스가 함락된 후 그 압박감이 더욱 커졌다. 독일 국가들에서 모두가 알자스와 로렌의 합병에 동의한 것은 아니었다. 기업가들은 프랑스와 긴밀하게 통합되어 있는 이들 지역, 특히 알자스의 섬유 산업과의 경쟁 상황에 대해 우려를 표명했다. 반면에 사회민주당과 다른 좌파 진영은 실용적·도덕적 이유로 이 지역의 합병을 반대했다.

그럼에도 불구하고 합병에 찬성하는 독일 측 목소리는 적어도 많은 정치 서클과 특히 비스마르크가 잘 통제하고 있는 언론에서 더욱 커졌다. 전쟁이 계속되면서 (비스마르크의 격려를 받은) 점점 더 많은 언론에서 합병이 역사적 오류를 바로잡는 조치라고 조명했다. 독일 남부 국가들에서는 합병이 그들의 참전을 정당화해주는 것이었다. 비스마르크가 보기에, 합병에 대한 대중의 요구는 특히 여론이 독일에게 불리한 방향으로 바뀐 영국 같은 제3국의 개입에 맞서는 또다른 논거를 제공하기도 했다. 비스마르크는 민족주의자들이 합병을 원하는 것은 독일인들이 단순히 영토 팽창을 원하는 것이 아니라, 정당하고 방어 가능한 국경을 확보하기 위해 싸우려는 것을 뜻한다는 점을 분명히 했다. 영국은 그들에게 반대해야 할 이해관계나 그럴 만한 군사력이 없었다.

하지만 요새 도시 메스의 합병에 대해서는 독일 진영 내에서 여전히 의견 충돌이 있었다. 비스마르크는 주로 프랑스어 사용 주민으로 구성된 메스를 합병하는 것이 과연 현명한지에 대해 의문을 제기했다. 그는 이 도시를 독일 제국에 합병하는 것이 쉽지 않을 것이라고 예상했다. 비스마르크는 메스를 합병하는 대신 룩셈부르크를 차지하거나, 더 많은 전쟁 배상금, 또는 사이공(지금의 호찌민)과 같은 프랑스의 해외 영토를 점령하는 것이 차라리 더 나을 것이라고 생각했다.

그러나 황제와 몰트케는 모두 메스를 고집했다. 그들은 메스가 병사들이 어렵게 싸워서 얻은 전리품인데, 이를 프랑스에 돌려주는 것은 굴욕이 될 것이라고 생각했다. 또한 메스를 독일 제국의 서쪽 국경에 통합하면, 향후 프랑스와 분쟁이 발생할 경우 국경 방어에 도움이 될 뿐 아니라, 프랑스인들에게 과거의 패배를 확실히 각인시킬 수 있다는 생각이었다. 티에르와 파브르는 메스가 합병에 포함되는 것을 막기 위해 할 수 있는 일이 거의 없었다.

하지만 티에르는 벨포르를 구하는 데는 성공했다. 휴전 후에도 여전히 버티고 있던 이 도시는 2월 15일 프랑스 전쟁부의 명령에 따라 전투를 종료했다. 티에르는 벨포르가 독일에 합병되면 사임하겠다고 위협했고, 만약 그렇게 될 경우 비스마르크는 프랑스 지도부의 리더십이 혼란에 빠지는 것을 감수해야 했다. 티에르가 승리했다. 몰트케도 이 결정에 반대하지 않았다. 무엇보다 벨포르는 그들이 차지하고 있는 특별한 지리적 위치를 고려할 때, 향후 프랑스와 전쟁이 발발할 경우에 초기 전략적 거점이 되지는 않을 것이어서, 이 도시를 프랑스의 손에 남겨두어도 그렇게 위험하지 않았다.

또한 티에르는 협상을 통해 초기에 지불해야 할 전쟁 배상금을 60억 프랑에서 50억 프랑으로 낮추고, 독일군이 파리로 승리의 행진을 실시할 때 이에 관한 세부 조건을 설정했다. 프랑스군은 파리에 남아 있던 4만 명의 병력을 제외하고는 루아르강 남쪽으로 철수해야 했다. 3월 1일, 의회는 546 대 107의 표결로 평화조약을 비준했다. 강베타는 의회의 직을 사임하고 에스파냐로 떠났다. 스트라스부르 시장이자 국회의원이었던 에밀 퀴스는 같은 날 심한 스트레스로 사망했다.

의회가 평화조약 체결을 위한 예비 협정을 검토하던 날, 3만 명의 독일 군인들이 파리에 진입해 롱샹 경마장과 뇌이 대로를 거쳐 개선문까지 행군했다. 거리는 텅 비어 있었고 운하는 얼어 있었다. 합의에 따라 독일군은 승리의 행진을 센강, 테른 대로, 포부르 생토노레 거리 사이에 있는 북동쪽 지역으로 제한했다. 이 지역은 혁명의 열기가 높은 동쪽 지역과는 멀리 떨어져 있었다. 프로이센 군인들은 루브르 박물관을 방문할 수 있는 허가를 받았는데, 이는 독일군의 포격으로부터 소장품을 보호하기 위해 고군분투했던 직원들에게는 최악의 사태였다.

상점들은 여전히 문을 닫은 채였고, 거리에 내걸린 포스터들은 파리 시민들이 독일군과 문제를 일으키지 않으려 한다는 사실을 상기시켰다. 하지만 어쨌든 많은 사람이 길거리로 나와 농담을 하고, 어떤 사람들은 조롱하며 돌을 던지고, 어떤 사람들은 모자에 잎사귀나 녹색 나뭇가지를 달고 있는 적들과의 우호적인 교류를 방해했다. 왕세자는 "그런 성향의 한 무리 구경꾼들이 우리 장교 중 한 명에게서 담배 한 개비를 받은 파리 시민을 공격했고, 다른 곳에서는 카페 주인이 우리 군인 중 한 명에게 음료수를 주었다는 이유로 협박당했으며, 이와 비슷한 사례가 많이 들려왔다"라고 적었다.[4]

독일군은 3만 명으로 구성된 병력을 매일 파리에 순환 배치해서, 더 많은 군인에게 그들이 수개월 동안 포위했던 도시를 구경할 기회를 줄 계획이었다. 그런데 보르도 정부는 이 계획에 반대했다. 의회는 예상보다 빨리 평화의 전제조건에 조인했는데, 여기서 독일군은 비준이 완료되는 대로 수도를 떠나기로 합의했던 것이다. 이처럼 의회의 신속한 조치로 3일 천하를 위한 계획이 빠르게 마무리되었다. 디트리히 폰 라스베르크는 자신이 속한 바이에른 연대가 3월 2일에 파리에 입성할 예정이었기 때문에 깊은 실망과 분노에 휩싸였다. 그의 관점에서 볼 때 그는 지난 6개월 동안 열심히 싸웠고 많은 고통을 겪었기 때문에 이 축하의 순간을 맞이할 자격이 있었다.

평화는 3월 3일에 발효되었다. 이 시점에 독일군은 프랑스인에게 현금이든 현물이든 징발을 요구할 필요가 없었다. 그래도 일부 독일 병사들은 어떤 방법으로든 필요한 물자를 가져갔고, 시장들이 16일에 체결된 협약을 통해 체납금, 세금 또는 징수금 지불을 면제받을 때까지 이미 청구되었던 세금을 계속 징수하려 했다. 비크쉬르엔의 시의회 위원장이 편지에서 언급했듯이, 늑장 부리기는 효과가 있었다. "우리가 지금까지 각종 지불에 대해 뜨뜻미지근하게 대응해온 것은 축하해야 한다."⁵ 1871년 4월, 프랑스 정부가 점령한 독일군에 대한 지불 책임을 맡으면서 지역에서 이루어지던 현금과 물자 징발은 마침내 종료되었다.

예비 협정에 대해 비준이 이루어지자, 독일군은 귀국 계획을 세웠다. 왕세자는 3월 7일에 베르사유를 떠났으며, 다시는 프랑스에 발을 들이지 않을 것으로 예상했다. 그는 독일을 가로질러 이동하면서 일련의 축하, 연회 및 퍼레이드에 참석했고 포츠담에서는 사랑하는 가족과 재회했다.

티에르가 이끄는 새로운 프랑스 정부는 곧 두 번에 걸친 심각한 반란에 직면했다. 알제리에서 3월 16일에 시작된 모크라니Mokrani 봉기는 1830년에 프랑스가 그 나라를 정복한 이래 프랑스의 식민 지배권에 대한 가장 심각한 도전이었다. 약 15만 명의 카빌족이 전체 인구의 약 3분의 1에 해당하는 약 250개 부족의 자치권을 되찾기 위해 대규모 봉기를 일으킨 것이다. 프랑스군은 이 봉기를 진압하고 이때 몰수한 땅을 독일 제국의 지배에서 벗어나 새로운 삶을 추구하는 알자스와 로렌 출신 정착민에게 분배했다.

독일군이 수도를 떠난 지 3주도 채 안 되어 수도 파리는 파리 코뮌으로 알려진 사태에 빠져들었다. 전쟁 과정에 큰 영향을 미쳤던 일련의 혁명적 날들(9월 4일, 10월 31일, 1월 22일)은 수십 년에 걸쳐 중앙집권 국가에 대해 느꼈던 좌절을 토대로 이루어졌다. 파브르는 파리를 버렸을지 모르지만, 파리 사람들은 그렇지 않았다. 독일에게 항복한 것에 분노했으며, 체결된 평화 예비조약과 독일군의 승리 행진을 보고 실망한 파리 사람들은 보르도 정부와 그들의 동기를 계속 의심했다. 특히 국민방위정부에 반대하며 클럽 생활에 적극적으로 참여했던 이웃 공동체들에서는 포위 당시의 심리 상태와 국민방위군 무장 구성원들이 겪었던 현실 감각이 3월까지 계속되었다. 그런데 의회가 임대료와 부채, 담보물품에 대한 지불유예 조치를 해제하자, 많은 사람이 집을 잃거나, 얼마 안 되는 재산을 잃을 위협에 처하게 되었다. 정부는 국민방위대의 급여도 그 필요성을 입증하는 사람에게만 제한해서 지급했으며, 수도를 파리가 아닌 베르사유로 옮기기로 결의했다.

파리의 독립을 뒤흔든 또 하나의 상징적 타격은 3월 18일에 발생했다. 이날 티에르는 국민방위군이 2월에 파리 주변 산등성이에 설치했던 포대를 철거하기 위해 군대를 보냈다. 일부 군인들은 파리 시민들과 친분을 쌓으면서 임무 완수를 지원할 말들을 기다렸다. 그런데 긴장이 고조되면서 하루가 끝날 무렵, 프랑스군 장군 2명이 살해되었다. 파리 사람들은 곧 국민의회와 티에르로부터 독립적이고, 시청사에 자리잡은 선출직 시의회가 주도하는 새로운 정부를 선언했다. 그들은 그 선언이 내전으로 이어질 것이라는 사실을 인식하지 못한 채, 티에르와 지방 관할권에 대해 협상하려 했다. 그러나 티에르는 군대를 편성해서 무력으로 도시를 탈환할 준비를 했다.

독일군은 프랑스가 루아르 북쪽에 8만 명(원래 합의했던 4만 명 대신)의 병력을 보유하도록 허용했으며, 원래 계획했던 것보다 일주일 일찍 베르사유를 떠났다. 프랑스 정부와 의회가 보르도에서 베르사유로 이동할 수 있도록 하기 위해서였다.

5월 21일, 베르사유가 파견한 군대가 파리에 입성해 '피의 주간'으로 알려진 시가전을 시작했다. 여기서 수천 명이 사망했고, 많은 사람이 반란에 적극적으로 가담했다는 증거가 거의 없는데도 즉결 처형되었다. 일부 코뮌 구성원들은 불을 질러 튀일리 궁전과 시청사를 파괴했고, 다른 일부 사람들은 파리 대주교를 포함한 포로들을 처형했다. 그 밖에 수천 명이 더 포로로 잡혔다. 독일 병사들은 개선문에는 삼색기가 휘날리는 동안 팡테옹에는 코뮌의 붉은 깃발이 계속 휘날리는 것을 지켜보면서, 베르사유의 군대가 진군하는 것을 주시했다. 기록에 따르면 파리에 거주하던 독일인 59명이 바리케이드에서 싸웠다. 5월 28일, 봉기는 막을 내렸다.

파리 코뮌은, 이미 전쟁 이전에 존재했으며 포위 공격과 클럽 운동으로 인해 더욱 증폭된 프랑스의 사회적 갈등을 반영했다. 당시에 널리 인식된 것과 달리, 코뮌은 프랑스가 수개월간의 희생 끝에 결국 독일에게 항복한 것에 대한 실망과, 이에 대한 단순한 분노에서 반응한 것이 아니었다. 게다가 마르크스에 따르면, 코뮌이 반영한 일차적인 사회 갈등은 산업 부르주아지, 자유주 부르주아지, 프롤레타리아트 사이의 계급적 차이에 근거한 것이 아니었다. 오히려 코뮌을 구성한 기본적인 사회 단위는 국가, 즉 처음에는 중앙집권적인 제2제정, 나중에는 국민방위정부를 적대시하게 된 파리의 이웃 공동체에 뿌리를 두고 있었다.

파리 코뮌과 그에 대한 진압이 가져온 극심한 혼란 때문에 독일군은 파리의 질서가 회복될 때까지 프랑스에 머물러야 했다. 이 때문에 독일 병사들과 비스마르크는 크게 분개했다. 비스마르크는 프랑스가 평화를 되찾도록 하기 위해 자신이 티에르와 파브르를 신뢰한 것이 잘못이었다고 느꼈다(그리고 아마도 이런 생각은 코뮌이 주로 전쟁 종식에 대한 항의였다는 널리 퍼진 가정을 설명하는 데 도움을 줄지 모른다). 이제 몰트케와 독일군 총사령부는 병사들이 귀국할 수 있도록 조치하는 것을 전제로 그들의 요구 사항을 다소 누그러뜨린 반면, 비스마르크의 입장은 이전보다 더 강경해졌다.

이러한 맥락에서 브뤼셀에서 파브르와 비스마르크 측 대표인 폰 파브리스von Fabrice 장군 사이에서 최종 평화조약 체결을 위해 진행되던 협상은 일단 중단되었다. 그리고 5월 6일에 프랑크푸르트암마인에서 비스마르크가 직접 나서서 협상을 재개해야 했다. 비스마르크는 이제 전쟁 배상금의 최종 지불이 이루어질 때까지 프랑스의 6개 데파르트망에 5만 명의 독일군을 유지해야 한다고 주장했다. 양측은 파리에 정부 기관이 설립된 지 한 달 후에 5억 프랑, 1872년 5월에 5억 프랑, 1874년 3월 2일에 30억 프랑을, 연 5퍼센트의 이자와 함께 지불하기로 하는 매우 공격적인 지불 일정에 합의했다.

비스마르크는 프랑스에 부과된 전쟁 배상금이 대단히 크다는 점을 감안해서, 프랑스에서 추방되었던 개별 독일인들이 입은 손해에 대한 보상은 강력하게 요구하지 않았다. 그는 정복된 알자스와 로렌 일부 지역의 주민들에 대한 협상에 집중했는데 다음 합의 사실은 놀라운 일이었다. 독일은 알자스로렌 주민들이 1872년 10월 1일까지 자신의 프랑스 국적을 공식적으로 선언하고 거주지를 프랑스 영토로 옮기는 한 프랑스 국적을 유지하도록 허용한 것이다. 이에 따르면 19세기까지 흔히 일어났던 것처럼 점령지 주민을 단순히 승자의 손에 넘기거나, 20세기에 잔혹하게 발생한 일상처럼 인종청소 정책을 실행하지 않고, 개별 가정(남성 가장이 이끄는)이 스스로 국적을 결정할 수 있었다. 조약의 제2조는 국경이 국가에 대한 역사적 또는 정서적 애착과 일치해야 한다는 개념을 적시했다. 이 조항은 많은 사람에게 국가에 대한 애착이 지역에 대한 애착보다 더 중요할 것이라고 가정한 것이다. 그럼에도 불구하고 이 협정은 이후 새로 형성되는 질서에 위험이 될 것으로 여겨지는 사람들을 강제로 추방하거나, 지역민 가운데 다수가 지역민 전체의 국적을 선택하도록 다수결 투표를 실시하는 대신, 개별 가족이 스스로 결정할 수 있도록 허용했다. 이처럼 독일은 평화로운 통합을 위해 놀라운 양보(물론 제국 건설이라는 그들 자신의 이익을 위해)를 했고, 그래서 알자스와 로렌 주민들이 새로운 독일 제국에 통합되는 것을 거부할 수 있도록 자유를 허용했다. 결과적으로 이 특이한 사례에서 주민들의 국적은 출생지와 스스로의 선택에 따라 결정되었다.

이런 협의 사항을 실행하기 위해서는 시민권을 검증하고 각자의 특정 상황을 판단하기 위해 새로운 행정 조직이 필요했다. 곧장 의문점이 등장했다. 원래 합병된 콜마르 출신이지만 이전에 렌으로 이사했던 가족은 국적을 어떻게 선택해야 하는가? 프랑스 낭시에서 태어나서 합병된 메스에 살고 있는 사람은 자동적으로 독일인이 되는가? 독일인과 결혼한 프랑스 여성은 자신을 프랑스인이라고 선언할 수 있을까? 1871년 12월에 발표된 협의 사항은 알자스나 합병된 로렌에서 태어난 사람은 누구나 자신이 프랑스 국적임을 선언하고 프랑스 영토로 이사하지 않는 한, 자동적으로 독일 시민권을 취득하게 된다고 명시했다. 행정적 필요성으로 인해 출생지가 이 국적 선택 프로세스의 시작점이 되었다. 그리고 가부장적인 프랑스 법에 따라 기혼 여성과 자녀는 남편과 아버지가 결정하는 국적을 따랐다. 전체적으로 알자스와 합병된 로렌 인구의 약 8.5퍼센트에 해당하는 약 13만 명이 1870년 여름과 1872년 10월 말 사이에 프랑스 영토로 이주하기로 결정했다. 프랑스는 합병으로 인해 160만 명의 인구를 잃었는데, 그중 많은 수가 당시 독일 군대에서 근무했던 젊은이들이었다.

최종적으로 프랑크푸르트 조약은 룩셈부르크와 메스 사이에 있는 일부 영토를 교환하는 대가로 벨포르 주변의 프랑스 영역을 확대했다. 프랑크푸르트 조약은 프랑스가 1807년에 프로이센에 강요했던 틸지트 조약만큼 가혹하진 않았다. 프로이센은 프랑스의 정치에 간섭하려 하지 않았고, 프랑스군의 규모를 제한하거나 프랑스 해군을 파괴하지 않았으며, 프랑스의 해외 영토를 해체하지도 않았다. 프랑스는 여전히 강대국이었다. 파브르와 비스마르크는 5월 10일에 프랑크푸르트 조약에 서명하고 21일에 각 정부의 비준을 교환했다.

이후 몇 달 동안 프랑스 국민의회는 침공을 받은 데파르트망 대표들로 구성된 위원회를 소집해서 전쟁에 의해 초래된 징발, 약탈 및 손실이 어느 정도인지 평가했다. 이 위원회는 민간인이 입은 총 피해액을 6억 9천만 프랑으로 추산했다. 오랜 논쟁 끝에 (침공을 받지 않았고 전쟁 비용을 부담하고 싶어하지 않는 데파르트망들의 항의를 포함하여) 1871년 9월 6일에 하나의 법이 통과되었다. 이 법을 통해 정부는 전쟁으로 피해를 입은 데파르트망에 1억 프랑, 파리에 600만 프랑을 제공했다. 1873년 4월에 통과된 두 번째 법은 해당 데파르트망에 1억 2천만 프랑, 그리고 파리에 1억 4천만 프랑을 할당했다. 센 데파르트망은 그들이 요구한 청구 금액을 거의 다 지급받아, 포위와 파리 코뮌으로 인해 초래되었던 흔적을 덮고, 벨에포크[19세기 말부터 1차 세계대전에 이르는 프랑스의 번영기를 지칭하는 표현)를 만들었다. 나머지 데파르트망들은 그들이 요청한 예산의 4분의 1만 할당받았다.

   6월 6일, 디트리히 폰 라스베르크는 귀국 길에 올랐다. 전쟁을 위해 서부로 이동할 때는 철도 체계가 그를 국경까지 데려다주었지만, 이제 집으로 돌아가는 여정은 전적으로 도보로 이루어졌다. 그는 7월 2일에 라인강과 슈바르츠발트(검은 숲) 지대를 엿볼 수 있었다. 그는 이미 일찍 독일 영토로 들어왔지만, 이 지역을 지나는 순간 드디어 고향에 돌아왔다는 것을 실감할 수 있었다. 그는 자신이 전쟁에 동원되었던 기념일 전날인 7월 16일에 승전 퍼레이드를 하며 뮌헨으로 행진했다. 그리고 그날 오후 늦게 마침내 어머니의 집에 도착했다. 씁쓸하면서도 달콤한 귀향이었다. 바이에른 군인이었던 그는 독일군의 일부로서 프랑스군과 싸워 승리를 거두었다. 그런데 이제 바이에른은 더이상 독립 국가가 아니었다. 바제유에서 그는 적들의 잔인한 인간성을 목격했다. 하지만 동시에 그는 전체 전쟁에서 민간인에게 가해진 가장 폭력적인 공격 중 하나에 직접 참여했다. 두 형제가 전쟁터로 떠났는데, 오직 한 명만이 돌아왔다.

◆ 20장 ◆

전쟁의 결산

마르스라투르 전투 기념일, 1910년.

프랑크푸르트 조약이 체결된 후 몇 달 또는 몇 년 동안 프로이센-프랑스 전쟁으로 인해 삶이 만들어지기도, 무너지기도 한 사람들은 이 역사적 사건이 남긴 결과를 청산하는 데 몰두했다. 프랑스와 독일은 모두 전쟁의 파도 속에서 스스로를 재건했다. 패전 후 치러진 총선거에도 불구하고 프랑스의 정치적 미래는 불확실했다. 바이에른 병사들은 통일된 독일 제국의 신하라는 새로운 지위를 받아들였다. 그리고 독일과 프랑스 모두 공개적이고 엄숙한 의식을 통해 전쟁 때 죽은 자들을 애도했다.

독일군의 프랑스 영토 점령은 프랑스가 50억 프랑의 전쟁 배상금을 전액 갚을 때까지 지속되었다. 그동안 독일 군인과 프랑스 민간인 사이의 접촉은 점차 줄었고 대체로 평화롭게 유지되었다. 독일 군인들은 막사를 지어서 프랑스인과 분리된 채 생활했기 때문에 일상적인 접촉과 갈등이 일어날 가능성은 낮았다. 프랑스 당국은 선거, 언론 및 경찰을 관할했다. 평화를 유지하고 법치주의를 시행하기 위해서 양측은 간혹 폭력 행위가 발생할 경우 각각 자국민을 처벌했다.

1871년 6월과 1872년 7월에 실행된 대출 덕분에 프랑스 정부는 국내외에서 빠르게 자금을 조달할 수 있었다. 1871년 7월의 차관은 34억 9800만 프랑을 조달했는데, 이는 19세기 최대 규모였다. 프랑스 당국은 이러한 성과를 토대로 점령을 조기 종식시키기 위해 협상을 했다. 이제 확장된 독일 제국과 인접하게 된 프랑스 국경 도시 낭시에서는 1873년 8월 1일에 4천 명의 주민이 독일군의 철수를 조용히 지켜보았다. 시청의 발코니 위에 프랑스 국기가 휘날리자 낭시 시민들은 환호했다. 4일 후 프랑스 군인들이 도착했다. 1873년 9월 16일에 마지막 독일 군인이 프랑스 영토를 떠났다. 낭시 시민들은 이에 대한 감사의 표시로 1879년에 티에르의 동상을 세웠다.

한편 독일에 잡혀갔던 프랑스 전쟁 포로들은 고국으로 돌아왔다. 전쟁 동안 37만 3천 명의 프랑스인 포로가 독일 국가들로 끌려갔었다. 포로 교환은 양국이 2월 26일 평화 예비 협정에 서명한 후 시작되었다. 독일에 억류된 포로들을 돌려보내는 절차는 빠르게 진행되어 이들은 코뮌을 진압하는 데 동원될 수 있었다. 남아 있던 마지막 부상병들은 1871년 8월까지 고국으로 돌아갔지만, 일부 병사들은 수용소에서 저지른 나쁜 행동이나 탈출 시도 때문에 계속 억류되었다. 그래서 1872년 2월까지 약 200명이 독일 땅에 남아 있었다. 적십자 간호사인 코랄리 카엔은 1872년에 66개의 요새에 억류된 프랑스 전쟁 포로들을 방문해 간호하고 돌보기 위해 세 번이나 독일을 여행했다. 이 여행 동안 카엔은 포로들과 프랑스에 있는 그들의 가족을 연결하는 고리가 되었다. 그녀는 그들을 방문하거나 편지를 써서 아들과 남편이 살아 있음을 알렸다. 베를린에서 카엔은 포로 5만 9천 명의 신상 파일을 보고 그 세부 사항을 파리에 보고했다.

나폴레옹 3세 치하에 이탈리아와 크림반도에서 승리하고 돌아온 군인들의 명예로운 귀향과는 달리, 이번에 독일에서 돌아온 전쟁 포로들은 무질서와 불명예를 상징했다. 포로들이 집으로 돌아왔을 때, 그들은 패배를 생생하게 상기시키는 존재였다. 1873년에 프랑스 북동부 뤼네빌의 한 주민은 이렇게 회고했다.

우리의 쾌적한 도시에 나타났던 가장 괴로운 광경 중 하나는 평화와 함께 집으로 돌아오게 된 불행한 포로들의 귀환이었다. 우리 군대에게 닥쳤던 불행의 슬픈 잔해, 영광스러운 패잔병들, 그들 가운데 많은 이들이 우리 눈앞에서 무너졌다. 이 병사들은 우리 땅에 그들의 흔적을 남기고 죽었다![1]

스트라스부르 구제위원회는 최종 보고서를 "마침내 이 세상에 정의의 시대가 열리기를, 그래서 미래에는 더이상 이런 행위가 재발되지 않기를 바란다. 우리는 그들이 남긴 피의 흔적이 윤리 교과서에서 사라지는 것을 보고 싶다!"라고 끝맺었다.[2] 하지만 이토록 간절히 원하는 새로운 평화의 시대가 오는 대신 유럽은 이전에 보지 못했던 더욱 끔찍한 전쟁의 시대를 향해 나아갔다.

전쟁이 끝난 후 많은 사람에게 가장 먼저 떠오른 의문은 이것이었다. 독일은 어떻게 해서 그토록 결정적으로 승리를 거둘 수 있었을까? 몰트케는 전쟁에서 뛰어난 리더십(그의 리더십이든, 그의 부하의 리더십이든)을 발휘해 성공한 것이 아니었다. 독일군은 전술적인 행동 면에서 별로 한 것이 없었으며, 그들의 전술은 종종 피바다로 이어졌다. 그들의 전략적 방향은 견고했지만 그리 놀라운 것은 아니었다. 독일군이 보유한 대포의 성능은 우월했지만, 프랑스군은 더 나은 소총을 보유하고 있었다. 그 대신 독일군은 더 잘 조직되었고, 더 나은 군사 교육을 받았으며,

특히 전쟁 초기에 더 많은 병력을 보유하고 있었기 때문에 승리했다. 독일군은 프랑스를 침공할 계획을 갖고 있었지만, 나폴레옹 3세는 프로이센 군대를 성공적으로 공략할 방법에 대해 구체적인 복안을 갖고 있지 않았다. 제2제정의 프랑스군은 잘 싸웠지만 그 지휘관들은 매우 무능해서, 모든 사안을 지치고 기력이 소진된 나폴레옹 3세에게 보고했다. 공화국 군대에는 더 나은 지휘관이 몇 명 있었지만, 새로 결성된 군대는 연이은 승전으로 크나큰 이점을 갖게 된 숙련된 독일군에게 압도되었다. 이 전쟁을 통해 전 유럽 대륙의 군대들은 신속하게 이동해서 적의 국경에 집중 배치될 수 있는 잘 훈련된 국민군을 육성해야 한다는 교훈을 얻었다.

그후 몇 년 동안 유럽 전역의 군대는 프로이센의 사례를 모방했다. 징집을 확대하고, 참모부를 개발하고, 군사 교육을 전문화하고, 전쟁 훈련을 실시했다. 철도, 전신, 의료진을 포함하는 인력과 물자 공급 시스템도 정비했다. 병력 동원 및 집중 계획이 빠르고 대규모로 진행되었다. 유럽 전역의 군대는 메스의 모델에 따라 요새 단지를 구축했다. 1874년에서 1910년 사이에 건설된 프랑스의 세레 드 리비에르Séré de Rivières 시스템(1874년부터 프랑스의 국경, 능선, 해안을 따라 건설된 요새 단지)에는 요새 166개가 포함되었는데, 총 60억 프랑이 들었다. 모든 국가의 군대들이 서로 우위를 점하려고 하면서, 전쟁이 교착상태에 빠질 경우 수많은 인명이 살상될 가능성이 점점 더 높아졌다.

이제 군복무제가 확대되어 청년 전체 또는 적어도 대부분이 징집 대상에 포함되었으며, 이는 향후 수십 년 동안 군대와 사회적 구조의 모습을 바꿔놓았다. 시간이 지나면서 프랑스는 군대를 재편하고, 남성 시민들에게 국가에 대한 의무감과 자기희생 정신을 심어주기 위해 거의 보편적인 징집제를 채택했다. 프랑스는 1873년에 징집 대상 남성들이 돈을 내고 징집에서 면제될 수 있었던 관행을 없앴으며, 1889년에는 보편적 징집제와 1~3년에 걸친 군복무제를 도입했다. 한편 프랑스 군대는 여성 급식 관리인 고용을 단계적으로 폐지했다. 급진 좌파는 의무 복무 기간을 줄이려고 노력했지만, 제3공화국은 프랑스군의 발전에 크게 헌신했다. 1880년에서 1892년 사이에 네 번이나 총리를 지낸 샤를 드 프레이시네는 군복무 경험이 개인의 성격을 형성하는 데도 유익하다고 믿었다. 그는 자신이 집필한 1871년 전쟁사에서 자신이 수행한 역할과 결정들을 정당화하면서 "우리 자녀들에게 조국을 지키는 것은 짊어져야 할 부담이 아니라 의무라는 사실을, 그리고 이는 아주 가깝고, 직접적이며 개인적인 의무로서, 자신의 가족과 집을 지키는 것과 같다는 사실을, 그래서 결과적으로 누구도 이 의무를 피할 권리가 없다는 사실을 가르쳐야 한다"라고 주장했다.[3] 훗날 그는 계급적 권위가 갖는 미덕을 포함해 군대 막사에서 배운 교육이 사회 질서를 바로세우는 접합제라고 믿는다고 밝혔다.

독일 제국의 군대 또한 1864~1871년의 유산을 바탕으로 자리잡았는데, 그들의 전략은 최대한의 병력을 동원해서 제한된 목표를 확실하게 달성하는 데 중점을 두었다. 유럽에서 더이상 팽창을 추구하지 않으려는 독일은 갈등을 억제하는 전략을 택했는데, 그러려면 동원과 집중이 빠른 속도로 이루어져야 했다. 그리고 이는 1866년과 1870년에 프로이센이 거둔 승리의 특징이었다. 따라서 사전 준비가 무엇보다 중요했으며, 이와 동시에 군부가 정부의 나머지 부처들로부터 자율권을 유지하는 것이 필요했다.

물론 전쟁에서 전술적 교훈을 이끌어내는 것이 늘 쉽지는 않았다. 1870년 전쟁에서 교훈을 얻지 못한 결과 나중에 더 큰 참사를 막을 수 없었던 것이다. 프랑스의 샤스포 소총은, 전술적 규율을 잘 유지하면서 사용되었다면 프로이센군의 진격을 막아냈을 것이다(그리고 그들은 종종 그렇게 하는 데 성공했다). 사실 프로이센군은 프랑스의 샤스포 소총 때문에 엄청난 피해를 입었다. 그라블로트에서만 프로이센-오스트리아 전쟁 때 발생한 전체 사상자보다 두 배 이상 많은 사상자가 발생했다. 그러나 프로이센 포병대는 보병이 프랑스군의 저항을 돌파하는 데 도움을 주었고, 주요 전투에서 자주 결정적인 요소로 작용했다.

이런 경험에도 불구하고 널리 퍼진 이야기에 따르면 공격을 가하는 군인들의 사기가 승리의 열쇠였다. 프랑스군이 승리를 확보할 수 있었던 순간에도 거듭해서 반격을 가하는 데 실패한 것이 독일군에게는 행운이었다. 만약 프랑스군이 상황을 제대로 파악해 반격을 가하고, 그때 보병들이 맹렬하게 공격을 퍼부어서 쉽게 적을 파멸시킬 수 있다는 사실을 확실히 보여주었다면, 아마도 유럽인들은 여기에서 중요한 교훈을 얻었을 것이고, 1차 세계대전의 파멸을 피할 수 있었을 것이다. 프로이센 방위군은 10월 30일 르부르제 전투에서 반격을 가해서 성공을 거두었다. 그때 그들은 군대를 소규모 단위로 분산해서 전투에 투입했으며, 각 단위 부대는 흩어진 채 각자의 주도로 진격을 감행했었다. 이 사실 또한 잊혔다.

전쟁이 끝날 무렵, 독일 제국은 이제 의심할 여지 없이 유럽 대륙에서 가장 강력한 국가로 평가되었다. 19세기 초의 나폴레옹 1세와 달리, 비스마르크는 독일의 패권이 무력으로 달성된 것이 아니라, 유럽 전역에서 전반적인 동의를 얻어서 달성되었다는 사실을 확실하게 하기 위해 다각적으로 노력했다. 중기적으로 이 전쟁은 대륙에 지속적인 평화를 가져왔다. 비스마르크는 전쟁터와 외교 모두에서 갈등 대상을 주요 교전국(오스트리아와 프랑스)으로 제한하는 데 성공했다. 그는 또한 몰트케가 전쟁을 장기화하거나 프랑스를 완전히 파괴하려는 시도를 막았다. 만약 독일이 몰트케의 전략을 따랐다면 러시아와 영국, 오스트리아-헝가리를 전쟁에 끌어들였을 가능성이 크다.

다시 말해서, 비스마르크 체제는 프랑스와의 지속적인 적대감을 확인하고, 나아가 거기에 의존해서 구상되었다. 그는 프랑스가 패배할 경우 독일을 결코 용서하지 않으리라는 것을 알고 있었다. 비스마르크는 프랑스에 피해를 입혀서 프랑스가 유럽의 강대국 중 가장 약했던 프로이센의 자리에 서도록 만드는 데 성공했다. 하지만 권력 지형의 이러한 전환은 독일이 오랜 세월 동안 국경 바로 건너편에 원한에 가득 찬 국가와 마주해야 한다는 것을 의미하기도 했다. 프로이센-프랑스 전쟁의 결과 (통일된) 독일이 탄생했을 뿐만 아니라 바이에른, 뷔르템베르크, 바덴, 헤센 대공국과 같은 독립 국가들이 사라졌다. 이러한 국가들이 사라지면서 프랑스와 독일을 분리하는 완충 지대도 사라졌다.

하지만 프로이센-프랑스 전쟁이 1차 세계대전의 핵심인 프랑스-독일 갈등이나 1914년에 대부분의 주요 유럽 국가를 상호 각축전으로 몰아넣은 동맹 체제로의 발전으로 직접 연결된다는 가정은 옳지 않을 수 있다. 전쟁 후 수십 년 동안 비스마르크는 그러한 갈등에 맞서 외교적으로 분주하게 움직였다. 프랑스도 독일도 서로에 대한 원망을 조장하는 데에는 관심이 없었다. 프랑스의 학교에서 알자스로렌의 상실을 가르치고 이를 지도에 표기했음에도 불구하고, 대부분의 프랑스 정치가들은 독일 제국에 대한 복수에 정치적으로 그리 높은 우선권을 부여하지 않았다. 비스마르크 자신도 프랑스와의 새로운 전쟁을 추구하지 않았다.

그 대신 독일 총리는 러시아와 오스트리아-헝가리가 각각 남쪽과 동쪽으로 팽창하고자 할 때 그들의 야망을 제어하는 데 주력했다. 이제 유럽의 세력 균형은 19세기의 패턴과는 매우 달라졌지만, 비스마르크는 유럽 내에서 분쟁이 발생할 경우 영국의 중립을 유도하기 위해 독일의 해군력 증강과 해외 영토 확장 정책을 철회했다. 따라서 영국의 정치 지도자들은 내륙에서 독일이 가진 군사적 우위에 도전하는 데 관심이 없었다. 1871년 이후 프랑스-러시아 동맹(1894)이 이루어지기까지 20년이 걸렸으며, 1904년에 영국이 다른 두 나라와 합류해 삼국 협상을 구성하기까지 10년이 더 걸렸다. 그리고 이러한 동맹들이 프란츠 페르디난트Franz Ferdinand 대공 암살 사건으로 인해 예상치 못한 위기가 발생한 후 국가 지도자들이 의사 결정을 하는 데 도움이 되기까지는 또 10년이 걸렸다. 독일이 이러한 새로운 동맹으로 인해 포위될 경우 그에 맞서 결정타를 날릴 의도로 오만한 전략을 수립한 것은 이 모든 과정의 마지막 몇 년 동안이었다.

1871년 1월 말에는 이러한 사실 가운데 아직 어느 것도 분명하지 않았다. 당시 프리드리히 빌헬름 왕세자는 미래에 빌헬름 2세가 될 자신의 아들이 앞으로 짊어질 짐에 대해 깊이 생각했다. 이 아들이 바로 나중에 독일을 파멸적인 세계대전으로 이끌게 되는 인물이다. 아들의 열두 번째 생일을 맞아 그는 이렇게 적었다. "빌헬름이 선하고, 정직하고, 진실하고, 믿음직한 사람으로 자라나서, 모든 선하고 아름다운 것을 즐기는 사람이 되길 바란다. … 그런데 이 소년의 머릿속에 이미 얼마나 많은 희망 사항이 자리잡고 있는지 깨닫게 될 때, 참으로 불안한 생각이 든다."[4]

3월, 프로이센의 빌헬름 왕은 독일 황제가 되어 베를린으로 돌아왔고, 독일 병사들은 브란덴부르크 문으로 가는 개선 행진을 벌였다. 하지만 전쟁은 놀랍게도 제2제국에 부정적인 영향을 미쳤다. 비스마르크는 이제 독일을 하나로 뭉치게 했던 동력들, 즉 민족주의, 군국주의, 권위주의에서 벗어나 안정된 국가를 만들어야 했다. 그래서 그는 의회 제도가 가진 자연스러운 결함을 민주주의 절차의 일부로 받아들이는 것이 아니라, 그 결함들을 악용함으로써 안정을 이루고자 했다. 즉 정당과 개인들을 분열시키고 서로 대립하도록 부추겨 이념과 정책의 차이를 상시적인 균열 상태로 고착화하는 전략이었다. 제국의회는 권한이 제한되어 있었고 대지주에게 우호적이었다. 그리고 제국의회가 아니라 오직 황제만이 총리에게 책임을 물을 수 있었다. 의회가 보유한 예산 감사권에 황제의 지출은 포함되지 않았던 반면, 황제는 광범위한 비상 권력을 보유했다. 심지어 제국의회는 입법안을 제안하거나 외교 또는 군사적 사안에 대해 통제권을 행사할 수도 없었다. 호전적인 보수주의자들(새 황제와 융커Junkers(동프로이센의 지주귀족층으로 군부와 고위 관료직을 거의 독점했다))이 이제 독일 국가를 통제했고, 군국주의자들은 독일이 군사적인 행동과 식민지 정복을 통해 팽창하는 것이 독일 국가의 영속에 중요하다고 보았다. 스당 이후 많은 독일 자유주의자들은 비스마르크가 제국의회를 거치지 않고 군에 자금을 지원하는 것을 눈감아주었다.

프랑스가 예정보다 일찍 전쟁 배상금을 상환하자, 독일에서는 금융 투기 열풍이 불었다. 그 결과로 결국 거품이 터지면서 자유주의에 대한 신뢰가 훼손되고, 반유대주의가 조장되었다. 그리고 전통적인 루터교와 프로이센의 온건주의적 감각과는 달리 과도한 투기에 빠졌던 것에 대한 죄책감과 수치심이 깊어졌다. 게다가 알자스와 로렌 합병은 독일에게 골치 아픈 문제를 안겨주었는데, 이 문제는 결코 완전히 해결되지 않았다. 독일은 이들 새로운 지방을 나머지 독일과 어떻게 연결하거나 통합할지 결코 결론을 내릴 수 없었다.

또한 독일 통일은 민족주의의 초기 목표가 달성된 이후에 추구해야 할 궁극적인 목표는 무엇인지에 대해 의문을 제기했다. 독일이 통일되었다고 해서, 이 새로운 제국이 국가적 지위를 얻기 위해 자신과 비슷하게 고군분투하는 다른 집단들에게 더 자비로운 시선을 던질 가능성은 낮아 보였다. 1870년에 한 관찰자는 이렇게 의문을 제기했다.

독일 통일이 완성되고 나면 곧바로 칼이 쟁기로 개조될 것이라 기대할 수 있을까? 그래서 독일이 자신과는 다른 민족들, 즉 독일이 지금까지 전혀 관용의 정신을 베풀지 않았던 민족들이 이제 마음껏 자유를 펼치는 것을 과연 허용할까? 폴란드인, 마자르인, 체코인, 크로아티아인, 세르비아인, 루마니아인이 각각 분리되고 독립적인 국가를 세우려고 할 때 독일이 과연 이들을 도울까? 나는 그렇지 않을 것이라고 생각한다.[5]

사실 민족주의는 1870년 이후에도 가라앉을 조짐을 보이지 않았다. 프리드리히 빌헬름 왕세자는 베를린에 불편한 반反프랑스 감정이 있다고 기록했다. 그는 "내게는 프랑스를 무릎 꿇게 했다고 자랑하는 것이 너무나도 옹졸하고 편협한 것처럼 보인다. 하지만 그것은 여기서 애국심으로 간주된다"라고 선언했다. 그는 "사실 우리 동포들이 조용하고 품위 있는 방식으로 우리의 위대한 성공을 기뻐한다면, 그리고 이와 동시에 프랑스인이 훌륭한 끈기를 가지고 자국의 대의를 위해 헌신했다는 사실을 인정한다면 훨씬 좋을 것"이라고 밝혔다.[6] 하지만 그는 베를린에서 "우리 국민들 사이에, 특히 교육받은 계층 사이에, 패전으로 재난에 직면한 우리의 적국에게 동정심과 온화함, 용서의 정신을 베풀고자 하는 마음 대신, 프랑스에 대한 무자비한 증오심이 지배적"이라는 소식을 들었다.[7]

이제 독일군과 스당에서의 승리는 통일된 독일 제국의 중요한 상징이 되었다. 독일 통일의 동력은 군사 제도였다. 이 사실에 대해서는 의심할 여지가 없었다. 그리고 대중은 전반적으로 이 상황을 받아들였다. 1898년에 《베를리너 일루스트리어테 차이퉁Berliner Illustrierte Zeitung》이 실시한 독자 여론 조사에서, 그들은 19세기 최고의 사상가는 헬무트 폰 몰트케라고 생각한다는 결과가 나왔다. 군복무 경험은 국가에 대한 참여, 그리고 독일인의 정체성을 갖는 것과 동의어였다. 전쟁은 매우 순조롭게 진행되었고 전투가 거의 전적으로 프랑스 영토에서 벌어졌기 때문에, 전쟁에 대한 반발도, 군사 활동을 거부하는 어떤 시도도 없었다. 전쟁 기간이 너무 짧았기 때문에 여성들은 노동자와 어머니로서, 그리고 가정에서 조국을 지키는 수호자로서 자신들의 지위를 높일 기회조차 갖지 못했다. 하지만 독일 참전용사들은 특별히 호전적인 분위기를 조장하지도 않았다. 그들은 자신이 겪었던 비극이 반복되거나 다음 세대가 그들이 겪은 승리의 영광을 공유하는 것을 보고 싶어하지 않았다. 독일 제국에서는 군인다운 미덕과 선량한 시민적 품성이 함께 뒤섞여 있었다. 군인 막사에 징집되었던 병사들은 민간인과는 다른 사회화 과정을 겪었고, 민간인의 생활에서는 용납될 수 없는 대화, 음주, 성적 행위 등에 참여했지만, 자신들의 삶의 질이 향상되는 것을 경험했다.

데니스 쇼월터는 독일이 통일 전쟁에서 너무 쉽게 승리를 거두었으며, 독일 통일이 너무 쉬웠다는 사실이 제2제국을 괴롭혔을 수 있다고 주장한다. 국민이 희생을 공유하면서 함께 통일 독일을 이룩한 것이 아니었다. 국가가 전쟁에서 승리했을 뿐, 독일 국민이 승리한 것이 아니었다.[8] 전쟁은 요란한 대중적인 영웅도 만들어내지 못했다. 전쟁은 그런 인물들의 출현을 허락할 만큼 오래 계속되지 않았다.

스당 전투 이후 왕세자는 이 전쟁이 위험한 선례를 촉발할 수 있다는 사실을 깨달았다. 그는 궁금했다.

마침내 전쟁이 끝나고 나면, 과연 지금까지 여러 나라에서 우세했던 것들과는 다른 정신이 널리 번성할 수 있을까? 나는 우리 독일 국민이 전쟁에 뛰어들 때 가슴속에 지니고 있었으며 아직도 남아 있는 깊은 진지함을 믿는다. 왜냐하면 우리를 전쟁으로 몰아넣은 것은 경박한 감정이 아니었기 때문이다. 그래서 나는 어떠한 감정의 격변도 나타나지 않기를 바란다.

어쩌면 왕세자는 앞으로 독일 국민은 전쟁의 열정으로부터 스스로를 억제할 수 있을 것이라고 기대했을지 모른다. 그는 이러한 희망, 즉 국민의 감정을 잘 제어하고 더 좋은 방향으로 이끄는 사회로 발전시키는 것은 국가의 리더십, 즉 자신과 미래의 빌헬름 2세인 자신의 아들에게 달려 있다고 믿었다. 만약 그렇게 되지 않으면, "그 뒤에 따라오는 정신적 침체기에 … 족쇄에서 풀려난 열정이 다시 전면에 나서서 가장 통탄스러운 과오를 범하게 될 것이다"라고 썼다.[9]

이렇게 황제가 되어 맞이한 첫해에 일찍 세상을 떠난 왕세자가 희망했던 것과 달리, 독일 국민은 통일이 독일의 군사적 위력에 힘입은 것이라고 여겼고, 따라서 독일의 미래 국력은 강한 군사력을 유지하는 데에 달려 있다고 믿었다. 머지않은 과거의 위대한 승리 이야기가 이런 생각을 뒷받침했다. 그래서 군부 지도자들은 행운과 온건한 정치가 이러한 성공을 가능하게 하고 지속시켜주었다는 사실을 무시한 채, 정치와 사회에서 계속해서 주도적인 역할을 수행했다. 결국 1870~1871년 독일의 승리는 독일과 나머지 세계 모두에게 재앙이었다.

프랑스 역시 정치적 재편을 단행하고 전쟁의 의미에 대해 깊이 성찰했다. 이번 전쟁으로 인해 프랑스는 50억 프랑의 전쟁 배상금을 제외하고도 120억 프랑의 손실을 입었다. 하지만 프랑스는 한걸음 뒤로 물러나서 탄탄한 공화국을 수립하고, 대중의 문해율을 높이고, 포장도로, 철도·은행·공중보건·산업 등 각 분야를 발전시키고, 프랑스인이라는 자부심을 성장시켰다.

1871년 봄, 프랑스가 공화국을 수립할지 다른 길을 택할지 여부는 아직 분명하지 않았다. 임시정부의 수장은 오를레앙파 티에르였고, 군주제 지지 세력이 국민의회 다수파를 구성했으며, 게다가 최근 파리 코뮌 동안 급진 좌파가 탄압을 당했기 때문에 공화국 수립은 보장된 일이 아니었다. 정통파는 군주제가 복원되기를 바랐다. 하지만 왕위 계승자인 샹보르Chambord 백작은 친절하게도 어떠한 정치적 타협도 거부해서, 결과적으로 왕위에 오를 수 있는 기회를 잃었다. 하지만 티에르가 퇴진한 후에도 행정 권력은 여전히 반동적 군인인 마크마옹 원수가 쥐고 있었다.

그럼에도 불구하고 시간이 흐르면서 공화주의적인 시민 사회가 발전했고, 이 발전은 공화주의 정치 제도, 특히 대통령제와 하원의 설립을 뒷받침했다. 그리고 레옹 강베타와 같은 인물들이 전면에 등장했다. 이 정치가들은 1848년과 1871년에 실패했던 낭만적이고 혁명적인 공화주의를 피하는 대신에 실용적인 조치를 취하고, 아직은 불완전하고 논쟁의 여지가 있지만 공화주의적인 합의를 도출하기 위한 동맹을 구축하는 데 집중했다. 식료품 잡화상의 아들로 변호사이자 정치가가 된 강베타가 상징적으로 대표하는 새로운 중산층 사업가와 전문가 계급은 국민의 물질적 개선을 달성하기 위해 소규모 토지를 소유한 농민과 하위 중산층 상인, 교사, 장인과 함께 공동의 대의를 이끌어냈다. 이것은 혁명적인 대의가 아니라, 오히려 보수적인 대의였다. 제3공화국 초기에 국가 정치에 참여했던 중산층 남성들은 농민, 소도시 시민들과 사회적 협약을 맺었는데, 여기에서 여성과 노동자, 식민지 신민들은 배제되었다. 제3공화국은 초기에는 보수적인 성격을 띠다가 1899년까지 점차 온건주의, 급진주의로 전환되었다. 힘없는 대통령, 같은 인물들을 번

같아 돌려가며 쓰는 내각(이른바 회전문 장관), 유명했던 일련의 분열 스캔들 등에서 보이듯이 제3공화국은 여러 문제점이 있었지만, 독일 제국과는 달리 1차 세계대전과 그 종전 후에도 존속했다. 제3공화국은 나치가 프랑스를 침공한 후인 1940년에야 막을 내렸다.

프랑스 공화국이 동원한 전략의 일부는 패전 책임이 전적으로 제대로 준비하지 않았던 권위주의적인 제2제정에 있다고 대중을 설득하는 것이었다. 1870년대에 공화주의자들은 보나파르트 모험가들이 구현했던 개인 통치가 얼마나 위험했는지를 강조하면서, 공화국이 추구하는 평화롭고 보수적인 목표를 널리 홍보했다. 그들은 전쟁이 더이상 억압받는 사람들을 해방하는 데 도움이 되지 않고, 오히려 파멸을 가져왔다고 주장했다. 사실 나폴레옹 3세는 전쟁과 파괴를 가져왔기에 공화국은 이제 평화라는 대의를 외쳤다. 프랑스는 공화주의적인 정치 제도를 성공적으로 구축함으로써 전쟁의 폐해에서 회복할 것이라는 주장이었다. 이러한 주장들은 모두 1870년대 초반에 다음과 같은 견해, 즉 프랑스가 프로이센과의 전쟁에서 패배한 것은 프랑스 정부와 군 지도부의 무능이나 신중하지 못한 행동 때문이며, 일반 시민과 병사들은 최선을 다했다는 견해가 널리 수용되는 데 기여했다.

하지만 일부 프랑스 작가들은 프랑스의 국가적 성격이 이미 쇠락했기 때문에 이를 되살릴 필요가 있다고 주장했다. 화가인 앙리 르뇨Henri Regnault는 1월 19일 뷔장발에서 죽기 직전에, 프랑스는 공동선을 위해서 낭만주의적인 개인주의를 버려야 한다는 글을 남겼다.

우리는 많은 사람을 잃었습니다. 우리는 더 훌륭하고 강한 사람으로 그들의 빈자리를 대체해야 합니다. 우리는 이로부터 교훈을 얻어야 합니다. 쉬운 쾌락에 젖어서 약해지지 맙시다. 자기 혼자만을 위한 삶은 더이상 허용되지 않습니다. 바로 얼마 전까지만 해도 쾌락과 모든 사악한 열정 외에는 아무것도 믿지 않던 때가 있었습니다. 이제 이런 자기중심주의는 사라져야 하며, 그와 함께 정직하고 좋은 모든 것을 경멸하던 치명적인 허영심도 내려놓아야 합니다. 오늘날 공화국은 모든 사람에게 순수하고, 명예롭고, 진지한 삶을 요구합니다. 그러므로 우리는 조국을 위해 모든 것을 바쳐야 하며, 심지어 조국을 넘어 자유로운 인류 사회 건설을 위해 우리의 몸과 영혼을 바쳐야 합니다.[10]

이와 마찬가지로 역사가 알베르 소렐Albert Sorel은 1875년에 "우리가 1871년의 재앙에 대해 진실되고 유익한 복수를 해야 한다는 것은 궁극적으로 우리 자신과 맞서는 일이다"라고 썼다.[11] 그의 생각에 프랑스는 너무 많은 쾌락을 추구했으며, 과학에 대해 너무 무지했고, 규율과 의무감도 부족했다. 이런 점들이 프랑스가 전쟁을 성공적으로 수행할 능력을 약화했던 것이다. 많은 사람은 종교 의식과 영성의 쇠퇴가 국가를 위해 희생을 감수하고자 하는 프랑스인의 도덕적 자존심과 능력을 퇴보시켰다고 보았다. 어떤 사람들은 전쟁이 신앙심이 부족해 신이 내린 형벌이라고 믿었다.

1880년대까지 공화주의 제도가 더욱 확고하게 자리잡으면서 전쟁 패배에 관한 비난의 서사는 제국에서 프랑스인 자신들에게로 옮겨갔다. 이제 점점 더 많은 시민이 미래의 군사적 충돌에 대비해 국가를 준비시키는 책임이 자신들에게 있다고 믿었다. 1880년대에 프랑스 적십자사는 1870년에 임시변통으로 만들어진 기구에서 체계를 갖춘 정식 조직으로 확대되었다. 적십자 위원회는 간호사를 교육하고 리넨 용품과 의료 장비를 비축했다. 적십자사는 이제 중립적인 조직이라기보다는 제네바 협약의 깃발 아래 프랑스 군인을 위해 봉사하는 국가주의적 조직으로 설계되었다. 1886년에 개최된 한 회의에서 적십자 활동가 피에르 불루미에Pierre Bouloumié 박사가 요청한 이래, 프랑스 전역에서 수천 명의 남녀가 적십자 위원회에 가입했다. 당시 그는 이렇게 호소했다. "우리는 1870년에 누구도 각자의 의무를 다하지 않았으며, 그 이유는 분명 아무도 준비되지 않았기 때문이라고 용기 내어 말해야 합니다."¹² 프랑스 적십자사는 국가에 의존하는 대신, 모든 시민이 다음에 있을 전쟁에 대비할 책임이 있다는 생각을 널리 확산시켰다.

같은 기간에 프랑스 청년들은 민간 클럽과 학교에 기반을 둔 단체들을 통해 다가올 군복무를 위해 신체를 단련했다. 노년층도 포함된 사격 협회는 청소년이 무기에 익숙해지고 사격술을 연마하는 데 도움을 주었다. 이제 병사들이 한 번도 탄약을 다뤄보지 않은 채 전쟁터에 도착하는 일은 없을 터였다. 이러한 훈련 단체들은 지난 세기 전환기에 프랑스를 괴롭혔던 국가적 쇠락에 대한 두려움을 극복하는 것을 목표로 했다. 제3공화국은 이런 노력을 지원했고, 제2제정과 달리 시민들이 손에 총을 쥐는 것을 장려했다. 체조협회는 유니폼을 입었을 때는 휘파람 명령에 따른다는 규율 정신을 심어주었다. 그 시대에 선호되었던 체조 시범은 개별적인 기술 행위보다는 수십 명의 청년이 단체로 동시에 운동 묘기를 선보이는 것이었다. 매년 개최된 프랑스 혁명 기념 축제와 같은 국가적 행사는 전국의 체조 클럽을 모아 남성적인 힘을 과시했다. 1892년 축제는 125개 체조협회를 이제는 국경 도시가 된 낭시로 불러 모았다. 그런데 러시아 차르의 사촌이 낭시를 방문하면서 이 도시가 프랑스와 러시아의 새로운 동맹을 과시하는 장소가 되기도 했다. 축제 홍보자료에는 다음과 같은 문구가 자랑스러운 논조로 기재되었다. "허둥지둥한다던 프랑스가 이제는 평온하다. 산산이 분열되었다던 프랑스가 이제는 하나가 되었다. 고립되었다던 프랑스가 이제는 국제적인 지원을 받고 있다."[13]

정책 입안자들은 앞으로 프랑스의 약점을 해결하는 데 여성이 담당해야 할 역할을 강조했다. 그래서 여성의 이미지와 경험이 프랑스의 재건에 대한 국민적 토론의 일부가 되었다. 프로이센-프랑스 전쟁의 경험은 여성들에게 자신들이 프랑스의 구원자라는 생각을 갖도록 고무했다. 그런데 전쟁 중에 여성들이 수행한 다양한 행동(예: 여성 프랑-티뢰르의 전투 가담)에도 불구하고, 이후의 많은 서사는 여성이 차세대를 키우는 프랑스 국가의 수호자로서 보호받아야 한다는 고정관념을 재생산했다. 1880년에 마리-쥘리엔 자르투Marie-Julienne Jarrethout가 전투 지원 복무에 대한 포상으로 레지옹 도뇌르 훈장을 받은 것은 당시 지배적인 서사에 어긋나는 예외적인 영예였다. 그녀는 이 훈장을 받은 유일한 프랑스 칸티니에(급식 관리인)였다.

여성의 사적 영역은 점차 공적 관심의 대상이 되었다. 작가인 조제프 튀르캉Joseph Turquan은 당시 프랑스 사회의 여성관을 보여주는 한 전형적인 진술에서 이렇게 적었다. 여성은 "아이들을 남자로 만든다. … 따라서 한 국가의 힘과 영광은 사실상 여성들에게 달려 있다."[14] 이런 사회적 정서 속에서 여성이 신체적·도덕적으로 건강한 아이를 키울 수 있도록 1874년과 1919년 사이에 여성을 보호하고 어머니가 되도록 고무하는 여러 법률이 통과되었다. 여기에는 젖먹이에 대한 모유 수유 규정, 하루 8시간 근무, 여성의 노동 시간과 장소에 대한 규제 등이 포함되었다. 여성은 자기 자신을 위해서뿐만 아니라 그들이 새로운 국가를 보살필 수 있도록 보호받을 필요가 있었다. 프로이센-프랑스 전쟁 중 여성들이 겪은 일부 경험, 특히 자선활동이나 여성과 어린이를 보호하기로 했던 가족의 결정이 여기서 관심을 끌게 되었는데, 이는 출산 촉진 입법으로 이어졌다.

전쟁에서 아들과 남편, 형제를 잃은 수많은 사람에게 1870년대를 넘어서 죽은 자들을 올바르게 애도하는 것은 가장 중요한 과제로 남았다. 수천 명의 병사가 전쟁터 바로 근처, 농장과 산비탈, 공동묘지 또는 사유지의 집단 무덤에 묻혔다. 대부분의 무덤에는 표식이 세워져 있었으며, 인적 사항이 밝혀지지 않거나 실종된 시체는 거의 없었다. 이러한 임시 매장소는 1870년대 후반까지 그 자리에 그대로 남아 있었다. 프랑스 정부는 프랑크푸르트 조약에 명시된 조항에 따라 사망한 병사들의 무덤 관리를 감독하는 프로젝트를 시작했다. 프랑스 공화국 정부는 독일군의 유해를 존중하는 것을 포함해 모든 전사한 병사들의 무덤 관리를 최우선 과제로 삼았다. 1873년, 프랑스는 군인들의 유해를 발굴해 프랑스 정부가 유지 관리하고 보호해줄 통합 묘지에 다시 매장하는 계획을 세우기 위한 법률을 통과시켰다(당시 프랑스 법에 따르면 5년이 지나기 전에는 시체를 발굴해 다시 매장할 수 없었다). 이 프로젝트로 전투 중 또는 전투 직후에 사망한 프랑스와 독일의 군인 8만 7396명이 제대로 안장되었다.

그러나 많은 프랑스인에게 전몰장병 묘지 프로젝트는 사망한 군인들에게 경의를 표하는 행위로는 충분하지 않았다. 그래서 프랑스 전역에서, 특히 전쟁 후유증이 심하게 남은 지역들에서는 지역 단체들이 나서서 전사자들을 기리는 기념비를 세우고 추모 의식을 거행했다. 이러한 관행은 개별적인 애도를 넘어 지역 사회 모임으로 확대되었으며, 어떤 경우에는 연례행사가 되어 이후 수십 년 동안 계속되었다.

매년 8월 16일 마르스라투르에서 열린 행사에는 1900년대 초까지 수천 명의 방문객이 찾아왔다. 주민이 약 800명인 마르스라투르는 베르됭과 메스 사이의 도로를 가로지르는 새로운 국경의 프랑스 쪽에 있었다. 여러 차례 전투를 치렀던 비옹빌과 르종빌은 8월 16일에 독일 영토가 되었다. 그라블로트(역시 독일 제국에 편입되었다)에서 전투가 일어나기 이틀 전, 그리고 스당 전투가 일어나기 2주 전에 이곳에서는 전투가 애매하게 종결되었다. 그래서 이곳은 프랑스의 국민적 애도, 그리고 그 중요한 시기에 바젠이 전쟁을 처리한 방식에 대한 좌절의 현장이 되었다. 추모 행사는 1870년대에 연례적인 추모 미사가 자리잡으면서 시작되었다. 미사가 끝나면 후 참석자들은 줄지어서 마을 바로 밖에 있는 전사자들의 묘지까지 행진했다. 지하 납골당 위에는 종교와 무관한 세속적인 조형물이 세워졌는데, 이는 프랑스의 우화, 그리고 이 잘못된 비극에 복수할 운명을 이어받은 아이들의 이미지로 장식되었다. 지역 사제인 조제프 팔레르Joseph Faller는 추모 교회의 본당을 전쟁 관련 수집품, 깃발, 명판, 봉헌물, 포탄 조각, 초상화, 무기 등으로 독특하게 장식했다. 마르스라투르에서 행해진 연설과 설교들은 정치나 바젠의 과오에 대한 비난보다 죽은 사람들의 고통과 이들에 대한 영원한 보상에 초점을 맞추었다.

이 추모 의식은 수십 년이 지나면서 인기를 얻었고, 1908년과 1910년에는 약 3만 명의 방문객을 기록했다. 사람들은 전쟁터 관광에 참가해서 국경 검문소에서 사진을 찍었으며, 스피커로 증폭되지 않아 잘 들리지 않는 연설에 귀를 기울인 후 피크닉을 즐겼다. 이렇게 관광의 모습을 띤 행사에도 불구하고, 이 기념일은 많은 사람에게 감정적으로 중요한 날이었다. 1900년에 한 연설자는 감정에 북받쳐서 연설 도중에 말을 잇지 못했다. 그러고는 "미안합니다. 제가 지금 잠시 연설을 멈췄다면, 그것은 30년 전 제가 말하고 있는 바로 이 시간에 나 자신이 프로이센군의 포탄에 맞아 쓰러졌던 순간을 느끼고 있기 때문입니다!"라고 말을 이었다.[15] 20세기가 되기까지 공화파와 보나파르트파 사이의 정치적 갈등은 가라앉았으며, 이제 알자스와 로렌의 일부 영토를 잃은 것에 대해 제2제정을 비난하는 것은 터무니없는 짓으로 여겨졌다. 이 시기 내내 프랑스와 독일의 장교들은 추모 행사에서 서로 거리를 두어야 했지만, 국경 지대에서 별다른 큰 사건은 발생하지 않았다.

한편 새로운 추모 단체인 '프랑스의 기억Souvenir Français'이 등장해 20세기 전환기에 기념 문화를 만들었다. 1887년에 프랑스 국적을 선택했던 알자스인들이 설립한 '프랑스의 기억'은 각 지역의 기념 노력을 조율해 국가적 네트워크로 발전시키면서, 프랑스의 영광을 홍보했다. 그들은 추모 명판과 기념비를 건립하고 화환 배치 및 의식 개최를 통해 과거 희생의 기억을 새로운 세대에게 전달하려는 목표를 추구했다. 이

단체는 1907년까지 전 세계에 무려 800개의 지역 위원회를 자랑하는 규모로 성장했다.

또한 프로이센-프랑스 전쟁은 프랑스 내에서 종교적인 순례가 이루어지도록 고무했고, 그 인기는 제3공화국 초기에 증가했다. 이 순례는 대중의 기도와 의식이 국가가 저지른 죄, 특히 혁명과 파리 코뮌으로 인한 죄를 속죄할 수 있다는 희망을 표출한 것이었다.

서부자원병 부대의 희생 이후, 루아니는 프랑스의 독실한 가톨릭 신자들에게 기억과 순례의 장소가 되었다. 종교계가 발간하는 주간지들에 게재된 전쟁 기록은 돌격 중에 죽은 군인들의 고통과 아픔이 속죄의 힘을 갖는다고 강조했다. 가스통 드 소니 장군은 루아니에서 부상을 당해 다리가 절단된 후 다음과 같이 말하면서 이 전통을 보여주었다. "나는 당신에 의해 부서지고, 소모되고, 파괴되는 것을 좋아합니다. … 저를 십자가에 못 박히게 하시되, 당신에 의해 못 박히게 하소서!"[16] 전쟁이 패배로 끝났다는 사실에도 불구하고, 루아니는 프랑스가 위대함을 회복하고 프랑스의 죄, 특히 가톨릭교회에 봉사하고자 하는 프랑스의 사명을 배신한 나폴레옹 3세의 죄를 속죄하는 것을 상징했다. 루아니는 1901년에 오를레앙 청년가톨릭연맹이 조직한 행사에서 350명의 순례자를 기쁘게 맞이했다.

이와 비슷하게 퐁맹에서는 1871년에 약 10만 명이 순례 여행을 했다. 이 순례자들에는 샤레트 장군과 전직 주아브 병사들, 그리고 서부자원병 부대원들이 포함되었다. 1872년 초, 라발의 주교인 조제프 위카르는 어린이들에게 나타난 환상을 기적으로 선언했고, 4명의 지역 어린이를 환시자visionaries로 선언했다. 그는 1873년 9월 23일에 퐁맹으로 가는 전국적 순례를 시행했는데, 이는 매년 반복되었고 정기적으로 수만 명의 순례자를 끌어들였다. 위카르는 30년 동안 퐁맹에 대성당을 짓는 것을 감독하면서, 이 성당을 성심 숭배, 그리고 코뮌의 '죄'를 속죄한다는 명확한 목적으로 지어진 몽마르트르의 사크레쾨르 대성당과 연결시켰다. 존경받는 펠릭스 신부는 1873년에 한 설교에서 다음과 같은 말을 했는데, 이는 이후에 자주 인용되었다. "퐁맹은 특히 미래의 순례지입니다. 프랑스가 기독교로 돌아와 강력하고 영광스러워진다면, 프랑스는 마리아의 약속이 실현되는 것을 보게 될 것입니다."[17] 순례가 프랑스의 오랜 쇠락을 끝내줄 것이라는 생각이었다.

마르스라투르의 경우와 마찬가지로, 침략에 대한 두려움과 미래 프랑스의 영광에 대한 희망은 순례가 시작된 초기 수십 년 동안 순례에 의미를 부여한 중요한 요소로 작용했다. 순례지가 된 마을들은 프랑스가 프로이센과의 전쟁 동안 침몰한 후, 프랑스가 다시 완전히 회복해서 가톨릭적이고 강력한 통일 국가가 되기를 염원하는 희망의 중심지가 되었다.

독일군 참전용사들은 그들의 과거 국적이 바이에른, 프로이센, 뷔르템베르크나 바덴이냐에 상관없이 프랑스에서 보낸 시간을 회상하면서, 자신들이 역사적인 순간, 즉 통일된 독일을 건설하는 데 참여했다는 사실을 깨달았다. 전쟁은 그들의 삶에서 중요한 사건, 아마도 결정적인 순간이었다. 어떤 사람들은 이 전쟁을 통해 자신이 어떤 부류의 사람인지, 그리고 자신이 견딜 수 있는 마지막 한계가 어느 정도인지를 알게 되었다.

독일 제국에서 공공의 기억이라는 개념은 1870년대와 그 이후에 번창했던 참전용사 협회들에 의해 광범위하게 정의되었다. 이러한 사회 단체들은 비스마르크의 복지국가 시스템이 제대로 자리잡기 전 몇 년 동안 회원들에게 도움을 제공했다. 프로이센-프랑스 전쟁에서의 결정적인 승리를 기념하는 사실상의 경축일인 스당의 날은 독일 사회 전체에서 결코 온전히 받아들여질 수 없었다. 부르주아 자유주의자들과 그들이 속한 시민 단체들은 국가적 통합 프로젝트를 고무하기 위해 스당의 날 기념을 추진했지만 노동자와 가톨릭교도, 사회민주당은 이 기념일에서 자신들의 관심사를 발견할 수 없었다.

독일 전쟁기념관은 병사들이 겪은 고통과 죽음은 거의 묘사하지 않았다. 이 기념관은 말에 올라타서 전투태세를 갖춘 남자들의 이미지를 사용해 1870~1871년 독일이 거둔 승리의 업적을 찬양했다. 해설문은 승리를 기념하고, 젊은이들에게 앞서간 선배들의 영광스러운 발자취를 따르라고 촉구하는 문구로 가득했다. 그들은 죽은 사람들의 이름을 일일이 나열했는데, 희생자로서가 아니라 영웅으로서였다.

독일 교과서도 마찬가지로 전쟁이 초래한 고통에 대한 설명은 피하고 그 대신 학생들에게 독일을 위해 목숨 바친 사람들의 용기를 본받으라고 권고했다. 예를 들어 한 교과서는 프랑스의 기관총 "미트라이외즈가 1분에 25개 이상의 총구에서 동시에 10발씩 치명적인 총알을 덜커덕거리면서 발사해 수많은 독일 병사를 사살했지만, 이 무기는 독일 병사들을 겁먹게 할 수 없었다"라고 기술했다.[18] 또한 독일 교과서는 전반적으로 군 지도자와 그들의 전략 및 전쟁 진행 과정에 초점을 맞춰 서술한 반면에, 병사들의 고통스러운 경험은 간단한 보조 해설로 축소 기술했다. 파르티잔 전투도 특별히 주목하지 않았다.

승리한 군인을 찬양하지만 그들이 겪은 고통은 부인하는 경향의 일환으로, 독일에서는 전쟁에서 심각한 부상을 입은 상이군인이 실패의 상징으로 여겨졌다. 상이군인에 대한 사회적 돌봄 제도가 충분하지 않은 상황에서, 그들은 범죄자 또는 독일 사회를 위협하는 존재로 낙인찍혔다. 어떤 사람이 상이군인인가에 대해 합의된 정의조차 없었기 때문에 그들의 숫자도 정확하게 확인하기 어렵다. 어떤 보고서들에 따르면 그 수가 4만 명이 넘었다. 상이군인의 불구가 된 신체를 바라보고 싶어 하거나, 그들의 희생에 대해 국가적으로 의견을 수렴하고 지원해줄 가치가 있다고 생각하는 사람은 거의 없었다. 1870년 전쟁에서 팔다리를 잃은 병사의 수는 1차 세계대전보다 적었지만, 그 이유는 절단 수술을 시행했을 경우 생존율이 매우 낮았기 때문이다. 국가로부터 지원을 거의 받지 못한 병자와 약자들은 일자리를 갖고 직업활동을 할 수 없었기 때문에, 생존을 위해서는 자선사업에 의존해야 했다. 전쟁 직후에는 프랑스가 지불한 배상금이 상이군인을 지원하는 데 사용되었지만, 그 액수가 얼마 되지 않았고 지급 기간도 짧았다. 1890년대에 전쟁과 관련된 일련의 글이 쏟아져 나오면서 시간이 지난 후에야, 디트리히 폰 라스베르크를 포함한 일부 참전용사들이 군인들이 겪은 끔찍한 고통에 대해 좀더 자세하게 서술했다.

민간인이 겪은 고통은 거의 무시되었다. 민간인의 고통을 상기시키는 조형물이나 시설은 드물며, 이는 전쟁 당시 수개월 동안 적군에게 점령당했던 마을과 촌락에서도 마찬가지였다. 그런데 샤토됭은 눈에 띄는 예외를 보여준다. 루아르강이 내려다보이는 고지대의 가장자리에 샤토됭 방어전 기념비가 서 있는데, 이는 1897년 앙토냉 메르시에 Antonin Mercié가 제작한 것으로 10월 18일의 사건을 기념하는 동시에 인근 바리즈와 시브리에서 발생했던 화재에 특별한 의미를 부여하고 있다. 이 기념비에는 여러 인물이 새겨져 있다. 우선 별로 눈에 띄지 않는 제복을 입은 프랑-티뢰르 대원이 총을 들고 어딘가를 조준하는 자세로 우뚝 서 있고, 그 아래에 샤토됭을 상징하는 한 여성이 지친 모습을 하고 있다. 그녀는 부상을 입었고 맨발이며, 머리카락이 앞으로 날려 얼굴을 가리고 있고, 드레스는 흐트러지고 찢어졌지만, 왕관은 여전히 머리에 매달려 있다. 그리고 죽어가는 한 기동방위대 대원이 뒤로 쓰러지면서, 한 손은 이마를 가리고 다른 한 손은 하늘을 향해 뻗고 있다. 받침대에는 "샤토됭은 지킬 가치가 있는 고향이었다"라는 글이 새겨져 있는데 지금은 거의 알아보기 어렵다. 이 기념비의 첫 번째 돌은 1894년 10월 18일에 열린 추모 행사 때 세워졌는데, 당시 파리의 프랑-티뢰르의 사제였던 아베 세뉴 Abbé Saignes는 다음과 같이 말했다.

> 만약 1870년의 기억이 피비린내 나는 전쟁과 샤토됭의 불행을 떠올리게 해서 우리를 슬프게 한다면, 그 어떤 것에도 불구하고 우리를 기쁘게 하는 또 하나의 기억이 있습니다. 그것은 우리가 고귀하게 의무를 완수했다는 사실, 이 용감한 도시가 독일의 침략에 맞서 기사도적으로 저항했다는 영광스러운 사실에 대한 기억입니다.[19]

그러나 바제유에는 그들이 겪은 끔찍한 경험을 보여줄 만한 기념 시설이 거의 없다. 1914년 벨기에가 저지른 잔혹 행위와 달리 바제유에서 자행된 행위에 대해서는 프랑스 정부가 공식적인 조사를 실시한 적이 결코 없었다. 메스와 스트라스부르에서의 행위들에 대해 시행되었던 것처럼, 국방부가 그런 조사를 시작하는 것은 가능했을 것이다. 다른 도시들은 그 주민들이 겪은 고통으로 인해 영예를 얻었다. 샤토됭은 투르의 대표단으로부터 강베타가 1870년 10월 20일에 서명한 공식적인 표창장을 받았으며, 1877년에는 레지옹 도뇌르 훈장을 받았다. 그런데 바제유는 국민방위정부로부터는 이와 유사한 인정을 받지 못했다. 그들의 순교적 행위를 인정할 경우 스당에서 제국군이 적에 의한 엄청난 압박 속에서 보여주었던 용기가 주목받을 것이기 때문이었다. 게다가 9월 4일 이전에 독일군의 침공에 대해 일부 민간인들이 저항했다는 사실도 인정하게 되는데, 이는 주민들이 제2제정을 방어하기 위해 저항하지 않았다는 공화주의자들의 주장과 상반되는 것이었다.

바제유에서는 1875년 11월 23일에야 전사자를 기리는 추모비가 건립되었다. 그러나 그 맥락 속에서도 1870년 9월 1일에 대한 기억은 묻혀 있었다. 바제유의 무슈 드 피네M. de Fiennes는 이렇게 말했다. "만약 내가 당시를 기억하도록 허락받을 수 있다면, 나는 당신들 앞에서 당시의 끔찍한 광경을 그려내고, 이야기하고, 비참했던 날들을 떠올리게 할 것입니다. 그러나 이러지 맙시다. 침묵을 지키고, 우리의 영혼이 품고 있는 모든 느낌을 억누릅시다."[20] 전사자 기념비는 해군 보병과 민간인 모두의 희생을 인정하지만(이것은 그 시대에는 흔치 않고, 심지어 특이한 것이다), 민간인의 이름은 27명만 기록되어 있다. 다른 희생자 13명의 가족들은 친척의 이름을 나열하는 것을 원하지 않았기 때문이다. 프랑스 공화주의자들은 그들이 전쟁을 재평가하기 시작한 1890년대에 와서야 비로소 바제유의 고통을 인정하기 시작했다. 이 마을은 1900년에 레지옹 도뇌르 훈장을 받았다.

프로이센-프랑스 전쟁은 다가올 두 차례의 세계대전의 잔혹성을 직접 유발하지는 않았지만, 사람들이 그런 잔혹성에 쉽게 적응할 수 있게 했고, 그래서 이보다 더한 잔혹 행위를 저지를 가능성을 열었다. 전쟁 동안 민간인을 포격의 직접적인 표적으로 생각하고, 또 그들을 국가가 식별해서 강제 이주시켜야 하는 국가적인 적이라고 간주하는 것이 가능해졌다. 민간인은 국적과 결속되어 있고 동일시되는 집단으로 여겨지게 되었다(프랑크푸르트 조약 제2조가 프랑스에서 태어난 알자스인과 로렌인이 프랑스 영토로 이주할 경우 프랑스 시민권을 선택할 수 있었기 때문에 개인의 의사 결정을 허용하고 있었음에도 불구하고). 프랑스는 파리에 거주하던 독일인을 추방했다(독일에 거주하던 소수 프랑스인은 주로 미혼 여성, 즉 프랑스 군인이 되어 독일을 위협할 가능성이 낮은 이들이었기 때문에 추방의 표적이 되는 일이 적었다). 전쟁이 장기화되면서 농장과 집들은 파괴되고 마을 사람들은 더욱 거센 공격의 표적이 되었으며, 독일군은 이들에 대해 점점 더 신경쓰지 않게 되었다. 그 대신에 독일군은 프랑-티뢰르의 행동에 초점을 맞추고 그들의 위험을 과장했다. 이에 무장한 민간인은 국제 협약을 위반한 자들이므로 어떤 자비도 없이 취급해야 한다는 이야기가 나왔다. 특히 바제유의 경험은 두 가지 이야기를 상상하게 했다. 독일군에게는 위험한 무장 민간인에 대한 이야기였고, 프랑스군에게는 독일의 잔혹 행위에 대한 이야기였다. 결과적으로 이런 이야기는 1914년 1차 세계대전 초기에 양국이 서로를 불신하고 잔혹 행위를 일삼는 데 일조했다.

프로이센-프랑스 전쟁 이후 수십 년 동안 국제법 학자들은 전쟁 중 민간인 대우와 관련된 문제를 이해해보려고 노력했다. 그들은 파리에서 독일인을 추방한 것은 주권 국가인 프랑스의 특권이며 국제법 위반이 아니라고 인정했다. 무엇보다 1870년에는 민간인을 보호하고 국가의 주권을 제한하기에 충분히 광범위한 실정 국제법을 제정하는 초기 단계였다. 하지만 법학자들은 추방이 지나치게 가혹하고 독일 주민들이 프랑스를 떠날 시간이 너무 짧았다고도 판단했다. 법학자들은 또한 병들고 부상당한 군인의 대우에 관한 제네바 협약이 자주 무시된 것에 대해 개탄했다.

프로이센-프랑스 전쟁에 대한 이러한 해석에도 불구하고 법학자들은 전쟁 중 민간인을 위한 구체적인 보호 조치를 만들어낼 수 없었다. 국제적인 인도주의 법과 군사적 관습은 보호받을 시민의 권리에 대한 질문에 답을 주지 못한 채 계속 방치되었다. 그 결과 군사적 필요성이 민간인의 인권 존중보다 우선할 수 있다는 사실이 공공연하게 강조되었고, 이는 단순한 진실이 되어 가혹하게 보복할 수 있는 가능성을 허용했다. 그리고 민간인 처우에 관한 모호한 태도는 그들에 대한 무자비함과 깊은 의심으로 굳어졌다. 전쟁에 휘말린 민간인을 위한 인도적 지원은 여전히 불균일하고 즉흥적이었다. 1차 세계대전까지 인구 정책과 국가 안보가 개인의 권리와 시민적 자유보다 압도적으로 중요하게 여겨졌다. 1914년 벨기에와 프랑스 북부에 살고 있던 민간인들은 이러한 유죄 추정 때문에 큰 대가를 치렀다.

그렇지만 선견지명이 있고 희망에 찬 한 작가는 이 전쟁 속에서 우리의 공통된 인간성을 존중해줄 미래 평화의 씨앗을 보았다. 조르주 상드는 이렇게 말했다. "전쟁은 파괴의 기술이기 때문에 결코 삶의 도구가 될 수 없습니다. 우리가 전쟁을 억제할 수 있다고 믿는 것은 결코 유토피아적인 것이 아닙니다. 전 세계 사람들의 동맹이라는 꿈이 실현되는 것은 우리가 생각하는 것처럼 그렇게 멀리 있지 않습니다. 그것은 아마도 20세기의 업적이 될 것입니다."[21]

감사의 말

이 책의 집필 프로젝트를 믿고 그동안 아낌없이 지원해주신 사이먼 윈더에게 감사드린다. 마찬가지로 이 책을 집필하는 데 격려와 지원을 아끼지 않고, 여러 차례 이 책의 구상을 발표할 기회를 준 니콜라 부르기나, 알렉상드르 뒤퐁, 레베카 에클룬드, 콜린 퍼스, 마이클 그레이엄, SJ, 콜린 하니츠, 비토 라일, 마라이케 쾨니히, 데이비드 멩겔, 고故 존 메리먼, 오딜 로이네트, 에이미 타이텔먼, 질레스 보크트와 에이미 위플에게, 그리고 이 전쟁을 집중 연구해온 모든 학자에게 감사를 표한다. 존 페어필드에게 항상 감사와 사랑을 전한다. 나의 부모님과 조카들은 삶에 많은 사랑을 가져다주었다. 그리고 내 남매 마이크와 리츠는 모든 문제에 대해 여러 관점을 제시해주었다. 두 사람에게 이 책을 바친다.

옮긴이의 말

역사의 아버지로 불리는 헤로도토스는 최초의 역사서인 《역사》에서 그리스와 페르시아의 전쟁을 다루면서, 집필 동기를 이렇게 언급한다. "이 글은 할리카르나소스 출신 헤로도토스가 탐구한 결과다. 그 목적은 인간들이 이룩한 일들이 시간이 가면서 잊히지 않도록 하려는 것이고, 또한 헬라스인과 이방인들이 이룩한 위대하고도 놀라운 행적들, 무엇보다도 그들이 서로 전쟁을 벌였던 원인을 밝히는 데 있다."

전쟁은 왜 발발한 것일까에 대한 탐구와 서술은 이렇게 시작되었고, 오랜 세월 역사 서술과 연구에서 전통적인 주제로 자리잡았다. 전쟁의 원인과 책임 규명, 그리고 그에 대한 성찰이 이후 역사에 심대한 영향을 미치기 때문이다.

헤로도토스의 《역사》에서 다룬 그리스-페르시아 전쟁은 흔히 '페르시아 전쟁'으로 표기되어왔다. 이 전쟁을 통해 그리스인들이 고대 그리스 문명을 페르시아의 침공으로부터 지켜냈다고 보는 헤로도토스의 시각이 반영된 결과라고 할 수 있다. 그런데 전쟁의 원인을 일방적으로 페르시아의 침공으로 보는 이런 해석은 근대에 와서 서구중심주의의 전형이라고 비판되어, 최근에는 그리스-페르시아 전쟁으로 불린다. 그리스 반도 내부의 갈등, 그리스 도시국가들과 페르시아와의 복잡하고 다양한 관계가 전쟁에 미친 영향을 지나치게 단순화했다는 사실이 재조명되었기 때문이다. 이렇듯 역사, 특히 승자와 패자가 냉혹하게 존재하는 전쟁은 시대의 흐름에 따라 다시 서술되고 재해석되어왔다.

이 책은 1870~1871년 프로이센-프랑스 전쟁을 다룬 새로운 표준저작으로 평가받는 레이첼 크라스틸의 저서 *Bismarck's War: The Franco-Prussian War and the Making of Modern Europe*을 번역한 것이다. 국내에서 오랫동안 보불전쟁으로 지칭되었던 이 전쟁은 최근 국내의 번역 경향을 반영해서 프로이센-프랑스 전쟁으로 번역했으며, 전쟁의 장기적 맥락을 좀더 뚜렷하게 부각하기 위해 "세계대전의 서막"이라는 부제를 달았다.

저자가 언급하듯이 우리는 이 전쟁을 대부분 새까맣게 잊고 있었다. 프로이센-프랑스 전쟁에 뒤이어 발발한 두 차례의 세계대전과 냉전, 유럽의 통합 같은 거대한 역사적 사건들이 시대를 뚜렷하게 각인했기 때문일 것이다. 1961년에 출간된 마이클 하워드Michael Howard의 역작 *The Franco-Prussian War: The German Invasion of France, 1870-1871* 이래, 이렇다 할 새로운 저서가 나오지 않았으니, '잊힌 전쟁'으로 불릴 정도다.

주지하듯이 프랑스와 독일의 관계는 역사 속에서 수없는 갈등과 전쟁을 반복해왔다. 가까운 역사만 살펴보아도 양차 세계대전, 프로이센-프랑스 전쟁, 나폴레옹 전쟁 등 굵직굵직한 전쟁들이 펼쳐졌다. 양국 사이의 치열한 패권 다툼이 전쟁을 낳고, 그 전쟁 결과가 또다른 전쟁의 불씨가 되어온 이들 전쟁의 역사적 원인을 파악하고 결과를 평가하는 일은 중요하지만 쉽지 않다. 이 책은 근대의 한복판에 일어난 프로이센-프랑스 전쟁을 과연 어떻게 조명하고 있을까?

"전쟁이다 프랑스와의 전쟁!" 바이에른 출신 라스베르크와 그의 동생은 흥분에 휩싸여서 전쟁터로 향한다. 1차 세계대전의 참상을 통렬하게 비판하는 레마르크의 소설 《서부 전선 이상 없다》에 등장하는 파울 보이머와 친구들이 떠오른다. 그들은 자신들을 가르치던 칸토레크 선생의 민족주의적인 선동에 감동을 받아 엉겁결에 자원입대했고, 마치 축제에 나가듯 전쟁터로 향했다가 모두 허망하게 죽음을 맞이했다. 프로이센-프랑스 전쟁에서 다가올 세계대전의 그림자가 엿보이는 이유다.

도대체 이 전쟁은 왜, 누구에 의해 시작되었으며 많은 청년은 왜 전쟁에 열광했다가 모두 전쟁터의 이슬로 사라졌을까? 왜 프랑스는 패전하고 독일은 승리와 함께 통일을 달성했을까? 전쟁으로 죽거나, 평생 잊지 못할 상처와 피해를 입은 두 나라의 민간인들은 누구에게 책임을 물어야 할까? 전쟁 종식은 결국 두 나라에 어떤 변화를 초래했을까? 그리고 이 전쟁은 근대 유럽의 형성, 특히 다가올 세계대전에 과연 어떤 영향을 미쳤을까? 저자 크라스틸이 이 책에서 추적하고 있는 주요한 의문들이다.

저자는 전쟁에 휩쓸린 다양한 주체들의 구체적인 증언들을 동원하여 유려한 문체로 마치 한 편의 다큐멘터리를 써내려가듯 생동감 있게 서술하고 있다. 나폴레옹 3세 황제와 빌헬름 왕, 비스마르크 등 주요 정치가와 군 지도부뿐 아니라 하급 장교와 일반 병사들의 생생한 목소리가 들려온다. 전쟁에 휘말린 수많은 민간인의 고통스런 전쟁 경험과 다양한 행동 양태가 펼쳐진다. 근대적인 전쟁에 연루된 여성들의 피난 경험과 후방에서의 역할도 빠짐없이 제시되고 있다. 가해자와 피해자의 국적과 성별, 사회적 신분과 지역성, 정치성은 서로 복잡하게 교차하기도 하고 합쳐지기도 해 단순하게 민족이나 국가 개념으로 규정하기 어렵다. 그 결과 독자들은 전쟁사에서 흔히 제기되는 문제, 즉 누가 가해자이고 피해자인지, 당시 상황에서 누가 어떻게 행동하는 것이 옳았는지, 누가 누구에게 이 참혹한 전쟁 결과에 대해 책임을 물어야 하는지 하는 문제 앞에서 명쾌한 해답을 찾기에 어려움을 느낀다. 적대적인 민족 감정이 극도로 고조된 것으로 보이는 전쟁임에도 불구하고 이 책에서는 '프로이센 대 프랑스'라는 대립적 민족 내러티브가 희미해지는 것으로 보이는 이유다.

> 우리들, 프랑스와 독일의 어머니이자 아내, 약혼자, 자매인 우리가 평화를 원한다면 평화가 이루어질 것. (447쪽)

> 독일 병사들의 행동은 양면적이었다. 그들은 때로는 프랑스인을 존중하는 자세를 보였고, 때로는 도덕적 절제가 결여된 모습을 보였다 … 그 치명적인 날에 프랑스인과 바이에른인 모두에 의해 비극적인 행위가 저질러졌다. (457쪽)

이 전쟁은 산업화 이래 근대화된 유럽을 여러 가지 측면에서 세계대전으로 나아가게 만든 중요한 변화를 이미 뚜렷하게 드러내고 있다. 산업화와 함께 유럽 각국의 정치, 사회, 경제가 크게 변화하고 있었고 특히 프로이센의 급성장에 따라 유럽의 국제 질서가 요동치고 있었다. 에스파냐 왕위 계승 문제를 빌미로 나폴레옹 3세가 프로이센에 성급하게 선전포고를 하게 된 역사적 배경이다.

산업화는 크루프 대포나 미트라이외즈 기관총과 같이 대량 살상력을 가진 무기의 개발뿐 아니라, 근대적 운송 수단의 발전과 연관된 군사 작전의 변화를 촉진했다. 나아가 철도 등 운송 수단의 발전으로 말미암아 대규모 병력과 군수물자를 신속하게 전선에 투입하게 됨으로써 전장이 확대되면서 전쟁에 휩싸이는 민간인의 수가 크게 증가한 것도 중대한 변화다. 그 결과 프로이센-프랑스 전쟁은 근대의 전쟁이 과거와 같이 단순히 왕조나 군대 사이의 전쟁이 아니라, 국가/국민 간의 전쟁이 된다는 사실을 보여주었다. 그리고 전쟁에서 강력한 무기와 철도망 등 동원 인프라, 군사 교육, 군부의 효율적인 작전과 지휘가 얼마나 중요한지를 드러냈다. 총력전으로 지칭되는 세계대전으로 나아가는 길목이었다.

전쟁이 국민 간의 전쟁으로 변화하면서 이를 총체적으로 지휘, 통제하는 국가 권력이 엄청나게 비대해졌다. 그들은 전쟁으로 인해 엄청난 물리적·정신적 고통을 겪는 다수의 국민에게 전쟁의 당위성을 제시해야 했고, 병역의무제가 필요해지면서 민족의식이 극도로 고취되었다. 하지만 저자 크라스틸은 프랑스 내부에서 공화파와 군주제 지지파 사이의 갈등, 도시와 농촌 등 지역적 차이 등을 구별해 조명함으로써 전쟁에 직면한 프랑스인들이 실제로는 하나의 민족으로 뭉치기 어려웠다는 사실을 담담하게 지적한다. 패전이 다가오면서 이런 갈등은 점차 심각성을 더해간다. 하지만 패전과 함께 반전이 일어난다. 독일의 승리와 통일, 프랑스의 패전과 알자스와 로렌의 상실은 두 나라의 민족 감정을 극도로 증폭시킨다. "지금까지 알자스인과 바덴인 사이에 존재해왔던 따뜻한 인간관계는 이제 두 지방이 같은 통일 국가의 일부가 되면서 오히려 상처를 입었다"(411쪽)는 대목은 이를 잘 표현하고 있다. 세계대전의 그림자가 좀더 뚜렷해지는 지점이다.

프로이센-프랑스 전쟁을 언급할 때 문득 어릴 적 읽었던 알퐁스 도데Alphonse Daudet의 《마지막 수업La Dernière Classe》이 떠오른다. 알자스 지방에 사는 소년 프란츠는 여느 때와 다름없이 학교에 갔다. 그런데 어찌된 일인지 교실에는 평소와 달리 동네 어른들도 와있고, 프랑스어 선생님도 평소와 달리 정장 차림으로 교단에 서 있다. 무거운 적막감이 흐른다. 아멜 선생님은 어렵게 입을 뗐다. "베를린에서 명령이 내려왔어요. 이제 독일에 속하게 된 알자스로렌 지방의 모든 학교에서는 앞으로 프랑스어 수업은 사라지고 독일어 수업만 하게 될 겁니다." 오늘이 마지막 수업이란 말이었다. 프란츠는 자신이 프랑스인이지만 그동안 자국어인 프랑스어를 소홀히 배운 것을 마음 깊이 반성한다. 수업이 끝나는 12시에 멀리 교회에서 시간을 알리는 종소리가 들려오자, 아멜 선생님은 말을 잊지 못한다. 그는 교실 칠판에 Vive La France!(프랑스 만세!)라고 쓰며 교단을 내려온다.

《마지막 수업》에 스며 있는 민족 서사는 자국의 언어를 금지당하는 피압박 민족의 설움을 겪은 우리 역사의식에 가슴 떨리는 울림을 주었다. 그런데 사실 이 글은 알자스로렌 지방이 과거에 신성로마제국에 속해서 독일계 인구가 다수였고 주로 독일어가 사용되던 지역이었다는 사실, 그런데 나폴레옹 전쟁 이후 독일어가 금지되고 프랑스어가 강제되어왔다는 사실을 오히려 숨기고 있다. 패전과 점령 이후 프랑스에서 민족주의 교육이 빚어낸 역사 왜곡의 한 장면이랄까?

저자는 대부분의 전쟁사가 담고 있는 민족주의적 서사를 시원스럽게 넘어선다. 프랑스 측의 무모한 선전포고와 전쟁 리더십 부족을 패전의 원인으로 지적하지만, 군국주의와 권위주의 강화를 초래한 독일군의 승리가 독일과 나머지 세계 모두에게 재앙이었다고 평가한다.

패전으로 인한 제2제정의 몰락과 공화주의 정부 수립, 독일 통일과 패권 국가로의 부상이 초래한 유럽 정치 지형의 격변 및 민족주의 부상, 대량 살상을 가능케 하는 근대적 무기의 등장과 근대적 교육에 기초한 국민 군대의 등장, 병사와 민간인의 역할이 뚜렷하게 구별되지 않는 근대 전쟁의 대두와 그 결과, 이 모든 지류들은 합류해서 결국 1차 세계대전으로 흘러갔다. 프로이센-프랑스 전쟁을 1차 세계대전의 핵심인 프랑스-독일 갈등이나 1914년에 주요 유럽 국가를 상호각축전으로 몰아넣는 동맹 체제의 발전으로 직접 연결시키는 것은 옳지 않으며, 세계대전으로 치닫는 근대 유럽을 입체적이고 다각적으로 이해해야하는 이유다.

프로이센-프랑스 전쟁은 "유럽인들의 운명을 영원히 바꿔놓았다." 나폴레옹 3세가 프로이센 왕조의 에스파냐 왕위 계승 문제를 빌미로 도발한 이 전쟁은 당시까지 유럽 대륙에서 프랑스가 차지하던 주도권을 결정적으로 종식시키고, 이후 유럽을 넘어 세계에 뚜렷한 흔적을 남긴 새로운 강대국 독일이 등장함을 알렸다. 이뿐만 아니라, 단순히 왕조 간의 갈등이 아니라 민족 간의 전쟁이 된 이 전쟁은 근대적인 국가의 인적·물적 동원 능력, 근대의 상징인 철도와 무기 기술의 중요성, 그리고 탄탄한 국민 교육제도와 리더십이 차지하는 비중을 적나라하게 과시한 최초의 사건이었다. 나아가 1차 세계대전에서 폭발적으로 드러난 민족주의의 광풍과 근대 무기를 통한 집단적인 인명 살상의 시대를 예시한 사건이었다. 하지만 안타깝게도 이러한 불길한 조짐은 다가올 거대한 재앙으로 이어지고 말았다. 이 참혹한 전쟁 속에서 미래 평화의 씨앗을 보았던 조르주 상드의 실낱같은 희망은 이루어지지 않았고 그 대신 유럽은 이전에 보지 못했던 더욱 끔찍한 전쟁의 시대를 향해 나아갔던 것이다.

문득 헤로도토스가 인간들의 행위와 결과가 잊히지 않도록 역사를 집필하기 시작한 이래, 수없는 전쟁의 역사는 인간들에게 과연 어떤 영향을 얼마나 주었을까 의문이 든다.

이진모

참고문헌

Archives Départementales, Bas-Rhin, 14 M 1
Archives Départementales, Hérault, Ph 28, 3 R 88, 8 R 29
Archives Diocésains, Laval, PC 586
Archives Municipales, Nancy, (m) H 4-7 guerre 1870-71
Archives Nationales, F 19 5562
Archives de la Ville et de la Communaute de Strasbourg [AVCUS], 272 MW 84
L'Avenir National
Le Bulletin des lois
Le Charivari
L'Éclair
Le Figaro
L'Impartial de l'Est
Kölnische Zeitung
L'Univers Israélite
Volks-Zeitung (Berlin)
Reuters Telegrams, Private Secretary's Office, Simla

Accampo, Elinor A., 'Gender, social policy, and the formation of the Third Republic: an introduction', in Elinor A. Accampo, Rachel G. Fuchs and Mary Lynn Stewart, *Gender and the Politics of Social Reform in France, 1870-1914* (Baltimore: Johns Hopkins University Press, 1995).

Adam, Juliette, *Mes illusions et nos souffrances pendant le siège de Paris* (Paris: A. Lemerre, 1906).

Adriance, Thomas J., *The Last Gaiter Button: A Study of the Mobilization and Concentration of the French Army in the War of 1870* (New York: Greenwood Press, 1987).

Agulhon, Maurice, *Marianne into Battle: Republican Imagery and Symbolism in France, 1789-1880*, trans. Janet Lloyd (Cambridge: Cambridge University Press, 1981).

Anonymous, *Apparition de la Sainte Vierge à Pont-main 17 janvier 1871* (Rennes: Oberthar et fils, 1875).

Anonymous, *Notre-Dame de Pontmain* (Abbéville: C. Paillart, 1896).

Anonymous, 'Souvenirs —à mes enfants'. AVCUS, 272 MW 84.

Anonymous, *Tales of the Franco-Prussian War by an Eye-Witness* (London: Charles H. Clarke, 1871).

Audoin-Rouzeau, Stéphane, *1870: La France dans la guerre* (Paris: Armand Colin, 1989).

Beaunis, H., *Impressions de campagne (1870-1871)* (Paris: Alcan et Berger-Levrault, 1887).

Berthelon, R. P., *Notre-Dame de Pontmain* (Paris: D. Dumoulin et Cie, 1891).

Bion, B. (Abbé), *Mais priez! . . .*, 3rd edn (Château- Chinon: Dudragne-Borget, 1877).

Biotiére, Francisque de, *Paris dans les caves, épisode du siège 1870-71* (Paris: Librarie gauloise, 1872).

Bismarck, Otto von, *Reden, 1847-1869*, edited by Wilhelm Schüssler. Vol. 10 of *Bismarck: Die gesammelten Werke*, edited by Hermann von Petersdorff (Berlin: Otto Stolberg, 1924-1935). Trans. by Jeremiah Riemer on https://germanhistorydocs. ghi-dc.org.

Blackbourn, David, *Marpingen: Apparitions of the Virgin Mary in Bismarckian Germany* (Oxford: Clarendon Press, 1993).

Boissonnas, B. (Mme), *Une famille pendant la guerre 1870-1871*, 6th edn (Paris: J. Hetzel et Companie, 1875).

Bonhomme, Éric, 'Bordeaux et la Défense Nationale'. *Annales du Midi* 110, no. 223 (July 1998), 319-42.

Bonnel, Julien (Abbé), *Notre-Dame d'Espérance de Pontmain* (Laval: Chailland, 1884).

Botzenhart, Manfred, 'French prisoners of war in Germany, 1870-71', in Stig Förster and Jörg Nagler, eds., *On the Road to Total War: The American Civil War and the German Wars of Unification, 1861-1871* (Cambridge: Cambridge University Press, 1997), 587-96.

Bour, Charles, *Rapport sur le Concours pour le Monument à Élever à Lunéville aux Victimes de la Guerre de 1870-1871, Lu au Comité le 24 août 1873* (Lunéville: Chatelain, 1873).

Bourguinat, Nicolas and Gilles Vogt, *La guerre franco-allemande de 1870: Une histoire globale* (Paris: Flammarion, 2020).

Boutry, Philippe and Michel Cinquin, *Deux Pélerinages au XIXe siècle: Ars et Paray-le-Monial* (Paris: Beauchesne, 1980).

Brennan, Brian, 'Piety and politics in nineteenth-century Poitiers: the cult of St Radegund', *Journal of Ecclesiastical History* 47, no. 1 (January 1996), 65-81.

Breuilly, John, 'Revolution to unification', in Breuilly, ed., *Nineteenth-Century Germany: Politics, Culture and Society 1780-1918* (New York: Oxford University Press, 2001), 138-56.

Brown, Howard G., *Mass Violence and the Self: From the French Wars of Religion to the Paris Commune* (Ithaca: Cornell University Press, 2018).

Caglioti, Daniela, 'Waging war on civilians: the expulsion of aliens in the Franco-Prussian War', *Past & Present* 221, no. 1 (November 2013), 161-95.

Cappé, G., *Souvenirs de 1870. La Mobile de Vitry* (Vitry-le-François, 1887).

Caron, Jean-Claude, *Les feux de la discorde: Conflits et incendies dans la France du XIXe siécle* (Paris: Hachette Littératures, 2006).

Cathal, J., *L'Occupation de Lunéville par les Allemands, 1870-1873* (Nancy: Berger-Levrault, 1913).

Chambers II, John Whiteclay, 'American views of conscription and the German nation in arms in the Franco-Prussian War', in Daniel Moran and Arthur Waldron, eds., *The People in Arms: Military Myth and National Mobilization since the French Revolution* (New York: Cambridge University Press, 2003).

Chapelle, Sandra and Odile Roynette, 'Tuer le temps: le journal d'August Castan pendant la guerre de 1870-1871', *Revue d'histoire du XIX siécle* 51 (December 2015), 157-68.

Cholvy, Gérard and Yves-Marie Hilaire, *Histoire Religieuse de la France Contemporaine*, 3 vols. (Toulouse: Privat, 1985).

Chrastil, Rachel, 'The French Red Cross, war readiness, and civil society, 1866-1914', *French Historical Studies* 31, no. 3 (Summer 2008), 445-76.

Chrastil, Rachel, *Organizing for War: France 1870-1914* (Baton Rouge: Louisiana State University Press, 2010).

Chrastil, Rachel, *The Siege of Strasbourg* (Cambridge, MA: Harvard University Press, 2014).

Claretie, Jules, *Histoire de la révolution de 1870-1871* (Paris: Aux bureaux du journal *L'Éclipse*, vol. 1, 1872).

Clayson, Hollis, *Paris in Despair : Art and Everyday Life under Siege (1870-71)* (Chicago: University of Chicago Press, 2002).

Confino, Alon, *The Nation as a Local Metaphor: Wurttemberg, Imperial Germany, and National Memory, 1871-1918* (Chapel Hill: University of North Carolina Press, 1997).

Corbin, Alain, *The Village of Cannibals: Rage and Murder in France, 1870*, trans. Arthur Goldhammer (Cambridge, MA: Harvard University Press, 1993).

Crombrugghe, Ida, Baronne de, *Journal d'une Infirmière pendant La Guerre de 1870-71*, 3rd edn (Paris: Henri Plon, 1871).

Dauphinot, Simon, *Souvenirs du Maire de Reims pendant la Guerre Franco-Allemande* (Rheims: L. Michaud, 1904).

Delteil, Frank, 'Les Protestants et la campagne en faveur de la paix en 1870', *Bulletin de la Société de l'Histoire du Protestantisme Français* 117 (Jan.-Feb.-Mar. 1971), 136-50.

Fischbach, Gustave, *Le siège de Strasbourg: Strasbourg avant, pendant, et après le siège* (Strasbourg: L'Imprimerie Alsacienne, 1897).

Flach, Jacques, *Strasbourg après le bombardement: 2 octobre 1870-30 septembre 1872: Rapport sur les travaux du Comité de Secours Strasbourgeois pour les Victimes du Bombardement* (Strasbourg: Fischbach, 1873).

Foss, Colin, *The Culture of War: Literature of the Siege of Paris, 1870-1871* (Liverpool: Liverpool University Press, 2020).

Frederick III, *The War Diary of the Emperor Frederick III, 1870-1871*, trans. and ed. A. R. Allinson (2006 reprint edn; originally published New York: F. A. Stokes, 1926).

Freycinet, Charles de, *Souvenirs, 1848-1878* (Paris: Delagrave, 1912).

Gould, Roger V., *Insurgent Identities: Class, Community, and Protest in Paris from 1848 to the Commune* (Chicago: University of Chicago Press, 1995).

Goutière-Vernolle, E., *Les Fêtes de Nancy, 5, 6, et 7 juin 1892: ouvrage orné de trente planches hors texte* (Nancy: Crépin-Leblond, 1892).

Gullickson, Gay L., *Unruly Women of Paris: Images of the Commune* (Ithaca: Cornell University Press, 1996).

Guyot, P., *Les femmes du peuple de Nancy et les prisonniers français* (Nancy: N. Collin, 1872).

Harris, Ruth, *Lourdes: Body and Spirit in the Secular Age* (London: Penguin Press, 1999).

Hazareesingh, Sudhir, *The Saint-Napoleon* (Cambridge, MA: Harvard University Press, 2004).

Horne, John, 'Defining the enemy: war, law and the levée en masse and guerrilla warfare from 1870 to 1945', in Daniel Moran and Arthur Waldron, eds., *People in Arms: Military Myth and National Mobilization since the French Revolution* (New York: Cambridge University Press, 2002).

Howard, Michael, *The Franco-Prussian War: The German Invasion of France, 1870-1871* (New York: Macmillan, 1961).

Isambert, Gustave, *Documents publics pour servir à l'histoire de la guerre de 1870-1871. IX. Combat et incendie de Châteaudun (18 octobre 1870): avec notes et pièces justificatives* (Paris: A. Lacroix, Verboeckhoven et cie, 1871).

Koehler, Peter, 'Eduard Hitzig's experiences in the Franco-Prussian War (1870-1871): the case of Joseph Masseau', *Journal of the History of the Neurosciences* 21, no. 3 (2012), 250-62.

König, Mareike, 'Les immigrés allemands à Paris 1870/71: entre expulsion, naturalisation et lutte sur les barricades', *Migrance* 35 (2010), 60-70.

Krüger, Christine G., 'German suffering in the Franco-German War, 1870/71', *German History* 29 (Sept. 2011), 404-22.

Kselman, Thomas A., *Miracles and Prophecies in Nineteenth-Century France* (New Brunswick, NJ: Rutgers University Press, 1983).

Lacroix, Louis, *Journal d'un Habitant de Nancy pendant l'Invasion de 1870-1871* (Nancy: Vagner, 1873).

Landon, Melville D., *The Franco-Prussian War in a Nutshell, A Daily Diary of Diplomacy, Battles, and War Literature* (New York: G. W. Carleton & Co., 1871).

Lardemelle, Général de, *Le Général Comte de Geslin* (Nancy: A. Crépin-Leblond, 1911).

Lassberg, Dietrich von, *Mein Kriegstagebuch aus dem deutsch-französischen Kriege 1870-71* (Munich and Berlin: R. Oldenbourg, 1906).

Laurentin, R. and A. Durand, *Pontmain: Histoire Authentique*, 3 vols. (Paris: Apostolat des Éditions, 1970).

Le Verrier, Lucille, *Journal d'une jeune fille: Second Empire* (Cadeilhan, France: Edition Zulma, 1994).

Ledeuil, Édouard, *Campagne de 1870-1871: Châteaudun 18 octobre 1870* (Paris: A. Sagnier, 1871).

Lefebvre, Pierre, 'The unsuccessful suicide of General Bourbaki', *Histoire des Sciences Médicales* 32, no. 1 (March 1998), 11-15.

L'Huillier, Fernand, 'L'attitude politique de Mgr Raess entre 1859 et 1879', *Études alsaciennes* (1947), 251.

Lix, Tony, *Á Paris et en Province* (Tours: Mame, 1889).

Lobb, S., *Thoughts on the War and on European Policy by a Positivist* (Calcutta: Thacker, Spink, and Co., 1870).

Lumière, [Ernest], *Châteaudun* (Châteaudun: H. Lecesne, 1870).

Lunier, Ludger, *De l'influence des grandes commotions politiques et sociales sur le développement des maladies mentales: Mouvement de l'aliénation mentale en France pendant les années 1869 à 1873* (Paris: F. Savy, 1874).

MacCraig, Charles Neilson, *Defensive Warfare Lawful: A Sermon Preached to the 10th Argyle Artillery Volunteers on the 14th August 1870 by the Rev. Charles Neilson Mac-Craig, Honorary Chaplain, with Reflections on the Franco-Prussian War* (Glasgow: George Gallie & Son, 1870).

McMichael, J. W., *Sedan, Bazeilles, & Metz: Being an Account of a Visit to Those Places in November, 1870, during the Franco-Prussian War* (London: C. A. Bartleet, 1871).

McPherson, James M., *Battle Cry of Freedom: The Civil War Era* (New York: Oxford University Press, 1988).

Marcère, *Exécution de la Loi du 4 avril 1873 Relative aux Tombes des Militaires Morts pendant la Guerre de 1870-1871* (Paris: Imprimerie Nationale, 1878).

Marrus, Michael R., 'Cultures on the move: pilgrims and pilgrimages in nineteenth-century France', *Stanford French Review* 1, no. 2 (Fall 1977), 205-20.

Martin, Michèle, 'Conflictual imaginaries: Victorian illustrated periodicals and the Franco-Prussian War (1870- 1871)', *Victorian Periodicals Review* 36, no. 1 (Spring 2003), 41-58.

Martin, Paul, *Guerre de 1870. Batailles sur la Lauter, la Sauer et la Sarre. Wissembourg-Reichshoffen-Forbach* (Paris: Administration du Spectateur Militaire, 1891).

Mehrkens, Heidi, 'L'occupation militaire de 1870-1871 vue par les Anglais', in Jean-François Chanet, Annie Crépin and Christian Windler, eds., *Le temps des hommes* doubles. Les arrangements face à l'occupation, de la Révolution française à la guerre de 1870 (Rennes: Presses universitaires de Rennes, 2013).

Merriman, John, *A History of Modern Europe*, 4th edn (New York: W. W. Norton & Company, 2019).

Micale, Mark S. and Paul Lerner, 'Trauma, psychiatry, and history: a conceptual and historiographical introduction', in Micale and Lerner, eds., *Traumatic Pasts: History, Psychiatry, and Trauma in the Modern Age, 1870-1930* (New York: Cambridge University Press, 2001).

Mitchell, Allan, *The Divided Path: The German Influence on Social Reform in France after 1870* (Chapel Hill: University of North Carolina Press, 1991).

Moltke, Helmuth von, *Correspondance militaire du Maréchal de Moltke*, vol. 2, *Guerre de 1870-71* (Paris: H. Charles-Lauvauzelle, n.d., ca. 1900).

Montarlot, Paul, *Journal de l'invasion: Châteaudun (4 septembre 1870-11 mars 1871)* (Châteaudun: Pouillier-Vaudecraine, 1871).

Nord, Philip, *The Republican Moment: Struggles for Democracy in Nineteenth-Century France* (Cambridge, MA: Harvard University Press, 1998).

Orr, Andrew, *Women and the French Army During the World Wars, 1914-1940* (Bloomington: Indiana University Press, 2017).

Parisot, Guillaume, 'De la négociation comme instrument d'occupation pacifiée et d'exploitation économique efficace pendant la guerre de 1870-1871', in Jean-François Chanet, Annie Crepin and Christian Windler, eds., *Le temps des hommes doubles. Les arrangements face à l'occupation, de la Révolution française à la guerre de 1870* (Rennes: Presses universitaires de Rennes, 2013).

Pflanze, Otto, *Bismarck and the Development of Germany. The Period of Unification, 1815-1871* (Princeton: Princeton University Press, 1963).

Piton, Frédéric, *Siège de Strasbourg: Journal d'un assiégé* (Paris: Schlaeber, 1900).

Poncet, François, *Hôpital militaire, service de la 1re division de blesses, siège de Strasbourg (1870)* (Montpellier: Boehm et fils, 1872).

Przybylski, Stéphane, *Atlas de la guerre de 1870-71* (Metz: Éditions des Paraiges, 2014).

Quinet, Hermione, *Paris: Journal du Siège* (Paris: E. Dentu, 1873).

Rambaud, Alfred, 'La Lorraine sous le Régime Prussien', *Revue des Deux Mondes*, 1 May 1871.

Raymond-Signouret, P., *Souvenirs du bombardement et de la capitulation de Strasbourg*

(Bayonne: P. Cazals, 1872).

Reichard, Max, *Aus den Tagen der Belagerung Strassburgs* (Bielefeld & Leipzig: Velhagen & Klasing, 1873).

Reuss, Rodolphe, 'Chronique strasbourgeoise de la guerre franco-allemande du 16 juillet au 24 aout 1870', in Jean Rott, ed., *Le siège de Strasbourg en 1870: Conférence et chronique strasbourgeoise juillet-août 1870* (Strasbourg: Librairie Istra, 1971).

Roth, François, *La guerre de 70* (Paris: Fayard, 1990).

Roynette, Odile, 'Le village de la mort. Les "atrocités allemands" en 1870', in Anne-Emmanuelle Demartini et Dominique Kalifa, eds., *IImaginaire et sensibilités au XIXe siècle: études pour Alain Corbin* (Paris: Creaphis, 2005), 257-68.

Sand, George, *Journal d'un voyageur pendant la guerre* (Paris: M. Lévy frères, 1871).

Sand, George, *Correspondance*, vol. 22, ed. Georges Lubin (Paris: Garnier, 1987).

Schneegans, A[uguste], *La guerre en Alsace: Strasbourg* (Neuchâtel: J. Sandoz, 1871).

Schneegans, A[uguste], *Strasbourg! Quarante jours de bombardement par un refugié strasbourgeois* (Neuchâtel: J. Sandoz, 1871).

Showalter, Dennis, *The Wars of German Unification*, 2nd edn (London: Bloomsbury, 2015).

Simpson, Martin, 'From *Zouaves Pontificaux* to the *Volontaires de l'Ouest* : Catholic volunteers and the French nation, 1860-1910', *Canadian Journal of History* 53, no. 1 (2018), 1-29.

Smallman-Raynor, Matthew and Andrew D. Cliff, 'The geographical transmission of smallpox in the Franco-Prussian War: prisoner of war camps and their impact upon epidemic diffusion processes in the civil settlement system of Prussia 1870-71', *Medical History*, 46, no. 2 (April 2002), 241-64.

Sorel, Albert, *Histoire diplomatique de la guerre franco-allemande*, 2 vols. (Paris: Plon, 1875).

Stoneman, Mark R., 'The Bavarian army and French civilians in the war of 1870-1871: a cultural interpretation', *War in History* 8, no. 3 (July 2001), 271-93.

Trailles, Henry and Paul de, *Les femmes de France pendant la guerre et les deux sièges de Paris* (Paris: Polo, 1872).

Truesdell, Matthew, *Spectacular Politics: Louis-Napoléon Bonaparte and the Fête Impériale, 1849-1870* (New York: Oxford University Press, 1997).

Turner, Victor and Edith Turner, *Image and Pilgrimage in Christian Culture:*

Anthropological Perspectives (New York: Columbia University Press, 1978).

Turquan, Joseph, *Les femmes de France pendant l'invasion, 1870-1871* (Paris: Berger-Levrault, 1893).

Uhrich, Jean-Jacques-Alexis, *Documents relatifs au siège de Strasbourg* (Paris: Dentu, 1872).

Union des Femmes de France, *Conférence à Lyon, le 13 avril 1886* (Paris: Coopération Typographique, 1886).

Walser, Hans H., 'Die Aerzte und der Krieg am Beispiel des deutsch-französischen Krieges von 1870/71', *Clio Medica* 2, no. 2 (June 1967), 103-20.

Wawro, Geoffrey, *The Franco-Prussian War: The German Conquest of France in 1870-1871* (New York: Cambridge University Press, 2003).

Wetzel, David, *A Duel of Giants: Bismarck, Napoleon III, and the Origins of the Franco-Prussian War* (Madison: University of Wisconsin Press, 2001).

Wetzel, David, *A Duel of Nations: Germany, France, and the Diplomacy of the War of 1870-1871* (Madison: University of Wisconsin Press, 2012).

Zaidman, Pierre-Henri, 'Les Chasseurs des Vosges et L'Expédition de Fontenoy: 18-22 janvier 1871', *Gavroche: revue d'histoire populaire* 23, no. 138 (November 2004), 24-31.

Zeys, Louise, *Une Fille de la Vraie Alsace: Marie-Antoinette Lix, Lieutenant de Uhlans Polonais, Lieutenant de Francs-Tireurs* (Paris: Plon, 1931).

주

1장 선전포고

1 Lassberg, *Mein Kriegstagebuch*, 17 July, 1. **2** Bismarck, *Reden*, 139-40. **3** 다음에서 인용 및 번역. Landon, *Franco-Prussian War in a Nutshell*, 39. **4** 다음에서 인용 및 번역. Landon, *Franco-Prussian War in a Nutshell*, 40. **5** 다음에서 인용 및 번역. Landon, *Franco-Prussian War in a Nutshell*, 41. **6** 다음에서 인용 및 번역. Landon, *Franco-Prussian War in a Nutshell*, 47. **7** 다음에서 인용 및 번역. Landon, *Franco-Prussian War in a Nutshell*, 47. **8** 다음에서 인용. Landon, *Franco-Prussian War in a Nutshell*, 59. **9** Lehmann's *Die Mobilmachung*, 다음에서 인용 및 번역. Howard, *Franco-Prussian War*, 59-60. **10** 다음에서 인용 및 번역. Landon, *Franco-Prussian War in a Nutshell*, 51. **11** Lassberg, *Mein Kriegstagebuch*, 23 July, 4. **12** Lassberg, *Mein Kriegstagebuch*, 23 July, 4. **13** Lassberg, *Mein Kriegstagebuch*, 24 July, 4. **14** Frederick III, *War Diary*, 16 July, 7. **15** Frederick III, *War Diary*, 17 July, 8. **16** 다음에서 인용. Audoin-Rouzeau, 1870, 51. **17** 다음에서 인용 및 번역. Landon, *Franco-Prussian War in a Nutshell*, 39. **18** 다음에서 인용 및 번역. Landon, *Franco-Prussian War in a Nutshell*, 39. **19** 다음에서 인용. Audoin-Rouzeau, 1870, 38. **20** Beaunis, *Impressions de campagne*, 10-11. **21** Reichard, *Belagerung Strassburgs*, 6. **22** Anonymous, 'Souvenirs-à mes enfants', 1. **23** Anonymous, 'Souvenirs-à mes enfants', 3. **24** Landon, *Franco-Prussian War in a Nutshell*, 49, 51. **25** Reuters Telegrams, Private Secretary's Office, Simla. **26** Reuters Telegrams, Private Secretary's Office, Simla, 25 July 1870. **27** Anonymous, *Tales of the Franco-Prussian War*, 1-2. **28** Lobb, *Thoughts*, 1. 이 글의 원문은 다음에 실렸다. *Bengalee* on 23 July 1870. **29** Reuters Telegrams, Private Secretary's Office, Simla, 28 July 1870. **30** 다음에서 인용. Chambers, 'American views of conscription', 87. **31** 다음에서 인용. Landon, *Franco-Prussian War in a Nutshell*, 43. **32** 다음에서 인용. Landon, *Franco-Prussian War in a Nutshell*, 16 July, 48. **33** 다음에서 인용. Caglioti, 'Waging war on civilians', 164. **34** 다음에서 인용. Caglioti, 'Waging war on civilians', 168. **35** 다음에서 인용. Caglioti, 'Waging war on civilians', 169. **36** 다음에서 인용. Caglioti, 'Waging war on civilians', 170-71.

2장 동원

1 다음에서 인용. Wawro, *Franco-Prussian War*, 84. **2** Adriance, *Last Gaiter Button*, 3. **3** 다음에서 인용. Audoin-Rouzeau, *1870*, 83. **4** 다음에서 인용. Adriance, *Last Gaiter Button*, 15. **5** 다음에서 인용. Audoin-Rouzeau, *1870*, 85. **6** 다음에서 인용. Audoin-Rouzeau, *1870*, 91. **7** 다음에서 인용. Audoin-Rouzeau, *1870*, 89. **8** 다음에서 인용. Audoin-Rouzeau, *1870*, 89. **9** 다음에서 인용. Audoin-Rouzeau, *1870*, 90. **10** 다음에서 인용. Audoin-Rouzeau, *1870*, 90. **11** 다음에서 인용. Audoin-Rouzeau, *1870*, 52. **12** 다음에서 인용. Audoin-Rouzeau, *1870*, 52. **13** 다음에서 인용. Adriance, *Last Gaiter Button*, 78. **14** 다음에서 인용. Wawro, *Franco-Prussian War*, 76. **15** 다음에서 인용. Roynette, 'Village de la mort', 268. **16** 다음에서 인용 및 번역. Wawro, *Franco-Prussian War*, 80. **17** 다음에서 인용 및 번역. Wawro, *Franco-Prussian War*, 83. **18** Lassberg, *Mein Kriegstagebuch*, 25 July, 4-5. **19** 다음에서 인용 및 번역. Wawro, *Franco-Prussian War*, 84. **20** 다음에서 인용 및 번역. Wawro, *Franco-Prussian War*, 66. **21** Lassberg, *Mein Kriegstagebuch*, 4 August, 9. **22** Frederick III, *War Diary*, 24 July, 10. **23** Frederick III, *War Diary*, 26 July, 11. **24** Frederick III, *War Diary*, 26 July, 11. **25** Frederick III, *War Diary*, 26 July, 11-12. **26** Frederick III, *War Diary*, 30 July, 17. **27** Frederick III, *War Diary*, 30 July, 17. **28** Frederick III, *War Diary*, 30 July, 17. **29** Frederick III, *War Diary*, 1 August, 20.

3장 병력 집중과 전쟁 지휘

1 다음에서 인용 및 번역. Adriance, *Last Gaiter Button*, 13. **2** 다음에서 인용. McPherson, *Battle Cry of Freedom*, 515. **3** 다음에서 인용. Wawro, *Franco-Prussian War*, 74-5. **4** 다음에서 인용. Audoin-Rouzeau, *1870*, 85. **5** 다음에서 인용 및 번역. Wawro, *Franco-Prussian War*, 86. **6** 다음에서 인용 및 번역. Landon, *Franco-Prussian War in a Nutshell*, 79. **7** 다음에서 인용 및 번역. Howard, *Franco-Prussian War*, 61. **8** Frederick III, *War Diary*, 24 July, 10. **9** Showalter, *Wars of German Unification*, 238. **10** 다음에서 인용. Howard, *Franco-Prussian War*, 78. **11** 다음에서 인용 및 번역. Howard, *Franco-Prussian War*, 82. **12** 다음에서 인용. Audoin-Rouzeau, *1870*, 94. **13** 다음에서 인용 및 번역. Wawro, *Franco-Prussian War*, 91.

4장 전투

1 다음에서 인용 및 번역. Wawro, *Franco-Prussian War*, 99. **2** 다음에서 인용 및 번역. Wawro, *Franco-Prussian War*, 105. **3** Frederick III, *War Diary*, 4 August, 25. **4** Frederick III, *War Diary*, 4 August, 26. **5** Frederick III, *War Diary*, 28, 42, 46. **6** 다음에서 인용 및 번

역. Wawro, *Franco-Prussian War*, 104-5. **7** 다음에서 인용 및 번역. Stoneman, 'Bavarian army', 279. **8** 다음에서 인용 및 번역. Stoneman, 'Bavarian army', 272-3. **9** Frederick III, *War Diary*, 5 August, 29. **10** Lassberg, *Mein Kriegstagebuch*, 5 August, 11. **11** Lassberg, *Mein Kriegstagebuch*, 5 August, 12. **12** Lassberg, *Mein Kriegstagebuch*, 6 August, 13. **13** Lassberg, *Mein Kriegstagebuch*, 6 August, 14. **14** Lassberg, *Mein Kriegstagebuch*, 6 August, 15. **15** Lassberg, *Mein Kriegstagebuch*, 6 August, 17. **16** Lassberg, *Mein Kriegstagebuch*, 6 August, 18. **17** Lassberg, *Mein Kriegstagebuch*, 6 August, 18. **18** Lassberg, *Mein Kriegstagebuch*, 6 August, 21. **19** Frederick III, *War Diary*, 6 August, 31. **20** Frederick III, *War Diary*, 6 August, 37. **21** 다음에서 인용. Howard, *Franco-Prussian War*, 117.

5장 후퇴

1 다음에서 인용. Freycinet, *Souvenirs*, 102. **2** 다음에서 인용. Martin, *Guerre de 1870*, 259. **3** 다음에서 인용. Wawro, *Franco-Prussian War*, 140. **4** 다음에서 인용. Howard, *Franco-Prussian War*, 122. **5** 다음에서 인용. Wawro, *Franco-Prussian War*, 141. **6** 다음에서 인용. Audoin-Rouzeau, *1870*, 138. **7** 다음에서 인용. Audoin-Rouzeau, *1870*, 101. **8** 다음에서 인용. Audoin-Rouzeau, *1870*, 107. **9** Frederick III, *War Diary*, 10-12 August, 51. **10** Frederick III, *War Diary*, 14 August, 55. **11** 다음에서 인용. Audoin-Rouzeau, *1870*, 132. **12** 다음에서 인용. Audoin-Rouzeau, *1870*, 132. **13** 다음에서 인용. Mehrkens, 'L'occupation militaire de 1870-1871', 98n54. **14** 다음에서 인용. Mehrkens, 'L'occupation militaire de 1870-1871,' 98n55. **15** 다음에서 인용. Martin, 'Conflictual imaginaries', 47. **16** 다음에서 인용. Martin, 'Conflictual imaginaries', 48-9. **17** Reuters Telegrams, Private Secretary's Office, Simla, 9 August 1870. **18** 다음에서 인용. Mehrkens, 'L'occupation militaire de 1870-1871', 93. **19** Frederick III, *War Diary*, 23 August, 69. **20** MacCraig, *Defensive Warfare Lawful*, 19. **21** MacCraig, *Defensive Warfare Lawful*, 17. **22** MacCraig, *Defensive Warfare Lawful*, 17. **23** MacCraig, *Defensive Warfare Lawful*, 18. **24** MacCraig, *Defensive Warfare Lawful*, 18. **25** MacCraig, *Defensive Warfare Lawful*, 18. **26** MacCraig, *Defensive Warfare Lawful*, 19. **27** MacCraig, *Defensive Warfare Lawful*, 19. **28** 다음에서 인용. Mehrkens, 'L'occupation militaire de 1870-1871', 96n48. **29** 다음에서 인용. Wawro, *Franco-Prussian War*, 145. **30** 다음에서 인용. Wawro, *Franco-Prussian War*, 147.

6장 전환점

1 다음에서 인용. Hazareesingh, *Saint-Napoleon*, 219. **2** 다음에서 인용. Hazareesingh, *Saint-Napoleon*, 63. **3** 다음에서 인용. Hazareesingh, *Saint-Napoleon*, 65. **4** 다음에서 인

용. Hazareesingh, *Saint-Napoleon*, 65. **5** 다음에서 인용. Hazareesingh, *Saint-Napoleon*, 66. **6** 다음에서 인용. Hazareesingh, *Saint-Napoleon*, 93. **7** 다음에서 인용. Hazareesingh, *Saint-Napoleon*, 73. **8** Archives Départementales, Bas-Rhin, 14 M 1, Uhrich와 Pron에서 Strasbourg 성직자들에게 전달된 편지, 12 August 1870. **9** 다음에서 인용. Fischbach, *Le siège de Strasbourg*, 86-7. **10** 다음에서 인용. Corbin, *Village of Cannibals*, 54. **11** 다음에서 인용. Corbin, *Village of Cannibals*, 104. **12** Howard, *Franco-Prussian War*, 154. **13** 다음에서 인용. Wawro, *Franco-Prussian War*, 155. **14** 다음에서 인용. Audoin-Rouzeau, *1870*, 102. **15** 다음에서 인용. Howard, *Franco-Prussian War*, 170. **16** 다음에서 인용. Howard, *Franco-Prussian War*, 172. **17** 다음에서 인용. Howard, *Franco-Prussian War*, 174. **18** 다음에서 인용. Wawro, *Franco-Prussian War*, 176. **19** 다음에서 인용. Howard, *Franco-Prussian War*, 176-8. **20** 다음에서 인용. Wawro, *Franco-Prussian War*, 186.

7장 스당으로 가는 길

1 다음에서 인용. Wawro, *Franco-Prussian War*, 188. **2** 다음에서 인용. Wawro, *Franco-Prussian War*, 194. **3** Private Secretary's Office, Simla, 20 August 1870. **4** 다음에서 인용. Howard, *Franco-Prussian War*, 187. **5** 다음에서 인용. Audoin-Rouzeau, *1870*, 114. **6** Frederick III, *War Diary*, 20 August, 64. **7** 다음에서 인용. Howard, *Franco-Prussian War*, 192n3. **8** 다음에서 인용 및 번역. Stoneman, 'Bavarian army', 285. **9** 다음에서 인용 및 번역. Stoneman, 'Bavarian army', 286. **10** 다음에서 인용 및 번역. Stoneman, 'Bavarian army', 288. **11** 다음에서 인용 및 번역. Stoneman, 'Bavarian army', 289. **12** Frederick III, *War Diary*, 21 August, 67. **13** Frederick III, *War Diary*, 23 August, 70. **14** Frederick III, *War Diary*, 28 August, 75. **15** Frederick III, *War Diary*, 24 August, 71-2. **16** Lassberg, *Mein Kriegstagebuch*, 25 August, 37. **17** Frederick III, *War Diary*, 29 August, 77. **18** 다음에서 인용. Caglioti, 'Waging war on civilians', 178. **19** 다음에서 인용. Caglioti, 'Waging war on civilians', 176. **20** 다음에서 인용. Caglioti, 'Waging war on civilians', 186. **21** 다음에서 인용. Howard, *Franco-Prussian War*, 203. **22** Frederick III, *War Diary*, 27 August, 74.

8장 스당과 바제유

1 McMichael, *Sedan, Bazeilles, & Metz*, 19. **2** Lassberg, *Mein Kriegstagebuch*, 31 August, 47. **3** 다음에서 인용. Wawro, *Franco-Prussian War*, 211. **4** 다음에서 인용. Howard, *Franco-Prussian War*, 208. **5** 다음에서 인용 및 번역. Stoneman, 'Bavarian army', 276. **6** 다음에서 인용 및 번역. Stoneman, 'Bavarian army', 276. **7** 다음에서 인용 및 번역. Stoneman, 'Bavarian army', 277. **8** 다음에서 인용. Roynette, 'Village de la mort', 261. **9**

Lassberg, *Mein Kriegstagebuch*, 1 September, 55. **10** 다음에서 인용. Wawro, *Franco-Prussian War*, 214. **11** 다음에서 인용. Howard, *Franco-Prussian War*, 211. **12** Howard, *Franco-Prussian War*, 212. **13** 다음에서 인용 및 번역. Stoneman, 'Bavarian army', 280. **14** 다음에서 인용 및 번역. Stoneman, 'Bavarian army', 282. **15** 다음에서 인용. Roynette, 'Village de la mort', 265. **16** 다음에서 인용. Roynette, 'Village de la mort', 265. **17** 다음에서 인용 및 번역. Stoneman, 'Bavarian army', 277. **18** 다음에서 인용 및 번역. Stoneman, 'Bavarian army', 277. **19** 다음에서 인용 및 번역. Stoneman, 'Bavarian army', 278. **20** 다음에서 인용 및 번역. Stoneman, 'Bavarian army', 282. **21** 다음에서 인용. Roynette, 'Village de la mort', 265-6. **22** 다음에서 인용 및 번역. Stoneman, 'Bavarian army', 279. **23** 다음에서 인용. Roynette, 'Village de la mort', 266. **24** Georg von Bismarck, 다음에서 인용. Wawro, *Franco-Prussian War*, 227. **25** Frederick III, *War Diary*, 1 September, 88. **26** 다음에서 인용. Stoneman, 'Bavarian army', 277. **27** 다음에서 인용. Howard, *Franco-Prussian War*, 215-16. **28** Frederick III, *War Diary*, 1 September, 89. **29** Frederick III, *War Diary*, 1 September, 92. **30** Frederick III, *War Diary*, 1 September, 92. **31** 다음에서 인용. Howard, *Franco-Prussian War*, 219. **32** Lassberg, *Mein Kriegstagebuch*, 1 September, 58. **33** 다음에서 인용. Howard, *Franco-Prussian War*, 221. **34** 다음에서 인용. Howard, *Franco-Prussian War*, 221. **35** Lassberg, *Mein Kriegstagebuch*, 2 September, 77. **36** Lassberg, *Mein Kriegstagebuch*, 2 September, 80. **37** Lassberg, *Mein Kriegstagebuch*, 2 September, 80. **38** Lassberg, *Mein Kriegstagebuch*, 2 September, 82-3. **39** Frederick III, *War Diary*, 2 September, 95. **40** Frederick III, *War Diary*, 2 September, 99. **41** 다음에서 인용. Audoin-Rouzeau, 1870, 122. **42** 다음에서 인용 및 번역. Landon, *Franco-Prussian War in a Nutshell*, 225.

9장 새로운 시작

1 다음에서 인용. Audoin-Rouzeau, *1870*, 139. **2** 다음에서 인용. Audoin-Rouzeau, *1870*, 141. **3** Reuters Telegrams, Private Secretary's Office, Simla, 5 September, 1870. **4** 다음에서 인용. Audoin-Rouzeau, *1870*, 139. **5** 다음에서 인용. Adam, *Mes illusions et nos souffrances*, 4 September, 17. **6** Adam, *Mes illusions et nos souffrances*, 4 September, 23. **7** Landon, *Franco-Prussian War in a Nutshell*, 262. **8** 다음에서 인용. Wawro, *Franco-Prussian War*, 235. **9** 다음에서 인용. Audoin-Rouzeau, *1870*, 150. **10** 다음에서 인용. Audoin-Rouzeau, *1870*, 152. **11** 다음에서 인용. Landon, *Franco-Prussian War in a Nutshell*, 254. **12** Frederick III, *War Diary*, 12-14 September, 118-19. **13** 다음에서 인용. Landon, *Franco-Prussian War in a Nutshell*, 254. **14** Landon, *Franco-Prussian War* *in a Nutshell*, 254. **15** Landon, *Franco-Prussian War in a Nutshell*, 69. **16** 다음에서 인용 및 번역. Landon, *Franco-Prussian War in a Nutshell*, 352. **17** Lobb, *Thoughts*, 42. 원문은 CIVIS라는 필명으로 *Daily Examiner*에 1870년 9월 20일에 게재된 편지. **18** Lobb, *Thoughts*, 54-5. 원문은 CIVIS라는 필명으로 *Daily Examiner* 에 1870년 10월 14일에 게재된 편지. **19** 다음에서 인용. Landon, *Franco-Prussian War in a Nutshell*, 251. **20** 다음에서 인용 및 번역. Landon, *Franco-Prussian War in a Nutshell*, 276. **21** 다음에서 인용. Howard, *Franco-Prussian War*, 231. **22** Frederick III, *War Diary*, 7 September, 110. **23** Frederick III, *War Diary*, 25 September, 134. **24** Lassberg, *Mein Kriegstagebuch*, 9 September, 96. **25** Lassberg, *Mein Kriegstagebuch*, 9 September, 97. **26** Lassberg, *Mein Kriegstagebuch*, 9 September, 98; 'my often mentioned Black friend' 11 September, 101. **27** Lassberg, *Mein Kriegstagebuch*, 11 September, 101. **28** Adam, *Mes illusions et nos souffrances*, 10 September, 52. **29** Adam, *Mes illusions et nos souffrances*, 10 September, 53. **30** Adam, *Mes illusions et nos souffrances*, 10 September, 55. **31** 다음에서 인용. Howard, *Franco-Prussian War*, 322. **32** 다음에서 인용 및 번역. Clayson, *Paris in Despair*, 106. **33** Adam, *Mes illusions et nos souffrances*, 6 September, 46.

10장 파리의 전략

1 Reuters Telegrams, Private Secretary's Office, Simla, 26 September 1870. **2** 다음에서 인용 및 번역. Landon, *Franco-Prussian War in a Nutshell*, 287. **3** Freycinet, *Souvenirs*, 104. **4** 다음에서 인용. Audoin-Rouzeau, *1870*, 154. **5** 다음에서 인용. Howard, *Franco-Prussian War*, 235. **6** 다음에서 인용. Audoin-Rouzeau, *1870*, 155. **7** Adam, *Mes illusions et nos souffrances*, 10-11 October, 108. **8** 다음에서 인용. Howard, *Franco-Prussian War*, 240. **9** Landon, *Franco-Prussian War in a Nutshell*, 269. **10** Landon, *Franco-Prussian War in a Nutshell*, 270. **11** Freycinet, *Souvenirs*, 161. **12** Landon, *Franco-Prussian War in a Nutshell*, 270. **13** 다음에서 인용. Howard, *Franco-Prussian War*, 225. **14** Freycinet, *Souvenirs*, 111. **15** Audoin-Rouzeau, *1870*, 186. **16** 다음에서 인용. Audoin-Rouzeau, *1870*, 202. **17** 다음에서 인용 및 번역. Clayson, *Paris in Despair*, 130. **18** 다음에서 인용. de Trailles, *Les femmes de France*, 192. **19** Sand, *Journal*, 16 October, 110-11. **20** Sand, *Journal*, 16 October, 111. **21** Sand, *Journal*, 16 October, 112. **22** Sand, *Journal*, 11 October, 102. **23** 다음에서 인용 및 번역. Agulhon, *Marianne into Battle*, 144-6. **24** Frederick III, *War Diary*, 12-14 September, 118. **25** Sand, *Journal*, 16 October, 110. **26** 다음에서 인용. Howard, *Franco-Prussian War*, 242. **27** Lassberg, *Mein Kriegstagebuch*, 11 October, 140. **28** Frederick III, *War Diary*, 12 October, 153.

11장 선택

1 다음에서 인용. Chapelle and Roynette, 'Tuer le temps: le journal d'Auguste Castan', 167. **2** 다음에서 인용. Audoin-Rouzeau, *1870*, 268. **3** 다음에서 인용. Audoin-Rouzeau, *1870*, 268. **4** Sand, *Journal*, 30 September, 71. **5** Sand, *Journal*, 8 October, 93. **6** Sand, *Journal*, 15 September, 3-4. **7** *L'Avenir National*, 23 September, 1. **8** *L'Avenir National*, 30 November, 1. **9** *Le Charivari*, 21 August, 3. **10** Boissonnas, *Une famille*, Berthe to André, 5 September, 6-7. **11** Boissonnas, *Une famille*, Berthe to André, 12 October, 66-7. **12** Sand, *Journal*, 29 September, 63-4. **13** Boissonnas, *Une famille*, Madame de Thieulin to Madame de Vineuil, 30 November, 171. **14** Boissonnas, *Une famille*, Berthe to André, 6 September, 9-10. **15** Le Verrier, *Journal d'une jeune fille*, letter to the Marquise Blanche de Saffray, 14 August, 116. **16** Le Verrier, *Journal d'une jeune fille*, letter to Madame Marie Talabot, 8 November, 133. **17** Quinet, *Paris*, 47. **18** Piton, *Siège de Strasbourg*, 58-61. **19** 다음에서 인용 및 번역. Horne, 'Defining the enemy', 110 **20** 다음에서 인용 및 번역. Stoneman, 'Bavarian army', 274. **21** McMichael, *Sedan, Bazeilles, & Metz*, 23. **22** 다음에서 인용. Audoin-Rouzeau, *1870*, 215. **23** Isambert, *Documents*, 70. **24** 다음에서 인용. Isambert, *Documents*, 72. **25** 다음에서 인용. Isambert, *Documents*, 72. **26** Isambert, *Documents*, 85. **27** Isambert, *Documents*, 8n1. **28** Lumière, *Châteaudun*, 3. **29** 다음에서 인용. Caron, *Feux*, 119. **30** Lumière, *Châteaudun*, 4. **31** Montarlot, *Journal*, 83. **32** 다음에서 인용. Howard, *Franco-Prussian War*, 380. **33** Boissonnas, *Une famille*, Berthe to André, 16 September, 25. **34** 다음에서 인용. Howard, *Franco-Prussian War*, 380. **35** Sand, *Correspondance*, letter to Edmond Plauchut, 29 December, no. 15288. **36** 다음에서 인용. Parisot, 'Négotiation', 290. **37** 다음에서 인용. Parisot, 'Négotiation', 281. **38** 다음에서 인용. Parisot, 'Négotiation', 281. **39** 다음에서 인용. Parisot, 'Négotiation', 286. **40** 다음에서 인용. Parisot, 'Négotiation', 285. **41** 다음에서 인용. Parisot, 'Négotiation', 297 **42** Sand, *Journal*, 16 October, 113-14. **43** Sand, *Journal*, 25 September, 30. **44** Sand, *Journal*, 25 September, 31. **45** Sand, *Journal*, 16 October, 116. **46** Sand, *Journal*, 25 September, 30. **47** 다음에서 인용 및 번역. Stoneman, 'Bavarian army', 283. **48** 다음에서 인용 및 번역. Stoneman, 'Bavarian army', 286. **49** 다음에서 인용 및 번역. Stoneman, 'Bavarian army', 288. **50** Frederick III, *War Diary*, 7 September, 110. **51** Frederick III, *War Diary*, 7 September, 109. **52** 다음에서 인용. Chapelle and Roynette, 'Tuer le temps: le journal d'Auguste Castan', 167. **53** 다음에서 인용 및 번역. Krüger, 'German suffering', 414-15. **54** 다음에서 인용 및 번역. Krüger, 'German suffering', 415 (*Christenbote*, 33, 14 August 1870, 240). **55** Sand, *Journal*, 16 October, 119-20. **56** Sand, *Journal*, 20 September, 20. **57**

Sand, *Journal*, 17 October, 121-2. **58** Reuss, 'Chronique strasbourgeoise', 56. **59** Reuss, 'Chronique strasbourgeoise', 56. **60** 다음에서 인용 및 번역. Stoneman, 'Bavarian army', 288. **61** 다음에서 인용 및 번역. Stoneman, 'Bavarian army', 289n79. **62** Sand, *Journal*, 22 October, 132-3.

12장 포위전

1 다음에서 인용. Audoin-Rouzeau, *1870*, 223. **2** 다음에서 인용. Howard, *Franco-Prussian War*, 269. **3** 다음에서 인용. Wawro, *Franco-Prussian War*, 250. **4** McMichael, *Sedan, Bazeilles, & Metz*, 33. **5** McMichael, *Sedan, Bazeilles, & Metz*, 30. **6** McMichael, *Sedan, Bazeilles, & Metz*, 30. **7** 다음에서 인용. Audoin-Rouzeau, *1870*, 4 December, 221. **8** 다음에서 인용. Audoin-Rouzeau, *1870*, 222. **9** 다음에서 인용. McMichael, *Sedan, Bazeilles, & Metz*, 35. **10** McMichael, *Sedan, Bazeilles, & Metz*, 36. **11** 다음에서 인용. Audoin-Rouzeau, *1870*, 28 October, 225. **12** 다음에서 인용. Audoin-Rouzeau, *1870*, 226. **13** 다음에서 인용. Audoin-Rouzeau, *1870*, 227. **14** Frederick III, *War Diary*, 5 November, 181. **15** 다음에서 인용. Audoin-Rouzeau, *1870*, 216-17. **16** Moltke, *Correspondance militaire*, 283. **17** *Bulletin des lois*, 1863/07-12, 919. **18** Archives Départementales du Bas-Rhin, 14 M 2, Uhrich and Baron Pron, 성명서, 10 August. **19** Anonymous, 'Souvenirs-à mes enfants', 13. **20** Raymond-Signouret, *Souvenirs du bombardement*, 126. **21** Wickede, 'Kriegsfahrten', *Kolnische Zeitung*, 10 September 1870, 2. **22** Reichard, *Belagerung Strassburgs*, 61. **23** Reuss, 'Chronique strasbourgeoise', 38. **24** Uhrich, *Documents*, 45. **25** Piton, *Siège de Strasbourg*, 91. **26** L'Huillier, 'L'attitude politique de Mgr Raess', 249. **27** Schneegans, *Strasbourg!*, 27. **28** Reuss, 'Chronique strasbourgeoise', 42-3. **29** Schneegans, *Guerre en Alsace*, 162. **30** Reuss, 'Chronique strasbourgeoise', 40. **31** Reuss, 'Chronique strasbourgeoise', 41. **32** Anonymous, 'Souvenirs-à mes enfants', 34. **33** Frederick III, *War Diary*, 21 September, 129. **34** Schneegans, *Guerre en Alsace*, 277. **35** Uhrich, *Documents*, 122. **36** Schneegans, *Strasbourg!*, 52. **37** Schneegans, *Guerre en Alsace*, 294-5. **38** *Volks-Zeitung* (Berlin), 29 September 1870, 1. **39** Piton, *Siège de Strasbourg*, 222-3. **40** 다음에서 인용. Raymond-Signouret, *Souvenirs du bombardement*, 129-31. **41** Piton, *Siège de Strasbourg*, 225-6.

13장 파리의 가을

1 다음에서 인용 및 번역. Clayson, *Paris in Despair*, 91. **2** 다음에서 인용 및 번역. Foss, *Culture of War*, 28. **3** 다음에서 인용 및 번역. Clayson, *Paris in Despair*, 55. **4** Adam, *Mes illusions et nos souffrances, 1-2 October, 94. **5** 다음에서 인용 및 번역. Foss, *Culture of War*, 32. **6** 다음에서 인용 및 번역. Foss, *Culture of War*, 173. **7** Foss, *Culture of War*, 74, 154-5. **8** 다음에서 인용 및 번역. Clayson, *Paris in Despair*, 206. **9** 다음에서 인용 및 번역. König, 'Immigrés allemands', 10. **10** 다음에서 인용. Audoin-Rouzeau, *1870*, 171. **11** 다음에서 인용 및 번역. Gould, *Insurgent Identities*, 147. **12** Biotière, *Paris dans les caves*, 23. **13** Adam, *Mes illusions et nos souffrances*, 15 October, 112. **14** 다음에서 인용 및 번역. Clayson, *Paris in Despair*, 213. **15** Adam, *Mes illusions et nos souffrances*, 161. **16** 다음에서 인용 및 번역. Foss, *Culture of War*, 134. **17** Frederick III, *War Diary*, 6 November, 183. **18** Adam, *Mes illusions et nos souffrances*, 215. **19** Sand, *Journal*, 8 November, 178. **20** Sand, *Journal*, 18 October, 122. **21** Sand, *Journal*, 19 October, 123. **22** 다음에서 인용. Howard, *Franco-Prussian War*, 354. **23** Frederick III, *War Diary*, 31 October, 175. **24** Frederick III, *War Diary*, 31 October, 175.

14장 관대함

1 Lobb, *Thoughts*, 42. **2** Lobb, *Thoughts*, 41. **3** 다음에서 인용. Delteil, 'Protestants', 141. **4** 다음에서 인용. Delteil, 'Protestants', 142. **5** 다음에서 인용. Delteil, 'Protestants', 145. **6** 다음에서 인용. Delteil, 'Protestants', 146. **7** 다음에서 인용. Delteil, 'Protestants', 148. **8** McMichael, *Sedan, Bazeilles, & Metz*, 12. **9** McMichael, *Sedan, Bazeilles, & Metz*, 12. **10** McMichael, *Sedan, Bazeilles, & Metz*, 14. **11** McMichael, *Sedan, Bazeilles, & Metz*, 14. **12** McMichael, *Sedan, Bazeilles, & Metz*, 27. **13** McMichael, *Sedan, Bazeilles, & Metz*, 25. **14** McMichael, *Sedan, Bazeilles, & Metz*, 16. **15** McMichael, *Sedan, Bazeilles, & Metz*, 24. **16** McMichael, *Sedan, Bazeilles, & Metz*, 19. **17** McMichael, *Sedan, Bazeilles, & Metz*, 19. **18** 다음에서 인용. Landon, *Franco-Prussian War in a Nutshell*, 224. **19** McMichael, *Sedan, Bazeilles, & Metz*, 20. **20** 다음에서 인용. Roynette, 'Village de la mort', 267. **21** 다음에서 인용. Landon, *Franco-Prussian War in a Nutshell*, 223. **22** Anonymous, *Tales of the Franco-Prussian War*, 75. **23** 다음에서 인용 및 번역. Stoneman, 'Bavarian army', 282-3. **24** Letter of General von der Tann, Nancy, 20 June 1871, reproduced in Claretie, *Histoire de la révolution de 1870-1871*, 223. **25** Roynette, 'Village de la mort', 264. **26** Roynette, 'Village de la mort', 261. **27** McMichael, *Sedan, Bazeilles, & Metz*, 20. **28** McMichael, *Sedan, Bazeilles, & Metz*, 39. **29** Piton, *Siège de Strasbourg*, 142-3. **30** 다음에서 인용. Fischbach, *Siège de Strasbourg*, 274. **31** McMichael, *Sedan, Bazeilles, & Metz*, 21. **32** Schneegans, *Guerre en Alsace*, 147. **33** Beaunis, *Impressions de campagne*, 42. **34** Schneegans, *Guerre en Alsace*, 145-6. **35** Adam, *Mes illusions et nos souffrances*, 24

October, 131. **36** Quinet, *Paris*, 236. **37** *Le Temps*, 14 November 1870, 4. **38** Adam, *Mes illusions et nos souffrances*, 24 October, 130. **39** Crombrugghe, *Journal d'une Infirmière*, 10. **40** Crombrugghe, *Journal d'une Infirmière*, 64. **41** Boissonnas, *Une famille*, Father to Mother, 13 January, 279-80. **42** Crombrugghe, *Journal d'une Infirmière*, 134-5. **43** Boissonnas, *Une famille*, Berthe to André, 3 January, 247-9. **44** Turquan, *Femmes de France*, 304. **45** Crombrugghe, *Journal d'une Infirmière*, 152. **46** Crombrugghe, *Journal d'une Infirmière*, 49. **47** Crombrugghe, *Journal d'une Infirmière*, 90. **48** Mezieres, *Le Temps*, 30 August 1888, 다음에서 인용. *L'Univers Israélite*, 16 September 1888, 9-10. **49** *L'Univers Israélite*, 16 September 1888, 9-10. **50** *L'Univers Israélite*, 1 September 1870, 14. **51** *L'Univers Israélite*, 15 August 1870, 733; 'mysterious magic' *L'Univers Israélite*, 1 September 1870, 15. **52** *L'Univers Israélite*, 15 August 1870, 733; 'mysterious magic' *L'Univers Israélite*, 1 September 1870, 15. **53** Frederick III, *War Diary*, 5 October, 147-8. **54** Frederick III, *War Diary*, 23 October, 167. **55** McMichael, *Sedan, Bazeilles, & Metz*, 40.

15장 고통의 날들

1 다음에서 인용. Wawro, *Franco-Prussian War*, 266. **2** Lassberg, *Mein Kriegstagebuch*, 9 November, 173. **3** Sand, *Journal*, 10 November, 179-80. **4** Lassberg, *Mein Kriegstagebuch*, 10 November, 182. **5** Frederick III, *War Diary*, 9 November, 187. **6** 다음에서 인용. Koehler, 'Eduard Hitzig's experiences', 252. **7** 다음에서 인용 및 번역. Krüger, 'German suffering', 406. **8** 다음에서 인용 및 번역. Krüger, 'German suffering', 407. **9** 다음에서 인용 및 번역. Krüger, 'German suffering', 407. **10** 다음에서 인용 및 번역. Krüger, 'German suffering', 406. **11** 다음에서 인용. Koehler, 'Eduard Hitzig's experiences', 252. **12** Lassberg, *Mein Kriegstagebuch*, 10 October, 129. **13** 다음에서 인용 및 번역. Krüger, 'German suffering', 411. **14** Beaunis, *Impressions de campagne*, 47-8. **15** Beaunis, *Impressions de campagne*, 46. **16** Poncet, *Hopital militaire*, 62. **17** McMichael, *Sedan, Bazeilles, & Metz*, 8. **18** McMichael, *Sedan, Bazeilles, & Metz*, 8. **19** McMichael, *Sedan, Bazeilles, & Metz*, 9. **20** McMichael, *Sedan, Bazeilles, & Metz*, 9. **21** McMichael, *Sedan, Bazeilles, & Metz*, 10. **22** Krüger, 'German suffering', 414. **23** 다음에서 인용 및 번역. Krüger, 'German suffering', 409. **24** 다음에서 인용 및 번역. Krüger, 'German suffering', 408. **25** Raymond-Signouret, *Souvenirs du bombardement*, 129-31. **26** Beaunis, *Impressions de campagne*, 44-5. **27** McMichael, *Sedan, Bazeilles, & Metz*, 31-2. **28** McMichael, *Sedan, Bazeilles, & Metz*, 37. **29** McMichael, *Sedan, Bazeilles, & Metz*, 32. **30**

다음에서 인용. McMichael, *Sedan, Bazeilles, & Metz*, 37-8. **31** Archives Départementales [AD] Hérault, Ph 28 (formerly 1 J 825), Sylvain-Paul Olivier, 'Memoires de la Campagne de Prusse de 1870 et 1871', 미출간, Bonneburg에서 작성, 11 April 1871, 17, 22. **32** AD Hérault, Ph 28, Olivier, 'Mémoires', 21. **33** Rambaud, 'Lorraine sous le Régime Prussien', 149. **34** McMichael, *Sedan, Bazeilles, & Metz*, 29. **35** McMichael, *Sedan, Bazeilles, & Metz*, 27. **36** Guyot, *Femmes du peuple*, 11-12. **37** Guyot, *Femmes du peuple*, 13. **38** AD Hérault, Ph 28, Olivier, 'Mémoires', 38-9. **39** AD Hérault, 3 R 88, letter of 14 April 1871, 다음에서 인용. commissariat of police Bédarieux to prefect Hérault, 29 April 1871. **40** AD Hérault, 3 R 88, 몽펠리에(Montpellier) 신문에 1871년 4월 27일에 게재된 편지, 베를린에서 M. Saintpierre, president of the *Comité de recours pour les prisonniers*에게로 보내진 것, 다음에서 인용. commissariat of police Bédarieux to prefect Hérault, 29 April 1871. **41** Rambaud, 'Lorraine sous le Régime Prussien', 149. **42** 다음에서 인용. Audoin-Rouzeau, *1870*, 249. **43** Showalter, *Wars of German Unification*, 296. **44** 다음에서 인용. Howard, *Franco-Prussian War*, 342. **45** 다음에서 인용 및 번역. Stoneman, 'Bavarian army', 287. **46** 다음에서 인용. Howard, *Franco-Prussian War*, 310. **47** 다음에서 인용. Audoin-Rouzeau, *1870*, 237. **48** 다음에서 인용 및 번역. Simpson, 'From *Zouaves Pontificaux*', 4.

16장 크리스마스

1 다음에서 인용. Wawro, *Franco-Prussian War*, 287. **2** 다음에서 인용 및 번역. Stoneman, 'Bavarian army', 288. **3** 다음에서 인용 및 번역. Stoneman, 'Bavarian army', 288. **4** 다음에서 인용. Caron, *Feux*, 110. **5** 다음에서 인용. Caron, *Feux*, 111. **6** 다음에서 인용. Caron, *Feux*, 112. **7** 다음에서 인용. Caron, *Feux*, 112. **8** 다음에서 인용. Audoin-Rouzeau, *1870*, 370n74. **9** 다음에서 인용. Bonhomme, 'Bordeaux', 337. **10** Freycinet, *Souvenirs*, 162-3. **11** Sand, *Journal*, 29 November, 186. **12** 다음에서 인용. Audoin-Rouzeau, *1870*, 193. **13** 다음에서 인용. Audoin-Rouzeau, *1870*, 193-4. **14** Frederick III, *War Diary*, 14 December, 223. **15** Freycinet, *Souvenirs*, 212. **16** Lassberg, *Mein Kriegstagebuch*, 18-23 December, 263. **17** Lassberg, *Mein Kriegstagebuch*, 18-23 December, 263.

17장 겨울의 극장

1 다음에서 인용 및 번역. Clayson, *Paris in Despair*, 86. **2** 다음에서 인용 및 번역. Foss, *Culture of War*, 128. **3** Adam, *Mes illusions et nos souffrances*, 20 November, 230. **4** Adam, *Mes illusions et nos souffrances*, 26 November, 240. **5** Adam, *Mes illusions et nos souffrances*, 272. **6** 다음에서 인용 및 번역. Clayson, *Paris in Despair*, 53. **7** 다음에

서 인용 및 번역. Clayson, *Paris in Despair*, 54. **8** 다음에서 인용. Audoin-Rouzeau, *1870*, 276. **9** 다음에서 인용 및 번역. Foss, *Culture of War*, 148. **10** Clayson, *Paris in Despair*, 168. **11** Landon, *Franco-Prussian War in a Nutshell*, 404. **12** 다음에서 인용. Landon, *Franco-Prussian War in a Nutshell*, 405. **13** Adam, *Mes illusions et nos souffrances*, 23 December, 284. **14** Adam, *Mes illusions et nos souffrances*, 1 January 1871, 294. **15** *Le Temps*, 20 and 23 December 1870. **16** Quinet, *Paris*, 11 February 1871, 337. **17** Quinet, *Paris*, 11 November, 161. **18** Quinet, *Paris*, 11 February, 338. **19** Quinet, *Paris*, 22 January, 294. **20** *Le Charivari*, 4 September 1870, 3. **21** 다음에서 인용. Audoin-Rouzeau, *1870*, 279. **22** 다음에서 인용 및 번역. Gould, *Insurgent Identities*, 147. **23** 다음에서 인용 및 번역. Gould, *Insurgent Identities*, 138, 138n22. **24** 다음에서 인용 및 번역. Gould, *Insurgent Identities*, 138-9. **25** 다음에서 인용. Audoin-Rouzeau, *1870*, 281. **26** Frederick III, *War Diary*, 31 December, 239. **27** Frederick III, *War Diary*, 1 January 1871, 244. **28** Frederick III, *War Diary*, 31 December, 240. **29** 다음에서 인용. Martin, 'Conflictual imaginaries', 53. **30** Lassberg, *Mein Kriegstagebuch*, 4 January-9 March 1871, 277. **31** 다음에서 인용. Wetzel, *Duel of Nations*, 180 **32** Adam, *Mes illusions et nos souffrances*, 7-8 January, 306. **33** Sand, *Journal*, 18 January 1871, 240. **34** Sand, *Journal*, 20 January, 256. **35** Frederick III, *War Diary*, 5 January, 248. **36** Frederick III, *War Diary*, 8 January, 253. **37** 다음에서 인용 및 번역. Gould, *Insurgent Identities*, 155. **38** 다음에서 인용. Audoin-Rouzeau, *1870*, 280. **39** 다음에서 인용. Audoin-Rouzeau, *1870*, 281. **40** Foss, *Culture of War*, 216. **41** Frederick III, *War Diary*, 17 November, 194. **42** Frederick III, *War Diary*, 3 December, 212. **43** Frederick III, *War Diary*, 18 December, 225-6. **44** Frederick III, *War Diary*, 15 January, 261. **45** Frederick III, *War Diary*, 17 January, 266. **46** Frederick III, *War Diary*, 18 January, 269. **47** Frederick III, *War Diary*, 18 January, 270-71. **48** Frederick III, *War Diary*, 18 January, 272. **49** Frederick III, *War Diary*, 18 January, 273. **50** 다음에서 인용. Frederick III, *War Diary*, 279n3. **51** 다음에서 인용. Wawro, *Franco-Prussian War*, 282. **52** Frederick III, *War Diary*, 22 January, 279. **53** Frederick III, *War Diary*, 23 January, 281.

18장 최후의 저항

1 다음에서 인용. Audoin-Rouzeau, *1870*, 287-8. **2** Frederick III, *War Diary*, 3 January, 246. **3** 다음에서 인용. Wawro, *Franco-Prussian War*, 295. **4** 다음에서 인용. Howard, *Franco-Prussian War*, 427. **5** 다음에서 인용. Howard, *Franco-Prussian War*, 429. **6** 다음에서 인용. Lefebvre, 'Unsuccessful suicide of Bourbaki', 12. **7** Berthelon, *Notre-Dame* de Pontmain, 10. **8** Laurentin and Durand, Pontmain, vol. 1, 154. **9** Turner and Turner, Image and Pilgrimage, 161. **10** 다음에서 인용. Bion, Mais priez!, 31-2. **11** Archives Diocesains, Laval [AdioL], PC 586, R. P. Joseph Barbadette, Recit d'un Voyant, 1891, 30. **12** AdioL, PC 586, R. P. Joseph Barbadette, Recit d'un Voyant, 1891, 144. **13** Archives Nationales, F 19 5562, Wicart, Bishop of Laval, Lettre Pastorale de Monseigneur l'Évêque de Laval Portant Jugement sur l'Apparition qui a eu Lieu à Pontmain le 17 janvier 1871 (Laval: Typographie Mary-Beauchene, 1872), 1231-2. **14** AdioL, PC 408, 'Second Anniversaire de l'Apparition', 244. **15** 다음에서 인용. Howard, Franco-Prussian War, 373. **16** Adam, Mes illusions et nos souffrances, 20 January, 315. **17** Adam, Mes illusions et nos souffrances, 23 January, 323. **18** 다음에서 인용. Audoin-Rouzeau, 1870, 199. **19** Frederick III, War Diary, 24 January, 281. **20** Lassberg, Mein Kriegstagebuch, 28 January, 283.

19장 휴전에서 평화조약까지

1 Sand, Journal, 29 January, 267-8. **2** 다음에서 인용. Wetzel, Duel of Nations, 197. **3** 다음에서 인용. Howard, Franco-Prussian War, 446. **4** Frederick III, War Diary, 1 March, 321. **5** 다음에서 인용. Parisot, 'Négotiation', 295.

20장 전쟁의 결산

1 Bour, Rapport sur le Concours pour le Monument, 3. **2** Flach, Strasbourg après le bombardement, 88. **3** 다음에서 인용. Horne, 'Defining the enemy', 111. **4** Frederick III, War Diary, 27 January, 285. **5** Lobb, Thoughts, 43. **6** Frederick III, War Diary, 16 January, 263. **7** Frederick III, War Diary, 24 January, 282. **8** Showalter, Wars of German Unification, 342-3. **9** Frederick III, War Diary, 7 September, 110. **10** 다음에서 인용 및 번역. Clayson, Paris in Despair, 266. **11** Sorel, Histoire Diplomatique, vol. 2, 371. **12** Bouloumie, speech in Union des Femmes de France, Conférence à Lyon, 25. **13** Goutiere-Vernolle, Fêtes de Nancy, ix-x. **14** Turquan, Femmes de France, 155. **15** L'Impartial de l'Est, 18 August 1900. **16** 다음에서 인용 및 번역. Simpson, 'From Zouaves Pontificaux', 27. **17** Archives Diocesains, Laval, PC 442, 'Diocese de Laval', 743. **18** 다음에서 인용 및 번역. Krüger, 'German suffering', 418. **19** 샤토됭 방어전 기념비 근처의 플래카드. **20** 다음에서 인용. Roynette, 'Village de la mort', 268. **21** Sand, Journal, 16 October, 114-15.

도판 출처

1장   Clu / Getty Images
2장   Bibliothèque nationale de France
3장   Bibliothèque nationale de France
4장   Bibliothèque nationale de France
5장   Bibliothèque nationale de France
6장   Bibliothèque nationale de France
7장   Bibliothèque nationale de France
8장   Bibliothèque nationale de France
9장   Bildagentur-online / Getty Images
10장   Illustrated London News
11장   North Wind Picture Archives / Alamy Stock Photo
12장   The Print Collector / Alamy Stock Photo
13장   Bibliothèque nationale de France
14장   Wellcome Library, London, Wellcome Images. Copyrighted work available under Creative Commons attribution only licence CC BY 4.0.
15장   Wellcome Library, London, Wellcome Images. Copyrighted work available under Creative Commons attribution only licence CC BY 4.0.
16장   ZU_09 / Getty Images
17장   by Alexandre Falguière. Bibliothèque nationale de France
18장   rue Mouffetard Bibliothèque nationale de France
19장   Wellcome Library, London, Wellcome Images. Copyrighted work available under Creative Commons attribution only licence CC BY 4.0.
20장   Photo 12 / Contributor / Getty Images

찾아보기

ㄱ

가리발디, 주세페 10, 316, 318-20, 587-8
가스파랭, 발레리 드 447
강베타, 레옹 57, 136, 221, 272, 276-8, 292, 304-5, 308-13, 320-4, 327, 341, 344, 373, 378, 380, 389, 420, 424-5, 431, 436, 474, 483, 485, 511, 516-8, 520, 527-33, 538, 540, 584, 587-8, 602-3, 606, 609, 611, 617-20, 623, 648, 661
고르차코프, 알렉산드르 561
고타 조약(1851) 54
고티에, 테오필 549
골츠, 카를 폰 데어 128, 156
공쿠르, 에드몽 드 293
관세 동맹 54
그라몽 30-1, 47, 55-7, 178
그라블로트 158, 162, 180, 187, 190, 194-7, 202-3, 212-3, 317, 377, 379, 640, 654
그랑빌 290, 445
그루시, 조르주 드 225

ㄴ

나다르, 펠릭스 304-5
낭시 67, 102, 139, 147, 154-5, 214, 216, 303, 332, 391, 473, 507, 509, 598, 601, 629, 636, 652
노르망디 290, 429, 527
노장쉬르센 350-1
니낭, 앙드레 461-2
니체, 프리드리히 489

ㄷ

데리송 609
데캉, 클로드 157, 180
도뒤, 쥘리에트 340
도메네크, 에마뉘엘 490
두에, 아벨 102, 112-5
두에, 펠릭스 112, 115, 142, 250, 252
뒤랑-다시에, 쥘리아 446
뒤무리에, 샤를-프랑수아 212
뒤크로, 오귀스트 104, 233, 236, 240-2, 251-2, 294-5, 336, 431, 434-5, 437, 513-4, 517-8, 533, 535, 538, 561, 587, 603, 606
들레클뤼즈, 샤를 434, 558
디종 42, 320, 351, 525, 587, 589, 598

ㄹ

라드공드 597
라드미로, 폴 드 92, 102, 158, 182, 184,

187, 189-90, 193-4
라스베르크, 디트리히 폰 24, 36-8, 76-8, 117-20, 123, 145-6, 220, 234, 237-9, 254, 257-8, 285-8, 326, 482-7, 491, 515, 540-1, 565, 579-80, 611, 631, 659, 668
라스베르크, 루돌프 폰 24, 37, 78, 120, 258, 482, 487, 540-1
러셀, 윌리엄 80, 151, 243, 278
레니에, 에드몽 381
레몽-시누레, 폴 398
레스, 앙드레 400-1
레오, 앙드레 465
레오폴드 폰 호엔촐레른-지크마링겐 30
레유 252-3
로렌 65, 98, 111, 120, 125-6, 138, 146, 157, 214, 280-2, 332, 433, 498, 505, 589, 601, 621, 625, 628-9, 642, 644, 655, 662, 671 다음도 참조: 알자스 로렌
로앙 351
로이스, 로돌프 372, 400, 402-4, 409
로크루아 586
롱바르, 클로드 388-9
롱위 586
루시, 빅토린 318
루아니 505, 518-22, 525, 528, 656
루앙 168, 350, 431, 536-7
루에, 외젠 212
루제 드 릴, 클로드 조세프 170
룬, 알브레히트 폰 91, 146, 215, 243, 281, 303, 438, 562
뤼니에, 뤼제르 501
뤼미에르, 에르네스트 353-4, 356-8

르그랑 183-4
르뇨, 앙리 649
르루, 가스통 417
르망 482, 484, 511, 525, 534, 538-9, 606
르뵈프, 에드몽 31, 63-4, 66, 68, 102, 104, 140, 143-5, 156, 180, 182-3, 187-8, 192, 204, 304, 383
르부르제 206, 369, 431-2, 560-1, 640
르브룅, 바르텔레미 65, 233, 237, 239, 242, 250, 252, 262
《르 샤리바리》 336, 552, 555
르종빌 180-2, 188, 195-7, 209-10, 654
르 카뮈 239
르 플로, 아돌프 272
리스터, 조지프 493-4
리츠만, 카를 76
리포프스키, 에르네스트 드 352-6
릭스, 앙투아네트 '토니' 318-9

■

마네, 에두아르 420, 432
마르그리트, 장 251
마르스라투르 180, 182-5, 188, 634, 654-5, 657
마르시 348
마세, 귀스타브 695
마야르, 카미유 드 175-6
마크마옹, 파트리스 65, 75, 102-4, 112-3, 120-6, 134, 138-44, 180, 203-16, 225-7, 232-4, 241, 270, 379, 390, 491, 591, 648
만토이펠, 에드빈 폰 483, 537, 589-90, 612
맥마이클, J.W. 347, 444-5, 448-9, 451-

5, 457-8, 461-2, 464, 477, 495, 497, 502, 503, 507, 563
맥코맥, 윌리엄 489
맥크레이그, 찰스 닐슨 152-3
메르시에, 앙토냉 660
메지에르 225, 227, 302, 391, 448, 483, 586, 602
메테르니히 66
모네이, 알랭 드 171-9
모니, 로제 드 525
모방, 앙리-폴리도르 556
모트-루주, 드 라 325, 327
몽타를로, 폴 358
몽토동 128

ㅂ

바르브데트, 오귀스트 593, 596
발당 611
발랑탱, 에드몽 407-8
베르나르, 사라 468
베르나르, 자크 598
베르더, 아우구스트 폰 394, 398-401, 403, 408-9, 458-61, 536, 588-90
베르사유 284-5, 295, 310, 326, 332, 384, 405, 409, 421, 433, 438, 448, 562, 571-2, 575-6, 578, 580, 585, 603-5, 608, 610, 612, 620, 625-7
벨리, 펠릭스 318
벨마르, 카레 드 431
벨포르 66-7, 74, 102, 104, 121, 142, 300, 302-3, 332, 391-2, 586-90, 622-3, 630
보니스, 앙리-에티엔 44, 463, 492-3, 501
보댕, 장-바티스트 310

보르니 156-7, 196
보르도 168, 174, 276, 306, 317, 528-30, 534, 537, 585, 588, 609-11, 618, 620, 624-6
보방, 세바스티앙 르 프레스트르 드 394-5
보이스트, 프리드리히 폰 47, 66
보장시 533-4
본라롤랑드 512-3
부르바키, 샤를 69, 102, 145, 193-4, 204, 381-2, 521, 525, 533-5, 538, 587-92, 606, 612
부르주 316, 482, 533-4, 587-8
부아예, 나폴레옹 384-5
부안 350
부에-윌로메즈, 루이 96
북독일연방 6, 26, 32-3, 53-5, 65-6, 79, 90, 106, 138, 409, 571-2, 574-5
불루미에, 피에르 651
뷔르템베르크 6, 26, 35, 53, 79-80, 99, 123, 138, 169, 192, 214, 243, 263, 285, 371, 423, 499, 571-3, 576, 641, 657
뷔장발 431, 602, 604-6
브레도, 프리드리히 빌헬름 183
블랑, 루이 553, 557
블랑키, 오귀스트 434, 607
블레인, 제임스 G. 50
블루멘탈, 카를 폰 100-1, 122-3, 147, 219, 241
비노이, 조제프 142, 430, 606-7
비상부르 111-7, 120-1, 135, 150, 196, 286, 391-2
비스마르크, 게브하르트 폰 240
비스마르크-볼렌, 프리드리히 알렉산더

폰 333, 345
비오티에르, 프랑시스크 드 565
비치 102, 121, 125, 586, 605
비카르, 조제프 596, 656-7
비케데, 율리우스 폰 399
비티히, 루드비히 폰 355
빌레피옹 515-6, 518
빔펜, 에마뉘엘 드 234, 241-2, 250-2, 255-7, 262, 270, 274

ㅅ

사르세, 프랑시스크 546
상드, 조르주 320-23, 334, 337-8, 363, 367, 371, 373, 437, 486, 530, 567, 616, 664, 673
생캉탱 351, 536, 538
생타볼드 102
생프리바 187-90, 192-4, 197, 206, 214, 249, 432, 598
샤레트, 아타나즈 드 519-20, 656
샤르트르 351, 356, 360, 482, 511, 536
샤토됭 331, 351-6, 358-360, 362, 365, 377, 660-1
샬롱쉬르마른 65, 391
샹 552, 555
샹지, 앙투앙 515, 518, 521, 525, 533-40, 587, 606, 617
샹피니 369, 514, 517, 522
세르폴레, 앙리 69-70
세바스토폴 167
셔먼, 윌리엄 T. 91
셰리당, 필립 197, 283, 361
셰퍼드, 네이선 318

소니, 가스통 드 519-20, 656
소렐, 알베르 650
솔레유 204
쇼월터, 데니스 103, 513, 617, 646
수아송 364-5
수제르가늘롱 527
슈니강, 오귀스트 401-2, 405, 407-9, 462-3
슈타인메츠, 프리드리히 폰 99, 111, 126-7, 147, 186, 190, 194, 214
슈타인베르거, 요제프 456
슐라이니츠, 알렉산더 폰 576
슐레스비히-홀슈타인 25-6, 243
스피셰렌 111-2, 120, 126-7, 129, 135, 145, 150, 156, 289, 473
시몽, 쥘 465, 618

ㅇ

아당, 에드몽 428-9, 436
아당, 쥘리에트 271, 290-1, 294, 403, 418, 428-9, 434, 437, 465-6, 468, 470, 517, 522, 547-50, 553, 555-7, 567, 605
아라고, 에티엔 416, 423
아르놀트, 후고 217, 368
아망빌레 187, 189-90, 193-4
아블리 346
아이언멍거, 토머스 444, 449, 452, 454, 461, 495
알비우스 520
알자스 31, 44, 54, 88, 90, 99, 111-2, 120-1, 139, 149, 280-2, 300, 394, 411, 433, 498, 572, 598, 620, 621, 625, 628-9, 642, 644, 655, 662, 671 다음도 참조:

알자스로렌
알자스로렌 332-3, 345, 508, 620, 628, 642, 671
알펜스레벤, 콘스탄틴 폰 181-3, 185, 188
애트라파니 527
어데어 경 151
에리쿠르 590
에페르농 351
에피날 350, 366-7
오두앙-루조, 스테판 314
오렐 드 팔라딘, 루이 드 323, 327, 483-6, 511-5, 520-1, 535
오를레앙 275, 284, 290, 314, 317, 324-7, 331-2, 340, 346, 348, 351, 353, 356, 377, 402, 416, 425, 482-6, 491-2, 505, 510-3, 515, 518, 521-2, 525, 530-1, 533, 536, 540, 587, 648, 656
오스만, 조르주-외젠 40
오토, 브라이-슈타인부르크 35
오트파이 171, 174-5, 178-9
올리비에, 실뱅-폴 505, 508
올리비에, 에밀 31, 40, 50, 74, 134-6, 139-40, 311
외제니(황후) 136, 142-3, 155, 209, 273, 378, 381, 385, 609
워시번, 엘리후 B. 55-6, 222-3, 279, 422
위고, 빅토르 300, 360, 389, 418, 556-7
위만, 테오도르 402
윌리크, 장-자크 알렉시스 393-4, 396, 399-403, 405-8, 461

ㅈ
자라스, 루이 144, 155, 158, 186
자레투, 마리-쥘리엔 356
자르브뤼켄 100, 105-6, 111, 126-7, 132, 303, 391, 452, 469
자코비, 요한 282
제네바 협약 8, 224, 348, 467-9, 651, 663
제롬-나폴레옹 209
조레기베리, 장 316
졸라, 에밀 262
지본 232, 235, 243, 451
지중해제철소 532

ㅊ
차스트로, 디트리히 폰 156, 190, 536
초프, 앙투앙 402-3, 460

ㅋ
카메케, 폰 127
카스탕, 오귀스트 370
카스텔노, 앙리 피에르 드 255-6
카엔, 코랄리 470, 473-5, 636
캉로베르, 프랑수아-세르탱 드 65, 74, 102-3, 142-4, 183, 185, 188, 193-4
캉텔, 이브-샤를 69-70, 385
케라트리, 에밀 272, 417
켈러, 에밀 620
코사드, 드 271
코피니에, 그레구아르 384
콩플랑쉬르센 348
쾨니히그레츠 26, 38, 125, 193, 282, 394
쿠르베, 귀스타브 421
쿠메스, 앙리 598
쿠쟁-몽토방, 샤를 136, 312-3 다음도 참조: 팔리카오

쿨미에 485, 510-3, 518, 535
쿰머, 폰 503
퀴스, 에밀 402, 405, 407-9, 623
퀸하우저, 플로리안 237-8, 244, 246-7
크레메르, 카미유 587
크레미외, 이자크 272, 304, 310, 313, 428
크롬브뤼헤, 이다 드 469-73
크룸퍼, 요제프 77
크뤼거, 크리스티네 498
클라레티, 쥘 74
클랭샹, 쥐스탱 592, 612
클레이슨, 홀리스 552
키네, 에르미온 340, 465, 553-5, 567
키르히바흐, 후고 폰 122-3
키치너, 호레이쇼 564

ㅌ

타네라, 카를 368, 487, 535
탄, 루드비히 폰 데어 114, 123, 236, 243, 251, 326, 346, 370, 456, 482, 484-6, 511, 526
터너, 빅토르 593
터너, 에디스 593
툴 74, 147, 214, 302, 391-2, 598-600
튀르캉, 조제프 652
트로쉬, 루이-쥘 74, 137, 142, 208-10, 269, 272, 274, 289, 291-2, 294-5, 302-3, 306, 360, 378, 390, 429-37, 513-4, 530, 557, 560-2, 566-7, 603-4, 606, 610-1, 620
티에르, 아돌프 31, 275, 288, 425, 433, 437, 445, 529, 618-23, 625-7, 636, 648
티에리, 에두아르 274

ㅍ

파브르, 쥘 135, 269, 272, 274-6, 279, 299-300, 381, 424-5, 428-9, 437, 527, 530, 561, 602-3, 606-11, 616-18, 620, 622, 625, 627-8, 630
파브리스, 폰 628
파사방 367
파스퇴르, 루이 493
팔리카오 136-7, 210, 211, 222, 225, 234, 269, 291, 304
페데르브, 루이 525, 536-8, 560, 587
페롱 302, 526, 586
페리, 쥘 435
포드비엘스키, 테오필 폰 611
포르바크 69, 112, 126, 128, 139, 196, 196
포브스, 아치볼드 491
포크츠-레츠, 콘스탄틴 폰 183-4, 512
퐁맹 592-7, 656-7
퐁세, 프랑수아 494-5, 501
퐁투아즈 350
퐁트네생패르 368
퐁트누아쉬르모젤 597-602
푸리숑, 마르탱 96, 272, 428, 529
풀베르 뒤몽테유 417
프레보-파라돌, 뤼시앵-아나톨 50
프레이시네, 샤를 드 304, 310-3, 316-7, 323-4, 483-5, 492, 511-2, 514-5, 529-30, 535, 538, 587-9, 591-2, 620, 639
프로사르, 샤를 68, 102, 104-5, 111, 126-8, 134, 138-9, 185, 187, 192
프뢰슈빌레르 75, 111-2, 119-22, 124-6, 129, 135, 139-41, 144-5, 156, 196,

208, 211, 236, 289, 392, 394
프리드리히 카를 98, 147, 155, 159, 181-2, 186, 188-9, 192-3, 195-6, 202-3, 205, 207, 214, 377, 379, 483, 511-2, 521, 533, 535, 539
플로랑, 귀스타브 428
피아트, 펠릭스 434
피카르, 에르네스트 272, 428
피통, 프레데리크 343-4, 400, 408, 410-1, 458, 464
필리포토, 펠릭스 354

ㅎ

하노버 26, 34, 95, 446, 512
하워드, 마이클 181, 667
호헨로에, 카를 폰 364
힌덴부르크, 파울 폰 193
힐러, 프란츠 115

프로이센-프랑스 전쟁 1870-1871
독일 제국의 탄생과 세계대전의 서막

1판 1쇄 2025년 12월 1일

지은이 | 레이철 크라스틸
옮긴이 | 이진모

펴낸이 | 류종필
편집 | 권준, 이정우, 노민정, 이은진
경영지원 | 홍정민
교정교열 | 오효순
표지 디자인 | 석운디자인
본문 디자인 | 박애영

펴낸곳 | (주)도서출판 책과함께
    주소 (04022) 서울시 마포구 동교로 70 소와소빌딩 2층
    전화 (02) 335-1982
    팩스 (02) 335-1316
    전자우편 prpub@daum.net
    블로그 blog.naver.com/prpub
    등록 2003년 4월 3일 제2003-000392호

ISBN 979-11-94263-81-4 03920